杨荫浏纪念文集

中国艺术研究院音乐研究所编

文化艺术出版社
Culture and Art Publishing House

《杨荫浏纪念文集》编辑委员会

策　　划　孔德墉　刘东升

编 委 会（以姓氏笔画为序）

文　彦　孔德墉　田　青　刘东升

乔玉光　陈自明　何　芸　张振涛

周昌璧　范慧勤

编辑部成员　张振涛　苗幼卿　刘晓辉　张春香　吉颖颖

杨荫浏（1899—1984）

1. 青年时代的杨荫浏
2. 1936年，杨荫浏在燕京大学工作时留影
3. 1937年，杨荫浏在江苏无锡家中抚琴
4. 杨荫浏青年时的留影
5. 1940年，在云南省昆明杨荫浏（后排右一）和查阜西（后排右二）一家及昆曲唱友合影

1. 1948年5月，国立音乐院国乐组第二届毕业生留影（后排左四为杨荫浏；前排左一为曹安和）
2. 杨荫浏与家人合影（后排左起：长子杨国柱、夫人张菊仙、杨荫浏；前排左起：次女杨国倩、次子杨国桢、三女杨国葳、长女杨国兰）
3. 1950年，杨荫浏在天津演奏笛子

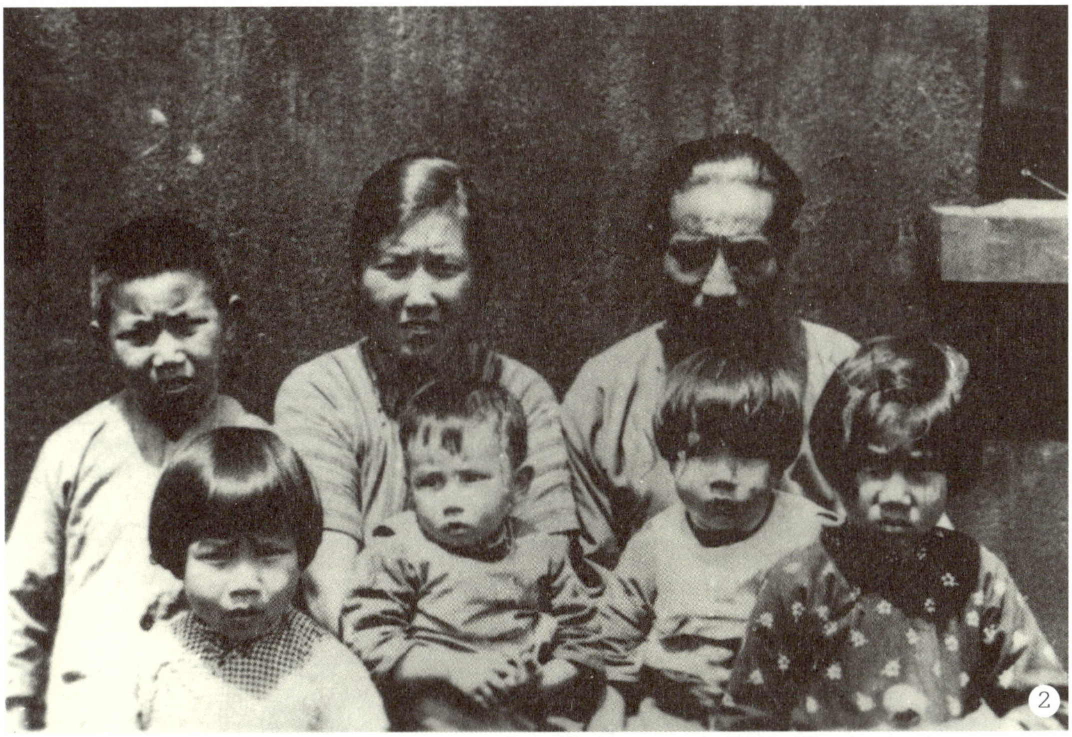

2

3

①

②

3

1. 20世纪50年代初，张剑平唱牌子曲，杨荫浏三弦伴奏
2. 1954年3月27日，中央音乐学院民族音乐研究所成立典礼合影（北京学院路十间房）
   一排左起：周昌璧、王苓君、曹安和、管平湖、杨荫浏、李元庆、张鲁、高步云、文彦、董刚、董正
   二排左起：韩宗和、杨晓莲、王迪、蒋咏荷、王琛、苏琴、张淑珍、郭瑛、孔德墉、梁福荣、李万鹏
   三排左起：王秋苹、张立群、张悦、李士敏、许健、赵宽仁、晓星、李佺民、孟宪福、李明辉、金湘、简其华
   四排左起：杜桂馨、郭雨荣、朱魁岭、王澍、陆登云、李一鸣、王震亚、安杰、王世襄、某某、李景顺、杨永秀、索保华
3. 1953年7月，杨荫浏（右二）采访西安鼓乐时与樊昭明（左一）、李石根（左二）等合影

1

中央音樂學院
民族音樂研究所
2

1. 音乐研究所“十间房”办公楼（1954—1968）
2. 1954年，杨荫浏（右）与李元庆在“十间房”办公楼前合影
3. 1954年6月，上海华东文化局主办华东区国乐演奏会留影纪念（前排左五为杨荫浏；左四为李元庆；左六为夏衍）

①

②

1. 1954年，杨荫浏（前排右三）、曹安和（前排右二）等与来音乐研究所访问的日本代表团合影
2. 1955年，杨荫浏（左三）、李元庆（右二）等人陪同丁西林部长（左二）、杨大钧（右一）、胡彦久（左一）参观音乐研究所举办的改革乐器陈列
3. 1956年，北京古琴研究会会员游北京香山（中排左一为杨荫浏；左三为曹安和）

1. 1956年4月，采访队在湖南长沙岳麓山爱晚亭合影（左六为杨荫浏；左七为曹安和）
2. 1956年，朝鲜人民访华代表团与音乐研究所人员合影（前排左七为杨荫浏）

1

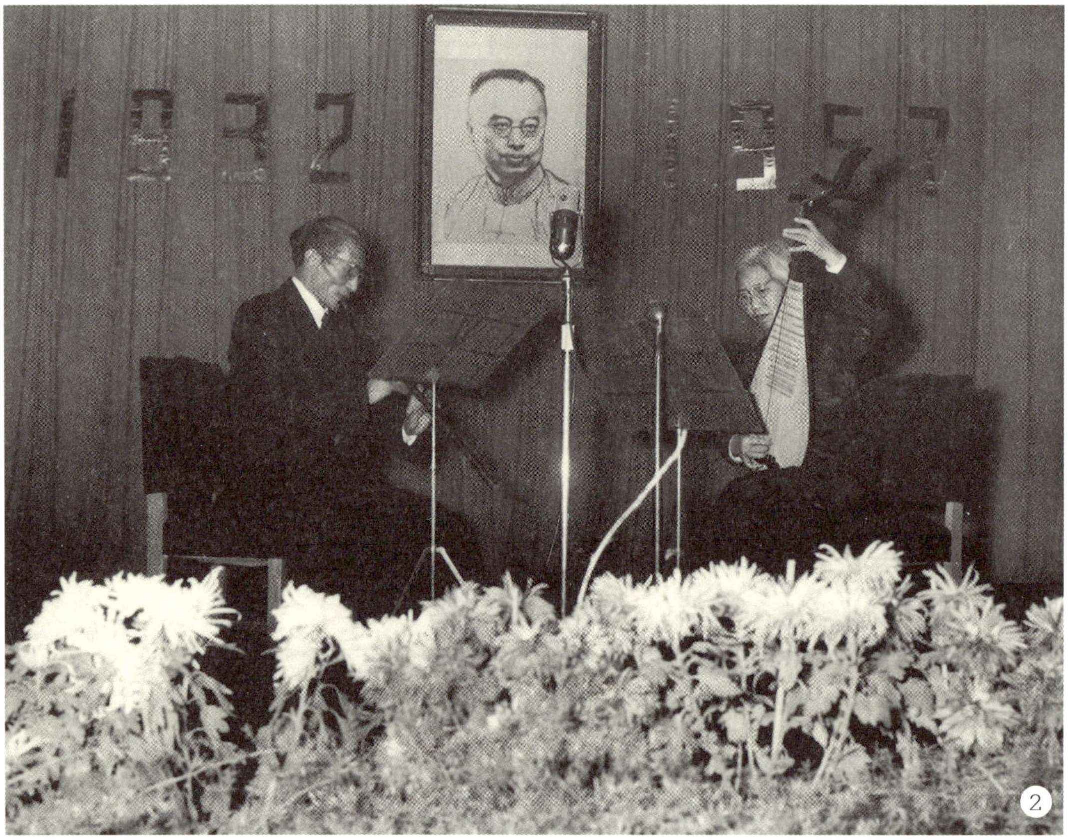

2

1. 1957年7月，杨荫浏（前排右一）在苏联访问期间留影

2. 1957年11月，杨荫浏（左）、曹安和在《刘天华逝世25周年纪念会》演奏刘天华作品《虚籁》

3. 1958年9月，杨荫浏（左）与张淑珍参加乐器修理的劳动

1. 1958年11月，杨荫浏（右一）等音乐家在北京大兴县与当地歌手交谈
2. 20世纪50年代，杨荫浏（中）陪同文化部副部长郑振铎（左）参观音乐研究所古代音乐史陈列室

1

1. 1959年2月，中国音乐家协会在北京主办乐器改革座谈会合影（前排左五为杨荫浏；左四为曹安和；左六为吕骥；左八为李元庆）
2. 20世纪50年代，杨荫浏（左）陪同越南文化考察团副团长陶维奇参观音乐研究所乐器改革陈列室
3. 20世纪50年代，杨荫浏（左）与来访的德意志民主共和国音乐学家哥尔特斯密特亲切交谈

②

③

1. 20世纪50年代，钱学森（左二）到音乐研究所陈列室参观后与杨荫浏（左一）等座谈
2. 1957年12月，苏联作曲家代表团成员访问音乐研究所时与杨荫浏（左）交流学术
3. 1960年，杨荫浏（中）与琵琶演奏家卫仲乐（左）及秦鹏章在一起

1. 1960年12月，杨荫浏为《民族音乐概论》研究班同学作学术报告
2. 1961年，杨荫浏（左四）、曹安和（左三）上昆曲课

②

1. 1961年，杨荫浏研究宋代歌曲
2. 1961年，杨荫浏（右）与曹安和一起做学术研究
3. 1961年3月，杨荫浏（右）向美术家王朝闻介绍民族音乐遗产

1. 1961年，苏联作曲专家鲍・阿拉伯夫（左二）参观中国音乐研究所时与杨荫浏（右二）等合影
2. 1961年，杨荫浏（左二）、曹安和（左五）、管平湖（左一）等与日本友人中岛健藏（左三）及其夫人（左四）在音乐研究所门前合影
3. 1962年6月，杨荫浏（右二）陪同捷克作曲家协会主席团委员杨・弗・费舍尔（左一）参观音乐研究所工作陈列

1. 1964年，中国音乐研究所建所十周年时全体人员合影（北京学院路十间房）
   一排左起：张振华、文彦、董正、李佺民、范慧勤、何芸、杨荫浏、李元庆、曹安和、李纯一、关立人、陈孝人
   二排左起：杜桂馨、张银堂、杨永秀、周昌璧、黄秀珍、陈尚文、张家仙、杨友鸿、孔德墉、黄爱民、孙幼兰、韩敏、冯增修、康守成
   三排左起：吴钊、谢丽华、齐毓怡、毛继增、陈白明、徐伯阳、李明辉、刘东升、袁荃猷、王苓君
   四排左起：张淑珍、张立群、陆登云、宋文杰、胡显纯、赵玉金、伊鸿书、吴毓清、许健、王秋苹
   五排左起：李文如、金玉良、安杰、索保华、黄翔鹏、李万鹏、孟宪福、简其华
2. 1963年12月，杨荫浏（中）在北京古琴打谱学术会议上讲话
3. 1962年9月，瑞典学生林西里古琴汇报演出后与杨荫浏及古琴家合影（左起：王迪、曹安和、林西里、溥雪斋、杨荫浏、管平湖、吴景略）

②

③

1

2

1. 1965年2月，杨荫浏（左二）陪同外国语学院教师蒂埃尼夫妇（法国）、马克林夫妇（澳大利亚）参观音乐研究所
2. 20世纪70年代的杨荫浏
3. 1979年，杨荫浏与学生在家中合影（前排左起：乔建中、杨荫浏、冯洁轩、张静蔚、伍国栋；后排左起：何昌林、梁永生、王宁一、吴文光、居其宏、魏廷格）
4. 1980年，杨荫浏（前排中）、江定仙（后排左一）、阴法鲁（后排左三）、曹安和（前排右）、刘烈武（后排左四）在音乐研究所大楼前会见外国朋友

③

④

1. 1981年的杨荫浏

2. 1981年6月，杨荫浏（左）与曹安和在家中合影

3. 1981年，杨荫浏与赵元任、曹安和、赵如兰在家中合影（右起）
4. 1982年6月，杨荫浏在住宅前的花园中

1. 杨荫浏晚年任《中国音乐词典》顾问。1982年编辑部成员合影（前排左起：侯涛、范慧勤、吉联抗、缪天瑞、郭乃安、周沉、何芸、章鸣；后排左起：王凤岐、刘东升、黄翔鹏、吴钊、乔东君、许健、李佺民、简其华）
2. 1984年2月25日，杨荫浏追悼会现场
3. 周巍峙致悼辞
4. 贺敬之慰问杨荫浏家属

②

③

④

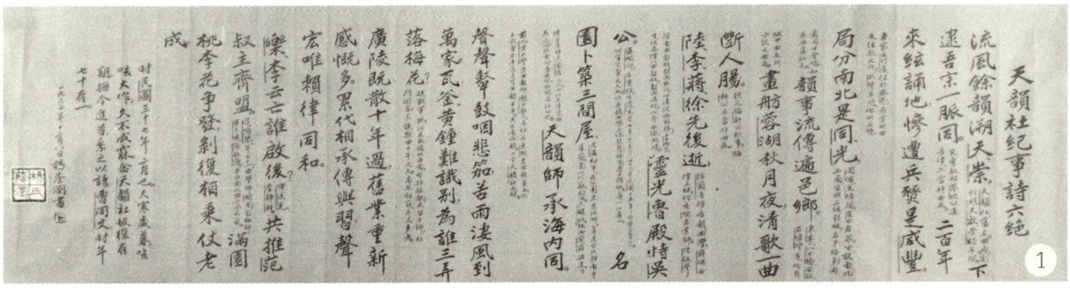

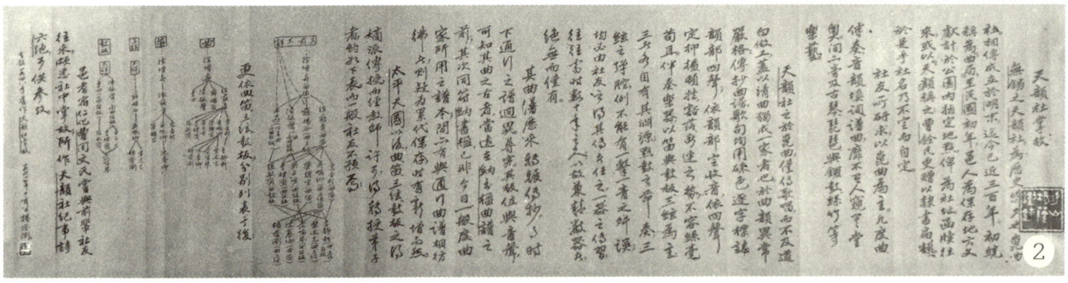

1. 天韵社纪事诗六绝（曹国文作于1948年2月，杨荫浏书于1961年12月）
2. 杨荫浏手书天韵社掌故（1961年12月杨荫浏重录1948年旧作）
3. 杨荫浏手书《唐人大曲谱》序

首

唐人大曲譜一卷(影片二十二葉)原藏甘肅敦煌縣之千佛洞一九〇七年法國伯希和教授(Prof. P. Pelliot)考古西陲經敦煌將去今存巴黎之國家圖書館(Bibliothèque Nationale)抄本部研究唐代大曲向來只憑文字今有此譜則其在音樂上之構造亦不無線索可尋矣原照片達經巴黎攝來今假予楊蔭瀏先生轉攝數份藉廣流傳並便研究用識數言 二十九年十二月三日向達記于昆明靛花巷三號國立北京大學文科研究所

3

1. 杨荫浏作品《关山月》歌谱
2. 1944年秋，老舍送给杨荫浏的题字

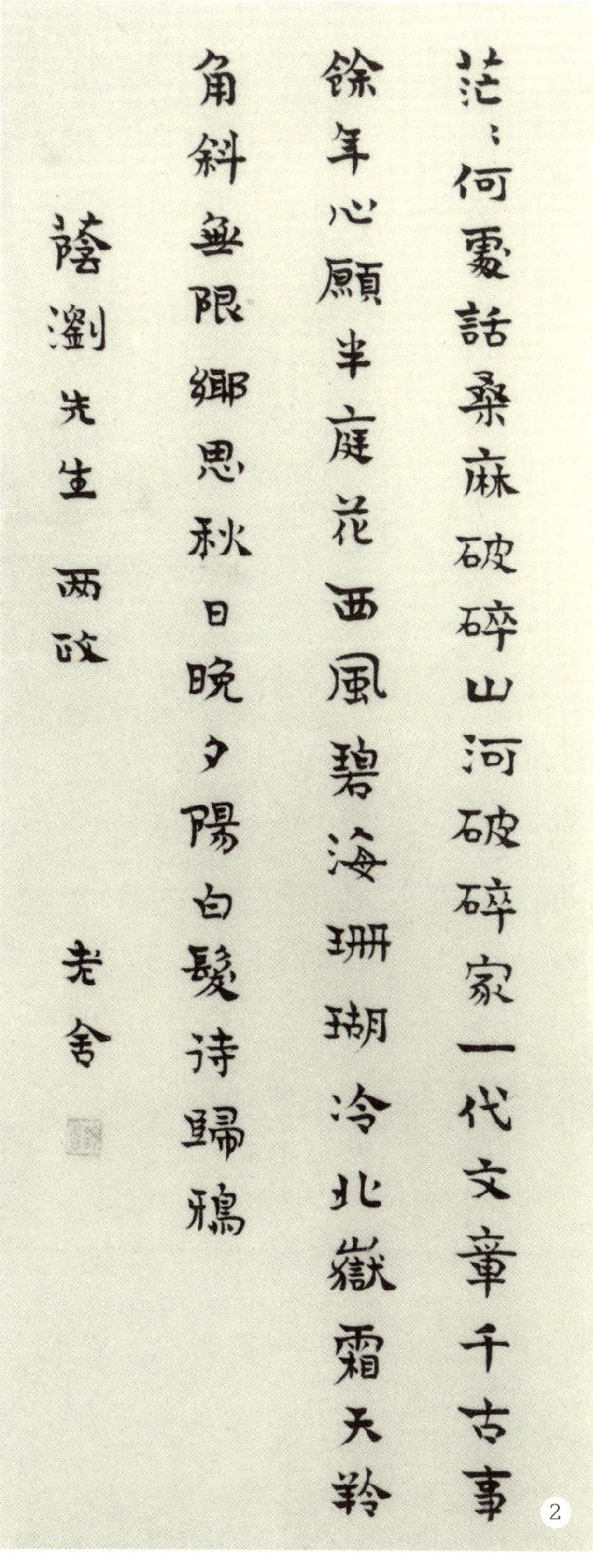
茫茫何處話桑麻破碎山河破碎家一代文章千古事
餘年心願半庭花西風碧海珊瑚冷北嶽霜天羚
角斜無限鄉思秋日晚夕陽白髮詩歸鴉
蔭瀏先生兩政
老舍

2

①

②

1. 1964年10月至1965年，音研所三十余人在陕西省长安县参加社会主义教育运动（“四清”运动）。1965年5月，“四清”结束后，部分人员游西岳华山合影（前排左起：黄爱民、陈自明、安杰、王秋苹、王苓君；后排左起：许健、胡显纯、刘东升、宋文杰、李文如、赵敬文、文彦、王湘）
2. 1965年5月，“十间房”时期四同志在西岳华山（左起：刘东升、陈自明、孔德墉、王湘）
3. 1999年10月，纪念杨荫浏诞辰100周年国际学术研讨会在北京举行

1. 2006年3月，“十间房”时期在音研所工作的同志合影（前排左起：孙幼兰、范慧勤、杨友鸿；后排左起：刘东升、陈自明、孟宪福、孔德墉、李宝运、索保华、李文如）
2. 2008年6月，“十间房”时期在音研所工作的四同志合影（左起：刘东升、孔德墉、李纯一、周昌璧）

3. 2010年3月27日，《李元庆纪念文集》首发式
4. 2010年3月27日，“十间房”时期在音研所工作的同志参加《李元庆纪念文集》首发式后的合影（前排左起：李文如、王震亚、范慧勤、何芸、文彦、张淑珍、周昌璧；后排左起：刘东升、陈自明、黄秀珍、杨友鸿、王秋苹、王苓君、李玲子、周沉、孔德墉、赵玉金、金湘、简其华、毛继增、黄爱民）

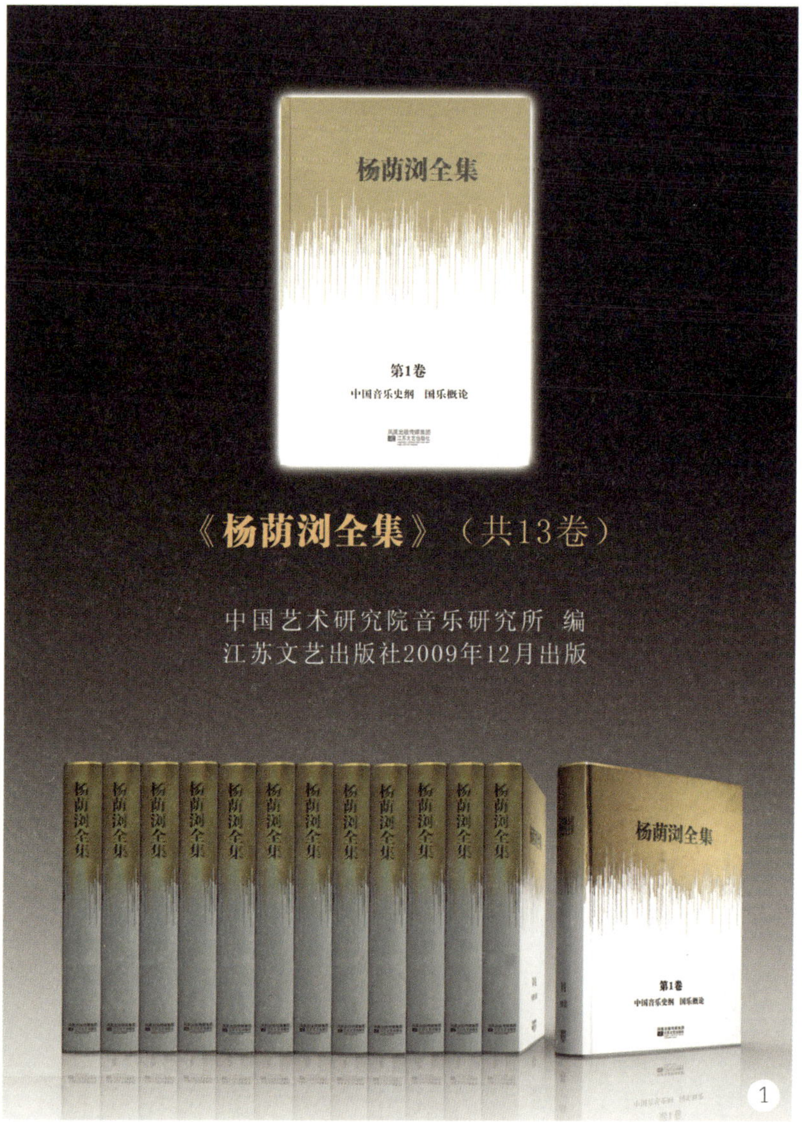

1. 2009年12月出版的《杨荫浏全集》（13卷）
2. 2010年3月27日，参加《李元庆纪念文集》首发式的全体同志合影
3. 1999年11月，杨荫浏的子女在北京合影（前排左起：长子杨国柱、三女杨国葳；后排左起：次女杨国倩、次子杨国桢、长女杨国兰）

2

3

1. 20世纪90年代，在曹安和寓所（左起：蒋凤英、范慧勤、曹安和、文彦）
2. 1994年9月，曹安和等游北海公园（左起：蒋凤英、王秋萍、徐礼全、曹安和、张家仙、文彦）
3. 蒋凤英（1915—　），江苏无锡人。1954年起照顾杨荫浏、曹安和，为他们做饭。杨先生去世后又陪伴曹先生。兼做社区居委会工作，连续十三年被评为市、区模范共产党员、治安积极分子。至今，杨、曹先生的亲属视她为长辈，经常来探望

悼念卓越的音乐史学家杨荫浏先生

（代序）

吕　骥

杨荫浏先生的去世，是我国音乐史和民间音乐研究领域中的一个重大损失。

在杨荫浏先生之前，音乐史研究方面虽然有几个人曾经作出了贡献，但由于我国历史悠久，又是一个多民族国家，除了歌曲、器乐、歌舞音乐之外，还开拓了戏曲与曲艺两个园地，形成了数以百计的不同风格的音乐艺术品种，在这样丰富的音乐艺术的实践中，各个时期都有不少思想家和音乐家对各种音乐现象进行过理论分析和科学探讨，写成了卷帙浩繁的音律科学、音乐理论的（包括音乐美学）专门论著。研究中国的音乐及其历史发展，要涉及如此广阔的领域，这在新中国成立前是所有音乐史学者都难以想象的。所以“五四”以后直到解放以前，从事音乐史研究，虽有郑覲文、许文衡、缪天瑞、王光祈、孔德等人，但除了王光祈曾经出过一种两卷本的《中国音乐史》，其他几个人都只能对中国音乐史作一个轮廓式的叙述，或只就某一方面简略地加以记叙。这决不是这些人主观上不努力，不想写出水平较高的中国音乐史，而是为主客观的条件所限制。有的人清楚地看到这项工作艰苦难行的状况，就只好转入其他领域了。杨荫浏先生是在这些人之后进入这个领域的，由于他在任何困难面前也一直坚持在这个领域勤奋工作，因而积累了比较丰富的经验。在新中国成立后，他获得优越的工作条件，并且继续进行艰苦的研究，终于在这个领域为人民作出了卓越的贡献。所以在他辞世的时候，我们一方面为音乐史领域失去这样一个忠诚于人民事业的优秀学者而伤痛惋惜，同时也为他后半生终于得到党和人民的关怀，能将凝结了他毕生心血的《中国古代音乐史稿》，作为他献给我们伟大祖国的一面铭刻中华民族音乐文化史的丰碑，而感到欣慰光荣！

现在我写的这篇悼念他的短文，不可能对他所作出的贡献作全面的评价，这里只能写几个具体事情的回忆，作为我对他的悼念。

我认识杨荫浏先生，是在中央音乐学院在天津建院后不久，1949 年 11 月间，他随原南京国立音乐院到天津时。最初，我把我们设立研究室的想法和希望他专门从事音乐史研究的意思告诉他，并征求他的意见，他欣然同意。从此，我们之间的接触就随着研究工作的进展更加密切了。1950 年春天，由于学校要接待外宾的参观访问，我把要建立一个音乐史陈列室的设想和李元庆（当时研究室的负责人）及杨荫浏先生谈了，他和元庆同志马上愉快地接受了这个任务，因为时间紧迫，他还参加了一些具体工作，甚至一些介绍卡片都自己动手书写。那种热情而实际的工作精神，马上使我感到我们之间的距离缩短了许多。当时的条件虽然十分困难，一间陈列室不过二十平方米，音乐史资料也还不多，经过研究室十来个同志十多天的努力，却布置得井井有条，对一个完全不了解我国音乐文化发展历史的外国朋友看来还是具有吸引力的。后来，天津市接待外宾的负责同志告诉我们，几十个外宾参观了我们的音乐史陈列室，反应非常热烈，认为增加了他们对中国悠久的文化艺术史的了解。因此，我们的陈列室在学校主楼里保留了下来，并且不断有外宾来参观。后来我们常常谈起，目前虽然不可能建立音乐博物馆，但陈列室应争取条件，不断扩大，为将来建立音乐博物馆打下基础。可以说杨荫浏先生在天津为最初的音乐史陈列室和后来在北京扩大了的音乐史陈列室（音乐研究所的一个组成部分）所做的工作，是为我们将来的音乐博物馆铺下了基石。

在民间音乐资料收集上，杨荫浏先生也做了一些非常有意义的工作。华彦钧的二胡曲和琵琶曲保留下来的只有六曲，我们后来都为未能收录到这位优秀的民间音乐家的其他作品而感到惋惜，但如果不是杨荫浏先生的推荐，这仅存的六首乐曲也要湮没无闻了。正是由于他向我们介绍了华彦钧的处境和他的艺术创造，我们才决定请他和曹安和先生一同去无锡录音，后来听了他们带回来的录音，才发现这不是一般的民间音乐资料，特别是《二泉映月》，这是一首二胡独奏珍品，我们不应该把它收藏在录音档案中，应当向唱片社推荐，制成唱片，贡献给人民。显然，如果不是他们及时去无锡录音，这六首乐曲就会随华彦钧的逝世而亡佚了。

从研究民间音乐中探索古代音乐的遗存问题，我们曾进行过多次议论。杨荫浏先生从我于抗日战争初期在山西五台山下所收集到的管子谱（这是薄一波同志的老朋友保存的，我是通过一波同志借来的，后来得到主人的同意，送给我作为研究资料）中，开始对辨认姜夔词谱的谱字找到了新的线索，后来由于他去西安研究鼓乐，找到了城隍庙和何家营（西安郊区）自唐宋以来在民间流传的鼓乐谱，进一步解决了研究五台山管子谱所未能解决的问题，这样才完全解决了姜夔词谱中的疑点，得到了正确翻译词谱的线索，这样，南宋姜夔的作品才能成为今天能够歌唱的歌曲，在音乐会中演唱，为今天的听众所欣赏。正是由于这个新的线索被发现，才使我们进一步认识到研究民间音乐对于研究音乐史的重要性。到今天，许多事实摆在我们面前，福建的“南音”，广东客家地区的“汉剧”和“汉乐”，新疆维吾尔自治区的“木卡姆”，鄂西北和鄂西南的民歌等，对这些乐种的进一步了解，更使我们清楚地看到各地各民族民间音乐中确实保存了许多古代音乐资料。研究古代音乐史必须对各地各民族的民间音乐进行深入的研究，才能弄清楚古代音乐发展的线索，才能弄清楚历史上各民族之间音乐文化交流、相互影响的密切关系。

杨荫浏先生在古代音乐史研究中之能不断地向新的高度发展，最根本的原因还在于他从新中国成立以后，开始自觉地认真地学习马列主义、毛泽东思想，严格地要求自己，从世界观上进行改造，因而对事物的观察和分析力求遵循辩证法唯物论和历史唯物论的原则，不断提高自己的认识能力和思想水平，这样不仅使他看到他过去工作中的不足和缺点，而且也找到了正确的方法。1958 年 8 月他写的论文《对旧著“中国音乐史纲”的初步批判》说明了他的思想有了一个飞跃。大家都知道，在新中国成立前他是相信宗教的，而且虔诚地为宗教编写过读物，但新中国成立以后，谁也不曾和他谈过宗教问题。而他在这个批判论文一开始就这样写道：《中国音乐史纲》是1944年前写的，那时候，从小资产阶级家庭出身，经过长期的封建教育，又曾长期为资产阶级、反动统治阶级服务，丝毫没有接触到马克思列宁主义的科学真理的我，不可能有正确的世界观，因之，也不可能站在无产阶级立场，看清历史的发展规律，而正确地解决历史问题。这一前提，就决定了《中国音乐史纲》本身，非但不能是一部理想的作品，而且也必然包含着不少缺点，甚至毒草。现在看来，当时他写这段话，也有可能是迫于当时的政治空气和学术形势，写这些话多少有些勉强。但是，知道他为人治学的态度的人都知道，他不是一个看风使舵的人，也不会为某种压力而说许多违心的话。当时音乐评论中的确出现过“拔白旗”的声浪，但并没有要将这口号作为运动的指导思想，要扩展到各方面的指示，对于他的著作，从未提出过批评，也没有人组织他就这本著作发表自我批评的暗示，而是他严于律己，进行认真的自我批评的科学态度的表现。这可以从文中的具体分析得到充分证明。他首先认为自己的著作对于历史现象没有进行深入的分析，指出“极大部分是属于资料罗列性质”。并且进而指出书中虽然提出了音乐哲学问题，却“始终没有接触到经济基础、时代关系、阶级矛盾，并没有通过科学的批判，得出正确的结论”；在其旧版的引言中，还强调了“思想支配史实”的论点，他指出这就是“意识决定存在”的唯心论观点的表现。他对于自己的著作是用两分法来评价的，一方面承认他的著作接触的问题比较全面，比较重视音乐实践，对民族音乐有较高的信心，这都是超过前人同类著作的优点，对自己在这本著作中对于乐律问题、对于音调与语言之间所呈现的规律性问题以及其他一些问题上，作者主观上企求解决的问题，由于客观原因（当时的社会生活接触实际和资料的局限）和主观原因（旧的世界观给予作者的局限）“在极大程度上还是落空了”。应该承认他的这篇自我批评，除了个别问题上反映了当时的“左”的观点外，在主要问题上是实事求是地分析，今天再读这篇文章对于我们仍然是有益的，富有启发意义的。这种严于律己的自我批评精神是来源于他原来的世界观和做人哲学，不过经过对于马列主义和毛泽东思想的学习，更加提高了，更加实事求是了，更符合于党和人民的要求了。我这样说不是没有事实根据的，记得在60年代我曾有机会和他一同参加了文联组织的一个月的学习会，我们集中住在西山的一个院子里，每天朝夕与共。这段时间中，他留给我两个很深的印象：第一，他对于政治和对于学术都是全力以赴的。50年代，我们有几年时间同住一座楼，有时他住楼下，有时他住楼上；因为工作关系，有时白天到他房里去，有时晚上到他房里去，我总看见他埋头在书堆中，不是在阅读、书写什么，就是在翻阅卡片、检索资料，虽然室内烟雾蒙蒙，烟灰缸上还搁着半支在燃烧的纸烟，但他精神抖擞，聚精会神地在工作。为着探求一个问题的解决，他是不分昼夜的，晚上总是坚持到深夜。有时，我已经睡下了，他的屋里还亮着灯，而每天早上他并不起得比别人晚。在我们住在西山学习时，我认为他可能不会像在搞研究工作那样早起晚睡，可是第一个晚上，就证实我想错了，他同样坚持学习到深夜，而第二天早上，同样起得很早。有一次因为研究解放战争中的一个问题，为了说明他的意见，为了说得更深一点，他翻开他的笔记本，寻找他要引用的材料，使我看到他的笔记，记得那么仔细、翔实，而我却远不如他记得仔细，我当时心里就深深感到惭愧。后来在讨论会上，他条理清晰地说出了他的意见，使我们都感觉到他的学习深入而且扎实。这些不仅加深了我对他的尊敬，也使我回想起1958年他写的那篇诚恳的自我批评，完全不是应景的文章，而是出自心灵深处的自我批评；也使我们看到他的自我批评完全不是出自外界舆论对他的压力，而是他思想的提高，世界观的飞跃变化的结果。而思想上得到飞跃的发展，学术上能取得新的成就，也完全是由于他在新中国成立以后认真而深入地学习了革命科学思想，接触了广阔的社会实际和各地各民族丰富无比的音乐艺术之后，经过他长期的研究、深入的思索而形成的。

去年，我曾到医院去看望他。那天，他精神很好，谈起话来，还像50年代、60年代一样的兴奋。当谈及音乐研究各方面的问题时，我怕他过于兴奋和疲劳，就提前辞别回来了。在车上我还在想，精神如此好，饮食已恢复正常，大约再生活四五年是不会有什么问题的。今年春节本来想再去看他，因为赶写一篇东西，加上陆续有同志们来谈工作，终于未去成，不料他遽然辞世。接到音乐研究所的电话，匆匆赶到他房里，还是未能听到他最后的声音，真是说不出的惆怅和遗憾！

据他的亲属告诉我们，生前他未留下遗言和遗嘱。我想，像他这样一位把事业看得比生命更加珍贵的卓越的学者，当他把他的主要工作做完了之后，还有什么话要向他的亲属和后人说呢？何况他在完成《中国古代音乐史稿》之后，又写了一篇感情洋溢而富有思想性、对他的毕生工作带有总结性的后记。他已经把他想向亲人和后人要说的话都说了，还有什么必要再留下遗言和遗嘱呢？他的后记共有四段，每段有一个小标题，一、差距，二、特殊的矛盾，三、理论的基础是实践，四、优越条件、幼稚阶段。在最后有这样一段话，我以为引用在这里，对于悼念我们忠诚于人民事业的、卓越的音乐史学家是有意义的。“总之，中国音乐史研究，解放前二十年，仅有一个非常肤浅的开头。解放以后，虽然有了专业队伍，有了空前优越的条件，但这样一个内容复杂、范围广阔的研究领域，要在这样一个薄弱的基础之上建立起来，还是不容易的。应该虚心承认，我们还是处在十分幼稚的阶段，我们还是小学生；同时，又应该相信，在党的培育之下，进行踏实、刻苦的共同努力，我们是能够把这项研究工作，逐步推动向前进的。需要的是加倍努力，应该反对的是丧失信心，消极等待，应该警惕的是骄傲自满，停步倒退。”最后他还语重心长地说：“时节如流，时不我与；条件优越，任务光荣。让我们在中国共产党的领导之下，以马列主义、毛泽东思想为武器，努力前进吧。”请大家细细读读他写的这篇后记，这难道不是一篇忠心耿耿、感情充沛，既指出了工作的艰巨性，又充满乐观主义精神，并且明确提出以马列主义、毛泽东思想为武器，谆谆叮嘱我们努力前进吗？我认为这就是我们忠诚于人民事业的、卓越的音乐史学家的遗嘱！

原载《人民音乐》1984年第4期

吕骥（1909—2002），曾任中国音乐家协会主席

目　录

学术研究

纪　念

轶　事

记　　录

综　　述

书　　评

传记、年表

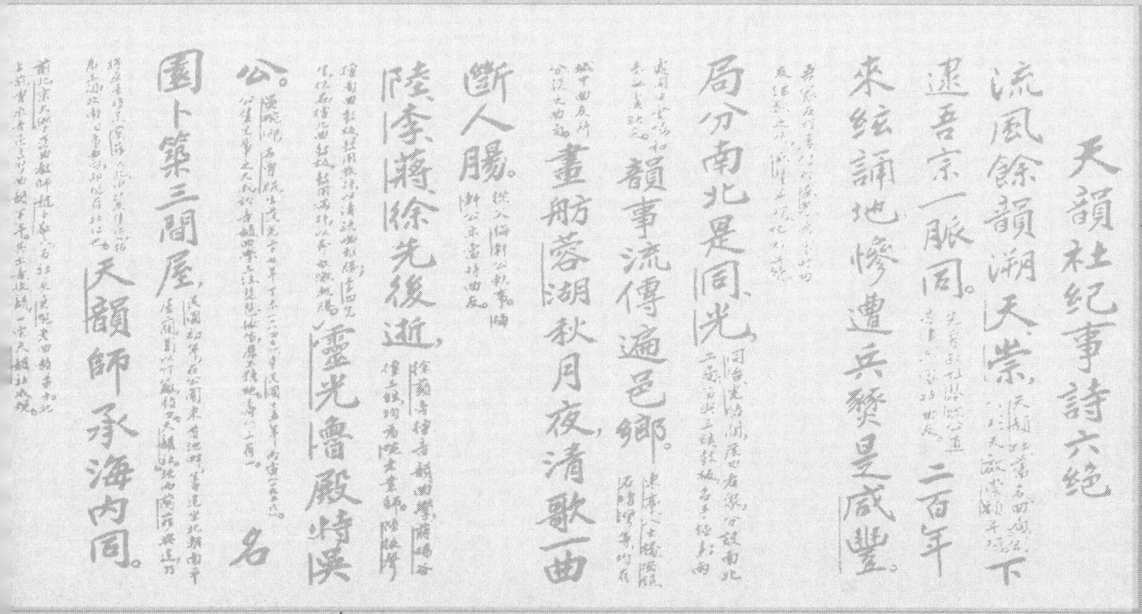
天韻社紀事詩六绝
流風餘韻溯天崇，下
逮吾宗一脈同。二百年
来絃誦地慘遭兵燹是咸豐。
局分南北是同光，
韻事流傳遍邑鄉。
畫舫蓉湖秋月夜清歌一曲
斷人腸。
陸李蔣徐先後逝，
靈光魯殿特吳
公。名
園卜第三間屋，天韻師承海内同。

学术研究

杨荫浏与音乐史

曹安和

时间流逝得飞快，不知不觉荫浏表兄逝世已届一年。他在毕生孜孜不倦的音乐工作中，为什么选择这门广博而艰辛的中国古代音乐史学科，为之终生奋斗？这个问题，他自己虽然未明确讲过，但从他一生的言行中，可以找到答案。

他在圣约翰大学上学时，世界史老师所讲的课本是一位著名的英国人撰写的，文章写得很漂亮，其内容为长篇大论的欧洲史，英国史……而中国的悠久历史却只写了短短的几页，在世界史上不占地位，甚至埃及、印度的历史也比中国史写得多。他们把我们文明古国看成没有历史的野蛮民族。荫浏为此感到气愤不平。他常说，一个国家如果没有自己的传统，怀疑自己的文化和悠久的历史，那么人民将失去对祖国的爱，忘记了历史，便容易为列强所吞灭。

1925 年五卅惨案点燃了中国人民反英反日的熊熊烈火，圣约翰大学的学生们也投入这一爱国运动。圣约翰大学校长美国人博芳济召集全体学生开会，宣布不准学生在校内升中国的五色国旗，不准学生参加示威游行，否则立刻离开学校。这意味着开除学籍。企图以此威胁来扑灭学生的爱国运动。但这只能激起学生的愤慨，同学们纷纷于当天下午签名离开学校，自找住宿处，继续进行反帝斗争，同时为建立一个中国人自己的大学而奋斗。学生四出募捐，终于在爱国资本家的援助下，就在当年秋季，光华大学成立并如期开课了。在这一年中，光华大学举行了各种竞赛，英文论文竞赛即是其中之一，杨荫浏以第一名获得金牌奖，其论文题目是《中国音乐史概要》（*An Outline History of Chinese Music*），这是他写中国音乐史的开始。

1936—1937年间，荫浏任哈佛燕京学社研究员，兼授燕京大学音乐系的中国音乐史课。在这段时间内，他为了弄清楚中国音乐史中复杂而难啃的硬骨头“音律问题”，依据康熙十四律理论的数字做了一套铜质律管，实验证明了十四律是不科学的。与此同时，他研究了明代朱载堉的乐律理论及历来各家乐律的著述。肯定朱载堉的“密律”理论，写出《平均律算解》一文。那时他在讲授音乐史课时还未写成讲义，仅于上课时分一个一个专题来讲，于课前将平时积累的音乐史料卡片准备好，便在课堂上讲授，在教学过程中，他已感到学生们喜欢听有音乐实例的音乐史，胜过听从书本到书本的理论。这为他以后编写音乐史时注意结合音乐实际，提供了可贵的经验。抗日战争爆发，北平沦陷，当时正值他回无锡度假，就便整理《十番鼓》及《十番锣鼓》等，他积累的资料卡片全部失落，非常可惜。这次教音乐史课，虽未撰写成书，但为后来在青木关写《音乐史纲》做了准备，提供了线索。

1942年以后，荫浏在重庆青木关教《国乐概论》及《中国音乐史》等课，即着手编写讲义，《中国音乐史纲》便是在此阶段编写的讲义几经修改而成。抗战时期的国立音乐院连部二十四史都没有，为此常常要外出借书。幸而他的中文底子厚实，幼年读过的十三经尚能记忆。1941年以前在昆明，因避日机空袭迁居呈贡龙街，邻居沈从文先生每次从昆明回家，总为他从西南联大借来笔记、丛书，阅读后摘录与音乐有关的材料，稍有积累。抗战期间，不仅资料贫乏，人们生活条件也非常艰苦。那时白天上课，常常于晚上准备讲义刻写蜡版，每至深夜。尤其是在昏暗的桐油灯下工作更为辛苦。《中国音乐史纲》在这极其艰辛的条件下于1943年年底完成，1944年他自己刻写油印，曾经获得当时教育部学术审查委员会二等奖，但未正式出版。直到新中国成立后经过修订，1952年才由上海万叶书店出版。1953年再版。《中国音乐史纲》虽然写成，他自己并不满意，期待以后在材料更为丰富时再写一本较好的书。

新中国成立以前学习音乐，完全以他个人的努力，充分利用业余时间和一切机会，去接触社会上尚在流传的古代音乐，如收集吹打乐、十番锣鼓和古琴曲等等。在音律研究方面，自己进行制作笛箫等的实验。但个人的力量毕竟有限。他在礼乐馆工作时，曾想以乐典组的力量设法收集民间音乐。后因遭受阻挠未能实现。新中国成立后，1950年3月国立音乐院自南京迁天津，与华北几所高等院校的音乐系、部合并，建立中央音乐学院。荫浏到中央音乐学院任教授、研究部研究员，工作条件优越多了。接触民间、收集民间音乐的机会多、范围广，使他非常兴奋。此时，无论领导安排他做什么工作，他都全力以赴。他说，只要国家需要，个人都应该服从，何况仍在音乐工作范围内，只要善于运用工作中的条件，对写音乐史终归有益。尤其是在十年之内，他三次主办音乐史陈列，每次都有所提高，其中以第三次规模最大，条理更加清晰。通过陈列使他眼界更为开阔，掌握的史料愈加充实。1959年他接受编写音乐史的任务，这本是他的夙愿，因此欣然受命。自此以后，更加勤于写作，每至深夜。他对于学习马列主义毛泽东思想非常认真，每有会意辄在书上用红笔加以批注，并做了毛著学习索引，对于《实践论》的领会更深。他力求较为科学地总结中国人民数千年来所创造的音乐文化。

可惜好景不长，十年动乱，他的中国音乐史写到宋元时代不得不停止。直到1973年回到北京，又患脑血管痉挛，此后，健康状况逐渐下降，他在古稀之年强用颤抖之手重新握笔，继续写成全书，那已是1975年了！对于此书的自我评价及对同行和后学者的期望，均写在“后记”内。

记得1945年冬，荫浏先后收到美国哈佛大学刘廷芳博士及原燕京大学音乐系主任范天祥来信，约他去美国研究中国音乐及中国文学。他认为中国音乐根植于民间，研究中国音乐，应在中国土壤上去研究古代遗留下来的活的音乐，这是书本上所没有的。当然美国曾搜罗去不少中国古代珍本，其中也定有关于音乐方面有用的材料，那应在完成较满意的音乐史之后，再行考虑的事。20世纪50年代初，范天祥又一次来信约他去美国讲学，当时他正为自己能专门研究中国音乐而欣喜之际，便再次谢绝。但《中国古代音乐史稿》竟于他耄耋之年完成，他已无力为国际文化交流作出更多的贡献了。

回顾他的一生，无论是严谨的治学态度，还是科学的工作方法等方面，都有值得我们学习之处。惜乎在他生时未能注意及此，今则悔之晚矣。真是“此情可待成追忆，只是当时已惘然”。

原载《人民音乐》1985年第4期

曹安和（1905—2004），女，中国艺术研究院音乐研究所研究员

杨荫浏与音律

曹安和

写中国音乐史是一个艰巨的工作，如没有坚忍不拔的意志，刻苦用功的耐力是写不好的；如果仅有丰富的书本知识，而没有音乐本身的丰富实践去检验它的真伪、优劣，也是写不好的。杨荫浏所著《中国古代音乐史稿》一书可说是理论与实践密切结合的实例。

他本是学经济专业的，音乐好像是业余爱好，由业余爱好而迷上了它，而且终生系之，但是音乐这一行，在旧社会是没有出路的一门艺术，为了生活，他在中学时代是读的师范，在大学是学的经济，终于因家庭经济条件所限，连大学也没有毕业。由于他具有深厚的中、英文底子，可以容许他用更多的业余时间去学习和研究音乐，学习和研究音乐就几乎占据了他全部的业余时间。

他六岁时便学会吹箫，每当傍晚时，常常和他的哥哥合奏，哥哥拉胡琴，他吹箫。那时他的手指还够不上箫的六个按指孔，他将箫的尾端顶在板凳角上，嘴压住吹口的一端，才能勉强按住，终于手指随着持之以恒的锻炼，也渐渐地长长了。他的家庭原是书礼之家，不许孩子出大门玩耍，以免染上社会上不良习惯。为了让孩子不出大门去淘气，容许住在邻近的小道士颖泉每日傍晚来和他们玩耍，教他们学习笙、箫、笛和胡琴之类乐器。后来颖泉离开之后，接着来教他的是阿炳，即华彦钧。在十二岁时，他家里觉得阿炳不如颖泉老诚可靠，由他们的亲戚、有名的书法老师黄绪初介绍到天韵社，从吴畹卿社长学琵琶、昆曲、三弦等等。

天韵社是个历史悠久的昆曲社，它创始于明末天启、崇祯年间（1621—1644），到民国初年才命名为“天韵社”。它的成员大都是有文化的音乐爱好者，既能唱昆曲，又精于演奏各种乐器和唱民间小曲。当这些前辈谈古论今时，往往涉及音韵、音律、宫调等等问题。这些都引起他研究的兴趣，成为后来走向研究中国音乐史的起点。

当他进江苏省立第三师范读书时，在无锡音乐界已小有名声，除了在本校推动业余音乐活动外，还在县立东林、竢实等高小指导课外音乐活动。那时，凡是师范学校的学生，都必须住宿校内，除了星期六、星期日之外，一律不准私自出校门，只有杨荫浏是例外。因为他各门功课成绩都好，尤其是国、英、算三门主要科目，成绩都超出同辈，学期总评都在九十分以上。所以学校当局鼓励他从事业余音乐活动，特许他可以不上晚自修。因此他得以每晚都去天韵社向畹老学昆曲及琵琶、三弦等，终于成为畹老的接班人。

因为他是辅导县立各校音乐活动的小先生，于是就负有为音乐爱好者挑选乐器的责任。为学习者选购琵琶时，经常遇到音位不准的问题，这促使他注意到了对音律问题的研究，同时也因教课需要，注意到收集曲调等等，如1923年出版的《雅音集》第一集就是他在中学读书时搞音乐活动的产物。在这书的后面，就已经提出琵琶应该安装十二个半音品位，以及如何计算排品的方法。这个意见，可能与刘天华先生设计做半音品的琵琶差不多同时。在新中国成立后，由于音乐事业发展需要，十二个半音品位的琵琶已经成为现实。

说到音律问题，本来是个科学问题，但在我国古代的记载中，历来夹杂一些封建神秘的色彩，如阴阳五行，把它说得玄而又玄，令人如坠迷雾之中。杨荫浏为了弄清它，曾花费不少精力。在圣约翰大学读书时，他本来是读文科的，为了搞清楚音律问题，却选读了高等数学和高等物理，为了画好精密的乐器图，又学了用器画。现在研究所内还存有他解放初期采访乐器时画的一百几十幅乐器图，都详细记录了精密的尺寸和音高等等。为了打破阴阳五行之说混淆律学的长期传统，他甚至跟算命瞎子去学算命。及至弄清楚了它与音律本身没有关系后，才舍弃它。

抗日战争之前一段时间，燕京大学的哈佛燕京学社请他兼任研究员。因为他在六公会编辑赞美诗委员会编《普天颂赞》的工作还未结束，只能兼任。同时他又从刘廷芳博士学音响心理学，从燕大物理系主任某教授学音响物理学，并阅读国际上用英文、法文发表的大量有关音响学的书，做了几千张卡片。1937年在《燕京学报》上发表的《平均律算解》一文，就是在学习音响学之后，研究朱载堉平均律的文章。

1930年，我在北平大学女子文理学院音乐系教课时，曾兼任故宫博物院古乐器审音工作，将钟、磬及管、篪、笛、箫等类乐器测音，在音准上边记录弦长尺寸。当时刘半农先生是故宫博物院的顾问，我们在他主持下工作。后因日本人侵华北（约1933年），故宫许多文物装箱南运，我们只好停止工作。那份材料由我交给半农先生整理，换算成音高。不久，半农先生故去，“七七事变”发生后，北京沦陷，我们工作的结果，终于不知下落。荫浏深为惋惜，说，如果有能由弦长换算成频率和音分的一本工具书，那么你们就可以方便得多了。因此，他时常思考着如何才能做成一个量音尺，来解决测听乐器音高的问题，那么只要有能辨别音高的能力，即使没有高深的数理知识，也能运用自如，可以省去换算的麻烦。

1939 年，他随中央机器厂迁到云南昆明，厂里的出纳主任室内有部手摇计算机，他就利用业余时间，在计算机上算出了《乐律比数表四种》。1941 年迁到重庆青木关，在教育部音乐教育委员会工作时，他将此表交我用算盘为之核对，他自己在此时写了引言及计算方法。《乐律比数表四种》为：一、《振动数比值与音分互求表》，二、《弦度比值与音分值互求表》，三、《振动数比值对数与音分值互求表》，四、《弦度比值对数与音分值互求表》。后来又写了《音准及量音尺述略》一书。这年秋天，他调离音乐教育委员会，改就国立音乐院教职，在迁居过程中，两本手稿全部被窃。《乐律比数表四种》，幸我曾有当时抄录的副本，但是一本尚未抄全的残本（此书今在音乐研究所资料室保存），而《音准及量音尺》一卷，则已无法再见矣。

1941 年初夏，杨荫浏患疟疾，在教育部宿舍休息，他又思考着琵琶排品的音准问题，即如何才能创造出简便易行的方法，使乐器工人也能掌握比较精确的排品方法，又能校正弦线张力的误差，使之发音接近准确。有一天，我买了广柑去他宿舍看望，他高兴地告诉我说，琵琶的排品方法已想好了，只要运用几何原理，“若有符合于乐律比例的若干平行直线，则割截此诸直线之任何斜线，与其相当平行线段所成之比例均相等”。依此原理，他绘成一图，称为弦乐器定音计。其法用泛音、按音相和，先定某数个柱位，然后将弦分成数截，分别应用定音计中各比例线以求得其余各音位。此定音计亦可用于琵琶、月琴、三弦等乐器。三弦有指板无品，故初学者全凭听觉感受，比较难以掌握。他在教初学三弦的学生时，曾在三弦柄上仿古琴徽位之法，像秤星那样钉在柄上，全音两个星，半音一个星，以帮助初学者掌握音准。《弦乐器定音计》写毕之后，由教育部音乐教育委员会出版，曾获当时教育部学术审议会的二等奖。后来兼北碚礼乐馆乐典组主任时，曾与物理学家丁西林先生谈及此事，丁先生很赞赏，说，“弦乐器的张力误差问题这样解决，我没有想到”。

弦律问题解决了，他又考虑到笛子开洞的音准问题。1947 年国立音乐院迁南京以后，他利用回无锡休假期间，在乐器店买了很多竹制的笛坯，自己挖洞，去研究管律。声音不准时，用胶布贴上再挖，有时一支笛上钻满窟窿，这样一支支地试验，大概挖了几百支，终于得出了笛子按孔大小及开孔位置与音律的关系，便做了两副尺子。此时他已能随意制成任何长短粗细不同，高低不同的多调笛子。在这段时期内，前后制成六孔笛、六孔箫及十孔半音阶的箫和笛数十支。在试制箫笛的过程中，他又依据《晋书·律历志》所提供晋荀勗笛律的理论及数据，仿制了一支荀勗的黄钟笛（实即现代的箫），以检验它是否符合实际。结果，认为此器接近准确，第一孔宫音似比 g^1 音稍低，与荀勗黄钟律相合。从而发现，在第三世纪末，荀勗实际上已经初步找到了黄钟律的管口校正，它相当于一个黄钟长度与一个姑洗长度之间的差数。现在此笛保存在音乐研究所的资料室。他所制的两副开笛孔的尺，一副在制成后即送给无锡乐器店老板华三胖去制笛子。在南京刚解放时，有一天大同乐会创始人郑觐文的儿子郑玉荪来音乐院找杨荫浏，说："我失业了，请你介绍我一个工作。"杨说，我无能为力，就把另一副自存的笛尺送给他，并劝他回上海去做笛子谋生。因为初解放时，音乐活动多，乐器销路好。大概是1955年左右，音乐研究所已经成立之后，有一次郑玉荪来京开会，他对杨说："你的笛尺真顶用，我照你的制作方法做笛子，因为音准，销路很好，谢谢你。"而杨荫浏则并未将研究成果留给自己，也没有写成总结经验的文章。

1947年10月，"今虞琴社"在常熟集会，出席者大多是琴人，杨荫浏亦应邀出席。当时有人说起笛音问题，查阜西先生说，"本国笛音是不是七平均律？"杨荫浏就这问题进行研究，认为不是七平均律，相反，它倒是与三分损益律、纯律和十二平均律更接近，因之写了一篇《谈笛律》文章，发表于《礼乐半月刊》上，引起争论。大概就在这年冬天，他开始亲自制笛的实验。记得试制时，先将笛子尾端浸入水中，吹出筒音a，使之与看准哨子相和，用铅笔依水面画线后，据此按一定比例上开挖。1948年又写了《再谈笛律答阜西》一文，他在文中明确提出自己对待研究的态度，"是尊重事实，注意民间传统的态度；反对因为要勉强造成某种圆满理论而抹杀事实的态度"。其实，这一点也是他对待一切研究问题的基本态度，对音乐史的研究，更是采取这种严肃认真的态度，否则将对不起古代辉煌灿烂的音乐遗产。

在1978年《中国古代音乐史稿》交印之后，他又想到古代乐律问题，虽在史稿中已经全面叙述清楚，但仅仅是从历史角度提出，至于管律的科学性方面，则并未深入论述。他认为，三分损益律是从弦乐器的音乐实践中产生的，因而是可信的。管乐器的发声规律，则较弦乐器复杂得多，它不仅与长度有关，而且还和管径大小、按孔距离、孔径大小等等许多因素有关。而古人对于管律，仅仅根据弦律的"弦长九尺，管长九寸"比例，用三分损益计算方法推算出来，并未经过实践的检验，因而是错误的。所以又写了《管律辨讹》一文，以使后人研究音律，不要尽信书本记载，必须用实验去检查是否可信。差不多与此同时，又写了《三律考》一文，运用他多年研究乐律知识，结合古代音乐史料，论证了三分损益、纯律、平均律三种律制在我国都存在，而且存在的时代都相当早。

三分损益律的产生，可能在周代产生琴、瑟等弦乐器演奏实践中即已存在，而它的理论计算则最早见于春秋时代的《管子·地员篇》，其后各代的乐律家也大都据此发展推算。我国虽无纯律之名，但从古琴演奏实践中，也早已存在。凡用到三徽、六徽、八徽、十一徽的泛音运用来看，它应早在南北朝之前。现在我国还保存有最早的琴谱《幽兰》一曲中，就用了三、六、八、十一等徽上的泛音。宋代姜夔（约1155—1221）所作琴曲《古怨》，在二弦与六弦上用十一徽，在七统上用八徽，也都是纯律的证明。平均律的产生，似应远在汉代的琵琶（现在称阮）这类有品乐器的出现前。因为三分损益律和纯律都由大全音、小全音组成，各音程之间距离不等，而琵琶是有品的乐器，在一个品位上架四条不同音高的弦，则在同一品位上不可能有大小不同距离，因此，须要大小音程互相凑合，大的减一点，小的加一点，于是就产生了平均律。我国平均律的实践虽然很早，但它的理论的出现，却要到一千七百多年以后的明代朱载堉《乐律新说》刊行之时。

关于音律问题，过去有人以为笛音是七平均律，有人以为琵琶是七平均律，也有人以为是纯律，众说纷纭，莫衷一是。这种争论，其原因都是因为脱离音乐的实际，空谈理论所致。他写此文，作为自己研究乐律的总结，也减少后人在空洞的音律问题上兜圈子。

原载《读书》1983 年第 7 期

曹安和（1905—2004），女，中国艺术研究院音乐研究所研究员

读《中国古代音乐史稿》札记

阴法鲁

杨荫浏先生从童年时期就学习古代的经史及文学著作，并学习弹奏乐器，继而学唱昆曲并学欧洲音乐，培养起广泛的音乐兴趣。此后，在他的大部分岁月中，都从事音乐教学及研究工作，好学深思，锲而不舍，掌握了大量的关于中国古代音乐的文献资料及考古、实验、社会调查资料，积累了丰富的实践经验，提出了一系列新见解，多发前人所未发，形成自己的理论体系，在中国古代音乐史学上作出了重大贡献。今举例介绍如下：

（一）过去的中国古代音乐史，其前半部分由于没有乐谱流传下来，往往和文学史不分；其后半部分有了一些留传下来的乐谱，但又往往和戏曲史不分。杨先生研究音乐史，则力图使音乐史从文学史和戏曲史中独立出来，尽可能地显示出它的本来面貌。例如《诗经》，所收乐歌除几篇不协韵的作品外，都是可以唱的，乐曲的旋律已难以想象，但如果发掘出乐曲的形式，也可以使读者对诗歌的音乐成就有进一步的了解。杨先生根据诗歌的章句形式应与乐曲的章句形式基本一致的规律，归纳出《诗经》的十种曲式：（1）一个曲调重复运用；（2）一个曲调的后面带副歌，重复运用；（3）一个曲调的前面用副歌，重复运用；（4）一个曲调重复运用，最后一章“换头”；（5）一个曲调重复运用，前面有“引子”；（6）一个曲调重复运用，后面有“尾声”；（7）两个曲调各自重复，联成一个歌曲；（8）两个曲调交替运用，联成一个歌曲；（9）两个曲调不规则地重复运用，联成一个歌曲；（10）一个曲调重复运用，前有引子，后有尾声。这样分析，反映出《诗经》中丰富多彩的曲式。这里所谓曲式即歌曲结构的格式，有些已经构成组曲，不只是一种简单旋律的重复。

战国晚期的《楚辞》，经杨先生就各篇的章句形式加以分析，发现有多种乐曲形式同时存在，比《诗经》又有很大的发展。依此类推，对汉魏南北朝的鼓吹曲、相和歌等作品，也可以推想它们的曲式和节奏。音乐史发出了声音。

（二）杨先生对于带乐谱的戏曲唱词，也举例加以分析，指出旋律的特点。如认为元杂剧的旋律特点表现在三方面：（1）在音阶形式上，元杂剧的音乐称为“北曲”，共旋律是用七声音阶构成的与南戏——“南曲”旋律之用五声音阶者不同。（2）在语言关系上，杂剧旋律的高低起伏，和北京四声字是基本一致的，反映了北方语言的特点。（3）在音乐风格上，北曲偏于雄健，南曲偏于柔婉。杨先生还指出，元杂剧的音乐表现在旋律的进行上，较多高下越级的跳跃，不像南戏那样，较多顺级的进行；也表现在上下升降比较自由奔放，不像南曲那样，较多迂回曲折。这些特点正适合音乐所需要反映的社会生活特点的要求。杨先生的这些结论不仅概括了当时北曲和南曲旋律进行的规律，而且对当前的音乐研究和创作都是有启发意义的。

（三）杨先生长期从事民间音乐调查研究工作，得到了重要启发和研究成果。而每一种成果又可以在纵向或横向联系方面引起对一些问题的新思考。例如：

（1）战国末年，荀子或他的门徒作过《成相》篇，全篇五十六章，每章都重复一种文字结构格式，如“得后稷，五谷殖，夔为乐正鸟兽服。契为司徒，民知孝弟尊有德”①。有显明的节奏感。杨先生根据这种章句形式和节奏，认为《成相》篇是民间至今盛行的说唱音乐的远祖。“相”是一种乐器，或称“舂牍”。这是一个合理的新见解，近年出土的汉代说唱俑可以提供实物证据。按上述《诗经》、《楚辞》已经具备丰富多彩的曲式，而《诗经·商颂》中祭祀商汤的《那》篇和《烈祖》篇，章句结构相同，最后都剩余两句“顾予烝尝；汤孙之将”，这两句都类似在歌词之外，朗诵的祝语。这也可以表明以后有出现讲唱文艺的可能性。《成相》篇只有歌诗，没有说白部分。汉代的乐府民歌都是可以唱的，也没有说白，但作品中有非常口语化的语句，不知是否为说白部分的遗迹。杨先生的见解可以说明，中国的讲唱文艺形式源远流长，到了唐代，僧侣采用这种传统形式宣传佛教，于是产生了“变文”，而不是由于变文的传入，才产生了中国讲唱文艺的形式。讲唱文艺到宋代以后更广泛流传，又转化为多种音乐文学体裁，如鼓子词、弹词等。

（2）魏晋时期形成的“相和大曲”，每曲分为两大段：第一大段称为“艳歌”，以歌为主，又分为若干“解”，标明“一解”、“二解”等。第二大段称为“趋曲”，不分解，配舞，节奏较快。“解”应当怎样解释？旧注都认为“一章为一解”，解释不够准确。杨先生将相和大曲和现在民间歌舞《二人台》作了比较研究，认为这里的解是艳歌段中两个乐曲之间的“过门”曲，奏解曲时歌唱暂停，只用器乐或用器乐伴奏着表演舞蹈。一解是第一次奏解曲或带舞蹈，

① 《荀子·成相》篇。后稷——周民族的始祖。传说曾在尧舜时掌管农事。夔——传说中的人物，在虞舜时曾掌管音乐。契——传说人物，曾任虞舜的司徒，掌管教化。

二解是第二次，余类推。杨先生还指出解的另一个重要含义，即用节奏较快的一支乐曲来调剂或补充另一主体乐曲的不足之处，如《柘枝》大曲用《急了解》之类。按：杨先生的这两种解释既有概括性，又能和其他有关音乐现象互相印证，使读者举一反三。如隋朝的宫廷燕乐“九部乐”中有《西凉乐》，“其歌曲有《永世乐》，解曲有《万世丰》，舞曲有《于阗佛曲》”；《龟兹乐》，“解曲有《婆伽儿》”；《疏勒乐》，“解曲有《盐曲》”。① 这些解曲大概都是在该乐部中常用的，有代表性的乐曲。历史悠久的西安鼓乐，学者们认为它至今仍然保存着唐宋大曲的一些遗迹。鼓乐演奏时，往往在乐谱之外，循例或即兴穿插乐段、加演变奏、加花等手法。这穿插的乐段、加演的变奏，都是和古代的解曲一脉相承的。其他乐种中也有类似情况。

（3）宋词的乐谱流传下来的不多。南宋初年，词人姜夔（白石）不但擅长填词，而且擅长作曲。他的词作有十七首的乐谱（工尺谱）传下来（其中十四首词的乐谱是他的自度曲）。杨先生对此谱研究多年，后来从五台《八大套》和西安鼓乐中，发现宋人谱式在今天的实际运用，同时又听到民间艺人生动的演奏，杨先生终于将姜白石旁谱译为现代乐谱，使长期绝唱的白石词重新被之歌喉，反映了当时作曲成就的一个侧面。

（四）杨先生对于古代曲牌的创作、再创作问题，也提出了自己的看法。他认为，对我国古代曲牌的理解，不应当和西洋音乐中具有主题思想的音乐创作等同看待。一个曲牌首次出现，总是由新的创作而来，但在流传应用时，则因传人以及社会环境、社会条件的不同，而有发展变化，在音调上的变化，有非常广阔的调度。所以历代的曲牌既有新创造，也有再创造，是我国音乐史上比较全面的经验。杨先生还说，曲牌音调的高低起伏，抑扬顿挫，常与语言的要求相一致。可见古人在表达不同内容和结合不同歌词语言的两种要求之间，曾经有过何种解决矛盾的经验。这些都是杨先生经过长期考察和自己的音乐实践，深入发掘古代音乐家积累的宝贵经验之后，所作出的结论。这些结论揭示了古代曲牌虽然不断地消失，但又不断地继承，大量地增加的事实，也揭示了古代乐曲所以具有地区特点和民族特点的一种原因，可供音乐工作者借鉴。

以上略述杨先生在中国古代音乐史研究上的重要成就，书中在资料和个别论点上也有可以商榷之处。我学习了杨先生的著作，受到很大的教益，但由于个人水平所限，理解不深或不准确，希望读者指正。

原载《音乐研究》1991 年第 1 期

阴法鲁（1915—2002），北京大学教授

---

① 《隋书·音乐志》。

实践是理论的基础

——杨荫浏学术活动的主要特色

郭乃安

杨荫浏先生在他的巨著《中国古代音乐史稿》的“后记”中总结他编写该书的心得，指出它的得失。其中一条题为“理论的基础是实践”，说明实践对理论研究（包括音乐史研究）的重要性，同时也说明由实践方面的不足而给“史稿”留下某些遗憾。

回顾杨荫浏学术活动的历程，可以明显地看出，重视实践是他治学道路的显著特色。因此，本文把他的那句话翻转来说，用“实践是理论的基础”为题。

他在这里所说的实践，自然包含了多种社会实践在内，本文所述则只限于与音乐直接相关的实践活动。

杨荫浏学识渊博，对古今中外的文化与学术有很深的修养，在诸多音乐历史与理论的学者中，他又是以重视音乐实践（特别是中国传统音乐的实践）为特色的一位。这主要表现在如下三个方面：

1. 他首先是一位音乐家，然后才是一位学者；
2. 他把深入实际的调查和学习，看做是理论研究必不可少的实践的一个重要组成部分；
3. 重视科学实验，以实验来验证理论。

一、他首先是一位音乐家，一位唱奏兼长的音乐多面手

杨荫浏从6岁开始向道教音乐家学习箫、笛、笙、胡琴、三弦、琵琶等民族乐器，11岁进天韵社学唱昆曲及琵琶、三弦、古琴等乐器，同时也向道士和民间艺人学习十番锣鼓、十番鼓（吹打）等，有很深的造诣。在天韵社的18年中，他接受了非常严格的训练，绝非一般爱好者的逢场作戏可比。

天韵社是一个历史悠久的曲社，它的特点是：1. 研究清唱；2. 曲谱累代传抄，兼用《纳书楹曲谱》；3. 必研究曲韵，习曲时必先查韵，逐字注明分韵分调；4. 严于四声豁、落、断、连之辨；5. 注意笛、鼓、三弦之伴奏技术；6. 严守师承，丝毫不容增损来自传统的唱奏技术。①

杨荫浏就是在这样一个标准高、要求严的曲社中，经过严格的训练和多方面的实践活动中培养出来的，在唱奏技艺上都有很深的造诣，可以说得上是民族音乐科班出身的音乐家。

坚实的音乐实践基础，给杨荫浏的中国音乐史和民族音乐研究的学术活动创造了极为有利的条件，使他对民族音乐中的一些理论问题能够做出独到而切合实际的解释。

先以他的深厚昆曲基础来说明：

天韵社讲究音韵的传统，不仅为他打下了音韵学的基础，也为他进一步在更广阔的范围内研究传统音韵的演进轨迹和音韵与音乐的关系开辟了道路。

在他于40年代写成的《中国音乐史纲》中，用了31页篇幅撰成了“近世期间音韵学与词曲的关系”一节文字，其中“字调与乐调之关系”部分内容，1945年曾以《歌曲字调论》为题发表在《礼乐》第1期。② 文中通过大量的实例，分析和归纳出昆曲的旋律随歌词声调的不同而存在的各种不同的进行规律，揭示出声调相同的字，因前后字声调之不同，曲调音节繁简的差异，其旋律走向亦随之而变化的运行机制，从一个特有的方面，为探讨昆曲音乐的结构特征打开了一条门路。

他通过对昆曲音韵的全面考察，对昆曲音韵的历史渊源及其音韵体系的全貌作出了系统的概括。他从元代周德清的《中原音韵》（1324）至清代周昂的增订《中州音韵》（1792前后）之间各种曲韵书谱的比较分析中，发现我国的戏曲音韵，随着戏曲中心地区由北向南转移，逐渐产生了“南音化”的倾向，从而形成了兼容古、今、南、北的昆曲音韵体系。他说：在昆曲中，“除南曲入声之字，在北曲中并入三声，与南音异读，及南音中若干浊声字在北曲中改读清声，与南曲出入之外，其余的字在南北曲中，唱法完全无异。字音不尽是北音，也不尽是南音或吴音。闭口（m）与抵颚（n）音，在吴音区域之人读来，并无区别；所谓‘南音化’了的曲韵，却都在要求区别；这是曲韵中保存了传统的古音的缘故。穿鼻（ng）与抵颚（n）音

① 杨荫浏：《中国音乐史纲》，上海：万叶书店，1952年，第235—236页。
② 杨荫浏：《杨荫浏音乐论文选集》，上海：上海文艺出版社，1986年，第93页。

在吴音区域以内，也不大区分；‘南音化’了的曲韵，却又都要求区分；这又是曲韵中包含了北音成分的缘故。在声的尖、团、清、浊，和韵的广、狭、纤、洪方面，北音与南音的相差之点甚多，而且甚是显明。现在从北方人看来，说是偏于南音的曲韵，在南方人看来，却又觉得不是南音。所以，可以说，所谓‘南音化’了的曲韵，它们的适当位置，其实是在古、今、南、北之间”①。这正是他长期昆曲演唱的实际体验和对音韵学的深入钻研所获得的认识。他的这些见解，对于我们了解昆曲音韵体系的实际有很大的帮助。在天韵社长时期的学习与实践的过程中，杨荫浏熟练地掌握了大量的昆曲曲目，直到晚年他还能背得出100多曲完整的昆曲。这样深厚的积累，使他不仅可以从昆曲和其他传谱中发现许多明代以前的遗音，而且可以借助昆曲音乐的一些经验来对某些古谱的符号作出解释。例如，他在翻译姜白石歌曲谱的时候，就是从昆曲的“豁”和“落”两种唱法中受到启发来对（ㄣ）这一符号作出解释的。这样，再加上对古琴、琵琶等传统器乐曲的积累，在他心目中，中国的音乐史就不是没有声音的音乐史（他的《中国古代音乐史稿》中大量引用的谱例，只不过是他所掌握的古代音乐实例中有限的一部分）。是他，开始使中国的音乐史向着“有声的”音乐史大大地迈进了一步。

深厚的昆曲音韵学修养也为杨荫浏的民族音乐调查研究带来极大方便。例如，他在对河北戏曲“丝弦老调”进行采访时，为了了解他们所用音韵的情况，他除了从聆听艺人的实际演唱中予以辨认之外，还通过提问，或有意地将某些字的字音或声调读错等方法，以听取他们的意见。如用北方话中的“心”、“相”、“将”、“秋”四字问艺人，它们在“丝弦老调”中唱作什么音，而他们所唱的却并不是像日常北方话里那样念作“xin”、“xiang”、“jiang”、“qiu”，而是念作“sin”、“siang”、“ziang”、“ciu”，从而判断出艺人是按照“尖音”的读法来唱这几个字的，也就证明，在“丝弦老调”的演唱中，“尖音”和“团音”是有严格区别的。这是因为他有传统戏曲音韵学方面的丰富经验，就能用这样简单的方法取得这样的效果。

1983年，他的专论《语言音乐学初探》发表，这是在他为音乐学院所作的系列讲座的基础上写成的。文中联系着音乐的实际，从语言的声韵与演唱的咬字、歌词的声调与音乐的旋律、语言的句逗与歌曲的节奏等的相互关系上，作了系统的阐述，对青年音乐工作者来说，不失为一本很好的教材。

杨荫浏对于笛和箫的演奏也是按照天韵社的传统严格地练出来的，在演奏的风门、口风、口劲以及指法等方面都有讲究，而其中最值得注意的是关于“叉口”指法的运用，它是天韵社一直保留下来的传统。所谓“叉口”指法，主要是指在笛上吹小工调的“凡”音时开第六孔和最下面的三孔（或两孔），按其间的两孔（或三孔），这样吹出来的便是低的“凡”音；②如果不用“叉口”，打开按着的孔，吹出来的便是比“叉口”吹的“凡”音高半音的“大凡”音。这种分别用“叉口”和不用“叉口”的方法在天韵社里是严格遵守的。而在其他许多地方，这种传统技艺却是已经失传了。

---

① 杨荫浏：《中国音乐史纲》，上海：万叶书店，1952年，第239页。
② 杨荫浏：《杨荫浏音乐论文选集》，上海：上海文艺出版社，1986年，第191页。

据杨荫浏的考证，“叉口”是一种古老的技法，至迟在宋代的文献中便已经有了关于它的记载。其一为陈旸《乐书》中的如下记载：“今太常笛从下而上，一穴为太簇，半窍为大吕；次上一穴为姑洗，半窍为夹钟；次上一穴为仲吕……谓用黄钟清与仲吕双发为变声（杨荫浏按此与今‘凡’音之叉口吹法相同）。”[①] 这段文字中，引述乐师语的所谓“黄钟清与仲吕双发”，即将独开最上一孔（黄钟清）和放开下方第二、三两孔（仲吕）两种按指法结合起来，便成了叉口指法。这一解释，可从另一文献宋代陈元靓的《事林广记》“附录2”中的“管色指法”表中得到旁证。兹将该表中几项相关的指法胪列如下：

六（即黄钟法）○●●●●●

大凡（即应钟）○○○○○○

凡（即无射）○●●○○●

上（即仲吕）●●●○○●

很明显，将“六”的指法和“上”的指法结合起来，便成了“凡”的指法，即今之“叉口”指法。不用“叉口”则为“大凡”。由此可见，天韵社严格区分用与不用“叉口”指法是认真地保存固有的传统。

中国的传统六孔竹笛，为了转调的需要，古代曾经采用按半孔和“叉口”两种指法来达到升高或降低半音的目的。到近代，按半孔的办法在艺人中已经失传，“叉口”指法在大多数艺人中也已经失传（或者不加区别地一概用“叉口”指法），唯独在天韵社里仍旧严格地保存着。杨荫浏的老师吴畹卿就说过：“凡”、“六”二调不“叉口”吹。[②] 不用“叉口”，“凡”音升高了半音，凡字调的 re—mi 和六字调的 do—re 都得到了恰当的大二度关系；如果一概用“叉口”，则这两个地方都会出现小二度，音阶的性质就变了。要是没有用与不用“叉口”的区别，则往往会发生自以为转调而实际并没有转调的情况。

由于杨荫浏深深懂得传统的半孔与“叉口”指法可以升降半音的作用，他主张在对传统竹笛略加改进的情况下，仍然保持它原有的六孔体制，运用半孔和“叉口”指法来解决一些转调的问题，而不必每一调去专做一支笛，那样反而会造成不便。他还给学吹箫笛的青年按兼用“叉口”与不“叉口”和半孔指法，拟定了箫笛七调指法表[③]。只是可惜，在现在的市场上，再难买到原先那种传统式的竹笛，不少民间的传统乐社，因旧有的竹笛损坏，又买不到合适的传统竹笛，而不得不放弃使用竹笛的传统。在这样的情况下，杨荫浏的这种笛上转七调的理论与实践，似乎就很难发挥它的影响了。

在昆曲与箫笛之外，杨荫浏的笙、琵琶和古琴等乐器的演奏实践，都曾经对他的理论工作产生过积极的影响。例如，在他的论文《笙—竽考》中，他通过对宋代以来有关笙的文献和实物的考察，得出了如下结论：“自宋至清，就笙上各管音高的相对关系言，大部分是前后相

① 杨荫浏：《杨荫浏音乐论文选集》，上海：上海文艺出版社，1986年，第175页。
② 同①，第178页。
③ 同①，第192页。

同，存在着继承关系，小部分是有所变动，显示了变迁情形。”① 这一结论，当然要靠对文献和实物的广泛而深入的研讨，然而，由于他有实际的演奏经验，熟悉笙管的音列和指法的规律，无疑会给他的研究以极大的便利。又如，在论文《三律考》中，他用在我国有悠久历史的阮咸、月琴、琵琶、秦琴、双清、柳琴等乐器为例，指出这类乐器都是用“相”和“品”（古代称“柱”）来节制各音的振动弦长的；每一个品，都要同时管到几条弦上的音，而且这些相或品的形式都不是曲的而是直的。用一些直形柱位来兼管几条弦上的高低不同的音，就有调和大小音程的必然要求，也就有应用平均律的要求。说明我国古代在实践中早已存在应用平均律的要求。再如，他还通过古曲《碣石调·幽兰》、宋姜白石所作琴曲《古怨》和明代琴谱《广陵散》等实例，用古琴第三、六、八、十一徽上泛音的应用，来说明我国古代也早已存在纯律的应用（对于这一点，有的学者有不同意见。但这些徽位的运用，至少会有在一定范围内出现纯律音调的可能性）。此外，他还用民间“点笙”工人在校音时，常将互成完全五度或完全四度的两管同吹，听其和谐关系的实际，来说明三分损益律在民间早已存在的事实。② 他在这篇文章中所表达的一个中心意思就是：先有乐律的实践（开始时往往只是一些粗糙的经验和审美直觉的契合），然后才有乐律的理论出现这样一个简单的道理。以上这些事例足以充分说明，丰富的音乐实践经验，在杨荫浏的研究工作中起了多么重要的作用。

二、他把深入实地的调查和学习看做实践的重要组成部分

杨荫浏从幼年开始学习传统音乐的过程，也就是对传统音乐作深入调查的过程。他在20年代编辑的两本《雅音集》，实际就是他经常参与演奏的乐曲。《十番锣鼓》一书虽然在1980年才出版，但是他很早就进行了调查、学习和搜集、整理。作者在1943年跟他学习“十番锣鼓”时，那已是一本相当完备的书了。《十番鼓》的情况也差不多，只是他后来又对它做过进一步调查和了解。中华人民共和国成立后，有了很好的工作条件，使他有机会在更广阔的范围中做传统音乐的调查与研究，如对阿炳（华彦钧）的采访和录音，河北定县子位村管乐的调查，河北丝弦老调的采访，北京智化寺京音乐的调查，京津单弦牌子曲的调查，西安鼓乐的调查，以及对一些重要的出土音乐文物的调查与测音，如信阳出土春秋编钟的测音与音律研究，“文革”后期对湖南马王堆汉墓出土乐器的考察等。每一次调查之后，都有相应的成果，或调查报告，或学术论文，或资料汇编，许多都表现出他独到的见解，具有相当高的学术价值。

1956年，在杨荫浏的领导下，音乐研究所的研究人员，组成湖南音乐采访队，到湖南省去进行音乐的“普遍调查”。出发之前，为了在思想和业务上做准备，杨荫浏特为采访队员们组织了一系列讲座。随后便把这些讲座的讲稿合印成册，名为《音乐业务参考资料十二种》保存了下来，其中10种全为杨荫浏所作。包括《记谱法提纲》、《记谱符号几种》、《音乐速度

---

① 杨荫浏：《杨荫浏音乐论文选集》，上海：上海文艺出版社，1986年，第381页。
② 同①，第394—402页。

计算表》、《管乐器按指法》、《乐器绘图法》、《工尺谱》、《工尺谱的翻译问题》、《宫调或调式问题》、《音韵学提纲》、《字调与乐调的关系》以及《乐器记谱法》中笛和敲击乐器的记谱法。一般地说，其中许多都与采访调查时的实际操作有关，其目的都是要求采访者能够对他的调查对象得到合乎实际的认识，作出合乎实际的记述，随处都贯彻着讲求实际，重“实录”的精神。但是同时，在这些讲座中，我们同样可以看到，许多地方都表现出他对问题的考虑之深入。例如，关于流水板的记谱问题，他提出将传统称为流水板的乐曲，根据它们的实际情况，分为四种类型，分别用不同的节拍符号和方式来记写。这四种不同的情况是：1. 每拍都用强音的，记作1/4拍子；2. 每拍打板，不是每拍都用强音，而节奏有定或用混合节奏的，曲首用（1/4）拍子符号，曲中依强弱区分小节；3. 每拍不打板，节奏有规则的，曲中依实际所表示的强弱区分节奏，曲首标明与分节相当的拍子符号；4. 每拍不打板，曲调用混合节奏的，曲首用“∧”符号，曲中依强弱不规则地区分小节。这说明，他的这些做法的提出，完全是建立在他对实际存在的流水板音乐节奏多样性的深刻了解上的。又如，在对管乐器的调查中，他十分强调对演奏中指法运用情况的了解，并要求用图表来说明。因为他有运用“叉口”和演奏多种管乐器的经验，知道指法所具有的重要意义。而这一点却往往为一些学者所忽视。

在关于工尺谱翻译问题的探讨中，杨荫浏基于他对实际存在的各种工尺谱的广泛而深入的了解，提出了许多重要的意见和看法。他认为，“工尺谱的音律系统，或翻译的方法，可因它演变过程所属的时代而不同，也可因它流行的地区而不同，可因它所通用的音乐种类而不同，也可因它被应用的目的和方法而不同，而在这些不同的情形之下，能帮助我们求得统一的因素，则是对于曲调的实际奏唱，实际聆听和在其中所体会到的对于音程的（全音的或半音的）及调性（音阶首音的正确位置）的感觉”。这就是说，在工尺谱的翻译过程中，弄清调性是首先要解决的问题，在依靠实际唱奏和聆听的感觉来做出判断之时，不能不对其中可能出现的复杂情况有一个清醒的考虑。在一般情况下，把工尺谱的“上”字译作“1”（do），“凡”字译作“4”（fa），可能是不会错的，因为有相当多的乐谱是依这种谱式写定的；但是，在另一个或许是更广阔的范围内，它可能是不合适的。他引了不少例证，说明这里面包含着各不相同的情况：

一种情况是，有些工尺谱原来就是移调记写的。例如，弹琵琶的艺人，对正调（小工调，D调）的指法最熟，所以往往有些不属于正调音阶的曲调是用正调形式记写的。李芳园的《琵琶新谱》中，就有将原属于尺字调（C调）的《霓裳曲》及《陈隋古曲》，与原属于正工调（G调）的《浔阳琵琶》均记成正调（小工调，D调）的情况。

第二种情况是，在表面不转调，没有升降符号的工尺谱曲调中，有时却实际包含着转调及升降半音的运用。例如，《邯郸梦·扫花》中的《赏花时》曲牌，虽全部用小工调（D调）形式记写，但第一句实际是尺字调，若与一般曲家实际歌唱的声音相核对，便可以听出，大多数有经验的曲家，唱到这里，“乙”音与“工”音，都是降低了半音唱的（这时的歌声是与笛音不和的）。虽然，为了照顾全曲大部分旋律的调性，我们不得不译作D调，但在第一句中的某些音上，我们却至少应依照歌声加上降半音符号，才合实际情况（具体谱例，见《论文选集》，第 319 页）。

第三种情况，有些乐种及有些地区的工尺谱，个别属于另外的一些不同系统，只能各自予以不同的处理。例如，山西五台一带的工尺谱，是以“尺”为调首音的“清商音阶”（尺工凡合四一上尺，其半音在凡与合及一与上之间），译成简谱便应是译“尺”为“5”的 $\underset{\cdot}{5}\underset{\cdot}{6}\underset{\cdot}{7}12345$ 音阶；西安鼓乐的工尺潜则是用“合四”等工尺字来表示绝对的音高，是一种固定唱名法的谱。它的“六、尺、上、五”四调，依次是以“六”、“尺”、“上”、“五”作为调首音的四个新音阶；翻译时六调应译“六”为“1”，尺调应译“尺”为“1”，上调应译“上”为“1”，五调应译“五”为“1”。在谈到河北定县一带的管乐曲谱时，他说它是以“六”为调首音，并以之为转调的关键。但根据艺人们口头的说明及他们在笙上、管上所吹奏出来的各调音阶中各音的高低，则半音是在“乙、上”与“工、凡”之间。这似乎与汉魏以来的清商律，所谓“以商为主”的“清调”（据《魏书・乐志》所载陈仲儒的话）相合，也与宋人所谓“变徵——于十二律中阴阳易位”和“变宫”为“七声所不及”（据蔡元定《燕乐新书》）的说法有关系。他还用下表来予以说明：

工尺字谱	合	下四	四	下一	一	上	勾	尺	下工	工	下凡	凡	六
清商音阶	商		角		变徵	徵		羽		变宫	宫		商
宋俗乐音阶	宫		商		角	变		徵		羽	闰		宫
管乐工尺谱音阶	六		五		乙	上		尺		工	凡		六
译简谱	$\underset{\cdot}{5}$		$\underset{\cdot}{6}$		$\underset{\cdot}{7}$	1		2		3	4		5

他之所以要把这个管乐工尺谱音阶和前面两种音阶联系起来，似是考虑到在运用这种音阶记写的音乐中，有可能存在实际应是属于上述两种音阶中之一的情况。如果是这样，按照他关于古音阶与新音阶都应该将宫音译作“1”，而不应因古音阶的半音在第 4—5 与 7—8 音之间，和从“4”开始的音阶相合，便把“宫”译作“4”的意见，就应该分别将处在“宫”音位置上的谱字译作“1”，将处在“变徵”和“闰”音位置上的谱字分别译作“$^{\#}4$”和“$^{\flat}7$”。这是通过一个具体的实例，说明有可能出现的类似的复杂情况。

以上这些情况说明，把工尺谱翻译成简谱，首要的问题是确定调性，而调性的确定，主要依靠实际聆听或唱奏的感觉和经验，同时也需要向艺人作深入的了解，并运用自己的知识，仔细地研究乐谱，才能较好地完成译谱的任务。

以上所介绍的，仅仅是他对翻译工尺谱问题的看法的一部分，无疑对工尺谱翻译的实践有重大的指导意义。它同时也给我们启示，在为数不少的工尺谱文献中，还有可能遇见别的复杂情况。

这里不可能对杨荫浏在系列讲座中所讲内容作全面的介绍，联系前面谈及的一些内容，无不表明他数十年从事传统音乐的调查与研究中积累的丰富经验，为提高民族音乐调查研究的科学水平作出了贡献。

杨荫浏丰富的民族音乐调查经验，还对他的研究工作发生重要的影响。例如，他在对山西五台山笙管乐和西安鼓乐进行采访的过程中，发现他们现在使用的乐谱中，还保留着宋代的谱字模式，从而为他翻译姜白石歌曲谱的工作，提供了重要的参考依据。然而，杨荫浏远没有对他的调查活动感到满足。在《史稿》的“后记”中，他不无遗憾地说：“我的另一个缺点，就是实践不够，理解不深，太多依赖书本知识。比如，西秦腔结合了其他一些地方音乐，形成多种梆子腔；弋阳腔便于与各地方言相结合，形成多种其他地区的高腔，我虽然是这样说了，但自觉空疏得很。我心里有数，若要能写得结实一些，我应该再花上几年时间，到甘肃、陕西、山西、湖南、四川等地去与当地群众相处一些时间，研究其方言，其音乐美化语言的方法，其特殊的音乐语汇，熟悉一些梆子戏，才能有更好的发言权，能写得更具体一些，深入一些。”他的这段意味深长的感慨，使我这样实践基础薄弱的人感到，它好像是对我的教诲或鞭策。

三、重视科学实验，以实验来验证理论

杨荫浏是一位富于科学精神的学者，这种精神不仅表现在一般的研究工作中，尤其表现在乐律学和乐器改进的研究与实践中。

1. 乐律的运算

乐律问题是中国音乐史上一个令人头痛的问题。在中国的历史典籍中，保存着大量关于乐律问题的史料，其中既有合乎科学的，也有许多荒谬的东西。为了把这两者分辨清楚，就必须运用现代科学的成果，通过精确的运算，才能得出可靠的结论。为此，杨荫浏付出了不少精力，吸取现代音乐声学的经验，运用数学公式，对中国音乐史中所有关于乐律的重要数据都进行了不厌其烦的验算。那时没有电子计算机，他是在计算尺和对数表等极简单的辅助手段下进行艰苦的运算的。

1937 年，他发表了第一篇乐律学论文《平均律算解》。在这篇论文中，他先对中国历史上先后出现的几种类似平均律的尝试，包括刘宋时何承天的“新律”（或称“三分损益均差律”），隋代刘焯的“等差管律”和清代江永的“等律”，逐一进行数学验算和理论分析，并作出相应的评价，然后再对朱载堉的“十二平均律”（包括“平均弦律”和“异径异长之平均管律”）进行了深入细致的运算和分析。40 年代初，在经过抗战初期的流动生活之后，他曾用较多精力从事中国音乐史（包括乐律史）的研究，于 1944 年完成了他的重要著作《中国音乐史纲》，并在这一过程中，先后完成了《音准及量音尺》（1941）、《钱乐之三百六十律音程比较表》（1941）、《乐律比数表四种》（1942）、《弦乐定音计述略》（1942）等一些预备性的研究。在《中国音乐史纲》中，他对中国音乐史上重要的乐律史事，都用经过验算的数据来予以解释或作出评价。他正是通过如此大量的验算和分析，给中国乐律史上一些疑问作出合理的解释。

例如，对于周代的三分损益律，他根据对当时尺度的考订，按三分损益的生律法，分别就弦律和管律（未加校正）作实际运算，将两者所得频率与音分值进行对比。他说：“若根据实

际测听，则略有音高感觉者，谁都可以听出，合于这种算法的弦律音阶，相当好听；而合于这种算法的管律音阶，则很是难听。”所以他说：“古人最初选得十二律的时候，所凭借的，是求悦耳的直觉，很难想象他们会舍了弦律，而从管律求得三分损益的算法。”① 力主三分损益算法实始于弦律之说。

又如，对于何承天的“新律”，人们（包括“精究音律”的刘复在内）往往弄不明白，何承天究竟根据什么道理算出他那与“旧律度”不同的“新律度”的？杨荫浏经过分析和验算，不仅弄清了它的算法，而且还校正了文献中一些讹误的数据。他说：“其实何氏不过因中吕上生黄钟，其数不及，故将此不及之略数，平均分配，依相生之序，自林钟以下，递加于十二律间，至中吕再生黄钟，适成九寸。其林钟以后，各律所递加之数：林钟加一厘许，太簇加二厘许……中吕还生之黄钟加一分二厘许。盖旧律中吕上生之黄钟八寸八分八厘弱，与黄钟九寸相较，其差为一分二厘强。将此一分二厘之略数，平均分配于十二次相生之间，各多加一厘许也。”② 揭示出“新律”数据产生的来由。

还有一些类似的例子，这里就不一一列举了。

2. 测定音律的实验

杨荫浏的乐律研究，除用数学验算之外，还运用简单的方法进行音律的测试或检验。例如，对于一支竹笛的音律的测定，他曾经作了如下的叙述：“至于我的实验，则穷得可怜，我非但没有最新式的测量频率的机械，而且，连一个较精密的单弦音准都置办不起。我所利用的，不过现成的古琴琴弦与其徽位而已。我将六弦七徽的泛音，调和笛上小工调的‘合’音；听了泛音，配合按音，得七徽按音弦位的改正长度；又同样在四徽上得改正长度，然后请别人吹笛，我按琴弦，.用按音配合笛音，得各音的按音弦度，最后根据改正弦度，计算音分。用这种穷方法，所得当然难望其十分精密，但至少也能接近精密，而比仅借听觉的辨别，要靠得住的多。”③ 他就是用这样简陋的设施来完成他的科学实验的。

对晋代“荀勖笛律”的检验，则是另外的做法。他一方面按荀勖的方法，将其所用晋前尺换算成米制，取得数据；同时，又依现代管律算法，在加入管口校正数后仍用三分损益法算出数据。两相比较，除五位小数微有出入外，可谓完全相同。证明“在第三世纪之末，荀勖在实际上已应用了管口校正”④。另一方面，他还根据荀勖的方法所算出的数据，做了一支荀勖黄钟笛，经试听，觉它的音阶接近准确；又听它的第一孔宫音，觉得比 g^1 稍低，而恰与荀勖的黄钟律相合。这样一来，就由实验进一步证明了荀勖在实际上已经应用了管口校正的事实，也肯定了“荀勖笛律”在历史上的地位。

前面曾经提到，杨荫浏为了说明三分损益律系产生于弦律而非产生于管律，曾将按三分损益的算法，分别在弦上和管上所得之数据，予以比较。后来，他为了说明三分损益管律之不科

---

① 杨荫浏：《中国音乐史纲》，上海：万叶书店，1952 年，第 75、79 页。
② 杨荫浏：《杨荫浏音乐论文选集》，上海：上海文艺出版社，1986 年，第 26 页。
③ 同②，第 184 页。
④ 同①，第 160 页。

学，又设计了做实验用的三组律管，每组包含4、5、6、7，1、2、3、4一个八度内的八音；以第一组代表古来的三分损益管律；以第二组代表三分损益十四管律；以第三组代表经过了管口校正的三分损益管律。各律管的直径都是8.73毫米，三组分别按照各自的律制，从相同的黄钟律管长度232.25毫米起，算出其余七支律管的长度（原文俱载三组律管长度数据），然后按算出的长度和管径，做出三组不同的律管。这样，就可以通过实际吹奏和检测，来证明三分损益管律之不正确。①

以上这些实验都是在没有现代科学仪器的条件下，用相当简单的办法来完成的，虽不是很精确，但颇能说明问题。

3. 改进乐器的试验

对于传统的箫笛乐器，他认为，为使多种国乐器合奏能够谐和起见，必须改制。他的办法是："从高音部分三孔的位置略移，改正音高，求合等律；低音部分三孔，除将位置略移外，又将中间一孔的直径加增，使三孔距离，仍保持相当平均的情形——因为这三孔若不平均，则按指在技术上，很是别扭；目的在使民间乐人，不觉得技术方面有何不便或不惯的情形发生。在外表上，改制的六孔箫笛，仍和原有的箫笛不差多少，只是尾部不按的出音孔方面更改一些，在近尾处另开两个系绳的孔，以除去原来因系绳孔（同时为主要的出音孔）与音高的关系过于密切时，常易发生的音高和音色上的改变。"② 他的这个改制方案，是经过无数次的试验和修改，然后提出来的。如果能照这个方案予以实施，原有六孔箫笛的音律状况当会得到有益的改善。

杨荫浏对乐律的运算与实验是严肃认真、一丝不苟的，但是，他却认为"在音律上，并不要求纯而又纯，而可容许一定限度音差的存在。一定限度音差的存在，非但无害于音乐的表达，反而有助于加强音乐的表现性能"。关于异律并用问题，他也说："异律并用究竟好不好？1. 人耳辨别音高的能力并不是十分精密…… 2. 音差有着刺激作用…… 3.（在某种情况下，乐器）发音太准，音色不够丰富，表现力不强……要求乐器包含音差。4. 比较理想的钢琴定弦法，是将高音区部分，随着音高上升，逐渐增加拍音，在低区部分，随着音高下降，逐渐减少拍音。就是说，为了满足感官的要求，在一定程度上，有意违离了准确的平均律，而在高低音区之间造成音差之矛盾。参考这类情形，可知在音乐实践中间，一方面虽然要求音律上相当准确，另一方面又并不要求纯而又纯，而且要求有一定的音差存在。这里并不是一个简单的准确与差误的问题，而是一个比较复杂的辩证统一的问题。在这种情形之下，律制之间的差异，便成为不很重要，而容许异律并用，便有其充分的合理性"。他的这些意见，对于我们如何看待音乐实践中出现的乐律问题，具有重要的指导意义。

以上所述，不过是作者学习杨荫浏的有关著述中所接触到的一些情况，由于对他的著作未能全部认真而深入地仔细研读，难免遗漏许多重要的意见；也由于自己的认识水平有限，未能

---

① 杨荫浏：《杨荫浏音乐论文选集》，上海：上海文艺出版社，1986年，第390—392页。

② 同①，第191页。

领会其中的意义，把许多有价值的东西给忽略掉了。因此，很可能是片面的，不准确的。但是，尽管如此，杨荫浏重视实践，勤于实践的学风，却是我十分敬佩的。他，作为一位孜孜不倦的中国音乐史和民族音乐的学者，能够不满足于只向书本里讨生活，而倾心于音乐的实践，到无限广阔、无穷无尽而又无比生动活泼的民族音乐的大海中去调查、学习、探寻、挖掘其中的无价之宝，从而将对中国音乐的历时的与共时的研究结合起来，互为补充，互相促进，为中国音乐史和民族音乐的研究打开了门路，开创了局面。就他自己来说，他始终认为他所做的，距离他所希望的，还有很大的距离。就我们的音乐学术事业来说，也可说是方兴未艾，许许多多的工作期待着众多学者去完成。杨荫浏的学术成就，他的心得、经验，无疑可以为我们提供某些启发或者借鉴。

（本文据 1997 年一次学术报告写成）

郭乃安，生于 1920 年，中国艺术研究院音乐研究所研究员，曾任副所长

杨荫浏先生和中国的民族音乐学

黄翔鹏

1984年2月25日，中国音乐界震惊地获悉：国际知名的中国民族音乐学家、音乐史家、乐律学家、八十四岁高龄的杨荫浏先生因病逝世了。

先生对于当代的民族音乐学，既是一位博大精深、见识卓著、享有盛名的学者；在本门学术史上更是一位继往开来、影响深远的桥梁式人物；他亲手开拓的许多新的研究领域，在我国当代民族音乐理论中，也正处在方兴未艾的时候。

“五四”以来的民族音乐人物中，并驾齐驱，在发扬中国音乐文化的古老传统方面作出了重大贡献的巨擘，首推王光祈、刘天华和杨荫浏先生。王、刘分别在民族音乐理论和民族音乐的创作与演奏方面建立了开创之功，不幸竟以盛年谢世；只有荫浏先生进入了社会主义时代，得以沐浴新中国的阳光雨露，接受新的思想影响，享有更优越的工作条件，取得了更高的学术成就。

先生对于中国民族音乐学的贡献，是民族音乐研究、史学、乐律学诸方面的全面贡献。他在社会主义条件下的新创成果，则有亲手开拓的古谱译解工作、古乐器考古与测音工作、传统音乐的普查（以及单项的深入调研）工作，民族乐器改革工作以及“语言音乐学”的创立等。这其中当然必不可免地包含着新中国音乐界有关领导与集体的功绩，包含着同代学者和学生们以及追随者的努力；但是开辟草莱，毕竟多出于先生的开路、建言、筹划直至个人独立的科研成果。先生在民族音乐学方面的历史作用，必将随着时代的进展，而显露其深远的影响。距离此时此刻的时间愈远，愈将看出这种历史作用的真切。

一、桥梁作用

中国的近百年文化史，从封建社会发展到进入社会主义时代，其间极为短暂，不像欧洲那样经历了长时期的、采用现代方法来整理古代文化的阶段。具体到音乐方面，清末早已出现古乐失传问题。古、今之间的鸿沟加上中、西之间的隔阂、脱节现象就更为严重。五四新文化运动时期，凡关心民族音乐文化的仁人志士，都曾看到这一危机。为之大声疾呼，并且身体力行、投身于民族音乐理论事业的学者之一，就是王光祈先生。王光祈先生和杨荫浏先生对于中国民族音乐学说来，同为历史桥梁人物，也有他们的区别：杨荫浏先生搭这座桥是选择了民族音乐的基地，扎根于中国传统、浸润于民族音乐的艺术实践中，在古、今、中、西之间架起了宏伟桥梁的。殊途而同归，王光祈先生从引进欧洲的民族音乐学研究方法开始了他的未竟事业；杨荫浏先生则从传统的基地出发，为后来学子准备好了康庄通途。

先生从事这件艰巨的建桥工作，是在“五四”以来、各种见解极其分歧、中西学术各持一端的情况下进行的。即使在新中国成立后，民族音乐建设事业中、思想认识大体趋向一致的情况下，仍不免遇有不被理解的时候。先生生前一次妙语，充分反映出了他的“牢骚”。他曾对学生讲玩笑话：“有些老先生常把我当做‘洋鬼子’；你们这些洋学堂学了音乐的，又把我当‘老封建’、‘老古董’。我这一辈子，命中注定受你们两种人的夹板气。”

先生戏谑地称之为“洋”、称之为“古”的两种倾向，当然早已不像五四时期那样缺乏共同语言、不相为谋的了。但仍反映出两种学术体系、两种基本训练的遇合在探寻社会主义的民族音乐的新的创造之中迫切需要互相沟通、进而在取得共同语言的基础上达到出入于中西两种理论体系的透彻理解。这就不但要使民族音乐理论从各种封建迷雾与历史阕隔、文献障碍中解放出来；还要在应用现代音乐理论来整理、研究、解释中国传统音乐的时候，打破洋框框，从欧洲理论的民族局限中解脱出来。

杨先生在民族音乐学方面的历史作用，类似于一个通晓西医基本理论的老中医的作用。中国民族的音乐学面临的历史条件，在某种程度上很像中医、西医间在医学理论问题上的历史境遇，而又更有一重困难。现代医学理论属于自然科学领域，它的一般理论能够摆脱民族局限，反映出客观存在的普遍真理；属于社会科学领域的现代音乐学，在普遍接受世界上各种民族文化体系及其音乐实践的检验以前，却不能与之相提并论。解决问题的重要途径，既在于历史唯物主义与辩证唯物主义的学术思想，也在于我们必须尊重民族音乐的艺术实践，把民族音乐理论工作牢固地建立于民族的基地之上。

杨荫浏先生就是在这一历史条件下应运而生，并且全面发挥了桥梁作用的中国民族音乐学家。

二、植根于实践

先生在治学思想上的一个最主要的特点是植根于实践。

五四时期的杨荫浏先生已经被公认为“天韵社”的最后一代传人。这是一个在传统声乐器乐上严格讲究传统技艺的传授，又严格讲究词、曲音韵的、可以溯源到18世纪的音乐社团。先生从少年时就在这个古老的乐社中通过艺术实践为日后的民族音乐理论事业，打下了功底深厚的基础。这一点已非仅从书本中讨生活的学者可比，但先生更不曾自守门户、故步自封地只以天韵社的古典音乐为限；而是从家乡十多岁的小道士到久历沧桑的艺人阿炳，他都从而学习；自文人学士的古诗吟诵到琴家的演奏，自民间的丝竹乐、十番鼓、十番锣鼓、河北吹歌到北京智化寺、山西五台青黄庙等寺庙音乐，自品种繁多的戏曲音乐到说唱音乐；或潜心学习、搜寻，或深入调查研究，并为之付出了毕生精力。其中只以经先生整理、记谱、汇集出版的材料来看，当代已经找不到第二个这样的民族音乐专家能这样独具广阔的视野，并在民族音乐界产生这样重大的影响。

先生从青年时代以英文写作第一篇《中国音乐史概要》的论文，从在哈佛燕京学社任研究员讲授中国音乐史时开始，已经立志要把中国音乐史从文字的历史中解放出来，使之成为富有实践意义的、谱例宏富的历史。从40年代写作的《中国音乐史纲》到近年出版的《中国古代音乐史稿》，先生已在这一方面作出了重大贡献。

先生在民族音乐研究方面提出的许多创见也是发自音乐实践的产物。实践出真知，使他不为传统理论所惑，远在20年代就提出了第四级为纯四度的音阶是一种客观存在；至今学界沿用的古音阶、新音阶的命名即出自先生此说之创始。先生闻名中外的、对于南宋词人姜白石旁谱的翻译，得力于他对西安鼓乐的古谱研究，这更是通过存活着的民族音乐实践，从而解决古代疑难问题的一个范例。

先生研究古代乐律以及民族乐器的改革问题更是以躬亲实践作为基础的。为了研究晋代的荀勖笛律，明代朱载堉的异径管律，他亲手制作律管从事实验，而不是把律学研究限制在文献与数学计算之中；为了解决横笛制作的音准问题，他学习民间的制作经验，总结出尺寸数据的计算方法，把它传授给乐器制造的从业人员；诸如琵琶品位的排列问题，也都通过自己的实践，制成图表而使乐器工厂便于使用。

杨先生直到暮年以及八十高龄的时候，还惋惜自己的身体情况不宜远出，深以未能远去甘肃调查“西秦腔”问题为憾。先生培养民族音乐研究的人才，首先强调的是“不入虎穴，焉得虎子”，要求学生们详尽占有全部资料，要求熟练掌握调查工作中的有关技能，要求通过记谱、唱、奏直至把音乐背诵在心，要求学生进入研究阶段时必须根据实践的需要来确定选题。这些方面实在都是他毕生经验与务实精神所在。

三、暮年的新境界

吕骥同志悼念先生的一篇回忆文（载《人民音乐》1984 年第 4 期）中，详细记述了杨先生勤奋于思想学习的动人情景。世界观的深刻变化在先生暮年学术著作中，已经反映出这种勤奋学习的丰硕成果。

仅以八十高龄以后的两篇律学论文《管律辨讹》与《三律考》为例，文中几无一处引经据典，却又无处不浸润着《实践论》与《矛盾论》的思想。先生这两篇专论虽极简洁，却是毕生研究传统律学的总结。其魄力之宏大，在国际上现有的“音乐声学”著作中，应为提出了全新论点的创说。中国的管律，垂数千年历史，典籍相传，历代因袭旧说，国际学者对此也备极尊重而从无异词；独有先生能立足于《实践论》的思想，积平生实验所得，批判地审查了历代文献记载，指明讹误，破除了传统成见。《三律考》则有更高的思想境界。它公开宣示：客观的音响世界，本来面目就是一个矛盾的统一体。在音乐实践中其实并不存在纯而又纯的三分损益律，纯而又纯的纯律；甚至在人为的平均律的实践中也不存在绝对平均的比率；音乐实践中对于律制的应用，常是多种律制的矛盾的统一。先生提出的这个最新的观点，也是民族音乐学的历史发展过程中出现的一个新的信号。由此将要触及中国传统乐律学史的一系列课题的重新研究，并将深远影响于现存传统音乐的乐律型态研究；因之，还将进一步影响及中国的民族音乐学对于东方古国各民族音乐进行重新研究，使我们不能只以引用国际学术界的现成结论为满足。

基础理论的突破，必将带来极大的影响。

暮年的杨老，独独选取了不为多数学者注意的两个律学课题，以合计不足一万五千字的篇幅来总结平生所学精粹，此中实有深意存在。他的透辟分析区别于前半生学术著作之处，实在是来源于世界观的变革。

杨老在《中国古代音乐史稿》的“后记”中语重心长地提出了历史唯物主义与辩证唯物主义的学习与掌握的问题，提出了理论与实践的关系问题，意在总结平生治学经验，抓住了世界观与方法论问题的要点。先生遗憾地自认不足之处，也正是他寄厚望于后来者之处。后进者应当把它看做先生遗言，继续他在民族音乐研究、中国音乐史学、传统乐律学各方面的建树，为建立中国的、马克思主义的民族音乐学而奋斗。

原载《音乐学习与研究》1985 年第 3 期

黄翔鹏（1927—1997），中国艺术研究院音乐研究所研究员，曾任所长

民族音乐传统接力赛的健将

——音乐史学家杨荫浏

华蔚芳　伍雍谊

杨荫浏曾经把发展民族音乐事业比作接力赛跑，要继承前人创造的成果，并努力使它发扬光大。他本人就是这场比赛中的一名长跑健将。

1899 年 11 月 10 日杨荫浏生于江苏无锡县城一个清贫的书香世家，5 岁入私塾读十三经、唐诗等，青少年时期继续攻读中国古典经史及诗词，打下了中国历史与传统文化的坚实基础。

杨荫浏自幼喜爱音乐，启蒙老师是邻居的道教小乐手颖泉。他 6 岁每天放学回家后，就与兄荫溥向颖泉学习演奏箫、笛、笙和胡琴，并抄得一些工尺谱记的民间器乐曲，学到不少民间乐曲。11 岁插班考入无锡东林小学，15 岁毕业。1910 年颖泉转到城外道院工作，他的音乐学习中断。不久有一班道士来他家做法事，兄弟俩向他们请教，道士们推荐技艺最好的阿炳教他们，杨荫浏又向阿炳学习弹奏琵琶和三弦。杨荫浏的父亲不愿儿子经常与吹鼓手们厮混，为了满足他对音乐的爱好，1911 年让他拜无锡“天韵社”的昆曲清唱名家吴畹卿为师。他从吴畹卿学唱昆曲（以演唱官生为主）及演奏琵琶、三弦、箫、笛等乐器。到 1923 年赴上海求学前，他学会了 90 多出昆曲、13 套琵琶大曲和近百首小曲。由于他在昆曲演唱和器乐演奏上表现了卓越的艺术才能，被公认为吴畹卿晚年的得意门生。1926 年吴畹卿弥留之际，将自己亲手抄录的《天韵社曲谱》和自用的紫檀木三弦传给了杨荫浏。

在此期间，杨荫浏还向堂姐夫章蕴宽学弹七弦琴，向道家乐手们学习演奏十番鼓与十番锣鼓等民间器乐曲。对中国古典音乐和民间音乐长期而广泛的学习和接触，使他获得了丰富的民族音乐知识和多方面的演奏演唱技能，也使他对民族音乐产生了深厚的感情。

杨荫浏10岁时偶然见到了在无锡的美籍基督教传教士郝路易女士（Louise Strong Hammond）。郝路易有良好的音乐修养，她很赏识杨荫浏的音乐才能，自愿向他传授西洋音乐知识。于是杨荫浏从她学习英语、普通乐学、唱歌和弹奏钢琴。杨荫浏教她学习音韵和昆曲。成年后，郝路易给他讲授和声、复调、作曲法等西洋作曲技法知识。在郝路易处阅读的英文音乐书刊，进一步开阔了他的视野。由于对西洋音乐的学习和了解，使他具备了中西音乐两方面的知识，成为以后他从事民族音乐研究工作的良好条件。

1916年秋杨荫浏入无锡省立第三师范学校学习，1921年以优良成绩毕业。1923年9月，杨荫浏入上海圣约翰大学经济系学习，曾任该校国乐组组长。1925年上海“五卅”惨案发生后，由于圣约翰大学的美籍校长侮辱中国国旗，不准中国学生参加爱国运动，全体中国师生五百多人集会宣告脱脱离圣约翰大学，后来在社会人士的支持下，创办了上海光华大学。杨荫浏当时到处奔走呼号，宣传爱国主张，是“离校运动”的中坚分子。为了激励群众的反帝爱国热情，杨荫浏采用原配有元代萨都剌作《满江红·金陵怀古》词的曲调，配上岳飞的《满江红》词，在光华大学及由他担任业余音乐辅导的交通大学、南洋学会和海澜英文馆印发教唱。由于该曲高度的爱国主义精神，立即受到学生、群众的欢迎，迅即传遍全国。

1926年2月杨荫浏因家庭经济困难，辍学返回无锡老家。先后任辅仁中学、县立中学、荣氏女校和私立工商中学教员，继续参加“天韵社”的音乐活动。后赴宜兴县任宜兴中学教员，曾指导宜兴协和曲社演唱昆曲的活动。

杨荫浏于1920年经郝路易的引导加入基督教中华圣公会为教徒。1929年秋他应中华圣公会之聘，担任编辑赞美诗的工作，编成《颂主诗词》一册。1931年4月中华圣公会、中华基督教会、美以美会、华北公理会、华东浸礼会、监理会6个基督教组织决定联合编辑赞美诗歌集，成立了联合圣歌编辑委员会。杨荫浏任编辑委员及编委会总干事，先后在南京、杭州、北平、上海等地参与此歌集的选曲、译词、作曲及出版工作，直至1936年3月《普天颂赞》圣歌集出版。

1936年4月，杨荫浏应邀到北平担任哈佛燕京学社音乐研究员，同时在燕京大学讲授中国音乐史。1937年暑假返家乡无锡。抗日战争爆发后，他辗转到昆明，1941年春转赴重庆，任教育部音乐教育委员会委员。

1941年9月杨荫浏被设于重庆青木关的国立音乐院聘为教授，兼任研究室主任。抗战时期物质条件极端困难，教学设备和教材非常缺乏，他一方面为教学的需要自编教材，并亲自刻写交付油印；另一方面仍坚持研究工作。他编印的教材有《国乐概论》、《笛谱》、《箫谱》、《三弦谱》、《音乐物理》等多种。1944年设于重庆北碚的国立礼乐馆聘杨荫浏兼任编纂及乐典组主任。

抗日战争胜利后国立音乐院和国立礼乐馆迁南京。1947年国立音乐院复课，杨荫浏仍任原职。同时在金陵女子大学音乐系兼任《中国音乐史》课程。在国立礼乐馆之兼职至1948年该馆关闭时止。

1949 年 4 月南京解放。1950 年 3 月杨荫浏随国立音乐院迁天津。任中央音乐学院教授、研究部研究员兼古乐组组长。

1953 年杨荫浏到北京，参与筹建民族音乐研究所的工作。该所成立后他任副所长。1961 年该所改名为中国音乐研究所，他任所长。“文化大革命”中杨荫浏被迫停止工作，后去文化部“五七”干校。1972 年被调回北京。1973 年任国务院文化组文学艺术研究所（后改名中国艺术研究院）顾问。

杨荫浏曾先后被选为中国音乐家协会第 1 至 3 届理事会常务理事，并任音协民族音乐委员会主任。1959 年任音协书记处书记。曾被选为中国文联第三、第四届全国委员会委员、中国人民政治协商会议第 3 至 6 届全国委员会委员。

1984 年 2 月 25 日，杨荫浏因病在北京逝世，终年 84 岁。

中国民族音乐学园地的垦荒者

19 世纪 20 年代以前，我国民族音乐学这一领域还是一片未开垦的处女地。20 年代以后才有一些有志之士闯入这片苍茫原野，逐渐开拓出我国民族音乐学的园地。杨荫浏是这片处女地上的一位硕果累累的垦荒者。

青年时代，杨荫浏作为一个音乐爱好者，长期的业余音乐学习和音乐活动实践，使他积累了比较丰富的民族音乐知识。1921 年他就抄录、刻印、出版了《天韵社曲谱》6 册。1923 年出版了经过收集整理的民族器乐曲《雅音集》第一集，这是他最早收集、整理民族民间音乐的活动。1925 年至 1926 年他在无锡《锡报》发表《天韵杂谈》等介绍天韵社及阐述关于昆曲的角色、演唱方法、伴奏等方面的一系列短文。这是他对民族音乐进行理论研究的开始，当时主要还是从爱好和兴趣出发。到了 30 年代，特别是 1936 年他在哈佛燕京学社任研究员，选择了音乐工作这一职业以后，民族音乐学的研究才成为他自觉的行动。

1942 年杨荫浏发表了《国乐前途及其研究》①，阐明了他对中国民族音乐的发展及研究工作的意见。他认为长期历史发展形成的民族音乐传统这一客观存在，是我国民族音乐继续向前发展的基础。“现在所需要我们努力的是接力赛跑式的努力，从跑来的人手中，接了标志，才能继续向前。”“国乐的充分发展，必须在与世界音乐经过极度融化之后，才能达到它应有的程度。”正是为了民族音乐的发展前途，他在文中提出了对我国民族音乐的历史与现实进行全面研究的设想，归纳如下：

1. 探寻、研究古籍中有关音乐的材料，并做到“条贯叙述”。
2. 运用考古学知识，从古文字、古器具、古画中探索有关音乐的材料。

---

① 刊《乐风》第二卷第四期，第三卷第一期、第二期（1942—1943 年出版于重庆）。又刊于《中国音乐学》1989 年第 4 期。

3. 收集、记录民族器乐曲、歌曲。

4. 收集民族乐器，运用音响学、律学知识加以研究、仿制、测听、改良。

5. 对民族音乐的各类乐曲、歌曲进行分析、比较、归纳，“为民族音乐拓开明白清楚的作曲途经”。

6. 将民族音乐的古乐谱译为现代乐谱。

7. 研究诗词文学、音韵学与音乐的关系。

8. 研究各地区人民原有的音乐文化背景，由此寻求合理的音乐教育方案等等。

杨荫浏说过：“我们在国乐方面，现在与较近的将来所不得不做的，是搜罗、分析、比较、归纳等功夫。”① 早在青少年时代，他就开始收集、抄录民族音乐材料。在他选择了从事音乐工作的道路以后，就更加注意收集民族音乐的工作。1937 年夏他休假返回无锡时，在道家友人朱勤甫等的协助下，搜集了苏南民间器乐曲谱数十本，经过仔细研读之后，他集中了不同谱本所反映的民间艺人各家的长处，整理成《梵音谱》、《锣鼓谱》二种手稿。同年秋再经过整理定稿，并将定稿的曲谱赠送朱勤甫一份。后来经他整理的曲谱成为无锡一带道家通用的曲谱。建国以后，杨荫浏分别以《苏南吹打曲》（后改名《苏南十番锣鼓》，与曹安和合编）、《十番锣鼓》的名称出版。他在每种曲谱前，都写有这种乐曲的历史源流、艺术特点、所用乐器情况以及演奏技术的要求的文章。又如 1947 年至 1950 年他在南京期间，每星期日邀请南京清溪琴社的古琴家到国立音乐院他的住地弹奏琴曲，由他听写记录。他试用五线谱记录琴曲，并参照传统琴曲谱在五线谱上注写减字谱。其目的是想寻求沟通古今记谱法的途径，以便使传统琴曲能流传后世。至 1950 年初为止，他记录了各派琴曲 60 多首，编成手稿《琴荟》5 册。1956 年他和古琴家侯今吾合作整理编辑，并由音乐出版社出版的五线谱《古琴曲汇编》中收了《琴荟》中的 16 首琴曲，这是古琴艺术中有史以来第一本公开出版的用五线谱记写的古琴曲谱。它使古琴界以外的广大音乐工作者都能通过它了解古琴音乐，结束了对天书般的琴曲古谱只能望洋兴叹的时代。

1950 年初适逢河北省定县子位村管乐队被邀请来天津中央音乐学院演出。杨荫浏为这种过去未曾接触过的北国民间音乐所吸引，立即兴致勃勃地投入了对这个管乐队的采访记录工作。后来经过整理和研究，和曹安和合编了《定县子位村管乐曲集》，于 1952 年公开出版。这是我国民族音乐学发展历程中，对民间音乐作专项采集的一个具有开创性意义的范例。

1950 年夏杨荫浏采录阿炳（华彦钧）演奏的乐曲，对我国民族音乐的发展产生了广泛的影响。在学院的支持下，这次配备了当时在国内最先进的工具钢丝录音机。杨荫浏和曹安和合作，录了三首二胡曲和三首琵琶曲。年底阿炳去世后，杨荫浏与曹安和、储师竹共同整理编辑了这六首被抢救下来的乐曲，题名《瞎子阿炳曲集》，杨荫浏为此写了介绍阿炳及他的作品的文章，于 1952 年由上海万叶书店出版。1954 年音乐出版社再版时增加了黎松寿介绍阿炳二胡技艺的三篇文章，并改名为《阿炳曲集》。后来这些作品受到民族器乐演奏家们和广大听众的

① 杨荫浏：《国乐前途及其研究》，《中国音乐学》1989 年第 4 期。

喜爱，其中的二胡曲《二泉映月》、《听松》和琵琶曲《大浪淘沙》成为国内国际驰名的乐曲。由于这次活动，使一直埋没在茫茫世尘中的优秀民族音乐演奏家、作曲家阿炳被音乐界和人民群众知晓，并且享誉国际乐坛。

1956年杨荫浏率领本所14名研究人员，联合湖南省有关人员近百人，对湖南44个县的古代音乐与各类的民族民间音乐，进行了普遍与重点相结合的调查，历时74天。收集到大量的乐谱、图书、文字、录音、照片、乐器资料。堪称是我国民族音乐发展史上的一次壮举。

杨荫浏一生采集、整理成专辑的民族音乐材料（包括与别人合作的）共31种。其中公开出版的有《单弦牌子曲选》（1956）、《关汉卿戏曲乐谱》（1959）、《西厢记四种乐谱选曲》（1962）等18种。

杨荫浏在民族音乐学方面的成就之二，是在古代乐谱研究和翻译方面所取得的成就。1938年他在昆明时，从友人处见到敦煌千佛洞所藏唐人乐谱的照片，他当即翻拍下来，以后反复对其进行研究。1946年发表了《唐人大曲与近世南北曲和梵音间的渊源关系》一文。

杨荫浏在古谱研究方面具有突破性意义的成就，是对宋代姜白石创作歌曲所用宋代字谱的研究。姜白石歌曲字谱，近代曾有一些人研究过，但始终未能解开这种字谱之谜。杨荫浏从40年代初就开始研究它，1947年曾试译了3曲，但因还有一些疑点没有解决，又搁置起来。他到天津音乐学院工作后，曾多次与主持学院工作的副院长吕骥一起议论如何从研究民间音乐的过程中探索古代音乐遗存的问题。吕骥将抗日战争初期在山西五台山地区收集到的民间吹打乐《五台山僧寺流传宋时乐谱》（又名《国乐八大套》）提供给他研究，他从这份乐谱中找到了辨认姜白石歌曲字谱的新线索。1953年7月他和民族音乐研究所采访小组赴西安采访西安鼓乐。从其所用的流传至今的乐谱中，发现了它和宋人字谱的关系，并从民间艺人的生动演奏中，领会了这种乐谱的实际运用方法。他由此找到了从五台山的乐谱中尚未得到解答的疑问的答案，终于获得了明晰地解读宋人字谱的钥匙。七百多年前遗留下来的姜白石创作歌曲，从此成为现代中国人可以聆听欣赏的活的音乐。杨荫浏和历史学家阴法鲁编著的《宋姜白石创作歌曲研究》（音乐出版社，1957年）一书，除发表译为现代乐谱的白石道人歌曲17首及琴曲一首外，还有杨荫浏关于姜白石字谱研究的文章。

杨荫浏在民族音乐学方面的成就之三，是对我国民族音乐学理论研究的收获。他在1945年发表的《中国音乐史上新旧音阶的相互影响》一文中，根据古代文献记载和古代乐谱及乐器演奏时音阶的运用，说明在隋唐时新音阶（一均中半音在三、四音与七、八音之间）就已存在，这样就产生了历史上很长一个时期新音阶和旧音阶（一均中半音在四、五和七、八之间）两种音阶并存的情况。因此，在创作、演奏和为各种乐器定音位等，都因主张以哪一种音阶为基础而产生歧义，出现互相竞争的不同流派。这种状况一直延续不断，直到近代新音阶的运用才占优势。他说由于这种历史情况，研读、演奏、转译古代曲谱或现在流传在民间的传统曲谱的时候，就有必要仔细辨别它用的是新音阶还是旧音阶，不然所得的效果与原意会大相径庭。

又如杨荫浏在1959年发表的《如何对待五声音阶与七声音阶同时存在的历史传统》，根据历史记载和有关出土文物，提出在公元前 11—16 世纪之间，距今约三千到三千五百年左右，我国就已经产生五声音阶。公元前 6 世纪至 11 世纪间，就已经出现七声音阶。因此很早就出现了五声音阶和七声音阶并存的现象。但在古代相当长的一个历史时期中，人们较着重运用五声音阶。到隋唐以后，七声音阶也成为较常用的音阶了。这时不仅是两种音阶并存，而且还出现两种音阶并用的现象。杨荫浏认为，了解五声音阶和七声音阶在我国的历史发展情况及其在我国民族音乐中的作用，也就可以排除在音阶形式上的各种偏见的影响。

此外，杨荫浏对中国民族乐器的研究以及对汉语与音乐的关系的研究①等方面所取得的成果，都是他在开拓民族音乐学领域的工作中所作出的贡献。

拨开缭绕乐律的迷雾

杨荫浏在青年时代，帮助无锡的乐器店解决民族乐器制造中有关音律的问题时，就对乐律问题产生浓厚的兴趣。其后结合对民族音乐的研究，坚持不懈地在律学领域进行探索，取得了我国律学史上具有重要意义的成果。

1937 年杨荫浏发表了《平均律算解》。文中论证了我国最早作出倾向于十二平均律设计的理论的是南北朝时期的何承天（370—447），其后隋朝的刘焯（544—610）继续探索，直到明朝朱载堉（1536—约 1610）1584 年完成了十二平均律的精确的设计。由于 20 年代时文学家、律学家刘复（1891—1934）不理解何承天的计算方法，认为“他把旧律三分损益的系统破坏了，自己又建造不起一个新系统来，真是全无价值。”② 杨荫浏在文中根据何承天提出的十二律的推算法，进行了详细的计算。他并将所得结果和准确的十二平均律的数字相比较，证明何承天的十二律和十二平均律很接近，从而揭示了约在 1500 年以前，我国已经在理论上有了近似十二平均律的乐律创造。

管律问题是我国历史上长期探讨的问题。三分损益律在我国实际应用并以理论形式表达出来都比较早，但这种律制如何应用于弦律与管律，两者是否相同，这是我国古代音乐史上、乐律史上一直存在的问题。从秦代《吕氏春秋》一书起，在许多阐述乐律问题的文献中，都将可用于弦律的三分损益律方法照样应用于管律。杨荫浏认为：“文献上出现混淆弦律与管律的情形，而且以误传误，长期不变，这不能不说是很大的不幸！”③

1979 年杨荫浏发表了《管律辨讹》，阐述了他对历史上存在的管律问题的看法。他认为三分损益律是从弹奏琴、瑟的实践中体会出来的，三分损益律是弦律。而所谓三分损益管律，实际上并不存在，或存在而并不能实际运用。他指出历史上有些音乐家、律学家如晋代荀勖（？—289 年）、梁武帝萧衍（464—549）、明代朱载堉等人都曾对三分损益管律采取了否定的

① 杨荫浏：《语言音乐学初探》，北京：人民音乐出版社，1983 年。

② 刘复：《十二等律的发明者朱载堉》，载《庆祝蔡元培先生六十五岁论文集》，北平，1933 年、1935 年，第 288 页。

③ 杨荫浏：《管律辨讹》，《文艺研究》1979 年第 4 期。

态度。他认为古人虽早已使用了埙、箫、龠等管乐器，但管乐器的发音规律比较复杂，它的发音与管的长度、管的直径大小都有关，长度与直径之间又含有不能忽略的微妙关系，因此古人未能发现管乐器的发音规律。“三分损益法在弦律上是对的，在管律上是完全不对的。要使弦律和管律相一致，除非用管口校正办法，把管口重新计算一下。”早在1936年到1937年间，杨荫浏在燕京大学工作时，就曾经按照清康熙所定律管的数据定制了一套金属律管，测听的结果是大多数律管的音高与其《律吕正义》一书中所列的音高不符。他在《管律辨讹》一文中提出，如果按三分损益管律、清康熙管律，应用管口校正法的三分损益管律制成三组律管进行检查，就可用事实证明三分损益管律的错误，只有经过管口校正的管律才是正确的。他这篇论文，有力地澄清了我国律学史关于管律问题的谬误。

杨荫浏主张从实践的观点出发看待律学问题。他说：“从实践的观点出发，它就不会是孤立的为律学而律学，而是为了服务于音乐的实践而研究律学；是联系了生活的发展、社会意识看律学的；是联系了音乐结构、审美观点、演出要求等看律学的；是在音乐历史的向前发展的要求中间去估价某种乐律的价值的。” “就今天来说，就是它应该为社会主义的音乐建设服务。”①

杨荫浏1982年发表的《三律考》，正是总结了我国历史上的音乐艺术实践和律学研究实践，考察了我国现代的音乐艺术实践后写成的一篇律学论文，也可以说是他毕生研究律学的总结。该文论述了三种律制在我国产生、发展及其实际应用的历史情况。由于有三种律制同时存在，也就产生了异律并用的情况。文章举例说明南朝宋、齐时的清商乐中，隋唐时的九、十部乐的清乐中，都是三种律制并用的。在历史上，不仅在合奏音乐中存在异律并用的事实，就是同在一种乐器如琴上，也存在三分损益律与纯律并用的情况。

既然异律并存和异律并用是一种客观存在，那么异律并用究竟好不好？杨荫浏从人类分辨音高的能力、音差在音乐中的作用，乐器上运用音差的实际需要等方面进行分析和论证。他的结论是：“在音乐实践中间，一方面虽然要求音律上相当准确，另一方面又并不要求纯而又纯，而且要求有一定的音差存在。这里并不是一个简单的准确与差误的问题，而是一个比较复杂的辩证统一的问题。在这种情形之下，律制之间的差异，便成为不很重要，而容许异律并用，便有其充分的合理性。”

为有音乐的音乐史沥尽心血

1925年冬杨荫浏在光华大学读书时，为参加校内举行的英文论文竞赛，写了一篇题为 *An Qutline History of Chinese Music*（《中国音乐史概要》）的论文。结果名列第一，获金质奖章。虽然这是一篇处于幼稚阶段的论文，但它是杨荫浏向音乐史研究漫长历程迈出的第一步。

以后在动荡不安、战火频仍的环境中，经过20年的学习、研究和准备，其中包括长期积

---

① 杨荫浏：《律学的目的性与倾向性》，载缪天瑞《律学》（修订版）序言，北京：音乐出版社，1965年。

累的大量资料在侵略战火中丧失于北平的挫折对他的磨炼，杨荫浏于1944年1月写成了《中国音乐史纲》。

这部著作，以提纲分目的体裁，论述了自公元前3300年到公元1911年中国音乐文化的发展史。其内容包括音乐思想，各时期产生的音乐，历史上出现的乐器、音韵学与诗词歌曲的关系，汉族对外族音乐的吸收，乐律学的成就等等。在音韵学与诗歌、词曲关系的篇章中，比较详细地叙述了音乐与语言的关系，这在中国音乐史的研究中具有开创性的意义。书中对乐律有详细的记载，列举了我国历史上出现过的48种乐律，或细或略，都给予一定的阐述。

我国历史上各个时期的律制，都是由封建统治阶级制定的。封建君主往往把十二律中的黄钟，视为统治权威在音乐中的象征。他们都宣扬本朝的黄钟是最准确的，别的朝代的黄钟律是不准确的。为了揭穿这种为封建王权服务的神秘主义谬说，澄清它给古代律学布下的迷雾，杨荫浏根据文献记载各个时期所定的黄钟律的数据，参照古代度量衡研究部门所获得的成果，确定了各个时代的黄钟律管的准确长度，并运用他当时已掌握的管口校正的方法，计算出各个不同的黄钟律的准确音高，在书中用图表显示出来。这一研究成果说明，不同的黄钟律音高存在的事实，本身就否定了所谓天地生成的有固定绝对音高的黄钟律的说法，同时又说明黄钟律的音高是由人来确定的。各个时代不同的黄钟律，就其属于某种律制来说，它有一定的绝对音高，而就不同时代不同律制的黄钟律来说，它们的音高又是相对的，是随人的意志而移易的。这样也就澄清了古代乐律史上关于黄钟律音高问题的神秘主义的迷雾，科学地揭示了它的历史面目。

杨荫浏1981年6月29日回顾他从事音乐史研究的历程时说："《中国音乐史纲》着重解决了一个乐律问题。"此书完成于1944年，但到新中国成立后的1952年才正式出版。也就是在这部著作公之于世以后，杨荫浏才有机会接触到马列主义、毛泽东思想，才开始学习辩证唯物主义和历史唯物主义。此后他对以什么思想观点进行音乐史研究有了一个飞跃。他在《中国古代音乐史稿》的"后记"中说："当时我还没有机会接触到马列主义、毛泽东思想，站在资产阶级的立场，囿于唯心史观，又带有崇洋思想，同时物质条件也非常之差，研究工作，自然错误百出。错误之一，是夸大外来成分；之二，是看不见劳动人民的创造；之三，是推崇儒家的音乐观等等。"

对以往的历程作了总结之后，杨荫浏热情充沛地继续进行音乐史研究，坚定不移地向着"有音乐的音乐史"的目标前进。1977年他又把一部65万字的音乐史著作《中国古代音乐史稿》奉献给中国人民。

《中国古代音乐史稿》① （以下简称《史稿》）是杨荫浏重视实践，执著地进行实践的结晶，也是这部著作的第一个特点。在选择了中国音乐史这一研究目标以后，他一刻也没有忘记实践在这项理论工作中的意义。在回顾中国音乐史研究历程时，他说："在音乐史里，要接触一点音乐，讲一点规律，总是同实践不能分开。"音乐史要有音乐，音乐要从实践来。当然书

---

① 杨荫浏：《中国古代音乐史稿》，北京：人民音乐出版社，1981年。

本也要，书本也是重要的，不过失掉实践连书本都是靠不住的。为什么？书本里古代的话，有的是好的，有的是片面的记载，哪些对，哪些不对，他什么地方说的外行话，什么地方说的内行话，你自己有了实践就可以区别出来。因此，他主张："实践的范围要广，音乐史的各方面都要实践。"① 他这样说，也是这样行动的。他收集、整理民族民间音乐、考察民族乐器、检阅有关音乐的古代文献以及如前所述他在民族音乐学、律学等各方面的研究，都是为写作中国音乐史作准备的实践活动。

《史稿》的第二个特点，是作者努力运用辩证唯物主义和历史唯物主义观点观察分析我国音乐文化史，在自己所能达到的高度上做出判断。如关于音乐的起源，他在介绍了各种说法之后，认为其中有些说法虽然并不是毫无可取之处，但总的说来，它们往往以片面代替全面，以推想代替事实，多少免不了是唯心的或是形而上学的。它们都离开了人类社会生活和历史发展中最基本的问题，因之不能全面说明音乐的起源、音乐的发展规律及其社会功能。他以当时所可能掌握的史料及文物作为论证的依据，说明："原始音乐产生于人们在集体生活中劳动实践和社会实践的需要，它为氏族公社的全体成员服务。它所反映的，是有关人与自然界斗争和氏族之间的斗争的内容。"② 又如，《史稿》对我国历史上各个时期音乐文化的创造与发展，都联系当时社会的经济、政治与文化的背景来观察、分析，然后做出合理的论断。他努力排除历史记载中轻视劳动人民在音乐艺术上的创造的阶级偏见，在可能获得的史料的条件下对劳动人民、民间艺人、受统治阶级压迫奴役的乐工的艺术创造，给予必要的论述，阐明他们在我国音乐文化发展史中的重要作用。

《史稿》的第三个特点，是作者通过翔实的史料，丰富的音乐实例，全面地论述了自远古至清朝末年四千多年间我国音乐文化发展的历史。其中包括各个时期创造的各种形式和类别的音乐，和音乐艺术创造活动同时产生的音乐思想（包括音乐美学思想）、乐器的创造和发展、律学、乐学、音韵学、作曲方法、歌唱技巧、演奏技巧、古代音乐家、音乐工作机构、音乐教育、少数民族的音乐等等广泛的内容，这显示出《史稿》所概括的我国音乐史的广度。与此同时，作者在许多方面内容的论述都能根据史实而揭示出音乐文化发展的规律以及音乐艺术创造的规律。如《史稿》中阐明，历史上封建统治阶级的音乐与民间音乐在互相对立又互相影响、互相渗透的关系中发展，从而也促进了整个音乐文化的发展。又如《史稿》中对各时期各类音乐在艺术形式上的创造，都进行了必要的分析，阐明其规律。如通过对现存古代音乐文学作品《诗经》、《楚辞》的分析，提出了对战国时期以前的古代歌曲的艺术形式的结构规律的见解。书中通过从民歌发展为汉晋时期相和歌、清商乐，隋唐时期的燕乐、大曲的过程的论述，阐明了从简单的艺术形式到复杂的艺术形式的发展变化的规律以及它们各自的艺术形式结构的规律。关于我国戏曲艺术的发展，《史稿》以未受过去音乐史研究者注意的宋代的散乐开始，论述了从宋杂剧、金院本、元杂剧和南戏、明清南北曲直至昆曲和各地不同声腔的戏曲发

① 以上引语均见杨荫浏：《音乐史问题漫谈》，《音乐艺术》1980年第2期。
② 杨荫浏：《中国古代音乐史稿》（上册），北京：人民音乐出版社，1981年。

展过程，对其中重要剧种的戏曲艺术形式和音乐艺术形式都分别作了比较详明的分析，阐明了我国戏曲的艺术创造规律。总之，在论史的同时，又在理论上有所发现，有所创造。

1981 年，杨荫浏在耄耋之年看到了他毕生的心血凝成的《中国古代音乐史稿》全部出版问世。他一方面感到兴奋和慰藉，因为他为我国音乐文化的发展，为我国社会主义精神文明的建设贡献了自己的力量。另一方面他又对这部著作感到还不够满意。他说："现在不够的地方，还是实践不够，因为全中国东西太多，太丰富了，戏曲就有三百几十种，曲艺也有一百几十种。这里面我自己接触过的，还是少数。"① 他举例说，西秦腔发展为多种梆子腔，弋阳腔发展为不同地区和不同特色的高腔，对这些地方戏曲他还了解不够，自觉空疏得很。他说，如果再花上几年时间，熟悉一些梆子戏、高腔戏，就能写得更具体些，深入一些。他这种不满足于自己已有的成就，精益求精，不断向新的高度攀登的精神是非常可贵的。但他这种愿望，自己已经不可能实现了，于是，他把希望寄托于后来者。他说："我之所以将《中国古代音乐史稿》一书称为'史稿'，不是'定论'，就是希望后来的同志写出比它更为完善的音乐史。我相信后来的人写的必定比前人好。"②

原载向延生主编：《中国近现代音乐家传》第 1 卷

沈阳：春江文艺出版社，1994 年

华蔚芳，生于 1920 年，女，中国艺术研究院音乐研究所研究人员

伍雍谊（1921—2008），曾任中国音乐家协会书记处书记、《人民音乐》副主编

---

① 杨荫浏：《音乐史问题漫淡》，《音乐艺术》1980 年第 2 期。

② 1981 年冬一次关于音乐史研究的谈话。

继承杨荫浏先生重视事实的学术风范

赵宋光

一、寻访历史中的事实

杨荫浏先生对中国古代音乐史的研究，开创了寻访事实的新学派。

中国古代音乐文化，有漫长的历史演变，有浩繁的文献记载。古代典籍对史料有的辗转抄录，有的记述歧异，有的注释径庭，研究者常疲于文献考订，望着书库感到有一辈子也做不完的学问。

但杨荫浏先生却不自囿于文献考订，而要求寻访历史中的事实，开辟了许多寻访事实的途径。途径之一是物理事实，根据古籍记载的乐器形制尺寸，或寻访古器，或仿制实物，直接研究其物理性能。

途径之二是人文事实。意识到乐器实物和声腔谱字必须通过人文活动还原到音乐文化的活性存在中来，杨先生亲自参与古典的重奏演唱活动，体验人文事实。

途径之三是古代乐种的当代遗存。例如智化寺音乐和长安古乐，就是杨先生特别重视的乐种，杨先生教导后辈从中窥视古代音乐文化生活的实际状况。

途径之四是古谱翻译。古谱是中国古代典籍中独具优势的特殊篇章，是世界古籍中罕见的能具体传达音乐实际形态的人文信息。杨先生大力提倡古谱翻译，并亲自投身于古谱翻译工作，使那些为大多数当代音乐家所读不懂的曲调成为音乐院校的曲例教材。

途径之五是考古发掘。杨先生率领自己的学生组成音乐考古研究队伍，利用一切考古发掘的机遇寻访音乐考古能提供的新鲜信息。从出土文物中，不仅发现了大量乐器，而且发现了关于音乐的稀世文字记载，乃至有系统的理论记述，由乐器的陈设布局也能设想古代隆重表演的场面景象。在杨先生倡导下，缜密严谨的系统化音乐考古事业持续推进，所揭示的中国古代音乐生活之繁荣和文化成就之灿烂，令世界震惊。

还有其他途径，本文遗漏未提。

沿着杨荫浏先生所开创的音乐史研究路线前进，可以指望，中国古代史将不再是对古代文化的朦胧记忆，古代音乐史将拥有一系列可见可闻可参可验的活标本。

二、重视活生生的事实

杨荫浏先生高度重视当代民间音乐和当代音乐生活的采访、记录、资料搜集和档案建设。在杨先生倡导下，音乐研究所组织了许许多多回各地民族民间音乐的采访。对阿炳（华彦钧）曲目的抢救，是杨先生亲自主持的。长年的民间采访，研究所承续至今，成为制度常规。

在杨先生倡导下，音乐研究所为田野调查建立了工作规范，编写了一整套工作手册。对考察队伍事先进行培训，继而有组织地撰写调查报告。对田野调查的培训，研究所至今坚持，成为制度。

音乐研究所组织人员参与了五六十年代的全国音乐普查，八九十年代的五大集成编撰。

音乐研究所组织人员对现存的民间音乐社团、民间节日活动、各地宗教团体的音乐文化活动进行及时采访和详细记述。

音乐研究所组织人员对民族民间音乐的独特音律现象进行科学测音，撰写音律调查报告。

音乐研究所关注当代音乐的方方面面，对社会音乐生活各方面的活生生事象进行观察记录。这一传统后来体现为《中国音乐年鉴》的编辑和年年坚持出版。《中国音乐年鉴》为后世编写音乐史积累了翔实可靠的史料，又面向现实音乐生活作出主动积极的贡献。

音乐研究所出版的多种学术刊物和学术著作，一直在积极推动我国当代音乐学学术研究。

音乐研究所特别关注当代琴人活动和琴学建设，为源远流长的七弦琴文化的薪传不绝与发扬光大奔走谋划。

音乐研究所关心广大青少年的音乐文化教育，在力所能及的条件下，不失时机地向社会开放音乐资料陈列室，向公众进行爱国主义教育。

三、从事实探寻规律

半世纪来的档案积累，我国所拥有的是世上独一无二的。这既为下一世纪更大幅度更深程度的资料汇集奠定了基础，又为系统化的理论研究提供了丰富的资源蕴藏，让我们有可能在世界音乐学论坛上作出独特的贡献。

当大量音乐学研究任务压上我们肩头时，我们仍要保持重事实的清醒意识。

1. 力求及早获得完整的事实图景。由于资料来源渠道众多，同一音乐文化区的调查报告可能分别编入不同门类的集成，也可能分散在不同省卷里，也可能分藏在不同机构不同时期不同课题的资料卷存里，我们的资料整理工作要树立的第一步目标是：把握一个个音乐文化区的完整事实总汇。

2. 本着尊重事实的立足点，在研究过程中要不断进行核对。可能会发现不同来源的资料之间露出了矛盾，发现资料记载不合逻辑而有背离事实的疑点，这时必须进一步追寻事实的本来面目，以此为评判抉择的最后准绳。

3. 对资料进行由此及彼由表及里的梳理，寻找事实的内部联系。必须防止把握事实过程中的偏颇片面，研究音乐形态与研究音乐的社会文化属性这两种努力方向不应偏废，而要力求兼顾、沟通、融会、整合。

4. 研究过程中不畏惧提出理论假设，假设不妨大胆，但切忌陶醉于假设的新颖而不及时寻找事实来检验。应该敢于针对理论假设的不明朗环节，有目标地进一步调查事实，多方提供证实或证伪的依据。

5. 音乐学研究自然会形成多学科分工，但同时必须组织多学科协作。要善于设置一系列有共同研究必要的音乐学课题，通过反复协作攻关，逐步形成稳定的学术共同体。

6. 音乐学的科研成果要及时转化为音乐教育生产力，纳入不同层次教材编写的轨道，既发挥其应用价值，又检验其合理程度。反过来，音乐学人才素质的提高与数量的增多，才是音乐学研究队伍充实壮大的前提与保障。

7. 在信息更为发达的新世纪，音乐学的国际交流必然增强，既要重视基础资料交流，也要重视研究方法交流，既要进行成果交流，也要进行人才交流。我们既盼望从世界各民族音乐文化的已有研究成果中得到启发，也欢迎世界各国的音乐学者都有兴趣研究中国土地上的诸多音乐文化现象。我国的音乐学研究优秀成果，也要有计划组织翻译，传播于国际。

原载《中国音乐学》2000 年第 1 期

赵宋光，生于 1931 年，广州星海音乐学院教授，曾任院长

转向唯物史观的起步

——略评《中国古代音乐史稿》的历史地位

冯文慈

杨荫浏先生是现代卓有贡献的音乐学家、音乐史学家，他的《中国古代音乐史稿》为本学科开创一片新天地，立下一块丰碑。在本文中，笔者简略评述杨师的《史稿》的历史地位，作为学习心得，在杨师诞辰百年之际，表达对其深深的敬意。

一、《中国古代音乐史稿》撰著时期的社会历史背景

杨师的《中国古代音乐史稿》撰著于北京，时在1959年7月到1977年7月之间，长达18年。① 撰写开始前不久，1957年中国共产党领导的反右派斗争出现严重扩大化的后果，紧接着在1958年又出现党领导的全国范围声势浩大的“大跃进”和人民公社化运动的失误。杨师开始撰写《史稿》时，上述炽热的政治波涛仍在滚滚向前，正是所谓继续“大跃进”和“反右倾”的年代。此后，党的指导思想和方针政策仍不断发生“左”倾错误，干扰正确的指导思想和方针政策的贯彻，1963年出现“以阶级斗争为纲”的“左”倾方针，直到1966—1976年长达十年之久的所谓文化大革命，“左”倾错误达到顶峰。1976年秋至1977年间，文化大革

① 见《中国古代音乐史稿》的“几点说明”和“后记”（1977年7月28日）。

命虽然已经结束，但全国范围的思想混乱尚有待澄清，个人迷信的影响尚有待消除。当1978年末，新中国的脚步即将发生伟大的转折时，可是杨师这时已经停笔束稿了。[①]

1959年3月到9月间，我被借调到民族音乐研究所[②]，和许多青年人一道参加《中国近现代音乐史纲要》的编写工作。当时杨师正在着手拟定他的《中国古代音乐史提纲》[③]，他住在所内，宿舍就是工作室，生活与工作融合为一，夜以继日，忙碌紧张，他同时还肩负着副所长的职务。

当时另一位副所长李元庆同志，有一天在闲谈中向我们一些青年人叙说，杨师之所以会把他的《史稿》写好，原因之一是他在民族音乐方面具有深厚的功底，资料基础很扎实。元庆同志特别提到杨师在中国传统律学、昆曲和民间器乐“十番”三方面的修养。我当时对杨师的成就只是略有所知，这是在《史稿》正式出版之前，我第一次听到对杨师古代音乐史学成就的评论，印象十分深刻。元庆同志接着还提到当时史学界存在着崇尚浮夸，不重视史料基础，不是“论从史出”，而是“以论代史”等等不良倾向。他谈话的精神显然是来源于不久前结束的中国共产党八届六中全会。六中全会针对1958年人民公社化运动和“大跃进”所带来的一些思想上工作上的混乱与方针政策上的“左”倾错误，进行一定程度的纠正，是比较重要的一次会议。当时“大跃进”中产生的浮夸风气自然也浸染到学术界，包括史学界在内，元庆同志正是以杨师作为正面的例证，有感而发，希望所里的编撰工作尽量避免那种遍及全国学术界的浮夸风气。

当时回忆起“大跃进”初起的景象，真是让一个青年人在兴奋之余又产生许多迷惘。那年我在中央音乐学院（当时在天津）进修，酷暑难当时，礼堂里管弦鼓号排练之声彻夜盈耳，墙上挂着红布白字的巨幅竖标：“赶老贝，超老柴”[④]，光艳夺目，惊心动魄；严寒浸骨时，又在院子里砸锅炼铁，只求“耕耘”，不问收获。而北京这里音乐史编写组的建立，又何尝不是“大跃进”的产物？“大跃进”精神与撰写史书时体现的精神，这二者之间的关系真是让人一时琢磨不透。然而对物质生活的感受却简单得多，这时食堂里的大师傅们已经“捉襟见肘”，今非昔比，难得让人买到可口的菜肴了。

“大跃进”精神影响下的史学界，产生了一些前所未闻的议论，有的认为历史教科书上的“王朝体系”应当打破，有的主张“刹住”帝王们的威风，认为应当直呼其名而不应当称呼“某皇”、“某帝”。似乎如果保留“夏商周”、“唐宋元明清”之类的习惯概念，继续“秦始皇”、“汉武帝”的称呼，就难免有立场不稳、怀念封建制度的嫌疑。对“人民是历史的主人”、“阶级斗争是历史发展的动力”有着各式各样的理解，还有“以论带史”这一口号是否正确，其实质、其偏向，以及衍变成了“以论代史”等等，都成了一时的热门话题。

我以为，今天分析杨师《史稿》的某些长短，很需要回顾其撰著当时的社会政治文化背

---

① 所述政治形势参见中共中央党史研究室著、胡绳主编：《中国共产党的七十年》第七、八章和第九章一，中共党史出版社，1991年8月。

② 民族音乐研究所，今中国艺术研究院音乐研究所的前身。

③ 见《中国古代音乐史稿》“几点说明”篇首。

④ 老贝者贝多芬也；老柴者柴可夫斯基也。

景。当然不能说这类背景是进行判断的全部根据，但从杨师的历史观可能受到当时客观环境影响这一视角说，是值得重视的根据。因为当时在主观上愿意摆脱社会政治文化氛围，在客观上又能够摆脱的知识分子毕竟是极少极少，绝大多数都是浸沉在党所领导的浓郁的社会政治文化氛围之中，杨师也不例外。

二、杨师撰著《史稿》时期的心态

杨师在《史稿》的“后记”中，表达了他迈入新中国时期后，在历史观方面转向唯物史观的愿望和努力。衡量杨师的这一愿望，自然要考虑到新中国时期马克思主义、毛泽东思想的领导地位及其对杨师的影响，也要考虑到杨师写作《史稿》时的特殊社会政治文化氛围，以及他身处这一特殊历史时期中的特殊心态，后者尤其是解剖其《史稿》的缺陷所必需。因此，这里难免旧话重提。但我认为，对于曾经和杨师一同经历过中国内地那个时期的学人，借此或可引起一点往往容易忘却的记忆，对于当时尚未出生、尚未成年或当时不在中国内地的学人，可以算作是一个方面的参考，引发多方面来研究杨著。

新中国建立后，由于中国共产党的崇高威望，内地的广大知识分子热诚地响应党的号召，努力学习马克思主义、毛泽东思想。杨师正是如此。他接受新中国的雨露阳光时虽已是“知天命”之年，但其前半生为之献身的民族音乐事业已经光明前景在望，他希望跟上时代，大展宏图，因此其学习马克思主义、毛泽东思想的奋发心境，不难想象。① 从这一角度看，可以说杨师是“年已半百，欣逢盛世”。但是由于在学习上看准、吃透和消化需要一定的时间和积累，急功近利往往容易出现形似而神违；更主要的是由于前述从50年代后期开始，党的指导思想和方针政策不断发生急风骤雨式的“左”倾错误，正确的指导思想和方针政策受到干扰。而对当时绝大多数知识分子来说，正确地理解和运用马克思主义、毛泽东思想与“紧跟”党的现行方针政策，这二者有什么区别，对领袖人物的正常尊仰与个人迷信又有什么区别，都是十分难以分清的事。从这一角度看，又可以说杨师是“心田待润，风雨骤来”。于是杨师的《史稿》和不少知识分子的文史著作情况类似，也是良莠互见，既有马克思主义因素，又有非马克思主义因素。我觉得，这一点是分析杨师《史稿》长短的关键所在。那么，这种良莠互见的情况是在什么心态下产生的？

说到杨师的心态，我在拙稿《防范心态与理性思考》② 中曾经提到，“杨师写作时占主导地位的心态是所谓‘和剥削阶级划清界限’的自我防范心态，它的不良后果则是压抑了对历史辩证发展的理性思考”。这种“自我防范心态”在主观上虽有追求马克思主义的热诚，但是却缺少冷静的理性支柱，因而时常将判断引向歧路。至于促成这种心态的客观条件，前文已说到党的“左”倾错误。这种错误还具体包括针对知识界的批判运动，如所谓“白专道路”、

---

① 参见《中国古代音乐史稿》“后记”。
② 这是笔者近来评论杨师《史稿》的三篇短文的第三篇，详见后文。

"拔白旗"、"文艺黑线专政论"、"批判资产阶级的反动学术权威" 等等，阶级斗争扩大化和绝对化的结果，造成"草木皆兵，人人自危的紧张气氛"①，杨师的自我防范心态正是在这类气氛中逐渐积累形成的。本来，在正常的社会氛围中，史学家如果相信唯物史观是真理，就可以根据经济基础与上层建筑相互关系的基本理论，阶级力量消长和辩证发展的理论，群众与个人关系的基本理论等，冷静、客观而具体地叙述、分析和评论历史，虽然难免走入歧途，出现失误，却无需持有"自我防范心态"。所谓阶级分析，并不是"阶级斗争处处有"，无需"耐心搜寻仔细求"，也不是尽量缩小剥削阶级的影响和功绩，也不是否定剥削阶级的一切，更不是骂倒他们；所谓唯物史观要求史学家具有的"无产阶级的党性"，应该是和科学性一致的，是以科学性为基础为前提的。

三、衡量《史稿》的视角和对于《史稿》历史地位的评价

不少学者认为，杨师的《史稿》是他毕生研究中国传统音乐和古代音乐史的概括性总结性巨著，也是现代时期中国古代音乐通史学发展半个世纪以来的里程碑，等等。具体说来，有的学者认为《史稿》"根本的特点，即一切从'音乐实践'出发"②；有的认为杨师"为有音乐的音乐史沥尽心血"③；等等。这些评论都是正确的，中肯的，符合实际的。杨师本人也十分强调音乐作品在音乐史中的重要地位，他说："音乐史不能没有音乐，不能离开音乐，不能从书本到书本。"④

如何具体评价杨师这部重要的《史稿》，可以有多种不同的视角。我这里想采取的，是着眼于杨师在《史稿》"后记"中表达的转向唯物史观的愿望。从这一点看来，我认为从总体说，《史稿》既是杨师中国古代音乐通史研究的终结，又是他在历史方面"转向唯物史观的起步"，只是由于春秋所限，当完成这一"起步"之后，他已经年届耄耋，没有条件再继续前进了。这自然是无可奈何、令人遗憾的事。但是如果我们估计到在即将来临的21世纪中，唯物史观虽然不会是唯一的历史观，但仍将会在中国音乐史学领域起着主导作用，中国古代音乐通史学继杨师之后将会取得进一步丰硕成果的话，那么也就不妨说杨师的《史稿》是中国古代音乐通史学"转向唯物史观的起步"的标志。我理解，"万事起头难"，"转向"和"起步"都十分艰辛，其成果值得肯定和珍视。至于这里的评价是否妥当，是高了，还是低了，这就涉及如何继承杨师的音乐史学遗产的重要问题，有待批评和探讨。

---

① 华蔚芳、伍雍谊：《民族音乐传统接力赛的健将——音乐史学家杨荫浏》，载向延生主编《中国近现代音乐家传》第1卷，沈阳：春风文艺出版社，1994年，第411页。

② 赵沨：《纪念杨荫浏先生》，载赵沨《音乐与音乐家》，北京：中国文联出版公司，1988年，第111页。

③ 同①，第383页。

④ 毛继增：《音乐史家论治史——访杨荫浏先生》，《音乐研究》1982年第1期，第42—43页。

四、《史稿》转向唯物史观的主要成就

《史稿》贯彻唯物史观的成就方面，主要是以丰赡的资料、充分的篇幅描述了各个历史时期中国人民创造音乐文化的累累成果，无论是在广度方面和深度方面都超过以往中国古代音乐通史著作的成绩。其中我个人觉得最精彩最值得重视的是乐学律学方面以及自唐宋以降对于民间俗乐的极大关注。现在择其大要列举如下。

1. 曲式分析方面

关于《诗经》和楚辞的曲式因素的分析；汉代相和歌、大曲曲式的分析，并和后世乃至现代的有关资料相联系。

2. 乐学律学方面

春秋战国时起，古、新两种音阶并存和确立的判断（第 88、258—259 页）；

两晋南北朝时期何承天“新律”、荀勖笛律的解释；

隋代出现八声音阶以及关于清商调音阶的判断；

唐代燕乐二十八调问题的提出，并联系到后世乃至现存的古老乐种西安鼓乐、福建南乐、智化寺管乐等；

中国历史上三种律制并存、异律并用的判断。认为“人对音响，既要求符合一定的音准，又要求有一定的音差（错误），而音差则在一定范围以内，又起着增加刺激性，即增强表现力的作用”（第 1016 页）。

3. 乐器

琵琶沿革的探索等。

4. 自周代以降贯穿各个历史时期对少数民族音乐的关注。

5. 对唐宋以降民间俗乐诸多乐种赋予极大关注，不仅资料工作扎实，而且常常自先代牵线索，创见迭出，其中主要有：

唐代的曲子、宋代的词，直到明清的小曲等，不仅将它们看做纵向发展的历程，而且分析它们和说唱、戏曲之间的血肉联系；

宋金元明清时期市民音乐，包括艺术歌曲、说唱、乐器和器乐的论述；

宋金元明清时期的戏曲艺术，包括诸多剧种、声腔的发展历程，而且还包括自先秦以来逐渐成长的线索（散乐、百戏、歌舞戏、院本、杂剧、南戏等）；

对元杂剧、南北曲等的曲调与唱词的关系，联系现代语言，从语言音乐学的高度具体分析其特点，并指出与西方音乐特点的区别；

在中国传统音乐中，阐明同一曲牌经过变化表现不同内容，对“一曲多用”的特点进行分析和肯定，指出“切忌以西洋的音乐理论来套中国的民族音乐”①。

---

① 毛继增：《音乐史家论治史——访杨荫浏先生》，《音乐研究》1982 年第 1 期，第 42—43 页。

此外，杨师的成绩还包括相当广泛吸收了近现代和当代学者的学术成果，这是其视野开阔、重视学科交缘在近现代、当代发展的结果；是将音乐文化放到大文化背景中来思考的结果；也是其历史观念发生趋向唯物史观的变化、研究范围扩大化的结果。重要者有（所注页数指杨师《史稿》）：

李纯一自 1957 年以后关于我国远古时期、先秦时期乐器研究的专著和论文（第 22 页注 5 等）；

郭沫若关于《易经》、楚辞的研究（第 19 页注 1、第 53 页注 2、第 55 页注 1、第 69 页注 2）；

日本学者林谦三《隋唐燕乐调研究》的成果（第 262 页注 1）；

王国维的《宋元戏曲考》（第 349—351 页、503 页注 1、547 页、552 页及注 1）；

钱南扬的《宋元南戏百一录》、《宋元戏文辑佚》（第 358 页注 1、2）；

路工的论文《宋陈淳的禁戏书》（第 360 页注 2）；

曹安和关于“宋代南戏乐谱”的考证以及《元明散曲留存乐谱全目》、《现存元明清杂剧传奇全折全出乐谱目录》（第 362 页注 1、631 页注 1、940 页注 1）；

赵景深的《弹词选》（第 814 页注 1）；

陈汝衡的《说书史话》（第 814 页注 2），等等。

杨师的《史稿》以事实说明：只要广泛而深入地掌握史料，虽然不能说必然等于通向唯物史观，但是的确存在着比较易于通向唯物史观的潜在可能性。杨师在转向唯物史观起步方面比其过去的《中国音乐史纲》所以能够取得根本性的突破，除了他终生在中国传统音乐园地辛勤耕耘、不断积累的原因以外，历史观的转变的确是个重要原因。

五、《史稿》转向唯物史观起步的主要缺陷

今年的《音乐研究》第 1、2、3 期，连续发表了拙稿三小篇，内容主要是批评杨师《史稿》的缺陷，要点如下。

第一篇《崇古与饰古》，论述古已有之的“崇古”的非理性心态，抑制了杨师对于历史真相进行探求的活泼生机。

第二篇《雅乐新论：转向唯物史观路途中的迷失》，主要是批评杨师不能够从历史发展的辩证观点看待雅乐，特别是不能看待西周雅乐。他对于剥削阶级在一定历史条件下推动历史进步的积极作用不能率直承认。

第三篇《防范心态与理性思考》，主要是论述杨师的“自我防范心态”，他唯恐自己落入“拥护封建制度”或“拥护封建意识形态”的陷阱。这样，杨师就时而把阶级分析和历史主义对立起来。当代文化人中的这种消极心态，客观上是特定社会政治思潮促成的。今天，不能一味指责杨师在主观上缺乏足够的免疫力，应当考虑到传统和时代给予他的负面铃记。

以上三篇的总题目，也可以说是《转向唯物史观路途中的迷失》，其一和其三选取了一些零散的例证，其三还着重分析了心态，其二则集中以雅乐问题为例。由于在三篇拙稿中已经对

杨师《史稿》的缺陷进行了论述，本文就不再重复了。

我以为，杨师《史稿》的缺陷主要是历史局限性质的缺陷。我这里说“主要是”，一是意味着并不完全是历史局限性，即并非命中注定必然如此，还有其个人由于胆识不足所应承担的因素；二是意味着，即或杨师具有更高一层的胆识，打个比方，恐怕也很难摆脱历史机遇笼罩在他头上的“紧箍咒”。——我觉得，从杨师《中国古代音乐史稿》的历史性贡献可以得到的可贵经验教训也就在此：奋发进取，努力争取突破历史机遇笼罩在每个人身上的局限性，迎接21世纪的来临。

原载《中国音乐学》1999年第4期

冯文慈，生于1926年，中国音乐学院教授

发现 革新 创造

——杨荫浏先生的律学研究

陈应时

杨荫浏先生（1899—1984）是我国当代著名的音乐史学家，也是我国现代律学研究的先驱者之一。他从1936年接过刘复（1891—1936）、王光祈（1892—1936）的律学研究接力棒涉足律学始，至1982年发表《三律考》止，留下了许多律学研究成果，铺垫了一条具有杨氏特色的律学之路，为我国现代律学的建设和发展作出了杰出的贡献。本文拟通过回顾杨先生的律学研究成就来纪念他诞辰一百周年。

一、步刘、王后尘走上律学之路

在1936年之前，未见杨先生有任何与律学有关的文字发表。而从由杨先生“亲自选订篇目，并逐一校阅正文”① 的《杨荫浏音乐论文选集》来看，那时他的主要精力还是集中在研究昆曲和编辑琵琶曲谱集、基督教圣歌集方面。至1935年夏以前，杨先生应北平燕京大学哈佛燕京学社之聘，担任国乐研究。但据杨先生《杨荫浏致陈献可书》中说，因当时“基督教六

① 华蔚芳：《几点说明》，载《杨荫浏音乐论文选集》，上海：上海文艺出版社，1986年，第408页。

公会联合圣歌编辑未竣，不得已乞假半年。今年四月，始行销假"[1]。故可知杨先生于1936年4月才去燕京学社工作。他赴任后的第一年研究题目初定为《国乐律吕宫调理论之演进与分歧》。这标志着他正式起步走上了律学之路。

从《杨荫浏致陈献可书》中我们还可以了解到，杨先生走上律学之路和刘复（字半农）、王光祈、郭景文三人有关。因为他在这封公开信中这样说："表中最后一栏，嘱介绍其他国乐专家。生交游不广，家乡之朋友，大都偏重艺术，特别注意理论者虽或不乏其人，然多年在外，无从熟悉。……外界方面，通函或相识之朋友中，刘氏天华兄弟，王氏光祈相继殂谢。今日所知，对于国乐理论方面者，能有帮助，足资谘问者只有一人，其略历介绍如下，……郭景文，上海圣约翰大学工程学讲师，曾开始实验，从科学方面出发，研究中国乐器的制造与改进之方法。"[2] 此信中所说的"刘氏天华兄弟"，当是指刘天华和他的胞兄刘复。刘复于1920年留学法国，曾应其胞弟刘天华有关律学问题之询问，在国内发表了《刘复教授致其弟天华先生书》(1924)。其后，他又发表过《琵琶及他种乐器之"等律"定品法》(1926)、《音律尺算法》(1928)、《从五音六律说到三百六十律》(1930)、《天坛所藏编钟编磬音律之鉴定》(1930)、《十二等律的发明者朱载堉》(1932)、《吕氏春秋古乐篇昔黄节解》(1934)等多篇律学论文。王光祈亦于1920年留学德国，生前在德国写成了三十多种论文和著作在国内出版，其中包括《东西乐制之研究》(1926)、《音学》(1929)、《东方民族之音乐》(1929)和《中国音乐史》(1934)中的第二章《律之起源》、第三章《律之进化》等律学论著。杨先生把"刘氏天华兄弟和王氏光祈"列为其"通函或相识之朋友"，想必其时已熟知他们的律学研究成果，并和他们有所交往。此外一人，即杨先生在信中唯一推荐的郭景文，可能就是杨先生在圣约翰大学向他学习过声学、律学的工程学老师。

按杨先生1936年4月应聘哈佛燕京学社后的研究计划，第一年研究题目是《国乐律吕宫调理论之演进与分歧》，但现在我们所读到杨先生于1937年发表的第一篇律学论文是《平均律算解》。可能是由于原定计划的题目范围太大，故后来又改成现见的这一论题。此文共分作六个部分：(1) 类似平均律之尝试；(2) 朱载堉之平均弦律；(3) 邹伯奇之平均弦律；(4) 朱载堉异径异长之平均管律；(5) 邹伯奇同径异长之平均管律；(6) 结论。杨先生的这篇论文和刘复、王光祈的律学论著一样，也是我国早期现代律学研究的重要文献。

《平均律算解》是杨先生涉足律学后所发表的第一篇律学论文，正是他步刘复、王光祈的后尘在学术研究道路上所走的这一步，使他跨入了我国现代律学研究先驱者的行列。

我国现代律学研究和古代律学研究的明显区别，主要在于律学计算中所用的计量单位和数学表达方式的不同。我国古代律学研究的计算方法，采用以发音体（如弦等）的长度为计量单位；在数学计算中虽然也采用了整数、小数、分数、带分数、乘方、立方、开方等方法，但其表达方式和现代数学并不相同。刘复和王光祈几乎在同时期从西方引进了以发音体的振动频

---

① 杨荫浏：《杨荫浏音乐论文选集》，上海：上海文艺出版社，1986年，第18页。

② 杨荫浏：《平均律算解》，原载《燕京学报》1937年第21期；现载《杨荫浏音乐论文选集》，上海：上海文艺出版社，1986年，第25—81页。

率为律学计算的计量单位，又将原有的中国市制长度单位注以国际通用的公制。在律学的数学表达方面，他们都采用了西方数学以阿拉伯数字为其特征的一整套新方式。此外，刘复还引进了比较音乐学创始人、英国语音学家、声学家兼数学家埃利斯（Alexander Ellis，1814—1890）发明的以100为平均律半音之值的音分；王光祈则引进了日本音乐学家田边尚雄（1883—1984）发明的以平均律全音作1、半音作0.5的平均音程值。因此，刘复、王光祈的律学研究成果问世，是我国的传统律学研究进入现代律学研究的标志。

杨先生的《平均律算解》沿用了刘复、王光祈所创用的现代律学研究方法，文中不仅以现代数学方式作律学计算，在长度方面亦实行市制、公制并举，而且还直接采用了刘复引进的音分计算法，对我国平均律的发明史作了一次较为全面的梳理，从而使他成为继刘复、王光祈之后我国第三位现代律学研究的先驱者。

二、首解何承天的新律分递加数

杨先生在《平均律算解》中不仅论述了何承天新律、刘焯等差管律、朱载堉的平均弦律和平均管律，并又补充了刘复、王光祈未论述过的“江永等差弦律”、邹伯奇之“平均弦律”和“平均管律”，而且在论述“何承天新律”时，他还纠正了刘复对何承天新律的误解，首次正确地解释了何承天的新律分递加数。

刘复在《十二等律的发明者朱载堉》一文中论述何承天新律时曾这样说：“我把《宋书》中所载的数字（指《宋书·历律志》所录何承天新律的新律分数据——陈注）整整研究了两天，竟找不出丝毫头绪来：既不是将2384（又）12/36的1/12平均或按比例分配于各律，也不是把旧法的‘损’（2/3）与‘益’（4/3）加以相当的校正，所谓‘新律小分母三十六’，更不知道是什么东西。总而言之，他的推算法，是无（从）可考的了。”又云：“这是全无条理的一大堆，他把旧三分损益的系统破坏了，自己又建造不起一个新的系统来，真是全无价值。”①

《宋书·历律志》所录与何承天新律有关的数据一共有四种：（1）旧律度；（2）新律度；（3）旧律分；（4）新律分。（1）（3）两种即旧三分损益律的律度和律分；（2）（4）两种即何承天新律的律度和律分。为便于比较，何承天均设新、旧两种律制黄钟的律度为“九寸”，律分为《淮南子》所立的黄钟大数“177147”。我们知道，《管子》的三分损益法设“宫”的律数为81，则三分损益所得的“徵”、“商”、“羽”、“角”，依次为108、72、96、64，均为整数；若再由64的“角”依次三分损益生出其他各律，则所得各律的律数均不可能是整数。故《淮南子·天文训》先立黄钟大数为177147，再按此律数三分损益所得的其余十一律，均可保持整数（最后一律仲吕为131072）。但何承天的新律分除黄钟177147为整数外，其余十一律均

① 原载《庆祝蔡元培先生六十五岁论文集》；此处转引自杨荫浏《平均律算解》，载《杨荫浏音乐论文选集》，上海：上海文艺出版社，1986年，第26、30页。

非整数。当时虽然已有“三分之一”、“三分之二”等如同今天一样的分数称谓，可是还没有应用和现代数学一样的分数式。故《宋书·历律志》所录何承天新律的林钟律新律分为“十一万八千二百九十六二十五”，太簇律新律分为“十五万七千八百六十一十四”，等等。刘复当时没有读通何承天新律的新律分，可能就是不理解这些新律分个位数以下的数字（如林钟新律分尾部的“二十五”，太簇新律分尾部的“十四”等），也没有将各新律分个位数以下的数字和何承天说明白了的“新律小分母三十六”联系起来，因而“整整研究了两天，竟找不出丝毫头绪来”。王光祈在他的《中国音乐史》一书中虽然也解释了何承天新律，但可能是出于和刘复同样的原因，他对何谓“新律小分母三十六”和何承天的新律分采取了回避的态度，因此他仅按《宋书·律历志》所录黄钟为九寸的新律度来解释何承天新律的递加数为“一厘”。

杨先生则在《平均律算解》中正确地解释了《宋书·律历志》所录何承天新律之新律分和刘复弄不明白的所谓“新律小分母三十六”。他在文中指出，按旧三分损益法，以黄钟的律分为177147，则中吕的律分为131072，其还生之变黄钟律分为（131072×4/3=）174762又2/3。“据何承天之法，依相生之序，每律应递加：（177147－174762又2/3）÷12=2384又1/3÷12=198又25/36”。何承天新律这个递加数中的分母36，即其“新律小分母三十六”。上述何承天新律各新律分个位数以下的数字，即新律分中整数之后以36为分母的分子数。杨先生又将黄钟的律分177147折合成九寸，何承天的递加数（198又25/36）亦随之折合成0.10101寸。接着，他在摘引了上述刘复的原文后指出：“盖刘复将何氏律数‘反复推勘’，既‘找不出丝毫头绪来’，‘全无条理’之批评，遂先入为主，不复加之深究。洵乎，‘智者千虑，必有一失’也！”① 至此，刘复“整整研究了两天，竟找不出丝毫头绪来”的律学难题终于得到了解决。

三、全面梳理中国古代律学史

继《平均律算解》之后，杨先生又制作过《钱乐之三百六十律音程比较表》（1941）、《音准及量音尺》（1941），又发表了《弦乐器定音计述略》（1942，教育部音乐教育委员会出版），但他逐步把律学研究的重点移向对于我国古代律学史作全面的梳理，其研究成果体现在他于1944年完稿的《中国音乐史纲》② 中。

用现代律学的方法对我国古代律学史作全面梳理的著作，王光祈已先于杨先生出版了《东西乐制之研究》（1926）和《中国音乐史》（1934）。但此二书都是王氏在德国写成，受资料条件的限制，其覆盖面必然受到影响。杨先生因身在国内，故而可以利用较之更优越的资料条件，有可能把我国古代律学梳理得更全面些。《中国音乐史纲》所收录我国历史上出现过的各种各样的律多达五十多种，与王光祈的《东西乐制之研究》和《中国音乐史》相比较，不仅

① 杨荫浏《平均律算解》，原载《燕京学报》1937年第21期；现载《杨荫浏音乐论文选集》，上海：上海文艺出版社，1986年，第30页。

② 此书后来由上海万叶书店于1952年2月正式出版。

在律的数量上大大增加，而且在内容上更有新的突破。其中最为重要的，我认为有以下三个方面：

（1）发现荀勖笛律的“管口校正”数。王光祈在他的《中国音乐史》一书中曾论及“管口校正”（他在书中称作“管子长度之纠正”、“改正原则”），并与德国柏林大学教授霍恩波斯特一起做过黄钟律管“管口校正”的实验①，但他只限于介绍国外有关“管口校正”的理论和计算公式，并未将它和我国古代具体的律学实践联系起来。杨先生则在梳理我国古代律学的过程中，发现了今之所谓的“管口校正”，早在晋代荀勖（？—289）的笛律中已经得到应用。因为据《晋书·律历志》记载，荀勖所制十二笛，“凡笛体用角律，其长者用八之（蕤宾林钟也），短者四之（其余十笛，皆四角也）”②。这就是说，荀勖十二笛每笛的长度除蕤宾、林钟二笛为八个角律之外，余十笛均为四个角律的长度。以荀勖的黄钟笛为例，《晋书·律历志》云：“黄钟之笛，正声应黄钟，下徵应林钟，长二尺八寸四分四厘有奇。”③ 显然，这里的黄钟长度为九寸，按三分损益法，其角律姑洗的长度为：$9\times2/3\times4/3\times2/3\times4/3=7.111111$，故其四角之长得“二尺八寸四分四厘有奇”。荀勖十二笛每笛的“笛体中声”（即筒音）都是首调唱名法的角音，其黄钟之笛必亦如此。按照弦律，在长度为“二尺八寸四分四厘有奇”的角音弦上欲取较角音高小六度的宫音，其音位必在两个九寸黄钟之长的一尺八寸处。然而荀勖黄钟笛的宫孔却开在“以姑洗及黄钟律从笛首下度之，尽二律之长而为孔，则得宫声也”④。杨先生发现了荀勖笛律和弦律的这种差别，认为这就是管律中的“管口校正”。故他在《中国音乐史纲》中作出了如下的判断：“荀勖之管口校正数，为其两个黄钟长度与一个黄钟长度及一个姑洗长度间之差；换言之，即一个黄钟长与一个姑洗长度间之差。”⑤ 这是杨先生继首次解释何承天新律分递加数之后在律学研究中的又一项重要发现。

（2）在琴谱中发掘琴律。自宋代崔遵度（953—1020）的《琴笺》、沈括（1031—1095）的《梦溪笔谈》、朱熹（1130—1200）的《琴律说》始，我国学者开始了对于琴律的研究，历经元、明、清各个朝代，琴律研究从未间断过，但在杨先生《中国音乐史纲》之前，几乎所有的琴律研究者，都限于依据古琴这一乐器构造上的七弦十三徽对琴律作出判断。而杨先生却突破了这一局限，首开了从琴谱中发掘琴律的先河。我国的琴谱，不论是早期的文字谱还是后来的减字谱，它们都是古琴的专用谱式。由于琴谱所记录的音位，全是在琴之某弦某徽上或某徽间发出的一个个乐音。因此，单凭某一首琴曲的乐谱，就可以对这首琴曲所用的律制作出判断。杨先生在《中国音乐史纲》中专设了《隋前古琴纯律》一节，所据的琴谱即《碣石调·幽兰》文字谱。杨先生的这一创举，给传统的琴律研究注入了新的活力。

我们知道，自古琴七弦十三徽的形制定型后，长期保持不变。迄今所见最古有徽的唐朝

---

① 详见王光祈《中国音乐史》第二章第四节，见冯文慈、俞玉滋选注《王光祈音乐论著选集》中册，北京：人民音乐出版社，1993 年，第 35—50 页。

②③④ 见《二十五史·晋书》(2)，上海：上海古籍出版社、上海书店，1986 年影印本，第 54 页。

⑤ 杨荫浏：《中国音乐史纲》，上海：万叶书店，1952 年，第 158 页。

琴、宋朝琴，到现在市上能买到的古琴，虽然琴的长度有短有长，但琴上十三徽都是以能够奏出泛音为准而设置的，因此任何一种长度的古琴，其十三徽各徽之间的长度比例关系都是一样的，这就为我们研究各个历史时期的琴律创造了条件。但是，凭借琴上的十三徽，既可以在琴上调出纯律，也可以调出五度相生律或其他律制。因此，单凭古琴的七弦十三徽，又不容易判断出不同历史时期的琴律所用的是什么律制。杨先生首创在琴谱中发掘琴律，就弥补了单凭乐器探讨琴律的不足。由于记录琴曲的每一首琴谱，其产生年代有琴谱本身或据载此乐谱的琴谱集可考，至少也可以知其形成年代的下限。因此，凭借不同历史时期的琴谱，就可以探讨不同历史时期琴律所用的律制。杨先生从《碣石调·幽兰》文字谱的序言得知，传谱者为丘明，卒于隋开皇十年（590），时年九十七，据此推知其生年为494年，主要活动于隋前的梁朝。又因文字谱记录了此曲用全了琴上十三个合于纯律的徽位泛音，故杨先生在作了律学分析之后，得出了如下结论："由此可见古琴上远在隋前，实早已各具备了，并且引用了纯律的七音。纯律七音之被应用，虽与三分损益律同时在同器上之被应用，不无矛盾之处；然纯律之产生，实为我国音律史上的一件重要事实，不应加以忽视。"① 这是杨先生第一次宣布我国的在隋前的古琴上早已应用了纯律，从而引起了世人的注意。

（3）制作《历代管律黄钟音高比较表》。由于律管的径长和管长一旦确定之后，其音高较易固定，故我国古代一直有以管定律的传统。所谓以管定律，即以一定径长和管长的律管作为十二律中第一律黄钟的标准音。但我国历代用于定律的律管长度并不一致，有九寸、八寸七分、八寸等多种；而历代的长度计量亦不一致，各个朝代有各自的长度标准。因此，要弄清楚历代标准音黄钟的高度，这不是一件轻而易举的事。但杨先生在《中国音乐史纲》中按他对于我国律学史的梳理，制作了《历代管律黄钟音高比较表》。在这张比较表中，共包括了从周代起至清代止各朝代的43种黄钟律高。表中的每一种律高，都经杨先生作律学计算后，列出了频率和相应的音名及其在今五线谱上的音高位置，使人看了一目了然。这张比较表的问世，成了迄今律学研究者论述我国历代律高的唯一依据。

四、倡导"为了服务于音乐实践而研究律学"

"为了服务于音乐实践而研究律学"，此语出自杨先生为缪天瑞先生1965年《律学》修订本所作的《序——律学的目的性与倾向性》②。这也是杨先生研究律学数十年的经验之谈。在此之前，杨先生曾以他的亲身经历告诫过我们："中国古代论律的书，为数很多，历代在这方面有很多的研究与发明。但其中也有些理论会叫我们走错道路。记得我过去曾在盲目的努力中，虚费很多时间，甚至曾为了解决与音律舛涉在一起的阴阳五行问题，而学习了好些算命和奇门等无聊的江湖玩意儿。我在学习那些玩意儿中所得的结论，不过如此而已：阴阳五行与各

---

① 杨荫浏：《中国音乐史纲》，上海：万叶书店，1952年，第171页。
② 缪天瑞：《律学》，北京：音乐出版社，1965年，第1页。

律绝无关系，古人爱讲阴阳五行的，往往倒是对于音律不能彻底了解的。这是迷信部分。"①基于这一经验教训，杨先生又告诫我们："只有从实践的观点出发"，"就不会是孤立地为律学而律学，而是为了服务于音乐的实践而研究律学；是联系了生活发展、社会意识看律学的；是联系了音乐结构、审美观点、演出要求等看律学的；是在音乐历史的向前发展的要求中间去估价某种乐律的价值的。"②

杨先生不仅从理论上向我们提出了"为了服务于音乐实践而研究律学"的主张，而且在他一生的律学研究中也为我们树立了"为了服务于音乐实践而研究律学"的榜样。

我们知道，杨先生在研究荀勖笛律的管口校正时，曾亲自动手复制过一支荀勖的黄钟笛。后来他一直记着1939年他在昆明时所听到丁燮林先生讲的一席话："本国的笛，所发音阶，与现代西洋音阶不同。但不同究竟到什么程度，才合中国的笛音，这却是许多中国音乐家至今还没有能代我解答的一个问题。要确实知道了应当与有定标准差异到什么程度，才做得成一个合于本国流行的笛音的笛。"③ 1947年10月10日，杨先生在江苏常熟参加"今虞琴社"集会时，又闻查阜西先生谈起这样的一个问题："本国的笛音，是不是合于七平均律。"④ 杨先生出于作为律学家的责任感，当即写了《谈笛音》一文，对上述二位先生提出的问题作了回答。他在文中介绍了一种极为简便的测音方法："取一管吹奏者所认为不错的坊间之笛，同时取一个单音弦准；一个吹笛，一人调音准；将笛上逐孔的音，一一合进音准上高低不同的长度"；"推算长度，合成音分值；然后把它们的长度和音分值，来和与几种已知律制的相当弦度和音分值相比较。"⑤ 之后，杨先生又列出他按如上方法，将以小工调"上"合古宫音测得的笛音数据，用以和十二平均律、三分损益律、七平均律作比较，所得结果，其七声古音阶与七平均律相去最远（总差+220音分，各音平均差为+36.67音分），三分损益律次之（总差-66音分，各音平均差为-11音分），较接近十二平均律（总差-20音分，各音平均差为-5音分）。又以"清宫廷所尚，置'宫'音于今笛正工调叉口'上'音之位"，则所得结果，其七声古音阶亦与七平均律相去最远（总差+215音分，各音平均差为+35.8音分），而与十二平均律、三分损益律相近（与十二平均律之总差为+12音分，各音平均差为+2音分；与三分损益律之总差为-12音分，各音平均差为-2音分）。由此得出结论："所以，我们可以断然说，笛音非但不是七平均律，而它与七平均律相差得最远。它所与之比较接近的，还是三分损益律与十二平均律。"⑥

对于古琴徽分的音律，杨先生在《中国音乐史纲》中曾制作过一张《古琴各弦音位弦长比值表》⑦，表中按近世古琴所用的三分损益律，对当今并不一致的"诸谱所见徽分"作了校

①② 缪天瑞：《律学》，上海：万叶书店，1953年，第1页。

③④ 转引自杨荫浏：《谈笛音》，原载《礼乐》1947年第16期，载《杨荫浏音乐论文选集》，上海：上海文艺出版社，1986年，第134页。

⑤ 杨荫浏：《杨荫浏音乐论文选集》，上海：上海文艺出版社，1986年，第135页。

⑥ 同⑤，第139页。

⑦ 杨荫浏：《中国音乐史纲》，上海：万叶书店，1952年，第168—169页。

正，并列出了琴上每一个徽分的弦长比值。但杨先生又发现，有些琴人不懂琴律，故造成了某些琴谱在解释琴用指法时常会产生错误。于是杨先生又写了《七弦琴徽分之位置与其音程比值》一文[①]，文中对琴上自空弦起至第一徽的130个徽位和徽分作了计算，并制表列出了每一个徽位和徽分的弦度比值、音分值以及相邻徽分间音分值之差。有了这张表，就可以清楚地看出琴上“相邻徽分距离之音程值不等；最小者每分相距仅6.9个音分”，“最大者每分相距至56.8音分”。故杨先生又据此来说明某些琴谱中单用上下“二三分”或“五六分”来解释“吟”、“揉”指法的不当。杨先生在此文中举例说：若“在七弦四徽上作常吟。上三分，为至三徽七分；下三分，为至四徽三分；上下系在2235.0与2507.1音分之间，其在感觉上所生之效果，为近乎一个半全音之效果（272.1音分）。更在十徽八分上作常吟。上三分，为至十一徽一分；下三徽，为至十徽半；上下系在350.6与307.0音分之间，其在感觉上所生之效果，不及一个全音之四分之一（43.6音分）。以四徽与十徽八分处之常吟相较，四徽之常吟，其音程变异之大小，均相当于十徽八分间之常吟之六倍有余。”“即此可见以徽分说明吟揉按指转折之大小之为不合理。”[②] 杨先生所制作的这张当今古琴130个徽位和徽分的音分值表，对统一各琴派传谱不尽相同的徽分记谱法和如何采用徽分解释琴用指法等方面，都有着重要的参考价值。

杨先生“为了服务于音乐实践而研究律学”的主张，同样体现在他重写的《中国古代音乐史稿》的律学部分中。与杨先生的《中国古代音乐史纲》相比较，《史稿》略去了《史纲》所列各朝代并无生律法记载或别无新意的各种各样的律，如汉代的刘歆律、三国魏时的杜夔律，乃至五代时期的王朴律等等。杨先生从实用的角度出发，在书中特别推崇宋代的“蔡元定十八律”，认为“蔡元定的十八律是在理论上合理地解决了三分损益律的转调问题，从而使三分损益律的理论达到了更加完善的地步，因之有着一定的科学价值，与京房、钱乐之等利用了乐律问题，提倡神秘主义，有着天渊之别”[③]。

此外，《史稿》在论及我国古代纯律音阶的应用时，放弃了《史纲》论定《碣石调·幽兰》为纯律“与三分损益律同时在同器上之被应用，不无矛盾之处”的说法，重新确认“在《碣石调·幽兰》谱中，十三个徽位上的泛音都用到。这就证明它是肯定了纯律的音阶”[④]。由于现今不少琴家并不熟悉古琴上的纯律，故杨先生又将原《史纲》中的《古琴各弦音位弦长比值表》由单一的三分损益律一张琴修改成两张琴的《琴各弦上三分损益律与纯律音位弦长比值图》[⑤]，图中在两张琴旁各注明琴上两种律制的徽分和弦长比值，并在两张琴的琴面上用声名标明两种律制音阶在琴上的音位。其目的也是为了使琴律研究更好地为古琴音乐实践服务。

---

① 原载《礼乐》1948年第1期，载《杨荫浏音乐论文选集》，上海：上海文艺出版社，1986年，第163—171页。
② 同①，第170页。
③ 杨荫浏：《中国古代音乐史稿》（上册），北京：人民音乐出版社，1981年，第442页。
④ 同③，第171页。
⑤ 杨荫浏：《中国古代音乐史稿》（下册），北京：人民音乐出版社，1981年，第1016—1017页。

1979年，杨先生在完成了《中国古代音乐史稿》的写作之后，又发表了《管律辨讹》一文①。对于为何要写此文，杨先生这样说："我写了《中国古代音乐史稿》，但对管律问题，未加深论，只是提出了疑问而止。所以如此，一方面因为我们根本不能相信用三分损益法计算出来的管律是真正合于实用的，它与音乐的实践有不可调和的矛盾，它绝对经不起音响科学常识的检验，而问题本身却又相当复杂，不是片言只语所能解决的。另一方面，在主要介绍正面经验的音乐史中突然插入非驳管律的冗长篇章，也会为读者造成不必要的困难。但是，这个问题又必须解决，因而不得不写此文，另行单独处理。"② 在这篇论文中，杨先生凭其毕生研究律学的经验告诫我们："可以相信，古来的三分损益律，就是从弹奏琴、瑟的实践中体会出来的。""而所谓的三分损益管律者，实际上并不存在，或者存在了而并不合于实用。"③"理论必须经得起实践的检验，三分损益同径管律的理论，经不起实践的检验，所以必须否定。"④ 进而杨先生建议我们制三组律管："（1）以第一组代表古来的三分损益管律；（2）以第二组代表三分损益十四管律；（3）以第三组代表经过了管口校正的三分损益管律"；并列出了各组每一律管的长度。然后用于音乐院校上中国音乐史课时，借助实物来"说明三分损益弦律如何正确，三分损益管律如何不正确"⑤。这也是杨先生主张"为了服务于音乐实践而研究律学"重要的一例。

杨荫浏先生一生的学术研究，涉及音乐学的多个方面，而且在这些方面都做出了卓越的成就，律学研究只是其多项成就中的一项而已。

任何一项学术研究，都是在代代相传中得到发展壮大的。刘复、王光祈在学习了西方的音乐声学知识之后，结合我国传统的律学，开辟了我国现代律学研究的新天地。杨先生继承了他们的律学研究成果，并在此基础上加以拓宽发展，或修正，或补充，把原来刘、王二氏所进行的以弦律为主的律学研究，扩展到加上笛律、琴律、钟律等我国传统律种的研究，使我国的现代律学更具有中国特色，从而又影响到新一代的律学研究者。但愿先驱们开创的现代律学研究，在代代相传的过程中，也像杨先生那样，不断有所发现，有所革新，有所创造。

原载《中国音乐学》1999年第4期

陈应时，生于1933年，上海音乐学院教授

① 杨荫浏：《管律辨讹》，原载《文艺研究》1979年第4期，载《杨荫浏音乐论文选集》，上海：上海文艺出版社，1986年，第385—393页。

② 同①，第385页。

③ 同①，第386页。

④ 同①，第390页。

⑤ 同①，第390—392页。

20 世纪中国音乐学的一个里程碑

——新解杨荫浏先生“实践—采集”的学术思想

乔建中

今年是杰出的音乐史学家、20 世纪中国音乐学的奠基人杨荫浏先生的百年诞辰。为了回顾并总结20 世纪中国音乐学所走过的历程，缅怀杨荫浏先生的学术业绩，中国艺术研究院音乐研究所、中国音乐家协会、中央音乐学院、中国音乐学院、上海音乐学院等杨荫浏先生生前曾经工作、生活过的单位将于 11 月上旬共同举办一系列的纪念活动。纪念活动主要包括世纪与中国音乐学——纪念杨荫浏百年诞辰国际学术研讨会；杨荫浏采录、整理、翻译作品音乐会；杨荫浏文选（台湾版）；CD 纪念专辑；杨荫浏学术成就展等。从纪念活动的主题内容及时间而言，相信它将是20 世纪中国音乐学界的最后一次规模盛大的聚会。而且，它将顺乎自然地把我们引入一个充满活力的新世纪。

近代科学范畴内的中国音乐学，是受到五四新文化运动的影响下出现的一门新兴学科。20 世纪之前，传统中国音乐学已经有积蕴深厚的记录。例如“十三经”、“二十四史”、诸子百家等著述中所录载的有关乐律学、琴学、乐器及宫廷乐仪、民间乐俗及音乐与政治、与社会相互关系的论述等文献，均成为后人研究、认识古代音乐文化、梳理中国历代音乐脉络的重要参照。然而，所有这些文献，大都是作为史学、经学或某部类书的某一部分而存在的，在很大程度上带有某种分散性、零散性和个别性。而且，它们偏于录载宫廷音乐和文人琴乐，大量生动、活泼的民间俗乐则如凤毛麟角，从来不入经传。因此，所谓的传统中国音乐学，尽管它有无比的丰富性，但从近代人文科学的角度来看，仅仅称得上是古代中国经、史、子、集的“附录”而已。五四新文化运动的发生，一方面给各门传统“旧学”以猛烈的冲击，同时也为诸多近代新学的形成创造了机缘。考古学、民俗学、语言学、民族学、社会学、文化人类学等现代新学科相继应运而生。在音乐领域，首先从史学分离出来并开始萌发的便是音乐史，自 20 年代初起至 30 年代中叶，陆续有叶伯和、缪天瑞、郑觐文、许之衡、王光祈等人撰写的中国音乐史专著出版。差不多在同一时期，刘天华先生等开始为“改造国乐”而奔走呼号，并亲自做京剧、民间吹打、锣鼓乐的调查、整理。作为中国音乐史学也可以说是中国音乐学的最早的成果，它们无疑具有开创本学科的重要意义。特别是王光祈先生的《中国音乐史》、《东西乐制之比较》等，包含了很高的学术价值。但我们也要实事求是地说，限于当时的历史条件，它们在总的方面仍然未摆脱重乐律、重雅乐及“从文献到文献”的羁绊，民间音乐、音乐实践在这些著述中基本上没有涉猎。1932 年，刘天华先生不幸病逝，1936 年，王光祈殁于德国，这无疑给刚刚兴起的中国音乐学投下一道浓重的阴影。中国音乐的前途如何，中国音乐史学、中国传统音乐研究怎样再度举步并持续、长久地发展下去，一时间成为关注中国音乐、中国音乐学命运的人们反复思虑的一个中心问题。

这个有关中国音乐学学术方向的世纪性诘问，这个也许要几代人才能完成的历史重任，在 20 世纪 40 年代后期很自然地摆到了杨荫浏先生的面前，也首先落到他的肩上。

然而，他从来也没有把这个“世纪之题”作纯理性的思考，更没有作纯理性的回答。相反，他在 1945 年完成首部史学专著《中国音乐史纲》和发表称得上 20 世纪前半叶中国传统音乐研究经典文论《国乐前途及其研究》之前，或者说他从七岁起学习道教音乐直到他四十五岁这宝贵的三十五六年间，他的全部精力，几乎都花在传统音乐的实践方面，如：

七岁左右，他就开始迷恋道教音乐，并先后拜道教音乐家颖泉、阿炳为师，学习箫、笛、笙、胡琴；

十一岁左右开始从堂姐夫章蕴宽学习演奏古琴；

十二岁左右，他正式加入著名江南昆曲馆社“天韵社”，从吴畹卿学习音韵、昆曲、三弦、琵琶、箫、笛等唱、奏技艺；

自十五六岁起与道士、吹鼓手密切来往，并手抄其“十番鼓”曲谱；

十七岁起，帮助无锡乐器店排老红木优质琵琶品位，直到 1937 年；

十七岁到二十二岁借吴畹卿先生所藏清光绪七年（1881）昆曲抄本，缮写油印《天韵社曲谱》共六册，供曲社曲友传唱；

1922—1923 年，陪同美国音乐家赴无锡采录民间音乐；

1936—1937 年，在燕京大学实验室试制金属律管，并作《平均律算解》一文；

1937—1940 年，再度返无锡会见道家友人，长期与他们切磋研究，并整理出《梵音谱》、《锣鼓谱》共两种；

在上述时期，无论他在无锡、北京、上海、重庆，只要有机会，他都会参加各种民族器乐、昆曲的演唱、演奏会。

以上的一系列实践活动，涉及古琴、琵琶、笛、箫、昆曲等的唱、奏；涉及道乐、民间吹打、戏曲唱腔的记录整理；涉及乐器音位的调试、管律的实验及律制的计算；涉及他与一代昆曲宗师直到民间吹鼓手等乐人的交谊等等，一个立志治理中国音乐史学和传统音乐学的学者用了大半生的时光关注这些属于实践层面的“形而下”的音乐现象，并以这样的方式和这样的角度介入这门学科，究竟为了什么呢？没有什么更深奥的原因，而是因为杨荫浏先生觉得以往的著作中它们基本没有得到应有的重视；是因为他坚信“今之乐，犹古之乐也”这个真理，所以，他意识到上述每种器乐和每种声乐品种，都储存了程度不等的古代音乐信息，都跳动着中国音乐历史的脉点。音乐史学家的最重要的任务，应该首先通过实践去感受这些活态音乐的活的灵魂。然后才能谈得上努力追溯其产生、形成的踪迹，尽可能恢复其历史真貌；是因为他想通过唱、奏、抄、听、记、测等手段与这些传承至今的音乐保持更为亲近的关系；一句话，是因为他想以自己不间断的实践、积累改变以往本领域的学术偏向，让音乐史从文献的束缚中解放出来，让音乐和创造音乐的人成为音乐史的中心。这恐怕是杨荫浏先生从认定以中国音乐学研究为终生目标之日起就深藏于心中的最高理想。

如果说，20 世纪 40 年代以前因为历史条件所限而使他不能完全实现理想的话。那么，1949 年以后，情形确实发生了根本的改变。特别是中央音乐学院民族音乐研究所的成立和政府对各地各民族传统音乐的重视，为他坚定地实现自己的学术目标，从根本上改变包括中国音乐史学在内的中国音乐学的学术方向，提供了一个崭新而又优越的环境。于是他本人以及在他领导下的音乐研究所又展开了一轮新的考察、采集工作。其中最重要的采录、考察活动有：1949—1950 年，与南京琴人一起，记录整理出新、旧谱式对照的《琴荟》，共五册；1950 年七八月到无锡采访“苏南十番鼓”、“十番锣鼓”及阿炳的二胡、琵琶演奏；同年，开始采访并记录“单弦牌子曲”；1951 年在天津采录“河北吹歌”（冀中笙管乐）；1953 年初采访北京“智化寺京音乐”，并亲自抄录；同年，赴西安采访“西安鼓乐”，发现该乐种传谱与宋姜白石歌曲乐谱的渊源关系；1955 年，结合采访西安鼓乐的心得，著《白石道人歌曲研究》；1956 年秋，率队往湖南与当地音乐家一起对该省民族音乐作普遍考察，获得四十余小时的音响资料、大量文字记录和实物（乐器），特别是有关浏阳地区的祭孔音乐等。显而易见，与三四十年代相比，它们所涉猎的范围、品类、深度都有新的扩展。如果把这一时期在他指导下音乐研究所所从事的有关音乐史学、传统音乐的采集、记录、整理工作加在一起，例如赴山西采访河曲民歌；赴新疆采访“十二木卡姆”；赴西藏采录“囊玛”、“堆谢”；赴贵州采访苗族民歌和芦笙；赴内蒙古采访鄂尔多斯音乐；赴福建采访“南音”等等；如果再把各地音乐工作者的同类活动也归入其中，则可以汇合为一次长达十余年的声势浩大的传统音乐采录运动。其结果，是上百种仍然存活的经过记录、整理的中国音乐资料的出版。其中，仅作为这个运动最坚定的施行者和倡导者之一的杨荫浏先生本人，就完成了近三十种著述。也许，在今人看来，这件事不足道矣。然而，如果拿它与 20 世纪之前的数千年相比，难道它不是一次前无古人的历史性壮举吗？作为近代科学范围的中国音乐学学科建设的一个重要组成部分，这样一次有声有色的传统音乐采集运动，不仅使我们获得了大量前所未闻的极其珍贵的音乐资料，更重要的是它在某种程度上真正改变了传统的中国音乐学的偏向，为杨荫浏先生于50年代末开始撰写《中国古代音乐史稿》和60年代以后直至目前的中国音乐学研究全方位的深入展开打下了更坚实的基础。所以，杨荫浏先生自年轻时就特别重视的采录整理工作以及在他影响下的这次传统音乐采集运动，应当在20世纪的中国音乐学研究史上留下浓重的一笔。它的根本意义在于为中国音乐学的新、旧两个时代竖起了一块巨大的里程碑。

中国音乐学在20世纪所走过的历程，很自然地让我们联想起与它相关的另外几门社会人文科学的发展脉络。特别是20世纪中国考古学，更值得中国音乐学界进行比较和借鉴。与音乐学一样，在20世纪以前，传统考古虽有积累，但多数只见诸文献和传世品，并且还未从历史学脱离出来。直到20世纪20年代初，通过一系列的科学的考古发掘，才陆续发现了仰韶、龙山、良渚、红山等文化在不同地区的广泛丰富的遗存。这一系列重大的成果，为建立近代科学意义上的中国考古学奠定了基础，也为我们全面了解中国各古文化的谱系、基本面貌、历史特点提供了充实的前提。而进入50年代以后，随着更多古文化遗址的发现和发掘，中国古代文化发生、形成、发展的总体面貌以更加清晰的轮廓呈现在人们面前。最终到80年代前后，有关打破中国古代文化“单一中心”说及真正建立中国古文明“多元发生”的“区系类型”理论，很快在考古学界引起热烈的反响。而这一切都是由于考古界七十年来始终坚持地下科学发掘的结果。它是中国考古学从“旧”转为“新”的根本前提和决定性因素。如前所述，属于近代科学范畴的中国音乐学也是从“五四”以后逐渐酝酿形成的。所不同的是，它的前期（20—30年代）仍受到“旧”学的影响，直到杨荫浏先生把对传统音乐的实践、考察、采集工作引入其中之后，情形才大为改观。杨先生所在本学科坚持的“实践—采集”路线，与考古学的地下发掘具有异曲同工之效。而且，数十年的学术积累，一再证明了，中国音乐学如果脱离了民族音乐的唱、奏实践，如果放弃了对存活传统音乐的调查、采录，中国音乐学就失去了自身存在的基础，也将最终失去其作为现代人文科学的学术生命。中国音乐学研究在近数十年中虽然已经做过成百上千次的采集，完成了大量的乐种调查报告，但它们与当代各地、各民族社会生活中的传统音乐储存量相比，仍然是“沧海之一粟”。这一点，是笔者本人断断续续进行了二十余年采集工作之后的一个切身感受。谓予不信，请亲自到那些没有公路，人迹杳无的山寨走几趟。只有在那里，我们才会真正体会到传统音乐的那种绵延不绝的生命力。这正如中国大地上还有无数的历代文化遗址等待考古学者去发掘那样，受到现代经济严重挤压、冲击的传统音乐更需要我们去采集、记录、整理。杨荫浏先生一生都在坚持的唱、奏、听、抄、记、测学风应该继承、弘扬并融入21世纪中国音乐学的新体系中。

当然，我反复强调“实践—采集”活动对于建设中国音乐学的根本意义，并不意味着排斥20纪以来民族音乐学（Ethnomusicologe）所形成的一整套方法论，更不是反对与其他人文学科作交叉、交融的多层面研究，相反，中国音乐学要在21世纪有所作为，恰恰离不开上述两大方面。事实上，杨荫浏先生在这方面同样是我们的楷模。他终生以中国音乐史和中国传统音乐为自己的两个学术支点，同时，又广泛涉猎语言学、音韵学、考古学、宗教学、音响学、数学等，从而，使他在语言音乐学、音乐考古学、音乐声学、乐律学、古谱学、音乐图像学都有影响深远的学术建树。我深信，杨荫浏先生在中国音乐学学科建设方面留给后学的宝贵遗训，必将成为推进本学科的一种巨大动力。21 世纪的中国音乐学，一方面将面对我们民族深厚悠久的传统，“扎根”传统，另一方面将与各人文学科保持更紧密的关系。纵横捭阖，多方借鉴，使自己成为一棵永葆常青的学术之树。

原载《人民音乐》1999 年第 11 期

乔建中，生于 1941 年，中国艺术研究院音乐研究所研究员，曾任所长

反思中国现代音乐文化问题的重要历史文献

——关于杨荫浏先生《国乐前途及其研究》一文

魏廷格

为纪念著名中国音乐学家杨荫浏先生诞辰九十周年、逝世五周年，我建议《中国音乐学》杂志重新发表杨先生《国乐前途及其研究》一文。

杨先生这篇文章，用今天的话来说，是对国乐问题的“立体、全方位观照”。对它的评析，不是个人可以胜任的。但是，笔者愿意提供一点背景，发表一点心得，供读者参考。

一、必须说明的疑虑

为什么单单选择这篇文章重新发表呢?

那是去年年初，为参加某音乐学术会议，我选择了“中国音乐界对中西音乐关系的认识”这一题目略作考察。

我认为，20世纪中国音乐文化这艘航船，是在西方音乐强大的“引力场”中运行的。无论这“引力场”是好是坏，有利有害，横竖那已经是并且还将是无法摆脱的客观存在的力量。倘若说中国现代音乐文化的演进，存在着客观规律的话，那必定是处于中西音乐关系笼罩下的一种规律。因此，研究中国现代音乐文化的发展，就不能不研究中西音乐的关系。

于是，我首先试图弄清：中国现代音乐界对于中西音乐关系，究竟有过何种认识？经历了怎样的过程？为此，以本世纪初中西音乐真正形成一种关系为起点，沿着历史的足迹，我逐步考察各个时期音乐界前辈们对此的种种高论。在查阅20世纪40年代材料时，看到了杨先生这篇《国乐前途及其研究》。文章连载于1942—1944年间的《乐风》杂志。可以相信，文中表述的思想，最迟必定形成于三四十年代之交，距今整整半个世纪。文章既是从中西音乐关系中看国乐，也是从国乐前途中看中西音乐关系。在我看来，其视野之广阔，透视之深邃，眼光之锐利，逻辑之严密，言辞之恳切，特别是其历史责任感之紧迫，将中国音乐界对这一问题的认识，推到了一个不仅是那时代的最高点，而且具备了超出那时代的意义。今天读来，除语言风格外，还会误以为是写于当代的。文章关切的、力求解决的种种疑难，今天，依然是我们关切的、力求解决的种种问题。

惊喜之余，我又心生疑虑：《乐风》杂志，一般读者早已不易见到。而1986年出版的《杨荫浏音乐论文选集》中，并没有收入该篇。尤令人不解者，在该书后附先生的音乐论文目录中，亦未见该文题目，而这些，又都是先生生前过目了的。这就不禁产生了个疑问，先生是不是有意让后人忘记这篇文章？假如是有意，又是文中的哪些观点，先生以为不再适宜，以至于将全文乃至标题，尽皆隐去？笔者为此访问过有关人士。据了解，也存在着先生晚年记忆力欠佳，而在无意中漏掉了的可能。事实究竟如何？笔者不敢妄加猜测。但是，出于对先生的敬重，这些疑虑，是必须向读者说明的。

杨先生是国际著名的学者，是中国音乐学界公认的导师之一。他对中国音乐怀有始终不渝的热忱。他的严谨、科学的治学精神和渊博的学识，广受钦佩。这样一位前辈，半个世纪之前，对于“国乐前途”这样一个今天仍然困扰着我们的重要问题的理论思索，理所当然地引起我们特殊的兴趣。五十年过去了，在他的种种着眼于未来，带着预示性的见解中间，哪些透过了历史的尘埃，如今仍放射出智慧与真理的光？哪些因为历史的局限，是当时难以洞察无余的？哪些主张是应当留待付诸实践，但却被忽略了的？哪些在当时是难以实行，而今天却是可行的？等等。无疑，这些问题都有其重要的理论与现实实践的意义。基于这样的考虑，《中国音乐学》编辑部决定重新发表这篇文章，该不会有违于先生发展国乐的最高宗旨吧？

二、对历史背景的回顾

在20世纪探讨国乐问题，不可能脱离开中西音乐关系的背景。杨先生的文章①，也是从中西音乐关系中探索国乐的前途的。为了能以历史的眼光理解先生在这一理论问题上的新贡献，有必要回顾一下此前中国音乐界对这一问题的认识。

西方音乐与中国音乐真正形成一种关系，始自19—20世纪之交的“学堂乐歌”。当时的社会先进力量，为促进中国的进步，视音乐为改造国民精神的利器之一。适应这种社会情势的需要，“学堂乐歌”广泛深入中国社会，西方音乐因素从此才以社会普遍性的规模，在中国流传

① 蔡元培：《蔡元培美学文选》，北京：北京大学出版社，1983年，第82页。

开来。但是，当时的音乐界，尚未（或是没来得及）提出对于中西音乐关系的理论认识。

直到20世纪20年代，中国文化、音乐界人士才开始从理论上思考中西音乐的关系。他们的看法大致可概括为：以西补中，中西并举。用蔡元培先生的话就是“采西乐之特长”，“补中乐之缺点”。他们认为，西乐先发展了，中乐的进步停滞了，形成了中西音乐的“距离”。按萧友梅先生判断，这“距离”为“千年”之久。将先进步了的西乐经验，用之于有待进步的中乐，人们认为合情合理。这就是以西补中。为了以西补中，就要中西并举并重。当时音乐界代表人物，如萧友梅、赵元任、王光祈、刘天华等等在侧重点上也许有差异，在本质上，都持有与此大体相同的见解。

那时，许多人都以俄国国民乐派为中国音乐的榜样，他们相信，将西方的音乐理论、技术技巧与中国音乐相结合，即可顺理成章地创造出伟大的中国乐派来。他们充满理想与热情地描绘他们心目中的中国乐派：

“吾国久久沉寂之音乐界，一新壁垒，以参加于世界著作之林”；成为“有系统之全世界专门科学”；“驰骋于万国和平之世界”；“导人类趋向光明，归于大同”。

到了20世纪30年代，人们逐渐发现，“以西补中”，并不是一条平坦大道，中西音乐结合过程中的内在困难、矛盾，随实践的日益深入而日渐显露。渐渐地，人们改变了20年代带着理想主义的乐观情绪。一些人提出了偏激性的观点——其实，不妨说，倒也是认识过程中的一种深化。

“全盘西化”的主张，就是这时期出现的。持此论者认为：中国需要的，“不是所谓‘国乐’，而是世界普遍优美的音乐”，“中国新音乐的建立，要‘全盘西化’，……使基础先立定了然后再创作新的中国音乐”①。青主先生的观点与此相似。他说：“应该于国乐西乐之间，择定一个，要国乐便不要西乐，要西乐便不要国乐。”② 当然，他是要择定西乐的。但同时，青主也还认为：“世界上只有一种尽真，尽善，尽美的音乐艺术，并没有国乐和西乐的分别。”③ 话虽如此，他的说法（不是说他的全部音乐活动），恐怕还是不免“西化”之嫌。

与其相反的，就是“全盘中化”论了。此论，直接见诸史料的不多。从间接材料可知，持此论者是两种背景截然相反的人士。一种是所谓“旧派乐师”，总以为“声音之纯正与精微，举世界当推吾国第一，他日西方乐师，必来吾国研究”。另一种是西方音乐家。例如当时活跃于上海的意大利指挥家帕奇④，就主张将来的中国音乐要由中国人指挥，用中国乐器演奏。

与前述二者取不同的角度，20世纪30年代还有一种观点，即“内容决定国乐”。只要“内容”是中国的，形式方面西式中式均无不可。既然西方的工具比我们的先进，工具，就应

① 欧漫郎：《中国青年需要什么音乐》，《广州音乐》1935年三卷六一七期。
② 青主：《音乐当作服务的艺术》，《音乐教育》1934年二卷四期。
③ 青主：《我亦来谈谈所谓国乐问题》，《音乐教育》1934年二卷八期。
④ Mario Paci（1878—1946），他的观点见青主：《论中国的音乐（给上海交响乐队指挥Mario Paci一封公开信）》，载《乐艺》1931年一卷五号。

当“全盘世界化和现代化（也可以说是西化)”。但是“内容”则要“彻底中国化”①。这种观点认为，只要把握住“内容”这一环，中西音乐关系中的种种“麻烦”，似乎都不难解决。

上述“全盘西化”也好，“中化”也好，“内容决定”也好，都从20世纪20年代中西音乐因素应当结合这一点上后退了。其中的重要原因，都是对中西音乐结合的困难估计不足，以至于都去寻求中西音乐不必、不该结合的道理，寻找中西音乐不必、不该结合的途径。但毕竟，这从客观上证明了中西结合并非易事，这一点，是较之20世纪20年代理想化乐观主义的进步之处。

相比之下，20世纪30年代有成就的作曲家们的看法，一般较少偏激。例如黄自，就很有代表性。他一方面反驳了“以为旧乐是不可雕的朽木，须整个儿的打倒，而以西乐代之”的“西化论”，强调“旧乐与民谣中流露的特质”，“不容一笔抹煞”；同时又提出必须“学西洋好的音乐的方法”，“研究和整理我国的旧乐与民谣”②，就不难产生民族化的新音乐了。冼星海也有相似的看法。他们都从创作实践中意识到中西结合的必要。但是，由于他们都没来得及在更深广的创作实践中解决全部问题，他们的看法，尚不能说是详尽的理论阐述。

以上，就是《国乐前途及其研究》一文发表之前，中国音乐界对中西音乐关系及中国音乐的前途所提出的几种主要观点。

三、杨荫浏先生的新贡献

我相信，在回顾了有关历史背景之后，再阅读杨先生这篇论文，读者一定会清楚地看到先生新的见解、新的开拓、新的高度。不同专业背景的人，都会得到各自相应的启迪，就我的认识，最突出的是先生在以下三个方面的新贡献：

1. 在阐释了与前人均有区别的关于中西音乐关系新的观点的基础上，得出了必须“特殊、过度注意国乐”的结论。

2. 对新音乐创作者的传统音乐修养。提出了极严格的要求。

3. 作为解决极复杂的国乐问题的对策方案，提出了“伟大而合理的计划”的构想。

现将以上诸点分别说明如下：

1. 关于过度注意国乐。

先生以相当开放的思维方式，首先提出了中西音乐融合的历史必然性。他写道：“国乐的独到价值，必须在与世界音乐公开比较之后，始能得到最后正确的估计，国乐的充分发展，必须在与世界音乐经过极度融合之后，才能达到它应有的程度。”③ 他指出，拒绝中西因素的交融，“非但是不必要的事，而且也是国乐前途充分发展的障碍”。

中西音乐文化的融合之不可避免，这是许多前人都注意到了的，并且也是当时音乐生活

---

① 陈洪：《新国乐的诞生》，《林钟》1939年创刊号。
② 黄自：《怎样才可产生吾国民族音乐》，上海《晨报》1934年10月21日。
③ 以下引述的杨荫浏先生言论，均自《国乐前途及其研究》。

中，已经出现了的事实。然而，交融前不同音乐文化的不同状况，会导致不同的交融结果，却是人们没有注意到或注意不够的。他写道："交融以前各因素，独立基础的强弱"，"准备工夫的充分与否"，会"形成种种不同的交流结果"。当时国乐的情形，恰恰是尚未充分准备。但"世界音乐的力量却已非常强大"。先生担心："我们若再不准备，便只有让整个世界音乐逐渐地来淘汰或排挤了这仅存的一些国乐成分。"对于国乐，先生并不认为如同有时有人以许多溢美之词所赞扬的那样无须担心。相反，在"世界音乐磅礴的潮流"面前，它的存在与发展，是令人焦虑的。甚至他"明知"国乐的某些成分"将来必被淘汰"。在清醒地估计了世界音乐与国乐之间"力量对比"的实际情形之后，他发出了立即给予国乐以特殊、过度注意的呼吁。

但是，先生之特殊、过度注意国乐的主张，并不是"坚持着把过去国乐的整个环境，一丝不改地重演于现代"。"过度注意"，只是一种因将弃之，故先求之的想法。目的是为了实行与西方音乐的合理的、良好的、恰当的融合。不难看出，先生之重视国乐，既不是"崇拜经典的态度"，也不是对西方音乐的拒绝与排斥。这就是先生"过度注意国乐"与"旧派乐师"（及某些西方人士）"注重国乐"之不同处。

在远景目标上，先生也说："中西音乐的界限，最后或许不应当被重视"；这与青主真正的音乐艺术"并没有国乐与西乐的分别"的看法倒是颇为相似。但是，先生认为此前必须经历一个"过度"注意国乐的阶段，青主却在当时就要"择定一个"，这又是先生与"西化论"者之间重要的区别。

那么，怎样才能给予国乐以特殊、过度地注意呢？

首先要认清"国乐的事实"。先生指出不仅要从中国悠久历史的纵向上和广阔国土的横向上着眼，而且还要注意到"曾与，正与，或将与本国音乐发生关系的，他国音乐的材料"。他要求从事国乐研究者要有多种音乐的、非音乐的，以及介于二者之间的边缘学科知识的准备。他要求把握国乐基础的"广度"与"深度"，详细说明如何达到那"广度"与"深度"。他深感国乐自身的问题原已十分复杂，而西方音乐的涌入，又极大地加重了原有的复杂性。因此，"过度注意国乐"，远非轻而易举之事。读过先生文章，一定会留下一个鲜明的印象：在实行理想的中西音乐结合的途中，会有整理与研究国乐的千山万壑般的困难要越过。

这样，先生就不仅指出了中西音乐融合这条道路的必然性，也指出了其中的艰难性，还尤其指出了国乐准备工作的优先性。这就使他与单纯提出一种中西结合的理想或一般性的泛泛谈论，有了很大的不同。

我们无意说先生解决了全部有关的理论问题。那还有不短的路要走。我们只是说，是先生首次将中西音乐因素结合当中的必然性、艰巨性，及过度注意国乐的优先性结合在一道加以论证了。这就在有关理论认识上，更加逼近于事物的本质了。

2. 关于新音乐创作。

杨先生文章没有专论新创作的章节，但文中却透露出他关于新创作的重要思想。这就是：对于新音乐创作者传统音乐修养的极严格的要求。

先生认为，对"过去没有绝对把握得住，现在与将来，便绝对谈不到"。只有"认清了来路，才可以有合理的去路”。“国乐的基础，更是在过去的事实，而绝不是在现在或未来的无中生有。”

所谓对“过去”的把握，“来路”的认识，以及“国乐的基础”，都是一个意思，即传统音乐修养。离开这一前提就进入新曲的创作，无异于“凭空创造”，而凭空创造出来的，“是另一样东西，不能说是民族音乐”。这种创作，“良好的结果很难想象，不良的结果，倒是意中之事”。

先生分析了他认为唯一在新曲创作上有成就的刘天华先生的经验。他说，天华原有“过人的背景修养”，而又时时搜寻着国乐曲调的来源，以加深他“修养中国音乐背景的成分”。为此，天华先生付出了“至死不懈的个人努力”，经过了十余年之久的辛苦追求，在国乐及西乐深度方面的不断演进，才写出了仅仅十几个曲调。人们往往只看到、并仿效他以自己创作的新曲教人，却漠视了那十几个曲调中间“透露过来的辛苦背景”。杨先生认为：“从天华先生作品去学天华先生，不如从他的深度上去学他……更不如从他求得这深度的不懈努力中去学他。”在先生看来，天华先生的经验，首要的是启示新音乐创作者修养传统音乐的背景，而不是匆促投入新曲的创作。

必要的传统音乐背景修养从何而来？只能从国乐的整理、研究中获得。但是，当时国乐的研究刚刚开始，还没经过系统的整理，还“没有形成清楚而具体的结构，尚难提纲挈领地令人一望而知”，还只能提供“十分浅薄的材料”。这种情形下，除了刘天华这样少数例外者，一般人就很难获得必要的修养。针对这种现状，先生直截了当地说，此刻积极提倡创作，“并不合理”。他毫不含混地批评道：目前的创作与其演出的尝试，从所费时间的价值意义言，将见得是“近乎浪费”（着重点为笔者所加）。

很明显，先生绝非轻视创作。正相反，他是以极郑重的眼光看待创作的。他呼唤人们即刻给予国乐特殊、过度的注意，一个用意就在于尽早将国乐整理成能够“提纲挈领地令人一望而知”，能够提供十分丰富的材料的程度，这样才可能为新音乐创作者修养自己的传统音乐背景提供必要的、便利的条件，才可能有真正有价值的新音乐创作。

“近乎浪费”！读来振动心弦。

我曾想，先生对于新曲创作者的修养是否过于苛求了？先生文中说过：“创作必须进行”，可是，又说提倡创作，“并不合理”。那么，只能理解为一定时日后，创作，才必须进行，才是合理的。问题又来了：这“一定时日”，究竟止于何时？谁来判断？如何判断？在此期间，以创作为专业者，是不是应当暂停一切创作，以避免“浪费”呢？这是些笔者至今心存困惑的问题。

“近乎浪费”——是言过其实，还是痛苦的真理，只能由自那以来的创作实践加以验证。但这是音乐界全局性的课题，个人不敢妄断。

不过，对于中国钢琴曲这一侧面，我曾做过粗略研究。我们不妨就这一侧面稍予讨论。

评价音乐作品，可以有各种各样的评价标准。不同的标准，仿佛是不同的尺子，会对同一对象量出不同的结果来。假如我们取这样的评价标准：真正成功的中国钢琴作品的活的艺术生命，要具备两条——

（1）从音乐审美心理上，至少被某一中国听众层由衷热爱，长期活在他们的音乐审美意识里。

（2）比较经常地被钢琴工作者、学习者弹奏，并且不是出于比赛、考试或其他非弹奏不可的需要。

以这样的评价标准衡量，达到理想水平的作品，在全部正式发表的约一千首作品中，只是相当小的一部分。很多作品，几乎是从发表出来就未被演奏过。这些既不鸣响在钢琴家的手指下，也不回荡在某层听众耳朵里的作品，虽然不可一概而论为缺少艺术价值，但是，终究不免令人想到，这里还是有“浪费现象”的吧？

重复地说，这是用前述评价标准衡量的结果。笔者不反对别人用其他评价标准衡量，得出另外的结果来。

当我试图探索有的作品成功、有的不够成功的原因时，根本问题（虽然不是唯一的），的确，往往还是在于与传统音乐，及由传统音乐的美学特征凝成的音乐传统的关系上。由于钢琴是件外来乐器，这点，显得尤为突出。外来乐器先天带有外民族音乐审美意识的痕迹。中国钢琴曲要消除这种外来痕迹，使其与中国听众的音乐审美心理毫无嫌隙、毫无隔膜地融合起来，就格外需要与中国音乐传统保持血肉相连、一脉相承的关系。所谓“格外”，就是说，要超出一般性的关系。因为，那样的话，在与钢琴先天的外来音乐审美痕迹相抵消后，其传统的根基就所剩无几了。而先去根基，浮在空中的作品，怎么可能有长久的艺术生命力呢？

有生命力的中国钢琴曲，听来、弹来都会使你“忘记”钢琴是件外来乐器。“忘记”了，才能被中国听众认同为自己的。如欲忘记那微妙、难言的外来感，除开使作品更深更远地根生于、源流于中国音乐传统之外，别无他途。

仅就笔者有限的接触，深感在我们的钢琴创作者群体里，不乏很有才气的作者。但是，由于传统音乐根基不够牢固而产生的制约，还是难以写出杰出的作品来。犹如一位不熟谙某种语言的作者，很难用这种语言写出好文章来一样。

这里，我还想到了巴托克的创作道路。在匈牙利现代作曲家当中，没有人比他的传统音乐修养更为深厚了。因此，他才可能为匈牙利现代音乐创作，作出最伟大的贡献。

通过上面的分析，我觉得，杨荫浏先生对新音乐创作者的传统音乐背景、修养的极严格的要求，他的“近乎浪费”的警告，至少，包含着很大的真理性。这是第二点。

3. 关于“伟大而合理的计划”。

如前所述，“过度注意国乐”，是杨荫浏先生思考中西音乐关系及国乐前途问题得出的重要结论；也是未来实现中西音乐合理、恰当、有准备的融合的必要基础与前提；还是通向未来真正有价值的新音乐创作道路的关键环节。

又如前述，“国乐的事实”包容了极广泛、极复杂的内容。从事国乐的整理与研究，涉及了众多的学科。面对如此浩繁的工作，杨先生感叹道：“民族音乐的园地太大；过去从任何方面出发的任何研究，实际都非常渺小。”先生设想，“需要多人同从伟大而合理的计划中出发”，分头进行，方可奏效。在“个人的责任”一节，他列举了十五种（后面还加了省略号）专业背景的人，说“他们有一部分的使命”，都“可以与音乐相关”，“为音乐世界加添丰富”。这已经是伟大而合理的计划的蓝图了。

“伟大而合理的计划”，这是先生思考了中国音乐问题的全部复杂性之后，提出的一个对策性方案。“伟大”，意味着规模的宏大与内容的复杂，“合理”，意味着科学性，意味着繁复内容间的有机联系与组织。用今天的话说，这正是一个巨大的系统工程——一个需要整个音乐界乃至半音乐界、非音乐界志士仁人的协力奋斗才能完成的系统工程。

在20世纪三四十年代的中国，那“伟大而合理的计划”，绝无拟定与实施的实际可能。但是，杨先生能提出这一构想本身，就是了不起的。这表明，先生不仅力图从理论上解决中国音乐问题，而且试图从实践上提出解决办法。他不是单单指出中国音乐的远景，而且还试图指出通向远景的脚踏实地的道路。我们也从中看到他宽阔的胸怀，感受到他很大的魄力。即使当时无法实施他的“伟大而合理的计划”，也会使人们从思想上认识到国乐问题的丰富内涵，认识到集体性的协调努力的必要，有志于国乐事业者也一会从中受到鼓舞。所以，我把这看做是先生在有关理论问题上的又一新贡献。

四、不可回避的反思课题

今天的中国与五十年前的中国，许多方面的变化都是沧海桑田。在音乐领域，也不可同日而语。然而，拜读《国乐前途及其研究》一文，还是感到那时作者焦虑的许多问题，今天，仍然是我们关切的问题。那时，杨荫浏先生研究中西音乐关系影响下的国乐前途；不久前，中国艺术研究院音乐研究所与中央民族乐团联合举办“中国音乐研讨会”所研讨的，实际上还是中西音乐关系制约下的国乐前途问题。那时，杨先生担心国乐（或国乐成分）被“排挤”，被“压倒”，被“淘汰”；今天，我们惊呼传统音乐的“危机”。那时，先生说国乐的材料还没有经过整理的阶段；今天，我们还是在说，传统音乐内在的规律、理论，还没有被科学地总结出来。再如传统音乐教育问题；与现代音乐创作的关系问题；音乐遗产的挖掘、抢救问题，等等，似乎没有那个问题真正令人满意的解决好了。

为什么会这样？我想，至少可以从三个方面思考其中的原因：

1. 20世纪国际条件下的中国音乐，是世界音乐史上独一无二的对象。它本身内涵了特殊的困难。这困难的实际程度，不仅20世纪20年代人士没有估计充分，往往也超出了直到今天的某些后来人的想象。杨先生是最早清醒地认识到了国乐特殊困难的学者，但恐怕也不能将其揭示无遗。

面对特殊的困难，须用超常努力方可战而胜之。但由于估计不足，就不易想到要付之以超常的努力。相反，还时而提出些近期内难以实现的美好远景，使人时常产生用不了多久中国音乐就会好起来、大繁荣起来的错觉。在错觉基础上产生的乐观主义，无益于实际困难的克服。结果，每当我们回首静思中国音乐问题时，就会感到那些问题依然存在。

2. 音乐问题有其自身的矛盾特殊性。这特殊的部分，并不一定随着非音乐问题的解决而自然获得解决。音乐外部因素，在最好的情况下，是为音乐问题的解决，提供良好的社会政治、文化氛围。但这仍然属于“外因是变化的条件”的范畴。音乐问题实实在在的解决，还是在于音乐自身矛盾的克服，“内因是变化的根据”，“外因通过内因起作用”。我认为，我们的注意力往往较多地投向了音乐外部，较少专注于音乐问题本身。这就不难理解，为什么时隔五十年，我们又遇到了相似的难题。

3. 我们没能时时细心分辨出前人思想中那些科学（或接近科学）的部分，再加以精心地吸收，使之成为最高、更深刻认识的新起点。不细心珍惜前人的哪怕是点滴成果，不仅埋没了前人的苦心探索，并且使后人难免重复劳作，有时还未必达到了前人的高度。以杨先生这篇文章为例，文中的所有观点，未必得到当代音乐界同志们的一致赞同：但我相信，任何人都会承认，文中有大量中肯的意见，精辟的见解。这些意见和见解，理应成为后人攀向更高层次的阶梯。实际上，连文章题目都鲜为人知，还谈何“阶梯”呢？类似的事情，恐怕不乏其例。这就不难理解，一些问题，何以在转了几圈之后还是停在距原地不远的地方。

分析“五十年前的一些问题，大体依旧”的原因，目的是在于面对这样一个挑战：十年、二十年后，我们会不会再遇到一些大同小异的问题？

为了在彼时不再发生类似的感慨，我认为，利用重新发表杨先生论文的契机，将文章提出的观点、发出的警告、作出的预言，与半个世纪以来的音乐史实践紧密结合起来，认真反思那些不可回避的课题，是十分必要的。诸如：

过度注意国乐的思想，在当时是否正确？在今天，是否仍有必要？五十年间，我们是否曾经“过度注意”了？如果注意得不够，这给中国现代音乐文化面貌，带来了什么影响？从中应当引导出什么结论？

我们的传统音乐整理工作，已经达到了什么程度？是否有了“清楚而具体的结构”？可否“提纲挈领地令人一望而知”？这为已经进行的中西融合，带来了什么影响？是否发生了、在什么程度上发生了国乐成分逐渐被排挤、被淘汰的情形？从中又可引发出什么结论？

先生对新音乐创作者传统音乐修养的极高要求，是否合理？“近乎浪费”的批评是否过苛？新音乐创作是否存在、在什么程度上存在有“浪费”和“凭空创造”的现象？等等。

在切切实实地进行反思之后，我们是否应当集前人与今人的全部智慧，拟就一个更加伟大、更为合理的计划？半个世纪之前中音乐界做不到的，今天，应当而且也可以办得到了。

否则，我们怎么能确保，在将来纪念杨先生诞辰一百周年，逝世十五周年之时，我们不会面对同样一些中西音乐关系下的国乐前途问题呢？

原载《中国音乐学》1989 年第 4 期

魏廷格，生于 1942 年，中国艺术研究院音乐研究所研究员

再议杨荫浏的国乐观

魏廷格

杨荫浏先生的国乐观，集中反映在他的《国乐前途及其研究》① 一文里。

时至今日，我仍能真切地回忆起1987年末，在那几本破旧、暗黄、薄薄的距今近半个世纪之久的《乐风》杂志上，初次读到这篇文章时那惊喜的心情……

那时，我正在为香港大学亚洲研究中心主办的《中国音乐与亚洲音乐研讨会》准备题为《二十——四十年代中国音乐界对中西关系的认识》的文章。并且，已经研读了王光祈、萧友梅、赵元任、刘天华、青主、欧漫郎、陈洪、黄自、冼星海、马思聪、江文也等等音乐界人士的有关文字，努力领会先贤们或详尽些、或简要些、或周全些、或不无偏颇的却又总是从某一角度有所依据的种种观点。我的粗浅的认识被一步步深化了。然而，其中那互相对立的、或虽偏激却又不失某种道理的见解的并存，又不免令我茫然。直到读过杨先生文章后，我才确有拨云见日、登高望远、心胸豁然之感。因为，唯有杨先生这篇文章，才能把各种观点的合理因素综合起来，把不符合当时音乐实际或不利于音乐实践的因素从理论上排除掉，进而，又凭他独具的修养与眼光，将有关认识推向新的高度。他的视野十分宽广，遍及中外音乐史的宏阔背

① 此文原连载于1942—1944年间《乐风》杂志，《中国音乐学》刊于1989年第4期。本文未注明出处的引文，均出自该文。

景；他的思维十分辩证，注目于不同音乐文化的交融及演化，他的目光十分锐利，在纷纭之中看穿核心之所在；他的眼光十分远大，向着遥遥未来望去。为此，在拙文《二十——四十年代中国音乐界对中西关系的认识》中，我将杨先生的观点作为叙述的重点。1989 年先生诞辰九十周年、逝世五周年时，我建议《中国音乐学》当年第四期重新发表《国乐前途及其研究》以为纪念。同时，我还撰写了《反思中国现代音乐文化问题的重要历史文献》一文一并发表，那是对杨先生国乐观的“初议”，此即本文名曰“再议”的缘由。

为什么要再议？

因为，这样一篇关系到中国音乐前途的极其重要的文章，自它问世，直到 1988 年，近半个世纪了，就我所见，似乎从未有人评析、阐发、引用、哪怕是提到。尤为费解的，是杨先生本人也再不提起此文。根据是经他“亲自选订篇目”，认为“记载了他音乐思想的形成和发展”才“同意出版”① 的《杨荫浏音乐论文选集》，没有收入该文；而且，该书所附《杨荫浏著作目录》中也无该文篇名。那么，是否书中其他文章里已经包含有《国乐前途及其研究》的基本思想了？遍寻全书，绝无类似问题的论述。这表明，晚年杨先生在回顾一生的音乐思想时，有意无意地②，是将《国乐前途及其研究》中的思想排除在外了。

或者，自那以来的中国音乐已经在实践中体现出了相应的观点，以至于再提此文已属多余？更不是。恰恰相反，总体上，中国现代音乐文化的进程，与杨先生当年的设想是相当不同的。

总之，从理论到实践，几乎都无视杨先生当年的国乐观。唯一的例外，是发表该文的那期《乐风》的“编者后记”中的相关数语，是仅有的对杨先生这篇文章的评价：

> 我们荣幸地发表了杨先生一篇非常重要的论文《国乐前途及其研究》，杨先生所谓“国乐”绝对不是狭义的古乐旧乐，而是广义的中国音乐，而是在无限憧憬中的未来的中国音乐。它应该是世界音乐中最坚强结实的，最美丽的一环。它应该首先具备着我们特殊的民族性，然后同时拥有普遍的国际性。③

编者推崇该文的真诚无可怀疑。但是，若以为该文主要是阐明了国乐不是旧乐，国乐应当兼具民族性与国际性等等，这既非杨先生文章的主旨，又是早经他人提出过的见解。至于说国乐将是世界音乐中“最美丽的”等语，这又属编者的引申，何况也非新说。所以，我们虽然十分尊重编者的美好的意愿，却不能不说，他们不但远未抓住该文的要点，反倒从该文一问世就把它从一个杰出的高度拉回到平庸的水平，无意中用主观见解及浮泛赞语去掩盖真知灼见的光芒。而“编者”身份在读者中间所具的权威性，使这“掩盖”又无形中加重了分量。

---

① 杨荫浏：《杨荫浏音乐论文选集》，上海：上海文艺出版社，后附华蔚芳执笔的几点说明。

② 所谓“有意无意”，是因为我们不能确认杨先生是由于晚年改变了观点之故不提该文，还是因年久遗忘了该文。

③ “编者后记”的执笔者不详，当时的编辑部主任为陈田鹤、顾梁，杂志社社长为熊乐忱。诚然，杨先生所说的国乐，“绝对不是狭义的古乐旧乐”，但先生力主要特殊、过度注意的，恰恰是古乐、旧乐。

杨先生国乐现的核心及高出他人之处究竟何在呢?

对此，在拙文“初议”中已有所述。但总觉言未尽意，这里再强调、补充一些看法。

研究杨先生的国乐观，自然不能不探索：杨先生心目中的国乐究竟是什么?

杨先生并未简单地、形而上学式地为国乐下一个定义。他是从一个广阔的背景中，用辩证的、演进的眼光，取“国乐的事实”、“国乐的本体”、“国乐的前瞻”等角度，阐明他的国乐观的。

关于“国乐的事实”，杨先生说：

> 国乐全部的事实，决不是某一点理论，某种乐曲，某一种乐器，或某一样技术所可以代表的。从纵的方面说，我国有史以来，凡有音乐价值的记载、著作、曲调、器物、技术等等，都是国乐范围以内所应注意的事实；从横的方面说，中原以及边地各省各市各村各镇的音乐材料，和曾与、正与、或将与本国音乐发生关来的他国音乐的材料，也都是国乐范围以内所应注意的事实。

这是从全部互有关系的古今中外音乐中审视国乐问题。

关于“国乐真正的本体”，杨先生说：

> ……其实乐器、符号甚至乐律和技术，都不过是国乐表现或流传的一种手段，并不是国乐真正的本体。若国乐确有他真正的本体，国乐曲调确有它内在的特性，则必不会因在小提琴上奏出，而变成了西洋曲调必不会因等比律的应用，而失掉了它原来神情的重要部分。

这意味着，国乐的真正本体在于国乐曲调及其特性。

关于“国乐将来地位的前瞻”，杨先生“预期的想象”是：

> 有时国乐曲调在世界的文响乐队中，给多种的世界公共的乐器演奏着；有时，国乐某种具有特殊音色的乐器，经过了适当的改造，成为全世界普遍应用的乐器；有时某种……国乐乐器……经过国际音乐家们的认识体脸，不断地进入新的发展境界，被独奏的人们重视着，被审美的听众欣赏着。

这里讲了三个“有时”。综合起来是：西方交响乐队演奏国乐曲调国乐乐器成为世界性的合奏及独奏乐器。这等于再次确认国乐本体在曲调，但同时，离开曲调，国乐乐器也是国乐对世界音乐可能的贡献之一。而当国乐乐器成为世界性乐器时，也必然会将国乐曲调同时带往世界。

杨先生对国乐的“事实”、“本体”和“前瞻”的思考，涉及国乐的过去和未来。过去，是中国已有的音乐未来，是可能有的中国音乐。联结过去与未来的，是当时——20 世纪 40 年代初的当时。如何认识和对待当时国乐遇到的问题，将决定国乐未来的出路。所以，“当时”，是关键。那么，当时的国乐遇到了什么问题呢？杨先生说：

> 交融的不同文化因素，因文融以前各因素，独立基础的强弱，和它准备工夫的充分与否，会形成种种不同的交融结果。以国乐而论……我们自己还没有充分准备，世界音乐的力量却已非常强大。我们若再不准备，便只有让整个世界音乐，逐渐地来淘汰或排挤了这仅存的一些国乐成分。因此，我们必须准备。但准备的当儿少量的渐次的发见、归纳和发展，似乎很难抵挡住世界音乐磅礴的潮流。

他称这是个“畸形的环境”。畸形，即不正常的情形。对于非正常的事情，就要有非同寻常的对策。杨先生提出必须给予国乐以“特殊的注意、过度的注意”。不注意固然不行一般的注意也不行；唯有特殊、过度的注意，国乐才能有合理的出路。所以：

在特定的时刻，特殊、过度的注意国乐，才是《国乐前途及其研究》一文的主旨、核心，才是该文最基本、最重要、最具理论及实际意义的思想，才是杨荫浏国乐观的灵魂。

此刻讲的国乐，当然是中国的固有音乐。狭义的“国粹主义”音乐观，对国乐也是重视的。重视本身固然可取，但他们往往“以崇拜经典的态度来崇拜国乐，坚持着把过去国乐的整个环境，一丝不改地重演于现代”。国乐中包含了人类优秀的音乐文化创造，这在杨荫浏先生是不言而喻的。但同时他还认为旧有国乐难以抵挡世界音乐潮流的涌入；国乐中的某些因素将来“必将淘汰”；国乐将在世界音乐中“建立自己”；最后，国乐特殊注意的程度，还应“随着完成的阶段而随时改变”。这就不是单纯地崇拜经典了。

“音乐是世界的”，这在当时是很有影响的一个说法。杨先生的表述却有微妙而又重要的不同：“中西音乐的界限，最后或许不应当被重视”，但在眼下，对国乐却必须过度重视。就是说，假定有朝一日中西音乐各自的特色不再是重要的，那也只能是中国音乐自身特色得到充分弘扬之后的未来。在这一天到来之前，尤其是当国乐面临“被并吞被消灭”的关头，孤立地讲“音乐是世界的”，在实践中，必定导致重西轻中。杨先生一方面并不简单地否认取消中西界限的可能性，同时又特别指出过度重视国乐的必要性，这使他高高超出“音乐是世界的”一类泛论之上。

特殊注意国乐的思想，还直接关系着对当时的国乐新创作的看法。在《国乐前途及其研究》一文中，先生多次谈到国乐创作问题。他的基本观点是“认清了来路，才可以有合理的去路”，“国乐的基础，更是在过去的事实，而绝不是现在或未来的无中生有”，“民族音乐决不是可以凭空创造出来的，可以凭空创造出来的，是另一洋东西，不能说是民族音乐”。

用这样的观点观察当时的创作，杨先生认为刘天华是成功的。唯有他，原有国乐基础“过人的背景修养”；也有“对于西乐渐增深刻之度的认识”；又有不断求得国乐基础深度的惊人毅力。但对于不具备天华先生这样的修养就动手创作的人，杨先生则持严格批评的态度。他说

"单凭一些自己对于极小部分本国曲调的直觉便从事作曲"，其作品的民族特点是否能把握得住、表现出来，"是可以怀疑的"、也很难承认是"可以听得进去的"。他的结论是：

……在国乐研究刚才开始，所能提供的材料还是十分浅薄的时候，积极地提倡国乐的创作并不合理；良好的结果很难想象，不良的结果，倒是意料之中。

又说：

较成熟的创作的问世，将在有了深广的背景之后，目前的创作与演出的尝试，从所费时间价值意义言，将见得是近乎浪费。

杨先生直接批评的对象是为中国传统器乐的创作。但他阐明的道理，对于为西方器乐的中国音乐创作，同样是适用的。所不同的，只是先生提出的问题，在这个领域里显得更为尖锐、更为严重而已。所以，过度注意国乐的思想，直接关系着整个现代音乐创作的后果。

其实，特殊重视国乐，不只涉及以上提到的理论的及实践的一些方面，它还与包括教育、表演、社会音乐生活等等领域在内的全部中国现代音乐文化问题密切相关。这些问题的中心，就在于自世纪初形成，之后又愈演愈烈的错综复杂的中西音乐关系。处理这繁乱关系的最佳对策，就在于过度注意国乐这一环节。所以，《国乐前途及其研究》一文，虽然以较多的篇幅讲述"国乐研究多方面的准备"，"国乐基础的深度"，"国乐基础的广度"，"国乐园地中的工作"、"各人的责任"和"去取的审慎"等重视国乐的具体方法、方式、方案，但该文最重要、最关键、最有价值的内容，则是阐明了以"特殊、过度重视国乐"为核心的杨先生的国乐观。不理解这一点，就是没有理解该文的真正实质和价值。

杨先生公开发表他的过度、特殊注意国乐的见解，已经整整过去五十年了。无论五十年前还是五十年内，整体上，大致都没有实行过度、特殊注意国乐的主张。在20世纪60年代曾有过"民族化"时期，在"文革"中激烈地批判过"大、洋、古"；但在那特殊的政治背景下，"民族化"并不只是艺术标准；传统艺术又大多被视为"糟粕"；致使表面上的重视"民族"，实质上与杨先生的国乐观并不一致。

五十年的历史，已成为过去确切地认识这段历史的成败得失及其与重视国乐程度的关系，需要详尽的整部现代音乐史专著去研讨。这里，仅就与现代音乐创作有关的问题，扼要地谈点感想。

杨先生曾反复指出，没有必要的国乐基础，是绝无可能创造出真正民族性的作品的。依据当时国乐研究"刚才开始"的状况，他明确表示"积极地仅提倡国乐的创作并不合理"，但同时他也说了"创作必须进行"。怎样理解这互相矛盾的说法呢？我想，"不合理"，是指当时的音乐界整体；"必须进行"，则是指局部、个别的已经具备了必要修养的创作者，如刘天华先生就得到了他的肯定。而且，国乐的前途，最终取决于创作。特定时期过度注意国乐，也正是为了将来的创作不至于"凭空"，不至于"无中生有"，不至于"近乎浪费"，不至于"是另一样东西”，不至于失去“合理的去路”。所以，根本上，他是十分重视创作的。

五十年间的中国音乐新创作（包括为国乐器和为西乐器两者在内）数量巨大。其中哪些是在深广的国乐修养基础上产生的，哪些是在不够深广的国乐背景上写就的，哪些是全无基础“凭空”而来的，又是个需详尽专史过细研讨的题目。总的看，一方面恐怕我们不能说全部近现代新的中国音乐创作都是“欧化”音乐①，一无可取。因为有些作品已经历史的过滤、淘汰而被现代中国听众审美意识广泛地认同了。另一方面，我们也的确很难从整体上给予过高的肯定。许多（绝非个别）作品，实在不敢说其中真正有几分中国风骨、中国品格，尽管这些作品正式出版了，有的被有限地演奏了，有的甚至得到过某个评奖委员会的某种奖励。真正的民族风格，不是靠理性分析、逻辑推理、评定可来决定的；而是要由中国听众的听觉直感心悦诚服地感知和经受时间的考验的。如果取一个概括的，或许能得到较多共识的评价，大致是大型的、具有较大艺术含量和持久艺术生命力的器乐作品，得到公认成功的，数量较少。中型，特别是小型作品，有相当数量是成功的。无论哪类作品，凡成功的，都可透过作品成熟的中国音乐风格，鲜明地显示出作曲家写作该作品所具备的相应的中国传统音乐修养。这一点，无一例外。同时，大型乐曲成功的少，中小型成功的较多些，又说明一部作品艺术含量之大小与所需要的传统音乐修养之深广度恰成正比。

至于那些不很成功或很不成功的作品，究其根源，仍然是由于其与传统的有机关系不够牢固或很不牢固，使其不具有或很少有成熟的中国风格。对于没有必要的国乐修养就进行国乐新创作的做法，杨先生比之为“放着《唐诗三百首》不读，而偏爱自己吟诗且又自命所吟的诗，为唐诗式的诗”，他称这“令人无从想象”。这正可解释一些作品失败的原因。

民族的风格对于一首乐曲之所以重要，是因为当一部作品被写出来时，它必定具备一件艺术品必然具备的基本条件，诸如一定的艺术内容及相对完整的形式等等。这时，关键就在民族风格了。比如“抒情与优美”，就看它的抒情与优美是不是中国式的音乐语言、音乐思维、审美意识，以决定它或溶入中国文化主流之中，或游离于外。

五十年的新音乐创作实践中可证明，特殊、过度注意国乐是新国乐创作乃至整个中国新音乐创作不可缺少的前提的论断，是条千真万确的艺术真理。

说来有点不可思议：中国人修养中国音乐基础，理应不是太过困难——至少不比学习西方音乐更困难的事情。实则不然，我们虽不能说西方音乐容易学，可是一定意义上学习中国音乐确乎更难。何以见得？请听杨先生晚年回顾一生时针对自己的音乐知识所讲的一段话：

> 回想起来，我对西洋音乐虽然没有学好，但构成我的音乐知识的，却主要是一些西洋作曲理论，而对本国的音乐，则反而了解得十分肤浅。②

---

① 这一点，在1992年香港“中国新音乐研讨会”上有热烈的讨论和争论，详见刘靖之编《中国新音乐史论集》，香港大学亚洲研究中心出版，刘靖之博士论文《回顾与反思——论中国新音乐的发展1885—1985》“发言稿”，及随后的“讨论”。

② 杨荫浏：《中国古代音乐史稿》“后记”，北京：人民音乐出版社，1981年。

难以置信：杨荫浏的国乐知识“十分肤浅”！

抛开前辈学者的谦虚风度不论，我们理解先生的真意是：中国音乐实在太深、太广、太丰，系统掌握实在不易。所以，1942 年先生说国乐材料“还没有经过整理的阶段”，“尚难提纲挈领地令人一望而知”；39 年后的 1981 年又说：

> 我们有着优秀传统，我们是直觉到了，但是应该老实说，我们至今还没有足够的能力，揭示其规律性，提升为理论，帮助人们进入深一层领会的境界。①

这段话，恐怕不能理解为几十年间中国音乐的整理、研究几无进展。客观地看，这期间，尤其近十数年，当代老中青中国音乐学家，已将国乐收集、整理、研究工作推向了前所未有的深广度。杨先生 1981 年的话，依然只能归结为中国音乐太深、太广、太丰。即便十数年的进展，尚不足以根本改变未经系统整理的基本局面。中国音乐是如此浩繁，可以理解，修炼中国音乐根基的真功夫，岂能一蹴而就？遗憾的是，这一点，远未被我们充分认识。例如，有调查显示，我们音乐院校作曲系的全部课程设置②，无论是中西音乐科目所占时间的比例，还是实际的教学效果，均不能确保学生获得他要的、与西方音乐知识同等分量的中国音乐知识，更不要说国乐超过西乐了。这种情形，至今并未引起高度重视。而在我们的作曲者中间，还有一个根本靠不住、但却颇有影响的说法：只要是中国人写的音乐，必定是中国风格的。不仅如此，甚而至于以为外国人也可以写出中国风格的作品来。不然，何以会请外国人参加“中国风格”作品的创作比赛？何以会请外国人参与评定作品之是否为“中国风格”？

不能不说，获得真正中国传统音乐根基的艰难，以及这对中国现代音乐创作生命攸关的意义，都被极严重地轻视了。

鉴于中国固有音乐的全面整理、研究工作尚未完成；鉴于修炼中国传统音乐的重要与困难，以及对此尚未形成音乐界的共识，我认为，特殊、过度注意国乐，依然应当是当代中国音乐界的历史性课题。而它的深广意义，又绝不仅限于个别领域；它所关系着的，乃是整个现代中国音乐文化的面貌、前途。笔者之所以“一议再议”，目的就在于用明知微弱的音量，竭力唤起对杨荫浏国乐观更多的关注，并非全面分析《国乐前途及其研究》一文的全部内容及其价值、意义。

原载《音乐学文集》，山东友谊出版社，1994 年

魏廷格，生于 1942 年，中国艺术研究院音乐研究所研究员

---

① 杨荫浏：《中国古代音乐史稿》“后记”，北京：人民音乐出版社，1981 年。

② 《中国音乐年鉴·1992》，济南：山东教育出版社，1993 年。

杨荫浏先生与音乐图像研究

刘东升

杨荫浏先生是一位杰出的音乐史学家、民族音乐学家。他在中国音乐学的诸多领域勤奋开拓，或进行创造性的传统阐释，或进行探索性的运思建构，都取得了巨大的成就，留下一系列论著，可供后人钻研、学习、借鉴。今天，人们怀念他，不仅仅是为了追忆过去，更是为了未来——中国音乐的新辉煌。本文仅就音乐图像研究这个侧面作一概略性的回顾。从中可以看到半个多世纪以来，音乐图像学从萌芽、发展，直至蔚为大观。从中也圆满地表现出杨先生的思想、作为和精神。所谓“一叶知秋”，“一花一世界”，个别已经包含了一般。这一侧面与杨先生其他方面的成就，相互渗透、交互涉入、重重显映。面对杨先生如此卓越的建树和功业，任何研究者都不会忽视或低估其存在的价值和意义。

一、引言——从杨先生 40 年代的一篇文章谈起

19 世纪末至 20 世纪初，在世界音乐学研究领域，出现了一个新兴的学科：音乐图像学。凡属与音乐内容相关的图像，都是其研究对象，可谓包罗万象。图像的生动、直观正可以弥补文献记载和音响资料的遗缺和不足，这种无可比拟的优势为音乐学研究者所接受和青睐。此学科在 20 世纪初应运而生，是音乐学发展的需要和历史的必然。

音乐图像学作为一门相对独立的学科，其名目于20世纪80年代才传入我国，但其研究方法早已为中国音乐史、乐器史研究者所使用。杨荫浏先生于1942—1944年间的《乐风》杂志上连载一篇长文《国乐前途及其研究》①，有学者认为它是“反思中国现代音乐问题的重要历史文献”，此文对中国音乐的认识，“推到了一个不仅是那时代的最高点，而且具备了超出那时代的意义”，“在他那种种着眼于未来，带着预示性的见解中间，如今仍放射出智慧与真理的光芒”②。杨先生的文章是有感而发的，他首先考虑了中国音乐的全部复杂性，看到民族音乐的园地实在太大，所以列举出十五种专业背景的人，可以“为音乐世界加添丰富”。其中有两种与音乐图像相关。即“专门作古书研究的人，从古文字、从古器、从古画，将得到无限的宝贵的音乐材料”，“许多绘画家、摄影家、工程家……等等中间，早晚总会有人觉得，他们有部分的使命，可以与音乐相关”。杨先生设想：“这些材料需要多人同从伟大而合理的计划出发，分头来将它们把握住了，随时加入一个整个的系统。”他把中国音乐的研究，看成是一个巨大的系统工程，需要众多的志士仁人协力奋斗来完成。他以广阔的视野和深邃的思考勾画出一幅蓝图，虽然其细节还不周密，但已是整体的“中国音乐研究”的“全息构相”，一个包含了全部要素和方面的种子，只要有成长的条件，得到灌溉和滋养，就可结出丰硕的果实。音乐图像学就是一例。

二、杨先生的贡献

中华人民共和国成立以后，杨先生与元庆同志主持音乐研究所的工作。杨先生曾写过《中国音乐史纲》，脱稿于1944年，出版于1952年。1958年，写了《对旧著〈中国音乐史纲〉的初步批判》，重新编写《中国古代音乐史稿》。在此期间，杨先生及音研所的同志广泛收集图像资料和图书、乐器实物，于1956年建立起“中国音乐史料陈列室”，以后又逐年丰富、补充，更名为“中国古代音乐史陈列室”，至“文革”前夕，增加了中国近现代音乐史、中国乐器、新中国音乐等内容，共计四个陈列室。最初的史料陈列室，上起殷商，下至清末，依时代用实物、乐谱、书籍、图片、表格、录音来说明我国音乐历史的发展和成就。陈列室前面有《中国音乐重要史实简表》，分理论文献、乐律、乐器、乐种四部分简述历代的成果和状况，设展柜34个。另设10面屏风，贴挂各种表格和图像③，并请画家将重要音乐图像精工绘制摹本，以利观赏的清晰。其中有麦积山北魏壁画奏乐飞天、敦煌莫高窟390窟壁画隋代仪仗乐队、莫高窟156窟南壁和北壁唐大中年间张议潮夫妇出行图、莫高窟445窟盛唐时期“弥勒经变”壁画嫁娶图乐舞表演、五代胡《卓歇图》中的乐舞表演、五代周文矩《宫乐图》中的琴阮合奏、宋画《宫乐图》、白沙宋墓壁画中的乐舞表演、宋武宗元《朝元仙仗图中的龟兹乐队》、山西洪洞县明应王殿元代壁画杂剧演戏图、明仇英临宋人本《奏乐图》、明尤子求绘

① 杨荫浏：《国乐前途及其研究》，《中国音乐学》1989年第4期。
② 魏廷格：《反思中国现代音乐问题的重要历史文献》，《中国音乐学》1989年第4期。
③ 中央音乐学院民族音乐研究所编：《中国音乐史料陈列室说明》，1956年内部铅印。

《麟堂秋宴图》、明《皇都积胜图》等十余帧，为陈列室大大增色。依20世纪50年代的技术条件，不可能将原版图像放大，更无彩色可言，如不临摹成大幅画面，则无法展示。音研所肯于花如此大的工本、物力绘制，可见对图像的高度重视。此举在当时乃至现在，都是绝无仅有的。这批图像至今保存着。“文革”中，因为迁址而多次搬动，不少画面已遭破损，但它们是音研所早期陈列室布展的历史见证。另有一幅清人绘达官贵人在家中演戏祝寿的巨幅绘画值得一提，它不是摹本，是音研所征集到的真迹，堪称珍品。此画长183厘米、宽190厘米。画面上有观赏者端坐上方，舞台中央有演员表演，下方绘有后台情况，右边是十人组成的伴奏乐队；左边是等待上场的角色，多达十余人。他们正在化装，有髯口、面具等物悬挂一旁。此画细致地描绘了清代中叶，一个大型戏曲剧团在演堂会时舞台前后的真实场景。它的直观性，让你“一目了然”，深信不疑。这正是图像胜过千言万语的独特功能，是任何其他信息渠道所无法替代的。从画面的氛围中，使人油然而生发出一种明晰的“历史感”。

新中国成立以来，杨先生等人虽然已经在系统地收集图像资料，但当时并无图像学的概念，只是作为编写音乐史的辅助工作。某类资料齐备，便及时编辑成册，从1954年至1964年，十年间出版了《中国音乐史参考图片》九辑，每年一辑。[①] 内容包括乐器、谱式、《铜器及石刻上乐舞图像》、《五代王建墓乐舞浮雕》、《琵琶专辑》、《北朝的伎乐天和伎乐人》等专题。每辑有数十帧单页图像，另附专论和说明文字。参加编写的成员，除杨先生外，尚有王世襄、袁荃猷、曹安和、李元庆诸前辈，是音研所当时研究力量的最强阵容。有的文字注明：主要根据杨先生的研究材料，由一人执笔，集体讨论修订，有的则由一人执笔完成，充分发挥了集体和每个人的智慧。各辑文字说明实为图像学的专论。以《琵琶专辑》为例，共收图像38帧，包括从东汉至明代各时期古墓、石窟壁画、木刻画、青釉瓷器、乐俑中的琵琶或琵琶演奏图像、日本奈良正仓院藏琵琶、琵琶谱附图、近代琵琶、现代改良琵琶、历代五弦琵琶、三弦、阮、改良阮等。绘有圆形音箱和梨形音箱弹弦乐器比较图。最后排列出“中国琵琶类乐器的联系与发展关系表”，将秦代（前214）至现代两千多年来我国弹弦乐器错综复杂的演变、发展状况条理出清晰的脉络。这是一篇以图像资料为主，与文献参照、印证，进行综合研究，对弹弦乐器史作出描述的范例。

斗转星移，时至20世纪80年代，音研所的图片资料已发展成为数量可观的资料库，收藏图像2万余帧。1987年，任职于《音乐研究》编辑部的缪也同志曾专程采访音研所图像资料工作的主要奠基者和建设者袁荃猷先生，缪也同志这样描绘音研所图像室：“那古今中外的音乐图片均分门别类，装订成册，立在架上，琳琅满目。好一个丰富多彩的音乐图像的世界！聚沙成塔、集腋成裘，历多少年的惨淡经营，才得有今日的恢宏啊！”[②]

德国著名乐器学家和音乐图像学家维尔纳·巴赫曼为与我国商谈有关《图片音乐史》中国分册古代部分的编辑出版事宜，曾于1985年来我国，在参观了音研所的陈列室后感叹不已，

① 中国音乐研究所编：《中国音乐史参考图片》第1至9辑，北京：音乐出版社，1954—1964年陆续出版。
② 缪也：《音乐图像世界里的袁荃猷》，《人民音乐》1987年第8期。

说："真没想到，中国古代音乐文化是那么绚丽多彩，你们是巨人，我们欧洲只是侏儒。"他原来对中国部分能否出版两册表示怀疑，现在则说："我可以抛弃所有的顾虑和担心，你们的音乐文化，你们的图片资料足以写出三册，甚至四册。"①

从宏观来看，图像与文字具有同样古老而悠久的历史，图像是完全可以与文字相颉颃而互补的另一类客观存在，这是一个内涵丰富、气象万千，充满宝藏和奥秘的存在，一个万象森罗、瑰丽壮观的神奇世界。它精彩而好看，我们无法视而不见或置之不理，而应该充分开发和利用这一资源，从多门学科和更深层次上熔铸锻造我们的音乐理论体系，其重要性不言自明。音研所的资料不只是图像，还有大量的图书、音响、乐器及近现代音乐家的手稿、遗物等各类文物。这正是以杨先生、元庆同志为代表的几代人的不懈努力才积累下来的雄厚家底。正因为有这样的家底，才使音研所有望成为中国，乃至世界最具权威性的中国音乐资料中心，建立起几代人梦想的音乐博物馆。资料作为知识是一种精神财富，是人类千百年所创造的。著名科学家钱学森在《科学的艺术与艺术的科学》一书中说："所谓知识实际上就是人类创造的精神财富，它不是物质的。知识这种精神财富是非常广泛的，图书馆、档案馆、资料库、博物馆、美术馆、唱片、录音带等等上面的东西，都是精神财富。在'信息社会'，人类的知识要变成生产力。现代化的生产，没有知识是不行的。"音研所即将建立的资料馆、博物馆正是一个向国内外传播民族音乐知识的窗口和场所。

三、80 年代的新成就

自20世纪80年代以来，音乐理论界的同志开始注意到音乐图像的专门研究，出现了较多的有关乐器和乐舞图像研究的学术论文，并推出了一批与音乐史相关的有影响的著作。如《嘉峪关魏晋墓砖壁画乐器考》②、《古乐发隐——嘉峪关魏晋墓室砖画乐器考证新一版》③、《敦煌石窟音乐》④、《龟兹乐舞壁画》⑤、《敦煌壁画乐史资料总录与研究》⑥、《中国音乐史图鉴》⑦等。其中《中国音乐史图鉴》正是以音研所历经三十余年积累的图像资料为基础编撰而成的，它已不是某历史时期、某特定地域音乐图像资料的汇编或考证，而是首次出版的图片本中国音乐史，该书出版后，海内外学者发表书评六篇，说明大家对图像学著作的关注。

中国近现代音乐史的图像学著作有《聂耳》⑧、《冼星海》⑨。在两书出版之后的《聂耳全

---

① 金经言：《魏·巴赫曼和他主编的〈图片音乐史〉》，《音乐学术情报通讯》1985 年第 2 期。
② 牛龙菲：《嘉峪关魏晋墓砖壁画乐器考》，兰州：甘肃人民出版社，1981 年。
③ 牛龙菲：《古乐发隐——嘉峪关魏晋墓室砖画乐器考证新一版》，兰州：甘肃人民出版社，1985 年。
④ 庄壮：《敦煌石窟音乐》，兰州：甘肃人民出版社，1984 年。
⑤ 新疆博物馆供稿、冯斐选编：《龟兹乐舞壁画》，乌鲁木齐：新疆人民出版社，1984 年。
⑥ 牛龙菲：《敦煌壁画乐史资料总录与研究》，兰州：敦煌文艺出版社，1991 年。
⑦ 中国艺术研究院音乐研究所编：《中国音乐史图鉴》，北京：人民音乐出版社，1988 年。
⑧ 中国艺术研究院音乐研究所编：《聂耳》，北京：人民音乐出版社，1982 年。
⑨ 中国艺术研究院音乐研究所编：《冼星海》，北京：人民音乐出版社，1983 年。

集》[①]、《冼星海全集》[②] 中，都收录了丰富的图像。其中《聂耳全集》收录图像 260 余帧，《冼星海全集》第七卷为图像专集，收录 135 帧。这些图像都是留影存真的老照片，对它们的寻觅、搜求，对照片时间、地点和相关事件背景的考证都要花一番工夫。编著者作了具有抢救意义的重要贡献。

音乐图像学创建之初就与乐器学和乐器史密切相关，它们之间存在着天然的依存关系。研究乐器离不开图像，乐器的形状、外貌、细部结构、各部位精确比例、多种演奏姿势、表演的场合、背景、习俗、氛围等，都要求助于图像。如果属于已经消失了的乐器，则图像更是其主要的乃至唯一的信息来源。文字描述在此鞭长莫及。如果要竭尽全力用语言回答上述问题，会感到表述的尴尬与无奈。杨先生有关民间音乐研究的著作中，凡涉及乐器，都附有线图或照片，包括对演奏手法的细致描述。音研所至今保存有杨先生 50 年代，从历次采访中，根据实测乐器比例精心绘制的线图 158 帧。80 年代以来，有关乐器的图像学著作有《中国少数民族乐器志》[③]、《中国乐器图志》[④]、《中国乐器图鉴》[⑤]、《中国民族乐器图卷》[⑥]、《中国古琴珍萃》[⑦] 等。联合国教科文组织、国际音理会项目"音乐宇宙——一部历史"中国附卷之一《中国乐器》[⑧] 也收录了图像 218 帧。其中《中国少数民族乐器志》所收图像是数十位学者亲自到各兄弟民族地区寻珍觅宝、调查采访所得，乐器品种达 503 种，其种类之多、特色之浓是很罕见的。《中国乐器图鉴》对新中国成立以来乐器改革的成果作了全面翔实的说明，加之各族古今乐器及演奏图像，共计 770 余帧，"俨然成为表现我国乐器发展历史的巨幅画卷"[⑨]。最近出版问世的《谛观有情——中国音乐传世经典》[⑩] 系传统器乐曲音响集，计有 10 盘激光唱片，84 首乐曲。其说明部分，有"凝固的音声——中国音乐人文的图像展观"专题，收录古今图像 58 帧。

20 世纪 90 年代，敦煌壁画乐器图像研究又有新的进展。前文所述敦煌研究院音乐舞蹈研究室庄壮先生《敦煌石窟音乐》一书对壁画中乐器形状、演奏姿态、乐队排列形式以及敦煌遗书中的音乐资料进行了系统的考察和研究，提出仿制壁画乐器的设想。该研究室郑汝中先生曾对全部洞窟壁画中的乐器进行分类、排比和统计，并结合文献逐项分析，撰写了《敦煌壁画乐器研究》[⑪]、《敦煌壁画乐器分类考略》[⑫] 等系列论文。在此基础上，他们提出仿制敦煌乐器的计划，继之与北京民族乐器厂合作，仿制腰鼓、鼗鼓、答腊鼓、毛员鼓、羯鼓、齐鼓、雷公鼓、筚篥、筝、各种造型的琵琶、阮、葫芦琴等 54 件乐器。它们的形象、装潢均具有鲜明的敦煌艺术特色，其结构与传世乐器、现代乐器有所不同。此项成果于 1992 年通过技术鉴定，

---

① 全集编委会编：《聂耳全集》，北京：文化艺术出版社、人民音乐出版社，1985 年。
② 全集编委会编：《冼星海全集》，广州：广东高等教育出版社，1991 年。
③ 中央民族学院少数民族文学艺术研究所编：《中国少数民族乐器志》，北京：新世界出版社，1986 年。
④ 刘东升、胡传藩、胡彦久编著：《中国乐器图志》，北京：轻工业出版社，1987 年。
⑤ 中国艺术研究院音乐研究所编：《中国乐器图鉴》，济南：山东教育出版社，1992 年。
⑥ 应有勤：《中国民族乐器图卷》，上海：上海音乐出版社，1997 年。
⑦ 中国艺术研究院音乐研究所、北京古琴研究会合编：《中国古琴珍萃》，北京：紫禁城出版社，1998 年。
⑧ 中国音乐家协会策划、中央音乐学院编辑、赵沨主编：《中国乐器》，北京：现代出版社，1991 年。
⑨ 李纯一：《读〈中国乐器图鉴〉》，《乐器》1993 年第 4 期。
⑩ （台湾）林谷芳：《谛观有情——中国音乐传世经典》，北京：昆仑出版社，1998 年。
⑪ 郑汝中：《敦煌壁画乐器研究》，《敦煌研究》1988 年第 2 期。
⑫ 郑汝中：《敦煌壁画乐器分类考略》，《敦煌研究》1988 年第 14 期。

付诸舞台演出。这是一项具有突破性的文化科技成果，也是音乐图像研究的新拓展。音研所声学实验室向鉴定会提供了频谱测量报告。世界闻名的敦煌壁画中保存有大量乐器图像，反映着上自十六国时期，下至元代千余年乐器发展的概貌。仿制这些乐器是一项难度很大的科研项目，也是尚无先例的创造性劳动，很多细节还有待与文献参照，深入探讨。笔者曾参与鉴定，并表述了对某些乐器仿制上的不同意见①。近期，庄、郑二位仍然锲而不舍，各依自己的设计方案仿制第二批乐器。据多方报道，2000 年 5 月 21 日，是发现敦煌藏经洞 100 周年纪念日，届时，将推出以新仿制的敦煌乐器演奏的大型音乐会，接受委约的作曲家将在年内赴敦煌采风②。根据图像仿制古代乐器，使我们看到音乐图像学具有的实用价值和社会效应，并显示了更广阔的发展前景。

国家重点科研项目《中国音乐文物大系》于 1997 年以来陆续出版。所收录的文物，除古代乐器实物外，收有大量反映音乐内容的器皿饰绘、砖雕石刻、纸帛绘画、俑人泥塑、洞窟壁画、书谱经卷等，涉及的内容均属于音乐图像学研究的范围，其中很多文物不见于历代著录，而鲜为人知。它们在本书中集中面世，无疑是对学术界的一大贡献。1956 年，杨先生曾带队对湖南省音乐进行普查，他说这项工作在中国历史上未曾有人做过，在全世界，"也是一项独特的新创的工作"③。而"大系"便是对全国音乐文物的普查和编辑，其涵盖面极广。这项成果是音乐考古学和音乐图像学的重典和宝库，将对两学科的建设和发展发挥重要作用。

20 世纪 80 年代以来，音乐图像学可谓硕果累累。杨先生在 40 年代关于中国音乐研究的总体预见和构想，在半个多世纪以后的今天，已逐项变成了现实。

四、展望 21 世纪

1971 年，在瑞士成立"国际音乐图像学会"，标志着音乐图像学的正式诞生④。1980 年版《新格罗夫音乐和音乐家辞典》有了专论辞目的介绍⑤，各国发表的论文和专著数量繁多。其中规模最大、包容广阔的当推由德国来比锡音乐出版社陆续出版的《音乐史中的图像》，该书分为民族音乐、远古音乐、中世纪与文艺复兴、近现代四大系列，每一系列再分 10 卷，实属巨著，是音乐图像学的一大壮举。它已被译为英文、日文。日文版本更名为《人类音乐史》，并已全套译出，表明各国学术界对此学科的重视⑥。

我国音乐图像资源蕴藏之丰富是举目共睹的事实，杨先生等前辈学者做了大量的工作，为我们打下坚实的基础。80 年代以来，音乐图像学的研究又有了长足的进步，在此世纪之交，建立和发展中国音乐图像学已具备了极为有利的条件和时机。近年，国外音乐图像学的引进已

① 刘东升：《敦煌研究的新创获》，《敦煌研究》1992 年第 3 期。

② 《明年请君听敦煌》，《北京晚报》1999 年 4 月 10 日；又见《中外音乐信息报》1999 年 4 月 28 日摘引《北京青年报》。

③ 杨荫浏：《湖南音乐采访队的普遍调查工作》，载《民族音乐研究论文集》（第二集），北京：音乐出版社，1957 年。

④ 韩国镄：《音乐图像学的范围和意义》，《中国音乐学》1988 年第 4 期。

⑤ 高群译：《音乐图像学》，《中国音乐学》1992 年第 3 期。

⑥ 俞人豪：《音乐学概论》，北京：人民音乐出版社，1997 年，第 77 页。

促使音乐理论界的同志从音乐图像学的角度，反观自己的工作，发表了一批有关图像学理论的论文和译文，并开始思考构建“中国音乐图像学”的理论体系。

有学者提出，音乐史的研究对象，即乐史资料计有六个方面：乐响、乐谱、乐器、乐典、乐像、乐俗。依其性质和价值意义，它们又有前后等级之分。从人类文明的发展阶段和各项资料的存在状况看，贯穿整个音乐历史的，只有乐器和乐像两项。这两项资料比较而言，传世的以及出土的古乐器实物往往有所残缺，而形象资料则较为完备。乐史的形象资料，揭示了许多史籍语焉不详的细节，弥补了乐响、乐谱、乐器、乐典资料的不足，可以证史、补史，最终达到梳理全部乐史脉络的目的①。此种见解从史学理论的高度，提出六项资料综合利用、多学科交叉的研究方法，又明确提出贯穿全部音乐史的图像资料，具有优于其他资料的独特的史学价值。这一理论上的探索对我们颇有启发，不管它最终是否能得到大家的全部认同，但它引导人们再做深入思考。综合研究的思路无疑是正确的，科学研究总要从单一模式向综合模式转变。音乐图像学的引证和实用价值正是它的一大贡献，而显示古代音乐生活的真实场景更是其绝妙之处，它把图像学引进艺术史、文化史、社会史等更广阔的天地，已从小的综合走向更大的综合。

学术界同志集思广益，共同构建中国音乐图像学理论已经提到日程上来。理论的意义在于解释已知的事实，也在于指出探求未知事实的途径，没有理论的研究工作带有很大的盲目性，它无法组织事实和浩繁的资料，更不能指示前进的方向。当然，这一理论的最终形成，仍需要大家的共同努力。我们的音乐史学著作应力求图文并茂、引人入胜。它要“以图出史、以史统图”，既有直观性，又有可读性，融汇文物研究，美学鉴赏、思想文化熏陶为一体。让人人开卷有益、雅俗共赏，成为全社会共享的精神财富。

音乐图像学强调观看、观察，充分利用人的视觉功能。其研究对象是遵循感性原则的非语言信息，它不经过概念、判断、分析，而直接与信息源相合。它超越语言屏障，用直觉去体察和领悟，能让人产生心理真实感，观看、观察，使人轻松自在、情趣盎然，对研究对象有清楚的了知，又不会因为必须以思考为前提而受其束缚，有绞尽脑汁的疲惫之感。它诱导人们更多地使用形象思维、直觉思维，从而启发人的灵性、灵感。

我们应尝试运用思维科学、认知科学等现代科学原理去解析其机理。要克服偏见，摆脱传统研究方法、教育方式的禁锢，敢于直接、简单地认识和把握对象。不能认为理论研究永远是概念群的运转、至深而玄的思辨，而让人劳神费事、殚精竭虑。音、像、文三者并重已成为现代学术研究、社会教育、人才培养的新观念、新模式。图像学早已不是音乐研究的专利，社会各个学科领域都在普遍使用。对于时间性艺术的音乐来说，它理应更为重要和突出。在构建图像学理论体系的同时，有很多资料工作要做，如编辑工作手册，用系统的分类方法收集资料，对过去所做的一切重新整合、规范。对图像的年代、真伪、背景仔细鉴别，谨慎使用。参照历史学、考古学、社会学的知识对其形式和内容做出准确的描述和解释。运用文献学、博物馆学的方法加以分类立档、汇编成册，使这门学科日臻完备。1971 年，国际音乐图书协会在瑞士

① 牛龙菲：《敦煌壁画乐史资料总录与研究》，兰州：敦煌文艺出版社，1991 年。

成立了促进音乐图像学研究的机构——国际音乐图像库，其初步目标是建立对图像材料中的信息进行收集、整理的方法，成立国家或地区的工作委员会以挖掘、收集每一个参与国的资料，进行分类、编目。这些编目和研究的方法亟待我们吸收、借鉴。多与各国同行交流，以免闭门造车、事倍功半，已成为当前学术界的趋势。一位海外学者说："温特尼兹曾经说过音乐图像学有一大意义，即'在我们这个过渡分工的时代里，它能使音乐学避免于孤立之境'。这项意义尤其适合于目前中国音乐学术的环境。"①

随着国内、国际各种通讯、媒体的空前结合，信息无穷增长，令人目不暇接，"信息导向"作为一种新兴资源，将为社会所需要。将来的艺术研究机构应设置图像专职部门，为音乐研究和创作、乐器研制改革、历史和民俗题材的影视作品、舞台剧目等提供图像咨询和资料服务，发挥其实用功能。过去，京剧艺术家梅兰芳等在很多传统剧目中的表演正是从古代仕女图中获得启示的。中国戏曲载歌载舞的形体表演程式，既源于现实生活，又是从古代乐舞形式蜕变而来。离开图像资料是不可思议的。近年，全国各地出现的新型仿古乐舞剧目《丝路花雨》、《仿唐乐舞》、《编钟乐舞》、《汉风》、《西夏古风》、《盛世行》，舞剧《铜雀伎》、《秦俑魂》，以及挖掘、复排的《祭孔乐舞》等，其人物服饰、舞台美术、表演造型、乐队配置，无一不是以大量古代乐舞图像为依据而设计、创作的。最近，中国歌剧舞剧院推出《千禧乐舞》，将《春江花月夜》、《梅花三弄》等华夏十大名曲与舞蹈合二而一，乐队演奏乐曲，演员随乐起舞，流动的音乐与动态的图像相结合，令人有新鲜别致的感受和体悟。

音乐图像学还有什么潜在的功能，目前尚未充分显现出来。因为时至今日它仍处于"潜科学"的地位，其思想、理论、体系还在孕育中、探索中，远未达到完全成熟的阶段。《新格罗夫音乐和音乐家辞典》"音乐图像学"词条说："音乐图像学至今仍是一块处女地，还有许多重大的问题留待解决。"② 对于刚刚起步的我国来说更是如此。人们的认识能力在特定的时空中是有限的，已知相对于未知永远只是沧海一粟，永远是微不足道的，未知的事物浩瀚无穷，有待我们在实践中继续认识和开掘。未知的东西带有很大的模糊性，我们将在模糊中努力寻找新的光明。"人间的万象真理，愈求愈模糊；模糊中偶然见着一点光明，真愈觉姣妍。"（周恩来青年时代诗作《雨中岚山——日本京都》）中国音乐图像学方兴未艾，我们应以脚踏实地的工作在21世纪以新的面貌跻身于世界先进水平之列，它应无愧于我炎黄子民数千年的悠久历史和灿烂辉煌的文化。

五、对杨先生的怀念

杨先生幼年受过新旧兼备的教育，特定的时代和生活经历使他贯通中西，又有机会学习和

① 韩国镇：《音乐图像学的范围和意义》，《中国音乐学》1988年第4期。
② 高群译：《音乐图像学》，《中国音乐学》1992年第3期。

熟悉多种民间器乐和戏曲艺术，成为“百科全书式”的民族音乐家。他在学术上表现出的恢宏气势和触角之广阔非一般人所能望其项背。由于他在民族音乐研究的各个领域取得的殊胜成果，而受到世人的景仰和赞叹。20 世纪 50 年代以来，几次重写中国音乐史，力图用唯物史观来驾驭一生积累的材料。他勇于对自己的思想进行自我评估和剖析，表现了始终不渝、自强不息的奋斗精神。

前文所述，音研所开展各项工作只是 1954—1964 年间的事，1965 年“四清”，1966 年“文革”，直至 1976 年终结，又是十一年，而真正全面恢复工作是在 1980 年以后，这样前后历经十五年，超过了音研所有效工作的前十年。历史长河的时间序列，人人都要走过，无法回避和超越。那段漫长的历史绝非空白，它有太多的、更令人难忘而足够你反思和回味的事情。那么，杨先生和大家是怎样过来的呢？无非是“运动”加劳动。

我自 20 世纪 60 年代初接触杨先生，当时音研所在西郊学院路十间房，是一座三层灰色楼，楼周围是一片高大的枣树，边缘闲置空地可种植玉米和各种蔬菜。每年春夏之际，都有外地养蜂者来此放蜂采花，秋天，全所人员劳动半天，打枣。可收枣数麻袋，每人分得十余斤，那甜脆的大枣，市场上绝难见到。杨先生就住在办公楼里，楼前有一个约一亩地的池塘，池塘左侧数排平房是家属宿舍，无论工作人员或家属，包括几岁的小孩子，都称他杨先生，这是他的规定。杨先生当时正忙于写音乐史，我们一般不去打扰。偶有问题去请教，他会告诉你。如果你的问题也是他正在思考的，兴之所至，他会说很长时间。他每星期六上午给全所人员讲音乐史，常有外单位同志来听课。记得联抗同志任职于《人民音乐》编辑部，每次必到，十分认真。“文革”初期，一场“风暴”过后，他从“牛棚”解放出来，撤销隔离审查，回到群众中监督改造，大家相处的机会就多了。去北京郊区通县觅子店参加“三夏”劳动时，他身板健朗，可以跟得上队伍走几里路到田间去，当然，不让他割麦子，是在后面拾麦穗。他争强好胜、从不示弱。闲暇时，他说年青时练“醉八仙”有硬功，其中一个动作名“童子拜佛”，即身体直立，双手合十，往前突然倾倒，摔在地上。他表演过一次，而且是在农民的土炕上表演，炕上只有一领席，比屋外土地硬得多。那次有黄翔鹏先生和我等几个人在场，我们都有些后怕，绝不敢再激他表演第二次。黄先生在一篇文章中记述过此事①。

去“五七”干校，我们早出发一个月，到达驻地。后来，又安排杨先生和曹安和先生去干校。有人在北京给他们送上火车。在初冬季节一个雨雪夹杂的下午，连里派我和另一位年青的同志小宋，从怀来县土木车站用双轮排子车拉着他们二位连同行李、皮箱等物，走了十里泥泞的土路接到村里。从此我们一起辗转走过河北怀来县西辛堡村、宝坻县高康马村、静海县团泊洼农场。我和杨先生编制在一个连、排、班，一起住农民的土炕、农场旧养鸭场的二层小楼，寒来暑往，甘苦与共，岁月就这样流淌而过。干校初期，大家分散居住在农民家，条件很艰苦。西辛堡是塞外气候，严寒季节，滴水成冰，当地农民要戴狗皮帽、穿羊皮袄过冬。我们

① 黄翔鹏：《往事皆遗爱、人今方见思》，载《传统是一条河》，北京：人民音乐出版社，1990 年，第 158 页。

也给杨先生如此包装。狗皮帽，村里代销点有售。连里派人去张家口办事，给他捎回一件质地不错的羊皮袄。他喜欢反着穿，毛朝外。帽子也常常戴反，只露着眼睛和鼻孔，加之缓慢的步履，样子有些滑稽。在这样的环境里，你能深刻地感受到人与人之间可贵的真挚与平等。生活的严酷冷峻赤裸裸地显示在面前，似乎需要人们相互关爱、慰藉、扶持，特别是对一位在那样的形势下，政治上尚待定案而年逾古稀的老人。这里没有那么多理性的思考，它只是一种真实不虚的生活，或者说生存。

干校的闲暇时间很多，因为居住不集中，管理很松散。晚上，雨雪天气，只要不出工就没事可干。同住一屋，每天说古道今、海阔天空。每个人的性格、脾气、禀性、毛病都显露出本来面目、一览无余。杨先生心地释然、充满乐观、诙谐戏谑。喜欢夸耀自己年青时候的风光得意之事，爱说自己的一套往事，还善讲不少笑话。可是细声细语，又是无锡方言，若被别人的喧哗所淹没，或未能吸引大家的注意，便有失落感。他曾不止一次郑重申明："青年时，我的喉咙（指嗓音）很好，是个很不差的昆曲正生，后来喉咙坏了。"自豪的神情中略带几分无奈。他不甘寂寞，事事都要发表见地。偶有争辩，其思路清晰、敏捷，生命充满活力。一个完全可以超速运转的脑袋，却无用武之地，便只好闲聊清谈了。现在想起来，当年那份逍遥自在的日子真是难得。

连里吃饭，菜是一人一大勺，排好队，由伙房人员分配。主食放在大笸箩里自己去取。每逢开饭，大家一拥而上，他很少能挤上去，于是站在一旁，边等边喊："抢饭喽，抢噢！"像是对大家的行为表示赞赏。我们问他为什么老是把吃饭说成"抢"，他说："当然，吃饭嘛，就是要抢，要积极。"其本意是说无论干什么，先要吃饭。饿了吃饭这一颇有禅趣的话题，以一个"抢"字了之。表现了他的童心和随处悠然的乐境。他的趣事很多，我在一本书里口述过一些①，本文不便多叙。

走近杨先生，你会发现他一辈子醉心于民族的，骨子里却十分洋味儿，中西二者在他身上浑然一体。他处事单纯简单，待人平等一如。有时候，简单得让你难以置信。早年宗教精神的熏习和实际修为或许给他的心灵留下了深深的印痕，或许其内心一直被某种具有人文意识的"宇宙宗教感情"所占据。他善良、睿智、宽容（他的话"广涵的态度"）、风趣。是一个可亲可敬的老人，普普通通的老人。同时，他确是一位学识渊博的人，一个博大精深的"存在"，简单性与复杂性完整地结合在一起。这是杨先生做人的境界，一个好像原本就在那里、天然如此的意境，一种返还人之自性而毫无矫情伪饰的纯净状态。要深刻理会或达到这一点，需要不断清除污染、自净其心。它是人自身固有道德、智慧的展现，更是岁月与年华的积淀。但它不是学问，不能通过"研究"来获取，它是如何为人处事。当成学问来研究，毫厘千里，永无是处，"只在此山中，云深不知处"。

关于杨先生，有说不完的话题，只能略占篇幅，感怀一二。在纪念他百年诞辰之际，回忆

---

① 贺黎、杨健采写：《无罪流放——66位知识分子五七干校告白》，北京：光明日报出版社，1998年，第169—175页。

往事，他的音容笑貌又浮现在眼前。作为学生和晚辈，又有那些年朝夕相处的深厚情谊，我很怀念他。

原载《中国音乐学》2000 年第 1 期

刘东升，生于1940 年，中国艺术研究院音乐研究所研究员

附：

老知识分子二三事

刘东升口述　贺黎采写

我 1961 年从天津音乐院民乐系毕业，留校 3 年。1964 年调到音乐研究所（自 1962 年已借调到音研所），属“年轻一代”。经历简单，历史无瑕，天性乐观。

“文革”对我冲击不大，下干校也是随大流。不过我目睹了身边的几位老知识分子的遭际。干校的劳动和生活对于他们来说，太不轻松了。

我们的老所长杨荫浏先生，是一位学识渊博的音乐史学家。他的专著《中国古代音乐史稿》是从 50 年代就着手开始写作的。“文革”前期定为“反动学术权威”批判，又经过革命小将的拳脚造反之后，他从“牛棚”转到了干校。干校在河北省怀来县沙城附近，各连驻地分散，我们连在西辛堡村。那年他已 71 岁了。

记得杨先生到干校那天，连里派了最年轻的两个人，我和中央音乐学院毕业的小宋，去土木车站接杨先生和曹安和（女）先生。当时曹先生也已 65 岁了。我们拉着一个排子车，天很寒冷，等在小站里。火车途径昌平、青龙桥，过了狼山，就是土木站。列车正点到达，只见杨先生从黑糊糊的车窗口探出头来，左右张望。他的脸棱角分明，眼眶深陷，鼻梁很直很高。他似乎穿了一件深色干部服，一眼看去，就是一副知识分子的举止打扮，在此等小站，很少见这样的旅客。我叫了他一声，过去扶他下了车。送他们的人，把行李交给了我们。列车在土木站停车 10 分钟，晃晃荡荡地开走了。当时是个初冬季节，那天阴雨绵绵，夹杂着少许雪花。接两位老人到这个苦地方劳动，锻炼，心里总觉得不是滋味，真有点凄凉、茫然之感。

我和小宋把行李箱子一一码放好，又请杨先生、曹先生坐上排子车。我俩一前一后连拉带推，就这样在高低不平又有些泥泞的土路上走了十里地，到了住地。从北京一到土木，杨先生倍觉寒冷。当地的气温比北京低好些，天也冷得早。屋里生火，但还是透风，杨先生带的衣服抵御不了寒冬。有人到张家口出差，他请人买了一件羊皮袄和一顶狗皮帽子。杨先生成天穿着

这件羊皮袄，而且是翻过来穿，加上他戴的那顶狗皮帽子也是前后反戴，全身仅露出一点面孔，浑身毛茸茸的。我们几个年轻人就专门跟他开玩笑，学老乡的话说："看，老麻猴来了!"他并不介意，也跟大家一起开几句玩笑。

我想杨先生的身体不大如以前了。记得前两年上通县觅子店劳动，在老乡家的土炕上，他为我们表演"童子拜佛"——双手合十，往前倾倒如"戏曲"中的"僵尸"倒地，只不过是朝前。我们都十分佩服。他说他练过幼功。但仅仅时隔两年，杨先生就明显地显出衰弱来。

杨先生五谷不分。麦子韭菜不分，稻子稗子不分。有时走到路口，他分不清是草还是粮食作物，生怕踩坏了什么，又说不清楚，他常常十分认真地嘱咐我们，"哎，走路要小心地上的植物!"

有一种玉米种，结白色的颗粒，食堂常用白玉米粉做粥喝。我们问他："杨老头儿，知道这是什么东西做的吗?"他喝了一口，品味半天，说："大约是多种粮食的混合物，很好吃。"我们笑个不停。以后每逢吃白玉米面粥，大家都喊他："快来，快来，今天又吃混合物了。"

杨先生爱吃零食。他有几个小瓶子，分门别类装有小鱼干、煮青豆、肉、花生米之类。那时，吃得不好，别人不敢照顾他，我和小宋年轻，也没什么问题，能跟他说笑，常为他买东西，买肉肠。小鱼干是沙城特有的，二寸左右，炸透了，嚼着挺香。有时我们开逗："喂，该买点小鱼喂老猫了!"现在想来，这些零食对杨先生当年的健康是大有好处的。

我们的房子挺大，每人一张床，住五六个人，好几天晚上，半夜老听见屋里有声音。开始大家以为是耗子。可是那声音又带点"嘎嘣嘎嘣"的响动，随时能听见。有一晚，我醒来，听声音似乎就在附近。正好旁边床铺的另外一同志也在疑惑，他打开手电慢慢摸索过去，循着响声照到杨先生床上，只见他老先生正在被窝里吃青豆呢!

后期干校吃得好了些，管得也不严，还可以看点业务书了。杨先生翻出了一本自编的《音韵手册》。他把古汉字音注成白话语音，自己搞了一本古今对照《音韵手册》。有几个同志还曾偷偷跟他学过"音韵学"呢!

杨先生工资很高，近300元钱。他和吕骥是村里的有名人物。走在上工下工的路上，老乡总是指着他俩说："别看这俩老头儿不起眼，一月可挣300多块!"杨先生确实算有钱人，冬天他穿的衣服多，有时上厕所，东翻西弄，钞票就掉到粪坑里去了。尽是5元、10元的。这钱不能白白扔了。所以，我和小宋常去帮他拾回来。

到了团泊洼，杨先生每天分送报纸。每天听天气预报，用一个小黑板写好，挂在楼梯口。为的是提醒大家注意晴雨，添衣防寒之类。可见杨先生心之细致。杨先生还做煤球。有次下工回来，见他正在数煤球，我跟他开玩笑："杨老头儿，你做的煤球值多少钱一个啊?"因为他的月工资三百元，煤球一天做不了多少个。算来价值成本当然高了。杨先生总是很乐观，跟他住一个房间，很少看见他愁眉苦脸的样子。

干校还有一位音乐家吉联抗，先在音协工作，后来调到音研所，是一位老干部。也跟杨先生一样是"审查对象"，他的名字就表现了一段历史，他早年投身抗日救亡歌咏运动。早在1937年就参加了第八集团军战地服务队，创作过抗战歌曲200多首。后来他从事古代音乐史料的整理、译注和近代音乐人物的研究。在干校，不管老少，大家都直呼其名：联抗。

干校干一些脏活、累活，除了壮劳力之外，就是“审查对象”。比如我们常常从团泊洼去沙城下花园拉煤。这种活儿，愿干的人并不多，但联抗愿意干。因为这样他可以去一趟沙城，吃一顿肉，喝一点酒。

为什么光说吃？因为干校初期的确很艰苦，肚子里油水少，又劳动，老有“饥饿感”。音协的词作家晓星任连队指导员，总是半开玩笑地跟伙食团提意见：能不能吃一顿印象深刻一点的?!

沙城饭馆有一道“名菜”曰“过油肉”，至今对它还真是印象深刻。八寸盘，精肉丝，特实惠，味道也好，一份仅仅三毛九分钱。干校的几位“名人”常点这道“名菜”。我除给杨先生常常带“过油肉”外，也跟联抗一起装卸，同吃一桌。在吃“过油肉”的问题上，联抗从不含糊。因为有时不运煤装车，只有利用每两星期的一次休息去沙城。沙城距干校18里地，冬天风大雪大，刺骨的冷，开门打水什么的都费劲，甭说还要在大风里走好几个小时。但联抗必去，风雨无阻。可见“过油肉”魅力不可小视！

有一次，大家一块去了。菜点了，酒也上来了。纷纷举筷。就在这一刻，联抗的筷子停在半空中，十分懊丧地“哟”了一声：“坏了，没戴假牙！”没有假牙，自然无法品尝美味。好在师傅那里还有原料，临走专门炒了一份给老吉捎上。那时，我常说，联抗，肉吃多了要得高血压！他总一口否定，我没有血压！我说那会胆固醇高的，他说，我没有胆固醇！

联抗身板好，有力气，还爱抽烟。他有好些稀奇古怪的烟嘴，全是木制的，红木的、榆木的、直筒、弯嘴、树疙瘩式的。冬天装卸煤车之后，每个人都跟黑人一样。联抗总披一件军大衣，坐在拉煤卡车上，划燃火柴，装上烟丝，叭叭地抽一会儿烟，半眯着眼睛吞云吐雾。那情景叫人难忘。

干校第一批宣布回北京的名单时，联抗听到自己的名字，惊喜之余，不知该如何是好。他从食堂打完饭，两手平端着碗，一边往楼梯上走，一边自言自语：“别激动！别激动！”

我在干校，不管干活还是跟周围的人相处，都没负担。一者是因为年轻，累了，睡一觉就解乏。二者是因为历史单纯，跟任何人都没有瓜葛。那时文化部所属单位都是“砸烂的单位”，所以对于业务、前途已经不可想象了。唯一担心的是会不会迁户口？记得作曲家王世光有一架进口名牌钢琴，下干校前以200元的低价卖出。搞音乐的卖钢琴，就跟学武术的卖刀一样，大约是估计以后再没机会搞业务了。我会弹琵琶拉二胡。1971年干校派我和另外几位美术设计、导演去廊坊地区京剧团、河北梆子剧团辅导样板戏，临走前在干校井台边上碰见世光，他说：“唉！我也该学点技术！”因为那时传说这就是分配工作了。文化人的悲哀莫过于自己所学的派不上用场。

所学的干不了，干的多是没学过的，免不了出差错。1972年春天，校部生产部门跟四连要一个年轻的同志，带几位年纪稍大的“审查对象”修剪树枝。四连把我派到校部，生产组长刘哲和一个军宣队的同志给我们讲了大概修枝的要点。我领了任务就回连了。约有一周时间，我领着江丰（美院院长）、金枫（文物局办公室主任）、赵寻（剧协副主席）等约十人，组成“修剪分队”，把农场各处路边的小树，都修剪了一遍。剪枝的时候，各管一段，所以也分得较散，拉得很开。各人按照自己的理解给那些一人多高的柳树、杨树剪枝修枝。老知识分子动作虽慢，但活儿做得挺细的，我也觉得剪得还算整齐。没想到内行人一看，说是把树修苦了，剪得太多了。军宣队一听，火了。召开全校大会，说：“大家要建设干校，美化干校，可是有一帮人把树修得跟秃子一样，这简直是有意破坏！实质是破坏干校，破坏生产。生产组长刘哲，就是刘贼！”军宣队在会上这么一怒，连里也把我批了一通，连队军代表责问我：“怎么弄得这么严重？”我无言以对，同时也惭愧，给连队抹了黑。

黄翔鹏是我们音研所搞近代音乐史的，那时他并不出名，但也是“审查对象”。住在宿舍里，他几乎不跟人说话，总坐在小马扎上，俯身床沿翻弄四卷《毛选》和好几种小语录本，原来他在做《毛选》和《语录》的语词索引。背后大家说他搞“烦琐哲学”。也有人说，他心情不好，以此消磨时间罢了。老黄是我们所在干校期间最有收获的人。后来他找到了学习的途径和目标。在干校后期，刻苦钻研古代音乐史，颇有著述，成为著名的古代音乐史专家。

音研所的副所长李元庆，是延安干部，曾任鲁艺教员，是位大提琴演奏家，却一直被说成“叛徒”，也是“审查对象”之一。李元庆有严重风湿性心脏病，本可以不去干校，也没有让他下去，但他为了改造自己，非要下去。劳动时，他无法干太多的活儿，只要一累，他就坐在田埂边的树下面，大口大口地张着嘴吸气，就像鱼被抛上了岸。李元庆根本恢复不了元气。他的模样使人觉得只要一口气出不来，随时都可能死掉。他酷爱工艺技术，总是带着一个工具包，里面尽是半导体零件、小锤子、钳子、改锥等等器械，从修木头的到修机械的，他无所不能。常给连队或个人干些零零碎碎的“小活儿”。有事求他十分方便。干校后期，他把琴也带下去了。后来我常跟他一块拉琴。元庆同志的“历史问题”，直到他去世后才下结论。赵沨还写过一首诗，提到这事儿。

结论能在一个人死后下，还是万幸的，盖棺定论嘛！但某些问题直到人死还未定论，冥冥之中阴魂该是死不瞑目啊！

原载贺黎、杨健采写《无罪流放——66位知识分子五·七干校告白》
光明日报出版社，1998年
郭德宏、宋淑玉、张艺编《我与五七干校》（转载），
人民出版社，2009年

刘东升，生于1940年，中国艺术研究院音乐研究所研究员

《中国古代音乐史稿》读后

吴毓清

杨荫浏先生的《中国古代音乐史稿》（以下简称《史稿》）最近由人民音乐出版社出版了，这在学术界是一件值得庆贺的事情。因为自从新中国成立以后，我们还没有出版过一本完整的正式的中国古代音乐史。杨著的出版正好填补了我们多年来在这方面的“空白”。

当然，就杨荫浏来讲，早在四十年前就曾经有《中国音乐史纲》一书问世。但当时的那样一本书，正如他自己所说，究竟是在比较艰苦的物质条件（包括图书资料条件）下写成的。如果拿《史纲》和《史稿》加以对照，今天的《史稿》无疑是具有了完全不同的面貌。假如说《史纲》还是一个近乎地基性的东西，那现在的《史稿》可以说就像一座完整的堂厦立在人们面前了。两部著作写于两个完全不同的时代。从两部著作的比较中，可以看出作者无论是在学术上、思想上或是世界观上都有很大的飞跃，有许多新的变化和新的成果。

新《史稿》的新就新在它是在马列主义、毛泽东思想指导下写成的。音乐文化是劳动人民创造的，音乐史也应该是劳动人民（民间）音乐文化的发展史。尤其是中国古代音乐文化，它不像文学史，除了劳动人民的民间创作之外，还存在着作家即文人创作这条明显的线。在中国古代音乐艺术领域中，文人具体地参加创作是罕见的，即使参加，也常常不过是对民间作品的加工和改编。所以，要写出一部真正的“中国音乐史”，民间音乐理应占据一个最最重要的地位。但是长期以来，在众多的有关中国音乐史学的著述、古籍（有关此方面的历史文献）

中，差不多总是把宫廷音乐、雅乐放在最中心的地位，有的甚至干脆就没有民间音乐的地位。现在新《史稿》的功绩之一，就是它打破了这样的旧观念、旧格局，从而使民间音乐在历史上的应有地位得到了真正的恢复。这不仅表现在每一编中都给民间创作安排了重要章节，在每一编中都对民间音乐作了尽可能详细的叙述，而且还表现在无论是在谈及宫廷音乐时，还是在谈及宗教音乐时，《史稿》都以大量的事实说明了它们的民间来源及其联系。这就实实在在地改变了中国音乐史的面貌，揭穿了历来统治阶级捏造的关于统治阶级造乐（“先王造乐”）的历史谎言。与此相联系，《史稿》对于两种文化的斗争也给予了相当的强调。这不论是在创作领域，还是在音乐思想、美学的领域，《史稿》都经常把它们放在两种文化斗争的背景上来进行叙述。一方面是宫廷雅乐、官方美学思想（包括乐律思想等等），另一方面则是劳动人民的民间音乐和进步的美学思想，始终是两军对垒，泾渭分明。

关于劳动人民创造文化，阶级斗争以及两种文化斗争等一些历史唯物主义的基本观点，《史稿》中都有着鲜明体现，这是新《史稿》和以往旧著的明显区别所在。新《史稿》除了观点鲜明，材料充实，条理清楚，重点突出以外，给我印象最深的还有以下两点：

一是以实践为准绳的实事求是的科学作风。它的主要表现之一，是对前人的成说不盲从，对于过去时代的种种说法，它都一一地用实践和事实来予以认真细致的检验。大家知道，中国古代音乐史学这一领域，是一个被历代统治阶级及其帮闲文人弄得相当混乱的领域。长期以来，在这个领域里，迷雾重重，谬说成堆。因而要写出一本科学的音乐史，就必须对这些问题进行一番认真的辩证的清理。现在的《史稿》正是这样做的。为了清理这些问题——诸如乐律、雅乐、宫调、南北曲以及宗教音乐等等问题，《史稿》确实是不惜篇幅的。

一切谬说的要害都在于主观与客观实践相脱离。《史稿》对这一要害是抓得很准的。正由于抓准了这个要害，许多问题才获得了令人信服的解决。

就拿乐律问题来说吧。所谓十二律，不过就是由十二个半音组成的，按着一定的音高次序排列起来的声音序列。作为构成音乐作品的基本物质材料，它就好像是绘画中使用的各色颜料似的，本来没有什么深奥难解之处。但是这种东西一旦到了统治阶级及其帮闲文人手中，长期以来却成了他们用来或者是神化自己，或者是宣传迷信的工具。因此，作为十二律，就时而被说成是出于“神瞽”的创造；时而被赋予莫须有的政治、道德、伦理，甚至是巫术的意义（如将十二律配以阴阳五行，将宫、商、角、徵、羽配以君、臣、民、事、物等等）；时而在十二律之外又玄秘莫测地提出了什么六十律，甚至是三百六十律；时而还荒谬绝伦地要求以某一代皇帝的指头作为计算音高的尺度，如此等等，不一而足。正如书中所说：“中国音乐历史中唯心与唯物的斗争，在乐律问题上，也表现得非常显明。一方面我国进步的乐律理论，是以音乐的实践为基础，并以明确音高标准，音阶形式，便利乐器的制造，最终给予音乐思维以逻辑的形式等为其任务，以服务于现实的音乐生活为目的，……但在另一方面，历代封建统治阶级和它的御用文人，则时时硬把一些神秘主义思想去和科学的乐律理论胡搅在一起，同时把乐律理论的重要性强调到不适当的程度。”这后一种情况，在有关我国古代音乐史学的大量文献中，可以说简直多得不可胜数。其所以产生这种情况，原因之一就在于这些文献的制造者们和实践相脱离。

因而，不管这种种谬说如何被吹得天花乱坠和玄而又玄，只要它们一旦被拿到实践这个检验台上，就都不攻自破了。《史稿》之所以能够取得现在这样的成就，显然是和作者始终坚持这样一种做法分不开的：凡一切有利于实践以及和实践相统一的言论、思想、学说，《史稿》都一一肯定之，凡一切不利于实践并和实践相悖谬的言论、思想、学说，《史稿》都一一批驳之、这样就将历史上长期纠缠不清的是非问题区别得清清楚楚了。

所谓格律问题，实际就是语言的四声高低、字调高低与音乐曲调的关系问题。这里本来也没有什么神秘之处，一方面，曲调的起伏常与语言音势相吻合，这是很自然的事情；另一方面则正如《史稿》所讲，这种吻合又是有伸缩余地的，是灵活的而不是死板的。换言之，这种吻合也只是相对的而不是绝对的。一经绝对就会变成刻板公式，就不成其为艺术了。

不幸的是，自进入封建社会末期以后，有些人老是企图把这种灵活性加以抹杀，企图把这种生动活泼的关系套上死板的不应有的框子。这方面的始作俑者正是明代大名鼎鼎的格律派“权威”——沈璟，在一个相当的时期内，戏曲领域中这种对格律的极端强调，正如《史稿》所指出：“其流弊所及”必然是“牺牲内容，束缚创造，遏止发展而导向衰亡”。

沈璟的这种荒唐的格律理论和一切谬误一样，经不起实践检验。《史稿》对沈璟的批判所以使人感到具有很强的说服力，其原因同样在于它始终坚持了实践这个准绳，《史稿》通过对大量民间创作的实例的分析，充分说明在字调与曲调的关系问题上，在一切成功的实际的创作中，它从来都是灵活的而不是死板的。这就使得沈璟那种僵化的格律理论不攻自破了。

总之，新《史稿》的最大特色就在于它具有浓郁的实践气息。从这里也可以看出作者杨荫浏先生几十年来一贯重视实践和实事求是的科学作风。没有这种科学的作风，要想给中国音乐史这个长期停滞的领域掀开新的一页，那是办不到的。

其次，新《史稿》给我们的第二个突出的印象是有音乐。也许有人会问，音乐史著述也可以没有音乐嘛！是的，音乐史是可以搞成没有音乐的音乐史的。它既可以搞成音乐的文学史，也可以搞成仅仅是乐律史、宫调史和雅乐史。这样的音乐史当然是片面的。在新《史稿》以前，有许多有关这一方面的著作就是这样搞的。这种状况正如《史稿》所分析的：“在《二十五史》的《乐律志》中间，用长篇大章记载着的，主要是有关《雅乐》和其乐律理论的材料。在大量的书面材料的影响之下，过去我国旧时代的知识分子，往往不由自主，有着不适当地强调《雅乐》和其乐律问题的重要性的偏向。即使在研究中国音乐的国际学者中间，也同样有这种偏向。直到今天，东西洋有关中国音乐的著作，就数量上而言，还是以研究中国《雅乐》和乐律问题的著作，占较大的多数。”而《雅乐》不过是封建统治阶级在举行种种典礼时专用它来节仪的一种枯燥的工具。这种工具从一开始，无论就内容还是就形式而言，它都是僵化了的东西，这种所谓《雅乐》，严格讲来是很难称做真正的艺术的。何况有关这种东西被历代记载下来的大多是一些歌词和关于它的律制、音高、演出形式等等而已。如果以这种东西作为中国古代音乐史的中心内容，其结果必然只能是对中国音乐历史的歪曲。

这种状况的出现，是有其历史原因的。原因之一是古代没有录音留下来，幸存下来的乐谱亦不多。更主要的，还在于历代有资格将这方面的情况给以书面记载的人，大都是带有很深的传统的阶级偏见，亦即轻视民间音乐的封建文人。这势必给后来治中国古代音乐史的人们带来了一个极大的难题，因而无怪乎《史稿》的作者要发出“我们一定要补救这一历史缺陷”和一定要“在毛泽东思想指导下，把旧时代文人的做法，根本颠倒过来”的呼吁了。从现在的《史稿》来看，应当说在相当程度上是完成了这个任务的。

也许有人要问，在没有原始谱（有原始谱可作依据的也有，但毕竟是极少数）的情况下，《史稿》又是用怎样一种方法来“补救这一历史缺陷”的呢？一种办法是，通过有限的文献来分析、推论当时的某些音乐品种的形式结构的面貌。比如，通过对有关汉“相和歌”和汉大曲中“解”、“艳”、“趋”、“乱”等音乐术语的文献记载来分析、推论汉“相和歌”和“相和大曲”中的若干曲体形式、艺术手法，或者是通过对有关唐代坐、立部伎和唐代大曲（如《霓裳羽衣曲》）的文献及诗歌的记录来分析、推论唐代大曲的形式结构等等。而更主要的，还是通过以下两种办法来解决问题。一种是通过较晚时期才记录下来的乐谱来看较前时期的音乐。如在古琴方面，就可以通过对直到明代才出现的乐谱（如《广陵散》）的翻译（古琴上叫打谱）来推知汉代古琴音乐方面的一些情况；琵琶方面则可以通过对清末琵琶谱（如《海青拿天鹅》），来了解元代在琵琶音乐方面的若干成就。另一种办法就是通过对直到近现代仍然在民间流传的某些古老乐种、曲种的挖掘来探索古代音乐的历史演变。例如对于清末的“弹词”艺术，《史稿》就正是通过在近现代仍然流行的一些腔调来进行研究的。这样的做法尽管也有一定的局限，但正如《史稿》所说：“俞秀山、陈遇乾、马如飞本人所说的弹词，没有留下音响资料和演唱乐谱可供参考。”书中所引乐谱乃“是近代中间流传的三种唱腔，是二百年来发展的结果，其和原始形式有着一定的区别，是可以想见的。但从这些唱腔中，仍能看到前人所指出的各派的特点，也就是说，它们在一定程度上，也各自继承了不少传统流派的因素”。在没有录音磁带，没有可靠的原始谱的情况下，这种做法无疑便是可行的和正当的做法了。

总之，在如何使中国古代音乐史成为有音乐的古代音乐史这个艰巨的问题上，现在的新《史稿》同样是做出了突出成绩的。新《史稿》的作者杨荫浏先生是一位曾为了中国音乐史和民族民间音乐的科学研究事业奉献了全部精力的老一辈的著名学者。在这一领域内，他不但在国内有着很高的威信，而且在国外也享有盛誉。几十年来先生著作共约五十余种，现在的这部《史稿》也许可以说是其中的一部最有代表性和带有总结性的著作。对于这样一部上下数千年，前后六十余万字的宏大著作，当然不是几千字的一篇短文所能说得清楚的。以上所述也只能是我个人在阅读时所得一点初步体会而已。

原载《文艺研究》1982 年第 1 期

吴毓清，生于1930 年，中国艺术研究院音乐研究所研究员，现定居澳大利亚

民间歌曲在古代史中有了它应有的地位

——杨荫浏先生《中国古代音乐史稿》读后

苗　晶

一

在20世纪50年代以前，正式出版的中国音乐史著作中，很少提到民间歌曲。新中国成立后，首先在音乐院校先后设置了民间歌曲课程，杨荫浏先生的《中国古代音乐史稿》（1981年1月出版）才把民间歌曲放在应有的历史地位上。杨荫浏先生作为一位受人尊敬的一代音乐史家，落实民间歌曲的历史地位是他的治史的一大特点，也是一大杰出贡献。这显然是杨先生以历史唯物主义、辩证唯物主义的观点治史的必然结果。

杨先生这一创举是有划时代意义的，从我个人的亲身体验，三四十年代学习音乐时，不但在中国音乐史著作中和课堂上看不到民间歌曲的踪影，就是学习西洋音乐史时也是如此。给人的感觉，历史上伟大的作曲家都是凭天才创造音乐，好像都与民间音乐无关，就是19世纪俄罗斯与东欧的民族乐派，给我们看到了他们的音乐根源，但从史学的角度阐述这一重要真理的书，还未多见。这确实说明，一个音乐史家应该回答以下三个带有根本性的问题：

1. 如何正确看待音乐史的产生与发展过程。

2. 如何正确看待广大人民的音乐创造。

3. 如何正确看待上层专业音乐文化与下层民间音乐文化两者之间的关系。

杨先生在《史稿》中，第一句话就是“劳动创造了人类本身，也创造了音乐”。他进一步用许多史实说明观点：“原始音乐产生于人们在集体生活中劳动实践和社会实践的需要。它反映的，是有关人与自然界斗争和氏族之间的斗争的内容。”这就是他对第一个问题的回答。在《史稿》秦、汉音乐史的开始，他写出了一个醒目的标题“人民的声音——民歌”，这是这位杰出的音乐史家对于民歌概念的科学解释，鲜明地提出了广大人民是音乐的创造者。在人类进入有阶级的历史阶段，他就在《史稿》中提出：“随着奴隶制阶级社会的形成，两种音乐文化的斗争开始。”事实上，这两种音乐文化一直存在至今，它在创作方法，题材内容，传承方式，社会功能，流传范围等方面，民间音乐文化与上层音乐文化都有所不同，在历史的长河中民间音乐始终处于源头地位，而上层音乐文化在民间音乐基础上不断加工、改编、吸收、创造出新的作品。两者互有交流，互有影响。在音乐史中都有它一定的历史地位和作用。

以上三个问题的核心，我认为是如何正确看待历史，历史作为一门学科，尤应强调史料的全面和真实，不可随意删改、歪曲。历史学家由于立场、观点的不同，历来有两大学派，对于史料的引用评价有时会有天渊之别。杨先生在后记中曾把他1944年著，1952年出版的《中国音乐史纲》与1982年出版的《史稿》比较，他说，1944年还没有机会接触辩证唯物主义和历史唯物主义，囿于唯心史观又带有崇洋思想，同时，物质条件也非常差，研究工作自然错误百出。错误一是夸大外来成分，二是看不见劳动人民的创造，三是推崇儒家的音乐观。“满脑子唯心主义、形而上学，是写不好中国音乐史的。”由此可以看出，《史稿》中民间歌曲有了应有的历史地位，绝不单纯是增加一些民间歌曲的资料，更重要的是看到广大劳动人民对音乐史的贡献，以及他们对音乐发展所起的作用。

二

杨先生的《中国古代音乐史稿》使我感受最深的有以下几点：

1. 民间歌曲的历史最早，它是民间音乐的核心，没有它就找不到民族音乐的根。

在《史稿》中，每个历史时期都是从民间歌曲开始讲起，因为它对该时期的音乐都有一定的影响。《史稿》中对《诗经》里的民间歌曲，从内容到形式有着详细的分析，在形式方面找出了11种不同的曲式。在《楚辞》中找出四种曲式结构，这些曲式的形成与发展，几乎概括了当时和后来的许多音乐体裁，可见民歌对其他音乐影响的深广。另外从民间音乐内部来看，民间器乐、说唱、戏曲、歌舞的产生与发展，都与民间歌曲有着密不可分的联系。由此可见民间歌曲的核心作用，它确实是民族音乐的根。

2. 上层音乐包括宫廷音乐、文人音乐、宗教音乐等的产生与发展都离不开民间音乐。

从两种音乐文化来看，宫廷音乐中的许多歌舞可以说直接来自民间，古代艺术歌曲的产生，《史稿》中说：“许多民歌经过不断的选择、加工，又从民歌基础上创造出各种艺术性较高的歌曲形式，为发展更高的其他音乐形式如歌舞大曲等提供了条件。”至于宗教音乐为了吸引广大群众，它只能走吸收民间音乐，改造民间音乐的路子。所以《史稿》说，寺庙一方面成了民间音乐的吸收和保存者，民间音乐活动的支持与提倡者，但它另一方面，又成了民间音乐的歪曲和利用者。由此不难进一步看出两种音乐文化的关系。

3. 我国自古以来，就是一个农业大国，百分之九十以上的人口是农民、牧民、渔民以及其他劳动者，他们是民间音乐的创造者，他们对音乐的贡献是音乐史的一部分。这里有一个对民间音乐如何评价的问题，《史稿》中说：“在过去封建社会中，掌握音乐艺术的劳动人民，地位低下，他们创造的音乐也被轻视。劳动人民被剥夺了著书立说之权，不能把自己的作曲经验介绍出来，而能够著书立说的知识分子，又受了统治阶级思想的影响，对音乐不够重视。”他认为过去我国各民族的民间音乐，所以长期被保存着，而且继续发展，主要应归功于广大的劳动人民。杨先生觉得把我国音乐艺术的优秀传统介绍出来，这是今天音乐史家的责任。

4. 古代音乐的发展，就是民间音乐与专业音乐相互交流、相互吸收、相互影响的历史。在封建社会里宫廷音乐、文人音乐、宗教音乐基本上属于上层社会的音乐，文人音乐虽然与宫廷音乐和宗教音乐还有所不同，但琴棋书画已成为封建社会文人的标志，尤其是古琴音乐、琴歌、诗词歌曲。民间音乐大多附属于一定的习俗。自元、明、清以来，随着民间说唱、戏曲的发展，已逐渐有了专业，半专业艺人，器乐服务于婚丧嫁娶也已产生了许多半职业艺人。有了专业艺人以后，有了飞速的发展，尤其是戏曲音乐到了清代末年已达到了顶峰，杨先生生前经常讲，戏曲音乐可以与西方的交响音乐在艺术上相比美。这种成就也是与两种音乐文化相互交流，相互吸收，相互影响分不开的。

三

杨先生的《中国古代音乐史稿》使我们想到许多问题值得继续思考和深入探讨。

1. 有关音阶、调式、原始音乐形态与原始音调，不妨从山歌、号子、儿歌的原始音调中作逆向研究，寻找脉络。如福建的二声歌，楚地的三声歌，长江中游的四声山歌，黄河流域的船号，儿歌中的乞雨歌等，对于研究音阶的形成与发展，音乐结构变化的过程，都有重要价值。

杨先生在《史稿》中，提到的民间歌曲大多为小调，小曲，属于徒歌范围的民歌较少接触。徒歌在民歌中，数量很多，而且它们不少是伴随着劳动生活与自娱，经常有新的创造与变化，许多音乐现象是小调包括不了的，我想它们中的一些音乐规律是值得探讨的。如各地的各种徵调式的特点、流传范围与走向，就是一个很值得研究的问题。又如五声音阶、六声音阶、七声音阶的各种变化及其南北区域的不同特点，是否与南北曲有关都值得探究。

2. 杨先生提到的明、清民歌曲牌，大部分今天都可以找到，有些仍然在民间歌曲中流传，有些已被吸收到各种说唱、戏曲、器乐中去。如在我国北方，民歌曲牌绝大多数已被吸收到二人转（东北）、二人台（华北）、眉户（西北）以及山东琴书、河南曲子中来。因此，我们研究民歌有必要与民间说唱、戏曲、器乐结合起来，作综合性横向研究。今天在民间歌曲研究领域中、民歌曲牌研究仍然是一个比较薄弱的环节，如《中国民间歌曲集成》按编辑准则规定，小调部分每首歌名下应注明曲牌名称，但大多数没有做到这一步，因为民歌理论研究这方面的成果不多，民歌记录者不知道是什么曲牌。杨先生在《古代音乐史稿》中很重视民歌曲牌，这个问题需要我们进一步探讨和研究。

民歌曲牌研究至今，许多问题还不够十分明确，如曲牌是如何形成的？曲牌存在于多种传统音乐之中，彼此是个什么关系？曲牌是民间曲调构成的基本成分吗？曲牌的各种变体有无规律可循？等等，就拿曲牌的形成来说，我认为明、清时代曲牌的流行是有它的历史原因：

（1）一些徒歌走向带有乐器伴奏的小曲，曲调有了伴奏就要有相对的稳定性，不可做大的变动。（2）小曲经过职业或半职业艺人演唱、从自娱转向他娱，演唱者逐渐把词、曲固定下来。（3）民间歌曲从农村走向城镇酒楼、茶馆演唱必然要适应城镇居民的欣赏口味，接受城镇文人的某些帮助和加工，特别是唱词方面最为明显。于是产生了各种歌词唱本的出版和流传。（4）民歌曲牌的形成，显然是专业音乐与民间音乐相互影响的产物。包括民间音乐从业余走向专业再回到业余的过程。（5）民歌曲牌形成后，词、曲基本定型化，但各地在词、曲上。仍存在有大同小异，产生了许多民歌珍品。

总的看来，曲牌音乐研究需要深入，不然，有些问题在音乐史中仍不太明确。

3. 杨先生是非常重视史料的发现与搜集，20 世纪 80 年代以来，《中国民间歌曲集成》陆续出版，《少数民族音乐史》（上册）也于年内问世，为我们提供了十分丰富的民歌史料，今后继续不断地充实古代史民间歌曲内容的任务就留给后人了。

4. 杨先生的《史稿》写到清代，近现代音乐史如何与古代史接轨的工作摆在我们面前，20 世纪的民间音乐有了很大的发展。尤其是新中国成立后，劳动人民有了很大变化，民间音乐文化与专业音乐文化的关系空前的密切，专业音乐工作者甚至把向民间音乐学习当成必经之路。不少民间歌手走向专业化成了国内外闻名的演唱家，演唱的民歌已走向世界。民间歌曲合唱艺术有了突出成果，少数民族多声部合唱曾震惊国际乐坛，陕北民歌合唱在国外受到高度评价，一些民间歌曲被著名作曲家应用于作品中，如贺绿汀的《森吉德玛》、马思聪的《思乡曲》、辛沪光的《嘎达梅林》等，已成为经典之作。民间歌曲在这里不仅是素材，而是作品的灵魂。所有这些，我希望包括民间歌曲在内的民间音乐，在近现代音乐史中同样要有它应有的历史地位。

1999 年 5 月 23 日

苗晶（1925—2001），中国艺术研究院音乐研究所研究员

谈杨荫浏先生的“防范心态”

向延生

冯文慈先生近来在《音乐研究》和《中国音乐学》上发表的文章中，对杨荫浏先生及其代表作《中国古代音乐史稿》进行了多方面的评述。文中虽然多有真知灼见，但是也有笔者不敢苟同之处。从我对杨荫浏先生的认识、特别是十年共事期间的亲身体验，也谈谈我对冯先生提出的所谓“防范心态”的看法，求教于冯先生和各位读者。

我在中央音乐学院音乐学系学习时，1962 年有幸聆听了杨荫浏先生讲述的《中国音乐史》课程，那时音乐研究所是附属于中央音乐学院的民族音乐研究所。1963 年秋天音乐学系和研究所曾一起在北京四季青公社的香山大队，进行了历时三个月的“四清运动”。但是真正与杨先生有更多的直接接触，还是 1973 年我调入音乐研究所参加《中国音乐简史》的编写工作（已故的吉联抗、夏野、黄翔鹏以及国内的许多专家学者当时都参加了此书的编写）以后。

我对中国近现代音乐史较为熟悉，对古代音乐史那时只有一般性的了解。此后五年的时光里，为了史料的选择、解疑与甄别，史稿的体例与撰写等事宜，我经常去杨先生的家里向他请教。杨先生在耐心地解答了我的问题之后，又总是慈祥地强调我要加强学习，多参加社会音乐实践，应该去查什么什么书和乐谱，听什么音响，以弥补我在古代音乐史学知识方面的不足。1976 年我负责《中国音乐简史》的曲谱和音响附录的选编工作时，更是经常要去求教于就住在音乐研究所旁边宿舍里的杨先生。文化部决定重建中国音乐陈列室后，1980 年我承担中国音乐陈列室的恢复与充实任务时，特意聘请了该陈列室的主要创办者——杨荫浏先生，担任这项工作的顾问（所里的文彦、黄翔鹏、吴钊、乔东君、刘东升、萧兴华、冯洁轩等人，都参加了该室陈列提纲的设计或布展）。最后这十年间的相处，使我对杨先生的经历和为人有了较多的了解与亲身的感受。

杨先生在上海光华大学经济系读书时，为参加学校举办的英文论文写作比赛，1925 年冬天撰写的论文《中国音乐史概要》即被评为第一名，荣获了金质奖章。1936 年杨先生应邀至北平（今北京）担任哈佛燕京学社的音乐研究员，同时在燕京大学讲授中国音乐史课程。1941 年起杨先生先后在重庆与南京国立音乐院讲授“中国音乐史”课程，1947 年起并在南京金陵女子大学音乐系兼授“中国音乐史”课程。

杨先生在多年的资料积累、教学成果和潜心研究的基础上，1944 年完成了《中国音乐史纲》的写作，可是一直没有机会和条件刊行，1952 年才由上海万叶书店出版发行。杨先生后来评价这本书说：“当时我还没有机会接触到马列主义、毛泽东思想；站在资产阶级的立场，囿于唯心史观，又带有崇洋思想；同时，物质条件也非常之差。研究工作，自然错误百出。”（见 1977 年写的《中国古代音乐史稿》“后记”）这是三十余年后，杨先生对自己这一著作的真诚自责。现在，我们则要以更客观全面的科学态度，给它以符合历史唯物主义观点的综合评价。（郑祖襄教授 1999 年底已发表有《一部仍具学术价值的“旧著”——谈杨荫浏先生的〈中国音乐史纲〉》）

经过众多民族民间音乐、传统音乐的专题研究和社会考察，努力学习了马列主义、毛泽东思想之后，“根据党交给我的光荣任务”，已届花甲之年的杨先生 1959 年开始写作《中国古代音乐史稿》（以下简称为《史稿》）。此书的撰写开始于“大跃进”与“反右倾”的年代，中间经历了“千万不要忘记阶级斗争”时期和史无前例的十年文化大革命，完稿于 1976 年粉碎“四人帮”后和邓小平号召“解放思想”之前的 1977 年。

历时 18 年才止笔的这部 65 万字的中国古代音乐史巨著，突破了以前中国音乐史的写作主要是依据书面文献资料的局限，综合了杨先生和中国音乐界同仁多年来在中国音乐史、民族民间音乐和乐律学等方面的众多实践经验与研究成果，实现了杨先生长期以来孜孜以求的“要写作有音乐的音乐史”的愿望，是一部在国内外都有着巨大影响的经典性著作。杨先生对中国音乐事业的诸多贡献以及《史稿》的成就，许多专家学者都有精辟、全面的阐述，我就不重复了。此书完稿已经 23 年，但是至今仍然没有一部能与它相媲美的同类著作问世，这一事实就是最好的证明。《史稿》虽然有诸多的缺点和错误，但是它已经迈出了胜于前人和我们的至少几大步，而且是本学科至今仍然无人能够企及的高峰。冯文慈先生的文章认为《史稿》只是“转向唯物史观的起步”的说法，我觉得评价也过低。否则我们这一代人二十余年来的辛勤劳动，怎么连杨先生二十余年前“唯物史观的起步”这样的水平都达不到——至今还没有起步？（甚至还停留在唯物史观的范围以外？）

在《史稿》的“后记”里，杨先生深感到由于客观和更主要是主观方面的原因，此书与党和时代、人民的要求，仍然有着很大的差距；还没有足够的能力揭示我国音乐艺术优秀传统的规律性，对音乐中的矛盾的特殊性研究得不够；理论的基础是实践，他深感自己接触音乐的面还太窄，理解得不深透，不能据以做出可靠的结论，主要还是缺少实践。1949 年新中国成立以后，有了正确的思想指导、空前优越的工作条件和专业研究队伍，但是面对中国音乐史“这样一个内容复杂、范围广阔的研究领域，要在这样一个薄弱的基础之上建立起来，还是不容易的。应该虚心承认，我们还是处在十分幼稚的阶段，我们还是小学生”（《史稿》“后记”）。

除此以外，从今天的眼光和思想认识水平来看，杨先生的这部力作当然还存在着其他一些由于各种主客观原因所造成的难以避免的不足之处（正如“金无足赤”）。因为新文物、新资料的出现，而产生的新理论、新观点就不必说了。我只就《中国古代音乐史稿》里“以阶级斗争为纲”的问题，谈谈我对冯先生提出的所谓“防范心态”的看法。

中国共产党和毛泽东领导中国各阶层人民，经过 28 年艰苦卓绝的英勇斗争，终于推翻了长期以来压在中国人民头上的三座大山，实现了国家的基本统一。英雄的中国人民从此站起来了，古老的中国从此屹立在世界的东方。中国共产党和毛泽东因此在全国人民的心目中具有极高的威望，对领袖毛泽东的敬仰与热爱逐步增长，后来在文化大革命中更是发展成为了狂热的个人崇拜。

正如马克思、恩格斯在《共产党宣言》里所说的：“任何一个时代的统治思想都不过是统治阶级的思想。”新中国成立后，“领导我们事业的核心力量是中国共产党，指导我们思想的理论基础是马克思列宁主义”，特别是还要再加上毛泽东思想（文化大革命期间毛泽东的话更是成为了“最高指示”）。由于毛泽东对阶级和政治路线斗争的错误理解与处理，造成了 1949 年以来我国的各种政治运动接连不断，“左”的思想路线逐步发展、膨胀，终于导致了 1966 年史无前例的无产阶级文化大革命的爆发。

许多具有爱国思想、正义传统的中国知识分子，民主革命时期就与中国共产党一起向国民党反动势力进行斗争；新中国建立后与中国共产党组成联合政府，一起进行社会主义建设。他们认真学习马列主义、毛泽东思想，努力进行“思想改造”，但是在历次的政治运动中，他们仍然首当其冲地成了检查、批判乃至“革命”的对象。

杨先生 50 岁时才接触到马列主义、毛泽东思想，他虽然非常努力、真心诚意地去进行学习、“改造思想”，力图以马列主义和毛泽东思想指导自己的写作。由于马列主义、毛泽东思想的基本原理、还要根据具体情况来灵活运用，还有待于根据新的形势不断丰富和发展（这显然不是杨先生这样的知识分子所能做到的）；毛泽东的一些互相矛盾以至错误的观点，特别是文化大革命的思想影响。致使生活在这个历史环境里的杨先生这样的中国知识分子精英，当时在某些问题、某种程度上，也难以避免用机械、片面的方式来理解和掌握马列主义、毛泽东思想和唯物史观，并以此来看待、分析一切的音乐事物。因此《史稿》的全书，贯穿着统治阶级及其领袖毛泽东强调的“以阶级斗争为纲”的主线；再从“历史是劳动人民创造的”这一宗旨出发，全书从头到尾充满了对劳动人民创造的音乐的肯定与赞扬；也充满了对统治阶级音乐的批判与否定，也就不足为奇了。正是一切无不打上了时代的烙印。

冯文慈先生的文章里，认为杨先生这样的所作所为是出于“‘和剥削阶级划清界限’的自我防范心态”。冯先生的治学态度一向十分严谨，但是我对他提出的这个观点，却不能表示赞同。首先，杨先生出生于一个书香门第，但是并不属于剥削阶级家庭。1980 年我们所编写《中国音乐词典》时为撰写音乐家“杨荫浏”的条目，我去采访杨先生时他亲口告诉我其父曾任幕府里的文书，也就相当于现在的小职员。杨先生读完中级师范后，家里已无力再供给他升学，还是珍惜他的才华的“干妈”（美国传教士郝路易）资助他上的大学。干妈因故回国后，杨先生即不得不从大学肄业，返乡担任中学教师谋生。由此可见杨先生及其父亲当时的家庭经济状况，都难以划入“剥削阶级”的范围（近日我咨询《杨荫浏生平年表》的作者华蔚芳时，她也证实了上述事实）。再从杨先生的生活经历来看，他长年接触的小道士颖泉、道士华彦钧（阿炳）、昆曲教师吴畹卿、古琴家夏一峰和朱勤甫等苏南民间艺人，多是社会下层人士；20 世纪 20 年代中期以后杨先生担任教师、教授仍然是自由职业者，都与剥削阶级无关。20 世纪 40 年代初其干妈曾经要引见他与中国当时的“第一夫人”宋美龄相识，遭到杨先生的拒绝；解放战争时期杨先生支持国立音乐院进步学生从事学生运动，遭到院长的斥责而不悔；新中国成立前，哈佛大学聘请他去美国担任教授，也遭到杨先生的拒绝。从家庭出身、社会经历、思想境界等方面去考察，我都对冯先生为什么要把杨先生与“剥削阶级”联系在一起，很不理解。其次，我的领会不一定准确：某人在当时的政治环境里采取“自我防范心态”的前提，首先是要对当时的统治阶级思想——马列主义和毛泽东思想有了全面、准确、辩证的认识（即使是杰出的马克思主义者邓小平，也是 1977 年后才发表了这样的言论）；然后为了保护自身，再从主观上有意识地去采取的对应的行动（阳奉阴违地做表面文章）。从我对杨先生十余年的观察、了解和看法出发，我认为为人一贯十分真诚、坦率的杨先生，当时既没有那么高的思想认识水平；更不会有意识地、违心地或口是心非地去那样做、那样写。冯先生从现在的思想认识高度进行分析提出的“防范心态”这个说法，可能是出于对杨先生的爱护。但是我认为它并不符合那个历史时期的实际情况和杨先生的为人，甚至会歪曲和贬低杨先生的人格和思想境界（此事我征询了一些与杨先生长期共事的同事，他们对此也有同感）。

在杨先生写作《史稿》的那个历史时期和周边环境里，这样做人和这样写作是大多数从旧社会过来的中国知识分子发自内心的思绪和情感的坦诚流露，是他们真诚追求进步、追求真理的必然归宿和思想境界。新中国建立后，经过数年的努力建设，中国工农业的生产有了很大的发展，人民的生活有了很大的改善，国际地位也大为提高。经历了新旧两个社会对比的杨先生对此有切身的体会：在旧社会从事中国音乐史研究得不到重视和支持，“只能抽出些业余时间偷偷地去干。思想和物质条件都不利于音乐史的研究”（见《史稿》“后记”）。1949 年以后杨先生有了良好的工作环境，受到国家、人民和上级领导的重视，委以重任，1957 年“反右派运动”那样大规模的政治运动也没有触及杨先生。在那样的物质和精神生活环境里，再加上杨先生自觉自愿地发自内心地刻意追求，真心诚意地“响应党的号召”，那个历史时期充斥于耳的“以阶级斗争为纲”的指导思想，贯穿于《史稿》始终就应当是历史的必然了。从而，也使得杨先生未能彻底地以唯物史观的科学态度和实事求是的精神，对中国古代音乐发展历史做更深入具体地分析研究和区别对待，并使之具有更正确、更全面的认识，才造成了这种历史的遗憾。(回过头来看，我们不也是从1978年开展的“实践是检验真理的唯一标准”的讨论以后，才开始从盲目崇拜、简单僵化的思想境界里逐步解脱出来的吗?)

《史稿》一书里的谱例，由线谱改为简谱，也是这一指导思想下的产物。此书的上、中册(远古至宋代部分)，1964年由音乐出版社出版时，书中的谱例都还是用的线谱。但是后来增加了元、明、清三代的内容，1981年由人民音乐出版社将全书分为上下两册修订出版时，全书的谱例全都改成了简谱。为此，我曾经问过杨先生为什么要做这样的改动，他说，文艺要为工农兵服务，改成简谱出版才能让更多的人阅读，有利于这部书的普及。杨先生的这个观点现在显然也不恰当了——《史稿》不是普及性的通俗读物，是部专业性很强的音乐学术著作，主要是为专业音乐工作者学习、参考所用，一般人很少购买、阅读。谱例改为简谱并不符合实际的需要，反而影响了此书的学术价值和它在国际上的交流与传播。

以上所说，只是想以此来说明任何人以及他的著作，都不能脱离或超越他当时所处的历史环境，都不可避免地要打上时代的烙印；后人则不应该用现在的思想和观点，来看待、特别是脱离实际地去想象和要求前人，这就是历史唯物主义无情的法则和规律。

(本文根据在“杨荫浏先生百年诞辰国际学术研讨会”上宣读的论文整理、补充)

原载《人民音乐》2000年第6期

向延生，生于1939年，中国艺术研究院音乐研究所研究员

杨荫浏与中国宗教音乐

田 青

一、道教音乐——启蒙、阿炳、青城山

中国音乐学的一代宗师杨荫浏，在中国音乐学的许多领域进行了开创性的工作。宗教音乐，即是其中一个重要领域。在20世纪的差不多一半时间里，宗教音乐在中国曾经是一个禁区。而今天，当越来越多的中国音乐学家认同完整的中国传统音乐除民间音乐、宫廷音乐、文人音乐外，还必须包括宗教音乐的时候，人们会更加怀念杨荫浏当年筚路蓝缕、开辟草莱的工作。

杨荫浏与宗教音乐的渊源是相当深远的，实际上，杨荫浏的音乐启蒙和最早接触的中国传统音乐便是宗教音乐。杨荫浏自己在《杨荫浏小传》中写道："1906年起，开始向道教音乐学得箫、笛和笙的吹奏技术。"① 华蔚芳、伍雍谊编写的《杨荫浏评传》则写得更为详尽："杨荫浏自幼喜爱音乐。他的启蒙老师是一位小道士。原来，在他六七岁时，邻居中有一位名颖泉的

① 杨荫浏：《杨荫浏小传》，载《中国音乐学一代宗师——杨荫浏》（纪念集），台北：中国民族音乐学会，1992年，第99页。

小道士，是有一定音乐修养的道教乐手。他与其兄荫溥一道，每天放学回家，就向颖泉学习演奏箫、笛、笙和胡琴，并抄录工尺谱本民间器乐曲。几年间，学到了不少民间乐曲。11 岁时，因颖泉转到城外道院工作，音乐学习中断。后来有一班道士来他家做法事，兄弟俩就向他们请教乐器演奏技术，道士们推荐同伙中技艺最好的阿炳（华彦钧）教他们。这样，杨荫浏又向阿炳学习弹奏琵琶和三弦。"① 一直到 1911 年，因其父不愿自己的儿子经常和道家吹鼓手们厮混，又希望儿子对音乐的爱好可以让他不淘气，才让他拜无锡"天韵社"的昆曲名家吴畹卿为师，学习昆曲。

似乎可以这样说，中国的道教音乐和天才的道教音乐家阿炳，给了杨荫浏以终生的影响。不仅杨荫浏对中国民间乐器的掌握及对中国民间音乐炽热的感情来自道教音乐家的传授和熏染，他日后对民间音乐搜集、整理、研究的学术工作，也在此时打下了感性基础。杨荫浏后来公开出版的《十番锣鼓》、《苏南吹打曲》的音乐，其实在他幼时即已种在心中。1979 年夏他在为中国艺术研究院的研究生授课时说："我初对音乐发生兴趣，是在六七岁时结识了颖泉道士，受到他的感染而后逐渐浓厚起来的。他教我吹笛、吹箫、拉二胡、吹笙，每天晚上都同他泡在一起。我学的大都是曲牌，后来才知道这些曲牌实际上就是'十番锣鼓'音乐。此外，还有'江南丝竹'的传统曲目如《三六》、《中花六板》等。"② 江南的道教音乐和受道教影响的丝竹乐曲，构成了杨荫浏音乐修养深层基础，在他后来的几乎所有研究中，都可以看到这个文化背景的影响和作用。阿炳在杨荫浏的一生中也有着突出重要的地位。在他十二三岁时，颖泉离开无锡后，杨荫浏有幸和阿炳学习了约一年的时间。道士身份的盲音乐家阿炳，恐怕不仅仅教会了杨荫浏琵琶和三弦。这位埋没在民间的天才、这位有着极强个性并带有传奇色彩的民间艺人、这位历尽人间的苦难却奉献给人类以不朽旋律的大师、这位看不见世界但却以其心血凝成的作品使世界变得更加光明的盲人，不会不在一个聪颖、敏感的少年心中留下永难磨灭的烙印和深刻的、尽管有时是潜在的影响。在少年时代能遇到阿炳这样的人物并有一年的时间沾其恩泽、沐其雨露、从其耳提面授，是杨荫浏的福气。也许，杨荫浏后半生所表现出的对音乐"人民性"的执著，在他与始终生活在社会底层却浑身散发着音乐之光的阿炳接触之时便已经萌生了。新中国成立后对马克思主义的学习，只不过使他的出自内心的、更多的是感性的认识，进一步理论化而已。另一方面，如果阿炳没有这次与杨荫浏的结缘，世人们可能至今也不知道在 20 世纪的前半叶，在中国无锡一条窄窄的石子路上，曾日日走过一个小名叫阿炳的瞎子，更不会知道如今已脍炙人口、并已成为中国传统音乐经典的名曲《二泉映月》。因为，在中国历史上，谁也说不清有多少像阿炳一样的民间音乐家默默地生来，又默默地死去了；谁也说不清有多少像《二泉映月》一样深刻、美丽的乐曲曾经回荡在穷乡僻壤间，却最终消失在青山绿水中了。"曲终人不见，江上数峰青。"在中国漫长的封建社会里，也许只有宫廷与寺

---

① 《杨荫浏评传》，载《中国音乐学一代宗师——杨荫浏》（纪念集），台北：中国民族音乐学会，1992 年，第 118 页。

② 《最后的课》，载《中国音乐学一代宗师——杨荫浏》（纪念集），台北：中国民族音乐学会，1992 年，第 60 页。

庙道观才能够长期成为音乐家的恩主，能够为民间音乐家的专业化和音乐才华的积淀、升腾提供起码的物质条件并使中国的传统音乐脉脉相沿。当少年杨荫浏与穷道士阿炳相遇的那一刻，已在中国流传了千百年的道教音乐终于找到了一个可以将其绚烂的音乐之花公之于众、播之于外、垂之于永久的人，而未来的中国音乐学的奠基人与开创者之一的杨荫浏，也在那一刻注定了终生与宗教音乐的斩不断的关联。

杨荫浏对道教音乐有意识的搜集、整理的工作，始于1937年。这一年，杨荫浏“回无锡度假，经道家友人阙献之、朱勤甫、邬俊峰、惠胡泉、王云坡等协助，搜集苏南民间音乐数十本进行研究，采集各家之所长，整理成《梵音谱锣鼓谱》二种手稿。……之后，此谱即成为无锡一带道家通用的曲谱”①。从道家中来，到道家中去，这两本乐谱的搜集、整理，是杨荫浏在进行了基督教赞美诗集《普天颂赞》的工作之后进行的。看来，对于作为音乐学家的杨荫浏来讲，宗教的信仰丝毫也没有影响他的学术兴趣。

杨荫浏第一次对全真派道教唱诵的系统搜集，起于一次繁忙工作中间难得的闲暇。“1942年暑假，应基督教会邀请，赴四川青城山避暑，住常道观，从一青年道士采录到道教音乐九阙。据云该道士能唱诵有音调的赞歌百余阙。词见道藏辑要《全真正韵》一书，音调全凭口授。后因观主阻拦，未能采录更多。”② 在青城山，杨荫浏第一次听到道教全真派的宫观唱诵，而在此之前，无论是颖泉还是阿炳，都属“正一道”，即民间所谓的“伙居道”。与“伙居道”以为老百姓做法事为目的、民间气息浓郁的音乐不同，全真派的课诵音乐更具历史性和宗教性，其中大部分音乐渊源甚古且传承有自。从青城山的道教课诵竟然使其时早已成为基督徒的杨荫浏诗兴大发，于一天之内连写了三首他并不常写的古体诗来看，青城山与全真派的道曲的确使杨荫浏耳目一新，焕发了他无尽的想象和激情。这三首七言绝句和诗前的小序，均作于1942年8月12日③。

《青城山圆明宫前闻鸟鸣》八月十二日

三十一年七月二十六日在青城山圆明宫前林间散步，闻四下鸟鸣，自谐音律。时作六上，时作六五，时作六尺，时作工六，大都两音反复，倾之复改其他两音。转瞬而五音毕备。其上音相当于婴D音，林间诸鸟，相互应和，同度鸣声，高低均不谋而合。八月七日又闻较为复杂之鸣声，反复作六五五六，工工尺上两乐语，两乐语之结音，相隔五度俨然成前后之应答。昔者伶伦听凤凰之音以定律吕，后人指为神话而忽之。闻此，乃知非无可能。

朝霞未敛鸟初歌，羽徵商宫酬应和。何必昆仑裁竹律，青城山曲凤凰多。

---

①② 华蔚芳：《杨荫浏年表》，载《中国音乐学一代宗师——杨荫浏》（纪念集），台北：中国民族音乐学会，1992年，第109页。

③ 《杨荫浏手迹·心声》，载《中国音乐学一代宗师——杨荫浏》（纪念集），台北：中国民族音乐学会，1992年，第80—90页。

《听常道观早晚鼓声》八月十二日

道士云鼓调系曲传风云雷雨之神情

风云雷雨急声催，海震山摇天地危。

暮暮朝朝传鼙鼓，千呼未醒劫余灰。

《听常道观早晚坛功课》八月十二日

观中早晚坛功课，唱颂赞歌，不用丝竹伴奏，惟以鼓钟鱼磬等器为节。词与节奏，均见《道藏辑要》中《全真正韵》一书。音调不见于书，全凭口授。有《白鹤飞》、《步虚韵》、《青华引》等歌，约百余阙。

钟鼓鱼磬又重闻，梵唱清幽响入云。白鹤步虚青华引，自来正韵数全真。

鸟声、鼓声、歌声，青城山的大自然与人文环境使杨荫浏像孩子一样充满着强烈的好奇心，也引发了他对历史探寻的无限热情。从他亲耳听到的鸟鸣的旋律化现象，他想到被当时的“疑古派”们斥为妄谈的伶伦作律的“神话”并非就没有可能。而与神秘的鸟鸣交融在一起、“梵唱清幽响入云”的道教钟磬之声，也许已经在这位年轻的音乐家心里埋下了日后对中国古代音乐史加以认真梳理的愿望。这段短暂而奇特的生活经历，给了杨荫浏深刻、强烈的印象，也始终活跃在杨荫浏的记忆里。那个使他当时未能完成记谱工作的道观主持，杨荫浏则终生也没有原谅。1961 年，杨荫浏在其《如何对待我国的宗教音乐》一文中提到道教音乐时，再一次表达了他当时的遗憾和不悦：“记得，约在 1942 年的夏天，我在四川青城山天师洞的常道观，曾听到道士们在一次法事中唱的许多宗教歌曲，其中有少数歌曲的音乐相当朴素活泼，有着民间生活气息。后来借到他们题为《全真正韵》的歌词集一翻，发现一百几十首歌词中间，有相当数量的歌词是用诗的形式和【调笑令】等词牌的形式写成的。在感觉唐诗、宋词的音乐缺乏材料的时候，我觉得应该把他们的全部歌曲记写下来，以备参考。可是事与愿违我仅仅找到了一位唱得比较好的青年道士，和他会见了两次，刚刚记下了开头十来个满含宗教情调的曲调，那位势利贪财的道观主持，为了取媚几百个有钱有势的施主，为了安排招待、收房金、记客饭账等等事务，把那个青年道士调度得忙碌不堪，而且对他进行了警告，不许他再来和我接近了！”①

一直到 20 世纪后半叶，杨荫浏才得以出版《瞎子阿炳曲集》②、《苏南吹打曲》③ 和《十番锣鼓》④，以此回报在其幼年时道士阿炳及江南道教音乐所给予他的一切，令人百感交集的

① 《如何对待我国的宗教音乐》，《文汇报》1961 年 5 月 10 日。
② 与曹安和、储师竹合编，1952 年上海万叶书店出版，北京：音乐出版社，1954 年更名为《阿炳曲集》。
③ 与曹安和合编，1957 年音乐出版社出版，1982 年重印时改名《苏南十番鼓曲》。
④ 1980 年人民音乐出版社出版，系整理 30 年代所记录之旧谱。

是，出于众所周知的原因，从出版《苏南吹打曲》到出版《十番锣鼓》，之间竟隔了近三十年的时间！

二、基督教音乐——郝路易及《普天颂赞》

杨荫浏本人是基督徒。他之所以成为基督徒，与另一个对他的一生起着重要影响的人有关。这个人，是一个有着虔诚宗教信仰与良好音乐修养的美国女传教士，叫 Louise Strong Hammand，中文名字是郝路易。奇妙的是，杨荫浏认识阿炳与郝路易这两个注定要在他生命中出现的引路人，几乎就在同一年。

那一年，杨荫浏 12 岁，正是开智萌志、像海绵一样吸取知识与思想的年纪。多年之后，当在中国内地终于不再因为一个人仅仅“与西方资产阶级人士有关系”便对其构成危险的时候，杨荫浏对他的学生们承认“十二岁那年，遇到美国传教士郝路易，她很喜欢我，教我学英语和外国音乐。我曾称为‘干妈’”。她请人给他上视唱课，她自己则教他演奏风琴和作曲。实际上，即使从最唯物主义的观点来判断，杨荫浏日后的成功与作为也已经在他十二三岁时注定了。换句话说，假如日后这个无锡的少年没有出息的话，那他实在是辜负了命运对他特别的眷顾。在中国老一代的音乐家中，我不知道还有谁有他这样的福气，在对音乐最感兴趣、最敏感的少年时期，不但衣食无忧，且同时遇到两个老师——一个是东方的道士，老子的弟子；一个是西方的传教士，基督的门徒。一个将老祖宗一代一代传下来的、将东方的伟大思想和民间文化糅为一体的道乐精华传之以薪；一个远涉重洋，将人类有史以来最成功的文明成果遗之于堂！历史的神秘之链让阿炳与杨荫浏环接在一起，而上帝则派来了郝路易。也许，在阿炳教杨家这位小少爷弹琵琶、三弦的背后，并没有什么别的动机，但郝路易发现这个聪颖的中国少年的时候，却的确怀着巨大的期望。“上帝遴选了你”，这很可能是郝路易不止一次对杨荫浏说过的话。杨荫浏清楚地知道“她是想把我培养成宗教音乐家”①。应该说，郝路易的这个愿望是在某种程度上实现了。在她的影响下，杨荫浏约于 1920 年加入基督教，成为中华圣公会教徒，并最终为中国基督教音乐的发展作出了巨大的贡献。

基督教传入中国后，许多原来流行于西方基督教会的赞美诗曾传入中国，在中国各地的基督教会中使用。一些外国传教士也从很早便开始尝试编辑出版一些适合中国教徒使用的赞美诗集和乐谱。英国伦敦福音会传教士马礼逊（Robert Morrison，1782—1834），于 1818 年所编的《养心神诗》，与在华天主教会强调以拉丁文歌唱不同，开创了以汉文歌唱赞美诗的先例。此后，各种各样的赞美诗集在中国各地、各教派陆续出现，有些还有相当大的影响。如 1872 年由布劳盖（H. Blodegt，1825—1093）和富善（Ch. Goodrich）所编辑出版的《颂主诗歌》，就被称为“内容丰赡影响广泛”②。同年由狄就列编辑出版的《圣诗谱》，亦有一定影响。为了

---

① 《最后的课》，载《中国音乐学一代宗师——杨荫浏》（纪念集），台北：中国民族音乐学会，1992 年，第 59—60 页。

② 冯文慈：《中外音乐交流史》，长沙：湖南教育出版社，1988 年，第 254 页。

吸引更多的中国教徒，一些传教士还曾先后致力于基督教音乐中国化的尝试。李提摩太夫妇于1883年编辑出版的《小诗谱》，虽然主要是一本为了训练中国教徒唱诵赞美诗的工尺谱视唱教材，但已收入若干中国曲调。李提摩太还曾将他所记录的中国佛曲曲调编配赞美诗。1883年，山西霍州人、英国新教内地会牧师席胜魔创作的《我们这次聚会有个缘故》，是中国人创作的第一首中国的赞美诗曲调。① 但是，到了20世纪初，随着基督教的发展和中国社会的急剧变化，原有的赞美诗集已不能满足教徒们的需要，编辑出版一本通用的、实用的、能全面满足所有中国基督徒宗教生活需要的赞美诗集的工作，便显得越来越迫切、越来越重要了。

1928年，时在宜兴中学担任训育的杨荫浏被举为中华圣公会统一赞美诗委员会委员，参与编辑圣公会赞美诗集的工作。起初，他的任务只是修改20首译诗。后来，他发现他所修改的这20首译诗以及其他诗作虽然“词句流利，译意贴切”，但不合格律，不适于歌唱。看来，真正编辑一本高水平的赞美诗集的工作并没有当初想象的那样简单。② 于是，在这一年的秋天，他辞去教职，应基督教圣公会之聘，为编辑新的赞美诗集开始了专职工作。他先赴南京后至杭州，经过两三年的努力，辑成《颂主诗集》一册，于1931年编辑完成并由圣公会内部印发全国各地圣公会征求意见。与此同时，中国基督教的另一教派美以美会也在为编辑一本新的赞美诗集而工作。在这种情况下，中国最大的教会组织中华基督教会发起倡议，呼吁各教会通力合作，共同编辑出版一本“联合新圣歌集”，并通函全国各地多数公会，征求意见。在各公会相继表示同意后，由“六公会”组成的“联合圣歌委员会”宣告成立。这个委员会共有32名委员，其中包括“六公会”的代表、中国基督教的元老、耆宿和在宗教音乐方面有专长的重要人物，如沈子高、李抱忱、范天祥、刘廷芳、郝路易等，年轻的杨荫浏也被选为委员。

1931年9月，编辑委员会召开第一次会议，“合六公会必要之圣歌，……其后都经通过，无问题的采纳。其余的圣歌，各就其本身价值，逐一讨论，或选或否，均经公决定夺”③。这次会议，共开了10天，在这次会议上，通过了关于此次中国基督教有史以来最大规模的编辑工作“理想与目的”的理论阐述：

> 本委员会之目的，为欲产生一足以表现中国全体基督徒教会赞美与最高尚的热诚之诗本。希望藉着属灵的思想，文字之趣致，与音乐之标准，在各教会中，增高中文圣歌之质。故所产生之诗本，务期适于唤起各种基督徒团体礼拜时之虔敬心，务必包含一切时节，与教会生活各方面之所需要之诗，所包含之诗，务期使教会以内之男女老幼，不分教育程度，皆能了解，且在可能范围以内，使教会以外之人，亦易于了解。④

同时，所有委员还一致通过了选曲与编辑时“广涵的原则”，决定“凡合作六团体所选为必要之诗”，应尽量采纳而各团体之间，“应相互谅解各公会之需要”。在这次会上，还决定了

---

① 陶亚兵：《中西音乐交流史稿》，北京：中国大百科全书出版社，1994年，第175页。
② 杨荫浏：《圣歌的翻译》，载《真理与生命》第九卷第一期，燕京大学宗教学院，1935年，第35—42页。
③④ 《普天颂赞》线谱本“序言”，载《普天颂赞》，上海广学会，1936年，第3页。

其他一些如“‘阿门’之应用”、“对于上帝之称谓”、对上帝的“第二位人身代词之应用”、“中国乐调之拣选”等问题。其中如第25项决定“中国乐调之拣选”，便明确指出“请音乐支委员会对于中文创作诗之音调，加以特别注意，在拣选中国乐调时，极力注意尽量拣选庄严之音调”①。也就是在这次会议上，经全体委员通过，杨荫浏被选为书记总干事，负责编委会的所有常务工作。也许在此之前，六公会的大部分代表还不太熟悉这位年轻的中学教员，但经过这一阶段的工作，所有的委员们似乎都对杨荫浏的学识、能力、工作态度与音乐才能有了深刻的印象，所以才一致同意委以大任。

从此，杨荫浏实际上成了圣歌编辑工作的主力，不但所有委员、所有教会对圣歌集的意见、要求都要汇总到杨荫浏这里，而且委员会所选定的所有圣歌从歌词的修饰到音调的审定，绝大部分都要经过杨荫浏的斟酌。他不但翻译修订了歌词207首，还作曲15首，作词7首，并撰写了《普天颂赞》数字谱即简谱“序”。这位当时刚过而立之年的音乐家，以其虔诚的态度、严谨的作风、强烈的责任心、过人的才华和精力，与编辑委员会的同仁一道，经过整整三年的努力，终于在1935年3月完成全部编辑工作。1936年5月，中国第一本“表现中国全体基督徒教会赞美与最高尚的热诚”的《普天颂赞》由广学会出版了。该赞美诗集出版后，不但在当年举行的“国际圣经展览会”上获得版式优良奖，而且深得全国基督徒的欢迎，1936年3月初版后，10月便印刷了第2版。到1947年，十一年间，《普天颂赞》的各种谱本共印销了378000本！这个数字，不仅对于三四十年代的出版业来说是一个天文数字，即使是对今天的出版业来说，也令人瞠目结舌。②《普天颂赞》的问世，无论对于其后几十年中国基督教徒的宗教生活，还是对中国基督教音乐的发展，乃至对世界基督教音乐的丰富，都有着不可低估的影响。

该谱本取得如此骄人的成绩是有充分的道理的。正如杨荫浏本人在《普天颂赞》数字谱“序”中所说：“在灵感上，在文字上，在音乐的美致上，这本书自有它特殊的价值。它是多人艰苦工程的产品，是过去中国圣歌的结晶。它一方面具有西方最好圣歌的背景，他方面包含国化创作的因素。被委担任编订此书的委员会，曾比较多少译本，考虑容纳多少批评在多少严格的原则之下，作增进的努力。”杨荫浏还简要地指出这本赞美诗集的三个特点：“一、大多数圣歌，都是许多教会大团体所熟悉的。二、全书包含十分之一以上最好的中文创作圣歌，八分之一中国调子。三、书末附有颂歌，及崇拜乐章，特别有圣餐乐章。”③ 的确，这本谱集除了收入包括帕莱斯特里那、巴赫、亨德尔、海顿、贝多芬、古诺等西方著名音乐家所创作的基督教歌曲及其他西方基督教常用的圣歌474首、来自日本的2首外，还有72首中国化的曲调（其中62首词是中国人的创作，10首配以译词）。其中，歌词的创作“有二首是古代的作品：一首是《大秦景教三威蒙度赞》，是敦煌石室中发掘出来的版本；一首是清初天主教司铎吴渔山先生的作品，见于吴先生的《墨井集》”。音调方面，杨荫浏特别指出有5首的“来源比较

---

① 杨荫浏：《联合圣歌委员会第二次总会报告书》，载《真理与生命》第七卷第二期，燕京大学宗教学院，1933年。

② 见《晋天颂赞》线谱本1947年版所附“普天颂赞版次销数”。

③ 见《普天颂赞》数字谱简谱本序，上海广学会，1936年，第3页。

古一点的”，计第414首“古琴调《阳关三叠》，相传唐代诗家王维的作品”；第13首第1调“古琴调《极乐吟》，相传唐代诗家白乐天的作品”；第350首《满江红》、第56首《如梦令》，是词调；第30首“是仄起吟诗的调子”[①]。

在这个具有总结性质的“序”中，杨荫浏还以“圣歌译述的原则”为题，介绍了编辑工作所遵循的几条重要原则。除提出“词义的接近原文”、“文致的自然与美丽”、“用字的浅显简易”外，特别强调“句逗分割，合于音乐的顿挫”、“实字虚字，合于音乐的强弱”、“谐韵”、“平仄谐和”。这后四条，应该说是杨荫浏心血的结晶，也是他从事此项事业最深刻、最有意义的体会。在大约三年的编辑过程中，杨荫浏陆续将自己的心得和研究写成文章，多数发表在刘廷芳主编、由燕京大学宗教学院出版的月刊《真理与生命》上[②]。比如，在该刊第九卷第1期发表的《圣歌的翻译》一文中，杨荫浏从“格律的需要”出发，在比较了“西方文字的特性”和“中国文字的特性”之后，提出“须考虑的几种格律”。他积前后共六年研究、编辑赞美诗的经验，终于敢断然认为“在写度唱的诗歌时，应用绝对自由的新体诗，是完全不可能了”。他所提出的“须考虑”的问题，在现在的人们看来，可能过于细琐或根本不成问题，但在当时，却无不是从实践中得出的、在多少次失败的基础上摸索出的珍贵的经验教训。比如他通过多少次的试验，才总结出译配词、曲的一般规律强声地位不可用虚字，不可将词句的句逗与旋律的句逗错开，并主张以《中原音韵》为本，将原来的21韵归为18韵，等等，都不但是当时中国音乐学重要的学术成果，而且作为《普天颂赞》编辑工作的指导思想，在整个编辑工作中得到了全面的贯彻。从实践中归纳出理论，反过来又以其指导实践，杨荫浏在20世纪60年代所认真学习的毛泽东名著《实践论》中提倡的方法，他其时在中年时便已经实行并取得成果了。

杨荫浏在20世纪中叶，曾诚恳地作过自我批评，对自己曾“宣传宗教唯心思想”的错误有过公开的否定。但在“改革开放”之后，他终于又以“原《普天颂赞》编委”、“教会音乐专家”的身份被聘为中国基督教协会所属“中国基督教圣诗委员会”的“顾问”，对1983年出版的、目前在中国基督徒中被广泛使用的《赞美诗新编》的编辑出版，作出了“卓越贡献”[③]。应该指出的是，无论是这本用以替代经过“文革”的浩劫后很难找到的《普天颂赞》的《赞美诗新编》，还是以后将在中国出现的更“新”的赞美诗集，只要它是为中国基督徒使用的，它就绝无可能越过《普天颂赞》而另起炉灶。在某种意义上说，《普天颂赞》的工作不但是空前的，也是很难超越的。因为，虽然历史在进步，人类的几乎所有领域都在发展，但是，像20世纪30年代时那样对编辑一本圣歌集投入如此多的人力、物力、时间，而且，还那

---

① 杨荫浏：《普天颂赞》线谱本序，上海广学会，1936年，第4—5页。

② 《真理与生命》所载杨荫浏有关基督教音乐的文章有：《圣歌委员会第二次总结报告》，1932年7卷2期；《中国信徒对于选择圣歌的文字观》，与费佩德合著，1934年8卷1期；《圣歌探讨之初步》，1934年8卷1期；《中国信徒对于配合圣歌音乐上的主张》，1934年8卷1期；《中国信徒对于圣歌中几个称谓词的主张》，与刘廷芳合著，1934年8卷3期；《西文的音乐特性》，1934年8卷7期；《汉圣歌的翻译》，1935年9卷1、3期；《关于普天颂赞集》，1935年9卷8期；《基督教的圣歌略史》，1936年10卷3期；《普天颂赞里的圣歌产生年代表》，1936年10卷3期；《圣乐的欣赏》，与费佩德合译，1936年10卷5、7期；《圣歌音调史》，1936年10卷5期；1937年11卷1期。

③ 《赞美诗新编》，中国基督教协会，1983年，第6页序言。

样认真、那样一丝不苟，且集合那样多的一流人才，恐怕是不可能的了。

三、佛教音乐——从智化寺“京音乐”到湖南“水陆”

假如说道家音乐是杨荫浏的启蒙文化，基督教音乐是杨荫浏的本职工作的话，那么，佛教音乐对这位中国音乐学的泰斗来说，则更多的是作为音乐学研究的对象而存在的。虽然远在1942年，杨荫浏就曾声明：“非但庙堂的雅乐是国乐，燕乐也是国乐；非但儒教所曾加以特殊崇拜的音乐是国乐，未受适当注意的佛道二教的音乐也是国乐；非但汉族的音乐是国乐，满、蒙、回、藏以及苗、彝、瑶、僮等族的音乐也是国乐。”① 但在1953年初他参与北京智化寺“京音乐”的研究之前，我们找不到充分的材料说明杨荫浏在此之前曾真正接触过佛教音乐。

笔者在《世纪末回眸——智化寺音乐与中国音乐学》② 一文中，曾对当时的音乐学界突然“发现”智化寺音乐的背景提了这样一个问题：“所谓对智化寺音乐的‘发现’，完全与‘哥伦布发现新大陆’一样，仅仅指的是主流社会与强势文化对非主流社会与弱势文化的‘发现’。就像在哥伦布‘发现’美洲之前千百年，美洲的原住民便已经世世代代生活于斯一样，在北京的音乐界与知识界听到智化寺的笙管之声时，智化寺的艺僧们，也已经在北京东城的一条叫做禄米仓的小胡同里吹打了几个世纪了。而且，这条不宽的胡同与这座破败的寺院距杨荫浏先生后半生居住、生活的地方顶多只有5公里，距这位中国音乐学界的泰斗去世的朝阳医院的直线距离则无论如何到不了一公里！人们不禁要问：假如说是浩瀚的大洋阻碍了哥伦布对美洲的‘发现’，那么，除了社会原因以外，又是什么原因使中国的音乐学家们一直到20世纪50年代才蓦然回首，重新‘发现’早已响在耳畔的智化寺音乐呢?”

笔者认为，“一个学科的开创者与学术带头人本身的素质，在很大程度上决定了这一学科初期的风貌与未来的命运。但是，中国音乐文化的复杂和多样，却使任何一个音乐学家的视野和教育背景在它的庞大体系面前都会显得有所欠缺，即使是号称‘学贯中西’的音乐‘全才’杨荫浏与有着丰富经历与深厚文化教养的查阜西③也不例外。中国文化，素有南北之分，雅俗之别，即地域文化与阶级阶层文化的种种藩篱，音乐文化尤甚。早在唐代，一位名叫道宣的律宗和尚便曾用八个字概括了辽阔的中华大地上民间音乐的无与伦比的丰富性和巨大的差异性‘地分郑卫，声亦参差’。他还说过‘神州一境，声类既各不同’。由于方言及风俗的巨大差异，在中国，一个出身北方农家的文学家可能一辈子也听不懂一段弹词开篇；而另一个生长于江南琵琶世家的音乐国手，也可能一辈子不知道北方民间流行的‘管子’是一种什么乐器。社会阶层和受教育程度所造成的巨大鸿沟，更使某种‘俗文化’有可能永远难达知识分子的青眼”④。的确，虽然在中国民间的俗文化中，从来就有“佛道不分家”的说法和现实，但对

① 《国乐前途及其研究》，连载于1942年《乐风》二卷四期、1943年三卷一期、1944年三卷二期。

② 该文载于《中央音乐学院学报》1998年第2期。

③ 查阜西（1898—1976），又名夷平，古琴家，曾先于杨荫浏接触智化寺音乐。

④ 田青：《世纪末回眸——智化寺音乐与中国音乐学》，《中央音乐学院学报》1998年第2期。

于生长在江南水乡，从小受到道教音乐和“江南丝竹”熏陶的杨荫浏来说，中国北方“笙管乐”形式的佛教音乐，却可能一直无缘接近。

1953年4月，在北京举行了“第一届全国民间音乐舞蹈会演”。这个新中国成立之后最盛大的音乐活动，对当时的音乐生活有着很大的震动并在其后很长一段时间里继续产生着影响。与“各族人民欢聚一堂”、“歌舞升平”、“太平盛世”联系在一起的，还有知识分子向工农学习的热潮。而无论从哪一方面说，20世纪50年代，都是中华人民共和国难忘的青春期、上升期。尤其是“推陈出新”、“百花齐放，百家争鸣”、“古为今用，洋为中用”等一系列方针政策的提出，不但充分反映出新政权在政治上的自信和大度，也的确在中国的文艺舞台上创造出了一个历史上从未有过的繁荣景象。以普通劳动者为政治基础的工农政权及其上层建筑的确立，与当时西方发达国家文化界、知识界流行的“波普（大众）文化”思潮同步，使许多过去从未被舆论重视的民间艺术堂而皇之地走进了艺术的殿堂，也使一些在过去动荡的社会环境中穷困潦倒的民间艺术家有了一个登堂入室的机会。就是在这样的时候，中国的音乐学家们“发现”了在智化寺的艺僧们（出家的工农?）那里，还保留着古代的音乐。

在激动中难免会夹带感情与情绪。比杨荫浏早一步踏进智化寺山门的古琴家查阜西，便曾奋笔疾书，写了一篇热情洋溢的文章《写给智化寺僧人的信》，为智化寺音乐的本质、内涵、历史价值与现实意义定下了高昂的调子。在信中，查阜西诚恳地说：“看到了你们的乐器和乐谱，听到了你们的乐调和乐音，我才十分惭愧地感到反而是你们这些过去被人视为‘下贱僧徒’的苦人们才能拿出证据，去驳倒所谓日本的‘中国音乐史世界权威’的鬼话！才能否定他所肯定的‘中国音乐史家’所供给他的材料；才能替祖国的这种光荣传统理直（原文如此），也就是说，祖国的这种光荣传统，是寄托在或蕴藏在过去的劳苦群众或‘下贱僧徒’身上！”他并且断定“这套音乐，最晚也和北宋的鼓吹教坊有关”。他还断定智化寺四调中的“接调”，“分明是梁、隋间的‘碣石调’，经唐宋后讹变成‘歇指调’，到了你们的时代又音讹为‘结之’或‘皆止’”，“同样也很显明，‘月调’是唐代的‘越调’”。随后，刚刚被文化部任命为中央音乐学院民族音乐研究所副所长的杨荫浏也带着助手走进了智化寺。也许是由于所受到的学术训练不同，也许是由于杨荫浏深厚的道教音乐和基督教音乐的背景，与查阜西比起来，杨荫浏的头脑显然要冷静得多。

其后的研究成果，集中在当时以油印本形式印刷，注明“本书系初步资料，仅供参考”的两本“采访记录”——《智化寺京音乐》中。“采访记录”共分三个部分。第一册是“中央音乐学院中国古代音乐研究室采访记录第一号与第五号”，即“智化寺京音乐（一）（二）”，第二册是“中央音乐学院中国古代音乐研究室采访记录第二十一号”，即“智化寺京音乐（三）”。在第一册的第一页，杨荫浏便先打出了一块“盾牌”。他说：“统治阶级所设立的寺院里面的僧人，并不等于统治阶级自己，他们是为统治阶级所雇佣、所使唤的。这些不属于禅门的僧人，他们的宗教信仰，向来被禅门所看不起。他们与人民较为接近，他们有更多的生活，因之他们能保存民间较丰富的音乐。”

在《智化寺京音乐（一）》中，杨荫浏考察了“智化寺的历史及其音乐传统”、“擅长京音乐的僧人"、"曲调"、"乐谱"、"宫调问题"、"乐器"、"音律矛盾问题在近代合奏乐器间之逐渐加深"、"音律矛盾之解决途径"、"管乐器及云锣的奏法"、"绝对音高"、"曲牌名称"等问题，对智化寺音乐进行了历史及音乐形态学的初步研究。他调查了十九个僧人的基本状况，分析了当时见到的四种乐谱，着重研究了智化寺京音乐所用的宫调和乐器。他特别指出智化寺的笙"还是北宋'大乐'所用的笙的旧制"。"民间一般流行的笙，大都有十三簧；河南流行的方笙有十四簧；保定'吹歌会'中虽然有自己点的所谓'全字笙'，但十七管中，有二管无簧不用，实际只用到十五簧。现在我们所遇见的乐队，实际应用十七簧的，还只有智化寺的乐队，这是可以注意的。"他还特别以此为例批驳了日本音乐学家田边尚雄"今日中国所行者备十三簧，四管不用簧"的成说。对智化寺的九孔管，杨荫浏也指出："现在一般流行的管，都是前七孔、后一孔，共八孔。但宋·陈旸《乐书》讲到单案，却曾说'其大者九窍'，而且又加注'今教坊所用，前七孔，后二孔……'现在智化寺的管九孔，确是北宋教坊单案的遗制。"杨荫浏在面对这些珍贵的古代文化的"活化石"，面对这些被外国"权威"轻易否定了的文化遗存时，并没有像他的一些同行一样过于激动，而依然保持了他学者的冷静和深入的思考。使他比他的许多同事对日后的音乐史研究有更多影响的原因之一——他对中国古代音乐史深入而广博的知识，使他在研究"音律矛盾问题在近代合奏乐器之间逐渐加深"的课题时，得出了这样非但不够"热情"，反而略带"遗憾"的结论，智化寺笙是从宋笙"倒退一步"的产物，"它继承了唐宋间的巢笙，而忘记连它原有的两个义管一同保存下来；因之，它虽然可以翻调，但无论如何，决不能翻全十二调"。而他对智化寺笛与云锣的音乐形态学研究，也使他得出了唐宋之后，尤其是"明代宣宗（1426—1435）以后，有着连一接二的外患，直接对于人民的生活，间接对于民间音乐艺术的发展，都起着不利的影响"的结论。

杨荫浏对智化寺音乐的相对冷静，可能也与他个人的审美情趣有关。与他从小接触的、活泼、生动、与民间音乐有着更紧密关联和更近似风格的道教音乐不同，智化寺音乐显得过于沉闷。他在1961年的一篇文章中曾这样形容智化寺音乐："因为演奏者大多数是与劳动人民有着一定距离的和尚，演奏的场合又常常是在寺院里或在人家进行的法事中，所以其所表达的情调是比较平静而且略带沉闷的气氛，其慢板的加花变奏部分，流于老一套的固定形式，演奏者用惯了老一套的音乐语汇，摆脱不开，奏这一曲的慢板和奏另一曲的慢板，味道差不多少，各个曲牌，缺少鲜明的特点，给人以一般化、千篇一律之感。"①

他再一次接触佛教音乐，是在1957年。这一年的4至7月，杨荫浏率领由民族音乐研究所和湖南省文化局联合组成的采访队，对湖南民间音乐进行了一次普遍调查，采访了44个县，"这项工作，在中国历史上，任何时代，都未曾有人做过。所以，可以说，这是中国有史以来第一次对本国音乐在一省范围以内，所做的普遍调查……这在全世界中间，也还比较是一项独特的新创的工作"②。的确如此，与一般来讲由个别或少数音乐学家进行的"田野工作"不同，

① 杨荫浏：《如何对待我国的宗教音乐》，《文汇报》1961年5月10日，第3版。
② 杨荫浏：《湖南音乐采访队的普遍调查工作》，载《杨荫浏音乐论文选集》，上海：上海音乐出版社，第262页。

由政府文化部门组织的、对一个省（其面积接近英国）大规模的音乐调查，在当时的世界上也是罕见的，在中国的历史上，也仅有那一次。对于佛教音乐来说，这也是有史以来第一次全面的调查。在民族音乐研究所1958年12月油印的“湖南音乐普查报告附录之一”《宗教音乐》和1960年由音乐出版社正式出版的采访报告《湖南音乐普查报告》一书中所记录的这次有关宗教音乐的采访结果，涉及佛教音乐（包括禅门音乐、应门音乐和民间佛曲）、道教音乐、师教（巫教）音乐、儒教音乐四个方面。仅就佛教音乐中的禅门音乐来说，就分别对“课诵中的音乐”、“焰口中的音乐”、“水陆中的音乐”进行了较详尽的访问和现场录音。而“朝暮课诵”、“焰口”与“水陆法会”，是汉传佛教应用音乐的三个最重要的场合。杨荫浏当时采访的一些僧尼，如博明、隐莲、少康、寿篙、禅照等，都对佛教音乐有着较深入、全面的了解。比如其中的博明，至今被称为湖南佛教界的“三杰”之一。杨荫浏在调查中不但通过他们了解并详细记录了湖南佛教音乐的基本情况，还亲自记词记谱，使这本调查报告具有长久的学术价值。

在湖南的音乐普查中涉及的道教音乐、师教（巫教）音乐及少量所谓“儒教音乐”，都在“普查报告”中有较详细的记录。在结束了这次音乐普查之后，杨荫浏似乎再也没有时间和机会接触和研究宗教音乐了。他的工作中心渐渐过渡到《中国古代音乐史稿》的撰写上去了。因此，这次音乐普查，为杨荫浏宗教音乐的实践与研究画上了一个完整的句号，使他对目前中国的“三大宗教”——佛教、道教、基督教的音乐研究，都有所涉及并有所成就。而对中国当代音乐学的建设而言，这次音乐普查，则有着十分重要的、超越了一个湖南省、也超越了宗教音乐本身的意义。它不但为当时刚刚正式起步的中国音乐学树立了一个“田野工作”的示范，也为20世纪70年代末开始的《中国民歌集成》和《中国民族民间器乐曲集成》的全国范围内的搜集、整理、编撰工作，提供了一个高质量的、可操作性极强的样板。

四十多年过去了，当作为杨荫浏先生最后一个研究生的笔者对中国各地的佛教音乐进行了长达十数年的调查、采访、研究之后，今天再回过头来看杨荫浏当年的调查报告，仍然觉得这个报告已经涵盖了中国佛教音乐的几乎全部内容。后人所能做的，只不过是对他的成果“拾遗、补漏、纠偏”，使其更加全面、深入而已。这就像他的名著《中国古代音乐史稿》，虽然有许多人会不断地发现它的“毛病”，不断地对它的某个方面进行修正和“超越”，但是，只要是在中国古代音乐史的领域里，无论任何人的任何进步，都不可能脱离杨荫浏所提供的框架与基础而完成。

四、《如何对待我国的宗教音乐》——杨荫浏后半生的宗教音乐观

任何一个中国学者的思想都不会在中华人民共和国成立后的几十年中没有丝毫改变，杨荫浏也不例外。被宗教音乐引进音乐殿堂并一生与宗教音乐有着难解之缘的杨荫浏，在其后半生如何看待宗教音乐，是一个有趣、同时也值得认真研究的问题。杨荫浏自己对这个问题作过一次难得的、全面的阐述。

1961年5月10日，文汇报第3版以头条位置通栏标题发表了杨荫浏的重要文章《如何对

待我国的宗教音乐》。一个全国性的大报以差不多一整版的篇幅发表这样一篇对绝大多数读者来说内容过于生僻的署名文章，无论在当时还是现在看来，似乎都有点令人难以置信。1961年1月，中国共产党的八届九中全会在北京召开。从1958年开始的“大跃进”，就是在这次会议上画上了句号。据说，在这次全会和在为召开这次全会所举行的中央工作会议上，毛泽东多次进行了“自我批评”，要求全党恢复实事求是、调查研究的作风，纠正错误，调整政策。在经济领域实行“调整、巩固、充实、提高”政策的同时，文教领域也在孕育着调整和比较宽松、比较实事求是的气氛。就在杨荫浏这篇文章发表后大约一个月，中央政治局批准发布试行在聂荣臻主持下制定的《关于自然科学研究机构当前工作的十四条意见》，简称“科学十四条”。这样的一种政治形势和气氛，无疑是杨荫浏这篇文章得以发表的重要背景。

这篇文章出现的直接原因，则是1960年“民族音乐研究班”① 集体编写《民族音乐概论》时，就如何对待我国的宗教音乐问题发生的一场辩论。一些人在“左”倾政治思潮的影响下，从“阶级斗争”的观点出发，认为“民间音乐都是好的，宫廷音乐和宗教音乐都是坏的”②。但是，这场争论当时并没有结果。正如杨荫浏在此文中所说的那样，“赞成宗教音乐的理由既不充分，反对的理由也不充分。在我们的争论中间，一时得不出结论。这正反映了宗教音乐在阶级关系上的复杂性，使我们不可能简单用几句话来解决它”。为了进一步阐述自己的观点，经过认真的思考，杨荫浏发表了这篇在当时应该说是最客观、最深刻、同时也最符合当时被推崇为“无产阶级的思想武器”的辩证唯物论和历史唯物论的文章。我们有理由认为杨荫浏发表这篇文章的目的，是希望在“要有鲜明的阶级性”的前提下，为我国历史上宗教音乐存在的合理性提供理论根据。换句话说，就是要为宗教音乐在中国音乐学中（请注意！是“在中国音乐学中”，而不是“在现实的音乐生活中”）争得一席之地。在文章的一开始，杨荫浏首先要人们注意到宗教音乐问题的复杂性。他说：“我们研究民族音乐，要实事求是，要有鲜明的阶级性。为了要达到这一目的，我们要采取细致分析的态度，……因为民间音乐，虽然主要是优秀的，但其中也还有一部分糟粕，应该予以批判宫廷音乐和宗教音乐，虽然就其应用的阶级目的而言，主要是坏的，但其中特别是曲调的部分，却还含有一部分精华，应该特别把它剔选出来，以之归还人民。”“要是笼统地想，因为宗教是不好的，所以宗教音乐一定也全是不好的。那就太简单了。”在强调了宗教音乐问题的复杂性之后，杨荫浏着重提出了要区分什么是宗教音乐，什么是民间音乐的问题。他指出有两种错误的倾向：“有些人把含有宗教内容的音乐视为宗教音乐，而把宗教中使用的民间音乐，视为民间音乐，不再在不同生活环境中不同的表演风格上加以区别。有些人把凡是寺庙里曾经用过的音乐都视为宗教音乐，不再从曲调内容和创作的来源上加以区别。”在批评了这两种错误倾向后，杨荫浏大声疾呼要对我国的民族音乐进行细致、深入的研究。他说在“有了比较深入的研究之后，我们也许渐渐能比较有把握地说，这是宗教的，那是民间的。……今天我们还不敢说已经区别清楚。当我们否定宗教音乐

① “民族音乐研究班”由中央音乐学院中国音乐研究所举办，其成员来自全国各音乐、艺术院校的师生及其他单位的音乐工作者和中国音乐研究所的研究人员共60人。《民族音乐概论》初稿即由该班全体人员编写。

② 杨荫浏：《如何对待我国的宗教音乐》，《文汇报》1961年5月10日，第3版。

的时候，仍有连其中的民间音乐部分一股脑否定掉的危险”。

杨荫浏为宗教音乐争取一席之地的理论，是分为三个层次的：第一，强调宗教音乐与民间音乐的联系，强调不能因否定宗教音乐而殃及民间音乐。这在当时的政治气氛中，与其说是最有效的策略和最能使大多数人接受的理论，不如说是当时唯一可能存在的思想方法。第二，在祭起“民间音乐”这面大旗之后，进一步提出“寺院音乐中非但有许多民间音乐可以供我们采用，即使某些在今天不能直接采用的东西，也还有一部分价值”。在当时，假如说强调宗教音乐因为与民间音乐有联系而应该有活命机会的第一层理论还比较容易被接受的话，那么，提出“非民间音乐”也还有“一部分的价值”，则不但需要更大的理论勇气，也需要更翔实、更学术化的论证。为此，杨荫浏在“对一些例子的初步分析”中，以北京智化寺音乐、湖南佛教寺庙中的唱诵曲和青城山的道曲为例，详细论证了即使是宗教性较强的东西，“也都有可以供我们参考和学习之处”。对于智化寺音乐，他虽然认为“其所表达的情调是比较平静而且略带沉闷的气氛，……味道差不多少，各个曲牌，缺少鲜明的特点，给人以一般化、千篇一律之感”。但他仍然认为可以从中学到很多东西，比如“它的慢板乐曲中复调音乐的运用，配器上各种乐器性能的突出，套曲的组成方法，各种乐器上的演奏技术，和更多保存着民间音乐的演奏风格的快板曲调部分”，也许是为了说服对方，他提出了一个相当危险的口号“用我们的看法去选择，用我们的理解去演奏”。当然，这种非常可能将“原汤原汁”的传统文化“歪曲”的理论在现在的音乐学家中不会不遭到反对。更何况，我们今天虽然无法肯定地为杨荫浏所说的“我们”划分一个准确的内涵和外延，但按照当时写文章的一般规律和流行的语言习惯来解释，这个“我们”不一定仅仅指的是“音乐学家”甚至“音乐工作者”，同时也还可能是指“我们无产阶级”。

对于寺庙内宗教内部的唱诵音乐，杨荫浏无可奈何地承认这些音乐虽然从理论上说，仍然是来自民间，但“经过长期的歌唱，加进了许多结合了宗教的崇拜生活而逐渐产生出来、累积起来的那些含有宗教情调的音乐语汇，而且达到了定型化的程度，那就根本上变定了质，而一般说来，是无可救药了”。这种认识，可能是杨荫浏对争论对方观点的妥协，也可能就是他本人当时的真诚的想法。我在《智化寺音乐与中国音乐学》① 一文中曾经说过这样一番话“几年前，一个海外的音乐学家曾用遗憾的口吻谈及杨先生《中国古代音乐史稿》中有一些带着鲜明时代色彩的政治术语，以为这影响了这本传世之作的学术价值。当时，在场的中国学者们竭力强调杨先生的‘苦衷’，竭力强调在当时的中国使用这种方法——即往严肃的学术思考中掺‘政治沙子’的方法的必要性，竭力强调说一些违心话是当时的中国学者为了得到学术生命的延续而普遍付出的代价。但实际上，问题的实质却远比这些‘解释’复杂得多、深刻得多。某些学者当时这样做可能是为了达到学术目的而有意在政治上‘曲意逢迎’，但更多的学者当时这样做恐怕并非出自如此‘实用’的考虑。实际上，就像现在谁都不能不承认《中国古代音乐史稿》奠基性的学术价值一样，谁也都无法怀疑杨先生在这些学术著作中所表露出政治观

---

① 田青：《智化寺音乐与中国音乐学》，《中央音乐学院学报》1998 年第 2 期。

点时的真诚。要知道，那一代的大多数中国学者，当时的的确确是在自觉自愿地‘洗脑’，自觉自愿地用当时流行的意识形态指导自己的学术工作。应该说，他们往自己的学术思考中‘掺沙子’，绝不是‘资产阶级知识分子打着红旗反红旗’的‘伎俩’，而是一种发自内心的政治冲动。没有人强迫或建议杨荫浏把‘民歌’和‘民间音乐’放在每一章的最前面阐述，也没有人让他在他的著作中得出一个‘统治阶级痛恨民歌’的结论。杨先生之所以如此，是中国那一代知识分子从‘五四’便开始的、充满痛苦与自虐心理的思想历程的必然结果，是从20世纪刚刚开始便喊出‘劳工神圣’的精英们在‘工人阶级当家作主’之后在文化上的合乎逻辑的结论。……而只有了解到这一代人尤其是这一代知识分子心灵扭曲的‘真诚性’，才能真正认识本世纪这场悲剧的深刻性”。

无论如何，杨荫浏在“反右”、“大跃进”已经结束而“社会主义教育运动”、“文革”尚未开始的这一段新中国成立以来相对来说较为宽松的政治环境中，得到了一个充分表达自己观点、为中国宗教音乐争取合法地位的机会。他甚至以“充分的理由”阐述了自己在这个问题上的第三层观点即使对于“我们无产阶级”来说是“无可救药”了的“坏东西”，作为一个音乐学家，也还是“记录下来比不记录下来好”。为了说明自己的论点，他举出了三个理由：第一，因为宗教音乐的有些曲调同时也在民间音乐中存在，“从而证明即使专用于宗教内部的宗教仪式歌曲，其曲调还是来自民间……这至少可以帮助我们更加确定劳动人民对于音乐的创作权”。第二，“其中《赞》、《偈》、《白》的歌词符合于词牌、诗体、四六骈文等格律……我们至少可以从节奏、调式、曲调的大体结构等方面得到一些知识。利用这些知识去研究非宗教音乐”。第三，“那些梵文译音的歌曲，可能出自印度”，因此，“存此线索”，则不但可以“在将来研究印度音乐和中国音乐的关系问题以及佛教音乐和中国民间音乐的关系问题时，我们至少有所依据，较易分清是非”。而且，更重要的是，在西方资产阶级学者的“文化西来说”面前，“我们保存这类材料，将会从有助于将来划清佛教音乐的国籍问题，达到纠正由佛教音乐外来说而至于夸大中国全部音乐文化中外来影响的偏向的目的”。

为争取宗教音乐的“研究权”，亏得杨荫浏能找出这么多的理由。当然，这些“理由”，在现在的音乐学家们看来也许有点多余、有点滑稽。但在当时，我相信所有从心里信仰马克思主义同时也是从心里热爱中国传统文化的中国人在读到这篇文章时，都会在激动与会心的感受中赞同杨荫浏的观点并由衷地赞叹他理论的完美与论据的充足。在这篇文章中，杨荫浏还分析了我国宗教音乐的特点。他将中国的宗教音乐与西方的基督教音乐作比较后，认为与欧美有许多大音乐家参与基督教音乐的创作不同，中国宗教音乐的最大特点是利用民间的现成音乐。他指出中国宗教音乐有“双重作用”——“对内，是直接为宗教生活服务对外，是吸引人民群众去迷信宗教，间接为宗教服务。”他还进一步分析了这种“对外”的音乐会逐渐转化为“对内”的音乐，而且用当时最“时髦”的、来自毛泽东著作的哲学语言说这“是一个由量变到质变的过程”。他还强调中国的宗教音乐数量比基督教音乐要少，他估计中国的佛道教音乐大约只有几百曲，而“西洋的宗教音乐，则光基督教的赞美诗一项，大家知道的就有几十万曲之多”。在又一次强调宗教音乐“掠夺人民创造的成果，占为已有，从而投人民所好，引诱人民去相信宗教”的同时，还相当深刻地指出了问题的另外一面，“宗教音乐的发展是在经常受着广大人民美学观点的支配”。在文章的最后，这位中国音乐学的奠基人这样说：“若我们能用毛泽东思想武装自己，加强无产阶级的鉴别能力，则我们在对宗教音乐的研究中，必然能做到既不至于受到宗教毒素的侵蚀，又不至于让宗教音乐中某些有用的东西从我们手中轻易溜掉。”

1962 年，杨荫浏还在《古代歌曲》上发表过《从封建统治阶级歪曲民间音乐谈到如何对待宫廷音乐和宗教音乐的问题》一文，其中的主要观点，与他在《中国古代音乐史稿》中始终贯彻的观点相同，在说明宗教音乐与民间音乐有联系的同时，更多地强调了阶级斗争的理论。以后，随着大陆政治形势的发展和他自己工作重心的转移，杨荫浏几乎不再谈这个越来越敏感的问题了。至于在“史无前例”的无产阶级文化大革命中，杨荫浏如何解释他早年的宗教活动以及他当时“如何看待我国的宗教音乐”，我们没有可供引用的公开材料。

我们可以确知的是，“文革”对宗教及宗教音乐的冲击与破坏，使杨荫浏在其晚年对宗教音乐的研究持一种极其悲观的态度。他在“文革”期间所见到、所听到的所有事情，都使他深信在中国辽阔的土地上，已经不存在任何宗教活动，因此也就没有可能再对宗教音乐进行调查与研究了。1982 年，笔者考入中国艺术研究院研究生部，成为杨荫浏先生生前所招的最后一个研究生。当笔者向先生汇报自己想以中国佛教音乐为题作自己的学位论文时，先生不同意，他说：“你想研究佛教音乐，那就只能去香港、台湾了！”

我们在赞美中国传统文化的伟大、丰富和源远流长时，常常忘却中国传统文化另一个更值得赞美、惊诧的特质——它的无与伦比的、无论怎样估计也不会过分的生命力。我们在清算对中国传统文化造成惨痛破坏的那段历史时，也常常忽略问题的另一面——无论是秦火，还是“文革”，都不能摧毁中国传统文化的生命。杨先生的晚年，已无法再做“田野工作”，被迫蜗居在东直门外的寓所里。他没有想到，就在他告别这个世界之后不久，那曾经给了他最初的音乐启蒙并几乎伴随他一生的中国宗教音乐，又像野火过后的春草一样再生了！1989 年春，笔者第一次将五台山佛乐团带到香港的沙田大会堂，1988 年，笔者以“中国佛教音乐的历史与现状”为题在台湾的几个大学和佛学院作了系列演讲。近几年来，中国的佛教乐团频频出现在世界许多国家的音乐节和音乐厅里，高扬佛曲、低吟梵呗，使中国传统音乐中的这朵奇葩香传域外。也就是在台湾的一次演讲中，笔者针对某些朋友认为中国传统文化已在大陆中断的误解说：“我充分理解朋友们这种担忧的善意和产生这种担忧的理由，但是，我还是希望一切真正热爱中国传统文化的人们不要低估中国传统文化的生命力和在中国民间深入的程度，更不要低估千千万万普普通通的中国老百姓保护、承继传统文化的热情和能力。”

在这篇文章的最后，我想用先生逝世时我填的一阙《雨霖铃》作为结束，兼以此纪念先生百年诞辰：

春归巷陌，却闻仙逝，月沉星落！十番鼓儿呜咽，筝哭瑟痛，哀凝金钹。只盼耳提面授，竟长辞莲座。泪尽矣，举目高天，乐史煌煌如碑立。

等身著作称巨擘，弄八音，常顾管弦错。古今融会中西，制律管，荀卿惭涩。更寻旧曲，应换白石一声欣诺。百年后，风吹桃李，乐坛青青色。

原载《音乐研究》2000 年第 1 期

田青，生于1948 年，中国艺术研究院音乐研究所研究员，曾任所长

杨荫浏先生在音乐文学史研究方面的若干重要贡献

秦 序

众所周知，音乐与文学存在着天然的密切悠久的关系，被认为是一对“孪生姐妹”。歌曲以语言为重要表达手段，是有词之乐；而诗词本来就是配合音乐的歌辞，是一种音乐化的语言。因此无论是在文学史上还是在音乐史上，音乐文学都占据非常重要的地位，音乐文学研究者王昆吾先生说得好：“几千年来的中国文学史或音乐史，其主体部分就是一部中国音乐文学史。”①

杨荫浏先生是我国民族音乐学和古代音乐史学研究中一位百科全书式的人物，他知识渊博，眼界宽阔，在音乐文学史方面也曾作出很多重要的富于启迪的贡献。但相比较而言，这些杰出成果尚未受到足够的重视。限于篇幅，更主要限于笔者的认识理解水平，这里还不能深入全面地评价介绍，仅试举几例，供广大读者窥其堂奥，略见其概。

一、中国语言音乐学的开创者

杨先生学术研究的一个突出特点，是从具体问题入手并紧密结合中国音乐的实践。他在音

① 王昆吾：《隋唐五代燕乐杂言歌辞研究》，北京：中华书局，1996年，第469页。

乐文学史方面的研究也充分体现出了这一特点。他不是形而上地、从抽象到抽象地演绎泛论音乐与文学的关系，而是从语言与音乐的关系、从歌曲字调与曲调的关系这类具体实在的问题入手，并由此开创了我国民族音乐学研究的一门分支学科——语言音乐学。

音乐文学是音乐与文学相互结合的综合型艺术，而文学则是一种语言艺术，因此，音乐文学最直接具体的体现，就是可以歌唱的歌辞（语言）。作为音乐文学研究的基础性工作，早在20世纪40年代前期，杨先生就写出《歌曲字调论》①。他根据古今曲家及他的曲学老师吴畹卿的论曲之言，结合自己习唱昆曲的实践经验，深入地研究总结了中国歌曲中语言与音乐的相互关系。文中归纳出歌曲字调配音的30条原则和5则例外，运用这些原则分析了《琵琶记·赏荷》等南北曲，最后还提出了“字调与歌音的向中性”、“字调的音势作用”、“南曲字调之北音化”等推论。他批评了某些新作歌曲或采用西方音调填词之曲不注意字调乐调分离背驰的现象，强调西方音节有轻重律，其音乐之律动“无不与文字之轻重相符”，而这和中国字调规律对歌曲音乐的影响是不相同的。

20世纪60年代初，杨先生在中央音乐学院开设音韵学课。他认识到学习音韵学“应该有异文学方面的学习方法”，于是自己动手编写讲稿，“一开始就以结合音乐问题为重点”。70年代末经修改正式发表时定名为《语言音乐初探》②。文中进一步总结了汉语音韵、句逗与音乐配合的许多规律性特点，以及这些规律对中国音乐特色的重要影响，提出并奠定了我国语言音乐学的基本构架。例如，杨先生指出，虽然大多数声母、韵母各国所共有，但一些声母、韵母在我国歌唱中的作用与很多别的国家有所不同。汉语是单音节文字，声母、韵母的运用就不像一些多音节文字受其前后音节牵扯，比较自由。汉语每个字都可以有它的相对独立性，每一音节都能传达相当完整的意义，所以我们的歌词中有较多的由一个字构成的歌句，在歌唱中这个字往往会用上漫长、婉转的“拖腔”；需要时，还可以运用我国特有的“头、腹、尾”声韵因素，层次分明地曲折地传送歌音。独立存在的单音字，可分可合，便于造成各色各种长长短短的句和逗，形成一字句、二字句、三字句……一字逗、二字逗等变化复杂的歌词句式，这又影响到我国音乐的节奏特点。此外，还能利用双声、叠韵及叠字等等，来形成自己歌词写作和声乐表达上的种种特点。杨先生的这些见解非常深刻，对学习认知我国民族音乐的基本特点大有启迪。

文中还辩证地阐述了字调在中国传统音乐中的作用和影响，认为忽视字调和片面强调字调都是错误的，同时指出国外和国内一些学者将我们的平仄理解为节奏的强音弱音或长音短音，也是错误的。对地方语言与音乐的关系，杨先生给予了充分的关注，提出为了掌握地方音乐的作曲规律，应有计划地进行较全面的方言调查，包括方言录音、系统地进行古典诗文吟诵录音。可惜这一建议迄今未能受到有关部门的重视和实施，像古典诗文吟诵调，经过“文革”十年浩劫，必然有很多已经消失，今天再也无法补救了。

---

① 发表于1945年《礼乐》第1册。

② 杨荫浏：《语言音乐初探》，载《语言与音乐》，北京：人民音乐出版社，1983年。

文中以较多篇幅进行的中西歌词配音规律比较，也值得我们重视。如杨先生指出我们文字不以分别强弱为重点；我们歌曲的节奏，是为句逗的形式所决定，而句逗与西方诗歌的音步有许多差别。用逗，则节奏形式的发展可以比较自由，我国从古到今，能产生极其丰富的齐言的和长短句（杂言）的诗、词、曲形式，本身就是一种证明。文中类似的精彩论述很多，无法一一摘引，有兴趣的读者应该认真阅读学习杨先生的原文。

杨先生开创的语言音乐学，不仅是研究音乐文学的基石，而且还成为民族音乐学中“一门重要的、不可缺少的基础理论”①。

二、指出音乐在音乐文学中的决定作用

从古到今，音乐文学的形式变化从未停歇，音乐和文学这两个相互作用的因素，也都长期存在和发生着脱离音乐文学本体的独立趋向。文学独立的标志是用于吟、诵乃至阅读的“徒诗”（无乐之诗）产生，而音乐的独立则有无词之乐即纯器乐等形式发生。一种旧的音乐文学体裁词、乐分离直至衰败消亡的同时，另外的新的音乐文学形式又崛起而代之。明代大戏剧家汤显祖曾说：

> 自《三百篇》降而骚、赋，骚、赋不便入乐，降而古乐府。古乐府不入俗，降而以绝句为乐府；绝句少宛转，则又降而为词。（明万历汤评本《花间集》叙）

他认识到词、乐的发展过程中会不断产生辞、乐不相配合协调的矛盾，从而导致新的歌辞体裁也就是新的音乐文学形式出现，推动音乐文学的发展更新。

但古来音乐文学的研究者主要是文学史家，多从文学的角度看问题而忽略音乐因素的作用，因而他们对辞乐关系的论述，例如对辞、乐产生孰先孰后的问题，关于音乐文学史几大阶段词乐关系的特点问题等，多未把握到要害和关键。例如，汉代毛苌《诗序》提出：

> 诗者，志之所之也。在心为志，发言为诗。情动以中而形于言，言之不足，故嗟叹之；嗟叹之不足，故永歌之；永歌之不足，不知手之舞之、足之蹈之也。

这种看法在历史上很有影响，如宋代朱熹《答陈体仁》（《文集》卷三十七）即说：

> 盖以《虞书》考之，则诗之作，本为言志而已。方其诗了，未有歌也。及其歌也，未有乐也。以声依永，以律合声，则乐乃为诗而作，非诗为乐而作也。

---

① 章鸣：《语言音乐学纲要》，北京：文化艺术出版社，1998 年。

当今许多音乐文学研究者也都沿用此说。于是“志—言—嗟叹—歌—舞”及“诗—歌—乐”的次序，便被视为情感表现由里向外逐渐强烈的固定模式，也被认为是从文学到各种表演艺术形式发生的先后时序。

又从古至今有不少论者主张我国音乐文学发展历程，有“先诗后乐，诗为主体”、“采诗入乐，依调作歌”和“倚声填词，言出于声”等几大阶段。他们所归纳的音乐与文学在不同时期几种相互关系，其实也是非常机械片面的，脱离音乐实践的。

与这些看法不同，杨荫浏先生通过民歌研究，一开始就捕捉到问题的关键，领悟到在音乐文学中，音乐是一种决定性的因素。早在20世纪40年代初，杨先生在《〈中国民歌〉序》①中已得出这样的认识：“考证古代诗歌的学者，若忽略了音乐的方面，几乎不能达到透彻的境界。”1949年7月他在南京中奥文化协会发表的演词《音乐对过去中国诗歌所起的决定作用》，则更鲜明地亮出自己的观点，突出了音乐的作用。

杨先生在其代表作《中国古代音乐史稿》②（以下简称《史稿》）中，尤其是在探讨隋唐到宋代曲子至词的发展时，反复阐述了这一观点。他进一步指出：“从远古到明清，诗词新形式的出现，常和音乐形式的新的创造，不能分开。”（288页）指出：“歌词形式的变化，正体现了音乐艺术形式之发展。”（287页）这是因为音乐上既有继承，又有发展；既有熟悉的旧调，又有新的发现；既有改编，又有新的创造。也就是说，音乐文学史上体裁形式的变化，主要不是“先诗后乐”、“以乐从诗”等词、乐配合方式的变化引起的，更重要的是音乐本身的内容形式发生了变化。

杨先生还指出，音乐上的新创造，“在历史过程中，一向是连绵不断地有着发展的。到了一定的历史阶段，新的音乐形式大量地得到了人们的注意，其歌词形式一下子得到了文人们的公认，就成为新的诗体、词牌、曲牌等等”（288页）。而新的音乐形式源于民歌，也就是说，音乐文学新形式最终产生自人民大众，对此他很早就有过精辟的阐述（详后）。

《史稿》对各个时期音乐文学的记述，也明显地突出了音乐的特点和作用。例如，在春秋、战国部分，杨先生通过现存《诗经》、《楚辞》的歌词，探讨了相应的歌曲音乐的艺术形式。提出在《国风》和《雅》两类歌曲中，可以看到10种不同的曲式，诸如一个曲调的重复，曲调后面或前面用副歌，曲调重复中类似后代的“换头”变化，重复前总的引子和重复后总的尾声，以及两个曲调有规则地交互轮流联成一个歌曲等等。固然仅凭现存歌辞去推断原曲式难度很大，这些歌辞在记写过程也会有所删改整理，但从音乐的角度来分析这些歌辞，仍是一种富有启迪意义的研究方法。《史稿》对《诗经》、《楚辞》的“乱”、“少歌”、“倡”等用语，也从音乐曲式的角度作出了很有说服力的解释。

杨先生的观点为音乐文学史的研究找到了正确的道路，是一种极其重要的突破。

① 载1946年山歌社编《中国民歌》第1辑，又见《杨荫浏音乐论文选》，上海：上海文艺出版社，1996年。
② 杨荫浏：《中国古代音乐史稿》（上下册），北京：人民音乐出版社，1981年。

三、突出民歌在音乐文学中的重要地位

肯定了音乐在音乐文学中的主导作用，杨先生还层层剥笋，探骊得珠，进一步找到了问题的关键——音乐的推进力来自民歌。历代统治阶级制定音乐的方针都是崇雅贬俗，力主复古，杨先生在《〈中国民歌〉序》中指出："民歌活力的贯串于数千年来各类音乐之间，而造成今人之所谓古典音乐。"他还指出："诗三百篇、楚辞、乐府、唐诗、宋词、元曲，自来凡属诗歌一类的文学作品，在格调上无不受当时民歌音乐的推进。……诗学家们似乎都觉得自古而今，本国诗词，有着清楚的进化步骤，却很少人说起，在这进化步骤之后，是有着活跃的民间音乐为之推动。"

在《音乐对过去中国诗歌所起的决定作用》的讲演中，杨先生更明确地指出诗歌的最基本的来源是民歌。他说文人学士们根据民歌的原始或改变形式所填的词，一律被称为诗、词或曲（都是诗歌），而且，可毫无例外地说，诗经时代以后的所谓诗、词、或曲，大多是些根据了民歌所填的词。例如：

屈原的诗歌作品，都是根据了楚地民歌所填的词。

乐府诗是在汉武帝采集民歌以后，文人学士们所填的词。相和歌是从演奏方法的观点，给民歌填词的一个名词；清商三调是从音乐调式的立场，给予同一些民歌填词的另一个名词；乐府诗里面的铙歌，是些根据了边区或外来民歌所写的词。

唐诗是一种节奏定型的民歌的填词。

宋词是根据了少数更古的民歌，多数隋唐以下的民歌和外来的曲调所填的词。

慢词是根据中、小令节奏放慢，音腔加多后所成之新调所填的词。

元、明、清的曲，与词一样，也是根据了民歌及外来曲调所填的词，若勉强要把它们与词分别开来的话，则可以说，曲是在时间之流中，词的引申与扩展。曲里面含有少数的词牌，但更含有很多词中所未曾有过的新牌子。这是因为曲在词后，经历了更长的时间，累积了更多的资料的缘故。

杨先生得出这样的推论：民歌是"唯一的核心"，把握这个核心，对可歌的音乐，对可歌的诗词，"便可以很容易地找出它们各自和相互间的因果关系来。我们因此可以说，过去的诗歌，诗三百篇，楚骚、乐府、唐诗、宋词、元及后来的曲，最初都是根据了民歌或外来曲调所填的词；后来许多不问音乐的诗人，他们但取前人所已填的词，作为自己写作时体式方面的蓝本，称它为诗律、词律、曲律等等；这种脱离原始基础的第二、第三、第四……级的诗体方面的转辗模拟，很不幸的，占据了中国整个诗歌历史的大部。我们可以说，在过去历史中，音乐抢先一步的进展，常引起诗歌落后一步的新创体式，音乐常领导着诗歌在前进"。

他还指出过去发展中的不幸，在诗歌方面，最重要的，"是不幸脱离了它的原始基础——音乐"；而在音乐方面，则是"不幸远远的落在时代的要求的后面"。

正是本着这样的认识，杨先生身体力行，多次深入民间采访调查阿炳的二胡、琵琶曲，调

查苏南十番鼓、十番锣鼓等民间传统音乐；而在他的代表作《中国古代音乐史稿》中，则采用了将各个朝代的音乐按民族音乐五大类分别叙述的体例，并将民歌放在最前介绍，给予了高度的评价。《史稿》指出人民群众大量创造民歌的过程中，也对流行的新旧民歌进行选择、加工，使其中优秀的、特别得到群众爱好的逐渐成为一种艺术歌曲“曲子”。《史稿》还注意到中国音乐一个普遍的现象，即从汉代相和歌、清商乐以来，直至后来的戏曲音乐，常常利用同一曲调（曲牌）描写不同内容，抒发不同的情感，却又不会在音乐表达与内容要求之间造成矛盾，使音乐形式脱离内容。原来，人民群众在长期实践中，学会了一套变奏的手法，可以根据同一曲调的大体轮廓，进行各色变奏处理。同一曲调，在节奏的改变上，在旋律的细致处理上，可以千变万化，使之符合于不同内容的要求（197 页）。

因此，各个时代音乐的新形式的形成，诗歌风格的改变，在很大程度上就与这类曲子的不断丰富、不断改变有关，“那些以填写歌词著名的杰出的文学家往往正是那些在群众基础上简略、选定的新的歌曲形式的接受者与运用者”（196 页）。

综上，杨先生精辟地指出音乐对诗词的决定作用，指出“音乐常领导着诗歌在前进”，而音乐发展则来自民歌的推进。他还指出各种新的音乐文学形式，并非都是文学家们的创造，它们是文学家们学习运用民间所创造选择的流行歌曲形式的结果。不难看出，古来许多音乐文学研究者没能把握问题的关键，他们的许多观点，如音乐晚于诗歌出现及“方其诗也，未有歌也。及其歌也，未有乐也”等，脱离实际，只能给人以隔靴搔痒之感。他们不知道音乐的起源若不是早诗歌，至少也是一起诞生的孪生姐妹；不知道最早的“诗”就是歌，就是歌唱中的歌词；更忽视了在音乐文学史上是“音乐常领导着诗歌在前进”。

杨先生的精辟论述，还使音乐文学史研究中习见的“以乐从诗”、“采诗配乐”、“倚声填词”等几大阶段的划分方法显得非常苍白。如果深入研究古代文献史料，则不难发现这些词乐配合的方式，往往并存同一时期，在不同的场合条件下灵活地运用着。因此，以之作为时代划分标准是难免机械片面之嫌的。

杨先生正确地指出，对于现代民歌的研究，也可以帮助我们研究考证古代诗歌的进一步了解。（《〈中国民歌〉序》）这是一种引今证古、逆向考察的有效方法。现代保存的大量传统民歌，少数民族歌，其词曲结合关系、曲调的发展变化等，都提供了我们研究音乐文学史上诸多问题的生动参照。例如，民歌中的词曲从来都是紧密结合的，何曾有“方其诗也，未有歌也。及其歌也，未有乐也”的普遍顺序与固定模式？

杨荫浏先生在音乐文学史研究以及传统音乐学音乐史学其他方面，还有很多好的观点和想法，是留给我们的富有启迪意义的丰厚宝藏，很值得我们努力学习继承。

原载《中国音乐》1994 年第 4 期

秦序，生于 1948 年，中国艺术研究院音乐研究所研究员

中国音乐史的丰碑

王子初

在音乐史学界，乃至中国文史界，杨荫浏先生的《中国古代音乐史稿》几乎是无人不晓。自20世纪20年代初期叶伯和的第一部《中国音乐史》起，在至今已经出现的数十部中国音乐通史类著作中，可以说尚无出其右者。这是一部公认的中国音乐史方面的权威性著作。

近代以来，主要是在五四运动以后，伴随着新文化运动的兴起，中国传统的历史学受到前所未有的怀疑和责难，从而中国社会关心自身过去的情绪空前高涨。在中国音乐理论领域里，一些接受了西方的新思想、新方法的知识分子，开始考虑并着手撰写新的中国音乐史。自20世纪20—30年代，出现了4部同名为《中国音乐史》的专著。1922年，叶伯和的《中国音乐史》上卷（作者自己发行，后下卷未见）出版了，这是目前所见中国近代最早的一部中国音乐史著作。1929年，上海大同乐会出版发行了郑觐文的《中国音乐史》。1934年，留学德国的音乐学家王光祈所撰写的《中国音乐史》编入“中华百科丛书”，由中华书局出版发行。与此同时，历来十分重视汉学的东瀛学者也不甘落后，日本著名汉学家田边尚雄的《中国音乐史》经陈清泉翻译，1937年由商务印书馆编入“中国文化史丛书”在中国出版。另外还有1931年许之衡的《中国音乐小史》[①]；1932年缪天瑞的《中国音乐史话》[②]；朱谦之在1925年《音乐的文学小史》[③] 的基础上，于1935年出版了《中国音乐文学史》[④] 等著作出现。中国音乐史学领域呈现出一派初期的繁荣景象。

这些著作，尤其是几部早期的作品，对荫浏先生研究中国古代音乐史有着较大的影响。“四十年代以来，中国音乐史学界的巨擘杨荫浏就从对郑（觐文）、许（之衡）、王（光祈）史的阅读与学习研究中获得了大的收益。”[⑤]“杨史中，对史料力图辨伪求真、追求阐述的通俗易懂是有别于郑史的；杨史注意书本材料与活的音乐的联系，有自己的见解，对俗乐和雅乐关系的较好把握，内容充实等是有别于许史的；杨史对戏曲音乐的高度重视和深入研究是有别于王史的。凡此等等都是杨史之优，也是中国音乐史学的进步。”[⑥]

其实，荫浏先生对中国音乐史学的关注是非常早的。早在“五卅惨案”以后的1925年，亦即叶伯和的中国第一部《中国音乐史》上卷出版后不久，当时年仅26岁的荫浏先生，已经写出了第一篇中国音乐史论文 *An Outline History of Chinese Music*（《中国音乐史概要》）。此论文获得了光华大学英文论文比赛金牌奖，名列第一[⑦]。关于这篇论文，尽管先生曾认为，“现在看来，这篇文章误讹颇多。一是以唯心主义观点认识中国音乐的历史；二是过分推崇雅乐；三是用神秘主义看待乐律问题”[⑧]。但无论如何这是先生从事中国音乐史研究的肇始。其后的1936—1937年间，先生任哈佛燕京学社研究员，兼授燕京大学的中国音乐史课。在此期间，他为了弄清中国音乐史上复杂的乐律学问题，做了一些专题研究。如用制作铜律管实验的方法，指出了清代康熙皇帝提出的“十四律”理论的不科学性；他又较为全面地研究了明代朱载堉的乐律理论和历来各家乐律著述，肯定了朱氏在中国乐律学史上的伟大发明，并写出了《平均律算解》一文。当时他所讲授的中国音乐史课程尚未有系统的讲义，仅在课上分作一个一个专题来讲。在讲课过程中，他已经感觉到，学生们喜欢听的是有音乐实例的音乐史，胜过听从书本到书本的枯燥理论[⑨]。这一段中国音乐史的教学实践，对于他日后立志于另辟蹊径，写出一部不同于前人的“有声”音乐史来说，有着重要的影响。1937年抗日战争爆发。先生正值在江苏无锡老家度假，就便调查整理苏南的民间音乐《十番鼓》及《十番锣鼓》。北平的沦陷，使先生在燕京大学的教学中积累的有关中国音乐史研究的资料卡片全部失落。不过，在燕京大学的教学实践中，先生虽然没有完成系统的中国音乐史学著作，但为以后撰写他的《中国音乐史纲》，打下了坚实的基础。

1942年以后，先生在重庆青木关国立音乐院讲授中国音乐史和国乐概论等课程。有了在

---

① 许之衡：《中国音乐小史》，北京：商务印书馆，1931年。

② 缪天瑞：《中国音乐史话》，上海：上海良友图书印刷公司，1932年。

③ 朱谦之：《音乐的文学小史》，上海：上海泰东图书馆，1925年。

④⑤⑥ 朱谦之：《中国音乐文学史》，北京：商务印书馆，1935年。

⑦⑨ 曹安和：《杨荫浏与音乐史》，载《中国音乐学一代宗师——杨荫浏》（纪念集），台北：中国民族音乐学会，1992年。

⑧ 乔建中：《最后的课——杨荫浏讲课录（一九七九年夏）》，载《中国音乐学一代宗师——杨荫浏》（纪念集），台北：中国民族音乐学会，1992年。

燕京大学的经验，他开始着手撰写较为系统的中国音乐史讲义①。讲义几经修改，终于于1943年年底，完成了他一生中极其重要的首部中国音乐通史著作：《中国音乐史纲》。1944年1月由他自己刻写油印②。在写作《中国音乐史纲》的当时，正处于条件十分艰苦抗日战争时期。国立音乐院连一部二十四史都没有，先生常常要外出多方借书，以应著述需要。1941年以前在昆明，因避日本飞机空袭而迁居呈贡龙街，著名的文学家、荫浏先生的邻居沈从文先生每次从昆明回家，总要为他从西南联大借来笔记、丛书等有关资料。《中国音乐史纲》完成后，获得了当时教育部学术审查委员会二等奖，但未正式出版。直到1952年经过修订后，才由上海万叶书店出版。该书在学术界产生了极大的影响，故根据需要，第二年又进行了再版。尽管如此，他自己并不满意，打算在以后手头资料丰富一些以后，再能写出一本更好的中国音乐史著作③。这一想法，是他日后撰写《中国古代音乐史稿》（以下简称《史稿》）的根本动机。

《史稿》是先生穷一生的心血，至其晚年才完成的鸿篇巨制。

《史稿》的正式启动，缘于《中国古代音乐史提纲》（以下简称《提纲》）④ 确立。1959年春，为了当时中国音乐史教学和研究的需要，在中国音乐家协会和中国音乐研究所的组织和领导之下，先由杨荫浏、廖辅叔、李纯一三人执笔，编写了《中国古代音乐史提纲》⑤。今天看来，这份《提纲》有着当时鲜明的时代色彩。《提纲》的“引言”开宗明义：“毛主席关于清理中国古代文化的意义和原则的指示。用辩证唯物主义和历史唯物主义的观点和方法去阐明中国古代音乐史的发展规律，批判地接受由我国各民族共同创造的一切优秀的音乐遗产，提高民族自信心和爱国主义精神，更好地发展我国社会主义的民族新音乐。”从总体上来说，《提纲》较为全面地体现了当时在中国古代音乐史研究所涉及的各个层面，这为先生充分发挥他毕生研究所取得的丰硕成果，提供了很好的用武之地。

在《提纲》的“几点说明”中，首先指出当时编写《提纲》的目的，“是为了引起大家对于中国古代音乐史的注意和研究。因之，本提纲可供编写各种通俗或比较专门的中国古代音乐史的参考，也可供中国古代音乐史的教学和研究参考”。

其次，《提纲》认为，中国古代音乐史的发展，基本上是和中国历史的发展相一致的。每一阶段虽有其特点，但目前还无力将它鲜明地概括起来以标在每编之首；勉强去做，又难避免片面性。因之，暂以朝代为各编的标题。这表明，《提纲》实际上已经在考虑中国古代音乐史的分期问题。20世纪80年代后期，黄翔鹏提出了中国古代音乐型态学理论，并以中国古代主要音乐型态为中国古代音乐史分期的主要依据，使这方面的研究向前跨进了一大步，正是以此《提纲》为基础的。

《提纲》强调，在《提纲》的编写过程中，“曾邀请各方面的专家举行过三次讨论会，获得不少帮助”。可以说，这个《提纲》基本上反映了当时音乐史学界的一种总体思想认识。

---

①③ 曹安和：《杨荫浏与音乐史》，载《中国音乐学一代宗师——杨荫浏》（纪念集），台北：中国民族音乐学会，1992年。

② 杨荫浏：《中国音乐史纲》，1944年1月油印本。

④⑤ 中国音乐研究所：《中国古代音乐史提纲》（第一次修订稿），中国艺术研究院图书馆音乐资料馆参考资料100号，1959年7月油印本。

1959年9月，荫浏先生完成了当时作为中央音乐学院中国音乐研究所内部参考资料102号的《中国古代音乐简史》第一册，并以简体字油印本的形式发表①。至1961年6月，《中国古代音乐简史》第二册也告完成，并油印出版。《中国古代音乐简史》第一册的内容，上自远古，下至唐五代。第二册的内容包括有宋一代。

1964年9月，书稿以《中国古代音乐史稿》（上册）之名，由音乐出版社以繁体字正式出版②。上册的内容，与《中国古代音乐简史》第一册基本一致，上自远古，下迄隋唐，宋、元、明、清各代内容暂缺。但在该书的编目体例上，作了一些合理的修订。如上书第二编“奴隶制社会时代”，被拆分为“夏商”和“西周、春秋、战国”两编。每编的起始与结尾，统一加上了带有提纲挈领和归纳总结的“概况”和“结语”。同时，作者还适当地增补了一些较为重要的专题研究成果，使原书内容更为丰富。如在第四编中论述汉代大曲的时候，作者充实了有关“汉代大曲中的‘解’‘艳’‘趋’‘乱’”等内容。书后按原定的设想，作为实例补上了部分参考图片。这些图片基本概括了当时所见的重要音乐考古发现的文物，说明荫浏先生已经着意突破以文献史料为主的传统音乐历史研究方法，考古学史料受到了一定程度的重视。同在1964年，先生的《中国古代音乐史稿》（下册）也已完成并油印发行③，内容为元代音乐史。1966年，《中国古代音乐史稿》（中册）由音乐出版社正式出版④。中册与1961年6月油印出版的《中国古代音乐简史》第二册基本一致，内容包括有宋一代。

1973年，一个十分偶然的机遇，湖南长沙马王堆汉墓被发现了。除了出土了无比珍贵的女尸外，还发现了重要的乐器。对马王堆汉墓的考古学研究成了重大的“政治任务”。荫浏先生和另外两位学者因“革命形势的需要”，提前从“牛棚”里解放出来，被指派去湖南研究马王堆一号汉墓中出土的瑟。历经数年回到北京，先生已身患脑血管痉挛，身心大不如从前，健康状况进一步下降。在这种情况下，他在古稀之年强用颤抖的手重新握笔，于尚未拨乱反正的1975年，用近两年的时间，分别油印发表了《中国古代音乐史稿》（下册）的之二和之三。至此，先生的鸿篇巨制《中国古代音乐史稿》已经全部完成。

1980年8月，在经历了十年浩劫之后，人民音乐出版社将1964年已出版的《中国古代音乐史稿》（上中册），由荫浏先生重新修订和整理，合为上册；并请他补上尚未出版的继宋代以后的元、明、清三代的内容，作为下册，使之成为一部完整的中国古代音乐通史。于1981年2月仍以《中国古代音乐史稿》之名正式出版⑤。

荫浏先生的《中国古代音乐史稿》的撰写，肇始于20世纪50年代末期。中国社会正处经济极度困难的境地。而且在其后的数年，处于逐步走向文化大革命十年浩劫的前夜。各种社会政治因素的束缚，“左”的思潮的冲击，对《中国古代音乐史稿》的撰写，存在的影响是可以

---

① 杨荫浏：《中国古代音乐简史》（第一、二册），中国艺术研究院图书馆音乐资料馆参考资料102号，1959年9月、1961年6月油印本。

② 杨荫浏：《中国古代音乐史稿》（上册），北京：音乐出版社，1964年。

③ 杨荫浏：《中国古代音乐史稿》（下册），1964年油印本。

④ 杨荫浏：《中国古代音乐史稿》（中册），北京：音乐出版社，1966年。

⑤ 杨荫浏：《中国古代音乐史稿》，北京：人民音乐出版社，1981年。

想见的。也不可否认，先生的著作，从《中国古代音乐简史》至《中国古代音乐史稿》的撰写，基本上都是被围定在《提纲》的大方针和大框架内进行的。因此，前著《史纲》中大量闪光的成分，并未在《史稿》中得到全部继承和发扬。但总体上说，《史稿》在史料的丰富和准确、史识之卓越、史德之高尚等等方面，较之前人论著及其本人的前著《史纲》，均获得了无可怀疑的超越。尤其是他长期坚持学习古琴、琵琶和箫笛的演奏和昆曲的演唱，深入民间进行调查研究，并热心关注层出不穷的有关音乐的考古新发现，掌握了极为丰富的第一手资料。例如对北京智化寺音乐、西安鼓乐、湖南浏阳古乐、河北定县子位村民间吹鼓乐、苏南十番鼓曲以及瞎子阿炳的民间器乐曲等的抢救和发掘，使他积淀了无与伦比的深厚的基础，使他更善于透过这些存活着的传统音乐与古代音乐文献直接的或潜在的联系，写出了《史稿》这一部划时代的中国音乐通史。

他在研究马王堆一号汉墓的瑟时，瑟面上的码子已在出土时被弄乱，因而无法了解这件乐器定弦的音列情况。杨先生和他一起参加乐器考察的同仁，从考古研究所找出了墓葬刚被打开时尚未被扰动的瑟的照片，仔细地研究了上面弦码摆放的规律，再根据照片上乐器和实物的比例，计算出瑟上原来瑟码的具体位置。研究中杨先生进一步发现，瑟的第一弦和第六弦的弦长是倍、半关系，于是他又根据瑟和筝定弦的一般规律，判断出这瑟是按照五声音阶定弦的，从而揭示出瑟这种久已失传的古乐器以及与其相关的汉代音乐文化的重要价值①。

先生对宋代姜夔（白石）创作歌曲所用字谱的研究，是音乐史研究中对古代音乐技术理论方面的重大突破。姜夔的字谱，近代多有人研究；20 世纪 40 年代，先生自己也研究过，终因有些疑难一时无法解决而搁置起来。20 世纪 50 年代初，他在天津中央音乐学院工作，得到了当时主持工作的副院长吕骥提供给先生研究的民间吹打乐《五台山僧寺流传宋时乐谱》。这是抗战初期吕骥在山西五台山地区收集的。荫浏先生从这本乐谱中找到了辨认姜夔字谱的新的线索。1953 年 7 月，先生带队去西安采访鼓乐，他终于从民间音乐所用的年代久远的古代乐谱中，发现了其和宋人字谱的渊源关系，解决了翻译姜夔乐谱的技术疑难。不仅如此，他还从当地民间艺人的生动演奏中，进一步领会了这种乐谱的实际运用方法。由此找到了在五台山乐谱研究中遗留下来的疑难的答案，获得了明晰解读宋人字谱钥匙。700 多年前姜夔创作的歌曲，通过先生不懈的努力，成为现代人可以演唱和欣赏的鲜活音乐②。

这些研究成果，在先生的《史稿》中只是点点滴滴。正是这无数的点点滴滴，汇成了《史稿》这部巨著的滔滔江河。也是这无数的点点滴滴，成为杨史不同于他史最为壮观亮丽的特征。缪天瑞先生指出："杨荫浏先生撰写中国古代音乐史，抛弃了'从文献到文献'的旧习，而通过他对民族民间音乐演奏演唱的实践和民间音乐调查研究的成果，来深入理解传统音乐文献，赋予传统音乐文献以真实的含义。这就是他能写出光辉著作《中国古代音乐史纲》等的关键所在。杨先生的著作不仅影响我国新一代的中国古代音乐史研究者，而且广为国际学

---

①② 华蔚芳、伍雍谊：《杨荫浏评传》，载《中国音乐学一代宗师——杨荫浏》（纪念集），台北：中国民族音乐学会，1992 年。

者所引用。他的著作不仅在当代显示突出的价值，而且将在中国古代音乐史研究这一历史长河中永远发放光芒。”①

时至21世纪的今日，新的音乐史料在不断地被发掘和发现，人们对历史的认识在不断地深化，禁锢着荫浏先生思想的时代局限已在不断地冰释，在科学的春天里，学术思想获得了前所未有的解放。《史稿》中的部分具体观点，今天的学术界可能有了新的见解；《史稿》中的部分专题，随着新史料的发现，可能内容较前更为丰富；由于史料的局限，荫浏先生当时还未注意到的新课题，可能在今天被提出来了。这些不仅是可能，有些已经成为事实摆在我们面前。所以在2002年中国音乐史学会福州年会上，一些有影响的史学家曾提出了修订《史稿》的建议。他们的本意是很好的：荫浏先生的《史稿》，是目前高等院校和音乐学术机关最权威、最系统，也是最常用的专著和教材。随着学术的发展，不断对《史稿》加以必要的修订；以在新的、能够替代《史稿》的论著出现之前，能够充分发挥它的社会作用。但在这里，笔者不打算采纳这个建议。

荫浏先生的《史稿》是一个历史时期的顶峰之作，但也只是一个历史时期的顶峰之作。丰碑的超越，是历史的必然，也是历史赋予我们及我们的后辈的职责。中国的音乐要发展，中国音乐史学科也要发展，学术永无止境，这没有疑义。作为一部教材，对其进行不断的修订是可以的，也是必不可少的。但这一次本所和江苏文艺出版社合作出版《杨荫浏全集》（以下简称《全集》），其基本的宗旨，在于对杨荫浏这样一位伟大的学者作一个历史的概括。历史的真实，是《全集》必须遵循的首要原则。《史稿》是荫浏先生最为引人注目的学术成就，无疑在《全集》的必收之列。为了尽可能客观地体现这部巨著的历史原貌，任何形式、任何范围的修改和粉饰，均无异于画蛇添足，且是不应该的。所以这次出版，除了纠正了一些排印、校对中的错误之外，一如人民音乐出版社1981年2月版原貌，这是荫浏先生自己所定的最后稿样。尊重历史，正是作为历史学家的荫浏先生的治学准则，也是荫浏先生的后人今天的愿望。

荫浏先生离开我们已经20年了，落花流水，人事沧桑。我作为他的一位无锡同乡和同涉中国古代音乐史的后学，于此怀着最诚挚的敬意和惭愧之情，深深地怀念他。但愿我个人所尽的绵薄之力，能告慰先生以万一。

王子初，生于1948年，中国艺术研究院音乐研究所研究员，曾任副所长

① 缪天瑞：《纪念我的良师益友杨荫浏先生》，载《中国音乐学一代宗师——杨荫浏》（纪念集），台北：中国民族音乐学会，1992年。

按下录音键

——杨荫浏与中国艺术研究院音乐研究所的音响资料建设

张振涛

没有文字的历史，是口传的历史，有了文字的历史，是平面的历史，有了录音的历史，才是多维的历史，而对于音乐史来讲，这样的历史才算完整。可以说，完整的音乐史，是从19世纪末20世纪初才开始的。作为音乐家，杨荫浏、李元庆赶上了这样的时代，所以也做出了前人做不出来的“掷地有声”的业绩。习惯于按下放音键回放音乐的当代人，只能约略体会刚刚听到录音的音乐家伴随20世纪来临时的欣喜，终于可以把喜欢的声音录制下来一遍一遍、循环往复、百听不厌地回放了，对于渴望把心里蹦出来的、嘴里唱出来的、手里弹出来的、耳朵眼儿听到的美好旋律永远记下来的音乐家，就像渴望永葆青春与美丽的女人一样，眉开眼笑，乐不可支。这套工具真的如同化妆术、美容术之于女性，起死回生、长生不老的炼丹术之于帝王一样，让音乐家欢喜雀跃，流连着迷。录音技术的发明是音乐世界中一场真正意义的革命，对于听觉艺术来讲，简直就是天翻地覆、创造真正属于音乐的新天地，一个建立“音乐”之所以成为“音乐”的完整概念的基点，一叶载着所有摆弄声音的从业者找回声源的扁舟。录音技术打破了自文字发明以来人类记录历史的主要载体和主要工具的单一途径，把字母字、图形字、方块字以及一切文字不能记录却勉为其难、越俎代庖描述的信息收录下来，人们嘲笑音乐史是“哑巴史”的时代终于被抛进了寂静的历史。如同观看默片只见人张嘴、不闻同步声的别扭画面，不对称、不合拍、不近人情的寂静画面，终于配上了音色有别的同期声，而且到了不弃不离、如影随形、非要乐声涌起才能撼动人心的程度。一部开始吟咏叹赞、吹拉弹唱的历史，开始成为音乐家了解的历史。人类的听觉系统第一次在表述历史的领域中派上用场，热热闹闹的动静，有声有色地挤进了历史档案。录音机的发展产生了意想不到的后果，那便是音乐以音响资料史无前例地昂首阔步，涌入了历史记录的行列。录音机为音乐家进入历史，堂而皇之地注册，使之成为有资格守护历史并为历史真实辩护的大嗓门的巨人。

技术发展到当代，人们才能逐渐认识到“视听遗产”对于历史学的意义。对于音乐艺术来说，录音记录几乎等于音乐史的全部，是一系列伟大计划得以梦想成真的技术保障。生活于数码时代，各种各样、不同用途、记录音响的终端产品泛滥成灾，产量惊人，成为代替独霸天下却无声无息的纸介质的传媒之一。谁也不敢不把音响制品放在眼里，音响产品把无声无息的传递，变成吵吵闹闹的传播，把城市集镇、大街小巷填满声音，魔法般唤醒的世界终于以原本样态展示世俗风情，同样，录音机也留下了民间艺人的真实心声和抹不掉的高歌游吟。对于音乐家来说，录音机的按键才是真正让灵魂快乐到出窍的键钮。

第一节　话筒的方向

如果说从唱片公司的商业录音制品到音乐学家的采风录音以及伴随的学术态度的整体性转变，标志着社会制度、意识形态以及主流价值方向改变的话，那么中国音乐研究所的学者面向民间采风的态度可以直接对应于新中国的时代需求。在人类声音的载体上，帝王老子与民间百姓一律平等，但历史将正确评估音乐学家把话筒对准老百姓的转变。话筒方向代表的立场转变，不仅改变了第一批录音设备从军事用途转向民营产品、从商品市场转向学术研究、从舞台艺术移向民间艺术的观念，也把国家政权保护民间文化的政策落实到操作层面。政治态度的归属，学术观念的归属，功能用途的归属，成就了民族民间音响资料积累这个大理念。这一立场毫无疑问是正确的。无论来自什么推动力，人们看到了音乐学家利用新手段记录民间的坚定立场。

（一）音响资料馆的创意

1955 年 4 月 24 日至 12 月 23 日，李元庆率领“中国民间音乐团”先后到捷克斯洛伐克、罗马尼亚、波兰、阿尔巴尼亚、保加利亚、苏联、蒙古等国访问。他写出了一系列短文记录出访感受，最重要的是，记录了当年知识分子最看重的东欧同行收集整理民间音乐资料的启示。在罗马尼亚，他记录了音乐家采录民间音乐和建立音响档案的状况。不长的短文，把人带到了让作者心头一热也让读者心头一热的现场——那是启示中国音乐家建立音响资料馆的源头。李元庆自然产生了把东欧同行的行动转化中国音乐家行动的冲动，产生了把家乡的“国风”收录进专业音响档案馆的冲动。他的判断力与其说是来自对异国事物的观察，不如说是来自一个先行者对家乡文化责任感的直觉，且更多仰仗的是一个知识分子善待民族历史的内心律令。

新中国成立初期，是李元庆人生变故和事业转向的重要年份。当他身着中山装和呢料翻领大衣，作为领队者率领“中国民间艺术代表团”站在外国舞台上接受欢迎，感受满台的灿烂灯光和满场的热烈掌声时，这个穿着父亲剩下来的衣服和绿军装长大的男人，内心产生过怎样的波澜？在阿尔巴尼亚，他和他的团队受到了夹道欢迎；在朝鲜，他和他的团队受到了最高领导人的接见；在苏联，他和他的团队参观一系列令人羡慕的文化建设。当他在台上领奖时，真想与战友一起分享这些荣誉，但他知道，与大多数默默无闻的战友相比，只有他，站在了这一系列精彩的端点上。

刚刚跨入新中国，他马上受命以管理者的身份带领几个人建立中央音乐学院研究部。创业初期，李元庆急需得到一个准确定位，确立一系列发展规划。就在这个关口，他与杨荫浏走到了一起。没想到，在研究部的新沙发上，他们一坐就没起来，心中的远景一拍即合。就在他们坐过的新沙发上，同样坐着吕骥、缪天瑞，几位在旧中国生活了半辈子的人，对于新中国音乐事业的发展蓝图，同样兴奋得像孩子一样。

规划自然围绕如何建设传统音乐的圣地展开。讨论的话题自然不是要不要建立图书馆，而是要建立怎样的图书馆，而是中国音乐家需要怎样的音乐图书馆。换句话说，要建一座不同于以往只堆放书籍的图书馆。这当然不是为了对苏联和东欧同行的模仿，更不指望门类齐全，他们意识到，自己已经站在了录音时代，建立一座包括音响资料、乐器藏品的图书馆，才理所当然。几位音乐家心中的图书馆，不只是有历史旧籍的老式藏书楼，而是集中呈现以往让人最瞧不上眼的民间音乐宝藏以供音乐家寻找乐思的地方。之所以音乐家愿意到这里来，就是因为有一般图书馆不收藏也不在行收藏的音响，除了图书、乐谱、乐器之外，一言以蔽之，就是音响。难道这不该是汇聚乐器、汇集书谱、收集音响的一揽子计划中最核心、最本质、最重要、因而投入精力最大的地方？

几乎所有给刚刚组建的研究机构支招谏言的人都建议这、建议那，但杨荫浏、李元庆的行动却如此卓然不群，他们对单位的定位异常正确，以最快速度确立了航标式的灯塔。他们知道，中国音乐和大众审美正经历着一场翻天覆地的变革，在民族意识觉醒社会制度转型背景下的民族音乐研究和文化遗产保护，显得异常迫切。当大家都认为新中国的舞台应该搬演西方交响乐、歌剧以及颂扬新时代的新型节目时，作为音乐学研究机构的领导者，却开始审视中国人生命中的朴素和简单。于是，杨荫浏、李元庆以超越社会变革“除旧布新”之声的淡定态度和坚定意识，开始着手于清理民间文化遗产的工作。① 他们的草图，就是一幅宏伟的“音响收集、乐器收藏、书谱汇聚”三足鼎立的中国音乐图书馆。

汇集于此的音响，不是只有物理意义的音高震动，也不是商业流通意义的音响制品，而是中国人的生命刻痕，是民族永难忘怀的忧伤和欢畅。总之，中国音乐资料馆就是托放民族心声并且可以把储蓄在声音里的伤痛和企盼重新还原的地方。这个定位和初衷，再简单不过了。收集的音响不是艺术音响，而是生活音响，不是艺术行为，而是学术行为，是以传统音乐为本位

---

① 张淑珍回忆道：清楚地记得李元庆同志曾说：“随着生活的发展变化，传统的艺术形式也会发生变化。要看到老艺人总是要过世的，现在还有少数人健在，再过些年他们不在了，有些民间音乐就要失传了，不抓紧时间搜集，这部分资料就没有了。可以说今后若干年将是最后的机会了，如果说是抢救，也并不过分！”（《李元庆纪念文集》，文化艺术出版社，2010 年，第 326 页）

的资料馆，以传统音乐为基本内容的资料馆。“音响资料馆”应该把中国音乐家带到一个传统文化的彼岸，那里晴川历历，芳草萋萋。

这个理想，让杨荫浏和李元庆沉浸在与所从事的事业一致的人生态度中。杨荫浏为音响资料馆添上第一盘磁带，李元庆则为音响资料馆的奠基搬来了第一块石头！从此，春风又绿江南岸。

（二）钢丝录音机与录音设备

人类磁性录音技术，普遍认为是从美国工程师、发明家、工业设计家史密斯（Oberlin Smith 1840—1926）1878年9月23日在一张便笺上记述如何利用磁化线圈在一段“钢丝”上录音的灵感设想开始的。钢丝录音，首当其冲成为磁性录音技术从原理到成熟、从创意到推广乃至发展为产业化技术的第一个关键步骤。① 虽然设备简单，干的事情却不简单。设备和技术随着时代的发展不断提高，钢丝录音机、滚筒录音机、开盘带录音机、盒式卡带录音机、多媒体计算机储存器等等相继问世。可以说，从钢丝到磁带、从磁盘到磁卡、从声音记录到视频数据、从单向记录到多媒体信息，展示了人类为使“余音绕梁”、“声振林木”走过的一段又一段让音乐家鼓舞欢欣的长亭与短亭。

随着研究机构的设立以及建设方案的问世，音响档案馆的建设指日可待。中国音乐研究所开始只有一台美国韦伯斯特·芝加哥80－1型钢丝录音机，虽然简陋，但就是这些今天看起来老掉牙、当时却属于“先进文化”的设备，抢救下濒临灭绝的珍宝，储存了中国历史上第一批宝贵音响。1950年，《二泉映月》被收录在这台从录音技术诞生以来刚刚迈出第一步的录音机上。1951年，天津人民广播电台首次播放《二泉映月》也是采用钢丝录音带，中国唱片总公司（当时称为“人民广播器材厂”）根据制成唱片的（唱片号：人民广播器材厂出品51190－A、B及51191－B）也是钢丝录音带。从此，以它为蓝本的录音制品成为几代二胡演奏家追求的质朴境界。看到那缠成一小堆的钢丝，勉强可以称为“拾音技术”的录音带“祖母”，今人无论如何也不能想象它与艺术史上地位至高无上的《二泉映月》之间的联系，但就是与录音器械的华贵后代相比显得粗糙无比的“祖母”，背负着一首绵绵不绝的千古绝唱。

1954年，民族音乐研究所在北京正式成立后，又添置了一台新型韦伯斯特·芝加哥288型钢丝录音机，两台钢丝录音机都是具备录音、还放功能的“完整式”机型。中国戏曲研究院（现中国艺术研究院戏曲研究所）拥有十几台“半完整式”钢丝录音机，技术标准一样，只是不具备扩大（功放）的音箱。1954年，当来自“东德”的新设备“RFT磁带录音机”走进录音棚时，有点“吃力的”钢丝录音机才停止了转动。

据王雨桑统计，收录于《中国艺术研究院音乐研究所藏中国音乐音响目录》（录音磁带部分）一书中的1950—1954年录制的钢丝录音曲目计约500条。中国艺术研究院图书馆现存107盘钢丝录音带音乐档案，300余盘戏曲音响档案。这个数目无论如何都值得自豪，两台韦伯斯特·芝加哥录音机见证了中国音乐家抢救文化遗产的第一级台阶上的不凡身手。

---

① 王雨桑：《我国钢丝录音遗存音乐音响档案样本测试与音频还原研究》，北京师范大学博士论文打印本，2009年。

20世纪中期，录音机的价码高到令人咋舌的程度，没有政府投资，没有哪位音乐家敢于问津哪怕最便宜的型号。但技术发展瞬间将老派技术击得粉碎，短短几十年，录音技术高度成熟，比起当年体积大得可怕、体重沉得可怕、价格贵得可怕的录音机，当代小得可爱、轻得可爱、便宜的可爱的设备，即使组合起“一个连”的设备，价码加起来也不过前者的百分之一。全民录音时代终于到来，每个音乐家都可以拿起录音机自我陶醉了，但人们不会忘记那段历史。

不是麻木不仁的人，对极其艰苦条件下录制的资料，都会相信其无与伦比的价值。那时的音乐学家抱着录音机的感觉，就像抱着“宝贝疙瘩”，一副供奉祖宗的态度。当年在中国音乐研究所工作且采风最多的毛继增回忆道：

> 元庆同志找我去谈了一次话。他说：“所里准备派你去西藏参加少数民族社会历史调查，这是对你的信任，也是对你的考验。你去后，要认真工作，不怕艰苦。西藏音乐历史悠久，很有特色，一定要努力把它采录下来，进一步展开研究。为了保证你采录工作的顺利进行，现在我们国家从日本进口了三台最先进的半导体采录机，其中两台给了中央人民广播电台，另一台分给了我们研究所，研究所准备交给你带进西藏工作。你一定要好好地保护它，不得有半点闪失。”……他的这段教导，便是我在西藏工作的行动纲领：任何时候，我都安全地保护着半导体录音机，沿途乘车，我坐在车椅上，录音机便放在我的腿上，这样，再颠簸的路，它也不会出任何事；往下来，不用它时，我便把它锁在床头大箱里，以防不测。①

毛继增说，之前根本不知道录音机、唱机是什么时候进入中国市场的，摇上半天“发动机”才能播放十分钟的老式唱机，连听说都没听说过，更甭说见过生产于20世纪50年代产生的磁带录音机是什么样子，如今自己亲自捧着录音机去录音的事更是没想过，然而，国家提供了新条件，作为音乐学家，谁不珍惜呀。

自从录音技术传入中国至今，有声历史走过了一个世纪。百年途程中，中国人从开始陌生到熟练掌握乃至到利用不断改进的各种机型与政府面向民间的文化政策的叙事语境结合一体，录制了一批又一批濒临灭绝的音响。虽然20世纪初期外国人在上海开办的唱片公司也曾收录过部分传统音乐（特别是戏曲），但那还远非音乐学意义上的记录，甚至不乏假托“名角”实为赝品的大量唱片。只有1949年之后，中国音乐学家才开始了有规划、有目的、有规模的收集民间、记录传统的行动。用今天的技术条件要求几十年前的音响当然不切实际，但那些一去不复返的绝唱又且是后来的“精细”可以比拟的？留下如此多的宝贵音响遗产当然要归功于李元庆、杨荫浏等学者兼领导者的远见卓识，他们开创了音乐学意义的音响时代，干出了让所

① 毛继增：《纸上得来终觉浅，绝知此事要躬行——怀念元庆同志》，中国艺术研究院音乐研究所编《李元庆纪念文集》，北京：文化艺术出版社，2010年。

有人羡慕莫名的事业。录音话筒转向民间时，正是庞大的传统面临着社会转型逐渐消失而尚未消失之时，他们扛起了当时还是相当沉重的录音机，借助这项伟大的发明和与之相关的技术，辗转于山川平原、草街陋巷，在城市人对自己的民间产生认同危机的时候，记录了一曲曲被后人认同为天籁之声的歌谣。他们赶得及时，赶得恰如其时，在第一批录音机刚刚派上用场的时候，按下了那个“指肚子”大小却绝不轻松的录音键！

（三）第一部音响资料工具书

1994年，中国艺术研究院音乐研究所编辑的《中国艺术研究院音乐研究所所藏中国音乐音响目录》（录音磁带部分）出版，在黄翔鹏、乔建中建议下，资料室全体人员集体参与了工具书的编辑。以李久玲、范俊英、李兵为代表的全体馆员，以严肃认真的态度，为建立中国唯一一本音乐学意义上的音响目录，立下了汗马功劳。他们把一柜子一柜子的卡片，分门别类，查照排序，变成一行行目录，一页页记录。编辑者心中的关键词，当然与记录的内容一样：留住历史。

虽然内容限于中国音乐研究所的音响文献，但这部工具书的价值却不仅限于中国音乐研究所。当年的录音者可能未像拉开距离的后人一样意识到音响资料的价值，当后来者把名目著录成编，看到一条条流水账般的细目时，大概还是不能真切意识到其中的意义，只是到了需要考虑这段不平凡的历史再也不是无声的历史而是一部唱着、喊着、吼着、吟着、弹着、吹着的历史，才能慢慢品味到原来整整齐齐码在书架上、现在整整齐齐码在目录上的音响资料的价值。目录上的每一行标题，都连接着像民歌海洋一样的巨量内容。也许，目录出版之后，又过了十几年，人们才能更深地解读这本工具书的意义。面对这部工具书，大概就没人敢在面前夸耀自己听到的一方之音最精彩了，因为，音响档案中的音乐最精彩，因为那里集中了全部的精彩。

馆藏磁带的目录总计28600首，分为12类：古代歌曲（210）、民间歌曲（10080）、曲艺音乐（756）、戏曲音乐（672）、综合类传统乐种（378）、宗教音乐（336）、歌舞及舞蹈音乐（504）、民族器乐曲（132）、现代创作歌曲（118）、西洋乐器演奏的中国作品（609）、歌剧及舞剧音乐（63）、有关音乐的其他音响资料（42）。

分类建立在同一机构编写的《民族音乐概论》的五大类上。民间歌曲分为：汉族民歌和少数民族民歌，次级目录根据省、自治区、直辖市和少数民族排列，再次级顺序按汉语拼音排列。① 收录总量上，民歌数量最多，次为民族器乐，现代创作歌曲，再次是曲艺、戏曲、西洋乐器演奏的中国作品、歌舞及舞蹈歌曲、宗教音乐、综合类传统乐种、古代歌曲、歌剧及舞剧音乐。民歌和器乐几乎占整个资料的一半，可见收集者的聚焦点。

每一条资料的信息内容包括：曲目、体裁、民族、流行地、表演形式、作者、表演者、节目来源、所藏号等。磁带形式由四种标志给予标示。翻看目录，基本可以了解版本、年代。从音乐学的角度说，只有音响本身，自然切断了与田野现场的所有关联，一盘录音带如果不配以

---

① 曲艺音乐分曲种，戏曲音乐分剧种，综合类传统乐种有福建南音、西安鼓乐、维吾尔木卡姆等。歌曲及舞蹈音乐分为传统民间歌舞和近现代歌舞、舞蹈音乐两类。民族器乐曲分为：独奏曲、重奏曲、齐奏曲、合奏曲。其他音响资料分为：讲话、讲座、座谈会，叫卖调，乐器介绍三类。

文字信息，就等于户口本上只有人名而没有年龄、性别、籍贯，那几乎等于黑户。音乐学的录音，不但要有声音，而且要有文字；不但要有被访人的声音，而且要有被访人的姓名、年龄、性别、民族、地点、时间、场合、所用乐器及其组合等等信息，这才是学术意义上的录音资料。声音文本，相互参照，前台后幕，一一对应，才能帮助研究者感知一个立体的田野现场。无须说，一般录音，来自即兴，既无文字著录，也无背景出处，学术价值自然降低。有了录音资料配套意识，音乐学的录音就有了另一番景象。提供背景依据，才能让人亲临现场，才能使历史解读成为可能。文字音响，相辅相成，就是最低限度的组合成本，最高限度的学术活力。

中国音乐研究所的音响资料之所以不同于一般录音制品，就在于配备了相关信息，因而身价倍增。录音大部分来自专业研究人员从1950—1996年经过46个年头遍布全国的考察搜集而来，其中也有邀请不同地区民间艺人到北京的录音，来自各地音乐机构或组织以及个人的馈赠，还有不同地方广播电台或广播站的转录。①

杨荫浏和李元庆亲手培养了一支高素质的队伍。收藏民族宝藏的理想，使围绕在他们身边的技术人员与他们一样长时间地保持了同步的学术意识，这种意识带来的是一批快马加鞭的累累硕果和学科理念催生的振聋发聩的音响世界。录音资料的爆炸式增加，就是这批人没日没夜、一点一滴、滚雪球般积累起来的。掐指算来，这支队伍的成员当年都是二三十岁的人，干出这番经天纬地大事的人竟然那么年轻，与其干成的事业分量比起来似乎太年轻了，年轻得让人不敢相信。历史提供给他们以充分施展才能和体现人生价值的舞台，没有李元庆打造的“绿色小环境”，他们几乎不可能发挥如此非凡、不可思议的能量。社会大环境与绿色小环境，使人窥探到他们背后隐藏的领导人得以让其推进事业目标的法力，以往的年轻人闷在家里干点不起眼的事，聚到一起，跟着李元庆和杨荫浏，竟然一下子爆发出了排山倒海的能量，把千山万水之外的录音几乎全部划拉到怀中。他们一手建立起来音响资料馆，让七千小时的分量压在轻飘飘的音响历史的开篇。

第二节　留住声音　留住记忆

录音时代之前，人们仅能通过信息有限的乐谱了解古代，但古谱仅记大概，不能让依靠耳朵听辨与分辨世界的音乐家一窥实情。缺乏有效记录当然是残缺不全的历史，“四面楚歌”、“余音绕梁”、“响遏行云”、“渔舟唱晚”的回声，只剩下文字的描述和诗人的想象。生动质朴、栩栩如生的音响一次次打动人心，让人知道，有多少了不起的歌手湮没在岁月的尘埃里，需要音乐学家带着十二分的敬意去挖掘，好让国人惊讶地谛听他们珠玉般的声音。

音响资料馆的创始人具有深广的眼界和对自身立场的持久坚持，让鲜为人知的录音一次次激荡起文化涟漪。这是一个非其他门户可比的收藏品类，丰赡的矿藏让所有人耳热心惊。

---

① 当然，录音中未见得每首曲目都有详尽记录，转录资料明显缺乏学术意识，还有一些除了演唱者和编号，就一无所有了。这类事例很多，要么只有演唱者，要么只有节目来源，经常不见其他信息，完整性大打折扣，受到学者诟病。

（一）单弦——曲艺大世界的第一次展示

单弦艺术是60年前出生的每个天津孩子都不陌生的曲艺品种，那些曲调几乎就是他们可以闻辨的童年，但对1949年的音乐学家来说，单弦还是个陌生品种。所以，成立于天津的中央音乐学院研究部，一开始就着手于对此的系统调查，也是就手而来、自然而然的事。1950年，在周边一片曲艺艺术繁盛的天地中，中央音乐学院像个孤岛，时任研究部“古代音乐史主任”的杨荫浏，针对“曲艺王国”所在地，提出选择一种曲艺进行系统采访的计划。1950年秋冬之交，文彦调入研究部，偶然认识了天津南开中学的音乐教师刘吉典，热爱传统音乐的刘吉典推荐了杰出的“单弦”艺人程树堂。于是，杨荫浏带领曹安和、文彦，在天津绍兴道找到了程树堂。

1952年11月中旬至1953年3月，杨荫浏又带领苏琴、蒋咏荷、周家雄、金湘、李兆芬等，对天津市曲艺作了一次全面系统的调查，内容包括机构、品种、民间艺人、演出场所以及西河大鼓等16个曲种的起源、流派、形式及相互关系等。数十页油印纸张连接起来，就成为一份记录一次历史事件的珍贵档案，建立起天津城里的曲艺大世界。

这是一次较少被音乐学界提及却值得一提的采访个案（虽然历史未曾忽略对艺人的记录，但还是忽略了相关阐释）。就音响资料而言，持续四年、汇聚了一个曲艺品种大多数杰出艺人和典型唱段的不寻常记录，加上出版了两大本单弦乐谱集和两种套曲单行本，使其成为曲艺音乐史上前无古人的重大事件。精装印刷的乐谱，颠覆了一般人对“下里巴人”的印象，轰倒了人们心中说唱艺人不能登大雅之堂的偏见。

程树堂（1910—1951），满族，北京人，原名耿承彬，自幼爱好曲艺，15岁起登台，后因倒嗓，改任弦师，几乎为天津城里大大小小的所有单弦唱家伴奏过。他熟谙音律，通晓乐器，更因识文断字，可以编词创腔。1949年前的北京，尚非全国的“文化中心”，尤其在曲艺行，要想出人头地，声名鹊起，就得先在天津证明实力。通过这关，便得重生，天津曲馆中的认可，才是行艺“文凭”。这种“盘道”，实际上等于现行的学历认证、技术职称认证，目的就是检验你有没有本事撑得起一方天地。因此艺人总要想方设法到天津闯天下，日后才能耀武扬威，天津的观众永远以最苛刻的目力考验艺人的意志和水平。“不一样啊，在天津取得成功，就等于在北方打下了天下。”可以说，天津之于曲艺，犹如北京至于京剧，犹如好莱坞之于电影。艺人平生最严酷的“成名之役”得从这里打响，所以，天津聚集了一大批身怀绝技的艺人，程树堂就是其中的佼佼者，德艺双馨，位居要津。因其如此，他也就成为最早进入音乐学家视野的说唱艺人，文字采访、录音拍照、记谱分析，构成了一份完整的档案资料，成为任何一部说唱史都不能忽略的人物。

可以说，1951年程树堂与杨荫浏的邂逅相遇，使其历史地位从此两分，接下来发生的事，使这位三弦艺人的名声从此改观。他的唱腔将成为民族音乐的分析对象，他的艺术将成为音乐史家的谈资。不幸的是，1951年初，程树堂与一批艺人参加了由廖承志任团长的“第一届中国人民赴朝慰问团总团曲艺服务大队”，就在音乐学家即将开始谈论这位杰出艺人之时，他却永远抵达不到终点了。这位留下记录在案的大段唱腔、即将成为单弦名篇的保持者，意外地成为战场上的第一位牺牲者。4 月 23 日，与其他团员在朝鲜沙里院演出回来的路上，遭敌机轰炸，硝烟过后，他倒在了距离舞台不远的地方，身边三弦上的断弦永远接不上了。

听到这个消息，坐在录音机前记谱的人中，最黯然神伤的是杨荫浏。他已经五十多岁，懂得造就这位艺人的不易，许多同事因为杨荫浏的伤神而难过。都是采录人，大家把他视为权威，权威伤神，大家忍不住陪着伤神。杨荫浏写了《程树堂烈士和单弦牌子曲》①，这是他第一次遇到民间艺人牺牲的事，十分感动，文章表达了对人类生存状态和命运的超越等级的同情，字里行间里透漏出对程树堂的认可和惋惜，已经超越学者的专业范围。幸好，杨荫浏保留下了程树堂的照片和声音。杨荫浏这样评价道：

> 第一，程烈士是现在有数的传授牌子曲的人……他非但是牌子曲的最优秀的保存者与传授者，而且将会成为牌子曲的最有希望的改革者和发展者。第二，程烈士是牌子曲曲词的出色的编者和作者。我们所看到的他的曲词作品，仅仅是他全部作品中的一小部分，但已足够令人惊异他的写作词曲的才能了。最值得陈述的是他对新社会新事物的敏感和为新社会工作的热情……倘若他能继续生存、继续工作下去，则他在文艺战线上必将成为更有成绩的一个战士。②

为了让大家有一个总体印象，我们把当时录下的音响列表示意。制作这份单弦牌子曲采访史的清单，不是仅让过来人留恋，甚至不是为了今天，倒是为了将来人知道怎样记录一个曲种。

表 1　程树堂演唱单弦资料记录

曲　目	体　裁	伴奏者	录音长度	录音记谱	录音时间	复制时间
扫松下书（选自赵五娘）	牌子曲		6′35″	杨荫浏记谱	1951	1960
小磨房（选自霸王别姬）	牌子		38″	文彦记谱	1951	1960
云苏调（选自杜十娘）	牌子		58″	储师竹记谱	1951	1960
银纽丝（选自杜十娘）	牌子		1′2″	文彦记谱	1951	1960
叠断桥（选自杜十娘）	牌子		4′40″	杨荫浏记谱	1951	1960
石榴花（选自杜十娘）	牌子		1′44″	文彦记谱	1951	1960
雪景	牌子		2′15″			1960
忆多情	牌子		2′23″			1960
砧子点，又名榛子沾（选自赵五娘）	牌子		1′3″	文彦记谱		1960
晚霞	岔曲		2′23″	杨荫浏记谱		1960

①② 杨荫浏：《程树堂烈士和单弦牌子曲》，《人民音乐》1951 年第 5 期。

续表

曲　目	体　裁	伴奏者	录音长度	录音记谱	录音时间	复制时间
松月绕	岔曲		3′39″	叶俊英记谱		1960
渔家乐	牌子		4′58″			1960
万年欢（选自赵五娘）	牌子		42″	文彦记谱	1951	
朝天子（选自赵五娘）	牌子		50″	文彦记谱	1951	
普天乐（选自赵五娘）	牌子		39″	文彦记谱	1951	
寄生草（选自赵五娘）	牌子		58″	文彦记谱	1951	
榛子沾（选自赵五娘）	牌子		1′3″	文彦记谱	1951	
孝顺歌	牌子		2′3″	文彦记谱	1951	
水仙子（选自赵五娘）	牌子		1′23″	文彦记谱	1951	
和尚叹又名叹五更（选自赵五娘吃糠）	牌子	沈文祥	2′2″	曹安和记谱	1951	
石韵（选自赵五娘）	牌子		7′30″	文彦记谱	1951	
剪靛花	牌子		3′10″	储师竹记谱	1951	
秋景	牌子曲				1951	
太平年	牌子		1′18″	储师竹记谱	1951	
风	岔曲				1951	
南城调	牌子		2′7″	储师竹记谱	1951	

表 2　曹宝禄演唱单弦资料记录

曲　目	体　裁	伴奏者	录音长度	录音记谱	录音时间	复制时间
秋景	牌子曲	沈德元	6′20″	曹安和记谱		1952
群仙祝寿	牌子曲	沈德元	12′56″		1952/12/4	1952
白猿偷桃（续）	牌子曲		16′20″		1952/12/4	1952
叠断桥（十里亭中）	牌子		1′54″		1952/12/4	1952
反风雨归舟	岔曲		4′12″		1952/11/28	1952
黄鹂调	牌子		6′25″		1952/11/28	1952
山东落子	牌子		1′5″		1952/12/4	1952
越调叠断桥	牌子		2′45″		1952/12/4	1952
南罗北鼓（选自白猿偷桃）	牌子	沈德元	35″	文彦记谱		
太平年（选自白猿偷桃）	牌子	沈德元	59″	文彦记谱		
湖广调（选自白猿偷桃）	牌子	沈德元	3′25″	文彦记谱		
大银纽丝（选自白猿偷桃）	牌子	沈德元	48″	文彦记谱		
蜈蚣岭	联珠快书					

表 3　荣剑尘演唱单弦资料记录

曲　目	体　裁	伴奏者	录音长度	录音记谱	录音时间	复制时间
南城调（选自庄子游春）	牌子	王海门	1′41″	文彦记谱	1953	1953
四板腔（选自杜十娘）	牌子	王海门	无	文彦记谱	1953	1953
吹腔（选自高俊宝下南唐）	牌子	王海门	1′40″	文彦记谱	1953	1953
红娘子	牌子曲	王海门	44′1″		1953/1/30	1953
湖广调	牌子	王海门	5′30″		1953/2/27	1953
军乐歌又名得胜歌	牌子		2′40″		1953	1953
靠山调	牌子	王海门	6′15″		1953/2/27	1953
乐亭调（选自钱秀才）	牌子	王海门	11′7″	文彦记谱	1953/2/27	1953
西韵	牌子	王海门	7′145″		1953/1/30	1953
解放人民乐		王海门	4′		1953/1/30	1953
光荣歌	岔曲	白凤岩	3′17″	曹安和记谱		
剪靛花又名虞美人	牌子	王海门	46″	文彦记谱		
巾帼英雄王桂香前部	牌子曲	白凤岩	23′48″	曹安和记谱		
游春	牌子曲					

表 4　石慧儒演唱单弦资料记录

曲　目	体　裁	伴奏者	录音长度	录音记谱	录音时间	复制时间
剪靛花（选自金山寺）	牌子	王富贵	3′1″	文彦记谱		
靠山调（选自杜十娘）	牌子	王富贵	3′11″	文彦记谱		
石韵（选自水莽草）	牌子	王富贵	5′26″	杨荫浏、 文彦记谱		1952
农家乐	岔曲	王富贵	3′42″	文彦记谱		
斗蛐蛐（选自高老庄）	牌子	王富贵	25″	文彦记谱		
吴桥落子（选自巧林和发祥）	牌子	王富贵	34″	文彦记谱		
得胜歌（选自婚姻自主）	牌子	王富贵	无	文彦记谱		
怯跳槽（选自工人新村）	牌子	王富贵	1′34″	文彦记谱		
糊涂调（巧林和发祥）	牌子	王富贵	48″	文彦记谱		
和尚叹（选自翠屏山）	牌子	王富贵	1′20″	文彦记谱		
叹骷髅（选自武松杀嫂）	牌子	王富贵	2′57″	文彦记谱		
倒推船	牌子	王富贵		文彦记谱		
杜十娘选段	牌子曲					
金山寺	牌子曲					
孔雀东南飞						
松月绕	岔曲					
有志不在年高						

表5 张剑平演唱单弦资料记录

曲 目	体 裁	伴奏者	录音长度	录音记谱	录音时间	复制时间
鲜花调（选自西湖主）	牌子	祁凤鸣	3′5″	杨荫浏记谱	1951	1951
霸王别姬	牌子曲	程树堂	19′42″	杨荫浏记谱	1951	
满江红（选自翠屏山）	牌子	祁凤鸣	24″	杨荫浏记谱	1951	1951
渡乌江	牌子曲	祁凤鸣	16′46″	杨荫浏记谱	1951	
祥林嫂			18′30″		1951	
八花八典	岔曲		3′47″	文彦录音	1960	
太平年（选自祥林嫂）	牌子	祁凤鸣		杨荫浏、曹安和记谱	1951	
湖广调（选自祥林嫂）	牌子	祁凤鸣	2′40″	杨荫浏、曹安和记谱	1951	
巾帼英雄王桂香后部	牌子曲	祁凤鸣	17′42″	杨荫浏记谱		
金钱莲花落（选自祥林嫂）	牌子	祁凤鸣	18′30″	杨荫浏、曹安和记谱	1951	

表6 李子洲演唱单弦资料记录

曲 目	体 裁	伴奏者	录音长度	录音记谱	录音时间	复制时间
反风雨归舟	岔曲	程树堂	4′6″	杨荫浏记谱	1951	1960
赞菊	岔曲	程树堂	4′4″	文彦录音	1951	1960
赞松	岔曲	程树堂	3′25″	曹安和记谱	1951	1960
庆中秋	岔曲	程树堂	2′54″	文彦录音、曹安和记谱	1951	1960

遥想当年，杨荫浏、曹安和、文彦等人坐定后，程树堂把曲牌一套套地弹出来，那种神情和语调，就仿佛化为说书中的人物了。之前，专业音乐学家没人有过这般现场体验说书的经验，因为是第一次录音，艺人们全情投入。杨荫浏、曹安和让程树堂来一套最长的套曲，他点头承应，表示明白这绝不是开玩笑，是拿来催他决定展示绝活的。可是让杨荫浏、曹安和等不敢相信和真的吓了一大跳的是，程树堂果然当真，咳嗽一下，调调嗓音，在未加预先准备的情况下，马上端出来一套23分钟的单弦牌子套曲《霸王别姬》，时间之长，技艺之精，不但让人对其记忆力刮目相看，也对其艺术水准坚信不疑。这套在时量上与贝多芬奏鸣曲、交响曲相当的套曲，足见民间艺人的专业素养。50来岁的他，坚持每天为演唱者伴奏两三小时，同道中的那些同行兼对手，则常常在走上书场之前，把唱腔从头到尾来一遍作为热身的一部分。

海河缓缓地流淌，录音机均匀地转动，程树堂手挥三弦，引吭高歌，杨荫浏执笔凝神，目不转睛。三弦响了，单弦响了，说书艺人一下子就把说唱历史综合了，覆盖了！分分秒秒的记录，就是历史的转速；分分秒秒的演绎，就是构成中国小说基本底色的元素。几十分钟的唱腔，汇聚了一切关于说唱概念或曲艺概念的含义，让阅读厚得像砖头一样、联体章回小说的后人明白《三国》、《西游》、《水浒》、《三侠五义》到底是怎样产生出来的。把短小的故事母体演绎为连篇累牍、几天几夜传奇的本事，不能不让人心服口服。倾听精美的唱词和讲究的唱腔，真的不容人不敬佩底层艺人的功底，口头演绎的完美词句就是今天的文人也未必能编得出来。精炼了不知多少年的音调，对于一颗怀着崇敬感的心灵来讲永远是保鲜的。杨荫浏陶醉了，忘了按停录键。

到了天津曲艺馆，希望建立一个无所不包的音响档案馆的第一代搜宝人，马上发现了满足胃口的基地。他们忙里忙外，跑前跑后，记录像程树堂、荣剑尘、曹宝禄那样杰出艺人的常规曲目，毫不迟疑也分毫不差地把音符和唱词全部记下来。一把三弦，一台机器，托着第一代音乐学家找回说书人如烟如云的从艺史和演绎史的途径，见证了民间艺人口中把《楚汉相争》、《西厢》浓缩、放大、拉紧、抻松的全部过程。

1954 年，时任中央音乐学院党委书记的吕骥，被请来审查整理好的乐谱和文稿。他翻阅了几大本精心记录的乐谱后建议，选出有代表性的曲目编写《单弦牌子曲选集》，其他编成《单弦牌子曲资料集》。根据吕骥意见，杨荫浏主持，文彦等做具体工作，两书顺利编录完成。

续 1951 年牌子套曲《霸王别姬》乐谱单行本（张剑平演唱、程树堂伴奏、杨荫浏记谱）和《渡乌江》乐谱单行本（程树堂词；张剑平演唱；杨荫浏、曹安和记谱）出版之后，1956 年，音乐出版社又出版了《单弦牌子曲资料集》和《单弦牌子曲选集》，前者 251 页，后者 76 页，总共 327 页。这是历史上第一次出版如此厚的说唱艺术乐谱集。该书由杨荫浏、曹安和、文彦共同记录、整理、编辑。曲调记写初期有杨荫浏、曹安和、文彦，后来储师竹、李兆芳也参加进来。据文彦回忆："所有记写的乐谱都经过杨先生校订。"杨荫浏写了说明，文彦也写了部分文字。

《单弦牌子曲资料集》和《单弦牌子曲选集》除曲目不一致外，装帧与纸张规格也有明显区别。《选集》常用以作为国际文化交流的礼品，赠送外宾，采用硬皮精装，《资料集》只限于国内发行，采用平装。当时，这是提倡遵守的内外有别的规矩。最重要的是，乐谱全部有音响与之相配，音响全部有乐谱与之相配。音乐史上第一批数量如此大的有乐谱、有音响、相互比照的曲艺资料，让行走在民间的声音，进入了精致的分析视野。录音记谱，成为杨荫浏工作的基本方式，这一方式就在这样的采访逐渐定型。

杨荫浏的成功是积累起来的。人们常说，机会是为做好准备的人预备的。少年时代，杨荫浏就在"天韵社"跟吴畹卿学三弦，对这件乐器情有独钟。他编写过《三弦谱》，详尽记录了乐器形制和演奏技术。如果早年未曾学过三弦，未曾编过《三弦谱》，未曾学过音韵学，就不会发现家门口的单弦艺术的意义，就不会解读出一系列埋藏在唱词、乐谱等文本背后的潜文本。需知，杨荫浏的记谱，不是旋律谱，而是双行分列的"唱腔"谱和"三弦"谱，这种功夫是专业乐谱的底色。杨荫浏端着三弦，准备好了。

有过"天韵社"的唱曲经历，可以想见再遇到三弦、而且是北方三弦魄力时的惊喜，杨荫浏发现了三弦的"新大陆"！以前，他没有条件专心致志于一项艺术品种的调查，社会提供了让学者扑下身子从细微之处调查一个曲种的条件和设备，他怎能不心花怒放，当然也生出恨不得把所有民间艺术一网打尽的幻想。杨荫浏渴望了解每个民间品种的来龙去脉，渴望了解刚刚翻身的民间艺人的真实状况，这一切如同春风，不请自来。知道该曲种于明清之际逐渐演变为一个遍及北方的俗曲系统，并带着从母体中继承而来的大套说书，能不让清唱了半辈子昆曲的杨荫浏高兴吗？久别重逢的惊喜，与传统艺术不期而遇的惊喜，让他激动不已，心里涌起的不单是对这座誉为“曲艺之邦”的城市的感动，更有对提供研究机会的新政府的感激。为了对得起不轻易抛弃民间而且着意保护民间的新社会，为了政府采取的对民间艺术精心保护的珍惜态度，他勤奋工作。人们看到了他心底的欢喜，那种欢喜中，自然还因为在优美的曲腔中，他又一次触摸到了少年。

（二）收集唱片

1959 年，一批唱片正在从上海向北京的运输铁路上颠簸，好歹，这是它们最后一次颠簸了。中国音乐研究所的历史上有大量未被注意却值得注意的信息，为即将销毁的唱片找到最终归宿，就是这类不平凡的事例之一。今天看来，这其实是最值得一书的光彩记录！可以想象当上万张唱片被运到中国音乐研究所的时候，那的确可以称得上是让杨荫浏、李元庆兴奋不已、喜不自胜的欢腾场面。

> 1959 年 1 月 20 日—2 月 2 日，张淑珍去上海唱片厂，从即将销毁的唱片中设法挑选出一万多张旧唱片，运回所中。其中有些音响资料对研究近现代音乐史有一定参考价值。（《中国音乐研究所四十周年》）

历经此事的张淑珍回忆道：

> 记得 1959 年初的一天，元庆同志找我，让我去上海，他说上海唱片厂有一大批解放前出版的老唱片即将销毁，你赶快去看看，挑选一下，有保存价值的运回研究所作为资料保存。我立即出发去了上海。
>
> 到了唱片厂我看到在露天的场地上，堆积了像小山一样的老唱片，落满了灰尘正待销毁！这是多么难得的资料啊！我当时真想把这些唱片留下来仔细挑选，然而客观条件不允许。当时正值隆冬时节，我在室外加快挑选速度。由于过去接触过一些老唱片，心里有点数，选择起来也不陌生。记得这批老唱片大多是三四十年代出版的，戏曲量比较大，有京戏、梆子、评戏、皮影等，以京戏最多：谭鑫培、郝寿臣、余叔岩及梅兰芳、杨小楼等都有录制的唱片。曲艺有各类大鼓、单弦、河南坠子、时调等。歌曲里以电影歌曲为多：有聂耳演唱的《开矿歌》、盛家伦演唱的《夜半歌声》、王人美演唱的《渔光曲》，还有《大路歌》、《开路先锋》等，我还找到了潘奇演唱的《阳关三叠》。器乐曲有广东音乐和潮州音乐等等。
>
> 经过半个月紧张忙碌的工作，共挑选出一万多张唱片，装箱运回研究所。这批音响资

料，对研究现代音乐史具有重要的参考价值，非常珍贵。①

花最少的钱，办最大的事，甚至不花钱就办最大的事，简直不可思议。就像她过去办的那些对集体最有意义的事一样，新时代的女性竟然独立做到了比坐在图书馆里抄录卡片等有意义的事还要有意义的事。

20 世纪 30 年代灌制的老唱片的味道，依然让今天越来越喜欢风雅的人觉得妙不可言，可是，当年要想保留“小资”情调，则是大逆不道、不合时宜的事，所以，留下不合时宜的唱片，无论如何要冒点风险。张淑珍没听那一套，中国音乐研究所的教育和李元庆的办所方略使她明白，保留近现代音乐史资料的重要性。如果说《何日君再来》注定成为流行音乐史上“最反动”的作品的话，那么《特别快车》之类的唱片则早已在历史档案中盖上了“禁歌”的印章而踪迹全无了。处理历史资料的态度上，非要让勇敢的收集者留下心底的话，就是几个简单的字：不加分别，照单全收。

当然，京戏、梆子、评戏、皮影、大鼓、单弦、河南坠子、时调、广东音乐和潮州音乐等地方乐种的唱片不会招致非议，但 30 年代电影歌曲的唱片，大多会引来警惕的目光，其中黎锦晖的音乐就是典型。关于黎锦晖是个天才作曲家还是个十恶不赦的黄色音乐家或者中性一点是个善于商业娱乐运作的先行者，至今依然是个带有两极（或三分）的话题，如何评价似乎并未尘埃落定，他依然像个感叹号，悬挂在翻来覆去、评定无常的历史天幕上。② 即使音乐界对其创作有着截然不同看法的时代，这位老人编写的歌曲仍然为全国儿童任性地宠爱着。虽然故意被人遗忘的作曲家在一段时间内没能堂堂正正地成为音乐史上必须让后人记住的人物（却成为当下被过度阐释的人物），无论如何，那几句有口皆碑的儿童歌舞剧的旋律仍然是儿童嘴边不能随意被抹掉的乐句。只有这时，人们才能对于 1959 年不考虑出身、不考虑成分的唱片资料全部运回来的领导者李元庆和资料员张淑珍的档案保存意识，给予充分评价。

他们一同留下了珍宝，尤其经过不堪回首的“大锅饭”时代和“打砸抢”时代，更能感到这份“听觉遗产”的可贵。审视历史，有太多细小却决定未来的事件被遗忘了，梳理审视有意无意遗忘的事件，又有太多的自觉行为，让后人震惊。没有人提醒当事人应该怎样做，但一个人的历史意识竟然选择了历史希望其选择的方向，看起来几乎是出自下意识的决定和行为，恰恰是知识分子的使命感做出的正确判断。我们震惊于带有大量历史信息的唱片被保留下来，震惊于带有鲜明时代特征的记录被照单收录，震惊于带有历史意义的音响竟然没有被抹去，同时震惊于虽然未被官方记录却终于在私人回忆录中保留下的护卫天使的超越时代的行为。这件今天看来好比从上海向北京搬家、挪动一批家具一样微不足道的事情，当年确是需要

---

① 中国艺术研究院音乐研究所编：《李元庆纪念文集》，北京：文化艺术出版社，2010 年，第 327 页。

② 2009 年 3 月 29 日，北京“国家大剧院”音乐厅，由教育部、文化部、财政部主办，北京市教委、高等教育出版社协办，中央音乐学院、中国音乐学院演出的“《李岚清中国近现代音乐笔谈》首发式暨 2009 年高雅艺术进校园活动开幕式”音乐会上，禁演 50 年的黎锦晖的《毛毛雨》再次“飘洒”。1949 年以来，这首再未登台（尤其是国家级最高舞台）的曲目，在一大批国家级领导人和部长们的关注目光和侧耳凝神中再次唱响。应该作为当代音乐史重要事件记录下来的音乐会，表现了历史的转变和宽容。

像搬动弹药库一样勇气和力量。然而，“弹药库”的潜能到了李元庆、杨荫浏手下，就会变成“发电站”！

第三节 声音的价值

音乐界无人不知中国音乐研究所宝藏中最值得称道的七千个小时民间音乐录音，那是20世纪的音乐学家所做的最令人敬佩的事业之一。它记录了处于文化转型期的所有传统的、改革的、民间的、精英的、农村的、城市的、让人感怀、让人惊叹的声音。库藏之丰，网络天下，无所不包，成为当代醒众人之目、醒众人之耳的听觉档案。采访人有意地记录了今日不可再生的声音世界，成为不可多得的遗产，特别是尚未出现视觉文本的时代，磁带就成为千金难购的音响文物。

（一）世界的记忆

1997年，联合国教科文组织授予中国艺术研究院音乐研究所收藏的七千小时民间音乐录音以“世界的记忆”的荣誉称号，这份全世界第一家以音响档案作为“世界的记忆”的项目，是对已经听不到赞美的前辈的追赠。七千小时，一份多么长的时量，每一分钟都可能意味着寻遍穷乡僻壤、山寨村庄的采录者七十小时、七百小时的路程！七千小时就意味着“八千里路云和月”！

20世纪80年代，改革开放之初，研究所的学者们也不知道自己做的事到底符合不符合国际标准，有没有学术价值，值不值得骄傲。未被别人评价前，还真感觉有点模模糊糊的。当时不知道海外同行怎样工作、怎样收集、怎样保存以及怎样评价咱们，闭关锁国，孤陋寡闻，不知道怎样评价自己。

“天上掉下来一个林妹妹”。奥地利音响档案馆馆长、联合国教科文组织音响专家舒勒博士（Dietrich Schüller），来到中国音乐研究所。无须说，奥地利音响档案馆建立时，中国还在呻吟，面对人家的漫长历史，主人心里免不了底气不足。中国音乐界的一举一动都无法摆脱以欧洲为代表的西方价值体系的评判，免不了被放置到人家的价值天平上衡量一下。

一个来自奥地利音响档案馆的馆长舒勒，一个中国音乐研究所的所长乔建中，客客气气，面对面地坐了下来。外国客人渴望了解中国人在过去50年间到底干了些什么，中国主人渴望了解外国人对中国过去50年间干的事怎样评价。两位主管寒暄之后，聊了几句就开始投缘了，不但表达了共同合作保护音响资料的意愿，而且表达了联合田野考察的意愿，一拍即合，相谈甚欢。两位年龄相仿的男人，都在过去的50年间积累了丰富的专业经验，不用探寻对方的职业深度，一两句话，就知道对方的学术积累。两位音乐家对话的背后，彼此仰仗的是专业机构、采访阅历和只有音乐家才有的直觉，这些背景汇聚起来，就是那场“奏鸣曲”中两支主题的“交响与变奏”。

我们太熟悉这些资料了，熟悉到不以为然的程度，到过图书馆的人都知道那块放置录音带和唱片的地方。位于四层建筑的最底层，地板经过数十年磨损亮光光的，满屋子轻轻散发一股霉味，一排排原木色书架，由于多年紧靠，超额负重。工作人员免不了慌慌张张地用力后，柜门就有点合不拢，一两个门扉不知道哪里去了。录音带、唱片，放的过密，相互挤压，最上层的摞在书架上面，有几张翘在外面，让人担心一不小心会掉下来。没有温度调解设备，没有水汽控制设备，一切依靠自然环境。如此状况，却承载了一份无价之托。

舒勒博士边走边看，仔细观察，时不时提一两个问题。他时而抽出一两卷录音带，时而抽出一两张胶木唱片，弹弹上面的尘土，拿在靠窗处，对着阳光，眯起眼睛，仔细打量，估摸着状况。最后，这个老外走出图书馆，表达了由衷的赞叹。

这是中国音乐研究所听到的外国专家的真实评价，起初觉得过誉，待终于有机会到奥地利亲自看一看别人的收藏，才如梦初醒，恍然大悟，原来杨荫浏的团队所做的事，的确是全世界上的最大盘子，也的确处于一流水平。世界上不多几家音响收藏馆，没有像中国音乐家一样收集海量的民间音乐，甚至有着相同文化政策的朝鲜、越南等社会主义国家，也没有踏踏实实如此大面积地收集传统音乐。正如舒勒和钟思第所说，印度、埃及都是历史悠久的大国，音乐文化品种和数量绝不比中国少，但文化机构没能像中国一样有所作为。中国的传统太丰厚了，只要有录音机，不几年就能“粮满仓”，积累起数千小时的音响，这可不是哪个国度和地方都有的财富。

舒勒博士参观中国音乐研究所馆藏、热情洋溢地赞美技术合格之前，谁也不知道这堆不怎么被自己高看一眼的录音到底价值几何？我们心里那点不自知、不自信、不自重以及总觉得技术水平不够的困惑，瞬间蒸发。现在，知道人家在做什么了，人家也知道我们在做什么了。舒勒博士的评价，让我们立马高攀了已经有100年历史的位于维也纳的奥地利国家音响档案馆（1899）、位于柏林的德国音响档案馆（1900）以及布鲁塞尔乐器博物馆这些老牌音乐资料馆。人家隔三差五地告诉咱，应该毫无客气地宣扬自己，咱还客气干嘛！确实如此，以技术优先为荣的西方式的骄傲和自豪，戛然停止在中国音响档案馆的大门口，戛然停止在1997年。

联合国教科文组织也不知道是不是应该颁发一张奖励性证书，直到中国音乐研究所提出要求，联合国官员才意识到应该颁发一张象征荣誉的证书。终于，标有教科文组织标志和《世界的记忆》的证书转到了中国，自然转换成一块铜制的金灿灿的牌子。①

五十年斗转星移，中国学者的田野成果终于开出了花，长期徘徊在现代化边缘的音乐学界真正尝到了先天之下、立于风头的甜果，渴望跻身国际舞台而居世界前列的身躯，竟然出现在音响界。中国音乐研究所的人万万没有想到，神话传说的“宝藏”竟然真的演变为震惊世界乐坛的一件惊天动地的事，更让学者们想不到的是，“宝藏”竟然让这个团队得到了国际文化组织的关注。七千小时的录音，像“化蝶”一样变成了七千小时的金子，丑小鸭一夜间成为了天鹅，家乡土鸡一夜间变成了凤凰，如同童话中虚拟世界的升迁。从不自信到自豪，巨大反差简直让人觉得恍若隔世。那几天，中国音乐研究所欢天喜地，天天见面的人，相互之间像过

---

① 乔建中让我到东直门外新源里中国音乐研究所对面冲洗照片的小铺中，花50元钱做了一块今天看来相当粗糙的铜牌子，当时还觉得浪费。写下这段没人记录的小故事时有点犹豫，想想可以反映音乐研究所的经济状况，也就如实记录吧，和今天的大手大脚比起来，才觉得当年太小家子气，寒碜了自己的“招牌”。

年一样打着招呼，彼此瞅着：这还是中国音乐资料馆吗？不是臆想幻觉吧？无须说，凤凰涅槃的感觉超级不错！

笔走至此，追想逝者，不能不佩服杨荫浏、李元庆的学术建设意识，不能不回过头来反观两位先行者的远见卓识。中国音乐研究所的三大宝藏，乐器收藏、音响收藏、图书收藏，样样响当当，个个不含糊。这个格局包括了一个音乐研究机构应该具备的所有资料，没人不对此羡慕不已。他们何以总是超前一步？按理说，杨荫浏、李元庆属于那个时代的知识分子，所想所干的事不会超越其他人。然而，他们的确看到了别人看不到的东西，做到了别人做不到的事。他们有一种“大家”才有的本能洞察力，一种体现和还原真实的叙事力。从一个时代过分吵闹的声音中屏住呼吸，平心静气，听辨民间真声，守护了历史原貌。实在说来，这个本事，就是他们对自己民族文化的朴素感情，体会起来真的就是这么简单！

（二）保存复制

音响资料的保存是整个音乐界和技术界都为之付出巨大努力、不断探索、寻求解决的问题，因为它关系到前辈付出了巨大劳动收集到的永不复生的资料如何继续传诸后人等性命攸关的问题，是一股脑向前看的技术世界如何保护音像遗产、以便在未来向世人提供坐标的导向性问题。面对大量音乐资料、音响制品的人，都在思考这一难题。作为相对于录音技术的发展历程要老得多的古老音乐学来说，音响资料的积累还相当年轻，而有待采录的东西更是远远多于已经积累的资料，保护问题远多于现成答案。人们已经认识到音像遗产的价值，但技术的缺失却使人不能在完整保存方面给予百分之百的信心，放置了数十年的音响，就是到了数码技术发明之后也不能让人高枕无忧。

舒勒没有仅仅考察外表不怎么漂亮的老房子，而是发现了里面堆积的珍宝。面对硬件的贫困，奥地利音乐家表现了充分的宽容和理解，但也毫无客气地考问我们：如果一个音乐学家只知道录音而不知道把录自千里之外的珍宝保存好，就等于一个匠人而不是学者（他大概不知道“狗熊掰棒子”的成语，如果知道一定派上用场）。这是彬彬有礼的舒勒出于对中国音响资料的感情说过的最具杀伤力的批评！自然状态的音响归为公有，成为人类共有财产时，专业机构就得立约践约，谨慎保管，以防消失，因为暂时贫困而对保护对象无动于衷，当然是不负责任的事，研究机构本来就是为了收藏和保管而存在。

自改革开放以来，中国音乐研究所图书馆的资料人员，一直从事着把原有音响转录到新载体上（金属录音带、数码光盘）的工作，一点一点，如同蚂蚁搬家，把“老房子”里的东西，腾到“新房子”中。当然，“老房子”中的财产原封不动，保持着“新房子”与“老房子”的延续性。曹明申把全部精力投入在此项工作中，他干的活，如同文物修复技术，修旧如旧，当他把“改版”后的录音播放给我们听时，音乐家们简直视为神奇。

层出不穷的新的音响载体到底是不是优于老式拾音设备，能不能成为最好的载体，还是个尚存争议、远未有结论的悬疑。谁也不知道当代的音响载体50年后还能不能放出声来！对于已经存在了近100年或50年以上的音响载体，倒是因为鉴别出录音的声音与真实的声音没有差别而心中有数、因而可以放心使用。因此，保护现有资料才是可以把握的事。不要过分期待

CD、DVD等，这些看着好看、用着方便的时髦货，50年后是个啥样，谁也说不准，就像转基因食品对人的健康到底是有益还是有害还是个说不准的话题一样，结论还得几十年才能说得明白。

中国人总是认为，越是新的越是好的，既然盒式录音带比之开盘录音带新，光盘比之录音带新，磁卡比磁片新，也就理所当然更好。于是，推陈出新，一味求新，不断超越，就成为技术领域一往无前的趋势。从表面上看，传媒时代互联网时代是对以前时代的颠覆，无处不在的媒体每天都留下海量的声响记录，一时间，人们发现老东西太陈旧，录音机械普及和数码信息爆炸，让人获得了众多的便捷条件和记录载体，求新精神催生了一轮一轮的音响载体，MP3、MP4、录音笔、磁卡，像下蛋的母鸡，子子孙孙遍地都是。其实，真正好的音响并不一定新，那不是行家的结论，模拟信息与数字信息各有千秋，如同数码照片与老照片的效果各有千秋一样。面临挑战，历史资料迫使人不得不重新反思，在保护模式上拨乱反正。倘若历史资料的载体原地不动，不可能更新换代，相应的技术套路，就不只是开辟新空间。所以，如果“越是新的越是好的”这个命题在商业领域还算成立的话，那么到了保护领域就显然是不周详的决策。在音响技术领域，并不是所有的创新都能提高保护效益，比方说，前些年流行过的盒式录音带，到底能不能自我保存都还是个问题，更别说长期贮存了，而它们造成的损失明明白白就在眼前，而且还大得很呢。事实证明，音响技术创造出来的所有产品，帮不了闯过历史声音贮存这么简单的风险，结果曾经导致过数百小时的音响在转录过程中丢失，而且还会有数百小时的音响步其后尘。

（三）李万鹏、李万钧兄弟

2008年3月，笔者第一次在中国艺术研究院图书馆听到钢丝录音机上放出的音响，在座者无一例外，都是第一次听到这部已有百年历史、如同爷爷一样年龄、老掉了牙的机器的歌唱。令人惊讶的是，“爷爷”的声音如此“年轻”！钢丝录音机的音响如同现代光盘一样纯净，以至于在座者无一不产生了低估20世纪初期录音技术的印象。让歇业的“爷爷”再次张口的人，是两位技艺精湛的兄弟，他们是中国音乐研究所创始者之一，李万鹏、李万钧。

哥哥李万钧，1948年参军，入冀中部队“火线剧社”。因在北京从事地下工作，常用电报，所以懂得电台技术维修。一旦喜欢上摆弄机器，自然希望能够组装一台录音机。虽然只上过初中，却勤于动脑动手，终于组装了一台像模像样的真正机器。50年代，他的一只手轧伤，不再适合部队，因为弟弟李万鹏，知道了音乐研究所需要录音技术人员，找到总政治部主任陈沂，要求调到民族音乐研究所。李元庆问他，“可以从部队复员吗?”他说，“这事我自己办。”结果真办成了。他在研究所工作了三年，直至1957年成为“右倾分子”调离。

李万鹏在中国音乐研究所工作了一辈子，直至退休，参与了几乎所有的田野采访，为民间音乐的录音立下汗马功劳。他与采访者一起把民间音乐全部录制下来的急切，给同行者留下了深刻印象，录音不仅是他的职业，而且变成了他的本能。

20世纪50年代初使用的苏联录音带的长度为470厘米，由于录音常需短小磁带必然造成大量浪费。李万钧提出150厘米的建议，节约了资源和外汇。当时，一个磁头一百卢布，只能用三小时，一天下来，就是一堆磁头。兄弟二人不信教条，合上教科书，有样学样，义无反顾地提出约定，一定为中国人争气。他们对磁头进行了一系列改造，自然受到苏联专家排斥。中苏关系紧张时，苏联专家威胁不再向中央人民广播电台提供磁头。所以，二人逼上梁山，为解难题，反复试验，终于克服技术障碍，把磁头寿命提高到数十小时。中国音乐研究所的录音技术水平一时成为全国首位，各地电台的录音人员都来接受李万鹏的培训。

新中国成立时的所有劳动者都在忘我工作，他们一如早年投身革命者，身上也有一种不安于室的躁动性格，总希望做些轰轰烈烈的事，不肯蝇营狗苟，老死于苏联专家牖下。录音机是音乐学家的表达方式，技术是表达的保障。作为技术工人，他们像同时代的知识分子一样，以手中的技术表达了自己的理想。今天，社会越来越重视技术人员，而不只尊重那些写写画画的人。

当今时代，人们急切地往前走，世界也急切地往前走，几乎忘记了怎样保留原来记忆的手段。发明了新式录音机，旧式的便被淘汰，一路走来，边听边丢，到了最后，当人们开始觉得老式录音越来越珍贵、越来越值钱时，希望把旧式录音带再次回放时，却发现已经找不到保存完好、可以放出动静来的老机器了。于是乎，一场恢复老机器的“运动”在世界所有音响档案机构中悄然兴起，而有此能力的技术人员却如凤毛麟角。于是，中国艺术研究院图书馆又想起了被誉为“李万能”的兄弟。重把老前辈找回来预示着什么？虽然一时说不好，但可以判断，技术并非一轮轮淘汰，先进技术未必都靠得住。起码，召唤预示着两位老人在黄金时代过去之后又迎来了新时代对技术的需求与回报。突然流行起来的老技术，是他们擅长做的。权衡过年龄和精力后，他们答应了挑战。兄弟二人果然技高一筹，不负众望，迅速解决了让老掉牙的机器再唱歌的难题。他们不仅为恢复沉默了50年的钢丝录音机重新唱歌而骄傲，也为自己人生价值的重新定位而自豪。无须说，与李元庆、杨荫浏两位付出了劳动却未有收获光荣的历史相比，他们是付出了劳动也收益了荣誉的人。可以相信，他们今天又开始让历史受益了。

余语　音流滚滚

如果说中国音乐研究所的图书馆有图书、乐谱、唱本等传统符号可与一般图书馆的概念对号入座的话，录音储藏则全然是另一片未曾开垦的绿洲，这是国家收藏史中最晚添进来的神话之一。列位全国之冠的民间音乐档案棺，终于把飘浮在神州大地上的滚滚音流聚拢一起，汇成一股冲天巨响，这么多数的音乐品种从这么多数的人手中集中到少数人手中，这是破天荒的第一次。在李元庆、杨荫浏带领下，一班人马把个“鼓全锣不全”的图书馆，配套成龙，揽了一桩即使有金刚钻儿也没人敢揽的“瓷器活”。如果不是听到音响，谁也不敢相信，凭着几台老掉牙的机器就把偌大一个国家中几乎所有民间音乐的品种收集齐全。好在那个建立神话的时代出现的神话可以说是一摞摞的，解释起来顺理成章，比起把贫油的国土挖出石油、比起把天堑化为通途、比起把小米加步枪换为氢弹、原子弹，这点事似乎算不得什么，但对于音乐界，这个库藏放射的能量，确实如同原子弹！

20世纪50年代以来，特别是八九十年代，几乎所有愿意伏身民间的中国音乐学家、作曲家、表演艺术家，都曾到中国音乐研究所图书馆聆听过田野上吹来的“国风”，著名作曲家朱践耳、李焕之、吴祖强，音乐学家汪毓和、戴彭海、陈聆群，著名表演艺术家毛阿敏、关牧村等。音乐家们总带着一副痴迷神情，眯着眼睛，目光悠远，好像迷失于田野上的孩子。参观者无不偏爱听一听老唱机播放的出版于一百年前的老唱片。风靡世界的简便录音机虽比手摇唱片机用起来方便，但对老派音乐家来说，那可不是随着唱片转速的减弱而飘忽不定、吱吱啦啦的音响，而是一段流淌着怀旧诗情的岁月，正是因为要手把摇杆、上紧发条的过程，才增添了自我加工的迷醉感。许多音乐家喜欢一边跟收藏者聊着关于这段录音来自哪里的问题，一边守在录音机边，听着按原速转录中压得很低的音响，迷迷瞪瞪地感受民歌的浓艾苦香。此时此刻，即使是一首普通民歌，都会有阅读两千年前《诗经》、一千年前《竹枝词》、一百年前《挂枝儿》的浪漫错觉。

录音制品彻底改变了人们闭耳塞听的生活经验和只用眼睛吸纳信息的渠道，打开了一个让普通人进入“曲馆、剧场”、见到大师、巨匠、亲耳聆听仰慕已久的“名角”之声的愿望。想想你能听到聂耳亲自演唱的《义勇军进行曲》，想想你能听到阿炳亲自演奏的《二泉映月》，想想你能听到梅兰芳亲自演唱的《贵妃醉酒》，哪是啥感觉、啥滋味呀？虽然今天面对铺天盖地、经过录音棚的降噪、拼接、混响、修饰一新的音像制品，历史主义的本真却会永远在音乐家心底涌动，因为他们对民间艺术自有一番不同于店铺音响的独特理解。单弦牌子曲的音响是如此真实质朴，只有到了假唱假声、假模假式，把一个没有记忆、没有气息、没有嗓子、包装为虚拟世界的音响时代，人们才能更加爱戴原声。每个音乐家都应该按下放音键，分辨一下原来的说书艺人到底是什么水平。被采访者的后代，更是在听到录音时眯起眼睛，想象父辈的音容笑貌，用浓重的乡音评价祖上的智慧和胸声。倘若旋律不再响起，昔日的音容就会尘封。时隔数十年，再听乡音，承载着祖辈心灵史的血亲记忆就被唤醒。

音响设备与学术研究结合，催生出了一个学科。一个刚刚开始有理念却没手段的学科，遇到了科学技术的强大帮手，原本处于边缘的“受气包”，一下子被扶到了学术大堂的中心位置，毫不客气地把许多古老学科挤到了一边。这个学科就是30年前的“民族民间音乐研究”，今天的“民族音乐学”。民族音乐学运气真好！利用可以迅速积累资料的机器，把新生变成老成，把锐气变为城府，把英姿勃发变为羽扇纶巾。相比起来，由西方无数高产作曲家联合起来、集体行动、日积月累的作品集——几乎可以称得上全世界增长最快、汗牛充栋的乐谱集，在民间音乐采访积累的乐谱集面前，一下子就变矮了。谁敢在五大《中国民族民间音乐集成》面前“摆谱”呀！机器的速度打倒了所有专业作曲家的积累，超越了所有专业作曲家的速度！民间和历史的强大，借着录音机的转速，瞬间变成巨人，达到了只有流星才能达到的速度。一个巨人式的学科一蹴而就，一举成名，它一张嘴，就响彻云霄，盖倒了所有声音，让艺术门类的其他学科带着酸溜溜的腔调在民族音乐学家面前表达出高度嫉妒背后隐藏的高度羡慕。录音机让一个古老学科在最短时间内完成了现代学科必要的资料积累，数千小时连接起来的“长城”，使任何一个学科都睁大了眼睛，竖起了耳朵。后人带着敬佩之情称颂杨荫浏改写了“哑巴音乐史”的说法，不仅是指文本中加进的大量谱例，而且是以他亲手收集的大量实实在在的音响为支点。录音机帮助一个学科从坐而论道到深入田野，彻底转变了运作方式，改写了几千年来的学术规则。

后人不无羡慕地认为，杨荫浏和李元庆轻而易举地获得了如同比尔·盖茨、乔布斯在计算机世界获得的空间力度，“音响资料馆”是他们凭靠文化自觉在国家初创期向世界展示的一份保护传统的完美答卷。后人可以举全国之力兴建一个音乐博物馆，但人们更希望在音乐博物馆里祭奠创意者的远见卓识，果敢英断，同时将文化自觉、学科建设等关键词串联而成的意念一并装载，待后来者思考“其命维新”的古国怎样在一次次健全肌体、一次次完善收藏中激活了一个古老学科。传说中“第一代”，一个个谢幕，复归长河，他们在短短几年间完成了从一无所有到学科齐备的巨大跨越，支持其跨越和支撑其力量的就是理想主义和文化自觉。乐器博物馆、音响档案馆、音乐图书馆“三足鼎立”的定位，被一点点确立并被一步步实施、一圈圈扩展，这个历程就是第一代创始者把学科蓝图升华为实物档案的过程。理想主义是那个时代文化人的一种人生态度和共性，它成就了20世纪育木成林“百鸟朝凤”的音响收藏。毋庸置疑，杨荫浏、李元庆是一双用声音这个看起来不存在的存在证实了一个真实存在的学科引航者。

原载《中国音乐学》2010年第1期

张振涛，生于1955年，中国艺术研究院音乐研究所研究员、曾任所长

杨荫浏先生与《语言音乐学初探》

孙玄龄

引　言

1983 年，音乐出版社正式出版了杨荫浏先生的《语言音乐学初探》。我与这部著作的发表有些缘分，纪念杨先生百年诞辰，就以此为题来说起吧。

20 世纪 70 年代末期，我从中央乐团调到了音乐研究所。1980 年的 2 月，所里的负责人杨光找我，跟我说“给你个任务怎么样？给杨先生帮帮忙”。我没接触过杨先生，有些犹豫。杨光叫我干干再说。于是，我就开始了在杨先生手下的工作，有了和杨先生接触的一个时期。

给杨先生帮忙，实际上是杨先生当时缺少一名助手。他当时正在整理《语言音乐学初探》的旧稿，需要有一个人帮他誊写。对于我来说，这是一个绝好的学习机会，我是边抄边学，边抄边问，等于完完整整地学了一遍。这段时期的学习，给我留下了深刻印象，对我以后的研究工作，起了很大的指导作用。

以下，对杨先生的这本书谈谈自己的一些学习体会，以作为对杨先生的纪念。

一、关于《语言音乐学初探》

1. 语言音乐学是杨先生毕生研究的课题之一

早在1945年，杨先生就发表过一篇《歌曲字调论》，文中阐述了昆曲音乐中字调与音乐互相配合的一些原则。在50年代，他又写了《丝弦老调的唱法中所涉及的音韵问题》一文，进一步以音韵学的知识讲明音乐与字调的关系，并指出，研究音韵与字调的关系是研究民间唱法的一个重要方面。此后，在1963年，杨先生在中央音乐学院开设了语言音乐学的专门课程，编写了讲义《语言音乐学讲稿》。讲义中，系统地由音韵学知识讲起，并仔细地分析了汉语的声、韵、调、句逗等与音乐的关系。语言音乐学这门学科，也以此为标志正式地在我国成立了。在此之后，杨先生对此学科总是念念不忘。据杨先生说，在文化大革命期间，什么都没写，只写了一本《音韵学》①。当然，这本书也是与此学科有关的。1980年，杨先生终于又着手对旧稿进行了整理和修订，改名为《语言音乐学初探》，由音乐出版社正式出版，收在戏曲研究丛书《语言与音乐》一书中。

由于这是杨先生长期关心和研究的课题，所以，在《管律辨讹》、《三律考》发表之后，他在身体逐渐衰弱的情况下，又发表的一篇著作，就是这篇《语言音乐学初探》了。之后，没再写文章。因此，我们可以知道《语言音乐学初探》这篇著作的发表，是杨先生在乐律方面总结平生研究之后，对另一个方面研究所作的整理和总结，它同样是在民族音乐研究方面的一面旗帜，它的发表，不但具有表范和引导的意义，同时，也包含着杨先生在这方面寄厚望于后学者的心意。而且，杨先生把这篇文章作为了封笔之作，其深切和重要的意义，也是可想而知的。

2. 语言音乐学产生前的状况

现在，大家都已经知道，语言与音乐的关系，是我们探讨民族音乐风格时的一个关键问题。语言音乐学在民族音乐学中也是一门重要和不可缺少的基础学科。可是，在我国这门学科的出现却是比较晚的。

语言与音乐的关系，在明清以来大量的曲论中也有论述，多是阐明在吐字发声上如何体现出字的声调来，属于声乐理论的较多。在近代的昆曲理论著作中，如王季烈也曾提出过“腔格”说，阐述了字调与音乐的配合规则，但尚为简单，还不能称为体系。近代的语言学家们，对此方面也有甚为重视者。如语言学家罗常培先生，就很重视这一点，他曾写过《京剧的声韵问题》等与音乐关系极为密切的论文，对昆曲深感兴趣，也是杨先生的挚友；语言学家王力先生，也曾在《戏曲研究》上发表过有关京剧音乐的文章；语言学家周殿福先生曾写了《艺术

---

① 1982年6月22日、28日、7月8日，杨先生作了最后的一次讲座。地点是音乐研究所的会议室。内容是“关于中国音乐史研究上应注意的一些问题”。在那次讲座中，他说：“文化大革命期间，什么都没写，只写了一本《音韵学》，稿子还被弄丢了。”

语言的发声道理》一书；另一位语言学家张清常先生，更对音乐有着深深的了解，他曾经发表过《中国音韵学所借用音乐术语》一文，指出音韵学中所用的“声、音、韵、调、清、浊、重、转”，皆是来源于音乐的术语，说明了音韵学与音乐的关系密切。但是，语言学家们虽然都注意到了汉语的音乐性及与音乐之间的关系，可是还没有明确地提出语言音乐学来，也还没有对这方面作进一步的研究。

在文学研究的领域中，凡是研究诗词历史的人，大都从诗与音乐的关系说起，有些著作的引证也甚为详尽。但是，究竟音乐理论是一门专业性很强的学问，没有感性的，只有书本上的知识是不行的。对音乐不能提出实例的话，在说明上就总有不足，有隔靴搔痒之感。因此，无论从语言音乐学或音乐语言学任何一个角度上来讲，在杨先生的著作出现之前，都是处于不成熟的状态。

当然，现实中的民族声乐歌唱者，只要是有成绩的，差不多都在处理语言与音乐的关系上有其心得体会。漫长的历史中，虽然也积累了不少像“依字行腔”、“字正腔圆”等演唱和创腔的经验，但这还只是经验而已，需要有一定的理论进行分析才行。杨先生总结了前人的经验，利用其掌握了的音韵学、音乐学、古汉语以及外语几方面的知识，在汉语和音乐关系方面进行了综合性的研究。他的《语言音乐学初探》，是站在音乐的立场来阐述语言与音乐关系的著作。这篇著作真正把语言与音乐的关系直接论述到了曲调、节奏、乐曲构造等音乐的细微表现上，既运用了音韵学的知识去说明曲调中语言特性的表现，又用了很多实际音乐的例子去说明语言对音乐的影响，二者相辅相成，构成了完整的分析方法。所以，它具有开创性，形成了一个新的学科。

3.《语言音乐学初探》的大概内容

杨先生自身对于音韵学有着相当的造诣，和语言学家罗常培先生曾是时常谈论音韵问题的挚友。他是无锡人，家乡话就分清浊，而且，他对昆曲南曲的清浊音也辨别得很清楚，并通晓韵书的分类，细讲一些音韵知识，是绝无问题的。但是，由于这部著作的读者对象是音乐研究者，所以，文中对音韵学的阐述没有花费太多笔墨，只讲了音韵学简单的历史和基本知识，也就是在讲述汉语基本构成的三要素“声、韵、调”以后，就直接转入论述汉语与音乐的对应关系了。文章中，杨先生对两个方面做了详尽的分析，一个是声调对音乐旋律的影响，一个是中外歌曲在节奏上的对比。前一点是对音乐风格特点的分析，后一点则是对节奏及乐曲结构的研究。

在“字调与音乐的关系”一章中，杨先生首先提出了一个“南北曲字调配音表”。根据这个表中所列出的各种“腔格”，我们完全可以明确昆曲字调配音的规律，也可以知道昆曲的音乐风格是与字调的配音规律有着直接的关系。继续下来的分析，主要集中在对南北曲的音乐风格与语言的关系上。杨先生强调指出：南曲以流利婉转为主，北曲以慷慨雄劲为主。这种差距的原因与生活环境、语言风格的不同有着一定的关系。

此外，杨先生还指出，南曲中的上声字腔，代表着南曲在音乐上所受到的北方杂剧影响。因此他认为：结合语言而言，可以断定南曲的腔调既有其地方特点，又有其早就继承了的北方语言腔调。这是杨先生从语言与音乐关系上对南北曲进行的考察以及他的看法。

在另一章“中西歌词配音规律的比较”中，杨先生指出：西洋语言文字的特点是强弱的音节，我们的是声调。西洋语言的诗歌基础是强弱音节的交替，我们诗的规则，则是诗中字调的安排。我们歌曲的节奏，是由句逗的形式所决定的，而且，我们的句逗决不等于“音步”。音步由强弱音节构成，句逗是单音字在意义上的划分，也是从单音节语言文字的基础上发展起来的一种表达形式，二者完全不同。句逗有其语言上的特点，当它用于歌曲的写作时，又转而形成了我国曲调在节奏上的一些特点。杨先生仔细地分析了中国民族音乐的节奏与外国，特别是与西洋音乐节奏的差别，指出从强弱拍的概念到散板的运用，我们都与西洋不同。因此，运用西洋音乐的节奏符号来记写我们民族音乐时，应该注意到它们的差别。

以上两个部分，是杨先生所最为强调的部分，也是全论文的中心。

杨先生在最后的总结中，把汉语音韵的声、韵、调三要素及句逗与音乐的关系，归纳为以下的几点：

1. 声和韵在音乐的作用体现为咬字，也就是所谓的吐字发声上，在声乐表现方面起着很大的作用；

2. 声调，则对旋律的进行上起着很大的影响作用；

3. 汉语的句逗，直接影响了音乐的节奏，也就是音乐乐句的构成形式；

4. 声韵调和句逗通过对咬字、旋律、节奏方面的总的影响，帮助表现歌词所要表达的内容。

这个基本的归纳，简明扼要地把汉语与音乐的关系说清楚了，而且，我想不只是汉语，可以说是把语言与音乐的关系的要点点明了。

以上，是《语言音乐学初探》这部著作主要内容的简单叙述。

二、新旧两稿的差异

杨先生从1961年开始撰写《语言音乐学讲稿》，1963年3月由当时中央音乐学院中国音乐研究所油印出版。1980年定稿时，没做大的修改。为了使读者了解全书内容及修改的情况，现将全书目录列出，新稿中改动部分在右侧写明，改动处新旧稿均以不同字体表示。

《语言音乐学讲稿》	《语言音乐学初探》中改动的部分
一、音韵问题 音乐三因素 1. 声 2. 韵　唇舌位置和发音响度 3. 调　声和韵的结合 （1）单音 （2）双音 （3）三音 （4）四音	

续表

《语言音乐学讲稿》	《语言音乐学初探》中改动的部分
咬字——头、腹、尾 《玉簪记·琴挑》折中之《朝元歌》(曲例) 《牡丹亭·冥判》折中之《油葫芦》(曲例) 《牡丹亭·叫画》折中之《簇林郎》(曲例) **练习一：字头、字腹、字尾（把《油葫芦》、《簇林郎》歌词可分头、腹、尾的字依次写出）** 五音——唇、舌、牙、齿、喉 尖团字 **练习二：尖团字（1. 把《油葫芦》、《簇林郎》歌词可唱成尖字的字，依次写出。2. 把梅兰芳唱的京剧《凤还巢》原板中唱的尖字与汉语拼音做比较）**	 **（新稿删）** **（新稿删）**
二、字调和分韵系统 三种分韵系统 （1）诗韵和平仄系统 《浪淘沙》(曲例) 《千家诗》的三种吟诵法（曲例） **（旧稿无）** （2）曲韵和新的四声系统 （3）剧韵三十辙 联系了曲韵二十一部看头、腹、尾问题 为何要学习音韵学	 **（新稿加写）“非但……”**
三、为音乐服务的音韵学声韵与表达性能的声韵变化 （1）双声叠韵 （2）叠字《长生殿·弹词》中的一段（曲例） （3）拖腔 （4）复杂的歌词句式字调和表达性能	
四、字调配音问题 **南北曲字调配音原则** 字调分析实例 《牡丹亭·游园》折中之《皂罗袍》(曲例) 《河北梆子·夜宿花亭》中的一句（曲例） 《义勇军进行曲》(曲例) **练习三：南曲字调** **《雷峰塔·断桥》折中之《金络索》** **《金锁记·斩窦》折中之三段《端正好》、《滚绣球》、《叨叨令》** **练习四：北曲字调** **《烂柯山·骂崔》折中之《上小楼》幺篇** **《长生殿·弹词》折中之转调《货郎儿》五转** 南北曲的一般差别 南曲与南、北语言的关系 杂剧的发展先于南戏 南曲中的平声字调 北曲和北方语言的关系 北曲有上去声腔何以有相似的情形？ **北曲还保留着本来面目** **（旧稿无）** 对字调的一些错误看法 （1）对字调的忽视 （2）对字调的片面强调	 **（新稿改写）南北曲字调配音规律** **（新稿删）** **（新稿删）** **（新稿改写）现存元代杂剧还保存着本来面目** **（新稿加写）从昆曲中南、北曲字调初步概括一些经验**

续表

《语言音乐学讲稿》	《语言音乐学初探》中改动的部分
对字调的误解 地方语音和地方音乐的关系 河北梆子《藏舟》剧中的一句（曲例） 一个假设——平仄系统之由来 有关方言调查的一些想法 （1）有计划的方言录音 （2）有系统的诗文吟诵录音 **练习五：表示前后字字调关系的语句**	 **（新稿删）**
五、中西歌词配音规律的比较 我国文字不分强弱 （1）从字典看 （2）从语助字看 （3）从虚实字看 （4）从诗的吟诵情形看 慢吟诗调（曲例） 快吟诗调（曲例） （5）从形成诗歌格律的基础因素看句逗形式 逗是不是音步 逗和音步的差别 （1）从性质而言 （2）从包含的意义而言 （3）从对于诗歌节奏形式在发展中的影响而言 （4）从衬字或外加音节的应用情形而言 《潇湘雨》第四折中之《货郎儿》（曲例） **练习六：句逗的分割** **董解元《西厢记》双调《文如锦》** 逗和音步对音调节奏所起的不同影响 （1）从强弱的周期性出现看 （2）从乐谱中节奏符号与音调上强弱音周期出现的关系看锣鼓 《下西风》中之一段（曲例） 《长生殿・絮阁》折《喜迁莺》中之一句（曲例） （3）从对变节奏和切分法的应用看民歌《信天游》（曲例） （4）从对散板的应用看 《邯郸记・云阳》折中之《喜迁莺》（曲例） 《青冢记・昭君》折中之《楚江吟》换头（曲例） （5）从对混合节奏的应用看 《金蛇狂舞》中的一部分（曲例） （6）从乐句中所包括的小节数看 《夏天最后的玫瑰歌》的一部分（曲例） 《水浒记・活捉三郎》折中之《骂玉郎》（曲例） 《孽海记・下山》折中之《玉天仙》（曲例）	 **（新稿删）**
六、结语和设想 **（旧稿无）** **（旧稿无）** **（旧稿无）** **（旧稿无）** 主观认识客观的问题 本门科学的现状与前途	 **（新稿加写）从历史看语言和音乐的关系** **（新稿加写）语言和音乐之间有如何的关系** **（新稿加写）语言与音乐关系的复杂性** **（新稿加写）用音乐配合歌词的多种方法**

从上列的目录中可以看出，在新稿里杨先生删掉了作为教学课堂作业用的练习部分，此外，还改动和加写了一些。以下，仅对此谈一下我的学习体会，供大家参考。

三、关于定稿改动部分的分析说明

1. 在“三种分韵系统”一节中的改动

继对平仄系统中千家诗三种吟诵调的曲调介绍之后，杨先生又加写了一段话，他写道：

> 非但从吟诵诗、词的音调中，可以找到符合于平仄系统的音调的例子，就是一般已公认为歌曲的民歌中间，也可以找到。举安徽的《凤阳花鼓》和江苏的《孟姜女》为例：……（下略）

平仄本是古代对汉语声调的一个总结，阴平、阳平归一类为平，上、去、入三声归一类为仄。中国的古典诗歌自中古齐梁以后，即以平仄为诗歌的格律之一，至今已有一千五百年以上的历史了。但是，自元代以来，平仄格律就开始不用，转入了使用阴、阳、上、去的四声曲律了。现在，平仄更好像和我们已经完全没有关系了。那么，为什么杨先生在这里还要特地提出在民间传统的音乐中，还有平仄系统的遗留呢？

解决这个疑问的话，首先我们要注意一下语言学家们与文学家们对平仄的看法，一般来说，他们认为：平仄主要是调类问题，平与仄是高低相峙。汉语既有声调，使用汉语来谈话或写作，就摆脱不掉声调的关系，就不能不对它有所安排；以前的平仄规律从诗词歌赋、骈文散文、成语等等方面给我们带来了影响，现在在地方戏曲和曲艺也还起一些作用。我们虽然要适当地注意到诗歌的字音声调问题，但绝不主张在现代诗歌创作中恢复古典诗歌的平仄格律。①

可以说，语言学家们看到的平仄是语言声调分类现象，文学家们看到的平仄是古典诗词的格律，都还没把它和音乐的表现联系起来考虑，好像也还没有进行深究过。因此，杨先生在文中指出的情况，确实是还没有被注意过的。

杨先生从吟诗调中提出了平仄体系的声调规律不仅体现在写作上，在歌唱的曲调上也有规律可循，而且这是一种渊源长久的歌唱与字调的配合规律，它不仅在文人们的诗词吟唱中有所表现，甚至在民歌中也显示出了同样的特点。对只讲字调的平仄组合而看不到其与音乐有关的人来说，这是一个极为重要的提示。

从六朝时起就有了的平仄规律，虽然如今已失去了其文字格律的作用，可是，这一千五百多年来它与音乐的密切配合关系，这个传统难道也没了吗？若是真如杨先生所说的那样，那么，在我们现在日常歌唱的民间曲调中，存在着一个谁还没注意到的而又是自古就被使用着的词曲配合规律，它也是曲调风格形成的一个重要原因。这一点，可从另一个方面证明唐宋以至更古时期的一部分音乐，在我们今天还得以残留，并未消失，还活着。

---

① 语言学家及文学家们对平仄解释甚多，皆可参考。本文主要参考了张清常先生的《语言学论文集》（商务印书馆，1993 年，第 110 页）中“中国古典诗歌平仄格律的历史经验”一文所述。

我想，杨先生特地补充了民歌的例子，进行了更全面的说明，其用心应在于此吧。

2. 在“字调配音部分”的改动

新稿第48页的题目：

> 原稿是：北曲还保留着本来面目
>
> 新稿是：现存元代杂剧还保存着本来面目

从所述内容来看，北曲改为现存元杂剧是必要的。北曲的定义范围很广，北曲的本来面目这个说法也显得模糊。而且，明清剧曲中北曲数量非常多，但若明确为元杂剧，则就是那么几出保留在昆曲中的剧目了，分析起来要方便得多。

关于南北曲的问题，杨先生在1982年最后的一次讲座①中曾说过：

> 南北曲的问题，是个音韵问题。

因为杨先生早已认定书上“南曲箫管、北曲弦索”的记载不对，以这个线索去研究南北曲是行不通的。因此，杨先生不仅抛弃了这样的记载，也没在北曲七声、南北五声上多用笔墨，而是像他所说的那样在南北曲的字音与曲调配合，也就是在音韵问题上去进行分析的。他从昆曲的腔格与语调的关系上，考查到了杂剧的发展可能先于南戏，进而得出在现存元代杂剧音乐仍保持着原貌的结论。他认为：

> 北曲中现存元杂剧的字腔还保存着北方语言的特点。这正可以说明，在昆曲流行以后，元杂剧虽被吸收在昆曲体系之中，但它的音调却并没有因此而受到南方语言的多大影响，很可能，它基本上还保存着原有的面貌。

如果能把现存元代杂剧确定为还保存着本来面目，有了这个基准再去衡量其他的北曲，就能推测和分析究竟有多少宋元以来的音乐存留到了现在。我想杨先生是站在曲调考证的立场上来考虑的，才做了在题目上的这个改动。

另外，在这一节中杨先生对南北曲还作了一些新的补充，他总结了五点可以借鉴的经验。这五点是：

> （1）昆曲中南北曲所配音乐基本上是符合语言字调规律的。
>
> （2）南北曲各自所配的音乐基本上是符合南北方语言的各自特点。
>
> （3）南北曲所配的音乐在个别情况下也体现了南北语言之间的相互影响。

---

① 杨先生在1982年6月22日、28日、7月8日最后一次讲座中所说。

(4) 甲地的戏曲流传到乙地之后仍可能保留部分甲地的字调因素，由此可推知一个剧种前后发展和其在不同地区流传的情况。

(5) 戏剧中歌曲和说白所用的字调在某种情形之下不一定纯粹属于同一个语言系统。

这一章的最前边有了“昆曲南北曲配音字调表”，再加上这五点经过分析得来的经验，使我们在了解和研究南北曲的音乐时，不但能找到入门之处，就是对其音乐特点及难解点来说，也可找到分析的手段了。

3. 在总结部分的改动

在最后的结尾部分，杨先生增写得稍多一些。我记得，前边的部分总是我慢他快，接近完稿时我猛抄了一阵，提前交给了杨先生，心想，我可以缓冲一下了。可是，当我问有没有已改好了的？杨先生说：“当然有，结论都出来了。拿去抄吧！”这个拿去抄的部分，就是杨先生改动最多的部分。

在结论的部分中，他新增加了四点，即：

(1) 从历史看语言和音乐的关系

(2) 语言和音乐之间有如何的关系

(3) 语言与音乐关系的复杂性

(4) 用音乐配合歌词的多种方法

前两点是对本文内容的再次强调，而后两点是属于对本文内容的补充，是很重要的。

在第三点“语言与音乐关系的复杂性”一节中，他指出：

(1) 由于我国地域广大，各地方言殊异，声腔也随之不同，各有特色。但多样性必有复杂性，不可以片言只语即兴所能概括。

(2) 同一地区的音乐，也可能有几种不同语言体系在对音乐同时起着作用。

(3) 一个地区的语言与音乐，既有其地方特色，又有与别地语言交流而受到的影响。

(4) 在漫长的发展过程中，一种音乐，其运用音乐配合字调的方法，往往是有发展的，前后有所不同。

(5) 与音乐有着密切关系的我国音韵学，就是在错综复杂的各地方言的相互关系中发展起来的。歌词配合曲调之复杂性，恐怕也与音韵发展历史上的复杂及矛盾现象有关。

我们所指的音乐、语言都是中国的文化，它们都是历史悠久、深远博大的，既丰富又复杂，表现必是多种多样的。而且，音乐和语言的关系，也是相互交叉着的，无论从哪方面进行研究，都要进行具体分析才成。所以，杨先生才特别地提出这重要的五点，非常具体地指出了汉语与音乐之间的复杂关系，提醒研究者不要简单理解和处理这二者之间的关系。

杨先生在其《三律考》一文中曾指出：客观的音响世界是个矛盾的统一体。在音乐的实践中，并不存在纯粹的三分损益律和纯粹的纯律，也不存在纯粹的十二平均律。音乐实践中对于律制的应用，常是多种律制的矛盾统一。而杨先生在这里提出的注意事项，和他在《三律考》中提出的研究指导思想是一致的，都是使人们注意被研究对象的矛盾及其统一点，从事实出发，不可走入绝路。

他在第四点“用音乐配歌词的多种方法”中指出：

> 一字可以配多音，多音也可以配一字。这也是我国民间音乐的一种优良传统。若从多种唱腔做广泛而细致的分析研究，光在音乐配合歌词的一个方面，一定还可以找到更多的方法。因此，可有多种作曲手法供我们选择学习。

杨先生在这里强调了不但要注意研究对象的多样性，而且要把研究的结果作为可使用方法提供给人们参考使用。这也是杨先生一贯的做法，所以，我们能听到他搜集的民间乐曲《二泉映月》，也可以听到他翻译的古典《杏花天影》等。另一方面，也正像杨先生所指出的那样，在传统的民间音乐中，词曲关系是很灵活的，艺人们口中既没有不可唱的词，也不存在哪个词唱不出来调的现象。并且，不仅民歌、戏曲等有着丰富的歌词形式，其他的乐种里，也有着多种的歌词形式存在。在目前的歌曲中，又出现了数不清的各种歌词形式，已突破前人对歌词所曾抱有的固定观念。如果把这许许多多的词曲结合形式总结出规律来，当然会有利于歌曲的创作，也会有利于民族声乐的发展。我想，这是杨先生的本意吧。

以上，对杨先生补充修改的部分谈了自己的理解。这篇著作处处引人深思，这里只是略谈一二，抛砖引玉而已，衷心希望能有更多的人在这方面进行研究。

四、我的体会

通过帮杨先生抄稿及向杨先生学习，我主要有三点体会。以下，用我亲自经过的一些事例，分别向大家说明。

第一，杨先生的研究有高水平的实践作为基础，精于一点，带动全面。

重视实践是杨先生一贯的主张，而且，他在实践上也有很高的水平，绝对可以说是行家里手。通过和杨先生的接触和对天韵社昆曲的学习，我对这一点有了深深的感受。

在《语言音乐学》中，杨先生主要运用的分析材料是昆曲。杨先生的昆曲是无锡天韵社的，是属于文人唱曲，和舞台上表演的昆曲唱法不大相同。我抄稿的时候，杨先生身体已不大好，我只听他唱过一两句。但是，那个时候我直接向曹安和先生学了昆曲，这促使我了解到他们的唱法以及杨先生的昆曲水平了。

曹先生的昆曲也是天韵社的，而且主要得自杨先生的传授。杨先生一般不唱①，他们的合作，常是杨先生吹笛，曹先生唱曲，教唱也是曹先生的事情。曹先生最后一次教唱，是给研究生们开的课，我正好也赶上了那次机会。在研究生们学完之后，我还单独继续向曹先生学了一段时间，先后学唱过以下九折昆曲戏的唱段：

《寻亲记·出罪、府场》、《金锁记·斩窦》、《邯郸记·扫花》、《紫钗记·折柳、阳关》、《铁冠图·刺虎》、《牡丹亭·游园》、《青冢记·昭君》。

曹先生教的唱段，除了《寻亲记·出罪、府场》和《金锁记·斩窦》以外，我以前都会，可是，几乎和重新学一样。曹先生的唱法和我会的相差很远，特别是《青冢记·昭君》一折，从旋律到唱的风格，和目前在舞台上能听到的京昆相加的《昭君出塞》大不相同，既古朴又别致，而且唱段相当完整。② 曹先生的唱，初听起来有些横直，没有什么装饰，小腔不多，似乎失去了昆曲的婉丽。但是，唱一下就知道了，想唱得与她相似是相当难的。首先难在咬字上。曹先生唱时，把字的韵部把得紧紧的，收韵收得清清楚楚，毫不含糊。嘴上无力，根本做不到。这样的唱法，能够充分体会到吐字发音的美感，也能感到汉语声母、韵母、字调和曲调融合于一体的魅力。

和曹先生学唱，必须先查韵书，写出字的韵部。我记得查的是《中州音韵辑要》，方法是把汉字的四角分为平上去入四个部位，把唱词所属韵部和四声标在各个角上。若是南曲，上去声也要分清阴阳。查韵书时不能马虎，曹先生还要复查，标得不对，用红笔指出。这样做之后，唱时不由得对字的归韵和四声倍加重视。学的结果，不但使我留下深刻的印象，而且我从中知道了文人唱曲的讲究所在，也了解到了为什么以前文人们那么喜欢昆曲和投入对昆曲写作的道理。当然，曹先生那文静长者和学者的风范，到现在也还时时浮现在脑海中。

以上通过叙述向曹先生学习昆曲的体会，是想从侧面说明杨先生昆曲的成就确实很高。我也是一个从事京剧、昆曲等实践的戏曲音乐工作者，从我们的专业角度来看杨先生的昆曲，也是十分佩服的。他确实是精通了一点，以其去带动全面的。

杨先生曾对很多人都说过，研究中国的音乐，就是离不开中国音乐的实际，离开了这一点，如何研究？所以，他的各项研究，都是和他立足于实践分不开的。他利用实践的知识随时发现问题，提出问题。比如，他曾在讲座中强调说：

> 能唱几十套昆曲，就能看出书上的错。如北弦索，南管弦什么的。③

况且，杨先生不只是能唱，而且是能随口背出几十套昆曲来的人！

---

① 关于杨先生一般不唱的原因，他向我说：原本嗓子极好，可以唱正生。可是，年轻时好胜，学外国人开窗睡觉，受了凉，以为得了痨病，一蹶不起。昆曲社的苏州社友某君是医生，号脉后曰，壮得像头牛！开了发汗药，一觉后病虽好，嗓音却不得恢复。从此只吹笛，不放声了。

② 大约1982年，美国依利诺斯大学的黄琼藩女士，通过联系和曹安和先生学习昆曲。曹先生颇为认真，提前很久考虑曲目。决定后和我说："我准备教她《昭君出塞》，是天韵社的唱法，和一般的不一样，现在很难听到。你要不要也跟着学学？"我当然高兴。大约两个月时间，学了一出《昭君出塞》。

③ 杨先生在1982年6月22日、28日、7月8日最后一次讲座中所说。

另外，我还深感到，不仅是昆曲，在其他古典声乐方面，杨先生也有独到之处。

1964年，我曾有幸结识一位女高音歌唱家李桄，她是一位非常优秀和难得唱得那么好的歌唱家，从西洋到民族的唱法她都掌握得相当好。有一次，她唱了一首《三阳开泰》给我听，那种纤细的风格，婉转的曲调，听了以后觉得美极了。她告诉我是跟杨荫浏先生学的。杨先生和她说，中国人唱歌不都是那么大嚷大叫的，当表现出纤细、含蓄的心情时，也有相应的曲调和唱法。之后，我一直想能有个什么机会再听一下。到研究所工作后，看到有录音，可那是戏曲的唱法，跟我听李桄唱的不同。好容易有了机会，趁着和杨先生在一起，我特地向他请教了一次。杨先生听到我对《三阳开泰》有兴趣，他来了兴致，真给我示范了几句，而且告诉我，小曲有小曲的唱法，平和而婉转，力主于味道，不能表现过分，更不能使人听起来发腻。他哼唱的几句和他的讲解，到现在我的印象还很深。

实践的水平若是到了这样的地步，那么，无论是分析或是说明，当然是有说服力的。杨先生的分析论述，以昆曲为主并纵横整个戏曲说唱音乐之中，有理有据，令人佩服。如果对于研究的对象只停留于所谓的田野考查而不是更进一步的话，那么，也只是停留在考查而已。把研究对象从实际上掌握了，才是一个好的研究者。杨先生是这方面的表率，而且，以他为代表的音乐研究所建所以来，也是这样提倡的，所里的人都很重视实际。我曾听研究所的老人们说，20世纪60年代初期，研究所内风行着两段唱腔，一段是京剧《碰碑》“叹杨家秉忠心……”一段是苏州评弹《情探》“梨花落，杏花开……”差不多谁都会哼上几句，都被这两段唱腔迷住了。我想，在这样的氛围下，怎么能不出成绩呢？

第二，杨先生有着非常认真的做学问态度。

杨先生的认真态度众所周知。在此，我仅举一个小的例子，也作为侧面的说明吧。

第一次到杨先生家中时，看到杨先生拿着我在曹先生那里学昆曲时用毛笔写的作业，向我说道：“字是一个人的第一印象，所以，字一定要写好。”我想，由于我是抄稿，他谈起写字也是自然的。不过，在谈到他如何练字时，谈着谈着，他从柜子里拿出了他临摹的毛主席草书给我看，那种临法使我很奇怪，那不是原文，而按照字的部首重新排列过的，像一部草书字帖了。我不由得说出：“您怎么是这么个临法呢？”杨先生说：“唉，我们是做学问的人呀，不是写一写就完了，是做学问呀！”由此，我知道了在杨先生那里不得马虎，因为他无论干什么都是在做学问。听说，杨先生在学《毛选》时，把《毛选》也做了索引。这也是出自他的习惯，干什么都认真。

第三，杨先生的研究，一般都是与当前音乐所需有关。

杨先生的研究，一般都是与当前的音乐有着关联。他的语言音乐学研究，也是为了音乐研究的发展和音乐创作的需要而进行的。因此，他说的内容给人以亲切感，能使人按照他所说的去想、去做。在这里，再向大家介绍一个不为人知的情况吧。

我记得，大约是1973年左右，中央乐团钢琴创作组改编了一些民族器乐曲，其中有由琵琶曲改编的《十面埋伏》。为了听取意见，把刚从“干校”回来不久的杨、曹二位请到了乐团，让他们听了殷承宗演奏钢琴曲《十面埋伏》。谁知，这个曲子最后还是被当时的文艺组给否定了，理由是琵琶弹可以，换成钢琴，则加重了七声音阶的味道，显得有洋味儿。为此，杨先生不服，奋笔疾书了一篇洋洋大文，从历史说起，一直说到现在，论述七声音阶并非外国才有，我国古已有之。当然，这篇文章是不会有下文的。可是，这不但说明了杨先生的为人，还说明了杨先生研究、写文章的目的就是为了解决现实问题，为了给人们帮助。尽管是在那个说了也没用的时代，杨先生的秉性也未改变。这件事，是当事者殷承宗亲口告诉我的。很可惜，不知道那篇文章到哪里去了，不然，我们还能多看到一篇杨先生的论文。

结束语

完成了抄稿工作以后，我还帮杨先生做了些杂事，随即就结束了在杨先生身旁的工作。文章排印以后，我帮着校对了一遍，又到杨先生那里去过几次。

1983年5月的一天，一直照顾着杨先生的华蔚芳同志拿着新出版的书来找我，说是杨先生送给我的，而且，拿出了20元钱，对我说："这是杨先生给你的抄稿费。杨先生叫我告诉你，所里和出版社都没有这样的规定，因为你认真，所以从稿费中提出百分之五来给你。"我当然推辞不要。老华同志说："给你你就要。拿着！"……没想到，杨先生还一直记得我做的事情，使我很感动。和曹先生学昆曲，曹先生送了我一支相当好的曲笛；给杨先生抄稿，既是我的工作又是我的学习，反而还给我报酬。对此，用语言来表达我的感谢心情是很难的。

继杨先生之后，据我管窥所知，音乐研究所的研究成果中，有章鸣先生写的《语言音乐学纲要》一书，书中对曲调和语言的直接关系做了进一步的考证和对许多歌词、曲调进行了详细的记写，所费工夫之大，令人惊叹！这本书，为进一步研究语言音乐学的人，提供了很大的便利。黄翔鹏先生在《清末的诗界革命和学堂乐歌》一文中，非常清楚地阐述了新诗与音乐的关联，可看做是对杨先生《语言音乐学初探》中"从历史看语言和音乐的关系"一节的最佳说明，因为说法新鲜，条理清楚，在文学界也引起了震动。当然，还有其他人也运用了杨先生的观点和研究方法。总之，语言音乐学已在我国的音乐研究界成长壮大了，杨先生开创的大业，会越来越被后人们发扬光大。

原载《中国音乐学》2000年第2期

孙玄龄，生于1944年，日本丽泽大学教授，曾任中国艺术研究院音乐研究所副研究员

世纪末的反思

——杨荫浏百年诞辰感言

栾桂娟

杨荫浏先生是笔者供职的中国艺术研究院音乐研究所的前任老所长。惜久闻其名未谋其面。作为后学者，没能亲聆其教诲，深感遗憾。随着时间的推移，先生的学术思想及其先知先觉的大师风范，在我心目中逐步升腾起来，由衷地生出“高山景行，私所仰慕”之情。杨荫浏先生百年诞辰正逢20世纪末年，由此引发了我对杨先生的再认识，及对音乐界一些相关问题的再思考。

杨荫浏——一个需要重新认知的中国民族音乐学之宗师

更多的后学者是从那本《中国古代音乐史稿》（上下册）了解杨荫浏先生的。这本著作现已流传于国内外，是高校教授中国古代音乐史的主要参考资料。作为音乐史学家，其学术价值已成共识。然而，作为民族音乐学家的杨荫浏，其面貌，其地位，尚需认真地给予审视与研究。这不仅关乎对一个曾对祖国音乐事业做出重要贡献的音乐家的准确评价，同时，也关系到对我国现、当代音乐发展历程及其经验的认识和总结，因为，杨先生以其毕生的实践活动和理论建树，已经在事实上认定了他是20世纪音乐历史中的一个不可多得的承上启下的重要人物。

其一，学术上的博大精深

有人说，如今社科领域难以产生大家、大师级的学者，其中一个重要的原因，为阅历之狭窄，学养之浅薄。以往的著名学者，大都国学功底厚实，且学贯中西，经融会贯通，而后自成一统，因其根基深广而得枝繁叶茂之势。

杨荫浏先生自幼年开始熟读经史诗词，六岁向道士学习箫、笛、笙、二胡等乐器，十二岁拜“天韵社”名师吴畹卿，学习昆曲及琵琶、三弦等乐器，又从美国传教士郝路易女士学习英文、乐理、钢琴及西方作曲技法，打下了坚实的音乐文化基础。后又进一步涉猎东西方宗教音乐，采集大量的民间音乐资料，译注古谱，探究律制，对器乐、声乐、作曲及音乐理论有着既深且广的深层次把握。对国乐的洞悉及其前途的预测，有着精辟独到的见解和中肯而切中要害的分析批判。并发表了具有开创意义和文献价值的研究成果。像他这样既有博大的知识结构，又有深厚的学术素养，在音乐界恐无几人能比。

其二，贯穿一生的实践精神

这里所说的实践精神，主要包括两层含义：一是对于音乐领域的多方面亲身实践；二是把对于音乐本体的深层把握，作为理论研究的必备条件。这两个方面，他都做到了身体力行。

先生的多才多艺，是众所周知的。比较有代表性的中国民族乐器如笙、管、笛、箫、琵琶、三弦、二胡、古琴等，他都是经过认真拜师学来的，所学多种乐器，几乎无一不精。这在从事器乐的同行中也不多见。同时，他又以入室弟子的名分学习演唱昆曲，且常年坚持不辍，居然学会了九十多出昆曲和十三套琵琶大曲及近百首小曲。① 必须说明的是，这些所得，是在不影响学业的前提下，利用课余时间学到的。不仅如此，他还向美籍音乐家学得了英语、钢琴、作曲等语言、音乐技能，了解了西方的音乐文化。从以上简略描述的音乐之旅中，我们看到了先生敏而好求、痴迷于音乐天地的可感形象。从这些可以感知的事例，让我们懂得了一个道理：当你为了实现自己的理想或是一个强烈的愿望而“沉深好学，孜孜不倦”之时，吃苦，便转化成助人奋进的催化剂。

下水游泳，便懂得了水性；下田耕耘，便懂得了收获。杨荫浏先生由酷爱音乐而投入乐海尽情地遨游，使他得到了丰厚的艺术滋养和人生体验，这无疑像一块结实而稳固的基石，为日后向更高的目标攀登奠定了成功的基础。

杨先生做学问讲求言之有据，据之确凿。为此，他不知疲倦地深入“虎穴”，去获取能够确立某种结论的可靠的典型例证。这成为他从事音乐研究的一条准则。

研究中国古代音乐史的人都知道，由于历史的和技术的原因，前人只留下少量的文献资料（有的还存在真伪之辨），一些重要的古谱译解的难度很大，在此种状况下，杨先生却知难而进，提出要撰写“有音乐的音乐史”——用翔实的史料和尽可能丰富的音乐实例，来阐述已经形成或曾经存在过的音乐的实在面貌以及运行规律。作为后人为前人写史，这是一个不小的

① 此数字见《中国近现代音乐家传》（第一卷），沈阳：春风文艺出版社，1994 年，第 381 页。

难题。先生的这一指导思想并非一时兴起，而是基于对前人所写音乐史走过的弯路，以及对音乐理论工作的特殊性的深刻认识而得出的，① 并以勤奋的努力和实践证明了这一学术观点的真理性。

先生认为："认识来源于实践。""音乐史属于理论，而又有着它自己的特殊性。……要特别重视音乐艺术的实践，为其特殊的理论研究充实基础。"他还指出："书本知识固然重要，但前人之言可靠与否，有时还有待于实践的检验与印证。"② 他对前人已有的定论，不是盲目认从，而是"钻"进去问一个为什么，直到最后变成自己的理解。这过程中，既印证了历史文献中定论准确的一面，又能发现其中真伪混杂的地方，再经过反复论证，尽力将二者分清，还历史以本来面目。这对后人读史是一个不小的贡献。比如律制问题、音阶问题、古谱译解等，他都要弄出个究竟来，以求得出一个自己信服的结论。为此，他不厌其烦地查找文献资料，研究出土文物，做精密繁琐的律学算解；不辞劳苦地深入民间探寻古代音乐遗存……其结果是：以逆向研究的方法，从民间吹打乐《五台山僧寺流传宋时乐谱》（又名《国乐八大套》）中找到了辨认姜白石歌曲字谱的新线索，又从西安古乐所用的流传至今的乐谱中发现了它和宋人字谱的关系，并从民间艺人的实际演奏中悟出了此种乐谱的运用方法，从而破译了宋代字谱，使七百年前姜白石创作的歌曲成为现代人可以聆听的音乐；根据古代文字记载及乐谱和乐器演奏时所用音阶的反复推敲，证明了在隋唐时新音阶就已存在，在历史上很早就存在五声音阶与七声音阶并存的现象；在乐律学方面，是他首次确认并阐述了荀勖笛律中隐含的管口校正法，又发现"文献上出现混淆弦律与管律的情形，而且以误传误"③，而进一步钩沉索隐，并通过律管实验，比较分析，得出"三分损益法，是弦律，不是管律"的肯定性结论，明确否定历史上曾具权威性的三分损益同径管律的律学定论，从而也肯定了历史上包括晋代荀勖、梁武帝萧衍及明末朱载堉等人对三分损益管律的否定态度。仅举数例，可见杨荫浏先生的唯物音乐史观及其执著的实践精神。

对于国乐，杨先生也有自己的见解："非但庙堂的雅乐是国乐，燕乐也是国乐；非但儒教所曾加以特殊崇拜的音乐是国乐，未受适当注意的佛道二教的音乐也是国乐；非但汉族的音乐是国乐，满蒙回藏以及苗夷瑶壮等族的音乐，也是国乐。""因此仅就史料一方面说，国乐的园地，是非常的广大，并不是某一类音乐某一种曲调，某一派技术和理论所可以代表的。"但是它们有很多"还散在民间，在奏唱者的乐器上、歌喉中，连书面的乐谱，都未曾有过"。需要我们去"搜罗、分析、比较、归纳"，进行"科学整理"④。这些意见渗透着先生对民族音乐及其研究的极为明晰的认识和理性判断。其中蕴含着三层意思：第一，国乐的范畴，包括了民族音乐的所有方面，不管庙堂还是民间，就音乐本身而言，没有高低贵贱之分，都应给予关注；第二，民族音乐好比一个非常广大的园地，那里，有着丰厚的沃土，滋养着中华民族灿烂

① 参见杨荫浏：《中国古代音乐史稿》（下册）"后记"，北京：人民音乐出版社，1984 年。
② 参见杨荫浏：《中国古代音乐史稿》（下册），北京：人民音乐出版社，1984 年，第 1067—1068 页。
③ 引自杨荫浏：《管律辨讹》，《文艺研究》1979 年第 4 期。
④ 原文见《国乐前途及其研究》，转引自《中国音乐学》1989 年第 4 期，原载 1942—1944 年间的《乐风》杂志。

的音乐文化，但是大多存在于民间唱奏者的乐器上和歌喉中；第三，因此，去发现，去搜罗，然后经过分析、比较、归纳的梳理过程，找出其中的规律和奥妙，是我们音乐工作者义不容辞的职责和使命。

基于这样的认识，杨荫浏先生特别重视对感性材料的搜集和积累，再把调查研究得来的第一手资料进行深入肌理的分析和考证，除供研究之用，还通过出版、讲学等方式尽快将它们变成社会财富。先生一生采集、整理成专辑的民族音乐材料（包括与别人合作）共三十一种。其中公开出版的有十八种（另有多种油印资料供学人参考，或作为教材传授给学生）。[①] 包括了民族器乐、宗教音乐、戏曲音乐、说唱音乐及综合性调查报告和普及性读物等。如《阿炳曲集》、《定县子位村管乐曲集》、《智化寺京音乐》（油印）、《古琴曲汇编》、《十番锣鼓》、《宋姜白石创作歌曲研究》、《关汉卿戏剧乐谱》、《工尺谱浅说》等（专著、论文另论）。这些成果已成为我国民族音乐的宝贵遗产。

有人说，没有杨荫浏，就没有今天的《二泉映月》。如今，此曲已被列入世界音乐之经典。但是，它带给人们的思考却远远超过一支名曲的自身价值。1950 年，杨荫浏和曹安和先生抢录了华彦钧（瞎子阿炳）演奏的三首二胡曲和三首琵琶曲（其中一首为二胡曲《二泉映月》），其意义绝不仅仅为演奏家们增添了六首上佳曲目，它的深远影响还在于由于有识之士的自觉意识，把尘封于世的民间艺术家及其精湛的演奏艺术展示给所有热爱艺术的人们，使中华民族的优秀音乐作品成为人类共同的精神财富。而在先生的音乐实践中，这只是他珍视祖国传统音乐的一个缩影。杨先生从青少年时代就开始自觉地搜集、抄录民族音乐材料，尤其是那些尚活在民间的可以直接感知的各种音乐活动，这中间既有僧人的演奏，又有艺人的歌唱，亦有文人的琴曲弹奏，包罗甚广。他将这种深入体察民族音乐“原生态”的工作一直坚持到晚年，勤耕不辍，从不懈怠。从而磨砺了一双慧眼，能够洞穿广存于民间艺人及市井百姓中的音乐实况的真正价值。

其三，对民族音乐理论的全面确立

杨荫浏对于我国民族音乐理论的探索和研究是多元的、立体的，且具相当的高度和深度。他既以扎实的音乐实践作基础，又有着深邃的学术眼光，读他的文字，其宏论高远而不空泛，其考据细致而不繁琐。他的一生著述颇丰，据美籍学者韩国锁教授 1980 年在美国的《民族音乐学》期刊上撰文，公布了杨先生一生所发表的音乐论著文目，计一百零六项。[②] 在音乐领域中，他的理论著述既包含着对历史及前人经验的总结与思辨；又对一些基本理论问题，做出了自己的判断和立论；同时，对我国音乐发展的前途进行了高屋建瓴的预测和前瞻。经过时间和实践的检验，应该承认，这些研究成果至今在学术界仍然居于理论前沿的地位。

首先，他倾一生心血而完成的《中国古代音乐史稿》，尽管受到历史条件的局限，但就其学术价值和历史地位，是不容置疑的。它是一部“有音乐的音乐史”，书中所含的研究成果和

---

① 文中数字见《中国近现代音乐家传》（第一卷），沈阳：春风文艺出版社，1994 年，第 387 页。
② 王子初：《荀勖笛律研究》，北京：人民音乐出版社，1985 年，第 18 页注释。

研究方法，都给人以前所未有的启示和点拨。被学术界称作“迄今半个世纪来研究中国音乐史者必读的基本参考书，后著无出其右”①，“凝结了他毕生心血的《中国古代音乐史稿》”是“他献给我们伟大祖国的一面铭刻中华民族音乐文化史的丰碑”②。

其次，关于乐律学的研究，杨先生下过很深的功夫。从20世纪40年代初至80年代，发表了多篇有关律学的专题论文，从《平均律算解》、《谈笛音》、《再谈笛律答阜西》到《管律辨讹》、《三律考》，他都经过审慎地考证和反复实验，对三种律制（三分损益律、纯律、平均律）得出了准确的答案，并公布算解的具体方法和数据，以供后人进一步研讨。这些均已成为重要的理论文献。作为乐律学家，他的一些律学观点，已被国内外的律学研究者首肯，并被采用到各自的著述中去。他根据亲身实践所总结的“音律理论，只能在音乐实践中出现，也只有通过音乐实践才能得到检验”③。的精辟论述，必将对律学研究产生深远影响。

第三，他创立了语言音乐学。虽然在明、清之际已有人对有关戏曲的吐字发音及腔词结合的原则有过著述，但明确地作为音乐学的一个分支学科提出来，并加以系统地论证和分析，杨先生可谓“前无古人”。他在1963年写就的《语言音乐学》（后载《语言与音乐》，人民音乐出版社1983年版），为我国语言音乐学的开山之作。在这篇六万字的长文中，分六个部分系统地阐述了有关语言与音乐关系的相关问题。它们是：（1）音韵问题；（2）字调和分韵系统；（3）为音乐服务的音韵学；（4）字调配音问题；（5）中西歌词配音规律的比较；（6）结语和设想。先生以为，“音乐与语言的关系，是一个相当重要的问题。”“现实生活中人的语言音调，是音乐艺术的一个相当重要的因素。”④ 这里用了两个“相当重要”，在文章一开头就揭示了建立这门学科的重要性和必要性。由于他本人有过多年的演唱实践并经过潜心研究，因此，文中对语言中的音韵因素声、韵、调的发音要求及字调的配音规律等，都有较为详尽的描述和把握。这里没有虚妄的假设和空想，都是实实在在地从实践中总结出来的。他的这篇论文有三大贡献：一是把多少年来被音乐界所忽视的语言与音乐的关系问题极为郑重地提了出来，并做到有理有据；二是“以身现法”，搞讲座，带学生，将音韵学率先纳入音乐教学中来；三是运用比较研究的方法，既讲明了汉字的音韵特点，又与西方语言（以英语为例）做了中西之比较，并结合音乐形态的同异，表述了语言特质对音乐风格及其表现的不容忽视的作用。同时，他对确立这一学科提出了理论设想，对后人寄予殷切希望。不夸张地说，这是一个极具潜在价值和发展意义的学术领地。

第四，关于搜集、整理民族民间音乐的理论和方法。杨先生有一个坚定的信念：那些深深扎根于我国传统文化土壤并带着广远人文信息的民族音乐实态，正是我们民族音乐发展的基础。他的学说的可贵之处，正在于他看到了这个“基础”的极端重要性——因为“它含有一

---

① 王子初：《荀勖笛律研究》，北京：人民音乐出版社，1985年，第18页。

② 《杨荫浏音乐论文选集》吕骥所撰《悼念卓越的音乐史学家杨荫浏先生》（代序），上海：上海文艺出版社，1986年。

③ 杨荫浏：《管律辨讹》，《文艺研究》1979年第4期。

④ 杨荫浏：《语言与音乐》，北京：人民音乐出版社，1983年，第1页。

个伟大的民族音乐文化的精髓和形态”①。因此，杨先生非常重视此项工作，把它当成一项长期进行的系统工程来抓。他还谆谆地告诫研究人员，要把通过亲身实践掌握第一手资料作为自己的基本功，从中可以获得最为直接也最为可靠的理论佐证。他不但亲自去做，还组织和带动全所的人去各地采录现存的音乐实态。这些资料的历史价值已被现实所印证。先生所用的方法可归纳为三点：一是坚持以实践为本的指导思想，提倡沉到基层，做实地考察，躬身面对你的调查对象（也是学习对象），搜集工作既要深入，又要全面；二是对于古代音乐资料，一方面进行细致的分析、比较，并做必要的技术性“复原”工作（如译解古谱、复制乐器、辨析古文等），将“死”资料“活”起来，另一方面将现存民间的实际唱奏表演作逆向分析，寻找古代音乐遗存，找出两者的有机成分，“死”资料与“活”资料结合起来进行研究，往往收到奇效；三是以辩证唯物主义与历史唯物主义作为观察与分析音乐资料的根本方法。先生以其实践过程和科学的研究方法而取得的宝贵成果和经验，为我们提供了可资借鉴并行之有效的理论观点和研究途径。

尽管杨荫浏先生怀有自谦之美德，在功成名就之时，仍在不断地反省自己，认为自己实践得还不够，太多依赖书本知识，将音乐史专著定位在“史稿”，不作最后“定论”，是期望后来的学者写出更为完善的音乐史，等等。但是，笔者以为，以他严谨的治学态度和对中国音乐事业作出的杰出贡献，已经奠定了他作为20世纪中国民族音乐学之宗师的学术地位。他的学说已经或正在被当代学术界所认识，其影响是不可估量的。

五十年前的预见与五十年后的应验

《中国音乐学》1989年第4期刊登了杨荫浏先生于40年代初连载于《乐风》杂志的长文《国乐前途及其研究》，这是一篇难得的民族音乐学论纲。它的预见性、它的指导性及其实践性，虽经半个多世纪的尘封，至今仍以它鲜明的现实意义和理论高度，显示出逼人的理性光芒。作为“反思中国现代音乐文化问题的重要历史文献”，“其视野之广阔，透视之深邃，眼光之锐利，逻辑之严密，言辞之恳切，特别是其历史责任感之紧迫，将中国音乐界对这一问题的认识，推到了一个不仅是那时代的最高点，而且具备了超出那时代的意义”。这个超时代的意义，就在于它所“关切的、力求解决的种种疑难，今天，依然是我们关切的、力求解决的种种问题”②。

这篇长文共分十个部分。所谈国乐的现状及其发展过程中应该注意的问题，可谓句句良言，抓住了要端。在第二部分“国乐将来地位的前瞻”中有这样一段话：

> 个人的发展，因与社会上人群的交融作用，而更能达到充分的境界，个人的特性，因

---

① 柯达伊：《论匈牙利民间音乐》，北京：人民音乐出版社，1985年，第160页，文中着重点为笔者所加。
② 以上三段引文见《中国音乐学》1989年第4期魏廷格《反思中国现代音乐文化问题的重要历史文献》。

与社会上其他人们的互相比较，而更能发现独到的价值。音乐也是如此。国乐的独到的价值，必须在与世界音乐公开比较之后，始能得到最后正确的估计，国乐的充分发展，必须在与世界音乐经过极度融化之后，才能达到它应有的程度。

这即是此文章全部思考的最终目标。它所展现的是经过“极度融化”之后，在整个世界音乐之林中的中国音乐应该具备的特殊光彩。换句话说，中国音乐的发展，应该在保持自身特色的基础上，又适当吸收世界音乐中能够为我所用之处，并经过质（融化过程）的升华，达到既具民族性、又有世界意义的“程度”——这才是中国音乐的最高境界。杨先生就是在这样一个美好的憧憬和理想追求的前提下，用宏观的目光来观察和瞻望中国音乐的。

更值得深长思之的是，文中所指出的“现存”问题，正切中今天的时弊。如，关于30年代末期国乐现状的总体评估（摘自第三部分）：

当前的情形是如此：我们自己还没有充分准备，世界音乐的力量却已非常强大。我们若再不准备，便只有让整个世界音乐，逐渐地来淘汰或排挤了这仅存的一些国乐成分。因此，我们必须准备。但准备的当儿少量的渐次的发见、归纳和发展，似乎很难抵挡得住世界音乐磅礴的潮流。因此，在这样畸形的环境之下，我们应当给予国乐过度的注意。

这就告诉我们，为了明天的目标，今天我们的当务之急是什么。给国乐以“过度注意”，是从“我们还没有充分准备”的实际状况提出来的。这种没有充分准备的境况长期持续下来，没有了“主心骨”，其后果就可想而知了。

如果说，上面提示的是研究国乐的重要性，下面则以比较的方法，进一步阐述了此项工作的迫切性和艰巨性（摘自第八部分）：“国乐过去的材料还没有经过整理的阶段，还没有形成清楚而具体的结构，尚能提纲挈领地令人一望而知。”

西方音乐，随着时间之流，刻刻前进，这是事实。但西方音乐的史实和材料，记载精详，搜罗宏富，这也是事实。有了后一个事实，才会有前一个事实。

“谁都觉得研究西方音乐的便利：史实方面，有种种详简不同的通史，有各个音乐家详细的传记，更有包罗万象的音乐大辞典和百科全书；……有专书，有总集，有单行本，只要有钱，人人都能买到；……他们音乐创作的合理产生，一部分可以说是过去他们对于音乐史料的研究透彻详明的结果。”“我们决不能单看他们成功的结果而忘掉他们所以达到这成功阶段的真正原因。”

真正原因是人家真正努力去做了，所以才有了全方位的理论和实践的成果（尽管也有不足）。我们的艰巨性不仅因为起步晚，而且也存在客观上的困难：

“西方各国，地域大多比我国狭小，历史大多比我国简短，音乐史料的整理工夫，比较容易做。看看我国是怎样？历史有五千年的悠久，地域有一千一百数十万公里（引者按：此为当时的计算数字）的寥阔，复杂的民族，多次经过外来文化的沟通和融合，音乐的内容，是何等的不易整理！”

正因为不容易，我们更应该加倍努力去做。因为：

“过去没有绝对把握得住，现在与将来便绝对谈不到。”请注意，先生在这里用了两个“绝对”！

绝对，就是不容置疑。这个“过去”，就是“现在”和“将来”的“根”，根不存在，或者根不深广，焉能干壮、枝繁、叶茂、花盛？因此，这个“过去”是绝对不能漠视的。它不是可有可无，而是伸向现在和将来的“主脉”。主脉旺，则通体顺畅。

五十年后，面对先生的经典论述，有一种“不幸”被言中了的感觉。一些彼时的“因”，成了现时的“果”。宛若犀利的目光曾穿过半个世纪的时间隧道，“窥”到了延留于本世纪末的种种顽症。我们不妨联系现实状况作一点对应性思考。

其一，关于中国音乐发展的基础

20 世纪 40 年代初，是杨荫浏针对国乐的现状及其前途提出了这个带根本性的问题。他以为，一个民族乃至一个国家的音乐绝不是可以凭空创造出来的，它需要一个坚实的、赖以发展的基础，这个基础在我国就是经过几千年形成的民族传统音乐文化。我们必须“从古今一脉中间”，去接近国乐的基础，接近这个基础的深度和广度，“只有认清了来路，才可以有合理的去路”。他还做了一个比喻，好比接力赛跑，“从跑来人的手中，接了标志，才能继续前进”。那标志便是“来路”，那继续向前的方向便是“去路”①。

颇具回味的是，中、外智者往往会在各不相知的地方发出同样的感悟。匈牙利的柯达伊在20 世纪 30 年代中期对于民间传统和音乐文化曾这样表述：“传统的形式会演变，可是只要人民存在，它体现了人民的心灵，那末它的本质将保持不变。”我们的责任则是“把从人民那儿接受过来的民族共有的传统，经过加工，改造为一种新的艺术形式以后，重新送还给成为一个民族的人民”②。从这个意义上讲，我们的音乐教育、创作、表演，都离不开这个曾经托起过无数优秀音乐人才的“民族共有的传统”。

那么，反观这些年的音乐实践，这个基础及其“上层建筑”又是处于什么状态呢？

首先，在音乐创作方面，确实出现了一批优秀的音乐作品，其中的器乐作品如管弦乐《春节序曲》（1956）、小提琴协奏曲《梁祝》（1959）、钢琴协奏曲《黄河》（1969）及大型声乐作品《黄河大合唱》（1939）等，已被列入 20 世纪世界音乐经典，成为世界人民所喜爱的音乐珍品。声乐作品也产生了代表着不同时代特点的流传广泛的保留曲目（囿于篇幅，不一一列举）。这些成功之作有两个共同点：一是作者有着比较深厚的传统音乐基础，同时，掌握现代作曲技术；二是取材以民族民间音乐素材为主，主题音乐具有鲜明的民族风格或地方色彩。但

---

① 原文见《国乐前途及其研究》第六部分。

② 三段引文见柯达伊《论匈牙利民间音乐》第九部分《民间传统和音乐文化》，文中着重点为笔者所加。

是，今天的老百姓还是抱怨好歌太少，大量的器乐作品也在昙花一现中消失了。渐渐地人们感到了创作的危机。这种现象到了20世纪90年代后期尤显突出，于是，过去的老歌又被音像制品当做了新宠，甚至有人不顾这些原创作品的本来面貌和思想内涵，随意改动原歌词，有的演唱庸俗不堪（特别对已故作曲家的作品）。这种“江郎才尽”般的无奈，量与质的极大反差，可视作一个历史的“苦果”。

人们常说，教育乃治国之本。教育是推进人类文明的基础工程。可见教育的责任之重大。当我们回眸音乐教育这块艺术园地时，情况似乎也不容乐观。且不说大范围的基础音乐教育。现在活跃于乐坛的专业创作、表演人员，大部分是从音乐院校或其他高校走出来的，不可否认，学校确实培养了一些尖子人才，为基层增添了师资力量。但是，也有不少学人毕业后长期写不出高质量的作品，许多歌者如千人一面般表现平平，缺乏应有的底蕴，让中国的老百姓大失所望。综观几十年来我国的音乐教育没有明显的改进，其缺陷依然存在：第一，教育体制、教学内容数十年如一日，基本维持原来照搬西洋音乐体系的专业教育；第二，学习内容单一，学生普遍存在重专业、轻文化的倾向，根源在校方；第三，忽视传统音乐教育，师资弱，课时少，并趋于萎缩状态。这三个缺陷带来的后果，是音乐人才不够合理的知识结构，不够完整的音乐概念，不够过硬的音乐技能和创造意识。

一般音乐院校把教授民族民间音乐课当做普通的共同课来上，安排课时量，这门课只会压缩，不会增加，如果轮到其中一门民间音乐课缺少教员时，则宁可停掉，也不外请。这就是传统音乐教育在专业院校中的地位。六十年前柯达伊就曾批评过：“虽然这个基础经常被提起，可是事实上缺乏对它的实质的认识。”① 而时隔六十年后的事实是“这个基础”仍然被漠视。我以为，这正是我国音乐教育最大的失误。我国音乐教育的基础究竟在哪里？如何抓好全方位的素质教育？这个问题看来要带到21世纪了。

其二，新音乐创作的根基

这个问题与前一个问题紧密相关。杨先生曾明确指出：“一方面的绝对保守，固然足以阻碍国乐本身的进展；但另一方面仅向未来着眼，不待看清过去事实，所取鲁莽的进展方式，却更多贻害国乐的可能。”因为“国乐的基础，更是在过去的事实，而决不是现在或未来的无中生有！”而当时的通病是“国乐家们却很少肯从过去材料出发，作基础的修养，他们的兴趣，似乎是偏于创作新调的方面”。并断定，这种“空手起码的接力跑”，其结果只会“贻害国乐”②。

所谓“基础的修养”，也就是传统音乐的修养。事实已告诉我们，对传统音乐把握得越是深广，创作的基础就越雄厚，用起来自然就富余而留有取舍的余地。先生进而以刘天华为例，指出他获得成功的重要条件，是他具备了“过人的背景修养”。非但如此，他还时时不忘“加添他修养中国乐背景的成分”，广泛收集音乐资料，亲自深入民间记录原始曲调，其“数量相

---

① 二段引文见柯达伊《论匈牙利民间音乐》第九部分《民间传统和音乐文化》，文中着重点为笔者所加。
② 此自然段引文见《国乐前途及其研究》第六部分。

当惊人”。同时，又“因了对于西乐渐增深刻之度的认识”，经过“极度融化”，创作了新的国乐曲调。这就是刘天华所具有的“深度”。刘天华“积十余年之久，方才写成的仅仅十几个曲调”，之所以成为超越时代的传世之作，其真谛便在于此。可以说，刘天华是真正接受了“标志”，认清了“来路”，又创出了“去路”的新音乐工作者的典范；他的成就无可争辩地代表着国乐发展的方向；他的实践结果与杨荫浏的国乐发展论不谋而合，实践与理论在他身上得到了完美的体现。①

作为前人手中的一个“标志”——刘天华的成功经验，惜未引起多数新音乐工作者的注意，五十年来，新音乐创作走出了一条曲折迂回的道路。归结起来，在认识上有以下几个误区：

误区一，把传统与当代当做新、旧文化的分水岭，强调批判的力度（包括盲目地否定），忽视古今一脉的传承性，将两者处于对立状态。因此，创作者必然缺乏进行“基础修养”的自觉意识，对传统音乐文化知之甚少，甚至拒绝认知。

误区二，将西洋作曲技术理论奉为至尊，对于传统音乐中具有审美价值和创作技法的优秀遗产不屑一顾，更不进行深入的分析和研究。

误区三，器乐创作大多重和声，轻旋律；声乐创作不重视音乐素材的积累，多以“二手材料”进行创作，致使作品缺少优美动人的个性特点和持久的生命力。

由此带来的后果，是音乐工作者传统音乐的基础十分浅薄，再由他们指导后人，民族音乐的传统就变成了时有时无的空中浮云。一方面是翘首以待的音乐受众，一方面是功夫不过硬的创作队伍。音乐创作就像到处可见的“火柴盒”建筑一样，形式雷同，色彩单调，如过眼烟云，瞬间即逝。自20世纪80年代后期，又在没有充分准备的情况下，遭遇快餐文化的猛烈冲击，“基础”不牢，必然站立不稳，中国音乐在两面夹击的缝隙中艰难地行进着。

有人会说，我也注意了借用一些民间音乐的曲调，在有的作品中，还嵌入了若干民族色彩的象征性音调。但是，仅停留在表层的借鉴是远远不够的。“因为最重要的是，作曲家必须把农民音乐的内在特质转化成他们自己的音乐”②，这个“内在特质”不是一朝一夕就能得到，只有长期深入到这个“基础”内部，不断地体验，达到丰厚的储存和提炼，使自己足下的“基础”有了一定的厚度，“那些无可比拟的完美的材料”才会“成为作品的灵魂”。③“如果不基于这个基础，他们将会像飘蓬断梗一样地在世界文化中漂泊，或者不可挽救地消失在国际的半文化之中”④。这些深刻的忠告，如同我们自己经历的失败一样，是不应该被忘记的。因为此情此理同样普照中外。

又会有人说，那西洋的现成的创作技巧就不重要了吗？回答：非也！我们不但要学，还要真正学明白，但学习的目的绝不是安于模仿，而是要将它们有选择地用到我们的创作中来，最

---

① 此自然段引文见《国乐前途及其研究》第六部分。
② 音乐出版社编辑部编，陈洪等译：《巴托克论文书信选》，北京：人民音乐出版社，1985年，第48页。
③ 原文见巴托克著，郑英烈译：《匈牙利新音乐的基础》，《音乐译文》1981年第1期，北京：人民音乐出版社，第75页。
④ 柯伊达：《论匈牙利民间音乐》，北京：人民音乐出版社，1985年，第160页。

终达到“极度融化”的理想境界。这里要解决两个认识问题：

一个是要明了西方音乐并不是纯粹由文人创作出来的“空中楼阁”，它主要依托的还是本民族及相近地域所固有的音乐文化。“西方的民间音乐已溶化在高度的音乐文化之中”①。在他们大师的创作中可以找到民族传统有机的承续。我们所熟悉的柴可夫斯基、肖邦、巴托克、李斯特、德沃夏克等，都是深谙这个道理的。贝多芬“化”得更巧妙，比如他的《田园交响曲》第一章的第一主题便是源于一首用风笛演奏的南斯拉夫舞曲。② 他们在接受民族传统文化的同时，便接受了这文化中所蕴含的精神财富。

另一个是要明了要在我们的创作中达到民族传统有机的承续，“唯有从我们民间音乐中方才能找到”③。这就是我们创造新音乐的根基之所在。有了这个根基，我们才可以广纳百川，从而自主地把握“随心所欲”的音乐创作空间。

其三，关于中国音乐的理论体系

在当年，西方以系统的音乐理论体系挺进中国时，分散而庞杂的中国音乐理论还没有建立起自己的理论体系。杨先生在分析了音乐界的现状及发展态势后，特别提醒新音乐工作者要给予国乐以“过度的注意”，指出研究国乐的重要性，在于“可以指示我们民族前途一个比较适当的发展方向。所以，它的成功与否，多少决定了整个民族音乐的发展成功与否”。这个问题之所以如此迫切，是因为中西音乐关系的问题，在那时的音乐实践中已露端倪。“有了西乐的作曲技术，若欲永久安于模仿西乐则已，一想到民族音乐的创作，多少便与国乐的背景问题发生了关系。有了西乐的声乐技术，若欲永久安于歌唱西国方言所写成歌调则已，一想到我国文字与音乐间不可分离的特性，便又与谱曲度曲等国乐背景问题发生了密切的关系。”④

五十年前，先生对中国音乐的特殊性就有着如此透彻的认知，这既是一个实践的问题，更是一个理论问题。遗憾的是，这样关键的历史命题并没有引起理论界的充分关注。回眸五十年的足印，我们的一个重要失误，就在于音乐理论的缺损和长期滞后状态。所谓缺损，是指不完整的理论框架；所谓滞后，自然是指理论落后于实践，没能真正担起理论应负的责任。

要说理论界没有作为，那肯定是不公正的。首先，有关西方音乐的书籍，我国翻译、出版的就比较系统。除了史论一类，光技术理论的就不只有“四大件”（通常指和声、复调、曲式、配器），而且包括了各家各派，仅和声一类就有许多种，应了杨先生五十年前的那句话，“谁都觉得研究西方音乐的便利”。（其实照搬的居多）关于中国乐学的书也出了不少，如专项研究的中国音乐史、律学、乐器研究及民族音乐系列丛书（包括民歌、曲艺、戏曲、歌舞、器乐、少数民族音乐等）；还有有关中国音乐的词典、百科知识、民族音乐概论等；民族器乐、民歌、戏曲的曲谱本数量繁多；尤其自 1979 年重新启动的席卷全国的民歌、器乐、曲艺、戏曲音乐四大集成，从发掘、整理到公开出版，成为一项迄今为止世界上最大规模的音乐基础工程，可谓功在千秋。

---

①③ 柯达伊：《论匈牙利民间音乐》，北京：人民音乐出版社，1985 年。

② 音乐出版社编辑部编，陈洪等译：《巴托克论文书信选》，北京：人民音乐出版社，1985 年，第 46 页。

④ 此自然段的引文见《国乐前途及其研究》第八部分。

问题的症结，在于作为中国音乐的基本理论，虽经过近一个世纪新音乐工作者的耕耘，却还没有真正形成一整套的音乐理论体系。比如尚需确立的我们的基本乐理、作曲理论、旋律学、音乐美学、音乐表演美学、音乐文献研究、民族声乐理论等。中国音乐所包含的内容及理论研究的范围，比起外国音乐，相对地更加广泛和丰富，且有它自身的特殊性和独特的历史、人文背景，非花大力气，方能奏效。如果当真按照杨先生五十年前预想的那样，制定一个“伟大而合理的计划”，大家认清方向，刻苦努力，就会使计划变为现实。这个颇有远见的构想，可惜未能实现。五十年后，这个框架似乎有了，但并不完整，基本处在零散的“各自为政”的状态，成了本世纪音乐领域的一大遗憾。因此，理论的滞后，也就在所难免了。

我们需要的是自省与自信

我们即将带着20世纪的收获和遗憾跨入21世纪。反思，虽带着些苦涩，却会使我们更加清醒。杨荫浏百年诞辰带给我们的思考是深长的。它不仅让我们重新认识了这位世纪老人的学者风范和历史功绩，因而更加钦佩他、敬重他：更具意义的是，从先生的学说中得到了新的启迪和感悟，这正是“百年之后认宗师”的深层含义。

在先生身上，我们清晰地看到了三个闪光点：

其一，深刻的批判精神

杨先生做学问，不管是面对古代，还是面对现实，面对国外，他都是用自己的眼睛去洞察，去判断，从不盲目地顶礼膜拜，也不会轻率地否定他人。但是对于认定了正确的，决不含糊其辞；对于认定了错误的（不准确的），不管是什么权威，他都敢于亮明观点，以正视听。在学术上无私无畏，敢于坚持真理。

其二，彻底的实践精神

实践精神，是理论工作者应该树立的一个基本理念。具体到音乐，它是一种可感的艺术形态，再宏观的理论，也不可能脱离音乐本体去坐而论道。在先生身上，作为文人具有的深厚学养与在民间音乐中长期熏陶而形成的艺术气质，两者兼容于一身，这使他的研究，既能从广阔的视野去观察具体事物，又能深刻理解和体察他所面对的种种研究对象，于细微之处发现内在的价值。他对实践的认识鞭辟入里，发人深省。

其三，科学的辩证观点

这是先生一生坚持的正确的方法论。他始终站在“不薄西方爱东方”的立场来阐述自己的学术观点。他在谈及确立中国音乐发展的基础，过度注意国乐研究，强化传统音乐修养的时候，对西方音乐没有带任何的偏见和轻视，却告知我们，应该向西方学习有益的东西，向世界音乐文化吸取养料，并解决好相互融合中的一些实质性问题。从中我们看到了这位世纪老人“基中可融洋”的坦荡胸怀。

那么，相比之下，我们的差距在哪里呢？

这使我想起季羡林先生前不久就我国文艺理论在国际上“失语”问题讲述的一段话。他说：“我们中国文艺理论并不是没有‘语’，我们之所以在国际上失语，一部分原因是欧洲中心主义还在作祟，一部分是我们自己的腰板挺不直，被国外那一些五花八门的‘理论’弄昏了头脑。我个人觉得，我们有悠久雄厚的基础，只要我们多一点自信，少一点自卑，我们是大有可为的。”但是“我们必须付出艰苦的劳动，多思考，勤试验，在不薄西方爱东方的思想指导下，才能为世界文艺理论开辟一个新天地”①。问题的实质，在季先生的批评与鼓励中给点透了。归根结底，我们还是多了那么一点自卑，少了那么一点自信。

自卑与缺乏自信，是一个孪生体，两者互为因果。反躬自省，在挖掘民族传统与借鉴西方两个方面，实际上我们做得都不够彻底。当学西方时，我们接受的是人家现成的理论成果（是人家经过多年努力而得来的），因为“便利”，得来便容易，也便有了“囫囵吞枣”之弊端；对自己民族的传统音乐文化，本来就一知半解，又因干起来费时费力，要花太多的工夫，在没有认识它的价值之前就自动放弃了；再加上所受的是以西方音乐体系为主导的音乐教育，先入为主，习惯成自然，渐渐地，崇尚西洋，轻视传统，在音乐人中广成风气。对几千年形成的传统音乐文化从不闻到不爱，必然就少了一份自信；对西方的音乐文化，虽知之也不甚多，但在长期的耳濡目染中只知道昂首仰视，因为超越别国音乐的高度（如同外国人要超越中国音乐的高度）是极不容易的，因此，又多了一份自卑。这样走过了几十年，好像是在原地打了一个圈子，外国的没学透，自己的倒丢得差不多了。这就是我们走过的一个怪圈。想来教训极为深刻。

历史证明，艺术规律是不能违背的。巴托克能够发现“事实上西欧与东欧的民间音乐存在着极大的差别。后者的旋律构造中一般说来没有直接反映出属和弦的特征，因此，允许更多地被扩大了的自由和声手法”②。并从匈牙利及东欧国家的民间音乐宝藏中吸取了新的音乐材料“得以挣脱大小调的枷锁，从而获得了自由”③。难道我们就不能下深工夫将我国音乐与西方音乐两种文化的同异关系搞清楚，从而清醒地走自己的路吗？难道一个世纪的代价换来的教训还不能让我们变得聪明些吗？还是季老先生说得好，“兹事体大，决不会是一蹴而就的事，我们必须付出艰苦的劳动，……任何掉以轻心的做法都是绝对有害的”④。

让我们痛定思痛，再思再想，把责任真正承担起来，传给新世纪一个清晰合理的“标志”，让后人认清我们在正反两个方面获得的真实体验，踏着我们的肩膀奔向一个充满希望的未来。

原载《中国音乐学》2000 年第 1 期

栾桂娟，生于 1944 年，女，中国艺术研究院音乐研究所研究员

①④ 见季羡林：《学术回忆录》的“总结”部分，后以《我的学术总结》，载《文艺研究》1999 年第 3 期。
② 音乐出版社编辑部编，陈洪等译：《巴托克论文书信选》，北京：人民音乐出版社，1985 年，第 141 页。
③ 巴托克著，郑英烈译：《匈牙利新音乐的基础》，《音乐译文》1981 年第 1 期，第 104 页。

中国音乐文献学：以杨荫浏为枢纽的两个时期

王小盾　喻意志

在20世纪中国音乐学中，杨荫浏先生的《中国古代音乐史稿》无疑是最具代表性的成就。此书出版于1981年，亦即杨先生辞世的前三年；而其前身，则是1944年油印出版的《中国音乐史纲》，以及在20世纪60年代陆续印行的《中国古代音乐简史》和《中国音乐通史简编》。它是贯穿杨荫浏后半生的一项宏伟事业，也是穿越半个世纪风沙巍然矗立的一座学术丰碑。七十多年来，曾有不少学者撰写了《中国音乐史》专著。但这部《史稿》却一直以其恢弘的结构、翔实的史料和精当的论证秀出于各家之上；后来诸史均未突破它的理论构架，而只能在局部稍稍深入。

为什么会出现上述情况呢？若作笼统的回答，可以说，是因为杨荫浏具有独特的知识结构，才、学、识在他身上出现了奇妙的结合；若作更深入的回答，则应该说，是因为风云际会，当此中西文化氤氲交融的世纪，杨荫浏得风气之精华，始终站立在坚实的传统文化的基础上接受西方思想的沐浴，成为"博通古、今、中、外的音乐学家"。他的这个立足点是特别值得注意的。1949年以前，他就锲而不舍地研究了中国的传统音乐；1949年以后，他又进一步开拓了古谱译解、古乐器考古与测音、传统音乐普查、民族乐器改革以及汉语言音乐学等新领域，为理解中国音乐、开辟其资料库藏投入了最大的热情。用黄翔鹏先生的话来说，杨荫浏"是选择了民族音乐的基地，扎根于中国传统、浸润于民族音乐的艺术实践中，在古、今、中、西之间架起了宏伟桥梁的”[①]。从杨荫浏所进行的广泛的民间调查和深入的音乐史研究来看，他架设这一桥梁的基石，一方面，是通过实物和民间遗存体现出来的中国人民的音乐实践，另一方面，则是内涵丰富的历代音乐文献。

庄子有云：“且夫水之积也不厚，则其负大舟也无力。……风之积也不厚，则其负大翼也无力。”重视基础建设或曰重视史料建设，无疑是杨荫浏学术人生中最宝贵的经验。换言之，《中国古代音乐史稿》的成功，直接依赖于杨荫浏在文献学、考据学中的建树。

一、杨荫浏的文献考据工作

杨荫浏的文献考据工作，既是《中国古代音乐史稿》（以下简称《史稿》）的论述基础，也体现为此书的重要撰著方法。《史稿》所附录的“参考书目”中列举了340多种1911年以前的古籍文献。这些典籍遍布经、史、子、集四部，尤以子、集二部为多。杨荫浏音乐文献工作的主要内容，便是在这些古籍中提取相关的音乐文献资料，加以校释、汇考或编成表谱，使之成为既具原始史料的品质，又符合历史逻辑的学术依据。他的工作，为中国音乐史研究提供了方法上的示范。兹略举几例。

1. 校释

《史稿》第九章（222页）对白居易《霓裳羽衣舞歌》的描写作出判断：《霓裳羽衣》“全曲共36段；其中只有曲谱、没有歌词的部分，约占一半”。这一论点的依据，便是对原诗的校释。其方法是：先以白居易诗与其注文互释，再以白诗、白诗注与宋代周密《齐东野语》、欧阳修《新唐书·礼乐志》、沈括《梦溪笔谈》的相关文献相互比勘，存其真实（周密之说），剔除讹说（欧阳修、沈括之说），得出正确的结论。

为求得琵琶“拢捻”手法的本义，第九章（243页）也采用了相同的校释之法。《乐府杂录》有云：“曹纲善运拨，若风雨而不事扣弦；兴奴长于拢捻，下拨稍软。时人谓曹纲有右手，兴奴有左手。”白居易《琵琶行》又对琵琶女“轻拢慢捻抹复挑”与“沉吟放拨插弦中”作了描写。《史稿》以此二条资料互证，判断“拢捻”相当于后世“推、吟、揉”等左手指法，因而廓清了把“拢捻”理解为“不用拨子弹奏，相当于后世‘夹弹、滚’等左手指法”的错误认识。

第十九章（433、437页）表现了校释法的另一种典型。杨荫浏对沈括《补笔谈》关于二十八调系统的原文略加校勘，列出二十八调用音比较表，并将校勘文附于注释。如云：“今《燕乐》二十八调，用声各别：正宫、大石调、般涉调，皆用九声——高五、高凡、高工、尺（‘尺’字后原文多一‘上’字）、高一、高四、勾、六（原文缺‘六’字）……”又对宋仁宗《景佑乐髓新经》关于二十八调系统的论述作了校勘，列出八十四调表。校文云：“原文‘姑洗商为高大石’，应作‘姑洗商为中管高大石’；‘蕤宾商为中管商调’，应作‘蕤宾商为中

---

① 黄翔鹏：《杨荫浏先生和中国的民族音乐学》，载《传统是一条河流》，北京：人民音乐出版社，1990年。

管双调’……”这是杨先生结合自己的音乐实践对文献作出的校勘，属校勘学上的理校。

第二十五章（673页）讨论了南戏《八义记》。《六十种曲》认为此戏是“明徐元著”，《曲海总目提要》则认为是明徐元“据元人《赵氏孤儿记》改编”之作。杨先生将《八义记》与明世德堂本《赵氏孤儿记》相较，发现二者所用曲词大体相同，仅改正了一些错字、修改了少数词句并删去一部分曲牌而已，于是得出判断：应以《曲海总目提要》所说为是。

以上五例，反映杨荫浏是按“无校不读书”的古训，审慎地对待每一条资料的。

2. 汇考

在杨荫浏先生《史稿》的正文和注释中，我们常常可以发现在同一主题下相关文献资料的汇集。例如：

在第一章，杨荫浏专门讨论了“关于原始史料的问题”，提出论证“传说中的远古音乐”时进行资料处理的基本原则。此后从第4页至11页，他以详细的注释列出了关于这一主题的大批音乐史料，包括《吴越春秋》的“弹歌”，《吕氏春秋》的“葛天氏之乐”、“士达作为五弦瑟”、“阴康氏之舞”、“禹之《夏》九成”、“南音之始”，《礼记》的“《大夏》之舞”，《尚书》的“箫韶九成”，《左传》、《论语》的“韶乐”；此外包括见于《周礼》、《史记》、《淮南子》、《庄子》、《山海经》的同类音乐史料。这种汇考工作，使《史稿》显示出高度的史料价值。

在第四章（52页），杨荫浏讨论了春秋、战国时期的南方民歌。他为此汇集了见于《乐府诗集》的《徐人歌》、《采葛妇歌》资料，见于《论语》的《接舆歌》资料，以及见于《说苑》的《越人歌》和见于《孟子》的《孺子歌》资料，以说明《九歌》得以产生的深厚背景。

第八章（207—209页）有“民间歌舞和故事情节”一段。为展示隋唐五代的《参军戏》、《踏摇娘》等民间歌舞戏的面貌，杨荫浏列举了《乐府杂录》关于黄幡绰、张野狐弄《参军》的记录，《太平御览》引《赵书》、《乐府杂录》关于俳优演“参军戏”和《踏摇娘》的记录，以及《云溪友议》、《教坊记》、《唐阙史》等唐代典籍关于刘采春善弄《陆参军》、李可及表演《三教论衡》等事迹的记录。这些史料，加强了书中论述部分的真实性。

在第九章（236—246页），杨荫浏叙述了隋唐五代乐工乐伎的音乐事迹。这一叙述，也是同汇考性质的注释并行的：其中汇集了《隋书》、《羯鼓录》、《唐语林》、《全唐诗》、《本事诗》、《乐府杂录》、《明皇杂录》、《唐会要》、《唐书·礼乐志》、《杨太真外传》、《碧鸡漫志》、《能改斋漫录》、《南唐书》、《教坊记》等典籍中的大批相关史料。

汇考事实上是杨荫浏的一种工作习惯。1937年，他综合自《宋书》至朱载堉《乐律全书》等数十种典籍中的乐律学资料，写成长达57页的《平均律算解》；1961年，他从《太和正音》、《盛世新声》、《九宫大成南北词宫谱》、《纳书楹曲谱》等七部明清典籍中摘录有关材料，编成《元王伯成天宝遗事诸宫调拾残寻谱》（手稿）。这些工作的基本方法也就是汇考。这一方法实际上表明了杨荫浏全面占有资料的考据学作风。

3. 表谱

“表”是古典文献学上的一种体裁，首创于司马迁《史记》，而后成为纪传体史书的体式之一。其特点是按年次或类别列记复杂事项，具有以简驭繁的功能，所以在考据学家那里发展成一种著作方式，又称“表谱”。在《史稿》中，这种著作方式得到反复使用，往往代表了对一大批文献资料的整理和概括。

在关于“元杂剧”的章节里，杨荫浏先后编制了如下表格：一、《录鬼簿》所列作家时代及生地表（504—508 页）；二、元杂剧现存乐谱一览表（513—532 页）；三、元杂剧同曲异体之音乐资料表（617—626 页）。第一表实际上是大量考据工作的总结：先据楝亭藏书十二种本《录鬼簿》去掉属于金代的董解元一人，又据天一阁本《录鬼簿》加上张云庄、奥殷周、赵伯宁、王元鼎、刘士常、虞伯生、元化问等七人，共收《录鬼簿》中所载元杂剧作家158人；然后按王国维所分的三个时期（“蒙古时代”、“一统时代”、“至正时代”）列出各剧作家所处时代及出生地的情况；并设标记以表示某剧作家的剧本仍有存于今者。第二表则是依“词作者”、“剧名・折数・牌名・首句”和“现存曲谱”诸项对元杂剧现存乐谱情况的全面总结。若配合第一表，便可快速查知某一剧作家的现存乐谱情况、其背景及其出处。第三表可以视作一项校勘学的工具，因为它将元杂剧中至今存有较多曲例的一些曲牌，联系其乐谱出处，分为“宫调与曲牌名”、“所属《杂剧》及其折数”、“曲数”、“《九宫大成谱》中乐谱之卷页数”等项予以著录，可供研究者据以考查同一曲牌下的辞体变异。这三份表谱其实是一脉相承的，它们从不同角度展现了元杂剧剧目、剧本、曲调的创作及保存情况。

另外，《史稿》还编有“宋代南戏乐谱情况保存表”（362—364 页）和“元南戏现存乐谱一览表”（643—693 页）。前者依“剧名”、“歌词”、“现存曲谱”等项目著录了四种宋代南戏——《王魁负桂英》、《王焕》、《乐昌分镜》、《陈巡检梅岭失妻》的现存乐谱情况，共著录40曲；后者依“剧名、词作者、出数、曲数、出名、牌名、首句”及“现存乐谱出处”诸项记录了元南戏现存乐谱情况，共著录481出存有乐谱的元代南戏和501曲另曲曲谱。这是关于宋、元南戏乐谱的重要工程。

杨荫浏在《史稿》一书中，亦据古代目录学成果来概括某时期的音乐文献面貌。例如据《汉书・艺文志》所载音乐书目，推测秦汉时期音乐文献的规模，并推测“歌诗”、“声曲折”等名目所反映的乐谱情况（133 页）。又如据《隋书・经籍志》的“乐类”、“字类”、“历数”类、“总集”类，据《新唐书・艺文志》的“乐类”、“谶纬类”、“小学类”，论述隋唐五代音乐文献的规模与分布（267 页）。如果把古籍目录也看做一种表谱，那么可以说，杨荫浏在运用表谱和目录来从事学术研究方面，有很高的造诣。这反映了他深厚的古典文献学修养。

4. 比证

按照传统的理解，考据的实质是文献研究，可以看作文献学的分支。20 世纪，在新学科和新观念的影响下，考据学被赋予了新的内容。王国维所说的“二重论证”，陈寅恪所说的“取地下之实物与纸上之遗文互相释证”、“取异族之故书与吾国之旧籍互相补证”、“取外来之观念与固有之材料互相参证”，展示了考据学的新境界。这种新境界，在杨荫浏的《史稿》中表现为丰富多样的比证。

第一种情况是以新的观念和旧的材料相比证。例如战国末年的《荀子·成相》篇，在过去一直是作为赋文看待的。但它共有五十六章，每章都重复一种文字结构格式，有明显的节奏感，显然同音乐有关。杨荫浏遂引入“今天中国有几百种用来讲唱故事的歌曲，我们称之为说唱音乐”的新认识，判断“它是用一种叫做‘相’的击乐器打着节奏而同时歌唱的一种诗篇”(56页)。这是一个合理的新见解，已被近年出土的汉代说唱俑证明。

同样的情况又见于对《诗经》和《楚辞》艺术形式的论证（57—72页）。面对这两部素来被当作文学总集来看待的作品，杨荫浏引入音乐文学的认识角度，首先根据诗歌的章句结构应与乐曲的曲式结构基本一致的规律，为《诗经》中《国风》和《雅》两类歌曲归纳出十种曲式；其次判断《九歌》是民间祭祀时应用的一套乐曲，十一首歌曲均属重复同一曲调的民歌形式；此外还具体分析了《楚辞》中的“乱”、“少歌”、“倡”等三种曲式因素。他对“乱”的分析步骤是：先提出楚辞中六首用到“乱”的歌曲（《离骚》、《招魂》、《涉江》、《哀郢》、《抽思》、《怀沙》），再一一列出其中“乱”的文辞，最后考察其章法结构上的特点，确定了“乱”的音乐特征。这些特征是：一般长于其前的各歌节，适于突出高潮；在音乐上必然有节奏的改变，适于配合高潮；在旋律的运用、速度的处理、音色的安排、唱奏者表达手法的运用等方面，都有其突出之处。这样一来，《诗经》和《楚辞》这两部古老的典籍，便被赋予了新的内涵。

另外值得提及的是《史稿》关于魏晋大曲曲式结构的部分（114—119页）。在这里，杨荫浏引入音乐形式的分析角度，根据《乐府诗集》、《宋书·乐志》中的记载判断：魏晋大曲有多节歌词，可用同一曲调反复歌唱，每次歌唱之后加上了不唱的“解”；有时另加进华丽婉转的抒情部分“艳”，或紧张快速的部分“趋”。“艳”多用在一曲之始，偶亦用于一曲之中；“趋”则用于一曲之末。关于“解”，历来研究者一直是从文学角度认识的，即认为“解”等同于歌词的“章”，所谓“一章为一解”；但从音乐角度看，这种解释是不全面的。杨荫浏遂依据《新唐书·礼乐志》、《羯鼓录》、《太平御览》、《乐书》的有关记载，推断“解”是大曲中歌曲之后的器乐演奏部分，或是用器乐伴奏进行舞蹈的部分。他认为，所谓“一解”即是第一次奏乐或舞蹈，余皆类推；“解”的音乐特点是常用于乐曲末尾，速度较快，热烈奔放；这些特点，可以用现在的民间歌舞《二人台》作形象的比证。同时，杨荫浏以《宋书·乐志》中所载相和大曲《白鹄》（又名《艳歌何尝行》）的歌辞为例，一一注明了“艳”、“歌”、“解”、“趋”在歌辞中所对应的位置，直观而形象地再现了完备的《大曲》曲式。

以上诸例可以显示杨荫浏比证之法的意义：它从一个崭新的角度发掘了史料，从而丰满了关于中国古代音乐发展形态的描写，突破了音乐史与文学史模糊相混的局面。这对于中国古代音乐史的研究、对于中国音乐文献的研究，都有重大的促进作用。

第二种情况是以“有声”的史料和无声的史料相比证。在《史稿》之前，各种音乐史论著多谈乐律、宫调理论等无声的音乐史问题；即使对一些重要的音乐品种如元杂剧、南北曲之类，也多列文词而不见曲谱。杨荫浏则以大量音乐谱例充实了关于音乐史的论述，使无声的音乐史成为历史。《史稿》引用的曲例，仅完整曲例就达 84 首之多，而且大多数曲例都有相应的音响资料。以下二例可以表明，他是用比证之法来处理这些资料的。

一个例子是关于南宋词人姜夔的曲例。姜夔因精通音乐而知名，他的《白石道人歌曲》中载有 17 首词作的乐谱，其中 14 首是他的自度曲，全以工尺谱的形式记录并流传下来，成为音乐史上极为珍贵的资料。杨荫浏根据这一资料，对“旁谱”予以校勘和注释，并联系今五台山《八大套》和西安鼓乐来译谱，完成了《宋姜白石创作歌曲研究》，使长期绝响的《白石道人歌曲》重新被之歌喉。《史稿》选用了这一研究成果中的《扬州慢》和《杏花天影》两首曲例，以说明宋代词乐的内容及音乐特色。

另一个例子是关于杂剧、南戏、诸宫调、南北曲的曲例。杨荫浏不仅利用现存乐谱建立了大量曲例，而且从曲例中总结出了元明清戏曲音乐在曲式结构、旋律行进、节奏特点等方面的规律。例如关于元杂剧“套数”的曲式结构，杨荫浏从现存曲谱中归纳出七种不同的曲式：（1）一般的单曲连接；（2）参以两曲循环相间的手法；（3）《么篇》——同曲变体的连用；（4）《煞》——结尾前同曲变体的连用；（5）《隔尾》；（6）一曲的着重运用；（7）转调。在说明每一种曲式的结构特点时，杨荫浏又以具体的杂剧折数为例，依次序列出其联用的曲牌，有的还引用相应译谱予以直观展现。这样就对“套数”的曲式结构作了充分而有力的说明。正是在掌握了大量曲谱文献并熟谙其音乐原理的基础上，杨荫浏对元杂剧的旋律特点和节奏特点，对南北曲的音阶形式、板眼形式和字调配音通例，对明清器乐合奏如陕西鼓乐、北京寺院管乐、山西八大套、十番鼓等乐种的音乐特点，都作出了科学的概括。

以上诸例，也可以理解为理论与实践的相互比证。正如黄翔鹏所说，其意义在于成功地“把中国音乐史从文字的历史中解放出来，使之成为富有实践意义的、谱例宏富的历史”①。

二、杨荫浏时期的中国音乐文献学

杨荫浏的《中国古代音乐史稿》并不是孤立的现象。所有以“中国音乐史”为名的著作都出现在 20 世纪，其数量且达到近二十部之多，仅此一点便提示了《史稿》的学科背景；而《史稿》重文献考据的倾向，则是同 20 世纪前 80 年中国音乐文献学的发展密切相关的。

这一时期中国音乐文献学的成就，首先体现为对中国音乐古籍的整理。早在 1908 年，刘师培就撰有《琴操补释》一卷，以孙诒让平津馆《琴操》校本为底本，有简略的校勘。至 1929 年，蔡桢撰成《词源疏证》一书，取古籍中论及《词源》的各种文字汇录并详加校释；在专述音律的部分（如律吕宫调各图表及燕乐谱字），则参考《声律通考》等书予以校正。此后专门致力于音乐古籍整理的学者，有任半塘（二北）、丘琼荪二人。任半塘的《教坊记笺订》出版于 1962 年，对《教坊记》这部重要的唐代音乐典籍进行了翔实的校释。《教坊记》

① 黄翔鹏：《杨荫浏先生和中国的民族音乐学》，载《传统是一条河流》，北京：人民音乐出版社，1990 年。

今日之传本不过2800余字，却记录了初盛唐时音乐、歌唱、舞蹈、戏剧、百戏等伎艺生活的繁盛局面，内容包括教坊制度与人事、杂曲曲名、大曲曲名和曲调本事，反映了当时文治、武功、礼俗、宗教、物情、民隐等社会文化生活。任先生于此书（特别是曲调部分）考之甚详，在内容方面亦有所增补，是迄今为止最完善的音乐古籍注释本。邱琼荪的《历代乐志律志校释》则是整理古代正史乐志、律志的重要著作。全书计划编为五编：史汉、南北朝、隋唐五代、宋辽金、元明清各为一部。1964年由中华书局出版的第一分册，含《史记·乐书》、《史记·律书》、《汉书·乐志》、《汉书·律志》、《后汉书·律志》五种志书的点校和注释。这部书，为中国乐律学史研究和雅乐制度研究，奠定了基础。

除音乐古籍整理以外，音乐史料编纂亦有骄人的成绩。早在1913年，周庆云即编成《琴史补》二卷、《琴史续》八卷。前者补朱长文《琴史》之所遗，后者续记北宋以后六百余名琴师，且逐条注明出处。此后在杨荫浏担任所长期间，音乐研究所（曾名民族音乐研究所）投入巨大力量编辑音乐史料，主要成果有《中国古代音乐史料辑要》、《中国古代乐论选辑》、《琴曲集成》三部著作。《中国古代音乐史料辑要》于1962年由中华书局影印出版第一辑，其资料辑自《北堂书钞》、《艺文类聚》、《初学记》、《太平御览》、《册府元龟》、《玉海》、《山堂肆考》、《三才图会》、《子史精华》等26种类书，涉及艺能、制作、飨宴、挽歌、律吕、讴谣、吟唱、鼓吹及各种乐器，保存了许多散佚不传的音乐资料，在校勘学上有很高价值。《中国古代乐论选辑》于1982年由人民音乐出版社出版。它所选录的论乐资料，来源于从先秦至清末130余种历代文献典籍。它在编选时注意版本，注意校勘考订，亦是文献学上的巨著。《琴曲集成》则始编于1958年，由中华书局陆续影印出版（1975年前出版2辑，1981年后出版24辑）。此书全面收录现存的历代琴谱及相关著作，包括150多种琴书和3000多份琴曲谱。各辑有例，有所采琴书的提要，有索引，是关于中国七弦琴艺术及历史研究的宏大工程。

出于普及的需要，20世纪50年代以来，还出现了一些以注释为主要形式的音乐史料选辑。其中较具代表性的是人民音乐出版社于1958年出版的《全唐诗中的乐舞资料》和吉联抗编于1958年至1987年的一系列著作。前者由欧阳予倩主编，据内府刻本《全唐诗》收录了音乐、舞蹈、服饰三大类资料；后者则包括《乐记译注》、《孔子孟子荀子乐论译注》、《墨子非乐译注》、《嵇康声无哀乐论译注》、《两汉论乐文字辑译》、《吕氏春秋音乐文字译注》、《春秋战国音乐史料》、《魏晋南北朝音乐史料》、《秦汉音乐史料》、《隋唐五代音乐史料》、《辽金元音乐史料》、《宋明音乐史料》、《琴操》、《古乐书佚文辑注》等十多种古代音乐史料著作。这些著作虽未符合严格的文献学规范，但它服务于相当广泛的音乐史教学需要，并解决了一般音乐工作者的常用文献资料的问题。

这一时期中国音乐文献学第三方面的成就，是音乐学工具书的编纂。其中首先产生的是琴学书目。1914年，周庆云在编辑琴史资料的同时，亦编成了《琴书存目》、《琴操存目》、《梦坡室收藏琴谱提要》等著作，为古琴专有目录之始。此后汪孟舒于1953年编有《编年考存琴书简表》，北京古琴研究会于1958年编有《存见琴书简明提要表》。但古琴书目的集大成著作，亦即“关于古琴曲传谱、解题、歌词三个方面的汇典”，则是在查阜西手中完成的。1958年，音乐出版社出版了查阜西《存见古琴曲谱辑览》。此书从古琴专书和有关古琴的各种文献中辑出关于现存三千多首古琴曲的解题资料，介绍了各曲谱的出处及其结构、弦法、本事和歌词；并以曲名为纲，列出琴曲索引表、据谱参谱表、别名异名琴曲表，以反映琴曲创作、改编的历史轨迹。1962 年，在这部书的基础上，查阜西进一步编写了《琴曲集成》的“原书据本提要”。

随着中国音乐史研究的发展，在琴学书目之后，综合性的音乐书目也产生出来。1928 年，袁同礼编有《中国音乐书举要》；1932 年，杜镜编有《知见音乐书草目》；此后又出现了《北京图书馆中国音乐书目》、《古代音乐书目》（吕骥编）等音乐书目稿本。比较起来，这一时期最重要的音乐书目，是王运熙先生的《汉魏六朝乐府诗研究书目提要》和王世襄的《中国古代音乐书目》。前者载于1958 年出版的《乐府诗论丛》之中，共著录有关汉魏六朝音乐文学研究的书目 48 种，并以提要的方式，介绍了每书的作者、版本、分卷方式、各类内容、编写体例和学术价值。后者于 1964 年由人民音乐出版社出版，共收录 1840 年之前的古代音乐书籍 1400 余种，各书皆按年代先后序列，录书名、著者、成书或刊行年代、版本、收藏处及索书号等，分为存见、待访、散佚三个部分。这是音乐学界所编的质量最高的一部目录学著作，后来亦编为音乐研究所《中国音乐书谱志》的古代部分。

以上三方面工作，实际上是由文史工作者和音乐研究者分别完成的。一般来说，刘师培《琴操补释》、蔡桢《词源疏证》、任半塘《教坊记笺订》、王运熙《汉魏六朝乐府诗研究书目提要》等书，应属文学研究的著作，因为它们是为古代文学研究的需要而编辑出来的；而王世襄、丘琼荪等人则属中国文化史研究者。在音乐研究者方面，除古琴家的著作外，这一时期的文献学著作主要有四种：杨荫浏所著的《宋姜白石创作歌曲研究》① 和在杨荫浏、李元庆组织下编成的《中国古代音乐史料辑要》、《中国古代乐论选辑》、《琴曲集成》。由此可见，即使从中国音乐文献学的角度看，这一时期也可以称作“杨荫浏时期”。在这一时期，杨荫浏所建树的不仅是中国音乐史学的高峰；准确地说，他展开的是理论建设、资料建设这样两片相辅相成的巨翼。他的《中国古代音乐史稿》，不仅顺应了重视文献考据的潮流，而且有力地推动了这一潮流。

三、中国音乐文献学的发展趋势

1984 年，杨荫浏在北京逝世。随着社会文化的大幅度转变，中国音乐学也进入新的时期。广大音乐研究者纷纷投身文献整理工作，音乐文献学这一古老而年轻的学科遂呈现遍地开花的局面。其中成绩较显著的是音乐史料的编纂。以论文形式发表的成果有金建民的《中国古代筝手史料辑要》、宋芳松的《中国正史中的朝鲜古代音乐史料》、郑祖襄的《宋元明琵琶史料拾零》、胡家勋的《古彝文文献中的乐舞史料钩沉》、林大雄的《中国正史中的中朝音乐文化交

① 杨荫浏：《宋姜白石创作歌曲研究》，北京：音乐出版社，1957 年。

流史料研究》；以专著形式发表的成果有任半塘、王昆吾的《隋唐五代燕乐杂言歌辞集》、金千秋的《全宋词中的乐舞资料》、蔡仲德的《中国音乐美学史资料注释》以及修海林的《中国古代音乐教育史料汇编》。① 在音乐古籍整理方面亦有一批成果问世，例如继中央民族学院艺术系文艺理论组编写《〈梦溪笔谈〉音乐部分注释》之后，凌其阵等人对《溪山琴况》作了译注，吕骥撰写了《〈乐记〉整理本注译》，王德埙发表了《〈碣石调·幽兰〉卷子谱点注》，刘崇德主编了《新定九宫南北词宫谱校译》。② 音乐目录学在这时也有了长足的发展，产生了金建民《我国古代曲谱举要》、金建民《我国古代音乐论著举要》、郭林《我国古代音乐文献述要》、薛宗明《中国音乐文献目录总览》、王益声《中国古代曲名录》等一批专题的和综合的目录。③ 甚至音乐文献学理论亦提上了研究者的日程。1989年以来，各刊先后刊载了一批以音乐文献学和音乐文献工作为研究对象的论文，其中较具代表性的有：王小盾《音乐文献学和中国音乐学的学科建设》、李石根《音乐资料与音乐资料学》、郭林《论音乐文献学》、冯洁轩、秦序《中国音乐（古代部分）文献学建设》、冯洁轩《中国古代音乐文献中的若干训诂问题》和赵玉卿、郑莲《古典音乐文献学漫谈》。④ 这种情况，意味着一个新学科已经呼之欲出了。事实上，中国音乐研究所于1985年编成的《中国音乐词典》——这部收录3560条（包括参见目800条）中国音乐学术语并附有大量谱例、图片、音乐家头像的工具书⑤，便是对以往音乐学和音乐文献学成果的总结。

在这一时期，音乐文献学表现了趋于专门和精密的特点。同1929年的《词源疏证》相比，1990年由浙江古籍出版社出版的《词源校笺》（作者郑孟津）改变了重文辞轻音乐技术的倾向，而成为真正的音乐文献学作品。此书以《词源》上卷词乐部分和书中有关音乐的其他部分为主要校笺对象，参考海内外相关著述及文献资料，对其中的乐谱、图像、叙诀和疑难文字进行了详尽的分析推断。继丘琼荪《历代乐志律志校释》（第一分册）、任半塘《教坊记笺订》之后，1987年，齐鲁书社出版了苏晋仁、萧炼子的《〈宋书·乐志〉校注》。此书以多种版本

---

① 金建民：《中国古代筝手史料辑要》，《中央音乐学院学报》1984年第4期；宋芳松：《中国正史中的朝鲜古代音乐史料》，《中国音乐》1990年第2期；郑祖襄：《宋元明琵琶史料拾零》，《中央音乐学院学报》1994年第2期；胡家勋：《古彝文文献中的乐舞史料钩沉》，《音乐研究》1996年第2期；林大雄：《中国正史中的中朝音乐文化交流史料研究》，《中国音乐学》1999年第1期；任半塘、王昆吾：《隋唐五代燕乐杂言歌辞集》，成都：巴蜀书社，1990年；金千秋：《全宋词中的乐舞资料》，北京：人民音乐出版社，1990年；蔡仲德：《中国音乐美学史资料注释》，北京：人民音乐出版社，1990年；修海林：《中国古代音乐教育史料汇编》，载《中国古代音乐教育》，上海：上海教育出版社，1997年。

② 《〈梦溪笔谈〉音乐部分注释》，北京：人民音乐出版社，1979年；凌其阵：《〈溪山琴况〉译注》，《乐府新声》1983年第1—2期；吕骥：《〈乐记〉整理本注译》，《中央音乐学院学报》1989年第2期；王德埙：《〈碣石调·幽兰〉卷子谱点注》，《中国音乐学》1995年第1期；刘崇德：《新定九宫大成南北词宫谱校译》，天津：天津古籍出版社，1997年。

③ 金建民：《我国古代曲谱举要》，《中国音乐》1989年1期；金建民：《我国古代音乐论著举要》，《中国音乐》1990年第1期；郭林：《我国古代音乐文献述要》，《四川图书馆学报》1990年第5期；薛宗明：《中国音乐文献目录总览》，参看薛宗明《中国音乐文献目录总览前言》，载《音乐探索》1993年第3期；王益声：《中国古代曲名录》，《交响》1995年第2期。

④ 王小盾：《音乐文献学和中国音乐学的学科建设》，《黄钟》1989年第4期；李石根：《音乐资料与音乐资料学》，《音乐研究》1990年第1期；郭林：《论音乐文献学》，《音乐探索》1990年第3期；冯洁轩、秦序：《中国音乐（古代部分）文献学建设》，《中国音乐年鉴》，1991年；冯洁轩：《中国古代音乐文献中的若干训诂问题》，《音乐研究》1994年第4期；赵玉卿、郑莲：《古典音乐文献学漫谈》，《交响》1998年第4期。

⑤ 中国音乐研究所编：《中国音乐词典》，北京：人民音乐出版社，1985年。

互校，并以《通典》、《太平御览》、《册府元龟》、《乐府诗集》中的相关资料作参证，疏解了故实，考订了史源，为音乐史研究提供了一份可以信凭的整理本图书。此外，在校释乐律学专书方面，冯文慈做了大量工作。1986年和1998年，他在人民音乐出版社先后出版了明代朱载堉的《律吕新说》、《律吕精义》的标点注释本。由于注释的重点在乐律学方面，并附有算术注释，因此，他的工作还反映了以乐律学研究带动音乐文献学工作的时代倾向。

本时期音乐文献学的另一特点是注意运用考古学的资料，其契机则是70年代后期湖北随县曾侯乙墓的考古发现。在曾侯乙墓中不仅出土了大批乐器，而且出土了钟磬及附件铭文总计达4567字。1981年，湖北省博物馆曾发表《随县曾侯乙墓钟磬铭文释义》一文，讨论这些铭文的文义①；1997年，崔宪又以裘锡圭、李家浩的钟铭考释为底本，对曾侯乙编钟铭文2828字的乐律内涵再作详尽梳理，著有《曾侯乙编钟钟铭校释及其律学研究》一书②。此书既以测音资料与钟磬铭文勘比对证，又以琴律调律法与钟律调律法勘比对证，尝试了音乐文献学的一些独特方法，因而展示了考古文献运用于音乐学研究的广阔前景。

但从更为宏观的角度看，本时期音乐文献学最重要的一个事件，却是中国艺术研究院“中国乐律学史”课题组的成立——它明确显示了本时期所特有的学科建设的自觉。这一事件是由该院音乐研究所黄翔鹏研究员发动的。1988年，黄翔鹏撰文提出了建设“中国乐律学史”学科的设想，指出其目的是“为中国传统音乐基本理论的建设做基础工作”；他认为理论的系统性要以资料的系统性作保证，因此，“文献学的整理工作”、“抢救民间艺人中口传的乐律学理论或知识”是学科建设的两大迫切需要。作为这项工作的实施细则，他并且具体地拟出了一批研究选题，其中第一部分就是作为音乐文献学著作的“资料丛刊”③。1989年8月，在以上一文的指导下，黄翔鹏主持召开了课题组第一次工作会议。会议确定了“历史文献组”、“历代学术疑案组”、“基本原理组”的分工，进而确定了历史文献工作的主要项目：

（一）音乐古籍整理

1. 历代史籍（正史、别史、政书等）乐志律志校释

2. 历代音乐专著校释

3. 古乐书辑佚（辑录已全部散佚的乐书）

4. 古乐书校录（辑录部分散佚的乐书）

（二）音乐史料汇集

1. 断代音乐史料汇集

2. 专题音乐史料汇集

3. 古谱汇集

4. 乐器志

---

① 《随县曾侯乙墓钟磬铭文释义》，《音乐研究》1981年第1期。

② 崔宪：《曾侯乙编钟钟铭校释及其律学研究》，北京：人民音乐出版社，1997年。

③ 黄翔鹏：《对中国乐律学史学科建设问题的一个初步构想》，《音乐学术信息》1989年第3期；又载《中国人的音乐和音乐学》，济南：山东文艺出版社，1997年。

（三）中国音乐学史料学概论

这些项目既反映了中国音乐文献学的范围，又反映了它的主要方向，事实上为一个新生的学科绘制了血肉丰满的蓝图。

有心的观察者会注意到，黄翔鹏的学术活动反映了两个富于生命力的思想。其一，他认为学科建设的根本是队伍建设，因此，他非常重视把年轻的研究者纳入课题组；其二，他认为学科建设的实质是学术规范的建设，因此，他重视分工，重视专业训练，主张把博士研究生送进综合性大学作文献学的进修。黄翔鹏的这些思想使他的事业远远超出了体能上的限制。1997年，他因病逝世，而他所设计的中国音乐文献学工作却蓬蓬勃勃地开展起来。例如在我们所属的扬州大学和上海师范大学，“音乐文献学”或“中国音乐文学”便已成为博士生的培养方向；在实施以下项目的同时，一批跨学科的人才也成长起来：

1.《历代乐志律志校释》　此项目拟在丘琼荪先生同名成果的基础上，对《隋书》、《旧唐书》、《新唐书》、《旧五代史》、《宋史》、《辽史》、《金史》、《元史》、《明史》、《清史稿》所载的十一种乐志、律志进行全面整理，依据其各种版本加以校勘，利用全部已有成果加以笺释。它已被列为全国高等院校古籍整理规划项目和国家新闻出版署重点出版物计划项目。来自西南师范大学音乐学院的李方元、来自武汉音乐学院的孙晓晖、来自徐州师范大学的王福利参加了这一项目。

2.《古乐书钩沉》　此项目拟对宋以前的散佚乐书作彻底清理，包括正文校辑和书名解题两部分。目前已从各种类书、总集和子史注疏中辑出《琴清英》、《琴操》、《元嘉正声伎录》、《大明三年宴乐伎录》、《乐府歌诗》、《古今乐录》、《古歌辞》、《乐纬动声仪》、《太乐令壁记》、《乐府古题要解》等五十多种音乐典籍。中国音乐研究所张振涛曾参加此项目的部分工作。

3.《汉文佛经中的音乐史料》　此项目对汉文佛经中的音乐史料作了系统整理，属专题音乐史料汇集。现已完成，共60万字。它包括《音乐神话》、《佛国世界的音乐》、《音声中的哲学》、《早期佛教与俗乐》、《供养佛僧的音乐》、《方音与一音》、《声才和辩才》、《如来音声》、《菩萨音声》、《佛教音乐传入中土》、《中土佛教音乐》、《日本所传的佛教音乐》等十四章，每章若干类，各类按时代先后提供了大批人所未见的音乐史、乐律学、乐器学的资料。

4.《乐府诗集笺校》　此项目拟以集校集释的方式对中国最重要的音乐文学典籍《乐府诗集》加以整理研究，属历代音乐专著校释。现已投入五名博士生，进行《乐府诗集版本考》、《乐府诗集引用书考》、《乐府诗集人名考》、《乐府诗集所记制度考》、《乐府诗集地名考》等具体工作，作为校释和研究的基础。来自湖南师范大学艺术学院音乐系的喻意志参加了这一项目。

不难预见，一旦完成上述项目，一部中国乐律学史或雅乐史，一部音乐文献学或音乐学史料学，以及一部中国佛教音乐史和一部中国音乐文学史，都将获得坚实的基础——不仅是资料和成果的基础，而且是人才、经验和学术规范的基础。

四、结语

1999 年 11 月，来自各地的音乐研究者在北京参加了纪念杨荫浏诞辰一百周年的学术会议。会议期间反复讨论了这样一个问题：在杨荫浏之后，中国的音乐学能否复兴？在新的世纪，我们能否建立更为雄伟的学术高峰？我们有很多理由作悲观的回答，因为像杨荫浏这样一个百科全书式的音乐学家，是需要特殊材料和特殊机遇造就的。由于政治风波、经济浪潮对传统文化的冲击，有些机遇我们可能永远失去了。

但面对一百年来、尤其是近二十年来的学术发展，我们却似乎有更多的理由为中国音乐学感到乐观，因为它毕竟是一条渐次壮大的河流，而且，它目前正处在空前富足的时期。学术形势进入百年未有的佳境，我们不缺乏雄心；民族音乐学、实验音乐学等新学科得到迅速发展，我们不缺乏方法和手段；考古学、民俗学、历史学的成就日新月异，我们不缺乏相邻学科的支持；从黄翔鹏的《乐问》和他关于曲调考证的系列论文看，我们也不缺乏问题和解决问题的思路。我们所缺少的只有一样：实现雄心的基础、施展手段的对象、解决问题的依据——一个新的、雄厚的资料库藏。这就是我们为上述问题提供的简单的答案。

我们认为，关于“杨荫浏之后”的问题，无疑要转换为如何加强考察和采集、如何加强音乐文献学建设的问题。这既是振兴中国音乐学的必由之路，也是推动新的学术高潮的基本条件。也就是说，如果我们不再瞩目于造就一个学术伟人，而是瞩目于造就一代学术群体，那么，我们完全可以通过踏实的基础建设，去创造比 20 世纪更为雄伟的学术高峰。学习杨荫浏，超越杨荫浏，这正是我们走到一起，为杨荫浏先生举行纪念大会的最重要的意义。

原载《中国音乐学》2000 年第 3 期

王小盾，生于 1951 年，四川师范大学文学院教授
喻意志，（1975—2011）女，湖南师范大学音乐学院副教授

杨荫浏音乐文献工作管见

景月亲

在当代中国音乐学领域，杨荫浏（1899—1984）被誉为一位百科全书式的音乐学家、一代宗师，享有崇高的学术声誉。他博古通今，学贯中西，尤其在民族音乐学、音乐史学、乐律学研究方面，有着极高的造诣。研读先生的传记、年谱、研究资料等，从中不难发现，促成杨荫浏学术人生并获得巨大成就的因素是多方面的。笔者以为，在我们不能忽视的诸多因素中，深厚的文献学修养、扎实的音乐文献工作以及重视资料工作的思想是其中一个重要的方面，也是杨荫浏先生学术人生的重要组成部分。

在音乐学研究园地，杨荫浏先生是一位辛勤的耕耘者。长期从事音乐实践与研究活动，杨先生在收获专业成果的同时，也累积着、收获着音乐文献学宝贵的工作方法、工作经验，并借助这些方法、经验，进一步完善其专业领域的研究。反过来，专业研究的得心应手、游刃有余，亦使得杨先生更加注重作为其研究基础的文献资料工作。有学人评论，以杨荫浏为枢纽的前后两个时期①，中国的音乐文献学取得了前所未有的成就，获得了前所未有的发展。因而可以说，在中国音乐文献学发展史上，杨荫浏先生的音乐文献工作具有承前启后的典范意义。本

① 王小盾、喻意志：《中国音乐文献学：以杨荫浏为枢纽的两个时期》，《中国音乐学》2000 年第 3 期，第 13—24 页。

文笔者不揣浅陋，拟对杨荫浏先生的音乐文献工作略作探讨。

一、民族民间音乐资料的搜集整理

重视实践是杨荫浏先生学术活动的一个显著特色，注重民族民间音乐的搜集整理，全面占有资料，为理论研究做好资料准备是其重视实践的一个重要体现。

我国是一个历史悠久、幅员辽阔的多民族国家，广大的民族民间蕴藏着无比丰富的音乐文化资源。在杨荫浏先生的成长经历①②中，从小就接受了道教音乐的启蒙，之后又入无锡“天韵社”进行系统严格的昆曲学习。道家乐手、民间艺人、昆曲名家都曾向他传授过音乐知识。正是这样长期地浸润于民族民间音乐的沃土，杨荫浏从中获得了丰富的民族音乐知识和多方面的演奏演唱技能，进而对民族音乐产生了浓厚的兴趣；在与这些广泛集散于民间的丰富的音乐文化频繁接触的过程中，天才的杨荫浏进一步认识到了这种资源无比宝贵的价值所在。自少年起，杨荫浏即开始有意搜集这些资料；而当他把音乐作为终身选择以后，早年浸淫并得益于民族民间音乐滋润的杨荫浏，其建立在广泛的搜集、采录、整理民族民间音乐资料基础之上并逐步延伸而形成的扎实的音乐文献工作，就成为他一生从事音乐学研究直至一步步获得成功不可或缺的有机组成部分。

杨荫浏先生民族民间音乐资料的搜集整理工作包括两个基本内容，其一是对民间遗存的乐谱、文字资料的搜集整理；其二是对民间遗音、民间艺人“歌喉”中、乐器上的音乐以及与古老音乐有关的人和事的采访记录。早在无锡省立第三师范学习期间（1916—1921），杨荫浏作为该校娱乐室组长，即负责搜集、整理、编印民族器乐曲谱，后形成刊有乐曲84首及文字理论探讨的《雅音集》第一册。这期间，又整理、抄录、刻印出版了清光绪年间的昆曲抄本，即《天韵社曲谱》六册，从此开始了他搜集整理民族民间音乐的文献学实践活动。1937年杨荫浏在友人协助下，搜集了苏南器乐曲数十本，经仔细研读，集中了不同谱本所反映的民间艺人各家之长，整理成《梵音谱》、《锣鼓谱》两种手稿，后来成为无锡一带道家通用的曲谱，新中国成立后正式出版，这就是著名的《苏南吹打乐》和《十番锣鼓》。

随着资料搜集、整理工作的进展，杨荫浏的音乐文献学思想也趋于清晰、成熟，这集中体现在他的《国乐前途及其研究》③ 一文。文章针对“西方音乐的史实和材料，记载精辟、搜罗宏富”，“我们的史料，却有许多，还散在民间，在奏唱者的乐器上、歌喉中，连书面的乐谱，都未曾有过”的现实差距，提出“我们在国乐方面，现在与较近的将来所不得不做的，是搜罗、分析、比较、归纳等功夫”。为此，他身体力行，更加积极、深入地投入到资料的搜集整理工作当中，因而“花了很多时间去收集、记录民间音乐”。如1947—1950年在南京期间，

---

① 华蔚芳、伍雍谊：《民族音乐传统接力赛的健将：音乐史学家杨荫浏》，载中国艺术研究院音乐研究所编：《中国近现代音乐家传》（一），沈阳：春风文艺出版社，1994年，第380—396页。

② 黄翔鹏：《杨荫浏传》，载《中国人的音乐和音乐学》，济南：山东文艺出版社，1997年，第230—233页。

③ 杨荫浏：《国乐前途及其研究》，《中国音乐学》1989年第4期，第4—15页。

“我做的头一件事就是整理古琴曲和其他民间音乐”①。其时，杨荫浏每周日邀请南京清溪琴社的古琴家到国立音乐院他的住所弹奏琴曲，由他听写记录。当时没有录音机，他试用五线谱手记，先记曲调，再标指法，最后再与琴人当面校对。到1950年初，共记录了各派琴曲60余首，“都是他们老师的传谱，有很高的价值”。杨荫浏将这些琴曲编成手稿《琴荟》五册，几年后与人合作编辑，出版了《古琴曲汇编》，其中收录了《琴荟》中的16首琴曲。这是古琴艺术史上第一本公开出版的用五线谱记写的古琴曲谱，为弘扬古琴艺术发挥了积极的作用。

对于资料工作的一向重视，使杨荫浏从中汲取了无比丰富的营养，支撑着他以后漫漫的学术研究。不仅如此，以资料工作为基础，已成为他从事民族音乐学研究极其重要的工作方法。当他走向领导岗位②时，他更是把这种宝贵的从事民族民间音乐研究必不可少的方法带入了工作领域，影响、带动大家积极广泛地从事这种基础工作，为研究做好资料准备。例如，对阿炳（华彦钧）音乐的抢救，对我国民族音乐的发展产生了广泛的影响；对西安鼓乐的考察，推动了对这一古老乐种的广泛研究；对湖南44个县的古代音乐与各类民族民间音乐历时74天的普查，不仅搜集了大量的乐谱、图书、文字、录音、照片、乐器资料，也同样产生了巨大的社会影响。此外，还有对河北定县子位村管乐的调查，河北丝弦老调的采访，京津单弦牌子曲的调查以及对于一些重要的出土音乐文物的调查与测音等。“每一次调查之后，都有相应的成果，或调查报告，或学术论文，或资料汇编，许多都表现出他独到的见解，具有相当高的学术价值。”③

植根于民族音乐的沃土，立足于扎实的资料工作，杨荫浏在其音乐研究领域取得了累累的硕果，在音乐文献资料建设领域也同样如此：杨荫浏一生采集、整理成专集的民族音乐资料（包括与别人合作的）共计31种，其中公开出版的有《单弦牌子曲选》、《关汉卿戏曲乐谱》、《西厢记四种乐谱曲选》等18种。④ 杨荫浏一生注重音乐实践，并将深入民间音乐生活、进行民族音乐的实地考察，搜集、采访、记录、整理相关资料看做是进行音乐研究不可或缺的重要环节。由于他这一学术思想的现实性、前瞻性以及杨先生本人的学术影响，因而已被一代代的民族音乐学研究人员实践着、并在各自的领域收获着成果。而今，重视资料工作，已成为许多音乐研究人员遵循的一种优秀的学术传统。

二、古代典籍中音乐资料的辑录

我国历代积累的典籍中，记载着大量的音乐史实，蕴藏着极其丰富的音乐资料。这些大都

---

① 乔建中整理：《杨荫浏先生的音乐之路》，《中国音乐学》1999年第4期，第5—15页。

② 新中国成立后，杨荫浏随国立音乐院迁天津，任中央音乐学院教授、研究部研究员兼古乐组组长。1953年，杨荫浏到北京，参与筹建民族音乐研究所工作；该所成立后，他任副所长。1961年该所改名为中国音乐研究所，他任所长。

③ 郭乃安：《实践是理论的基础：杨荫浏学术活动的主要特色》，载《音乐学，请把目光投向人》，济南：山东文艺出版社，1998年，第146—165页。

④ 华蔚芳、伍雍谊：《民族音乐传统接力赛的健将：音乐史学家杨荫浏》，载中国艺术研究院音乐研究所编：《中国近现代音乐家传》（一），沈阳：春风文艺出版社，1994年，第380—396页。

零散地分布在历代各种体例的文献当中；而古典文献的散佚现象又非常严重，这些散佚的材料往往在其他的典籍中保存着片段。若将这些残片断句一点一滴地辑录出来，即可使其恢复旧观或大致内容，或保存资料、或用以论证。因此，作为音乐史料的一个基本来源，对古籍中相关资料的辑录、辑存、辑佚等成为杨荫浏先生音乐文献工作的又一个重要方面。

早在1943年《乐风》杂志上发表的《国乐前途及其研究》① 一文中，杨先生就曾呼吁：专门做古书研究的人，应从卡片索引工作入手，探寻、研究古籍中的音乐资料，做到"条贯叙述"，他相信，"每一位至诚的工作者，总能有相当的贡献"。杨先生本人正是这样一位"至诚的工作者"。他"读书多，经史子集、稗官野史，前人关于音乐史的论著等，都曾潜心研究"②。书读的多、读得活，使得他能在一大堆古籍中如鱼得水、游刃有余，最终服务于他挚爱一生的老本行。他曾从（明）《太和正音》、《盛世新声》、（清）《九宫大成南北词宫谱》、《纳书楹曲谱》等七部古籍中辑录有关资料，编成《（元）王伯成天宝遗事诸宫调拾残寻谱》一册。这是杨荫浏先生古籍辑存（辑佚）工作的一个重要成果，具有相当高的资料价值。

杨荫浏先生辑录古籍资料的另一个目的在于直接服务于其理论研究，这在他的音乐史学研究领域体现最为显著。《中国音乐史纲》的编写以及丰碑性的《中国古代音乐史稿》的完成，无不建立在扎实的史料基础之上。据民族音乐学家曹安和先生回忆③：抗战时期，杨荫浏正撰写《史纲》。当时资料贫乏，"国立音乐院连部二十四史都没有，为此常常要外出借书……邻居沈从文先生每次从昆明回家，总为他从西南联大借来笔记、丛书，阅读后摘录与音乐有关的材料，稍有积累。"该书出版以后，杨荫浏不很满意，期待材料更丰富时再写一部较好的中国音乐史。1981年出版的《中国古代音乐史稿》是杨荫浏先生倾其毕生心血凝成的一部学术力作。全书洋洋65万言，其结构恢弘，资料翔实，图例丰富，论述精当，是20世纪中国音乐学最具代表性的成就。在这部音乐史学巨著中，他纵横捭阖，旁征博引，中国学者优秀的文献学传统以及他本人深厚的传统文化功底在这里得到了完美的统一。浏览书后所附的"参考书目索引"，四百多条参考文献，有三百四十多种就是1911年前的古籍文献。"这些典籍遍布经、史、子、集四部，尤以子、集二部为多。杨荫浏音乐文献工作的主要内容，便是在这些古籍中提取相关的音乐文献资料，加以校释、会考或编成表谱，使其成为既具原始史料的品质、又符合历史逻辑的学术依据。"④ 全书按照时间顺序全面论述了自远古至清朝末年四千多年间我国音乐文化发展的历史。每一编（章）的论述，先是概况，中间部分是这一时期的音乐生活、乐器乐律及相关的音乐内容。这一部分的论述论证，均以历代典籍中相关的音乐资料记录为依据，或辑录、或校释、或考证、或比较、或编成表谱等等，直至得出符合逻辑的结语。每一编（章）的内容，从论点到论据论证既相对独立成篇，又相互

---

① 该文最早连载于1943年《乐风》杂志上；1989年经推荐重发于当年的《中国音乐学》第4期上。

② 王震亚：《聆教侧记：我所知道的杨荫浏》，《民族民间音乐》1986年第4期，第52—54页。

③ 曹安和：《杨荫浏与音乐史》，《人民音乐》1985年第4期，第26—27页。

④ 王小盾、喻意志：《中国音乐文献学：以杨荫浏为枢纽的两个时期》，《中国音乐学》2000年第3期，第13—24页。

关联，融合成为一个《史稿》整体。例如，在第一章第三节“原始音乐的内容”部分，杨荫浏分别从《吴越春秋》、《吕氏春秋》、《礼记》、《尚书》、《左传》、《史记》、《淮南子》、《山海经》、《论语》、《离骚》、《周礼》等典籍中辑录资料，考证得出原始音乐的内容有：(1) 关于劳动生产的；(2) 关于水旱的；(3) 关于战争的；(4) 关于宗教的等几个方面。同样，在第三章第四节“音乐机构和音乐教育”部分，借助《周礼》、《乐记》、《隋书·音乐志》等典籍，论述了西周王朝音乐机构的领导、人员定额、机构的职务、培养的对象、学习的内容、学习的期限等等①。

可以看出，《史稿》这一丰碑性学术成果的取得，杨荫浏细致扎实的资料工作当功不可没。与此同时，担任着音乐研究所所长职务的杨荫浏，还致力于本所音乐史料辑录、编纂的领导工作。这一时期，音乐研究所投入巨大力量编辑音乐史料，着手音乐资料建设工作。主要成果就有《中国古代音乐史料辑要》、《中国古代乐论选辑》、《琴曲集成》三部著作，具有极高的史料价值，成为中国音乐文献学史上重要的成果之一。

三、文献考据工作

文献考据是我国学术史上的优良传统，也是古籍文献整理中的一种重要方法。古籍文献(特别是先秦时期的古籍)，其体例与后世不尽相同：或无书名、或不题作者，加之文献流传过程中的散佚、讹误现象，所以后世人研读古人的书文之前，非常有必要先对文献进行考证、辨讹工作，以明真伪，音乐典籍的利用也是如此。在历代典籍中，保存着大量的音乐史料，其中既有合乎科学、合乎事实的，也有一些错讹的、荒谬的东西。杨荫浏先生一生在音乐史料的鉴别、辨讹、考证与研究方面，也曾做了大量的工作，成果丰厚。

《春江花月夜》是我国妇孺皆知的一部民乐合奏曲，由琵琶独奏曲改编而来。但是关于该曲的标题和作者却是以讹传讹、十分荒唐的。杨荫浏先生以一位音乐史学家的严谨和高度的责任感，对此提出了大胆的质疑和严密的考据工作。② 首先从李芳园、吴畹卿、吴梦飞等各位琵琶名家出版或手抄的琵琶谱中考证得出：“在早期流传的乐谱中，并没有《春江花月夜》这一名称。”而后，从先生本人所知道或借抄过的——江浙一带琵琶比较流行地区与之往来的、比较杰出的演奏家的琵琶谱证实：1915—1925 年间，也并没有《春江花月夜》这一名称。接着，又以知情人程午嘉的谈话，进一步证实《春江花月夜》的确是一个假造的名称。最后考证得出：“这一名称，是在半殖民地时代不大健康的心理中产生的，它最初的被应用，实际含有欺骗听众的意味在内，是相当不严肃的。”对于该曲的作者，杨荫浏也用史学家洞察秋毫的敏锐指出：李芳园强加的作者虞世南及又一个强加的作者康昆仑都是毫无根据的，甚至是荒谬的。在这里，杨荫浏先生的文献考据工作已不仅仅限于文献学的价值，更具有其深远的社会意义，

---

① 杨荫浏：《中国古代音乐史稿》（上、下），北京：人民音乐出版社，1981 年。

② 杨荫浏：《从〈春江花月夜〉的标题谈起》，载《杨荫浏音乐论文选集》，上海：上海文艺出版社，1986 年，第 227—233 页。

诚如杨先生所言：使演奏者免于受错误的乐曲标题与作者姓名的迷惑，因了对乐曲理解的错误，而影响到演奏时情绪掌握上的错误；使研究者免去因了错误标题而模糊了批判与抉择的目光；使编写唱片说明及演奏会节目单者，免去因误用了标题及作者姓名，在国内国外人民群众间造成对乐曲本身的错误理解。此后，杨荫浏又对琵琶名曲《海清拿天鹅》、古曲《霓裳羽衣曲》等分别进行了详尽的辨讹、考证工作①②，其作为史学家、音乐学家高度的责任感和良苦用心跃然纸上！

在乐律学研究方面，杨荫浏先生从理论到实践，取得了举世公认的光辉成就，可以说自晚清以来无人可比③。然而，最难能可贵的是先生不迷信典籍、严谨求实的科学态度。以管律为例，“中国的管律，垂数千年历史，典籍相传，历代因袭旧质，国际学者对此也备极尊重而从无异词；独有先生能立足于《实践论》的思想，积平生实验所得，批判地审查了历代文献记载，指明讹误，破除了传统成见”④。《管律辨讹》⑤、《三律考》⑥ 两篇文章，既是杨先生毕生研究乐律的总结，也是他文献考据工作取得的光辉成就。

杨荫浏先生的文献考据工作，在《中国古代音乐史稿》一书中也体现得非常突出，它既是该书的论述基础，也表现为此书一种重要的撰述方法；它不仅顺应了文献考据的潮流，而且有力地推动了这一潮流。关于这方面，有学人已先行做过细致的研究工作⑦，在此不一一赘述。

四、古谱翻译与研究

文献翻译是文献学工作领域的一个重要内容。将古乐谱翻译成现代乐谱，使绝响的音乐成为活的音乐、传统的古曲更便于流传，这是杨荫浏先生终身投入的又一项音乐文献工作。在这一领域，杨荫浏同样是一位“至诚的工作者”。1938 年，杨荫浏在昆明见到友人收藏的敦煌千佛洞藏唐人乐谱的照片，兴奋不已，当即翻拍下来，反复研究、比较，1946 年发表了《唐人大曲与近世南北曲和梵音间的渊源关系》一文；此后多年，与曹安和合作，整理、翻译了琵琶古曲《文曲十二板》、昆曲北曲清唱谱《关汉卿戏曲乐谱》、《西厢记四种乐谱选曲》等，并且先后发表了《工尺谱的翻译问题》、《工尺谱浅说》等论著。这期间，对南宋词人姜夔的《白石道人歌曲》的翻译研究，是杨荫浏在古谱翻译方面最为突出、最具代表性的成就。姜白石的十七首创作歌曲，全部用工尺谱的形式记录并流传下来。作为音乐史上极为珍贵的资料，近代

---

① 杨荫浏：《琵琶名曲〈海清拿天鹅〉》，载《杨荫浏音乐论文选集》，上海：上海文艺出版社，1986 年，第 320—324 页。

② 杨荫浏：《〈霓裳羽衣曲〉考》，载《杨荫浏音乐论文选集》，上海：上海文艺出版社，1986 年，第 325—336 页。

③ 杨荫浏：《从〈春江花月夜〉的标题谈起》，载《杨荫浏音乐论文选集》，上海：上海文艺出版社，1986 年，第 227—233 页。

④ 黄翔鹏：《杨荫浏先生和中国的民族音乐学》，《音乐学习与研究》1985 年第 3 期，第 2—4 页。

⑤ 杨荫浏：《管律辩讹》，载《杨荫浏音乐论文选集》，上海：上海文艺出版社，1986 年，第 385—393 页。

⑥ 杨荫浏：《三律考》，载《杨荫浏音乐论文选集》，上海：上海文艺出版社，1986 年，第 394—405 页。

⑦ 王小盾、喻意志：《中国音乐文献学：以杨荫浏为枢纽的两个时期》，《中国音乐学》2000 年第 3 期，第 13—24 页。

曾有一些人试图翻译过，但始终未能解开这种字谱之谜。20 世纪 40 年代，杨荫浏开始接触并潜心研究它，终于从山西五台山地区的民间吹打乐和西安鼓乐这些古老乐种流传至今的乐谱中，发现了它们和宋人字谱的关系；又从民间艺人活生生的演奏中，领会了这种乐谱的实际运用方法，最终全部解译了十七首歌曲：将古老的字谱译为五线谱、歌词译为现代韵文，为其后的古谱研究做出了很好的样板①。中国当代古谱研究领域成绩斐然、令人瞩目，杨荫浏先生在理论与实践方面的开拓性贡献将永远载入史册，而从音乐文献学的角度看，杨荫浏先生的开拓性贡献也同样是不应忘怀的。

结　语

杨荫浏先生的音乐文献工作是非常广泛而具体的，本文的论述难免有疏漏之处。尽管如此，也丝毫不能改变杨荫浏先生在中国音乐文献学发展史上所作出的承前启后的贡献这一基本史实。杨荫浏先生的学术人生是成功的，这表明杨先生一生坚持并倡导的以资料工作（文献学）为基础的学术道路是正确的。他的工作方法、他的心得体会、他的研究成果、他的学术影响，不能不会给当代的音乐学人以深刻的启示。在杨荫浏以后，以已故音乐学家、中国艺术研究院音乐研究所研究员黄翔鹏先生为代表的一代代音乐学人，均把资料工作、资料建设、资料开发提到了一个全新的高度。例如，该所主编的《中国音乐年鉴》，其编辑人员站在“史工”的历史高度，以“史工”的责任感、使命感，高屋建瓴地提出并实施筹建《中国音乐年鉴》资料库，以“更有效地进行‘音乐基础建设’和‘音乐学科建设’，并与海外音乐界建立更广泛的学术联系”②；几年后，《年鉴》编辑部又提出“关于中国音乐资料的高文化开发设想及其方案”，再续前面话题，将音乐信息资料的开发提到了更高的层次③。

今天，以计算机为主体的信息时代、网络时代的到来。犹如给文献工作插上了现代化的翅膀。可以相信，以现代计算机技术为基础的音乐文献工作，必将会给今后的中国音乐学研究提供更多的便利条件。有学者言，中国音乐学是一个有特殊个性的学科，纸上文献、出土文物和民间遗存的有机结合，使它在科学性方面拥有比中国其他人文学科更为广阔的发展前途。基于此，我们有理由认为，我们今天在重视音乐学科建设的同时，不断加强以音乐文献学为龙头的学科基础建设，那么，“创造比 20 世纪更为雄伟的学术高峰”④，“使 21 世纪的中国音乐学成为中国社会科学和人文科学中的领先学科”⑤，将不再会是一个神话。

由此展开，学习、借鉴和研究杨荫浏先生音乐文献学思想、经验和方法，促进中国音乐学

---

① 陈其射：《杨荫浏对中国现代乐律学研究的影响》，《音乐研究》2000 年第 4 期，第 67—74 页。

② 《中国音乐年鉴》编辑部：《关于建立〈中国音乐年鉴〉资料库的若干设想》，载《中国音乐年鉴 1991 年》，第 445—450 页。

③ 《中国音乐年鉴》编辑部：《关于中国音乐资料的高文化开发设想及其方案》，载《中国音乐年鉴 1994 年》，第 628—638 页。

④ 王小盾、喻意志：《中国音乐文献学：以杨荫浏为枢纽的两个时期》，《中国音乐学》2000 年第 3 期，第 13—24 页。

⑤ 王小盾：《任半塘、王运熙先生的音乐文献工作》，《中国音乐学》1990 年第 1 期，第 121—125 页。

的学科建设、丰富我国的音乐文献学理论，应该成为音乐研究人员、音乐文献工作者积极从事的一项拥有音乐学和音乐文献学学科建设双重意义的工作。

2000 年 12 月初稿

2001 年 8 月修改稿

原载《交响——西安音乐学院学报》2001 年第 4 期

景月亲，生于 1968 年，女，西安音乐学院图书馆研究馆员

杨荫浏对中国现代乐律学研究的影响

陈其射

杨荫浏先生杰出的乐律学成就深刻地影响了中国现代乐律研究的发展进程，他在理论到实践的探索、追求和开拓方面，获得了举世公认的光辉成就，自晚清以来无人可比。他躬亲实践，数十年如一日，苦心孤诣，潜心研讨，无论在乐律学史、乐器音律和律学实验，还是在古谱译解、民族乐律、乐律基础理论方面，均为后来学子指明了继续研究的方向并给予了深远的启迪。在先生与学生们的共同努力下，使我国近代发展迟缓的乐律学研究重新活跃，学术队伍不断扩大、探讨内容不断丰富、研究水平不断提高、研究方法更趋科学合理，使这一与众领域交叉的边缘学科日益被重视，成为越来越多的研究者拓宽和深化研究领域的工具和“敲门砖”。

杨荫浏对中国现代乐律学史研究的影响

杨荫浏先生深知乐律学研究对中国音乐史学、民族音乐学等众多学科来说，好比多米诺骨牌，牵一发而动全身。因此他集一生所学，用近代科学方法对自成体系的古老的乐律学像攻堡垒一样，一个一个地清理，一个一个地抹去历史尘埃，使乐律学史显现出基本脉络，名副其实地成为现代乐律史学科建设的先驱。他所发表的乐律论著，较早地为中国乐律理论和乐律学本门学科研究做了非常重要、必要的基础性工作。其内容有：《钱乐之三百六十律音程比较表》①、《信阳出土春秋编钟的音律》②、《关于春秋编钟音律问题》③、《周代十二律与七声音阶》、《最早的乐律计算方法——三分损益律》、《京房六十律》、《相和三调》、《何承天新律》、《纯律音阶的应用》、《清商三调、笛上三调》、《古琴减字谱与工尺谱》、《新音阶的确立与燕乐诸调》、《同曲犯调和移调》、《排除“为调式系统”确立“之调式”系统》、《雅乐乐律》、《三分损益十八律》、《五度和声的应用》、《元杂剧宫调》、《朱载堉的平均律和异径管律》、《清康熙的“律吕正义”》、《三种律制的实践、理论和并用问题》④ 等等。

杨荫浏的权威巨著《中国古代音乐史稿（修订版）》对古代乐律遗产进行了系统而深入的整理和研究，以年代顺序对古代乐律的发生发展作出了科学总结。既有史的全面又有为解决疑难乐律问题而突出的重点，广度和深度都前所未有。因而成为当代乐律学研究者常用的最重要的参考书籍，为培养研究队伍提供了极其重要的教材。《史稿》虽称不上完整的乐律学史，却构建了乐律学史学科建设的编年框架，提供了继续研究的基础。虽然《史稿》在古代音乐史学科中，无论从宏观和微观上都是无与伦比的，但终因涉及栏目太多，不可能在乐律学这一单项史上做到面面俱到、个个深入、画上句号。然而却给后来者留下许多继续探索和深入的空间。事实证明，许多乐律方面的成果、议论和探讨都来自《史稿》，从中获得了研究基础、研究线索和研究资料。

为继续杨荫浏《史稿》的乐律学史研究，以学生黄翔鹏为首的追随者们以《史稿》所列乐律学史的内容为基础，逐步展开了全国规模的研究工作，更加仔细地梳理了乐律学史的发展脉络，撰写了大量乐律学史的文章，充实了《史稿》乐律史编年框架。如《新石器和青铜时代的已知音响资料与我国音阶发展史问题》⑤、《中国古代乐律理论研究的若干问题》⑥、《中国古代律学——一种具有民族文化特点的科学遗产》⑦、《释“宫商角徵羽”阶名由来》⑧、《律学史上的伟大成就及其思想启示》⑨、《中国古代乐律史学习札记》⑩、《中国古代文献记载中的“律学”》⑪、《淮南律辨》⑫ 等。众多文章的问世，使乐律史学研究的纲目更为清晰，研究队伍也在锻炼中迅速成长，学科建设进入到可行的运作阶段。

由于中国传统乐律学是一个历史渊源极为古老、疑难极多、尚待从头系统梳理的年轻学科，它的本门学术史更是一个未开垦的处女地。况且研究者都是单兵作战，研究的角度和方法均有差异，在乐律史基础理论上又缺乏共同的探讨，对许多有理有据的分歧往往采取互不交锋

---

① 杨荫浏：《钱乐之三百六十律音程比较表》，中国艺术研究院音乐研究所资料馆藏，1941 年油印本。
② 杨荫浏：《信阳出土春秋编钟的韵律》，《音乐研究》1959 年第 1 期。
③ 杨荫浏：《关于春秋编钟韵律问题》，《音乐研究》1960 年第 1 期。
④ 杨荫浏：《中国古代音乐史稿》（上下册），北京：人民音乐出版社，1981 年。
⑤ 黄翔鹏：《音乐论丛》第 1、3 辑，北京：人民音乐出版社，1980 年。
⑥ 黄翔鹏：《中国古代乐律理论研究的若干问题》，中国艺术研究院音乐研究所馆藏资料，油印本。
⑦ 黄翔鹏：《中国古代律学——一种具有民族文化特点的科学遗产》，《音乐研究》1983 年第 4 期。
⑧ 冯文慈：《释“宫商角徵羽”阶名由来》，《中国音乐》1984 年第 1 期。
⑨ 黄翔鹏：《律学史上的伟大成就及其思想启示》，《音乐研究》1984 年第 4 期。
⑩ ［日］服山清一：《中国古代乐律史学习札记》，《民族民间音乐》1986 年第 2 期。
⑪ 陈应时：《中国古代文献记载中的“律学”》，《中国音乐》1987 年第 2 期。
⑫ 郑荣达：《淮南律辨》，《黄钟》1987 年第 1 期。

的态度。在成果上互相吸收少，在判断上标准不一，甚至乐律用语也自创自用、自说自话。为了尽快使中国乐律学史进入实质性的研究阶段，对《史稿》中提出的荀勖笛上三调、俗乐二十八调是否“四宫”等乐律疑案进行深入研究，中国艺术研究院音乐研究所设立院级重点科研项目，由黄翔鹏先生领衔，1989 年成立了中国乐律学史攻关课题组。该组用集体研究的方式，分工合作，互相理解，扩大联系，试图在课题攻关的过程中取得共同认识和共同语言。在多年的运作过程中，虽与黄翔鹏先生设计的学科建设蓝图差距较远，但在困难重重、步履艰辛中，完成了一些独立的研究题目，如《大曲两种：唐宋遗音研究》①、《中国乐律学百年论著综录》②、《荀勖笛律研究》③、《律吕精义点注》④。也为继续研究做了大量的基础性工作，如《中国传统乐律学文献录要》中的部分内容已近完成；有的对杂见于经、史、子、集中的非正史乐律志和非音乐专著资料进行筛选、校勘和考辨，做了大量的基础性工作。

杨荫浏对中国现代律学实验、计算和乐器音律研究的影响

杨荫浏先生研究中国古代乐律是以进行中国现代律学实验、计算和乐器音律实践为基础的，实验和实践就是先生治学思想的一个最主要的特点。这一治学思想不但为后学树立了榜样，也为用科学手段开拓新的乐律研究领域准备了思想基础。如传统音乐音调实测、古乐器考古与测音、以实验为手段的乐调分析、民族乐器改革等研究领域多出于先生的开路和初创。

先生为研究晋代的荀勖笛律，他亲手制作了几十根长短有序的律管从事管律实验。实验得出荀勖笛律巧妙运用管口校正法的结论冲刷了这一古老课题上深积千年的尘埃，把它在中国乐律学史乃至世界科技史上的重大学术意义揭示在人们面前，是荀勖笛律研究向深层进军的新开端。先生这种植根于律学实验的精神和以实验解决乐律史上的疑难问题的科学态度，直接影响了我国几代乐律研究者用实验手段来开拓学科的发展，以及用实证的方法形成乐律思维。如王子初继先生的实验精神和探矿之足迹，做了荀勖笛律的乐律实验，提出荀勖笛律是二十二律的可能，在实验基础上得到荀勖笛律的校正是异径管的设想。先生的荀勖笛律实验结果也引出了一些议论和探讨，活跃了这一领域的学术气氛。如陈正生的《谈荀勖笛律研究》⑤、[日] 林谦三的《荀勖十二笛》⑥ 等。先生以实验和实践的精神研究明代朱载堉的异径管律，而不是把律学研究限制在文献与数学计算之内。为此他制作了朱氏异径管并做了异径管律实验，得出朱氏异径管律相邻两律略小的结论，并对其作了修改方案。先生对朱氏异径管律的实验直接影响了其后异径管律研究的深入，使一批研究者如戴念祖、陈正生、陈权芳、刘勇、屠式番、刘存侠等人脱颖而出。尤其是刘勇制作了朱氏异径管，实证了朱氏异径管律为不折不扣的十二平均

---

① 黄翔鹏：《大曲两种：唐宋遗音研究》，中国艺术研究院音乐研究所馆藏资料，油印本。
② 郭树群、陈其射、王子初、李成渝合著：《中国乐律学百年论著综录》，北京：华乐出版社，1998 年。
③ 王子初：《荀勖笛律研究》，北京：人民音乐出版社，1995 年。
④ 冯文慈点注：《律吕精义点注》，北京：人民音乐出版社，1998 年。
⑤ 陈正生：《谈荀勖笛律研究》，《中国音乐》1985 年第 4 期。
⑥ [日] 林谦三著、钱稻孙译：《东亚乐器考》，北京：音乐出版社，1962 年。

律[1]的同时，发现朱氏“豁口”理论乃是利用管径进行“管口校正”的经验总结。在另一笛律实验中发现当管长和壁厚适中时，对管口校正量影响不大，人工吹律是一个频率范围，要得出十分精确的管口校正量几乎不可能的结论[2]，使异径管律研究有了新的进展。

杨荫浏先生在律学计算的研究过程中较早地翻译了《音乐物理学》[3]，并作为“音乐物理”课程，培养了黄翔鹏等一批优秀的现代律学研究者。他自1937年研究明代朱载堉“新法密率”发表了第一篇律学计算论文《平均律算解》[4]，1939年制成《乐律比数表四种》以后，先后又发表了《七弦琴徽分之位置与其音程比值》[5]、《弦乐器定音计述略》[6]、《音律表两种》[7] 等文章。这些早期的律学计算的论文，对弄清和发展律学基础理论极有价值，深刻地影响了其后中国乐律学数理逻辑研究的发展，给律学的理论思维插上了飞翔的翅膀，使科学计算方法始终成为揭开乐律奥秘的重要途径和律学思考的重要内容，促进这一领域的研究成果由少到多，学术气氛也由冷变热。譬如赵宋光从数理逻辑上对我国3/4音的成因提出了较为合理的推测[8]，用周期比值解释弦长比值，用音波相对长度确认音程在调式与和声中的位置[9]，从密率理论中提出音分数的概念[10]等；郑荣达从结合音的角度论述音乐的和谐数理结构[11]；戴念祖从中国编钟的声弓结构、振动波式和模式，论述古代编钟发音的物理特性[12]；陈其射从简单整数论述早期乐律的等差形态[13]；陈正生从瑞利的末端校正公式论证它不适应中国箫笛[14]等等。

先生在乐器音律研究方面，更是坚持实践第一的原则。他始终把乐器音律研究与中国音乐实践、乐器制作、乐器改革结为一体。先生为了解决横笛制作的音准问题，学习了民间的制作经验，总结出尺寸数据的计算方法，制作了开笛孔的尺子，并把它传给乐器制造的从业人员。同时他发表了《谈笛音》[15]，最早提出关于七平均律的讨论，文章认为民间笛音接近十二平均律和三分损益律，否定了七平均律的存在。由此引出了从昆笛是否是七平均律讨论的开始，一直延伸扩展到广东、潮州等民族音乐中的七平均律的讨论[16]。先生怀疑查阜西七平均律理论，撰写了《再谈笛律答阜西》[17] 的文章，主张用科学的高视点，以实验的方法去审视笛上七平均律的问题。先生以实践为基础的笛律研究，深刻影响了后起者的研究方向，如童忠良复制了贾

---

① 刘勇：《朱载堉异径管律测音研究》，《中国音乐学》1992年第4期。
② 刘勇：《关于管口校正量的一个实验》，《中国音乐学》1993年第4期。
③ 阿历克山·沃德：《音乐物理学》，中国艺术研究院音乐研究所馆藏。
④ 杨荫浏：《平均律算解》，《燕京学报》第21期，民国二十六年（1937）。
⑤ 杨荫浏：《七弦琴徽分之位置与其音程比值》，载《杨荫浏音乐论文选集》，上海：上海文艺出版社，1986年。
⑥ 杨荫浏：《弦乐器定音计述略》，教育部音教委民国三十年版（1942），中国艺术研究院音乐研究所馆藏。
⑦ 杨荫浏：《音律表两种》，中国艺术研究院音乐研究所资料第84号，1955年油印本。
⑧ 赵宋光：《关于3/4音的律学假说》，《中央音乐学院学报》1982年第2期。
⑨ 赵宋光：《理论律学的基本方法》，《音乐艺术》1984年第3期。
⑩ 赵宋光：《作为相对长度与音程系数的密率以及它为底的对数》，1984年全国第一次律学学术讨论会油印本。
⑪ 全国第一次律学学术讨论会论文。
⑫ 戴念祖：《古代编钟发音的物理特性》，《百科知识》1980年第8期。
⑬ 陈其射：《试论简单整数等差律》，《中央音乐学院学报》1986年第1期。
⑭ 陈正生：《瑞利末端校正公式难适用于中国箫笛》，《星海音乐学院学报》1986年第1期。
⑮ 杨荫浏：《杨荫浏音乐论文选集》，上海：上海文艺出版社，1986年。
⑯ 七平均律的讨论见《中国音乐》1981年第4期，《民族民间音乐》1986年第1期，陈天国文；《民族民间音乐》1982年第2期，吕林岚文；1986年第1期，余亦文、胡均文，第4期陈正生、程云文；（台）《全音音乐文集》，牛龙菲文等。
⑰ 杨荫浏：《杨荫浏音乐论文选集》，上海：上海文艺出版社，1986年。

湖骨笛，以现存的民间笛为参照，以实测数值为依据，得出贾湖骨笛存在多宫的可能性的结论①；刘勇通过笛律实验证明邹伯奇、中村清二“三寸九分”半律黄钟论之错误②；雅文对苗笛进行了音律研究③；方建军对先汉笛子进行了音阶构成研究④；张学庆对笛管音律形成与“监听”功能的研究⑤。先生在研究琵琶音律时，抓住了琵琶品位排列这一关键问题，通过自身的琵琶排品实践，绘制成图表以便乐器工厂使用。为此他发表了论文《谈琵琶音律》⑥，以阐释琵琶旧七品及十一品上的特殊音位问题；“↑4、↓7”二音和特殊音位的记谱问题；添加半音品位的问题；琵琶何以是最早应用平均律的问题。引起了后来者对琵琶音律的深入研讨，促进了乐器音律研究的深入。如李廷松在研究传统琵琶的音律和音阶中提出了琵琶中立品的设置问题⑦；吕自强提出琵琶改半音品是进步之举，可以用演奏方法实现琵琶音律的多样性⑧；吴犇认为传统琵琶构成中立音的乐律民族特色应该保留，应在一定范围内留存四项十二品琵琶⑨等。先生的乐器音律研究给后来学子的影响和启迪是非常深刻的，除笛子、琵琶音律外，还启发了对其他各类乐器音律的研究。击乐器如钟、磬音律；弹拨乐器如琴、筝音律；拉弦乐器如二胡音律；吹奏乐器如唢呐、口弦音律等。

杨荫浏对中国现代古谱解译研究的影响

杨荫浏在乐律学研究多项卓著成绩中，对古谱解译研究更显突出，更表现出学术研究中的独到见地。为解决古谱解译这一古代留存的疑难问题，先生通过现今存活着的称为“音乐活化石”的民族古老乐种，进行了大量实践，其中的艰辛不言而喻。因为先生深知古老乐种是任何史料不可替代的活材料，也是极难挖掘罄尽的深厚的宝藏。古老乐种的谱式繁杂，同名、同调、同曲都会有相异的乐谱，其他不同调、名、曲的乐谱更难以计算。实践出真知，先生不为传统理论和乐种、乐谱的表象所惑，在古老乐种和乐谱的比较研究中，开辟了一片全新天地。先生闻名中外的、对南宋词人姜白石旁谱的翻译，便是得益于对西安古乐的古谱研究。

先生的古谱解译是在缺乏经验的垦荒中取得的成就，他率先对“乐种”这一民族音乐“高文化”的、特有的历史现象提出科学的界定，从律、调、谱、器对乐种进行系统乐律研究，攻克了传统乐律学极难解决的一个高文化的尖端堡垒，为后来者开辟了一个崭新的领域和全新的天地。他先后发表了《工尺改制谈》⑩、《关于七弦琴的问答》⑪、《古琴谱式改进刍

---

① 童忠良：《舞阳骨笛的音孔设计及宫调特点》，《中国音乐学》1992年第3期。
② 刘勇：《“三寸九分”与律学实验》，《黄钟》1992年第2期。
③ 雅文：《苗笛》，《中国音乐》1984年第2期。
④ 方建军：《先汉笛子的制造工艺和音阶构成》，《中国音乐》1988年第3期。
⑤ 张学庆：《笛管腔的气柱振动与发音》，《中国音乐》1989年第2期。
⑥ 杨荫浏：《民族音乐研究论文集》（第三集），北京：音乐出版社，1958年。
⑦ 李廷松：《传统琵琶的音律和音阶》，《音乐论丛》1964年第5辑。
⑧ 吕自强：《琵琶旧七品和中立音》，《中国音乐》1985年第1期。
⑨ 吴犇：《传统琵琶特殊品位对乐曲的影响》，《中国音乐》1986年第2期。
⑩ 杨荫浏：《工尺改制谈》，《音乐杂志》（国乐改进社）民国二十一年（1932年1卷第10号）。
⑪ 杨荫浏：《关于七弦琴的问答》，《人民音乐》1955年11—12月号。

议》[①]、《宋姜白石创作歌曲研究》[②]、《工尺谱翻译问题》[③]、《“九宫大成南北词宫谱”评介》[④]等文章，为后学取得震古烁今的敦煌等古谱解译成绩，奠定了理论和实践的坚实基础。

先生在姜白石宋代乐谱研究中明确了记谱符号、音阶形式、宫调系统、绝对音高，并译成线谱，歌词译成现代韵文，为其后的古谱研究确定了栏目分类，做出了很好的样板。中国当代轰轰烈烈、成绩斐然的古谱古乐研究，正是由先生始发。先生的开拓性和创始性研究，从一开始就取高文化的视角去审视古谱今译。一方突破，带动了整个古谱古乐研究的多方向拓展。除白石谱解译和敦煌谱研究取得突出的伟大成果以外，民间俗字谱研究得到较快发展，如《乐星图谱》研究、泰山岱庙乐谱研究，以及中国俗字谱与拜占庭乐谱的比较研究等；西安鼓乐研究也从考源、音阶、读谱法、板式、记号用语、宫调、谱字、结构、体裁、配器等众多方面得到更加系统、更加深入的研究。

先生在民族音乐记谱实践中深感工尺谱研究的重要，他从对曲调的实际奏唱和对音程、调性的感觉出发，深入研究了工尺谱的翻译问题，提出了工尺谱翻译存在的新旧音阶问题、一般译法和特殊译法问题，为解决传统乐种整理工作中的读谱法和记谱法问题做了很好的准备。先生为使工尺谱这一中国独特的记谱法焕发出新的光彩，他给中国乐律学研究的后继者提出了“工尺谱申论”的奋斗目标，极大地影响了我国古乐工尺谱、近世工尺谱和昆曲工尺谱研究的发展进程。使古乐南音工尺谱研究因此活跃起来，促进了对南音工尺谱的移律、存谱、异名、失字、替音变异的广泛讨论；促进了近世工尺谱的深入研究，对其板眼记号、写法、调高、谱字沿革、记谱特点、笙管谱字等问题进行了较为全面的探讨；昆曲工尺谱研究也对中国特有的润腔提出了记谱规范等。先生的古谱解译、工尺谱和琴谱研究对我国古琴谱研究、二四谱研究、琵琶谱研究、日本“唐乐”、“明清乐”传谱研究和其他谱式研究都有不同程度的影响。

杨荫浏对中国传统乐学研究的影响

杨荫浏先生自少年时直至一生的民族音乐实践，为在中国传统乐学研究上打下了极为深厚的功底，在传统乐学上提出的一些创见都是发自民族音乐实践的产物。先生远在20世纪20年代就提出了民族音阶中第四级为纯四度的音阶是一种客观存在。音乐界沿用的古音阶、新音阶的命名也是出自先生此说之创始。先生从古琴调弦法、传统工尺谱调首的演变、管色的吹奏实践，证实了新旧音阶相互影响的存在，提醒后人在民族音乐和乐律研究时务必考虑这种影响。先生穷毕生精力潜心研究民间音乐，他从丝竹乐、十番鼓、十番锣鼓、河北吹歌到北京智化寺、山西五台山青黄庙等寺庙音乐，从品种繁多的戏曲音乐到说唱音乐的搜寻、整理、记谱中深深感到：五声音阶与七声音阶的长期并存是历史遗存，二者各具特色。告诫后人切不可使两

---

① 杨荫浏：《古琴谱式改进争议》，载《杨荫浏音乐论文选集》，上海：上海文艺出版社，1986年。
② 杨荫浏、阴法鲁：《宋姜白石创作歌曲研究》，北京：音乐出版社，1957年。
③ 杨荫浏：《工尺谱翻译问题》，载《民族音乐研究论文集》（第一集），北京：音乐出版社，1956年。
④ 杨荫浏：《“九宫大成南北词宫谱”评介》，《光明日报》1961年7月5日。

种音阶对立，亦不可有先进、落后之分。可以说他在中国现代乐学史上第一次提出了五、七声并存的见解，开拓了五、七声之间有机联系问题的研究新领域。先生通过对古代燕乐的比较研究，从实践意义的角度出发，提出了“唐燕乐二十八调”为“四宫”、“每宫七调”的见解。黄翔鹏先生通过古谱解译，实际比较了唐燕乐四宫系统与宋燕乐七宫系统的异同，论证了杨先生“四宫七调”的见解具有重要的实践价值。先生对唐宋燕乐的解释为其后音乐学界对“燕乐二十八调”的热烈讨论起到了抛石激浪的作用。先生对民族乐学的研究成果对后学也有较大影响，其发表的内容有：《如何对待五声音阶与七声音阶同时存在的历史传统》①、《中国音乐史上新旧音阶的相互影响》②、《新音阶的确立》、《八声音阶的应用》、《燕乐二十八调与八十四调》③ 等。黄翔鹏先生独创的、具有突破性理论意义的“同均三宫”乐学理论④，对中国当代乐学研究影响之大为世人所公认，其理论思维基础，据笔者所知受先生乐学研究的启示不少。继先生之后，在中国民族音阶的研究上出现了大量研讨文章，如：冯文慈先生站在杨先生的观点上，认为不宜以进步和落后划分五声、七声音阶，fa、si 可为调式正音，故应补充古音阶和燕乐音阶两种变体形式⑤；于会泳从调辨别的角度出发，提出民族调式音阶识别应从具体旋法中寻找依据，当时理论上尚未提出的“同均三宫”，但文章已在实际上觉察到这个问题的存在⑥；黎英海从汉族五声、七声调式和综合性的调式论述了五声调式与七声调式的关系问题⑦；王子初运用“同均三宫”理论对三种七声音阶结构的不同调式立论寻找文献依据⑧；修海林对乐学史上有关新、古音阶同均相存、“林钟为宫”的乐学思维方式，在曾侯乙编钟实际音乐型态中找到了最早的例证，证实新音阶在先秦已实际存在，《管子》生律特征在这里以整体的七声新音阶型态展现出来⑨。此类论著层出不穷，如雨后春笋，美不胜收，在先生早着的先鞭之疆上开出了绚丽的五彩花朵。

杨荫浏对中国现代律学基础理论研究的影响

杨荫浏对现代律学基础理论研究影响最大的主要是《管律辨讹》⑩ 和《三律考》⑪。这两篇专论内容虽然简洁，却是其毕生研究的总结。“其魄力之宏大，在国际上现有的音乐声学著作中应为提出了全新论点的创说”⑫，以及指出律学研究方向的文章《律学的目的性与倾

---

① 杨荫浏：《如何对待五声音阶与七声音阶同时存在的历史传统》，《音乐研究》1959 年第 3 期。
② 杨荫浏：《杨荫浏音乐论文选集》，上海：上海文艺出版社，1986 年。
③ 杨荫浏：《中国古代音乐史稿》（上下册），北京：人民音乐出版社，1981 年。
④ 黄翔鹏：《中国传统乐学基本理论的若干简要提示》，《民族民间音乐》1986 年第 3、4 期。
⑤ 冯文慈：《汉族音阶调式的历史记载和当前实际》，《中央音乐学院学报》1981 年第 3 期。
⑥ 于会泳：《关于辨别调式问题》，《音乐研究》1959 年第 6 期。
⑦ 黎英海：《汉族调式及其和声》，上海：上海文艺出版社，1959 年。
⑧ 王子初：《略论荀勖笛上三调》，《中央音乐学院学报》1988 年第 4 期。
⑨ 修海林：《曾侯乙编钟六阳律的三度定律及其音阶形态》，《中国音乐》1988 年第 1 期。
⑩ 杨荫浏：《管律辨讹》，《文艺研究》1979 年第 4 期。
⑪ 杨荫浏：《三律考》，《音乐研究》1982 年第 1 期。
⑫ 黄翔鹏：《杨荫浏先生与中国的民族音乐学》，《音乐学习与研究》1985 年第 3 期。

向性》①。

从乐律史的角度上看，自《吕氏春秋》起，所有讨论乐律问题的文献中，几乎无不将三分损益法用于管律。历代典籍均沿袭旧说，虽对管律误差有“竹声不可以度调”的觉察，但古代对管律的总体认识仍然在错误范畴之内。先生站在《实践论》的思想高度，注意到管律发音的复杂性，因而批判地审查了历代文献，破除传统成见，集平生管律实验所得，指明了管律之讹误所在。他肯定了“三分损益法”是弦律；指出从《吕氏春秋》以来一些典籍记载中混淆弦律与管律的情况；认为荀勖笛律、萧衍的四通十二笛、朱载堉的异径管律、康熙的十四律都是对三分损益十二管的否定；提出通过制管实验证实三分损益十二管并不存在。这是基础理论的重要问题，先生的目的是提醒和告诫后人研究音律时必须用实验的方法去检查是否可信。先生这一研究成果得到后世学人和国际学者的一致公认，当代管律研究正是在先生指引的正确道路上乘风破浪不断前进，取得了一个又一个的可喜成绩。

先生的《三律考》更具高视点和高境界。它突破了传统律学基础理论的樊篱，给后世学子在律学基础理论研究上以极大影响。先生是用《矛盾论》的辩证思维观去审视古代乐律，结论是：三种律制在我国出现都很早（三分损益理论实践最早，出现于公元前7世纪左右；纯律实践出现于公元前6世纪，但未见有关理论总结；平均律实践约始于公元前2世纪之前）；南北朝、隋唐五代都是三律并用；明清流行的琵琶音律中已有四分之三音。因此他认为：在音乐实践中并不存在纯而又纯的三分损益律和纯而又纯的纯律，甚至在人为的十二平均律的实践中，也不存在绝对的平均比率；音乐实践中对于律制的应用，常是多律制的矛盾的统一。先生认为客观音响世界本来面目就是一个矛盾的统一体，这一辩证的乐律观，是前所未有的全新观念，也是民族音乐学的历史发展过程中出现的一个新的信号，即对中国乐律学史上的众多课题将重新审视；对现存活着的传统音乐的乐律型态也将改变研究思路；对中国民族和东方各民族音乐研究成果将重新评估；对国内外音乐学界的一些现成结论将谨慎引用。先生的这一突破性成果，使中国传统律学基础理论研究迅速活跃起来，研究成果也陡然增加许多。其一是过去在律学史上已成定论的“三分损益律在我国民族音乐中占统治地位”的说法，被许多律学研究成果所动摇。如提出了古代不但有纯律实践还有纯律理论的看法②；曾侯乙墓乐律研究证实古代绝非三分损益律的一统天下。其二是出现了探索古代律学思想和律学思维研究，深化和扩大了律学基础理论的研究主题和领域③。其三是民乐合奏中的异律并用问题开展了讨论。有人认为民乐合奏中“异律并用”带来了乐音混响，它是一种更丰满更有味道的音响④；有人认为只采用统一的纯律才能获得理想的音响；有人提倡音律的精确和灵活并存，应以十二平均律为基础寻求民乐合奏的变通律制。其四是运用乐律的辩证思维探求在大体不影响三种律制特性的前

---

① 杨荫浏：《律学的目的性与倾向性》，载《杨荫浏音乐论文选集》，上海：上海文艺出版社，1986年。

② 陈应时：《论证中国古代的纯律理论》、《琴曲〈碣石调·幽兰〉的音律》、《琴曲〈广陵散〉谱律学考释》、《论四分损益律》；何昌林：《论纯律化》、《相生律与纯律的一对孪生兄弟》依次载《中央音乐学院学报》1983年第1期，1984年第1期，《中国音乐》1983年第3期、1984年第3期。《乐府新声》1983年第4期，《乐坛》1984年第1期。

③ 陈其射：《论我国早期律学思维》、《朱载堉律学思维三题》；郭树群：《谈朱载堉的律学思维》依次载《阜阳师院学报》1986年第3期，《音乐研究》1987年第1期、1985年第2期。

④ 陈天国：《民间器乐演奏中的单音混响和音律变化》，《中国音乐》1983年第2期。

提下设计理想新律①。其五是运用律制矛盾的统一观点，研制“三律琴”和“多律琴”②。其六是运用多律并存的观点，对我国常用律制进行科学分类③。其七是从律学的数理逻辑和民族音律的角度分析中立音、特性音和微音分音④。

杨荫浏先生在《律学的目的性与倾向性》一文认为：律学研究的目的是为了服务于音乐实践，倡导用实践而不是用纸上谈兵的态度从事律学研究。律学要联系音乐生活的发展和社会意识，要联系音乐结构、审美观点、演出要求，而且还应该将其放在音乐历史的发展中去评估价值。对于不同律制需要有辩证认识，在纯律的理想与平均律的实用之间，在数学的精确性与变通性之间，应该摆脱旧时学者常取的那种对立的、绝对的、片面的看法。先生辩证的律学思维从多方面启示后学将互为因果的实践与理论、听觉与数理、经验与测音有机地结合在一起，有利于克服律学研究中“唯理”和“唯经验”两种倾向。先生为纠正律学研究中的偏颇现象，一针见血地指出了律学研究容易出现的弊端，并提出了律学研究应该遵循的四大原则：遵循实践第一的原则；遵照社会发展的原则；尊重历史规律的原则；遵守客观辩证的原则。先生所论是对律学研究取高文化视点的深层思考，是给后学在治学方法上、学习风气上的深刻教诲。先生的追随者们并未辜负他的期望，沿着他指引的道路，无论在律学史研究、应用律学研究，还是在理论律学研究、律学方法论研究诸多方面都取得了异彩纷呈的好成绩。

杨荫浏先生对中国传统音乐的巨大贡献为世人公认，他闪耀着创造之光、实践之光、辩证之光的乐律研究，深刻地影响了几代学子的乐律思维、治学态度和研究水平。他在乐律学艰难泥泞、沟壑纵横的道路上架桥铺路，为重新认识中国传统乐律奠定了基础。先生极高的乐律造诣，使我们能够站在巨人宽阔肩膀上，眺望学科发展的前沿，也使我们从先生无与伦比的深厚知识和治学思想中，深深领悟到：学术之追求，博大而精深，忌故步自封，忌骛新求远，更不可离开实地而水中捞月。

原载《音乐研究》2000年第4期

陈其射，生于1947年，温州大学音乐学院教授

① 李曙明：《弹性十二平均律》，《音乐研究》1983年第2期。

② 樊汝武、刘鹤云、李武华、李曙明、姜夔等研制了“三律琴”，陈应时研制了“多律琴”。

③ 冯文慈：《略论我国当前律制问题》，《音乐研究》1985年第3期。

④ 孙玄龄：《京剧音乐中微音分的实测与介绍》，《中国音乐学》1985年创刊号；蒋小风：《少数民族音乐中半音体系和微分音体系》，第一次律学会油印稿，1984年6月；杨秀昭：《广西少数民族音乐中的中立音与中调式》，第一次律学会油印稿，1984年6月。

管窥杨荫浏先生学术思想中的科学精神

郭树群

在20世纪中国音乐学领域，杨荫浏先生是一位既具奠基意义又具承先启后开拓意义的巨擘。其学术思想的博大精深，令几代音乐学人仰慕惊叹！笔者在中国古代音乐史教学和科研工作中，经常扪心潜思先生学术成就的渊薮。感到“五四”以来新文化的科学精神是其学术思维的基质。今不揣浅陋，试析这一精神对其学术思想的影响，以就教于各位学界前辈和同行。

一、中西文化的浸润

杨先生的教读游幕的独特家世，使其自幼具备了接触中西文化的条件。其早年所受中国文化浸润的主要之点可见如下①：

4岁识字，5岁入私塾读“十三经”、“唐诗”、《纲鉴易知录》；六七岁时向小道士学习吹箫、笛、笙和胡琴，并开始抄录民间器乐工尺谱；11岁左右学习弹奏琵琶、三弦、古琴；16岁又进私塾补读《易经》、《诗经》；10岁左右，已能教美国传教士郝路易女士学中国诗词、音韵和昆曲；12岁进“天韵社”，从老曲师吴畹卿学音韵、昆曲、琵琶、三弦、箫、笛等唱奏技

① 华蔚芳：《杨荫浏年表》，《中央音乐学院学报》1984年第3期，第38—42页。

术，并与道士、吹鼓手等广为往来，抄录“十番鼓”与“十番锣鼓”等民间音乐曲谱。其早年所接受西方文化的主要之点可见如下①：

8 岁以后即具为他人补习语文、数学、英语的能力；10 岁左右，从郝路易女士学习英语、钢琴、乐理；12 岁插班读高小；16 岁考进无锡省立师范学校；21 岁开始从郝女士学习和声、对位、复调、作曲技术；并成为圣公会教徒，接触基督教文化；24 岁时入上海圣约翰大学学习经济，二年级时攻读英国文学，并选学高等物理、高等数学及机械绘图；26 岁又辗转入光华大学经济系学习。

通过以上对他求学、成长时期材料的摘引，一位兼融中西文化，且具神童色彩的形象已清晰可闻。这样广博的文化基础，特别是较为系统的西学教育，开启着这位中国音乐学先行者的思维历程，特别值得我们注意的是，伴随着他求学成长之路的一直是躬亲实践。在这践行统一的成长历程中，中西文化思维特质兼具的学术思想，为他的音乐学硕果孕育了灵感，也将伴随他面对失误，而滋生着怅然和遗憾。

二、西方近代科学实证思维方式的表现

近代西方文化的主要思维方式是伴随着欧洲近代工业文明而产生的。当时，哥白尼的日心说、伽利略的自由落体定律、牛顿的运动定律催化着人们思维方式的变革。人们丢掉了思辨式的古代思维模式，进入了实验、观察论证的思维发展阶段。这种科学实证的思维方式适应着科学启蒙时代人们较为普遍的文化心态，它也曾掀动了文艺复兴以来，科学与艺术汇流的涌潮。因此，当中华民族进入科学启蒙时代以来，学界伴随着自然科学的引进，很自然地接受了这种思维方式。五四时期的音乐家们正是在这种科学文明的浸润中，渐次踏上创造新音乐文化之途的。科学实证精神曾经内化为他们文化选择的观念和新音乐创造力的源泉。杨荫浏先生的青少年时期，也正沐浴着这种科学启蒙的时代精神，开始了他一生的文化积累。显然，这种科学实证的思维灵感伴随着他学术人生的起步而萌生，并不断深化在他丰硕的学术成果之中。当我们步入杨先生宏富而精致的学术之林时，可以十分清楚地寻觅到西方科学实证思维方式对他的影响。

（一）实验论证

曾被马克思尊为现代实验科学始祖的 17 世纪英国哲学家培根总结，要探求自然界事物的原因和规律，最重要的方法是实验的方法。他把具体方法上升为理论研究，使实验论证的方法具有了普遍的意义。他还认为，实验是有计划的，要一步一步地归纳实验结果，最后得到规律性的认识。我们看到，这种将“实验论证”作为一种方法使用，在杨荫浏先生的学术成果中有着精彩的范例。其一，1936—1937 年间，在燕京大学实验室制作两套金属律管，从而以实验证得中国古代乐律理论中的管律与弦律的差别。这是中国音乐史研究中一项十分重要的成果。

---

① 华蔚芳：《杨荫浏年表》，《中央音乐学院学报》1984 年第 3 期，第 38—42 页。

其二，1942年6月所创“弦乐定音计”获教育部学术审议会二等奖。事实上这个弦乐定音计产生于多年来为乐器厂制作琵琶的排品经验。它是根据泛音校正的定位原理，结合几何定律和平均律原理，进行不断实验后完成的。其三，1948年，根据对三四百根竹管的开孔数据，总结出笛子制作中的开孔经验，并制成笛尺用于笛子的制作。其四，在对荀勖笛律的研究中辅以律管试验，以检验自己的理论计算。

仅此几项，已可明确地看到杨先生学术思想中“实验论证”的思维指向。特别值得重视的是，他的这些工作多完成于民生凋敝，学术危艰的旧社会，其学术思想所反映出的科学精神就更值得珍视。

（二）注重于细节上把握研究对象

近代西方科学文明注重“实验论证”的第二个显著特征，是强调在细节上把握研究对象。杨先生学术思想中的很多方面，表现出对于细节的特殊重视。例如在对史料的甄别中，他曾出于对细节的重视，阐发新见：对于《吕氏春秋·古乐篇》所载“昔黄帝令伶伦作为律……听凤凰之鸣，以制十二律”这条史料，杨先生认为：“凤凰不知何鸟。说者多以为听鸟音制律，为无稽神话。其实却未必无部分地真确的可能。1942年8月，作者在川西灌县青城山上圆明宫道观中避暑，曾亲自听得一种不知名的鸟，叫出合乎自然律的以下诸乐语（谱例略）。每天清早重复而鸣的时间很长；而且各个早晨数鸟所鸣的诸音音高，则是一致。若要照它们做一套合于D调的五音律管的确并非难事。据道士说，这种鸟在春天很多，秋天正值稀少得绝无仅有的时间。在春天去，是否还能听得合乎他律的鸟歌，现在还不知道。关于这一点，我想动物学家专门研究过鸟鸣者，也许能供给我们更多的材料。”① 于此，我们不但看到杨先生从细节上实证性地甄别出史料所反映史实的真实性；同时还可了解到，这种甄别是建立在“实证”的基础之上的，而且其间从秋到春的分析，更增加了实证逻辑的科学性、严密性。

在杨先生对语言音韵的研究中，我们也可见到类似的情况。1961年5月，他在对河北梆子曲调的研究中，发现其中很多地方音调的进行与北京语的字调不合。他几经思考，觉得梆子系统，源于甘肃、陕西，河北梆子的音乐中，会不会包含着陕、甘和别地方言的字调因素呢？他先向西安出生的冯亚兰同志调查，得到了陕西方言“阴平低起略向下行”，“阳平低起略向上行”，“上声高起下行”，“去声高起平起或偶然高起下行”的字调规律。而后，又向郭兰英同志请教山西语言的发音法，发现山西语言虽然在声母、韵母上与西安语言很不相同，但在字调上则几乎与西安语言完全一致。再后，杨先生又借陕西省同州梆子实习演出团到北京演出的机会，临场验证。一面看字幕，一面听唱腔；既感到字调的进行，又感到音乐的韵味，在两者若即若离，时分时合之中，对符合剧情内容的音乐加工部分有了更加鲜明、突出的印象。② 这里，我们看到对于梆子腔系语音字调规律的把握，来自他对研究对象细节上的思考。同时，问题的解决又是沐浴着“实证”的思维灵光，在调查、验证的基础上实现的，所以，其间蕴含

---

① 杨荫浏：《中国音乐史纲》，上海：上海万叶书店，1952年，第73页。
② 杨荫浏：《语言与音乐》，北京：人民音乐出版社，1983年，第35—56页。

的科学精神不容置疑。

（三）归纳与演绎

“归纳与演绎”是西方近代科学最为崇尚的方法之一。它们以科学实证为依归，成为总结自然规律必不可少的有效工具。在19世纪以来的科学发展中，尤以归纳法更受青睐。中国“五四”以来对西方科学的自主选择，自然要受到这种方法论的影响。为此，杨先生的学术之旅更可见运用它们的精彩之笔。

归纳的基础在于把握丰富的实证性资料。我们看到杨先生的音乐学研究在科学试验、实地调查、民间艺术实践等方面所做的卓越努力是令人叹服的。兹举数例，以见一斑。

1. 曲谱的搜集、整理

1911—1915年　开始抄录道士、吹鼓手所传的“十番鼓”、“十番锣鼓”等苏南民间流行的器乐曲；

1916年秋—1921年夏　刻写油印吴畹卿昆曲抄本《天韵社曲谱》6册；

1922年　与陈蒹钧合编《雅音集》第一集；

1928年　辑上海南洋大学学生会收集所授昆曲，编为《昆曲缀锦》；

1929—1932年　编辑《颂主诗集》，编著琵琶曲专集《雅音集》第二集；

1935年　编辑出版《普天颂赞》；

1937年　整理《梵音谱》、《锣鼓谱》，新中国成立后以《十番锣鼓》等题名出版，搜集到向达所藏敦煌千佛洞唐人大曲的照片；

1941年　编著教材《笛谱》、《箫谱》、《三弦谱》；

1948年　始编各派琴曲的自存手稿《琴荟》5册，并与程午加编订中英对照《琴谱》2册；

1950年　整理《阿炳曲集》、《昆曲鼓板节奏谱》；

1953年　参与抄录北京智化寺寺僧保留乐谱；与曹安和合编苏南大套器乐曲《吹打》；

1956年　与侯作吾合作整理编辑《古琴曲汇编》第一集，与曹安和、文彦合编《单弦牌子曲选》；

1957年　与李廷松、曹安和整理琵琶独奏曲《夕阳箫鼓》；

1959年　与曹安和合作整理南北曲昆曲演唱谱《关汉卿戏曲乐谱》；

1961年　自明代《太和正音谱》、《盛世新声》、清代《九宫大成南北词宫谱》、《纳书楹曲谱》等7部书中摘录有关材料，编著成《（元）王伯成天宝遗事诸宫调拾残寻谱》手稿；

1962年　与曹安和合作译谱《西厢记四种乐谱选曲》①。

通过这并不完全的梳理，我们看到在近五十年的时光里，杨先生始终没有离开对曲谱的搜集整理。这丰厚的资料基础使他的《中国音乐史纲》、《中国古代音乐史稿》的理论归纳，建立在对音乐作品的研究之上。

---

① 杨荫浏：《语言与音乐》，北京：人民音乐出版社，1983年，第35—56页。

2. 实地调查

1910—1937 年间　经常同道士和吹鼓手们搞在一起边实践边调研“十番鼓”和“十番锣鼓”；

1950 年　调研河北定县子位村管乐队，调研河北丝弦老调、评剧唱法；

1953 年　调研北京智化寺京音乐，调研陕西鼓乐；

1956 年　调研湖南民间音乐；

1971 年　调研湖北江陵出土的战国编磬，长沙楚墓出土的战国瑟；

1972 年　调研长沙马王堆一号汉墓出土乐器。

3. 早年民间音乐实践

8 岁开始向颖泉道士学笛子、箫、笙、二胡；

11 岁时向阿炳学习琵琶、三弦；

12 岁时进“天韵社”学习昆曲，同时学习琵琶、古琴和三弦，至少学唱过 90 出戏。

4. 精巧运用“归纳法”

这足够丰厚的民间音乐积淀，构成了杨先生在实证性学术研究中，进行归纳和演绎的重要基础。他多次讲到“实践不够，理论就难于核实”，“踏踏实实地钻到民间音乐里面去，一个个把它的规律找出来”，“青年人对民间音乐要赶快地抢，……弄清楚每一个乐种，它的历史，它的规律，它的流行情况，它所起的社会作用等等，拿实践丰富认识，提升为理论。”① 这些真知灼见，非有亲身体验，是绝对悟不出来的。正是在这丰厚、多彩的实证性资料和体悟的基础上，先生展开了理性思维的翅膀。因此他的学术思想中，精彩的归纳和演绎俯拾皆是。例如，利用统计的方法总结规律；利用清晰的表格展示规律。据统计，《中国音乐史纲》共用图表 51 幅；《中国古代音乐史稿》用图表 55 幅。它们是这两部代表作科学性的极好表现。又如，在探寻戏曲唱腔中的行腔如何与字音的头、腹、尾相配合的规律时，杨先生曾选取《玉簪记·琴挑》出中的《朝元歌》、《牡丹亭·冥判》出中的《油葫芦》、《牡丹亭·叫画》出中的《簇御林》三段唱腔听唱。然后依照歌唱时的实际情况，将唱词中的歌字依歌唱时头、腹、尾分别的明显与否分上、下两行记写。并用汉语拼音字母在每字后注出其发音，然后，对头、腹、尾分别比较明显的字，用记号标出其中歌唱时比较突出的因素。这样就以音乐实践为基础，建立起一个可供归纳的资料体系。在此基础上归纳出细致的咬字行腔规律，令人信服。由于这些规律的总结包含着数百年来的歌唱经验，又有了现代汉语拼音作工具，其科学性是不容置疑的。②

再如，在对方言的调查中，为了全面反映与字调音素有关的各个方面，杨先生借鉴了语言学家所用的语句联字的形式。但他并不拘泥于阴、阳、上、去的简单排列，而是考虑到能够包括字调的任何前后联络变化关系，于是便构思了如下的例句模式：

---

① 杨荫浏：《音乐史问题漫谈》，《音乐艺术》1980 年第 2 期，第 13、17 页。

② 同①，第 8—15 页。

阴阳上去　阴阳去上　阳阴上去　阳阴去上（以上均平平仄仄）

上去阴阳　上去阳阴　去上阴阳　去上阳阴（以上均仄仄平平）

以此8句声诀，杨先生概括了任何方言中的阴阳、阴上、阴去、阳阴、阳上、阳去、上阴、上阳、上去、去阴、去阳、去上的声韵关系。

而对于入声字调查的声诀模式，他又归纳为如下6种：

平平上入　平平入去（以上均平平仄仄）

上入平平　去入平平（以上均仄仄平平）

平平入入　入入平平（平平仄仄　仄仄平平）

这其中，包括了平入、上入、去入、入平、入上、入去、入入等声韵关系。[①] 这里归纳出的这14句声诀，包括了各地方言字调前后的连接关系。有了任何方言的这一套句子的录音，就可以很容易地找出那一地方的字调规律，而把它用到对于当地歌曲音调的研究中去。于此，我们又一次体味到杨先生在学术研究中，运用科学实证思维的精巧魅力。

5. 恰切运用“演绎法”

19世纪欧洲近代科学实证思维，更多地重视归纳方法的使用。进入20世纪的爱因斯坦时代以来，演绎的方法才得以更多地展示其魅力。中国近代的科学启蒙人物严复曾将归纳和演绎分别作为两种读书方法提出，称之为：“内籀法”和“外籀法”。所谓“内籀”就是要通过事物本身的分析考察，从而获得有关该事物全部知识的读书方法，也就是归纳法。所谓“外籀”是通过建立公理化的逻辑体系，排演出尚未产生出来的事物的性质或现象的读书方法，也就是演绎法。[②] 严复本人也比较崇尚归纳法。他认为科学就是要通过归纳法发现事物普遍有效的公理、法则或规律，然后再广泛运用到实际工作中去。中西近代科学思想在方法论的认识上出现这种一致的趋势，是否是一种人类思维发展过程的共同规律；但我们在对杨先生学术思想的把握中，确也看到了这种多用归纳，少用演绎的倾向。从另一种意义上讲，演绎的方法由于更多主观推衍的因素，所以，它是否是建立在归纳出的实际经验基础之上就很关键。

我们看到，在杨先生学术思想中，演绎方法的运用是符合这一基本要求的。例如：杨先生对于国乐的研究有这样一种认识：“须从多种理论，多种乐器与多种曲调之中，去接近它基础的广度。”[③] 先生举出刘天华的例子以作分析：“譬如二胡之被视为值得学习的乐器之一，从刘天华先生初期创作二胡的曲调算，尚不过20年左右，历史最短，材料当然最少。好像着手二胡曲调的创作，仅学了刘天华先生的十数个曲调，便可操纵自如了。其实未必如此。若不学天华先生之从多方面吸收材料，而仅藉寥寥几个二胡曲调，为仅有的作曲方式，材料简直窘乏得可怜，而绝无达到天华先生同样成功的可能。……天华先生所习更广，二胡之外，大家知道的，有西洋的军乐，有本国的合乐、昆曲与古琴，特别专精国乐中的琵琶与西乐中的小提琴，

---

① 杨荫浏：《音乐史问题漫谈》，《音乐艺术》1980年第2期，第58—59页。

② 徐纪敏：《科学美学思想史》，长沙：湖南人民出版社，1987年，第531、532页。

③ 杨荫浏：《国乐前途及其研究》，《中国音乐学》1989年第4期，第8、9页。

他所接近的曲调的种类与范围，相当广阔……”①

据此所作的演绎，见于如下文字：

“不仅天华先生的二胡曲调是如此，在古人异器异类的曲调中相通而互为因果的例子，俯拾皆是。总之，看不见多数曲调的好处，便听不出少数曲调的短处；没有较广的来源，得较高的认识，便无从批判，无从批判便无从深刻。不努力接近较广的来源，所有的便只可以说是对于少数曲调的模糊印象；对于曾在耳边听过的少数曲调之外的曲调，若可以说有几分印象的话，也不过是对于断片对于烂套的印象，说不上是对于思想、章法、完整性、变化性、个别性、表现性等等的较深刻的印象。”②

显然，这里作为演绎的材料基础，已远远超出对上述刘天华的介绍，其中最有意义的恐怕是杨先生自己的亲身所得的经验，大凡只有这样的理论推衍，才是具有科学意义的，也才是靠得住的。

三、把握科学实证思维过程中的某些偏颇

进入20世纪，欧洲科学思维方法的主流已为普遍联系、辩证发展以及系统方法等新的潮流所代替；实验论证所强调的逻辑方法面临着时代的挑战。从方法论上看，其本身所显露出来的不足，主要是强调机械的因果律。这对于进一步认识事物的本质是不利的。但在我国，由于启蒙运动的姗姗来迟，大部分民族精英们尚未从牛顿时代的科学文明中走出，所以科学实证的思维走向，依然成为中国现代化进程中的导向性思维机制。加之中国近代有志、有为的学人，又多有传统文化基因的滋润，民族传统思维方式中的“理性与践行统一”、“重经验”、“重思辨”等内容的潜在影响，使人们在思维方式的变革与重组中，处于踯躅前行的境地。这也使得他们在把握科学思维方式的过程中，自觉不自觉地出现某种偏颇。一代宗师杨荫浏先生所走过的大半个世纪的学术历程，多处于这种特定的时代背景之中，所以当我们面对他丰厚过人的学术成果中的某些瑕疵的时候，从思维方式上展开一些思考，似乎应当是有益的。

（一）实验与经验，一念之差的遗憾

杨先生在对于实验论证思维方法的把握中偶或出现的偏颇，主要表现在“实验与经验”的一念之差。例如，在管律的研究中，他对于朱载堉的异径管律所作的科学性判断，是建立在闭管的基础之上的。但当代学术研究证明朱氏异径管律是具备了开管的合律条件的。③ 刘勇同志经过缜密的测音研究还说明：杨先生关于朱氏管律的“独立理论成果”（《中国音乐史纲》所述“修正方案”），“用于闭管是正确的”。但由于“管的性质和数据计算的起点与顺序皆不合朱氏原意”，它将不能作为验证朱氏的异径管律的依据。④ 综合当代学者的研究成果可见，

---

①② 杨荫浏：《国乐前途及其研究》，《中国音乐学》1989年第4期，第8、9页。

③ 陈正生：《朱载堉异径管律分析》，《中国音乐学》1987年第1期，第103页；刘勇：《朱载堉异径管律的测音研究》，《中国音乐学》1992年第4期，第68页。

④ 刘勇：《朱载堉异径管律的测音研究》，《中国音乐学》1992年第4期，第74页。

杨先生产生于20世纪40年代的这一成果，有悖于朱载堉原意。当时，先生已有过制作律管的实践，况正值而立之年的学术思想成熟时期，如果选择全面实验的方法不是能避免这一遗憾吗？然而历史就是这样写就的，先生更多地凭借了计算和经验发展着他的关于管律的学术思想。同期，在对于荀勖笛律的研究中，先生取得的学术成就世人称道。但是，如果当时他能够将黄钟笛的试制推向全面，我们想也许就会避免在管律等方面的疏漏。①

遗憾的是，我们看到，先生在按荀勖的方法制成黄钟笛后说："听它的音阶，觉得接近准确；又吹它第一孔宫音，觉得比 g^1 稍低，而恰与荀勖的黄钟律相合。"显然，这里经验的成分多于科学的实证。表现出对于欧洲近代科学实证思维的把握不够彻底、不够严密，体现出民族传统思维重实践、重经验的某些成分。将先生对于管律研究的这两例现象联系起来看，可以隐约了解到，当时先生的学术思想正值于中西科学思维观念的更替与重组之中。因此，反映在学术研究中出现某些局限，就显得并不奇怪了。

（二）近代欧洲科学实证思维机械因果律的局限

欧洲近代科学实证思维具有某种按照既定的力学定势寻求因果的机械特征，突出地表现为思维走向的单向性。它的这种局限在19世纪，已为普遍联系和辩证发展的新思维所弥补或替代。但前已述及，我国的情况是20世纪（特别是20世纪的前半期）以来，科学实证依然是走向现代化的导向性思维方式，因此杨先生受到这种思维定势的影响也就成为自然。

例如，先生在《笙一竽考》一文中，依照陈旸《乐书》所言"正、清、浊"为八度分组的概念，以黄钟律为"正、清、浊"的八度分组标准，进而否定民族音乐实践中以具有指法意义的"宫管"确定音均的常规②，就是从文献和文人所为，进行的因果推断，不难发现其间隐含着的某些机械性因素。

又如，近读冯文慈先生《雅乐新论：转向唯物史观路途中的迷失——杨荫浏著〈中国古代音乐史稿〉择评之二》一文③，颇感前辈史家言真意切，敢于求真的史学风范。冯先生将杨先生的这一"迷失"归结为"他对于剥削阶级在一定历史条件下推动历史进步的积极作用不能率直承认"，我想这是很中肯的。如果联系杨先生学术思维的构建来考虑，会不会有这种机械性因果律因素的影响呢？"剥削阶级是阻挡历史前进的——为他们所用的文化形式便无益于历史的进步——这种文化形式便可以放心大胆地加以否定。"这种蕴含于庸俗社会进化论中的文化观念，在今天看来可能很可笑，但曾几何时，类似的理论不是控制了当时广泛的社会成员吗！而人们所呼唤的思维方式的变革，只是在20世纪70年代末才展现生机的。

恩格斯在其所作《自然辩证法》中曾说："每一时代的理论思维，从而我们时代的理论思维，都是一种历史的产物，在不同时代具有非常不同的形式，并因而具有非常不同的内容。因

① 王子初：《荀勖笛律研究》，北京：人民音乐出版社，1995年，第19页。

② 张振涛：《宋代三种笙制（和笙、巢笙、竽笙）及管苗音位的设计原则》，《中国音乐学》1995年第4期，第99、103页。

③ 冯文慈：《雅乐新论：转向唯物史观路途中的迷失——杨荫浏著〈中国古代音乐史稿〉择评之二》，《音乐研究》1999年第2期，第102页。

此，关于思维的科学，和其他任何科学一样，是一种历史的科学，关于人的思维的历史发展的科学。”杨先生的学术人生，一直处于我国对西方科学实证思维方式的引进，以及由此引起民族传统思维方式发生变革与重组的历史时代，他的学术成果不能不带着时代的烙印。对于他的学术思想中科学精神的准确把握，将使我们更客观、真实、准确地评价我国20世纪音乐学研究的成败得失，从而为走向新世纪提供可资借鉴的经验。

1999年8月31日初稿　2000年2月11日改毕

原载《黄钟》2000年第2期

郭树群，生于1949年，天津音乐学院教授

一部仍具学术价值的“旧著”

——谈杨荫浏先生的《中国音乐史纲》

郑祖襄

在中国古代音乐史学界，杨荫浏（1899—1984）是一位大师级的人物。作为音乐通史著作，他一生写过两部：一部是1952年上海万叶书店出版的《中国音乐史纲》（以下称《史纲》），一部是1981年北京人民音乐出版社出版的《中国古代音乐史稿》（上下册）（以下称《史稿》）。一般说来，作者晚出的著作总是要比以前的著作更为成熟、更为完美。但只要年资稍深的研究者就会知道，《史纲》的学术价值却有着《史稿》所不能替代的地方。

杨荫浏的《史纲》，始于1942年在重庆青木关国立音乐院任教“中国音乐史”课。1943年年底他完成了全部讲义的编写工作，1944年又亲手刻写油印成书，并在当时获得了教育部学术审查委员会二等奖①。新中国成立后经修改于1952年正式出版，1953年又出第二版。

可是，这部书的命运却不佳。1958年，杨荫浏发表了《对旧著〈中国音乐史纲〉的初步批判》，对《史纲》作了自我批评。文中说：

> 本书虽然介绍了一些未经前人注意的资料，但有极大部分是属于客观资料罗列性质。有些论点，显然是错误的。

---

① 曹安和：《杨荫浏与音乐史》，《人民音乐》1985年第2期，第26—27页。

否定“雅乐”，反对复古倾向，强调各时代民间音乐的发展，那表面看来，虽然好像差不多；但没有认识到“劳动创造世界”的真理的时候，并不能将各时代历史的真相归还历史；劳动人民创造音乐艺术的功绩，非但没有被揭露出来，倒被隐没掉了。

企图用几段外国人的话，来说服当时国内大批的重洋轻中的人；用买办思想对付买办思想，非但不能真正解决问题，而且其本身就是一种重洋轻中、迷信外国、自信力不够的表现。

从写作的对象而言，我当时心中的确并没有想使它与广大的群众见面，它的对象，的确是少而又少的一些资产阶级的“学者”；也就是说，对“为谁服务”的问题，我当时是站在资产阶级的错误立场，作了错误的解决。

从写作的目的而言，大体上也只是介绍了一些古人的成就而止，并没有结合当时人民大众的要求，对“今用”问题，做过丝毫的考虑。

即使在对有些资料和技术问题的罗列与处理之中，由于没有正确的立场的观点与方法，同样也产生了一系列的缺点和错误。譬如，……对一些不合实际的、空想的乐学理论，如六十律、三百六十律等，没有作足够有力的批判；……又如对乐器问题，当时单纯从技术观点出发，从抗战时物质条件的限制考虑问题，以为一写关于各代乐器的说明，就要增加篇幅，就要插进好些图片，势必大大增加出版上的困难。因之，只罗列了一些乐器的名称。但从今天看来，连罗列的乐器名称，也是不够全面，不够精确的，其中有着很多的遗漏之处；而且更重要的，是书中并没有指出各时期乐器发展的特点，联系了经济基础的变化、人民生活的变化、音乐艺术的发展，而说明其所以然。又如，在声乐方面，对音调进行与语言因素的关系问题，书中曾根据昆曲写作和歌唱经验，较清楚地指出了音调与语言之间所呈现的规律性，那是应该的。但在指出这种规律的同时，却又有了另外两个偏向：第一，是在企图说服根本轻视音韵学中字调规律的音乐作曲者们的时候，自己又来一个片面强调，矫枉而又失之过正；第二，是为字调而字调，没有接触到在实际上如何运用、活用和适当突破这些规律，以求内容获得更充分的表现的一面。这样一来，在肯定音乐的造型性的同时，就又忽略了它表现的一面，而陷入于摹拟论者的另一错误倾向。

最后又说道：

作者初步批判旧作，有着双重目的：第一，是提醒读者，用批判的眼光去参考《中国音乐史纲》；第二，是希望今后研究中国音乐史和民族音乐中其他问题的同志，能用正确的立场、观点与方法，能用浅显生动的文笔，来进行研究与写作，使新著作的出现，能标志这些科学研究项目在前进过程中飞跃的质变。

作者对于旧著《中国音乐史纲》已不拟再进行修改。这有着两个理由。首先，是此书在内容的安排与处理上，有很多地方，牵涉到本质问题，不容易彻底修改——理想的修改，除非是重写。其次，是依上级的分配，作者目前有更加重要的其他工作要做，不可能

> 挤出时间来，作细致的修改。目前，关于中国音乐史重写的工作，组织上已有计划，而且已有具体的安排，就是在党的正确领导之下，组织集体的力量，准备在较近的未来，分别写出一部中国古代音乐史和一部中国近现代音乐史来。①

但是，在有这么多、甚至有些激烈的以及“扣帽子”式的批评之后，作者仍然提到了《史纲》的价值——一种参考的价值：

> 读者的需要，不久可以从这些新的音乐史著作，得到满足。到了那时候，旧著《中国音乐史纲》就应该放进历史中旧的著作之列，而仅仅保存它的一部分参考的价值。

自我批评中的杨荫浏，并没有把《史纲》全部否定。

1962年，杨荫浏发表了《一个音乐史研究者的体会》，文章以谈学习马列主义、毛泽东思想，改造思想谈心得体会为主，又对《史纲》批判了一番：

> 在解放前，我曾写过一部《中国音乐史纲》。那时候，我还不知道阶级立场的重要性，只是用小资产阶级的眼光，去看中国历史上的音乐问题。即使当时自以为“忠于史实”，力求避免乐律上的空谈，摆脱历史上雅乐派的复古保守思想；但隔靴抓痒，很多重要问题，终究没能看到，而已经看到的问题，也并不能够真正很好地解决。这些毛病，在我当初写作的时候，是完全看不到的——若看到了，我就不会那样写了。②

这里的最后一句，已近似于写书面检查了。

杨荫浏对《史纲》的自我批评是否符合《史纲》的实际情况呢？细心的读者只要通过这些近乎于吹毛求疵的批评行文，便可对它的确切性产生怀疑；而一般了解新中国成立以来“左”倾思想逐渐影响文化学术界情况的读者，则就更容易明白这种自我批判是有当时历史背景的。以至于吕骥在1984年《悼念卓越的音乐史家杨荫浏先生》的文章中也认为，杨荫浏“可能是迫于当时的政治空气和学术形势，写这些话多少有些勉强”。“当时音乐评论中的确出现过‘拔白旗’的声浪，但并没有要将这口号作为运动的指导思想，要扩展到各方面的指示，对于他的著作，从未提出过批评，也没有人组织他就这本著作发表自我批评的暗示，而是他严于律己，进行认真的自我批评和科学态度的表现。”③

十年浩劫过去了，1981年2月，杨荫浏的《中国古代音乐史稿》（上下册）出版了。这部

① 杨荫浏：《对旧著〈中国音乐史纲〉的初步批判》，《音乐研究》1958年第4期，北京：音乐出版社，第92—93页。

② 杨荫浏：《一个音乐史研究者的体会》，《人民音乐》1962年第7期，北京：音乐出版社，第10—11页。

③ 吕骥：《悼念卓越的音乐史学家杨荫浏先生》，《人民音乐》1984年第4期，北京：人民音乐出版社，第11—14页。

书的写作经过是：1959年春，在中国音乐家协会和中国音乐研究所的领导下，先由杨荫浏、廖辅叔、李纯一三位同志写出《中国古代音乐史提纲》；然后经过两次座谈会几十位同志的讨论，对这个提纲提出意见，并由杨荫浏执笔修改，于同年9月油印出《中国古代音乐史提纲初稿》。最后，杨荫浏根据这个提纲撰写这部《史稿》①。在《史稿》（下册）的“后记”中，作者又谈及了这部《史纲》：

> 我的《中国音乐史纲》，脱稿于1944年，出版于1952年。当时我还没有机会接触到马列主义、毛泽东思想；站在资产阶级的立场，囿于唯心史观，又带有崇洋思想，同时，物质条件也非常之差。研究工作，自然错误百出。错误之一，是夸大外来成分，之二，是看不见劳动人民的创造，之三是推崇儒家的音乐观，等等，等等。即使想解决乐律问题，想解决音乐与语言的关系问题等，也都未能解决得好。统治阶级的雅乐虽然是被否定了，但劳动人民创造的音乐却仍被列入统治者及一些封建文人的名下。中外交流的问题，虽然接触到了，但跟在当时东西学者后面，一提到外来因素，就忘掉了自己的成就。满脑子唯心主义、形而上学，是写不好中国音乐史的。

这些话与杨荫浏1958年、1962年的自我批判论调没有什么大的差别。然而，值得注意的是，同样在20世纪80年代，杨荫浏在谈治学问题时，却对《史纲》提出了一些与前述不同的看法。1982年毛继增采访杨荫浏后写的《音乐史家论治史——访杨荫浏先生》一文中，杨荫浏对《史纲》中以前曾作过自我批评的某些内容，作了肯定性的论述：

> 它（《史纲》）在阐述律学和语言学的发展方面，较之以往诸史，是有其成就的。②

与这一看法相联系的是，由李妲娜笔录发表的杨荫浏的《音乐史问题漫谈》③，也不再有批评《史纲》的言词，而是谈了音乐史研究的四个问题（音乐的实践、音乐史的范围、索引工作、录音问题）。在“音乐的实践”中，作者强调了曾经作过自我批评的“音韵学、音乐同语言关系”这一问题的重要性。在“索引工作”中，强调了曾经作过自我批评的“属于客观资料罗列性质”的史料的重要性，并且他以一个实际的研究例子进行了评说：

> 以前储师竹先生花了年把工夫，为《九宫谱》中的曲牌做成了一本索引，虽涉及的范围不广，但论其价值，较之任何一篇专题论文，高出不知多少。此种工作很有价值，十分重要，但着手去做的人，可惜总嫌太少。

---

① 参见杨荫浏：《中国古代音乐史稿》上册“几点说明”，北京：人民音乐出版社，1981年。
② 毛继增：《音乐史家论治史——访杨荫浏先生》，《音乐研究》1982年第1期，第40—45页。
③ 参见杨荫浏：《音乐史问题漫谈》（李妲娜笔录），《音乐艺术》1980年第2期，第12—18页。

更值得注意的是，他对当时音乐研究所编的一本带有批判性的音乐史著作作了严厉的批评：

> 音研所的那部音乐史我感觉写得不够好，……其实照我们的感觉，中国音乐的确相当丰富，有它优秀的一面，音乐史应该将它优秀的一面拿出来，不要自己表示自己眼界高，这个不好，音乐史写它干嘛，写来写去我们中国没有好音乐了嘛。要有所爱，自己不去实践，不懂得爱，什么调子喜欢，什么调子不喜欢感觉都没有，鉴别力没有，这怎么写得好音乐史？

在这些公开发表的文字中，可以看到杨荫浏对于《史纲》的评价与以前的自我批评有所不同；这个不同，至少是在进一步明确他自我批评中所说的《史纲》的“参考价值”。这使我们看到此时已年逾八十的作者，《史纲》在他心中所具有的学术地位。同时也使我们看到杨荫浏当年写自我批评时的违心和不得已之处。

新中国成立以来，除《史纲》之外，到1981年（《史稿》出版时间），已经出版的中国古代音乐史有好几种，可是有哪一种是没有带批判内容的？与此相关的当时出版的中国文学史、中国哲学史著作，又何尝不是如此？就连杨荫浏自己的《史稿》，也是有批判内容的。此时杨荫浏的这段话，却表明了他对音乐史著作中有过多批判内容的不满。

如果我们把《史稿》和《史纲》相对照，平心而论，在整体上，毫无疑问，《史稿》内容的深度和广度都要超过《史纲》；尤其鲜明的是，《史稿》运用了大量的传统音乐实例说明了古代音乐，这是《史纲》所没有的。但问题是，《史稿》却没能吸收《史纲》已有的全部学术成果。这是一个客观的事实。这个事实，无论说是由于作者个人所为，还是由于时代形势所迫；它在新中国成立后的中国古代音乐史学史上，是一个不能回避的问题。加上《史纲》有作者自己对它如此多的批评，这会给今天的年青后学带来许多困惑。这就使我们不得不重新来讨论《史纲》的学术价值。

《史纲》全书分引言，一、历史的音乐观，二、上古期：远古至战国，三、中古期：秦末至唐末，四、近世期：五代至清末，结论，尾声。共八部分。

“引言”开宗明义，叙述了著书的基本思想：

> ……本书从这样的观点出发，所以一方面不愿象有些东方的作家那样，盲目地单注意本国的虚名，为他们本国的文化，粉饰长处，隐瞒短处，而扭曲事实，在读者心中，结成空中楼阁似的玄虚的幻象；另一方面，也决不愿意过于注意国际读者兴趣的方向，将世界音乐园地中所共有的事实为纲，从本国音乐园地专门拾取一些与世界音乐貌似相符，而实际无关宏旨的事实，以迁就国际读者的原有背景，或者从本国音乐园地中，专门拾取一些与世界音乐特殊违异而实际并不重要的事实，作古董的卖弄，以迁就国际读者好奇的癖性。本书的使命，是忠实介绍中国的音乐史实及与音乐相关的哲学思想，正希望读者之

中，仁者见仁，智者见智，反响有自由的余地。因此，绝不愿意预计读者的反响如何，而为之预定范围。

这个“宗旨”表明，《史纲》是本着实事求是的历史科学态度来写中国音乐史的。并且这段话不禁使我们想起在“五四”前后，曾经有过一场对由文学革命而引起的对中国传统戏曲是非的论争。当时，钱玄同、傅斯年等人认为“旧剧”是如同垂辫、缠脚、吸鸦片一样的封建“国粹”，必须予以打倒；张厚载等人则认为“旧剧”有它自身的艺术规律，与人民群众有深厚的联系。等等①。之后，随着西方的自然科学、社会科学和人文学科不断地传入中国；一些外国人，甚至中国人自己，对中国传统学术研究歪曲和贬低的看法也不时地产生。30 年代初，王光祈在写《中国音乐史》时曾对这种现象感到愤愤不平，他说：“西洋‘汉学家’对于吾国近时学人，类多轻视。谓其缺乏普通常识，不解治学方法；现在中国人已无自行整理国故之能力，须西洋学者出而代为整理，云云。余甚望国内同志，能一洗此种奇耻大辱。”② 可以想见，40 年代杨荫浏著书时能不为当时文化学术界的时俗所左右，而坚持自己的音乐历史科学观。这既是不容易做到的，也显露出杨荫浏从事学术研究的坚韧思想个性。

在这个“宗旨”指导下，我们可以看到，首先是《史纲》比较强调引用原始史料的重要性，“引言”又说：“本国音乐园地中，何以会产生这样的一些音乐史实？……暗示对这些问题的解答，是史料的至高价值之一，在现在写中国音乐史，介绍这样的史料，似乎是不容放弃的责任。”从这几句话中，可见作者深得中国史学的优秀传统，也反映出作者朴实无华的学风。如：上古期、中古期、近世期有关乐器的一节，基本上网尽了历史文献中所载的乐器名称材料。其中有一些乐器，在传世乐器和音乐考古中至今没有看到，所以这些材料对于了解研究古乐器是极为重要的；而《史稿》在这方面反而忽略了。又如“周代的重要典礼”一节和“西域音乐之影响创作”一节，作者在运用丰富的史料基础上，进行归类分条的叙述，使读者对这些古老音乐的认识感到十分具体。又如在“隋前古琴宫调”一节中，引用《碣石调·幽兰》谱后附录的琴曲目录。这条材料不为人注意，但它能说明早期琴乐历史的意义却很大。如此等等，在书中不少地方，作者引用史料之丰富和分析之仔细，在后来的《史稿》中并没有被全部吸收采纳。

第二，《史纲》比较注重音乐本身的研究。音乐作为艺术研究常常会涉及相关联的诸种文化，而《史纲》则比较注重音乐本身的研究。在具体的论述中，以乐器、乐律学、乐种、音乐体裁、乐谱几方面为中心点。有的方面有时甚至叙述得十分仔细，如对“词曲音乐的宫调”一节，从“何律为宫”、“何音为主”、“曲牌的音乐结构”、“套曲的形式”四个方面进行深入的讲述；又如，“清康熙前民间笛上宫调”和“民间流行的工尺谱”两节，对工尺谱的字谱和调高都列表、画图作详细的讲解，等等。如此对音乐问题集中深入的叙述，使读者感到这是一

① 参见汪毓和：《中国近现代音乐史》（修订版），北京：人民音乐出版社，1994 年，第 53 页。
② 参见王光祈：《中国音乐史》“自序”。

部很实在的音乐史。

第三，《史纲》重视音乐的基础理论——乐律学。中国的乐律学是中国音乐的基础理论。中国音乐的源远流长，丰富的音乐实践使音乐基础理论在漫长的历史中不断地发展演变。明清以来文人在这方面也有过不少研究论著，但大都拘泥于文献记载而忽略于音乐实践的发展，有空谈理论之嫌。1936 年至 1937 年，杨荫浏在哈佛燕京学社研究制作律管实验所取得的成果，为《史纲》这方面的内容打下了基础。据杨荫浏自己回忆，他当时做了两套律管，比较它们的音高；又与弦上的音高比较。之后他又花了三年工夫，做笛子和箫，最后得出了做笛子的规律①。《史纲》虽然在体例上分“上古期”、“中古期”、“近世期”，但对每朝乐律学特点及其演变都作了详细的叙述。如在“上古期”中，叙述了五音、七音、十二律、旋宫以及宫、均等概念。在“中古期”中，叙述的律学内容从“汉刘歆律”到“唐俗乐新音阶主调音”，共有三十七目。在“近世期”中，叙述的律学内容从“后周王朴律”到“民间流行之工尺谱”，共有三十九目。尤其重要的是，书中还附有“历代弦律比较表”和“历代管律黄钟音高比较表”。这是两个具有很高学术价值的表。所有这些内容，基本上包含了全部的中国乐律学史；比 30 年代王光祈《中国音乐史》和《东西乐制之研究》② 中所述的乐律学内容要广泛、深入得多。但后来的《史稿》也只是采纳了其中的一部分内容，这两张重要的表没有被吸收进去。

第四，《史纲》侧重音乐与语言关系的研究。在中国古代音乐中，语言与音乐之间的关系十分密切，这些规律也很早为古人所注意。杨荫浏在幼年时就在语言音韵方面受到良好的教育，十二岁时入“天韵社”，就开始接触昆曲艺术中语言和音乐融合的规律。到二十六七岁时，他在无锡的《锡报》上连续发表过题为《天韵杂谈》的一些短文，其中谈到了昆曲的演唱艺术③。《史纲》中这部分内容有：“中古期间音韵学与诗歌的关系”一节，其中包括绝诗内容的安排、绝律的音韵格律、音韵学的产生及演变、音韵学与诗歌等四点；“近世期间音韵学与词曲的关系”一节，其中包括曲韵的发展、曲韵南音化、曲韵的分目、曲韵南音化的原因、传统久远的昆曲社、惠杏村吴畹卿之曲韵系统、曲韵与南音之异、声韵与音乐之关系、歌曲音韵的将来、字调与乐调之关系、字调与乐调关系之推论、词曲音乐的点板、词曲音乐的宫调等十三目。在这些篇章中，作者对中国语言的字调、音韵及其历史情况作了初步的分析，并对语言的这些特点与音乐的关系和规律作了初步的探讨。1945 年，杨荫浏又将这部分内容（主要是“近世期间音韵学与词曲的关系”这一节）写成“歌曲字调论”，发表在《礼乐》第一册④。新中国成立以后，又修改后写成“语言音乐学稿”。1983 年题为“语言音乐学初探”而正式发表⑤。这方面内容，在后来的《史稿》中则有所省略。

此外，夹杂在《史纲》的各方面论述中，常常可以看到杨荫浏精辟的学术分析。如对史学的发展，作者认为是复杂的、多端的。又如对隋唐时期流行的俗乐音阶，他认为这个音阶是

① 杨荫浏：《音乐史问题漫淡》（李妲娜笔录），《音乐艺术》1980 年第 2 期，12—18 页。
② 王光祈：《东西乐制之研究》，北京：中华书局，1928 年。
③ 杨荫浏：《杨荫浏音乐论文选集》“天韵杂谈”，上海：上海文艺出版社，1986 年，第 3—13 页。
④ 同③，第 93—127 页。
⑤ 杨荫浏：《语言与音乐》，北京：人民音乐出版社，1983 年，收录这方面论著三种。

源于中国的清商乐中的“清调”，是以商为宫的清商音阶；又如对外来音乐，作者认为它如果不与本国音乐发生关系；若不因与本国音乐发生融合作用，而形成了本国式的外来音乐，或外族式的本国音乐，是决不能持久的。又如对南北曲音乐风格的差别，他认为是由于节奏和旋律进行两方面的不一样所形成的。又如对明代《通雅》所载工尺七调的“闭二字”，他认为这是南北曲五声和七声的差别，等等。尤其是书后面的“结论”和“尾声”部分，更是集中了杨荫浏许多重要的学术观点。“结论”开头便提出：

> 全部中国音乐史，可以说，是一部民间音乐发展史，其中民间音乐的发展，常包含着对于一部分外来音乐的吸收与融化。

这一观点反映了杨荫浏对中国传统音乐的全面和深入的了解把握，和对古代音乐历史的深刻认识。也可以说是杨荫浏中国古代音乐史学思想的重要内容。《史纲》中与此相关，值得一提的还有：

> 作者确知民间所流传的各色各样的曲调，未得人们适当之注意者太多。根据过去在极小范围以内所观察的结果，觉得以中国幅员之广大，民间保存力量之久远，这类不甚著名，甚至不知名的曲调，其为数之大，必有足以令人惊奇不置者。它们的考古价值、艺术价值及生活价值，平均不一定会在一般著名的曲调以下。将来如何把握这些音乐的遗产，适宜地利用它们，确也是值得注意的事。
>
> 在有些民间曲调中，我们见到古代“解曲”中“解”的部分；在有些曲调中，我们见到古代“下声弄、高声弄、游弄”，所谓“高、下、游弄”的例子；在有些曲调中，我们见到字调得法的处理。在某种合乐曲调中，我们见到唐人大曲排遍、曲破的部分。面对著丰富而不竭的材料来源，我们的态度，稍有偏向，便会遗留重要的材料，有时甚至造成某些材料的被人忽视与逐渐消失。

应该说，杨荫浏这一学术观点在《史纲》具体的撰述中并未完全显露出来；但在后来的《史稿》中，杨荫浏用大量的传统音乐的实例来充实古代音乐，才真正把他这一思想体现出来了。并且《史纲》中他已谈到这一思想的将来打算：

> 作者愿于此时诚恳声明，这一部中国音乐史，不过就作者此时所知道的老实的写出来而已，并不算是一部完备的书；更完备的书，还得待后来有更好的收集民间音乐的机会的人们，从更多的材料中获得了总结，然后能写成。

“结论”中有“四种冲突”、“民间音乐与外来音乐”、“诗歌与音乐”、“民间音乐与时间性”、“民间音乐的丰富”、“对于民间音乐态度”共六个问题。而每个问题的论述，杨荫浏都有自己的独到见解。概括地说，这是杨荫浏对中国古代音乐史特点及内在矛盾关系进行深入分析所作出的重要结论。“结论”后是“尾声”，是作者意犹未尽的话，其中论道[①]：

……我们在极端欢迎外来音乐文化的时候，更应当努力探求本国音乐的材料，为两者合理的交融作充分的准备。

……

研究国乐，固然不能对于西乐抱不求甚解的态度；研究西乐，也似乎不能对于国乐不加过问的观点。国乐有了出路之时，西乐在我国，才可度过它“囫囵吞枣”的异常阶段，而真正达到它自然消化的理想时期。

最后，近十年来，西方音乐书籍写作家，有几句警策的话，曾促起作者的猛省与思维。现引译如下，愿与中国音乐界同人，共同警惕。

……

这些话不由得使我们想起：第一，在外国人利用教育，提倡“文化不分国界”，企图将他们整个的生活与文化来代替我们的生活与文化的时候，他们彼此之间，是如何看出并承认相互间微细的区别。第二，光跟着西洋跑，我们就永远不会有好的音乐——所谓“能垂久远的音乐”。而况，第三，我们民间，有的是音乐材料——“前规”，我们难道不能为、不应为我们将来的无数“巴赫”，开辟道路，让他们继承了遗产，建立起我们自己的现代音乐派吗？

这些话，至今读起来尤感意味深长。

从20世纪叶伯和的《中国音乐史》（1922）以来，相继有郑觐文的《中国音乐史》（1929）、许之衡的《中国音乐小史》（1931）、王光祈的《中国音乐史》（1934）和田边尚雄的《中国音乐史》（1937年中译本）。虽然在著书体例、内容取舍、撰写方式等方面，各书都有自己的特色，但在整体内容水平上，《史纲》超过了其中的任何一部。因此，1952年出版以后，它即成为中央音乐学院的教科书。

1984年2月，杨荫浏先生与世长辞了。面对中国日益走向改革开放的今天与未来，杨先生不能对自己早年的《史纲》有更新、更具体的评价了。《史稿》没能把《史纲》的学术成果全部吸收进去，这不能不说是一种遗憾。这是历史给《史稿》带来的一种遗憾。一位知情人提供的杨荫浏《史稿》出版经过的内情：

1965年，毛泽东同志指示要早些出这本书，杨荫浏曾日以继夜地赶写。写成之后，却又因为不肯按某些人的“旨意”修改。使书稿在印刷厂白白躺了十多年。“文革”后，

① “尾声”中的有些论点，杨荫浏在1942—1944年《乐风》杂志上发表的《国乐前途及其研究》一文中已有陈述。

杨先生再次对书稿加以修改订正，终于在 1981 年 2 月出版了《中国古代音乐史稿》一书。①

《史稿》的出版是如此的困难！历史给《史稿》带来的这种遗憾也是可以理解的了。

原载《中国音乐学》1999 年第 4 期

郑祖襄，生于 1952 年，杭州师范大学音乐学院教授

① 马力黎：《矢志不渝的一生——纪念中国音乐史研究泰斗杨荫浏》，《文艺界通讯》1990 年第 7 期，北京：中国文联出版公司，第 40—41 页。

中西音乐文化冲突中的音乐学选择

——谈杨荫浏先生的学术思想

郑祖襄

1985年，曹安和先生撰写了《杨荫浏与音乐史》一文，文中说道①：

> ……他在毕生孜孜不倦的音乐工作中，为什么选择这门广博而艰辛的中国古代音乐史学科，为之终生奋斗？这个问题，他自己虽然未明确讲过，但从他一生的言行中，可以找到答案。他在圣约翰大学上学时，世界史老师所讲的课本是一位著名的英国人撰写的，文章写得很漂亮，其内容为长篇大论的欧洲史，英国史……而中国的悠久历史却只写了短短的几页，在世界史上不占地位，甚至埃及、印度的历史也比中国史写的多。他们把我们文明古国看成没有历史的野蛮民族。荫浏为此感到气愤不平。他常说，一个国家如果没有自己的传统，怀疑自己的文化和悠久的历史，那么人民将失去对祖国的爱，忘记了历史，便容易为列强所吞灭。

这段话很概括地说出了这位中国当代音乐史家人生事业中最基本的思想精神。

20世纪上半叶，中国人由于自己的国家在政治、经济、军事上受到洋人的欺侮，对于

① 曹安和：《杨荫浏与音乐史》，《人民音乐》1985年第4期。

西方文化，往往产生一种盲目的地崇拜心理。对于自己民族的传统文化，则往往产生怀疑；即便是属于人文科学方面的艺术，也不能自信。中国传统文化出现了危机，音乐界也是如此。从20世纪20年代起，一批有作为的音乐界知识分子，开始担当起自己民族国家音乐发展的责任。每个人在自身的条件下作出了为之奋斗一生的事业选择。其中，有为“世界大同”而振兴音乐的郑觐文，有为中国建立现代专业音乐教育事业的萧友梅，有为“从东西的调和与合作之中打出一条新路来”进行创作的刘天华，也有“把西洋音乐技术吸收成为自己第二个天性，再用来发挥从中国背景、中国生活、中国环境里的种种情趣”而作曲的赵元任。又有“以整理国乐史料为终身事业，以待国乐创造来者”撰写《中国音乐史》的王光祈，等等。杨荫浏先生，选择了中国传统音乐研究。他从音乐学的角度，对中国音乐纵、横两方面展开了深入的研究。应该注意的是，他们每个人的选择，无论是属于创作领域，还是属于音乐学领域；都是面临着中西音乐文化冲突这样一个社会现实，都是以对中西音乐文化冲突的深入思考为前提的。

以中西音乐文化关系而言，当时主要有三种看法：一种是主张“全盘西化”，可称为“国际派”；一种是主张“复兴国乐”，可称为“国粹派”；另一种是主张“中西融合”。事实上倾向最后一种的学者和音乐家最多。但是，同样是倾向于“中西融合”，每个人的作为也不尽相同。这个不尽相同的原因，不仅仅取决于个人的思想、才华和兴趣；更多的是取决于个人对于“中西融合”认识的深度和广度。杨荫浏先生的个人选择，则是出于他在这方面不同凡响的学术思考。

杨荫浏先生的学术思考，主要发表在他《国乐的前途及其研究》一文①和《中国音乐史纲》著作之中②。其主要特点是，他把中西音乐文化冲突问题放在现实与历史的多角度、多方位观察视线的交叉之中。因为这样，他才得出与其他人不同的看法。这些看法又是杨荫浏先生后来从事中国音乐研究的思想起点。他的看法可以概括为以下五点：

一、“国粹派”行不通，“国际派”不可取

“国粹派”和“国际派”，是中西音乐文化冲突中的两个极端的观点。杨荫浏先生对这两者都作了否定。“国乐前途及其研究”中说：

> 一般单看见国乐而全不了解世界音乐的人们，每以崇拜经典的态度来崇拜国乐，坚持着把过去国乐的整体环境，一丝不改地重演于现代；非但在乐器方面，不主张有所改进，并且在技术方面和教学方面，也主张墨守成规；非但在乐律方面牢守着三分损益的旧说，并且在符号方面，也得守着古代谱式不肯接受改进的建议。其实乐器、符号甚至乐律和技

① 《国乐前途及其研究》原载1942—1944年《乐风》，重刊于《中国音乐学》1989年第4期。
② 杨荫浏于1944年完成此书，1952年由上海万叶书店正式出版。

术，都不过是国乐表现或流传的一种手段，并不是国乐真正的本体。

西乐已与我国的文化发生了关系，而且遇见了它在本土从来没有遇见的问题。例如歌词配调的节奏与高低问题，有不同背景的民族接近问题等等。音乐欣赏能力的养成，无论浅深，多少总不免杂有一些先入为主的色彩，对于音乐的要求，无论强烈的程度如何，多少总免不了受到一些物质与精神环境的影响。“音乐是世界的”的一类泛论，有时很有碰壁的可能。因此，在本土的出路原可以无问题的西乐，到有了这样历史，这样地理，这样生活，这样背景的我国民族里面，它的出路，便有了问题。

在整个文化中淘汰音乐，在整个音乐中淘汰国乐，在整个国乐中淘汰某一种国乐……同样地都有着审慎的必要。

杨荫浏先生从音乐本身的艺术规律出发，分析了“国粹派”和“国际派”的谬误。与此相呼应的杨荫浏先生在《中国音乐史纲》的撰写中声明既不迎合“国粹派”，也不讨好“国际派”。他说：

……本书从这样的观点出发，所以一方面不愿像有些东方的作家那样，盲目地单注意本国的虚名，为他们本国的文化，粉饰长处，隐瞒短处，而扭曲事实，在读者心中，结成空中楼阁似的玄虚的幻象；另一方面，也决不愿意过于注意国际读者兴趣的方向，将世界音乐园地中所共有的事实为纲，从本国音乐园地中专门拾取一些与世界音乐貌似相符，而实际无关宏旨的史实，以迁就国际读者的原有背景，或者从本国音乐园地中，专门拾取一些与世界音乐特殊违异而实际并不重要的事实，作古董的卖弄，一迁就国际读者好奇的癖性。本书的使命，是忠实介绍中国的音乐史实及与音乐相关的哲学思想，正希望读者之中，仁者见仁，智者见智。反响有自由的余地。

二、“中西融合”是中国音乐和世界音乐的未来

《国乐前途及其研究》中说：

我们对于国乐的未来，有时会作这样几种预期的想象：有时国乐曲调在世界的交响乐队中，经多种的世界公共的乐器演奏着；有时，国乐某种具有特殊音色的乐器，经过了适当的改造，成为全世界普遍应用的乐器；有时某种在技术方面原已达到相当水准的国乐乐器，经过国际音乐家们的认识体验，不断地进入新的发展境界，被独奏的人们重视着，被审美的听众欣赏着。到了这个时期，国乐的独特性，好像因了它孤立性和私有性的消失，多少消失了一些，其实可并没有真正消失，却是融入了整个的世界音乐，而在整个的世界音乐中建立了自己。

国乐的独到价值。必须在与世界音乐公开比较之后，始能得到最后正确的估计，国乐

> 的充分发展，必须在与世界音乐经过极度融化之后，才能达到它应有的程度。取这样观点来看国乐，便可以觉得拒绝世界音律，拒绝世界乐器；拒绝在国乐曲调上作配和声的尝试等等，都非但是不必要的事，而且也是国乐前途充分发展的障碍。
>
> 西乐与国乐在我国，有一部分问题，既因相互关系而产生，将来的解决，便必然在它们相互中间求得；而它们各自适当的出路，乃很可能，将是共同的。
>
> 国乐有了出路之时，西乐在我国，才能度过它这“囫囵吞枣”的异常阶段而真正达到它自然消化的理想时期。

在“中西融合”派中，从理论上讲，比起刘天华、赵元任等人，杨荫浏先生的这个观点是最有深度的。当时，持“中西融合”观点者是受到“国粹派”和“国际派”两方面的夹击。黄翔鹏先生在纪念文章中谈到杨荫浏曾经开玩笑地说自己是受这两方面的“夹板气”，而黄翔鹏先生则称他是架通中西音乐文化的桥梁①。

以这样的思想为基础，杨荫浏先生又提出中乐研究者也要学习研究西乐。《国乐前途及其研究》中说：

> 研究国乐，固然不能对于西乐抱不求甚解的态度；研究西乐，也似乎不能对于国乐取不加过问的观点。
>
> 国乐最后有于世界音乐互相融合的必然趋势。为准备这个时期的来临，为求将来融合的适宜，我们便不得不为了国乐而研究一些西乐的理论与技术。

这两段话，是关及中国音乐文化建设的远见卓识；即便在今天，对于中国人来说，无论是学国乐的，还是西乐的，都应该去认真思考。

三、用中国音乐史的史实来说明“中西融合”是唯一的出路

面对中西音乐文化的冲突，杨荫浏先生另一个重要的思考方式是观察研究中国历史上发生的类似情况。外国音乐传入中国，由来已久；有的时期甚至影响非常大，其结果如何？今天的现实，就是明天的历史；对历史上这个问题的深入探讨，必然有助于今天如何去对待中西音乐。在《中国音乐史纲》里，杨荫浏先生有很多段落论述这个问题，如：

> 外来音乐，若不与本国音乐发生关系，若不因与本国音乐发生融合作用，而形成了本国式的外来音乐，或外族式的本国音乐，则它们在大多数本国人的心中，便无从唤起主动的兴趣来，而它们在文化中间被一丝不变地囫囵保存的偶然机会，决不能持久。看唐前的

① 黄翔鹏：《往事皆遗爱，人今方见思》，《中央音乐学院学报》1984 年第 2 期。

> 北狄与西域的音乐如何？北狄鼓吹，自始就加进了西域音乐和李延年创作的成分。西域音乐中最有力量的龟兹乐，一进中国，便夹入秦声的成分，不久便有北齐后主高纬的《无愁曲》的创作。西凉乐与高昌乐都是先被中国音乐同化了之后，才重新传入中国的。但即使这种情况之下，它们仍很多被淘汰的可能。譬如北周“天和六年（571）武帝罢掖庭四夷乐”，高昌乐便暂时搁起；反对“新声”的隋文帝之后，要不紧接着来一个专好新声，发动创作的炀帝，则龟兹乐的命运，便很难于想象。所以，可以说，外来音乐的输入和它们暂时的流行，固有赖于环境所造成的机缘，而它们之所以能根深蒂固地在中国音乐中间永远保存着一线的生命，却还是藉着本国新创作的利用它们，因此，它们与本国音乐的融合。
>
> 四夷音乐，在不同期间，各自分头而来，最初藉了本国民族的喜新和好奇的心理，被分开接受，而各自保持着它们本来面目；后来与本国音乐发生接触，藉了本国文化原有的坚深基础，和本国民族创作精神在一时期间的特殊活跃，经综合于融化，它们的本来面目，乃逐渐归于消失，而在唐代后期的音乐中，与本国音乐，和为一片，成了浑然的一体。在这浑然的一体中，西域音乐所占的成分独多，它的影响所及，从创作的乐调，应用的乐器，流行的乐律，甚至从音韵学与诗歌的流变，都可以显然看出。
>
> 全部中国音乐史，可以说，是一部民间音乐的发展史，其中，民间音乐的发展，常包含着对于一部分外来音乐的吸收与融化。
>
> 全部中国音乐史，是外来音乐的在影响民间音乐，同时也是民间音乐的在融化外来音乐。民间音乐的爱好，似乎会促使外来音乐的输入，而唤起人们对于外来音乐的注意；同时外来音乐的输入，似乎也会促起人们对于本国民间音乐的注意，而造成本国民间音乐的新的发展……若关心音乐的人们，能从实际体验生活，则生活自然能将民间音乐与外来音乐随时统一起来，正不必国粹派与国际派为之过分操心。

在《中国音乐史纲》的“结论”中，杨荫浏先生提出了在整个中国音乐史发展中存在着的四种冲突，其中第三个冲突是“国粹主义与国际主义的冲突”。杨荫浏先生说：

> 国粹派的一贯提倡“华夏正声”，反对“异族邪音”，在实际上，很少得人真正理会；六朝、隋、唐大量外族音乐之被爱好，大量外来乐器之被应用，正如周代之有南音，周末之有楚声，并未受到多大的阻遏。同时被接受之外来音乐，往往深深地被吸收进人民的生活中间，与他们原来的音乐相融合，而失掉了外族音乐各自的本色；到了后来，虽然，我们从考证方面，所明知道是出于外来音乐的某些曲调，若将它们与来源各国所有的音乐相比，便见得已是面目全非了。

杨荫浏先生向我们提供了一个中国音乐历史上不同时期“中外音乐文化冲突”的结果，这是一个历史发展的结果，它没有别的选择，只能是“中外融合”。历史的结果是这样，那么我们现在人为的努力应该去做些什么呢？杨荫浏先生在《中国音乐史纲》的“尾声”中把现实与历史联系起来说：

> 我们现在所处的时代，又是与外来音乐文化接触的时代。比之前史与隋唐时期最为相似；而外来音乐文化内容之丰富，与其影响之广远，更远过之。我们在极端欢迎外来音乐文化的时候，更应当努力探求本国音乐的材料，为两者合理的交融作充分的准备。

四、征引外国音乐家对中国及其他民族音乐的看法

西学风靡的时候，外国的情形和外国人的话是被人看重的；对待中西音乐问题也是如此。杨荫浏先生又征引了世界音乐发展的事实和外国音乐家的看法来说明“中西融合”的观点。《国乐前途及其研究》中说：

> 在中国有相当时髦的人们主张废弃所有国乐乐器的时候，在更加时髦的苏联作曲家中，听说倒有将东方的一部分乐器介绍到乐队中去的企图。在本国有人准备囫囵接受西方整个的音乐文化的时候，不远的邻邦，倒抢先一步的研究我国的国乐，并且略略拗曲了一部分事实，以加强它东亚文化主人的荒谬论点。

《中国音乐史纲》的“尾声”中，杨荫浏先生引了英国音乐史学家托维的讲演、美国马库成《美以美宗圣歌集手册》和斯巴尔丁《音乐为艺术、为语言》中的话。托维讲的是巴赫对古代“前规”的发展；马库成讲的是英国和美国音乐各自的民族特点；斯巴尔丁讲的是民歌的价值。而后，杨荫浏先生说：

> 这样话不由得使我们想起：第一，在外国人利用教育，提倡“文化不分国界”，企图将他们整个的生活与文化来代替我们的生活与文化的时候，他们彼此之间，是如何看出并承认相互间微细的区别。第二，光跟着西洋跑，我们就永远不会有好的音乐——所谓“垂久永远的音乐”。而况，第三，我们民间，有的是音乐材料——“前规”，我们难道不能为、不应为我们将来的无数“巴赫”，开辟道路，让他们继承了遗产，建立起我们自己的现代音乐派吗？

杨荫浏先生的这些话，足以使“国际派”清醒一些。

五、国乐和西乐相比，是整理研究上的严重落后

国乐与西乐相比，在诸多不同的因素中，有一个因素非常突出：这就是西乐有“前规”，

即有已形成的技术理论；而国乐则没有。这个“前规”问题的建设，涉及国人认识中西乐之间创作、欣赏及价值评判等诸多方面的问题，更关系到“中西融合”的音乐发展问题。音乐学者对于西乐“前规”的认识，大都没有疑义；但能深入思考“前规”问题的，则不多。杨荫浏提出国乐的落后，在于“前规”的落后。“前规”是需要有人去研究的，不论它有多复杂、多艰难。国乐的“前规”没有人去研究，国乐就有被世界音乐排挤的可能；只有对国乐的“前规”作全面的整理，才能真正有助于国乐的发展，有助于“中西融合”的发展前景。《国乐前途及其研究》中说：

原因是如此，交融的不同文化因素，因交融以前各因素，独立基础的强弱，和它准备工夫的充分与否，会形成种种不同的交融结果。全无基础、全无准备的因素，在基础稳定，准备充分纪念与启迪中国音乐的因素之前，会全被压倒，而形成被并吞被消灭的现象。以国乐而论，当前的情形是如此：我们自己还没有充分准备，世界音乐的力量却已非常强大。我们若再不准备，便只有让整个世界音乐，逐渐地来淘汰或排挤了这仅存的一些国乐成分。因此，我们必须准备。但准备的当儿少量的渐次的发现、归纳和发展，似乎很难抵挡得住世界磅礴的潮流。因此，在这样畸形的环境之下，我们应当给予国乐过度的注意。

西乐演进中所不可少的继往开来的巴赫，他的创作，虽然是“摸索”，可是，他有“从古代前规学到的种种”，他是由这种种发展而成，与空手摸索者，完全不同。

我们现在还不能说，国乐已经过了相当于西乐中巴赫的阶段。反之国乐去巴赫的阶段很远，因为我们对于古代前规的学习还不够！

其中，对国乐面临的消亡危机作了一而再地论述，《国乐前途及其研究》文中又引他两年前日记中话：

一部分因了外来影响，会随着时间消失的材料，更非赶快着手，加以整理不可。

西方音乐，随着时间之流，刻刻前进，这是事实。但西方音乐的史实和材料，记载精详，搜罗宏富，这也是事实。有了后一个事实，才会有前一个事实。民族音乐，决不是可以凭空创造出来的，可以凭空创造出来的，是另一样东西，不能说是民族音乐。

他们（指西乐）音乐史料，所以研究得如此透彻详明，使在又是过去多少努力研究，分析、归纳的结果，我们决不能单看他们成功的结果而忘掉他们所以达到这成功阶段的真正原因。

这里，杨荫浏分析了西乐成功的原因，也同样提出国乐要想成功，也必须走过艰苦的整理研究的道路。并且整理研究工作的重要性关及民族音乐发展的成功与失败。《国乐前途及其研究》中说：

> ……史料研究的结果，可以指示我们民族音乐前途一个比较适当的发展方向，所以，它的成功与否，多少决定了整个民族音乐的发展的成功与否。

在这样的思想基础上，杨荫浏先生进一步提出如何全面整理研究国乐。《国乐前途及其研究》的第九部分“各人的责任”详细列出了十几条具体的研究工作，从综、横两方面对中国音乐的研究工作作了全面的规划。并呼吁学界国人来共同努力：

> 民族音乐的园地太大；过去从任何方面出发的任何研究，实际都非常渺小。不早藉团结与合作，努力进行。难有及时适当的成就，园地中有的是材料，而这些材料需要多人同从伟大而合理的计划中出发，分头来将它们把握住了，随时加入一个整个的系统。

这一点，是杨荫浏先生在提出“中西融合”是中国音乐和世界音乐未来之后，进而分析国乐的实际状况所提出的解决办法。应该说，这是杨荫浏先生思考中西音乐文化冲突中最深入、也是最重要的一点。在这个看法中，体现出杨荫浏先生音乐学的理论思维。从“五四”到40年代，杨荫浏看法是具有独创性的。如果联系杨荫浏先生一生的学术事业，我们更不难看出杨荫浏先生正是为改变这个国乐“落后”的现实，作出了自己的音乐学选择。他对中国音乐纵、横两方进行的研究，已越出曹安和先生所说的中国古代音乐史“史”的范畴；然而能使杨荫浏先生为此事业奋斗一生的思想精神却正是曹安和先生所说的，是他在国家受到欺凌、民族文化受到排挤的时候树立起来的振兴民族的远大志向。

五十年后的今天，世界和中国的政治、文化社会环境都和以前很不相同了。西方音乐独尊的现象有所改变，世界各个国家的民族音乐的发展正引起越来越多的学者的注意。在我们国内，中国音乐“前规”的研究比起以前有了不少进展；但是，我们面临着的仍然是中西音乐文化冲突的现实，在“中西融合”为主要倾向的音乐发展中，国乐的研究仍然落后于发展的现实。“淘汰和排挤国乐”的思想和现象，也时而有之。在这中国音乐发展的曲折道路上，我们可以看到有许多现象是如此反复验证了杨荫浏先生当时的看法。譬如：在创作中，因为不能很好地了解传统音乐的基本规律（如宫调、旋律、曲式以及乐器组合等），即使想要作品有民族风格，也无法在艺术表现的较高层次上做到“中西融合”。在表演中，因为没有能比较深入细致地了解传统音乐的基本规律，有无法把握传统音乐的风格。等等。所以，直到今天，传统音乐“前规”研究作为一项事业仍然十分艰巨、繁重。

回首20世纪初以来中西音乐文化冲突的历史，我们至少可以看到这样一个事实：能够采取“中西融合”态度者，是其中的一部分；能够通过努力思考、研究，提出国乐的落后在于国乐整理研究工作的落后的，则又是其中的少数；能够为振兴国乐、并以国乐整理研究工作为自己终身事业的，则少之又少；能够在这样的整理研究工作中又能作出卓越成就的，则绝无仅有。杨荫浏先生就是这样的人。一个学者的学术建树是人类的财富，一个学者从事学术的思想与精神同样是人类的财富。杨荫浏先生留给后人的，也是如此。

原载《中国音乐》2000 年第 2 期

郑祖襄，生于 1952 年，杭州师范大学音乐学院教授

国乐大师　横空出世

——杨荫浏的国乐思想和《中国音乐史纲》

刘再生

在近代音乐学领域，堪称“大师级”的学者寥若晨星。王光祈和刘天华在民族音乐和音乐史学领域都取得了突破性成就与贡献，可惜英年早逝。杨荫浏则是继王光祈、刘天华之后学术成就非凡，又享以天年之学者，在20世纪中国传统音乐最后一片肥沃土壤孕育中破土而出。40年代正是他横空出世、如日中天之时。

杨荫浏（1899.11.10—1984.2.25），江苏无锡人。5岁读经史诗词；6岁随邻居颖泉小道士学习民族乐器箫、笛、笙和二胡；10岁随华彦钧学习二胡、琵琶、三弦；11岁（1910）拜无锡天韵社社长吴畹卿①为师，学习昆曲、三弦；12岁开始随美国传教士郝路易（Louist Strong Hammond）女士学习钢琴和乐理、和声等西方音乐理论。② 有学者曾极富感情色彩地说：“在中国老一代的音乐家中，我不知道还有谁有他这样的福气，在对音乐最感兴趣、最敏感的少年时期，不但衣食无忧，且同时遇到两个老师——一个是东方的道士，老子的弟子；一个是西方的传教士，基督的门徒。一个将老祖宗一代一代传下来的、将东方的伟大思想和民间文化糅为

① 吴畹卿（1847—1926），江苏无锡人，名曾祺。幼年从师惠杏村学习词曲。1875年起任无锡昆曲社曲师长达五十年之久。精通音韵学和琵琶、三弦、笙、笛等民族乐器。演唱昆曲技艺精湛，梅兰芳、杨荫浏等均受教于其门下。所传亲笔抄谱4册，《读曲例言》写于光绪七年（1881）。1917年无锡昆曲社改名为天韵社，被推举为社长。

② 《杨荫浏关于音乐问题的一次谈话》（刘再生根据录音记录整理），《音乐研究》2003年第3期，第24—29页。

一体的道乐文化精华传之以薪；一个远涉重洋，将人类有史以来最成功的文明成果遗之于堂！历史的神秘之链让阿炳与杨荫浏环接在一起，而上帝则派来了郝路易。”① 1920年杨荫浏在无锡圣公会受洗礼，成为基督教徒。1923年，他入上海圣约翰大学经济系学习，任该校国乐组组长。1925年转入上海光华大学学习。其间以英文论著 *An Outline History of Chinese Music*（《中国音乐史纲》）获学校英文论文竞赛第一名，初显学贯中西之才华。1926年因家庭经济困难辍学，在无锡、宜兴等地任中学教员，并从事基督教音乐研究。晚年时他毫不隐讳地说：“我是中国第一个宗教音乐家。”他曾参与编写《普天颂赞》。② “1928年起我搞了宗教音乐，一搞搞了二十年，宗教方面给我工资也拿到二十几年。基督教音乐是西洋音乐了，《普天颂赞》里边的和声都是我改过的，因为很多西洋的版本女高音声部太高，高 c、高 A，顶多到高 E，我要求降低一点，否则中国教堂唱不了，降低后，我自己配写和声，和声要 transposition，《普天颂赞》里我还用了中国调子。”③ 他用琴曲《阳关三叠》曲调改编并填词的四部合唱《三叠离歌》（1934），抒发了人生别离的感怀和传教布道信仰，体现他青年时代的思想倾向。尤其在和中国曲调结合与和声配置方面，对我们了解赞美诗有一定参考价值。

1936—1937年，杨荫浏应邀任北平哈佛燕京学社音乐研究员，同时在燕京大学音乐系讲授中国音乐史。1941—1949年在重庆、南京国立音乐院任教授、国乐组主任，讲授“中国音乐史”和“国乐概论”等课程，并兼任教育部音乐教育委员会委员。其间，1944—1948年还兼任国立礼乐馆编纂和乐典组主任。新中国成立后，任中央音乐学院音乐研究部研究员。1953—1961年任中央音乐学院音乐研究所（后改属中国艺术研究院）副所长。1961—1966年任所长。1979年后任中国艺术研究院顾问。

杨荫浏于40年代在国立音乐院任教时编写《国乐概论》（油印讲义，1943）及《国乐前途及其研究》④ 是他国乐思想的集中体现。前者介绍了古琴、琵琶等多种民族乐器的历史沿革、乐器性能、演奏技法并附有大量谱例。后者则以十个部分阐明了他的国乐思想，分别是：一、国乐的事实；二、国乐将来地位的前瞻；三、国乐特殊注意的必要；四、音乐在我国的出路；五、国乐研究多方面的准备；六、国乐基础的深度；七、国乐基础的广度；八、国乐园地中的工作；九、各人的责任；十、去取的审慎。杨荫浏认为“国乐范围”，包括纵向的“我国有史以来，凡有音乐价值的记载、著作、曲调、器物、技术等等”和横向的“……与本国音乐发生关系的他国音乐的材料”这样一个广阔的时空领域。杨荫浏以一个历史学家的视野高度，对“国乐”性质、内涵、广度、深度、过去、未来以及音乐家的责任、态度等等，第一次

① 田青：《杨荫浏与中国宗教音乐》，《音乐研究》2000年第1期，载田青《净土天音》，济南：山东文艺出版社，2002年，第332—364页。

② 《普天颂赞》是由中华基督教会、中华圣公会、美以美会、华北公理会、华北浸礼会以及监理会联合编印的一本赞美诗集，以《颂主诗集》作底本，约1936年由广学会于上海出版。杨荫浏任编委、编委会总干事。在编委会中担任译词、作词、作曲、编曲的音乐家还有周淑安、李抱忱等人。共收入550首圣歌，其中有的采用了中国民歌、古曲以及新创作的曲调。

③ 《杨荫浏关于音乐问题的一次谈话》（刘再生根据录音记录整理），《音乐研究》2003年第3期，第25页。

④ 杨荫浏：《国乐前途及其研究》，原连载于1942—1944年《乐风》，重新发表于《中国音乐学》1989年第4期。载张静蔚《搜索历史》，第268—284页。

进行了系统而全面的论述。尤其在论述“国乐”时，始终和“西乐”相联系，提出新国乐创造其实是中西音乐交融的一个过程。这样一种“国乐思想”，言前人之所未言，有着极为重要的理论指导性质。他说：“国乐的独到价值，必须在与世界音乐公开比较之后，始能得到最后正确的估计；国乐的充分发展，必须在与世界音乐经过极度融化之后，才能达到它应有的程度。”“研究国乐，固然不能对于西乐抱不求甚解的态度；研究西乐，也似乎不能对于国乐取不加过问的观点。”“外界的音乐，已随着西洋的文化，渐渐地流注入我们的文化里面，我们有接受的必要。国乐最后有与世界音乐互相融合的必然趋势。”这些，都是杨荫浏在论述中西音乐关系时极为精到的观点。有学者认为，是杨荫浏“将中国音乐界对这一问题的认识，推到了一个不仅是那个时代的最高点，而且具有超出了那个时代的意义”①。这样一种富于前瞻性的学术思想，正是建立在他对中国传统音乐和西方音乐都有着深刻认识、辩证思考的基础上，才能够达到的一种至高理论境界。

杨荫浏在1940年12月21日“日记”中写道：“一个人常会觉得自己着手的一角，是最有兴趣，自己所取的道路，是最有把握；但是，同时，别人在别的方面，正也在有着同样的感觉。各人须要消除主观，解除自己的假设，所给予自己的束缚，随时把自己的视角，向广大的天际放开。”② 这种宽广博大的胸怀，对于所有从事学术研究的学者而言，依然值得学习与借鉴。

杨荫浏还说：“国乐却待认清了来路，才可以有合理的去路。”“在文化历史中，过去与未来，有着因果的相成，内在因素与未来的成功，发生着交互的作用。”“国乐过去的材料还没有经过整理的阶段，还没有形成清楚而具体的结构，尚难提纲挈领地令人一望而知。过去没有绝对把握得住，现在与将来便绝对谈不到。”只有大师级的学者，对中国传统音乐的认识与见解才会如此鞭辟入里、一针见血，宏观地指出国乐研究的前途与方向。更可贵的是，杨荫浏对国乐的研究，和中国音乐历史研究几乎是同步进行的。《中国音乐史纲》是他在这一时期又一项重要学术成果。

《中国音乐史纲》成书于1944年，由作者在重庆青木关国立音乐院讲授“中国音乐史”课程所编写的讲义的基础上修改而成（油印本）。时年，曾获教育部学术审议委员会举办的1944年度学术奖励二等奖。③ 1952年由上海万叶书店出版。

《中国音乐史纲》采用“提纲分目”体裁，由“引言；一、历史的音乐观；二、上古期；三、中古期；四、近世期；结论；尾声”七个部分组成，二、三、四为核心部分。全书包括532个小节单元，简要地论述中国音乐历史的发展进程。

“引言”阐述写作宗旨，提出“本书的使命，是忠实介绍中国的音乐史实及与音乐相关的哲学思想”等精要见解。

---

① 魏廷格：《反思中国现代音乐文化问题的重要历史文献——关于杨荫浏先生〈国乐前途及其研究〉一文》，《中国音乐学》1989年第4期，载魏廷格《魏廷格音乐文选》，第17—30页。

② 杨荫浏：《国乐前途及其研究》，原连载于1942—1944年《乐风》，重新发表于《中国音乐学》1989年第4期。载张静蔚《搜索历史》，第278页。

③ 孙继南编著：《中国近现代音乐教育史纪年》（增订本），济南：山东教育出版社，2004年，第153页。

全书核心部分是作者根据“发生的史实”对中国音乐历史发展进行梳理，勾勒不同历史时期中国音乐基本轮廓特征。书中全面涉及历代乐种、乐器、乐律、宫调、乐谱、音乐典礼、音乐教育、音乐现象、音韵学与词曲关系等内容。对乐器、乐律与音韵学的论述尤详，列举历代乐律达48种之多，雅乐也占有相当比重。

“结论”部分提出“全部中国音乐史，可以说，是一部民间音乐的发展史，其中民间音乐的发展，常包含着对于外来音乐的吸收与融化”的著名论断。

“尾声”部分论述了历史著作之现实意义：“我们在极端欢迎外来音乐文化的时候，更应当努力探求本国音乐的材料，为两者合理的交融做充分的准备。”

有学者认为：“一般说来，作者晚出的著作总是要比以前的著作更为成熟、更为完美。但只要年资稍深的研究者就会知道，《史纲》的学术价值却有着《史稿》所不能替代的地方。”① 这部著作具有考据精审的治学特色，学术思维高度凝练。小节单元有短有长，短则寥寥数语，长则数以千言，体现了高度自由的史学体例与史料翔实、考证严谨结合的治史风格。

杨荫浏的治学态度，用他自己最平常不过的一句话来说：“总的问题，我的感觉，至少，学音乐的人，既要懂西洋音乐，又要懂中国音乐。”② 学贯中西，博古通今，是杨荫浏能够在国乐研究和中国音乐史学研究方面作出巨大贡献的前提与根基。

杨荫浏一生主要著作成果有：《普天颂赞》（1936，合作）、《弦乐定音计述略》（1942）、《中国音乐史纲》（1944）、《定县子位村管乐曲集》（1952）、《阿炳曲集》（1954，合作）、《宋姜白石创作歌曲研究》（1957，合作）、《单弦牌子曲选》（1956，合作）、《苏南十番锣鼓》（1957，合作）、《三律考》（1979）、《管律辨讹》（1979）、《十番锣鼓》（1980）、《中国古代音乐史稿》（1981）等。学术成就之卓越，无与伦比。

杨荫浏逝世后，海外16位知名中外学者赵如兰（执笔）、周文中、傅思恩（Hans Frankel）、韩国鐄、李伯曼（Fredric Lieberman）、荣鸿曾等著文悼念。

杨荫浏一生对中国传统音乐的实践与认知，达到了一个时代高度；他的学术眼光与成就，又超越了时代高度。“用最慎重的眼光去研究”，应该是所有音乐学者学习与追求的一种境界。

刘再生著《中国近代音乐史简述》节录，人民音乐出版社，2009年
刘再生，生于1937年，山东师范大学音乐学院教授

---

① 郑祖襄：《一部仍具学术价值的“旧著”——谈杨荫浏先生的〈中国音乐史纲〉》，《中国音乐学》1999年第4期，载《华夏旧乐新证》（郑祖襄音乐文集），上海：上海音乐学院出版社，2005年，第263—277页。

② 《杨荫浏关于音乐问题的一次谈话》（刘再生根据录音记录整理），《音乐研究》2003年第3期，第27页。

华彦钧与杨荫浏

陈聆群

在今天，听到《二泉映月》的乐声，说到华彦钧——阿炳的名字，称得上是尽人皆知，无人不晓；而要是提起阿炳音乐最早的发掘者杨荫浏教授，对于多数人来说，恐怕就不甚了了了。可是，我们不能忘记一个不容忽略的事实：如果没有杨荫浏教授当年的及时抢救和率先传播，就不会有阿炳其人其乐扬名享誉于海内外的今天。因此，对于阿炳的纪念，理所当然地也应该是对杨荫浏这位中国民间音乐“伯乐”的纪念。

杨荫浏与阿炳及其音乐，一生结下了不解之缘。作为阿炳同乡人而比其年青六岁的杨荫浏，自小就耳闻目睹了这位被乡里称道的“小天师”超群的音乐技艺。1911 年，年仅 12 岁而已加入著名的昆曲清唱学社“天韵社”学艺的少年杨荫浏，就向这位当时尚未失明，已是吹、拉、弹、打、唱俱精，人称“巧嘴阿炳”的 18 岁青年道士学艺，由阿炳把着手教他，在三弦和琵琶上摸索《三六》、《四合》等江南丝竹曲调的弹法。1937 年春，尚未步入而立之年的杨荫浏，已成就为学贯中西的音乐名家，而他仍诚心诚意地向业已双目失明，沦为街头艺人的阿炳讨教，请阿炳拨着他的手指，在琵琶上摸索《将军令》中“撤鼓”的弹奏手法。又过十年，到了抗战胜利后的 1947 年，同受八年离乱之苦和“惨胜劫收”磨难的两位音乐家，又得以聚首家乡。是年春天，在杨荫浏的推动下，无锡道教艺人（其中包括著名鼓师朱勤甫）应戏曲票友名家红豆馆主及其在上海银行界的学生之邀，拟赴沪演出“十番锣鼓”与“十番鼓”并以“天韵社古乐梵音组”的名义录制唱片，行前约请在南京国立音乐院任教的杨荫浏来锡指导排练；那时，五十多岁的阿炳，已被折磨得骨瘦如柴，形同乞丐，而杨荫浏却不忘专诚请他到排练现场聆听，使阿炳饱受创伤的心灵感受到莫大的慰藉，因此曾感慨万分地对杨荫浏说：“我听着听着，仿佛在和大家一同演奏，以前的乐事，重上心头，真是不可名状。”

从华、杨二人在新中国成立前以音乐为媒的交往，可以体味到杨荫浏视华彦钧亦师亦友的虔敬态度；他正是在与阿炳长达数十年的师友之交中，成为了这位民间音乐奇才苦难音乐生涯的一个历史见证人。

由于这样一种真正知音者的历史机缘，当中华人民共和国成立，杨荫浏肩负起开创新中国民族音乐研究事业的重任之后，便立即把华彦钧列为首要的研究对象，1950 年的夏天，他和曹安和先生等专程赶赴无锡，为苏南鼓乐作系统采录，同时亦为阿炳及其音乐作现场采录；这是华、杨二人第四次——遗憾的也是最后一次密切交往。现在知道，这次在建国伊始百废待兴的草创条件下进行的民间音乐专题调查，是经过杨荫浏先生向音乐文化界的负责人士详细介绍并作紧急提议之后，才得以成行的；今天看来，这不啻是一次最后的抢救行动。这次调查的主要成果，当然主要是关于“十番鼓”与“十番锣鼓”的系统采集材料，但同时也及时抢救下来了阿炳传谱并演奏的三首琵琶曲和三首二胡曲；而从中国民族音乐学学科发展的历史高度来看，其意义更在于它是对中国民间音乐家的第一次较为完备的典型调查，因为它的工作内容和实际结果，已基本符合于民族音乐学典型调查的学术规范，即：它是一次对具有代表性的中国民间音乐家个体音乐行为的直接采录与全面观照；它对民间音乐家的传谱与表演的实际音响，以现代乐谱和录音手段作了全方位的准确记录；它对民间音乐家音乐技艺的历史渊源与社会人文背景，作了全面探索与分析；又对民间音乐家的艺术创造，按其本来面目作了及时的社会传播。按照这样的学术规范进行民间音乐调查，在 1949 年前已有数十年探索历史的近代中国民族音乐研究中，曾经是不可想象和难以达到的；而它之所以能在 1950 年夏进行的此次调查中得以实现，固然是由于新中国新社会为民族音乐学研究提供了初步条件，但若是没有杨荫浏先生这样一位具有全面高深的学术素养与丰富经验，又对阿炳及其音乐和相应的社会历史人文背景知之甚深的音乐学大师主持其事，那也是不可能取得现在这样的突出成果的。

如同一切历史行为都会受到后人的评说臧否一样，由杨先生推动与主持的这次调查所提出的某些结论和分析意见，也已成为一些后学者的议论话题。这样的议论，如果坚持以历史唯物主义和辩证法为指导，本着实事求是的态度，对前人学术成果的是非得失作冷静的客观的科学分析，那么，无论其具体意见的见仁见智，都将会有益于推进学术研究的深入，而使我们的认识更接近于真理。但遗憾的是我们看到个别文章，对杨先生采录阿炳音乐所提出并不断加以深化或修正的某些分析意见，竟然采用了诸如：“无中生有”、“牵强附会”、“歪曲编造”、“出尔反尔”、“全属毫无根据的牵强附会”、“粗暴的令人痛心的歪曲”、“企图把编造的责任推到死了的阿炳身上”、“造成了恶劣影响”等等“大批判”式的攻击性言词。在这种声讨性的判词之下，杨荫浏先生这样一位为发掘抢救阿炳音乐遗产作出历史性贡献的“有功之臣”，竟被描绘成了铸成大错、留下祸根的历史罪人！

鉴于此类偏离学术探讨正轨的不公正判词，已经影响到了对杨荫浏先生采录阿炳音乐之得失是非的正确评价——不言而喻，当然也影响到了对阿炳音乐本身的正确认识，笔者不揣冒昧，特在此提出以就教于方家。同时，还想以此为契机，对加深认识杨荫浏先生的学术贡献和开展对吴地音乐文化的全面研究，略陈一得之见。

无锡原是古吴国的发祥地，周太王之子太伯、仲雍始建吴国时，其都城初设于“蕃离”，亦作“梅里”，在今无锡之东南，后来才迁都于“吴”，即今之苏州。因此，苏、常、锡、沪并称，历来被视为吴文化的渊源之地和辐射中心，是有古远的历史根据的。以音乐文化而言，周代南音“吴歈”和魏晋以来清商乐中的“吴声歌曲”，都应包含有无锡地区的谣谚歌讴。至于汇聚着唐宋歌舞曲与词牌、元明以来南北曲的曲牌和大量民间小曲而形成的“十番鼓”与“十番锣鼓”——这些曾经由杨荫浏、曹安和先生作过系统收集整理的民间器乐乐种，都以流行在无锡以及苏州、常熟、宜兴等地的为最著，更是众所周知的。如果再提到明清以来的著名曲局“天韵社”和杨荫浏先生的本师、著名曲家吴畹卿，我国最早刊印的《琵琶谱》的编纂者、“无锡派”琵琶的创始人华秋苹，乃至无锡滩簧——常锡文戏——锡剧这样不绝如缕、沁人心脾的无锡地方特产说唱戏曲，那么，我们更应对这一吴音乐文化的宝地刮目相看。

在这样一个源远流长的人文荟萃之所，自19世纪、20世纪之交以来，又产生了华彦钧、杨荫浏，以及祝湘石、朱勤甫、曹安和、卫仲乐、钱仁康、吉联抗、王萃、顾圣婴等等一大批同为原籍无锡的优秀音乐家，看来绝非偶然。而在这一长串为中国近现代音乐史熠熠增辉的名字中，杨荫浏无疑是尤为重要的一位。因为他不单单是一位以伯乐式的目光和心力，为我们发掘和抢救出了包括阿炳音乐在内的大量中国传统音乐宝贵遗产的民族音乐研究家，而且是一位站在时代前列，为古今中西音乐文化之交融汇流架设桥梁，以促进中国现代民族音乐文化向前发展的音乐导师。在我看来，杨荫浏是关于中国音乐的一个博大精深的体系，是认识中国音乐之过去、现在和未来的一部百科全书。对于这样一位被称为“中国音乐学一代宗师”的伟大先辈，我们决不应该去做因“一叶障目”而朝他身上泼脏水的蠢事，而是应该诚心诚意地深入研习其遗著，继续推进其未竟的事业。

明年就是杨荫浏先生谢世十周年之期，在纪念他的师友华彦钧先生百年诞辰的时候，我在此特郑重倡议：在他家乡举行缅怀和研讨其学术遗产的活动；当然，如果能在同时建成一个“吴地音乐文化”的博物馆和研究中心，以使华、杨二先生和诸多前辈音乐家为之献身的民族音乐事业发扬光大，那更是我衷心企盼的。

谨以此文献给华彦钧、杨荫浏两位先生在天之灵。

1993年11月14日草毕于上音

提交是年在无锡举行的“华彦钧学术研讨会”

陈聆群，生于1933年，上海音乐学院教授

杨荫浏先生与古琴音乐研究

王建欣

音乐学家杨荫浏先生毕生致力于中国传统音乐、音乐史学研究，著作宏富，且多发前人之所未发。其所取得的成就，虽是勤奋刻苦所致，更是与他博学多才有直接的关系。他尝言，研究中国音乐史，最好是要懂得昆曲和古琴，如能演唱、演奏，则更佳。古琴音乐“表现了多样的生活情绪，……积累了历代丰富的技术经验，包含着适于刻画现实生活的种种手法，适于描写比较复杂的内容的种种曲体，以及其他在表达上及配器上的种种处理方法。与其他过去的文化艺术一样，它是我们的特别丰富的艺术宝藏之一。我们应当积极地予以发掘和介绍，让过去已逐渐成为文人们专有的这一古琴艺术，对于今日社会文化的发展，能够起它应有的作用”①。我们知道，杨荫浏先生的昆曲造诣极高；实际上他的琴学修养也是一般人难以望其项背的。本文仅就他在古琴音乐研究方面所做的工作，讲一讲个人的学习体会。值此杨荫浏先生诞辰一百周年之际，谨以此文来表达后学对这位学术大师的敬仰。

---

① 杨荫浏、侯作吾整理：《古琴曲汇编》（第一集），北京：音乐出版社，1956 年。

一、杨荫浏的琴学研究述略

已故琴家张子谦先生的《操缦琐记》是张子谦先生于1938—1966年所记录的有关琴事活动的一部笔记，名《操缦琐记》，资料翔实，弥足珍贵。其中记录了几条杨荫浏早年与琴人的交往，现择录五条如下：

“（1940年）四月廿八日，本社（今虞琴社）第十八次月集。假座中实俱乐部，到社友廿余人。有音乐家杨荫浏先生参加。”

“六月十六日，三时赴星集，杨荫浏偕曹女士来，嘱余一再弹《龙翔》。旋与明德、杨君等至某某家，听汪昱庭、吴梦飞弹琵琶。晚饭后散。杨君代阜西索《瀛洲古调》谱二三本，旧弦六七根，允下星期交。”

“六月廿三日，午后赴星集，杨荫浏来，交《梅庵琵琶谱》二本，旧弦一包。长谈，傍晚别去。”

“（1953年）八月卅日，杨荫浏、曹安和由津来申，琴社发起聚餐招待。本日适星集，到社友甚多。余与杨、曹均系旧识，因亦参加。餐前餐后唱昆曲、弹琵琶，相当热闹。余奏两曲，琴声因气候潮湿，极晦涩，殊不惬意。”

“（1958年）四月四日，景略早有改良古琴决心。去年秋，旅京津时，曾一再商讨，并同往音乐研究所看外国乐器借作参考。一周前得其来信云已成功。……曾携京由阜西、雪（斋）老、荫浏、孟舒等试听、鉴审，一致认为满意。”《查阜西琴学文萃》“琴坛漫记”有如下的记载：“一九五一年四月天津中央音乐学院研究部民间音乐组长就有杨君荫浏携曹安和女士、侯君作吾来京，以钢丝录音和央诸琴人奏曲，录作院生参考，以取古旋律为作曲之助。所录以管平湖最多。杨宝元乾斋、汪君孟舒、谢君孝萍亦各数曲。予为奏《潇湘》、《渔歌》、《梅花》等六曲，并尽令转录张友鹤、郑颖孙、徐元白诸琴曲蜡片。”

在杨荫浏先生的治学生涯中，琴学的撰述占有一定分量，下面择其要者，简述之。

1947年，杨荫浏撰写了中英文对照版《琴谱》一书，并由他本人刻写、油印。准确地说，这个小册子里只包括了引言部分，分为四章：（一）琴之构造；（二）均调与和弦法；（三）弦间音位；（四）符号。早在三四十年代，他就开始钻研如何准确地记录古琴音乐，并着手改进传统的古琴谱式。在该书的第四章中，他借鉴西洋乐器的演奏符号，将传统的古琴减字谱删繁就简，新创了一种古琴“按指谱”。“本书所用新定谱式，以五线谱及按指谱各一行，记写一行乐曲。按指谱凡七线，七线由上而下，依次代表琴之一弦至七弦。”他的这一创举，不仅在当时，即使在今天，对于我们改进古琴记谱法，仍具有重大启迪意义。书中杨先生将诸城派琴家王燕卿传谱的九首古琴曲（《古琴吟》、《关山月》、《凤求凰》、《秋风词》、《极乐吟》、《秋夜长》、《玉楼春晓》、《风雷引》、《长门怨》），均用这种新的谱式记录下来。前五首琴曲的唱词及司马相如《长门赋·序》，都被译成了英文。书中还有他亲手绘制的十八幅插图，包括琴的各部位名称、蝇头结法、各弦音位、弦长比值、按音音位图、泛音音位图、演奏手法图等。

杨荫浏有感于传统古琴谱式的不完备，经过深入研究，提出的这套完整的古琴谱式改革方案，连载于1947年《礼乐》第18、21、22、24期，名为《古琴谱式改革刍议》。文章从对古琴音乐本身发展的制约、琴曲流传与学习之不便等方面分析了古琴传统记谱法之不足；然后叙述了他的改革思路：将部分减字符号合并、简化、废止，共计百余个；保留了27个；再参以西洋乐器的某些演奏符号。查阜西先生评价杨荫浏的做法为："只有杨先生那样肯去埋头苦干的匠心，渊博和才具才能得出这一成就，我要首先向他表示钦佩。……让我代表琴坛的朋友向杨先生致谢。"①

发表于《礼乐》1948年第1期的《七弦琴徽分之位置与其音程的比值》，是一篇专门探讨古琴律制的佳作。该文的特点是，不停留在计算和考据上来谈琴律，而是时刻结合弹琴，从不同的演奏手法入手，甚至将吟、猱、绰、注等技法量化，分析其中的律学规律，实言前人所未言，颇多独到见解。

1954年5月，中央音乐学院民族音乐研究所编印的"油印资料之三十一"是杨荫浏的《七弦琴讲座提纲》。这份提纲共分为"略史"、"关于七弦琴的书谱"、"乐器制造"、"记谱法"、"琴的构造"、"琴的定弦和改调方法"、"琴曲介绍"等七部分。最后是琴曲《平沙落雁》和《关山月》的减字谱与五线谱的对照版。这是一篇通俗讲座的提纲，带有一定的普及性，特点是深入浅出，文献征引得当。即使是将近五十年后的今天读来，我们仍会觉得在文献工作方面，几乎无出其右者。

1955年音乐出版社出版了杨荫浏改编自琴曲的民乐合奏《潇湘水云》的五线谱版总谱。这本总谱包括五个部分：（一）乐曲的内容介绍；（二）关于古琴原谱的说明；（三）对所用合奏乐器的音位及演奏要求；（四）合奏谱；（五）古琴原谱。总谱的每一段落都详细注明了所据原谱的某一段，以便对照。即使是艺术创作，先生也是本着如此严谨的学术态度，极令人钦佩。改编成合奏曲的目的，是"结合了几种民族乐器表达的性能，利用了传统中相当高度的演奏技术，企图将原作者借了对于自然美的描写所抒发的内心感慨，更集中地表达出来"（第775页），为达此目的，他删掉了原谱中的第二、三、七、十二、十三、十四、十五、十六段，将第十七、十八两段综合，并巧妙地运用了和声、对位等手法，颇具匠心，在技术上也是成功的。这种将传统琴曲改编为乐队作品的尝试是极为可贵的，具有开创意义。

1956年音乐出版社作为中央音乐学院民族音乐研究所丛刊出版的《古琴曲汇编》第一集，只是杨先生古琴音乐研究成果极小的一部分。笔者有幸看到过此书的手稿，那是五册线装本，名《琴荟》，封面署"杨荫浏自存稿"。卷一、卷二记录的是琴家夏一峰先生演奏的古琴曲，计有：《良宵引》、《阳关三叠》、《水仙操》、《普庵咒》、《渔樵问答》、《平沙落雁》、《渔歌》、《风雷引》、《静观吟》、《长门怨》、《释谈章》、《关山月》、《秋风词》、《泣颜回》、《忆故人》、《慨古引》、《鸥鹭忘机》、《大学之道》、《秋江夜泊》。卷三是为琴家程午嘉先生改定琴谱十一曲：《古琴吟》、《关山月》、《凤求凰》、《秋风词》、《极乐吟》、《玉楼春晓》、《秋夜长》、《风

① 杨荫浏：《古琴谱式改革刍议》，载《琴谱》，1948年油印本，中国音乐研究所藏。

雷引》、《长门怨》、《平沙落雁》、《秋江夜泊》；和一首《理琴轩谱》的《普庵咒》；《百瓶斋琴谱》的《醉渔唱晚》。卷四是琴家凌其阵先生演奏的琴曲《乌夜啼》、《碧涧流泉》、《孤猿啸月》、《渔歌》、《渔樵问答》、《醉渔唱晚》、《平沙落雁》、《高山》、《流水》、《碧天秋思》、《梧叶舞秋风》、《玉树临风》、《双鹤听泉》、《桃李春风》、《胡笳十八拍》、《慨古引》、《怀古》、《韦编三绝》、《秋夜读易》、《耕莘钓渭》、《万国来朝》。卷五记录的是张子谦先生的《蝶梦游》、吴景略先生的《潇湘水云》和谢孝苹先生的《墨子悲丝》、《梅花三弄》、《渔歌》、《忆故人》、《高山》、《阳春》。这些琴曲均用五线谱和减字谱对照记写，清晰工整，严谨准确，每曲均标明详细的记录日期（40 年代末）。更可贵的是，不但乐曲前和乐曲中都标有速度，而且为每首乐曲都标明全曲演奏时间，甚至连每个段落也注明了演奏时间，极大地方便了使用者。杨先生治学之严谨于此可见一斑。《古琴曲汇编》第一集约等于《琴荟》的四分之一，共收十七首琴曲（其一是侯作吾演奏谱，其余为夏一峰演奏谱）。在乐谱的前面有一篇可以看做是琴学论文的说明，简明扼要地表明了杨先生当时对于琴学研究的心得。该文共分五部分：1. 古琴和琴曲；2. 琴曲之整理与发掘；3. 应否统一琴曲的版本；4. 介绍原始材料的意义；5. 关于本集琴曲的初步说明。

这里有必要一提的是杨荫浏先生作琴曲说明时的方法：首先是叙述历史背景、版本流传脉络。在这部分工作中，既强调考据，也强调辨伪，不是跟在古人后面亦步亦趋。如对《秋塞吟》的解释，不盲从古人的“屈原泽畔行吟”或“伯牙、成连移情海上”之成说，而是以音乐情绪为转移，得出乐曲表现的是“王昭君遣嫁匈奴，临行时发抒的悲伤怨愤的心情”之正确结论；然后是尽可能客观地将音乐形象与曲名相结合，来谈作品的形象特征。不似我们今天的某些乐曲解说，或不着边际，或无限拔高而低估了欣赏者水平，不给人留有想象的余地，更有甚者是将撰写人的主观感受强加给欣赏者。杨先生的做法，颇值得仿效。

1956 年杨荫浏曾撰文《对古琴曲〈阳关三叠〉的初步研究》①，文章分八个部分：1. 历史来源；2. 运用方面的普遍性；3. 对歌词的选择与删节；4. 曲调方面的处理；5. 调式和曲式；6. 改编的谱本；7. 古琴原谱；8. 歌词译意。文虽谦称之为初步研究，实对此问题的把握已非常全面透彻，而且从文中不难看出杨先生对古琴演奏手法的熟悉。特别是文章的第三部分，他从文学、音韵学和音乐学的角度提出：从唐代王维的《送元二使安西》到《渭城曲》、《阳关曲》，再到《阳关三叠》，这一作品由于受到人们的喜爱而成为千古绝唱，在长期的流传发展过程中，除王维的四句原诗外，多数版本还配有歌词。有的歌词尚能起到深化主题之作用，有些则有蛇足之嫌。他指出：“‘掐撮三声’的指法，在古琴音乐里，是在句末延长音中所加进的花点，原来是不适宜于用歌字来填实了歌词的。”应去掉多余的歌词，以恢复原来歌曲中的“短过门”和“花点”。这样“反可增加黯然惜别的情绪”。文中在论述此曲自唐宋以来的流传情况时，引用了唐、五代、宋、明等各朝代的文献资料，将歌曲在流传过程中所出现的种种变

① 杨荫浏：《对古琴曲〈阳关三叠〉的初步研究》，载《民族音乐研究论文集》（第一集），北京：音乐出版社，1956 年，第 41 页。

体叙述得条分缕析。

杨荫浏对琴曲《龙翔操》也做过深入研究，见其论文《蝶梦游——从这一乐曲来看一般乐曲的史料、标题和艺术形象等问题》。这篇文章通过对明清以来存世的二十一种古琴谱的比较、鉴别，发现在这些琴谱中，实际只是两首乐曲，却以《龙朔操》、《龙翔操》、《昭君怨》、《昭君出塞》、《明妃曲》、《神化吟》、《神化曲》、《神化引》、《古神化引》、《蝶梦游》、《秋水》等十一个曲名出现了二十七次，这便是琴曲中同名异曲或同曲异名的现象。经考订他指出，自1425年（朱权编《神奇秘谱》）至1557年（萧鸾编《杏庄太音补遗》）的一百三十年间，是只有《龙朔操》（或称《昭君怨》、《昭君出塞》、《明妃曲》等）而没有《龙翔操》之名的。其后，有的琴谱刻本将“朔”误为“翔”字，并以讹传讹地出现了《龙翔操》的曲名。他认为，如欲正名，此曲应称《蝶梦游》（又称《神化引》、《神化吟》、《神化曲》、《秋水》、《龙翔操》等）为宜。而这个曲调最早出现在1602年郝宁、王定安的《藏春坞琴谱》中。正如文章副标题所讲，杨先生对此问题的研究是既重视理论，更重实践。在谈到音乐形象问题时，既有充分的案头考据，又不拘泥于考据所得，而是从艺术感受入手，甚至对乐曲标题也敢于提出怀疑，经缜密的论述，得出令人信服的结论。文章以音乐形象本身为据，首先肯定了乐曲名虽为《蝶梦游》，但又与老庄的出世无为思想无涉；更不是《庄子》一书中之“庄周梦蝶”的音乐化解释。他认为音乐所表现出的是“生活中轻松、愉快的具体感情”，是“一种高尚、乐生的精神”。这就为正确理解这首作品奠定了基础。他指出，古代琴谱的解题也不是理解乐曲的金科玉律。如清代《五知斋琴谱》解释此曲为：“其音有飘然脱洒，神与物化，想象乎浮空，如在林泉大麓之间，蜂蝶翩翩而忘于形体也。”杨先生在文中反驳道：“过去的文人，无论在诗文中间，或音乐中间，是常爱借一些老庄哲学中的思想名词作为装点的；……其本身所反映的，却往往又是另外一些东西；他们对于乐曲应用这样名词的时候，似乎与他们写作诗文时爱用典故、辞藻的情形相仿佛。”

另外，在《国乐概论》、《中国音乐史纲》、《中国古代音乐史稿》等著作中，也有专门的章节论述古琴，这里就不一一赘述了。

二、杨荫浏琴学研究给我们的启示

1. 实践精神

杨荫浏的治学，是以史料占有详尽而著称的。但他在研究工作中绝不仅止于此，而是在可能的情况下，多做实践，用来证实史料是否符合现实的逻辑。遇不合逻辑者，他敢于大胆提出疑问。就作品本身而言，他注重音乐所传达出的精神特征，以此来作为欣赏、分析的出发点，进而与曲名相印证。他在《蝶梦游》一文中写道：“对历史上曲名，亦即标题的考订以及对这些曲名所代表的音乐本身的比较，直接与对于曲调内容的理解有关。我们决不能让客观存在的由错误造成的分歧的标题来成为我们达到明确理解一个曲调的障碍。我们要尽量清除这样的障碍。我们不能无批判地接受古人留给我们的所有的名称，不分青白地同样给予‘标题’的价值；我们更不能不理会曲调所表达的内容，仅仅依靠古人留给我们的或准或错的标题，为之就题发挥，写成与内容不相符合的说明，以使学者愈来愈与学习古人现实主义创作手法的目的有着距离。”

古琴的琴面上镶有十三个徽位，从魏晋时期的嵇康一直到今人所用的琴，在这一点上没有丝毫改变。但杨荫浏为了证实古人的琴律理论，在自己心爱的古琴上又标记了数十个徽位，来与律学演算相印证。他潜心钻研，产生出了大批极富实践精神的律学论著，为我国当代的律学研究奠定了基础。他还自己动手，设计制作了将古琴的减字谱翻译成现代乐谱的“万能尺”，构思精巧绝伦，使用便利。

2. 辩证唯物主义精神

新中国成立后，杨先生像大多数旧时代过来的学者一样，注意思想改造，认真学习马克思主义，并自觉地将其运用到自己的研究工作中。今天我们在研读他的论著时，可能会发现有些地方犯了机械的、教条的或是对马克思主义生搬硬套的错误，那是时代的烙印。但总括来说，研究工作中，他自觉地运用马克思主义理论所进行的论述是令人信服的。如《蝶梦游》一文中对琴曲《渔歌》的分析便正是这样。对这首琴曲的解释，早期琴谱的解题是从“耻事异族”和对外族的入侵以不合作的态度来消极抵抗着眼的，这才有了清高文人的啸傲山林、隐逸不群。而到了清代的琴谱，解题中便只剩下片面强调烟波中的渔人生活。杨先生认为，这“一方面可能是由于编写者的阶级限制，使他看不到问题的重要方面，另一方面，也可能在清康熙惨杀文人之后，这类有关民族思想的说明，是被人有意隐藏了起来”。“史料虽然重要，但必须运用马克思主义加以分析批判，否则，它有时非但不能帮助我们理解一个曲调，并且还会歪曲对于一个曲调的理解，使我们更加模糊起来。”“史料不等于史实，它有时是准确与错误夹杂在一起的；在记写者的时代环境之中，阶级限制之下，它有时是与记写者自己的社会关系和阶级成见混在一块的，它有时说明了事物的本质，有时却又强调了事物的表面现象，反而模糊了本质。”①

3. 实事求是精神

杨先生强调，欲深入了解某一乐种，必须从大量的、准确的记谱工作开始，这确是真知灼见。对待古琴更应是这样，同时，还要尊重原始材料，尽可能保持原始材料的完整面貌。“多少的批评，将因有它作为具体分析的依据而更为正确；从各种角度出发的比较与研究，将因有它作为具体参考的对象，而更为实在；多样形式的删改和加工，将因有它这原始完整的母体的客观存在，可不断孳生，不致因失去了前后继承和演变的脉络，而使后来的验证与批评，成为无可依凭。加工的形式，可以多至无限，原始的材料，则只是有数的一些；而这一些原始材料，却正将是那无限的加工形式之所从产生。从具有历史性的古典曲调而言，原始材料的重要性就在这里。”② 可以说，杨荫浏是近代以来对古琴做过深入研究的可数的几位大师之一。由

---

① 杨荫浏：《蝶梦游》，《民族音乐研究论文集》（第二集），北京：音乐出版社，1957 年，第 5 页。

② 见《古琴曲汇编》第一集之说明，北京：音乐出版社，1956 年。

于在音乐史领域所取得的极高成就，他的琴学研究淹没在这巨大的光环之下，反而不为人们所关注。

他精通西洋音乐，但在进行中国传统音乐研究时，从不生搬硬套西方音乐理论。他记录的古琴谱，对于小节线的处理甚是高明：不标出拍号，而是按实际时值记写，然后在句读间标点小节线。这样既保证了记谱的准确性，又更符合古琴本身的音乐逻辑。在谈到音乐史中的疑点、难点问题时，他说："我们是实事求是的，决不强不知为已知；对于我们目前所还没有弄清楚的问题，我们不妨存疑。同时，我们也不是失望的不可知论者，我们决不松懈我们永久持续的求知的努力；只要我们能加进踏实的努力，我们一定能层层揭开未知的帷幕，逐步解决一些疑难的问题，逐渐增加已知，减少未知，使积累的已知成为以后探发未知的资本。"

4. 敏锐的学术眼光

杨荫浏对于古琴音乐研究倾注了大量的心血。20 世纪 40 年代末至 50 年代初，他记录了很多的古琴乐曲，一是用于研究，更主要的是出于杨先生对中国古代音乐的责任感和紧迫感。"有人能弹的琴曲，根据实际的弹奏记写，比较可靠；但因目前有些琴家，已在高年，这一工作，便已多少含有'抢救'的性质，所以，对于年高琴家所弹的曲调，目前更应予以收集整理。"对于琴学研究，早在 20 世纪 50 年代，他便提出了亟待解决的三个方面的问题：一是做索引工作，以帮助研究者掌握琴曲版本和它们的史料阶段的划分；二是琴曲的断代，由于古书的伪托，宋以前的作品和作者多不可信，这一工作显得尤为必要；三是"打谱"，他认为对于琴家能够演奏的古琴曲，我们的整理工作做得不够；但对于丰富的古代琴乐，要从谱面转化为声音，我们的挖掘工作做得更不够。凭着敏锐的学术眼光，他认为"（'打谱'工作）若能充分利用集体合作的力量，则各人在一定程度上，仍可以获得较丰富的补充"。同时，他反对统一琴曲的版本。不能用"集锦"的办法，从不同的版本中将同一曲调拼凑起来。这样的所谓统一的"最好"的版本，失去了其本身的完整性和统一性，同时，也失去了保留价值和艺术价值。"正像古代玩意式的'集诗'，是破坏了每一首诗，其结果，集成的诗，非但并不能代表所集的各家诗句的价值的总和，甚至不能真有多少文学价值，因之不能被列为文学作品一样。"他的这些言论和观点，对于我们今天琴学研究的学科建设，无疑具有深远的影响。

杨荫浏先生不仅为我们留下了丰富的琴学研究成果，还为我们今后的琴学研究铺平了道路，指明了方向。

原载《中国音乐》1999 年第 3 期

王建欣，生于 1962 年，天津音乐学院教授

重识杨荫浏的基督教音乐实践观

——对《圣歌与圣乐》中杨荫浏16篇文论的择评

林 苗

中国音乐自身有着久远的发展历程与厚重的文化底蕴，这是毋庸置疑的历史事实。除了实际声响的及时采集，孜孜以求的中国音乐学者们历来擅长于音乐事项的文字表述。这恰恰是基于先辈们史料钩沉的钻研精神及探赜索隐的学术品格。我们今日也可以透过汗牛充栋的音乐文献瞭望传承祖辈的宝贵文化遗产。在这些卓尔不群的学者名录中，有位横跨了两个世纪的音乐学家，不但亲历音乐实践活动并翔实地予以记录，更为学术界贡献了他的真知灼见，他身体力行的实践精神和论证缜密的写作文风为同行们所称道，可以说，当今从事中国音乐史学研究与教学的工作者们无不就其鸿篇巨著《中国古代音乐史稿》予以细致的品读，他就是中国著名音乐史学家杨荫浏先生。

的确，杨荫浏先生的代表性论著《中国音乐史纲》、《中国古代音乐史稿》等对中国音乐发展脉络进行了历史性梳理，为后人展示了中华民族璀璨夺目的音乐景象，而新、老研究者们对杨荫浏研究成果的持续关注和比较研读则进一步催生了一批颇具价值的理论建构，如曹安和《杨荫浏与音乐史》、黄翔鹏《唐燕乐四宫问题的实践意义——杨荫浏〈中国古代音乐史稿〉学习札记》、郑祖襄《一部仍具学术价值的“旧著”——谈杨荫浏先生的〈中国音乐史纲〉》、孔培培《杨荫浏著〈中国音乐史纲〉和〈中国古代音乐史稿〉比较研究》、钱仁康《我所知道的杨荫浏先生》等不计其数的论文以及三卷容纳近百名学者关于杨荫浏及其音乐理论的研究——《纪念杨荫浏先生诞辰一百周年国际学术研讨会论文汇辑》。不仅如此，杨荫浏对于民间歌曲、民族器乐、琴学理论、戏曲音乐和乐制比较等方面的文本阐释更是从不同层面丰富了对中国传统音乐文化的整体解读。

然而，在对“杨荫浏及其音乐研究”的体认中，虽偶有杨周怀《杨荫浏先生在中国基督教赞美诗的翻译、编曲、作曲及作词方面所作的贡献》、田青《杨荫浏与中国宗教音乐》、向延生《我还是个宗教音乐家——杨荫浏先生百年诞辰忌》和刘再生《杨荫浏关于音乐问题的一次谈话》等为数不多涉足探究杨荫浏活跃于宗教音乐活动领域的文章，而杨荫浏作为“音乐史学家”、“民族音乐学家”之外的又一个身份——“宗教音乐家”依旧鲜为人知；相应地，杨荫浏在宗教音乐方面，特别是对基督教音乐的相关表述极易被忽视。根据杨荫浏的自述，我们知晓他在孩童时期就结识了郝路易女士（Hammond，Louise Strong），在这位美国传教士的提携下他接触了西洋音乐并于而立之年投入到宗教音乐工作中，参与由联合圣歌编辑委员会，即中华基督教会、中华圣公会、美以美会、华北公理会、华东浸礼会和监理会六公会联合编辑中国新教赞美诗集《普天颂赞》的编订工作即是一项明证；此外，已在全国范围内为广大教会使用了近三十年的《赞美诗（新编）》不但大部分承继了《普天颂赞》在编排体例与音调方面的主基调，杨荫浏还在生命的末端以顾问的名义为中国基督教赞美诗的编辑发挥余热，贯穿杨荫浏人生历程始终的基督教音乐事工毫无疑问地也在中国基督教音乐发展中留下了浓墨重彩的一笔。

《圣歌与圣乐》（见下页图1—3）系民国时期《真理与生命》（月刊）中的音乐专栏，属讨论教会圣歌与音乐的刊物。简言之，由刘廷芳、杨荫浏担任主编的《圣歌与圣乐》共出刊14期，包含了33篇文章，其中由杨荫浏独立及与他人合作撰写、翻译的共有16篇，这些文论主要围绕当时杨荫浏参与新教赞美诗集《普天颂赞》的编订工作而展开音乐文字方面的记述，涉及圣歌的创作年代与音调来源、诗歌的中文翻译以及圣乐在中国的处境化之思等多个方面。从某种程度上说，《圣歌与圣乐》是为《普天颂赞》的文字脚注，这样的定位对我们查考杨荫浏的基督教音乐实践观，乃至于对民国时期基督教音乐发展状况都是大有裨益的。

综观全局，成书于1936年的赞美诗集《普天颂赞》（见下页图4—5）历时6年的编辑过程，联合圣歌编辑委员会汇集了众多宗教界、文学界和艺术界的翘楚人士，除杨荫浏先生外，尚有沈子高主教、范天祥先生、郝路易女士、费佩德博士、刘廷芳博士、铁逊坚牧师等。联合圣歌委员会1932年第二次集会决定“产生一足以表现中国全体基督徒教会赞美与最高尚的热诚之诗本”①，据上海广学会1939—1947年全部年报资料提供的数据显示，于1936—1947年间出版的《普天颂赞》（含文字版、简谱版和五线谱版）数量总计572，000册②，这表明《普天颂赞》在中国教会极受欢迎。有学者认为，“《普天颂赞》的问世，无论对于其后几十年中国基督教徒的宗教生活，还是对中国基督教音乐的发展，乃至对世界基督教音乐的丰富，都有着

---

① 六公会联合圣歌编辑委员会：《普天颂赞》，上海：上海广学会，1936年。

② *Y. T. Wu*（吴耀宗），“*Christian Literature in China*，*Reviews and Prospects*，1938—1946”，第244—246页；*Christian Literature Society for China*（*Shanghai*），Annual Report，1946，第11页。

不可低估的影响。”①

图1

图2

图3

图4

图5

尽管杨荫浏的《圣歌探讨之初步》中记载的这样一段话语着实让人振奋，即“一九三一年六公会联合圣歌委员会成立，编辑联合圣歌集。会员数十人皆教会中一时俊彦：有的对于圣歌的历史背景，有特殊的认识；有的对于圣歌的沿革发展，有清楚的观察；有的对于神学研究，有深刻的参透；有的对于中文诗词，有高深的修养；有的对于现代文学，有相当的地位……许多才能不同的人，在同一的道路上，共同努力，这是难得的事”②。但与此同时，他也基于当时的实际状况直抒胸臆，“关于圣歌的问题真多：如何选择，如何译法，用何种文字，配何种音乐，中国音乐，如何采用，如何改协，如何和声……种种问题，均非短时间、少数人所能解决”③。事实上，先前我国圣乐编辑与译述成果大多数出自西方传教士之手，国人往往担任他们的助手，因而像《普天颂赞》此项浩大的赞美诗集之总体编辑工作在中国尚属首次，

① 田青：《杨荫浏与中国宗教音乐》，《音乐研究》2000 年第 1 期。
②③ 杨荫浏：《圣歌探讨之初步》，《真理与生命》1934 年第 1 期。

身处这样一个大文化处境，杨荫浏频频遭遇的困难之一——由中西方语言差异引发的“圣歌的翻译”问题自然也是情理之中的事情了。相应地，鉴于中国圣歌圣乐之文字记录的匮乏，《普天颂赞》问世前后，杨荫浏和刘廷芳决议将他们及教会同工们从事圣乐工作的经验编辑成《圣歌与圣乐》以启示后人，从某种程度上说，杨荫浏注重资料积累的学术风格亦十分明晰地体现于其基督教音乐工作中。可归纳为以下几个方面：

一、忠实地记录中国信徒关于选择圣歌时文字与音乐的倾向性

杨荫浏、刘廷芳《中国信徒对于圣歌选择的意见》主要涵盖了四种对立的观点，分别为因袭的和进化的、客观的及生活的、本色的与多元的，以及偏重实际的和理想的圣歌的选择；与此相对应的是信徒们在音调方面的取向，费佩德、杨荫浏《中国信徒对于配合圣歌音乐上的主张》就有依袭的欣赏选择乐调与主张依现代的倾向选择曲调、依大众的音乐程度选择乐调的和主张选择“好听”的音乐的、全用国化乐调的及选取高尚的音乐的系列主张，乃至在采用有无格律、兼收民间音乐、和声及转调的运用上亦存有截然对抗和调和折中的态度。具体至文字的运用，费佩德、杨荫浏《中国信徒对于选择圣歌的文字观》仍然就每一个问题展现出迥然相异及折中的三种看法，体现于如下方面：绝对自由、符合音乐和折中的文字使用；全用白话、全用文言及文言白话因宜运用的；主张用韵和不必严格用韵的；力求简易用字、不避难字或在有代替的时候避免难字的运用。乃至对神的称呼名词之用法也颇有几点不同的主张，详见刘廷芳、杨荫浏《中国信徒对于圣歌中几个称谓词的主张》。

上述看似琐碎的文字记录，却是20世纪30年代中国人在探求本国圣歌搜集与创作中弥足珍贵的“历史记忆”，若不是杨荫浏等人当年的有心记录，我们何以晓得《普天颂赞》草创时期曾有过如此热烈的研讨以及先贤们求索中的诸多困惑呢？我们又将会对这部集思广益的赞美诗集进行怎样的解读与诠释呢？

二、选择性分析《普天颂赞》若干圣歌的创作背景与音调来源

六公会联合圣歌委员会编订《普天颂赞》后，百余篇以圣歌著述的历史为主要内容编辑的圣歌讨论集也紧随其后，费佩德、杨荫浏《圣歌故事》（一）（二）便选译于此，翻译的目的旨在提升教友们的圣乐欣赏水平，共选取了12首赞美诗。按《普天颂赞》诗歌排列顺序，这些赞美诗依次为：《称谢歌》（No. 17）、《无量荣光歌》（No. 104）、《受难歌》（No. 118）、《齐来谢主歌》（No. 279）、《慎勿玩驰歌》（No. 329）、《坚固保障歌》（No. 333）、《是否劳倦歌》（No. 337）、《耶稣领我歌》（No. 357）、《黄金之邦歌》（No. 367）、《慈悲稳定歌》（No. 408）、《赞美颂》（No. 514）和《荣耀颂》（No. 537）。

费佩德、杨荫浏合译《基督教的圣歌略史》与刘廷芳、杨荫浏合制《普天颂赞里的圣歌产生年代表》分别对《普天颂赞》中的圣诗进行了旧约时代、古代、中古时代和现代四个历

史阶段的分期描述和具体作品所属世纪的详尽罗列。其中，直接源于《旧约·诗篇》的有8首诗歌；合乐律的诗篇版本则有11首。对此，《基督教的圣歌略史》便已充分肯定了《普天颂赞》的存在价值与实际功用，“圣歌除非能表示经验与灵感，这种经验与灵感，除非是由基督徒的远象，生活，信仰上产生出来，便不能有常住与普遍的价值。这样的圣歌，加上了文艺与音乐的表情之美，便有机会，可以给一般的基督教团体作普遍的使用。这样的圣歌中间，有些圣歌，久已得教会普遍的公认，以为能在神的救恩中，为古今万世，表示出来喜乐与满足。这样的圣歌，大部分已包含在普天颂赞中”①。

除此之外，杨荫浏的另4篇文章——《圣乐的欣赏》（上）（下）和《圣歌音调史》（一）（二）同样提及《普天颂赞》，但更多的是叙述了圣歌与圣乐的大文化背景，《圣乐的欣赏》论及的“宗教中的歌唱”、“信徒崇拜中的歌唱”、“教堂歌咏班”、“牧师与教堂音乐”、“礼拜时所用的乐器”、“中文创作圣歌”和“中国的乐器”这七个话题的目的是要引起当时教友们对于圣歌更深刻的感悟与理解，此种立意便与“音乐欣赏”十分接近了。《圣歌音调史》原本将教会音乐史分成三个时期加以展开：从最早的时候至纪元后930年胡克包尔德（Hucbald）的时候；从胡克包尔德的时候至纪元后1563年帕勒特里那（Palestrina）的时候；从帕勒特里那的时候直到现在。

三、专业化比较中西语言承载的音乐差异并寻求二者间的共性

杨荫浏早在音乐专栏《圣歌与圣乐》第1期《圣歌探讨之初步》中就十分感慨于圣歌翻译中的一系列难题，它们不但与语言本身相纠结，还因圣歌所要获得期望的演唱效果而再度增添了难度。凡是对杨荫浏先生有一定程度了解的人都知道，他熟读四书五经，不但擅长演奏多种民族乐器，如箫、笙、笛子、鼓板、三弦、琵琶和二胡等，还精通昆曲的演唱，对于西洋和声的编配同样有着精深的把握，论及杨荫浏的英语写作能力更是让人啧啧称奇，从青年时代获得光华大学英文论文竞赛金质奖章的文章“*An Outline History of Chinese Music*”到中英文双语版《琴谱》（*The China Music Introduction*）对古琴构造、均调与和弦法、弦间音位、符号和《古琴吟》、《关山月》等9首古琴曲的全面介绍，并配有若干手势图；两年后，杨荫浏的英文名Yang，Ernest Y. L. 再次出现于南京中奥文化协会发表之演词，《音乐对过去中国诗歌所起的决定作用》（*Effect of Music on the Development of Chinese Poetry*）是杨荫浏从音乐和诗歌两方面入手对民歌的集中评述。

正是这样一位学贯中西的音乐学家——杨荫浏，基于圣歌选择和翻译中信徒们种种意见的不相融合，他曾多次求教于兼长音乐与诗词的西友、悉心查考诸多圣诗本的音调表并分析歌谱的乐句，继而凭借自己的亲身实践经验独立写就的《西文的音乐特性》和《圣歌的翻译》（一）（二）分述了西文与中文各自的音乐特性，进而对两种文字进行了比较，提出了圣歌翻

① 费佩德、杨荫浏：《基督教的圣歌略史》，《真理与生命》1936年第3期。

译中需要注意的若干问题。可以说，这些文章作为杨荫浏着力探求圣歌翻译最佳手段和方式的理论总结，故而最为集中地展示了杨荫浏的基督教音乐实践观。

首先，杨荫浏指出西文音乐特性主要包含了速度（Movement of Tempo）、律动（Rhythm）、音调（Melody）、音质（Quality）和强弱（Force）这五点，较细致地描述了西文诗词中六种律动的概貌以及和它们一一对应的表情精神：扬抑格（强弱）——跳跃、喜乐、疾速；抑扬格（弱强）——庄严、坚持、稳定；一扬二抑格（强弱弱）：活泼的、音乐的；二抑一扬歌（弱弱强）：有满泛流走的气概；抑扬抑格（弱强弱）：有较强的高傲神情；二扬格（强强）：饱满、着重。接着，他在文字调的神情与速度上找到三种较为恰当的对应关系，即活泼、轻快、浮动、光明、理想或感奋、紧张、急切等神情，宜用高抗的调，轻捷的速度；凡庸的神情，不须特别着重的，宜用不高不低的调，中庸的速度；郑重、庄严、沉挚的感情，和某种特殊紧张的神情，例如坚毅的决断，宜用低沉的调。另外，杨荫浏还参照了史渥兹氏（Charles K. Swartz）的分析，使西文“字的韵母”与中文二十一韵相对应。

西文		中文
oo	安慰	“苏模”韵
e	紧张、紧密	“机徽”韵
ā	伟大、堂皇、庄严	“皆来”韵
i（ai）	光明、宽大、高远	
o	高尚	“苏模”韵
ā（ah）	满意、展开	“家麻”韵
注：西文“字的韵母”之所以在我国音韵二十一部中仅及四韵，这是因为史渥兹氏所论列的，只有单纯韵母，没有涉及二音以上混成之韵母。		

其次，杨荫浏修正了幼年在师傅教导下作律诗、古诗中所吸收了的不正确的观念，说明中国文字虽存在音乐的高低和长短性——“四声阴阳”，并简单梳理了始于六朝的四声阴阳理论的发展脉络，但明确指出，高低与强弱却是完全不同的两样东西，高低和长短亦相去甚远。

第三，从形式方面查考，西方诗词通常由强弱不同的音节有规则地交互连组而成，基于此，杨荫浏认为翻译圣歌除须包含原诗内容外，“格律”更是一个值得重视的问题，因为格律起于文字的音乐特性，它与曲调的配合有着密切的关联；并且，所注意的格律有两个方面，一方面是原诗的西文格律，另一方面则是译笔的中文格律。① 这样，西文音乐特性之强弱与协韵中的交组韵（Interlacing rhyme）、对偶韵（Couplet rhyme）也被纳入了探讨的范围。

至于圣歌的翻译，杨荫浏强调必须考虑以下三种格律：1. 强弱；2. 句逗；3. 协韵。他透

① 据杨荫浏本人在《圣歌的翻译》中的自述，他对于度唱诗歌需要格律的经验始于1928年，起初，他认为“英文文字从我个人观察，觉得它在言语或朗诵的发音上，具有高低的，所谓强读同时每就是高读”（第36页）。然而几经查考、实践，发现西方音乐创作的实际情况往往并非如此，即便与之符合也仅仅是偶然，而非必然。作者故得出如下结论，“所以我们可以说一般西洋音乐的高低，并不关系于文字的高低性”（第37页）。此外，杨荫浏还进一步肯定指出，“西洋音乐并不特殊注意音节的长短性。赅括一些，我们简直可以说，西洋诗词在音乐上的关系，只有强弱上的一致，没有别的”（第38页）。

过昆曲、京剧和民歌三者间的比较阐明了“强弱”问题。对于“句逗”，杨荫浏给出了两种解决的方案，当遇到特殊的音调，应随音乐的顿挫，而定句节的分割；通常长调，中调，短调，（抑扬格）用二二二二及二二二逗，七七七七调及八七七调，用二二二二及二二三逗。论及“协韵”，杨荫浏认为韵是要协的，但不必拘泥地依着西洋诗原来的协法，凡可以用中文诗的协法，还是用中文诗协法较为适宜，而比较科学且适用的，还是北曲所宗的《中原音韵》，曲韵通常分二十一韵（每韵之下，分标四声阴阳）。

结　语

从宗教音乐的视角来看，《圣歌与圣乐》中杨荫浏16篇文论作为《普天颂赞》的文字脚注自然是不可多得的文本材料，然而杨荫浏就“音乐与语言”问题的阐述远非止于此，多年实践于基督教音乐文字领域为其后屡易数稿的《宋姜白石创作歌曲研究》、《音乐对过去中国诗歌所起的决定作用》、《语言音乐学初探》等论著奠定了坚实的音乐理论基石，其中《白石道人歌曲研究未完稿》至《宋姜白石创作歌曲研究》前后三次修改的时间跨越了整整十年，而与该书第五章《姜白石词调中的四声阴阳及平仄问题》相近的话题之雏形早已被呈现于《圣歌与圣乐》中；此外，杨荫浏修改自他在中央音乐学院开设音韵学课程的讲稿后形成的《语言音乐学初探》所涵盖的五方面内容——音韵问题、字调和分韵系统、为音乐服务的音韵学、字调配音问题和中西歌词配音规律的比较，它们既承继了始于1934年《圣歌与圣乐》中杨荫浏的主要理念之一——“中国文字与西洋的音节相异，不以强弱为重点”，亦是对中西歌词配音问题更深入的探究。

附言：时过境迁，《普天颂赞》在经历上海广学会的变迁后，也于1977年由香港基督教文艺出版社修订出版，尽管《普天颂赞》的书名和大部分诗歌都在修订版中得到了继承和延续，但1936年版的《普天颂赞》以及杨荫浏先生的基督教音乐贡献应当是20世纪30年代里最值得记忆的。本文简要回溯了《圣歌与圣乐》中杨荫浏的16篇文论①，关于《圣歌与圣乐》的全部文献标题总目录和《普天颂赞》“圣歌”中杨荫浏所参与创作、填词及翻译等的具体作品则以附录的形式被放置于文章的末端，希望中国音乐史学界的重要人物之一——杨荫浏先生及其基督教音乐实践观能得到更多研究者的关注。

---

① 本文附录一“《圣歌与圣乐》第1—14期文章总目录”中有5篇文章是六公会联合圣歌委员会发布的关于《普天颂赞》的内容简介，分别为第8期《联合圣歌委员会的历史》、《普天颂赞集里圣歌的来源》、《联合圣歌委员会圣歌译述的原则》、《普天颂赞集的内容》和第9期《普天颂赞集数字谱本序》，据《中国音乐学一代宗师——杨荫浏（纪念集）》华蔚芳辑《杨荫浏论著、作品目录》载，上述5篇文章由杨荫浏执笔，关于对这5篇文章的解读笔者将撰文另述。

附录一：《圣歌与圣乐》第1—14期文章总目录

《真理与生命》	《圣歌与圣乐》	文章作者	文章标题
1934年8卷1期	第1期	刘廷芳	《过来人言——“圣歌与圣乐”发刊辞》
1934年8卷1期	第1期	杨荫浏	《圣歌探讨之初步》
1934年8卷1期	第1期	佩德、荫浏	《中国信徒对于选择圣歌的文字观》
1934年8卷1期	第1期	佩德、荫浏	《中国信徒对于配合圣歌音乐上的主张》
1934年8卷3期	第2期	廷芳、荫浏	《中国信徒对于圣歌选择的意见》
1934年8卷3期	第2期	廷芳、荫浏	《中国信徒对于圣歌中几个称谓词的主张》
1934年8卷5期	第3期	万爱敦	《从选择上评联合圣歌集的内容》
1934年8卷5期	第3期	薛冰	《古希伯来抒情诗歌论丛——据莫尔顿圣经之文学的研究辑译》（一）
1934年8卷5期	第3期	刘廷芳	《秋水斋译述圣歌诗话》（一）
1934年8卷7期	第4期	杨荫浏	《西文的音乐特性》
1934年8卷7期	第4期	薛冰	《古希伯来抒情诗歌论丛》（二）
1934年8卷7期	第4期	刘廷芳	《秋水斋译述圣歌诗话》（二）
1935年9卷1期	第5期	杨荫浏	《圣歌的翻译》（一）
1935年9卷1期	第5期	薛冰	《古希伯来抒情诗歌论丛》（三）
1935年9卷3期	第6期	杨荫浏	《圣歌的翻译》（二）
1935年9卷3期	第6期	刘廷芳	《秋水斋译述圣歌诗话》（三）
1935年9卷5期	第7期	费佩德	《对于会众的颂赞加一种灵感》
1935年9卷5期	第7期	薛冰	《古希伯来抒情诗歌论丛》（四）
1935年9卷5期	第7期	刘廷芳	《秋水斋译述圣歌诗话》（四）
1935年9卷8期	第8期	杨荫浏执笔	《联合圣歌委员会的历史》
1935年9卷8期	第8期	杨荫浏执笔	《普天颂赞集里圣歌的来源》
1935年9卷8期	第8期	杨荫浏执笔	《联合圣歌委员会圣歌译述的原则》
1935年9卷8期	第8期	杨荫浏执笔	《普天颂赞集的内容》
1936年10卷1期	第9期	六公会联合圣歌委员会，杨荫浏执笔	《普天颂赞集数字谱本序》
1936年10卷1期	第9期	董景安	《传道人眼中的普天颂赞》
1936年10卷3期	第10期	费佩德、杨荫浏合译	《基督教的圣歌略史》
1936年10卷3期	第10期	刘廷芳、杨荫浏合制	《普天颂赞里的圣歌产生年代表》
1936年10卷5期	第11期	铁逊坚著，费佩德、杨荫浏译，刘廷芳校订	《圣乐的欣赏》（上）
1936年10卷5期	第11期	杨荫浏述	《圣歌音调史》（一）
1936年10卷7期	第12期	铁逊坚著，费佩德、杨荫浏译，刘廷芳校订	《圣乐的欣赏》（下）
1937年11卷1期	第13期	费佩德、杨荫浏选择，刘廷芳校订	《圣歌故事》（一）
1937年11卷1期	第13期	杨荫浏述	《圣歌音调史》（二）
1937年11卷4期	第14期	费佩德、杨荫浏选择，刘廷芳校订	《圣歌故事》（二）

附录二：《普天颂赞》圣歌部分杨荫浏翻译作词制调作品一览表

1.1　合作翻译

除1929年与郝路易合译《乘驴歌》（No. 106）外，杨荫浏与刘廷芳合译的圣歌有：

1932	1	《圣哉三一歌》
1932	117	《宝架清影歌》
1932	128	《战争完毕歌》
1932	131	《大启乐园歌》
1932	341	《信心基础歌》
1932	382—1、2	《与主同在歌》
1933	11	《创造奇功歌》
1933	57	《万世生命歌》
1933	65	《圣灵赐爱歌》
1933	86	《诞生佳音歌》
1933	104	《无量荣光歌》
1933	109	《十架经历歌》
1933	123—1、2	《耶稣受难歌》
1933	194	《天上生粮歌》
1933	252	《生命路程歌》
1933	258	《赶快工作歌》
1933	275	《解忧歌》
1933	278	《仰望羔羊歌》
1933	348	《放心歌》
1933	372	《快乐家乡歌》
1934	4	《三一来临歌》
1934	55	《永生之爱歌》
1934	87	《齐来崇拜歌》
1934	101—1、2	《屈膝哀祷歌》
1934	129	《欢迎快乐晨星》
1934	156	《诸圣歌》
1934	164	《主是基础歌》
1934	165	《礼拜散时歌》
1934	173	《青年持心歌》
1934	183	《婴孩受洗歌》
1934	204	《披上喜乐歌》
1934	216	《小羊睡卧歌》
1934	223	《传布救恩歌》
1934	225	《耶稣普治歌》
1934	253—1、2	《爱人歌》
1934	261	《神圣同志歌》
1934	284	《常住爱中歌》
1934	293	《平安赞美歌》
1934	318—1、2	《紧连妙结歌》
1934	326	《做主军人歌》
1934	335	《坚固军装歌》
1934	354—1、2	《天程旅客歌》
1934	392	《白昼过去歌》
1934	402	《新年祷歌》
1934	408	《慈悲稳定歌》
1934	422—2	《布施济苦歌》
1934	464	《耶稣儿女歌》
1934	465	《小小水滴歌》
1934	468	《生活如光歌》
1934	472—1、2	《孩童好友歌》
1934	480	《请讲故事歌》
1934	481	《劝人就主歌》
1934	494	《宝血宏恩歌》
1934	508	《光明之岸歌》
1935	438	《新生活歌》

1.2　刘廷芳、杨荫浏修颂主诗集本：

1933	6	《赞美三一歌》
1933	17	《称谢歌》
1933	190	《宏开盛筵歌》
1933	447—1、2	《美丽光明物歌》
1934	219	《郇城歌》
1934	390	《暮色苍茫歌》
1934	409	《主恩丰富歌》
/	212	《佳偶歌》

2.1 独立翻译

由杨荫浏述的有：《太阳颂》（No. 19，1930）、《马缰歌》（No. 46，1930）、《圣灵洗心歌》（No. 68，1930）、《念父归来歌》（No. 273，1930）、《圣巴特里克铠甲歌》（No. 330，1931）、《快乐生活歌》（No. 463. 1931）和杨荫浏转述《赞美宝血歌》（No. 108，1934）。

1929	47	《马槽圣婴歌》	1933	133	《基督复生歌》
1929	361	《路上歌》	1933	136	《生命收成歌》
1930	10	《赞美上主歌》	1933	160	《喜乐歌》
1930	89	《父爱诞生歌》	1933	191	《来近圣桌歌》
1930	143	《颂主耶稣歌》	1933	203	《灵牧歌》
1930	145	《美哉良辰歌》	1933	241	《万方团契歌》
1930	188	《合一圣餐歌》	1933	246	《求赐需要歌》
1930	189	《至主再临歌》	1933	333	《坚固保障歌》
1930	198	《一言释放歌》	1933	367	《黄金之邦歌》
1930	199	《凡有血气歌》	1933	469	《学像耶稣歌》
1930	201	《圣身奥妙歌》	1933	511	《空手歌》
1930	202	《救世圣祭歌》	1934	28	《颂扬归主歌》
1930	205	《马拉巴礼拜歌》	1934	37	《美妙声音歌》
1930	242	《完成主意歌》	1934	74	《欢迎新郎歌》
1930	250	《平民时代歌》	1934	77	《新郎来到歌》
1930	254	《为世界颂主歌》	1934	92	《主受割礼歌》
1930	369—1、2	《天上撒冷歌》	1934	99	《圣名洞鉴歌》
1930	452	《马槽歌》	1934	103	《求主垂念歌》
1930	502	《求主带领歌》	1934	105	《橄榄山头歌》
1931	3	《万世之宗歌》	1934	122	《荆棘冠冕歌》
1931	8	《亚伯拉罕的主歌》	1934	130	《耶稣复活歌》
1931	167	《天使歌声歌》	1934	132—1、2	《复活良辰歌》
1931	299	《光荣歌》	1934	152	《信徒将领歌》
1931	328	《生命之主歌》	1934	157	《圣母歌》
1931	405	《特祷歌》	1934	184	《七种宏恩歌》
1931	448	《小孩感谢歌》	1934	186	《永恒纪念歌》
1931	450	《天父常近歌》	1934	200	《圣事中见主歌》
1931	454	《好故事歌》	1934	207	《生命庄稼歌》
1933	9	《主是父亲歌》	1934	224	《万民奋兴歌》
1933	32	《主仆颂主歌》	1934	244	《上帝进行歌》
1933	44	《离天歌》	1934	266	《爱的转变歌》
1933	88	《新生圣婴歌》	1934	277	《深处呼求歌》
1933	115	《圣母悲哀歌》	1934	288	《完全平安歌》

续表

1934	300	《万众衰呼歌》	1934	479	《吹起号筒歌》
1934	313	《奉献全生歌》	1934	463	《复兴主工歌》
1934	314	《清心谦恭歌》	1934	491	《仁爱化身歌》
1934	319	《天来景象歌》	1934	493	《慈恩歌》
1934	329	《慎毋玩驰歌》	1934	496	《罪归耶稣歌》
1934	346	《低头俯伏歌》	1934	499	《罪人良友歌》
1934	362	《更近家庭歌》	1934	506—1、2	《我家在天歌》
1934	374	《平安彼岸歌》	1935	69	《忿怒日歌》
1934	378	《夜尽光天歌》	1935	363	《生活夜影歌》
1934	404	《因恩赏赐歌》	1935	435	《万灵之王歌》
1934	410	《收成歌》	1935	441	《始业休业歌》
1934	412	《主的殿庭歌》	1935	446	《主造小物歌》
1934	453	《大卫城中歌》	1935	449	《主是爱歌》
1934	466	《效法耶稣歌》	1935	460	《四海一家歌》
1934	478	《爱传福音歌》	1935	509	《诚实话歌》

2.2　杨荫浏根据富善译本重述《美丽花园歌》（No. 179，1930）和杨荫浏修柏汉理译本《我爱圣名歌》（No. 38，1933），其余主要是根据颂主诗集本修订，有：

1931	174	《宝贝圣经歌》	1934	61	《圣灵如鸽歌》
1931	336—1、2	《主意暗中运行歌》	1934	75	《基督降临歌》
1932	455	《赐福救主歌》	1934	95	《膏立新王歌》
1933	31	《崇拜圣名歌》	1934	100	《恳求垂听歌》
1933	93	《古人喜乐歌》	1934	116	《上帝羔羊歌》
1933	135	《主复活歌》	1934	120	《甜蜜时光歌》
1933	137	《羔羊筵上歌》	1934	139	《基督永生歌》
1933	158	《圣保罗传信歌》	1934	141	《救主升天歌》
1933	171	《慈名辩护歌》	1934	147	《三种宏恩歌》
1933	187	《赖主亲临歌》	1934	150	《永恒家庭歌》
1933	192	《谦恭近前歌》	1934	304	《已负十架歌》
1933	193	《瞻仰慈容歌》	1934	327	《因信凯旋歌》
1933	213	《睡主怀中歌》	1934	366	《渐进家庭歌》
1933	338	《天程竞走歌》	1934	385	《长夜和平歌》
1933	375	《我灵速醒歌》	1935	119	《预定日歌》
1933	387	《晚祷歌》	1935	228	《光明歌》
1933	470	《宝座天使歌》	1935	340	《我灵镇静歌》
1933	477	《孩童撒母耳歌》			

3. 作词

除恩普词，杨荫浏修《中国归主歌》（No. 231，1934）外，杨荫浏作词作品有：

1930	429	《安宅歌》
1933	13—1、2	《真美歌》
1933	414	《三叠离歌》
1933	431	《称觞上寿歌》
1934	350	《南针歌》
1934	428	《慈母歌》
1935	427	《基督化家庭歌》

4. 1　制调

1929	13—1	《真美歌》	古琴调，杨荫浏述
1933	350	《南针歌》	古词调，杨荫浏协
1934	414	《三叠离歌》	古琴调，杨荫浏协

4. 2　制调

1930	332	《跟随救主歌》
1931	399	《心泉歌》
1934	310	《三省歌》
1934	344	《惟靠耶稣歌》
1934	394	《礼拜歌》
1935	49—1	《人生意义歌》
1935	212	《佳偶歌》
1935	229—1	《中华美地歌》
1935	230	《神佑中华歌》
1935	276	《神恩歌》
1935	433—2	《扫墓歌》
1935	443	《百年树人歌》

原载《艺术探索》2008 年（第 22 卷）第 6 期

林苗，生于 1981 年，女，福州大学人文学院音乐系讲师

杨荫浏著《中国音乐史纲》和《中国古代音乐史稿》之比较研究

孔培培

历史的研究是一个无止境的过程。杨荫浏先生的《中国音乐史纲》（以下简称《史纲》①）和《中国古代音乐史稿》（以下简称《史稿》）是20世纪两部杰出的中国音乐史著作，又是属于两个不同历史时期的阶段性成果。由于客观环境和作者主观方面的原因，使得两部著作的面貌存在着较大差异。比较这两部著作的特色，总结其各自的价值与不足，对21世纪中国音乐史学的发展无疑具有重要意义。

将同一作者不同时期同一性质的学术著作进行比较研究，就一般规律而言，往往是后期著作超越前期著作，就这一意义上说，似乎无须比较。《史纲》和《史稿》产生的社会作用和影响方面，后者也是极大地超越了前者。《史纲》于1952年由上海万叶书店出版时仅印刷3000册，影响面较窄，在目前学术界也成为难得一见的历史性文献，《史稿》于1982年由人民音乐出版社出版至今已是第5次印刷，累计总数为10，075册，不仅被学术界评价为“中国古代音乐通史学发展半个世纪来的里程碑”，而且仍然有着极强的现实意义和实用价值。但是，《史纲》和《史稿》两部著作依然存在着复杂的情况。一位海外著名学者对《史稿》提出了疑问：“从中国音乐史该涵盖的乐类，杨荫浏早期著作《中国音乐史纲》所采取的态度较宽容，包含

① 该书完成于1944年，1952年由上海万叶出版社出版，本文所据版本为1996年台北乐韵出版社出版，特此说明。

宫廷音乐、士大夫音乐、俗乐和胡乐各层次音乐。但到后期著作《中国古代音乐史稿》不知为何立场趋于狭窄而偏激?"① 杨荫浏本人则对《史纲》持否定态度。② 音乐学界对《史纲》和《史稿》的评价也存在着不同意见。③ 原因何在?是单纯学术方面的原因?还是意识形态方面的歧见?抑或两者兼而有之?因此,《史纲》和《史稿》的比较研究,不仅涉及对杨荫浏音乐史学思想历程之比较,对于总结20世纪中国音乐史学发展的成功与失误的历史经验更有着特殊意义。本文从音乐历史著作最为突出的八个方面内容对《史纲》和《史稿》进行对比性梳理,在此基础上研究两部著作的实质性差异。

(一)雅乐与音乐思想

雅乐是中国古代音乐自成体系的重要乐种,自周代以来几乎不间断地贯穿在我国奴隶社会和封建社会三千余年的历史发展之中,在历朝历代的"正史"中尤其占有突出的地位,其中既有封建性的糟粕,也保存了对古代音乐进行研究的许多必不可缺的资料;音乐思想则是不同时代不同社会阶层文人学者音乐观念的反映。诚如马克思所说:"统治阶级的思想在每一时代都是占统治地位的思想。"④ 重要的音乐思想对于音乐的发展方向起到至关重要的作用。中国音乐历史上曾经出现过许多著名的音乐思想家,他们或以学派的形式出现,如春秋战国时期的儒、道、墨诸家;或以群体的形式出现,如魏晋时期嵇康、阮籍等文人音乐家;或以突出个体的形式出现,如唐代诗人白居易等。因此,以上两个问题对于音乐历史来说是无可回避的研究对象,其取舍详略也反映了历史学家的观念意识,是音乐史学的一个重要组成部分。

《史纲》充分考虑到雅乐在中国历史上的正统地位,给予了高度重视。就具体论述内容而言,《史纲》基本上是按照历史发展的时代序列客观地记述了雅乐的发展与变化,未加入过多的总结与评论。如"中古期雅乐"分为"两汉的雅乐"、"魏晋的雅乐"、"南北朝的雅乐"、"隋代的雅乐"、"唐代的雅乐"五部分,逐一进行介绍:"《汉书·礼乐志》说:'汉兴,乐家有制氏以雅乐声律,世世在太乐官,但能纪其铿锵鼓舞,而不能言其义。'……《晋书·乐志》说:'汉自东京大乱,绝无金石之乐;乐章亡缺,不可复知。'……据《旧唐书·音乐

---

① 许常惠:《台湾音乐史(初稿)》,台北:全音乐谱出版社。

② 杨荫浏本人在《史稿》"后记"中这样写道:"我的《中国音乐史纲》脱稿于1944年,出版于1952年。当时我还没有机会接触到马列主义、毛泽东思想;站在资产阶级的立场,囿于唯心史观,又带有崇洋思想,同时,物质条件也非常之差,研究工作自然错误百出……"

③ 《史纲》方面,郑祖襄先生认为:"《史纲》是一部仍具学术价值的'旧著',《史稿》没能吸收《史纲》已有的全部学术成果。"(《一部仍具学术价值的"旧著"——谈杨荫浏先生的〈中国音乐史纲〉》,载《中国音乐学》1999年第4期)《史稿》方面,黄翔鹏先生认为:"这部著作在为数不多的诸家之中已可算得材料最丰富、论述最全面、而且最为重视音乐实践的一部史。"(《中国古代音乐史稿日译本序》,载《中国人的音乐和音乐学》,山东文艺出版社1997年版)另外,冯文慈先生指出:"正是由于'崇古'的非理性心态在作怪,从而抑制了对历史真相进行探求的活泼生机……以至在《史稿》中发生了令人遗憾的'饰古'性描述。"(《崇古与饰古——杨荫浏著〈中国古代音乐史稿〉择评》,载《音乐研究》1999年第1期)同时认为:"杨师写作时占主导地位的心态是所谓'和剥削阶级划清界限'的自我防范心态,它的不良后果则是压抑了对历史辩证发展的理性思考。"(《防范心态与理性思考——杨荫浏著〈中国古代音乐史稿〉择评之三》,载《音乐研究》1999年第3期)最后,将《史稿》的历史地位定性为"转向唯物史观的起步",并且指出"起步"中的种种"迷失"。(《雅乐新论:转向唯物史观路途中的迷失——杨荫浏著〈中国古代音乐史稿〉择评之二》,载《音乐研究》1999年第2期)

④ 马克思:《德意志意识形态》,载《马克思恩格斯全集》(第三卷),北京:人民出版社,1960年,第52页。

志》，高祖受禅以后，军国多务，未遑改创，乐府尚用隋氏旧文。”① 通过上述文字，我们可以客观地了解当时雅乐僵化衰落的境况。另外，《史纲》还对“雅俗乐的区分”作了精练透彻的论述：“雅俗乐的区分，只能取各朝人们自己的标准；换句话说，不能从曲调本身的内容方面着想，而只能从曲调的应用方面着想。……最普通的看法，是把含有典礼意义的部分，视为雅乐，而把偏重娱乐意义的部分，视为俗乐。”②

同样是论述雅乐的僵化，《史稿》将雅乐与统治阶级整合在一起，因其不是“人民”的音乐而与人民群众彻底划清界限，从感情上加以排斥，从内容上加以否定。例如，对于秦汉雅乐，《史稿》这样写道：“所以，从创作来源而言，雅乐是出于取媚统治者的官僚之手；从内容而言，无非是对当代统治者的歌功颂德；从目的而言，是要巩固统治，强调皇帝的尊严。它是彻头彻尾反人民的，它既是脱离民间的艺术传统，又是与人民的思想感情背道而驰的东西。这就注定了它没有生命，注定了它创作的一天，就是开始僵化的一天！非但汉代的雅乐是如此，后来各朝的雅乐也都是如此。”③ 在隋、唐、五代雅乐中这样写道：“隋、唐以来，在内容上，在形式上，愈来愈与民间音乐优良传统脱节的雅乐，在人民公正的抉择中间，是不可能得到什么崇高的地位的。……雅乐的反动本质决定了它的命运，就是，它只有随着每一时代统治阶级地位的暂时巩固而仅在统治阶级范围以内得到暂时生存，它不得不随着每一统治王朝的没落而接一连二地被抛弃、被忘掉。”④ 从杨荫浏本人的态度来看，20 世纪 40 年代的《史纲》对于雅乐的态度基本上是客观的，而到了六七十年代的《史稿》，看待雅乐的观点发生了很大变化——只看到雅乐作为封建社会上层建筑僵化、腐朽的一面，忽略了其保存古代音乐文化的积极方面——从中我们可以体会到社会思潮对学者观念意识的巨大影响。

音乐思想部分，《史纲》在第一部分“历史的音乐观”中集中论述了春秋战国时期出现的音乐思想学派。⑤ 能充分认识音乐思想对音乐发展历程的积极作用，这是较以往音乐史著作的巨大进步之处。但是，对春秋战国以后的音乐思想领域，《史纲》没有继续予以关注，也就是说，中国音乐思想发展历程在《史纲》中还没有贯穿成一个完整的体系。

《史稿》更注重的是从春秋、战国时期所产生的“音乐美学理论”学派这个角度来看待儒、墨、道三家的音乐观念。⑥

比较二书对春秋战国时期音乐思想部分的记述，从宏观角度讲，两者在“儒家倡乐，道、墨家非乐”的观点是一脉相承的；而在“为什么会产生对音乐的不同态度”这一实质性问题上，《史纲》归结为：“音乐的爱好，既是欲望；诸家对于欲望的看法不同，于是乎他们对于音乐的估价，便也自然相异。”⑦《史稿》则认为：“儒、墨、道三家，对于音乐有着不同的观点。其区别的主要原因，在于他们是代表着不同方面的阶级利益；因之，他们对于音乐，所取

① 杨荫浏：《中国音乐史纲》，台北：乐韵出版社，1996 年，第 86—89 页。
② 同①，第 84 页。
③ 杨荫浏：《中国古代音乐史稿》，北京：人民音乐出版社，1981 年，第 126 页。
④ 同③，第 249 页。
⑤ 同①，第 1—22 页。
⑥ 同③，第 88—101 页。
⑦ 同①，第 2 页。

的态度不同，他们对于音乐的社会功能，所作的估价不同。”① “孔子的音乐思想，完全是从统治阶级的利益出发的……”② “（墨子）的思想，是跟奴隶制进一步瓦解的时期，遭到破产的小私有者阶层的利益有着联系的……”③ “（老子）的思想，根本上是和没落贵族的意识联系在一起的。”④ 很明显，《史纲》将“对欲望的看法不同”作为三派音乐观念分歧的根本原因，而《史稿》仅将此作为分歧的表现形式，同时指出阶级利益的不同才是差别背后的真正原因。由此我们可以清楚地看到，唯物史观的运用使得《史稿》在对具体历史现象的分析中，充分关注了经济基础对文化意识的决定作用，从而将对历史规律的总结提升到一个新的高度。

春秋战国以后，在音乐思想发展历程中产生较大影响的是魏晋时期的文人音乐家。以嵇康为例，《史稿》对其音乐思想中所包含的“现实性问题”、“善、恶问题”、“认识论”、“与儒家和道家思想的关系和区别”、“实践与理论之矛盾”、“独特的见解”等作了深入细致的剖析：“嵇康的世界观，是唯心主义的，因而他的认识论也是诡辩的。……嵇康的音乐理论，虽然就整体说来，是诡辩的，但他打破了其前封建统治阶级凝固的音乐理论的束缚，他的论断是大胆的，他的思想是活泼的。”⑤ 从这些评价中，可以看出杨荫浏写作《史稿》时认识事物的哲学依据和看待问题的辩证精神。最后隋唐时期讲到“雅乐派的音乐思想”⑥、“白居易和元稹的音乐思想”⑦ 等等，与前面论述的内容贯穿起来已经勾画了中国音乐思想发展史的大致轮廓。

（二）史料运用

史料运用是历史著作写作中十分重要的一环，丰富翔实的史料是一部优秀学术著作的基础。从整体上说，《史稿》在史料的占有量上较《史纲》更为丰富，笔者曾对《史稿》后面的“参考书目索引”进行统计，共有446本之多。就性质而言，涉及音乐、文学、历史、哲学等诸多领域，其中既有大量写作音乐史必不可少的古代文献资料，如《宋史》、《隋书》，也有许多传统音乐资料，如《苗族民歌》、《梅兰芳演出剧本选集》，还大量参考同时期最新的著作成果，如《中国通史简编》（范文澜）、《中国戏剧史》（周贻白）等。为更加直观起见，笔者以原始社会为例，列出同一时期音乐现象记述中，二书在史料运用和参考文献上的差异。

---

① 杨荫浏：《中国古代音乐史稿》，北京：人民音乐出版社，1981年，第95页。
② 同①，第88—89页。
③ 同①，第93页。
④ 同①，第95页。
⑤ 同①，第180、186页。
⑥ 同①，第268页。
⑦ 同①，第269页。

《史纲》	《史稿》
《吕氏春秋·仲夏纪·古乐篇》	《劳动在从猿到人转变过程中的作用》（《马克思恩格斯文选》）*
《礼记·郊特牲》	《乐记》*
《通典》*	《淮南子》
《乐纬》*	《吕氏春秋·仲夏纪》
《魏书·乐志》*	《吕氏春秋·仲夏纪·古乐篇》
《墨子·三辩》*	《宋元戏曲考》*
《淮南子·齐俗训》	《吴越春秋》*
《礼记·乐记》	《马克思恩格斯文选》*
《周礼·春官》	《礼记·郊特牲》
《论语》	《礼记·明堂位》
《尚书》	《尚书·大禹谟》
《尚书·益稷》	《左传》*
《礼记·明堂位》	《周礼·春官·大司乐注》*
《琴操》*	《国语》*
《世本》	《史记天官书》
《帝王世纪》	《淮南子·天文训》
《吕氏春秋·古乐篇》	《尚书·益稷》
	《山海经·大荒西经》*
	《论语·述而》
	《论语·八佾》
	《离骚》*
	《吕氏春秋·季夏纪·音初篇》
	《神话与诗》*
	《山海经·西山经》*
	《孟子·尽心》*
	《逸周书·世俘解》*
	《礼记·仲尼燕居》
	《中国考古小史》*
	《尚书·舜典》

*为书中特有的著作

显然，《史稿》中史料的运用无论在数量上还是内容的涵盖广度上都比《史纲》有了明显的扩充。

（三）谱例资料

谱例是能够最直观、清晰地再现历史音乐面貌的材料，它从音乐本体的角度记录着音乐发展的历史进程。文献、乐器则是音乐的载体，正如黄翔鹏先生所讲："音乐是精神的产物；但它既经产生，便成为一种可闻可感的物质现象。文物中保留有它的历史信息，文献记载中保留有它的历史信息，遗声在人民的音乐生活中也以遗传因子般的生命力，复制着它的历史信息。"① 但是一个不容忽视的现象是："一个跨越几千年时空的中国古代音乐史学学科，几十年来，缺乏音乐作品（谱例和音响）的现象是实际存在的，要解决克服这个问题则非常之难。"②音乐史中运用的谱例可大致分为两类，一类是打谱解译的古谱，另一类是搜集整理的民间音乐。就第一类乐谱而言，由于中国音乐自身的传承特点，决定了古代流传到今天的谱例数量相对稀少，并且需要将"天书"般的乐谱翻译成现代的曲谱形式，这就是所谓的"古谱解译"。对第二类乐谱的整理除一般的汇集意义以外，还有一层含义就是通过今天依然存活的传统音乐，去考察、验证古代音乐，也就是有的学者所提出的"曲调考证"和"逆向考察"理论。

杨荫浏一生坚持以唱、奏、抄、听、记、测、译的手段，时时保持与传统音乐的亲近。③《史纲》可以说是他实现"以音乐为中心"写作音乐史的一个初步启端。《史纲》自"近世期"以后陆续出现一些乐谱材料，书中打谱译解的古谱首次出现在近世期"拟古的雅乐"部分："举明世宗（1522—1566）御制乐章谱——大祈谷，送神，所用《敷祥》之曲——一曲，以示例。"④ 除此之外，还有"拟古的诗乐"和"清鼓吹乐"等部分作品。第二类民间音乐曲谱《史纲》仅有一处，即近世期"字调与乐调之关系"部分⑤，在论述"歌曲配字原则"时列举了若干昆曲唱段作为例证进行说明，这算得上是对民间音乐谱例的肇始运用。

《史稿》最大的特点在于它是一部"有音乐的音乐史"，而最能体现其"音乐性"特点的，恰恰是书中大量的谱例资料。据书后"曲例索引"统计，共包含曲例84首，谱例之丰富远非《史纲》可比，限于篇幅的原因，许多古谱尚没有直接列出，而是以注释的形式出现，如"曲例3.《碣石调·幽兰》'乐谱见《古琴曲集》第一集'"⑥。自宋代起，《史稿》对宋散乐、杂剧、金院本、元杂剧和南戏、明清南北曲、昆曲和各地不同声腔的戏曲作了详细的分析，在这些内容中运用了相当丰富的音乐谱例，有理论、有音乐，真正体现出音乐史著作的特点。例如，在论述元杂剧的节奏特点时，首先从理论上讲："处于最重要地位的，配合歌句末尾协韵的字的音乐，应用底板较多——多于《南曲》所应用。也就是说，句末应用切分音效果的例子较多。"其后，列举了孔文卿《东窗事犯》第二折（后明扫秦）中的【十二月】曲牌作为说

---

① 黄翔鹏：《中国古代音乐史的分期研究及有关新材料、新问题》，载《乐问》，北京：中央音乐学院学报社，2000年，第145页。

② 郑祖襄：《把"没有音乐的音乐史"变为有可听作品的音乐史——谈黄翔鹏的"曲调考证"及其学术价值》，《中国音乐学》1999年第2期，第8页。

③ 小木：《百年回望——记本世纪中国音乐学界的最后一次盛会》，《人民音乐》2000年第1期，第21页。

④ 杨荫浏：《中国音乐史纲》，台北：乐韵出版社，1966年，第191页。

⑤ 同④，第242页。

⑥ 杨荫浏：《中国古代音乐史稿》，北京：人民音乐出版社，1981年，第153页。

明。[①] 该曲谱采自《天韵社曲谱》，是杨荫浏个人音乐实践的积累。尤其在《史稿》下册，我们不难发现理论与谱例在书中几乎占有同等重要的分量。

杨荫浏在晚年曾经谈道："作为一个音乐史家，不要老去写音乐史，最好多去调查，收集各种曲牌，写出一本本曲谱来，用实践来充实音乐史，向深、广两个方面去搞。"[②] 如果说《史纲》标志着杨荫浏在写作音乐史重视可听音乐资料方面迈出了成功的第一步的话，《史稿》则进一步发展、完善了这一设想并在理论上加以总结，在《史纲》的基础上取得了实质性的突破。其重大意义正如郑祖襄先生所说："自从杨荫浏先生《中国古代音乐史稿》（上下册）问世，以丰富的传统音乐作品实例来充实中国古代音乐史，渐渐成为中国古代音乐史学的一种研究方法。"[③]

（四）图片资料

图像在音乐史的研究中有其他音乐载体信息渠道无法替代的独特功能，它生动形象，一目了然，胜过千言万语，让你对其体现的历史深信不疑。"从画面的氛围中，使人油然而生发一种明晰的'历史感'。"[④]

《史纲》未有图片资料，是杨先生本人尚未对图片价值给予足够的重视还是限于当时条件的制约无法采集，我们不得而知。新中国成立以来，杨荫浏则开始系统地收集图像资料，作为编写音乐史的重要辅助手段。1954 年至 1964 年，在杨荫浏主持音研所工作期间出版了《中国音乐史参考图片》九辑。1956 年他还曾和所里的同志建立起"中国音乐史料陈列室"，以后又逐年丰富、补充，更名为"中国古代音乐史陈列室"，上起殷商，下至清末，依时代顺序用实物、乐谱、书籍、图片、表格、录音来说明我国音乐历史的发展和成就。这些材料有重点地被运用到《史稿》中来，据"图片索引"统计，全书共收录图片 135 幅，为历代乐器、铭文、画像砖、画像石刻图、乐伎俑、壁画图像、古代谱式、古书插图、拓本、摹本等等。大量音乐图片的收入无疑使《史稿》在体例上更趋完善，使得《史稿》成为集文献、谱例、图片于一体的第一部崭新面貌的中国音乐历史著作。

（五）作品分析

作品分析是指对音乐作品旋律、曲式、内涵等进行分析研究的一门学科，其主要参考依据是乐谱，脱离乐谱，作品分析似乎成为一句空话。中国古代《诗经》、"楚辞"等优秀作品，今天其歌诗部分虽已成为纯文学的形式，但在历史上都曾是可歌、可奏、可舞的音乐作品，音乐史不能因为音乐的亡佚而忽略或者遗弃它的存在，如何从音乐角度再现它们的历史面目成为音乐史学家不容放弃的责任。"在杨荫浏音乐文学的研究中一反以往仅从文学角度而以'先诗

---

① 杨荫浏：《中国古代音乐史稿》，北京：人民音乐出版社，1981 年，第 587 页。

② 李妲娜：《音乐史问题漫谈》，《音乐艺术》1980 年第 2 期，第 16 页。

③ 郑祖襄：《把"没有音乐的音乐史"变为有可听作品的音乐史——谈黄翔鹏的"曲调考证"及其学术价值》，《中国音乐学》1999 年第 2 期，第 8 页。

④ 刘东升：《杨荫浏先生与音乐图像研究——纪念杨荫浏先生诞辰 100 周年》，《中国音乐学》2000 年第 1 期，第 7 页。

后乐'、'以乐从诗'为其发展历程之偏颇，找到了注重音乐本身内容与形式变化的正确道路。"① 考察《史稿》对《诗经》、"楚辞"的记述，我们会发现在音乐失传的情况下，《史稿》通过文字对这些过去的"音乐作品"进行了相当细致的曲式分析，这里，我们将这种没有乐谱的"分析"也称做"作品分析"。

《诗经》方面，《史稿》在"第四章春秋战国"第三个问题"乐曲的艺术性"部分，根据"风"、"雅"中现存的歌词，总结出了《诗经》中包含的十种曲式，每一种曲式后都有具体的例子作为说明。② 对《诗经》曲式的分析，实际上也是春秋时期中原地区广泛流传的歌曲的分析。

"楚辞"方面，《史稿》对屈原的作品《九歌》给予了更多关注。在将十一首歌曲的名称及对应的祭祀对象都一一列出之后，还列出了部分原文与郭沫若先生的译文进行对照；③ 对"乱"、"少歌"、"倡"从曲式角度作了进一步阐释；④ 另外，《史稿》又依据歌词总结出"楚辞"作品中包含的四种不同曲式。⑤ 这样一来，音乐原本亡佚的纯文学作品经过杨荫浏的分析，我们便更容易把握作品本身的音乐特点，而杨先生这种通过文学作品进行音乐特色研究的思路是十分具有创造性的。

与此相似的还有对《成相篇》中"说唱音乐节奏"的分析和对"相和大曲"中"解"、"艳"、"趋"、"乱"各部分表演特点的分析。⑥ 这些一脉相承的研究特色，是杨荫浏在从音乐的角度进行方方面面的分析以实现写作"有音乐的音乐史"取得的一个重要突破。

《史纲》中只有《诗经》部分着重考察了篇目的应用场合："《三礼》中大尝禘，大飨，及养老所用之升歌《清庙》，大飨客出时所用之《雍》，今都在《周颂》里面。燕礼及乡饮酒礼所共用的额升歌《鹿鸣》、《四牡》、《皇皇者华》，间歌《鱼丽》、《南有嘉鱼》、《南山有台》今都在《小雅》里面……"⑦ "楚辞"部分也相对简略，书中参照前人说法对"乱"、"少歌"、"倡"作了解释。⑧

从以上比较可以看出：对音乐失传的文学作品尝试"作品分析"角度的研究，是《史稿》首先运用实施的。这种新的研究思路极大地拓展了音乐史研究的外延空间，丰富了音乐史自身内容，为音乐史研究开辟了一个新的领域。

（六）乐律、宫调

中国古代乐律、宫调的发展错综复杂，几乎历代的统治者都从自身利益考虑对乐律宫调进行变更，因而每个朝代在音阶形态、黄钟律高等方面都有着自己的特点。从宏观角度来看，中国整个古代宫调乐律体系又有着不同于其他民族、地区的鲜明特色。对它们的梳理与介绍历来是音乐史著作中一个不容缺少的部分。从古代史书的"乐志"部分可以发现，其主要内容都

---

① 小木：《百年回望——记本世纪中国音乐学界的最后一次盛会》，《人民音乐》2000年第1期，第21页。
② 杨荫浏：《中国古代音乐史稿》，北京：人民音乐出版社，1981年，第57—61页。
③ 同②，第53—55页。
④ 同②，第62—68页。
⑤ 同②，第68—73页。
⑥ 同②，第115—120页。
⑦ 杨荫浏：《中国音乐史纲》，台北：乐韵出版社，1966年，第42页。
⑧ 同⑦，第47页。

是对乐律宫调理论的记载；在王光祈创立的音乐史著作“律、调、谱、器”格局中，“律”被排在最为重要的位置。

《史纲》可谓是一部中国古代乐律、宫调集大成性质的著作。1981 年 6 月 29 日，杨荫浏回顾他从事音乐史研究的历程时说：“《中国音乐史纲》着重解决了一个乐律问题。”① 这是杨荫浏在我国改革开放以后对《史纲》第一次作出的肯定性的自我评价。《史纲》全书共列举了我国历史上出现过的乐律成就 48 种，其涵盖面之广远远超过之前的音乐史著作，成为该书的一个鲜明特点。其中仅“中古期乐律”一部分，便收录乐律 23 种，宫调理论 7 个，它们或详或简，都给予一定的阐述。相对而言，《史稿》在乐律的写作上没有将《史纲》中的成果全部采纳。现将两部书中记录的中古期乐律与宫调理论（包括出自书目）列表对照如下：

	《史纲》	《史稿》
汉	“汉刘歆律”（《前汉书·律历志》） “汉京房六十律”（《汉书·律历志》） “汉蔡邕铜籥律”（《隋书·律历志》）	“京房六十律”（《后汉书·律历志》） “相和三调”（《旧唐书·音乐志》）
魏晋	“魏杜夔律”（《晋书·乐志》） “魏笛律”（《晋书·律历志》） “晋荀勖律”	
南北朝	“宋钱乐之三百六十律”（《隋书·音乐志》） “宋何承天三分损益均差律”（《宋书·乐志》） “荀勖的笛律” “宋、齐、梁、陈律”（《隋书·律历志》） “东魏高闾律准”（《魏书·律历志》） “梁武帝律”（《隋书·律历志》） “后魏、东魏、北齐律”（《魏史·律历志》） “北周前律”（《隋书·音乐志》） “北周后律——即北周铁尺律”（《隋书·律历志》） “隋前古琴纯律”（据《碣石调幽·兰谱》） “隋前古琴宫调” “钱乐之和沈重的三百六十律”（《隋书·律历志》） “何承天的新律”（《隋书·音乐志》）“笛上的三调”、“清商三调”（《宋书·乐志》）	
隋	“隋开皇十年万宝常水尺律”（《隋书·音乐志》） “苏祇婆龟兹宫调——七调五旦”（《隋书·音乐志》） “隋开皇十年万宝常水尺律”（《隋书·音乐志》） “隋刘焯等差管律”（《隋书·律历志》） “隋大业中律”（《隋书·律历志》）	
唐	“唐贞观雅乐律”（《通典》） “唐贞观中祖孝孙八十四调”（《旧唐书·音乐志》） “唐俗乐二十八调”（《唐书·礼乐志》） “唐俗乐律”（《唐书·礼乐志》） “唐清商律” “唐俗乐的角调” “唐魏延陵律”（《唐书·礼乐志》） “唐古律——唐雅乐新音阶主调音”	“燕乐二十八调” “八十四调”（《隋书》）

① 华蔚芳、伍雍谊：《民族音乐传统接力赛的健将——音乐史学家杨荫浏》，载向延生主编《中国近现代音乐家传》一卷，沈阳：春风文艺出版社，1994 年，第 393 页。

从表中我们可以看出，《史纲》和《史稿》在记述乐律宫调问题上的出发点不尽相同。《史纲》力求将中国古代出现的乐律宫调无一遗漏地呈现在读者面前，并未考虑它们在历史上产生影响的大小和流行范围的宽窄。《史稿》则是在诸多乐律成就中挑选影响大、流传广的几条，突出重点地加以论述。

下面我们再以“京房六十律”为例，来看一下二书在具体论述中存在的差别。

《史纲》中这样写道：“因此三分损益十二律，虽然旋宫，终不能圆满。除非在仲吕之后，多推了六个新律，才能使十二均七音间之大小音程，互相符合。从这个观点看，京房推律数，对于三分损益律，是能有贡献的。可惜京房的目的，不是在补救三分损益十二律在旋宫方面的缺陷，而是在拥护律历相通的迷信说法，希望加多了律数，可以更容易地将律制去附会历法……”① 既从正面肯定了京房对律学发展作出的贡献，同时也从反面指出其不足。《史稿》则是这样写的：“他（京房）这样推算的目的，并不是为了音乐，倒是为了把这样的所谓‘音律’，去粉饰他占卜的迷信行为……就效果而言，从六十律出现之日起，它在中国历代的音乐生活中，从来没有起过什么积极作用……能不能把京房的六十律视为一种科学的试验呢？我看也不能……若说京房六十律能有什么作用的话，则它所起的，只能是消极的作用。那就是，它导向了脱离实际的、钻牛角尖式的乐律数字的玩弄，它导向了唯心的乐律神秘主义。”② 完全否定了京房六十律的积极意义。用今天的标准来衡量二书的结论，无疑《史纲》的观点更为辩证、客观，《史稿》则有些过于绝对和偏激，究其原因，恐怕要归结为对唯物史观理解与运用中的失误和偏差。

通过以上比较，我们发现，在著作整体的材料占有量上，《史稿》大大超越《史纲》，但就乐律部分而言，《史纲》则比《史稿》更为丰富、全面。在《史纲》记载的48种乐律中，有许多是在历史上影响很小，甚至鲜为人知的，将它们一一介绍出来，这项工作本身就具有相当高的史料价值。杨荫浏从卷帙浩繁的古文献中发掘整理，本身就是一项十分辛苦而意义重大的工作。《史稿》略去了大部分乐律材料，论述力求种类少而精，应该是从读者层面考虑的。但《史纲》中对乐律进行系统研究所取得的成果显然是不可忽视的，是杨荫浏中年以来研究乐律理论成绩的集中体现。

（七）乐器与音乐考古

乐器是音乐的载体，也是文化的载体，乐器在历史发展的长河中，始终是人类最早拥有的宝贵的文明财富之一，乃至是考证人类文明起源的依据。对古代乐器的记述除依据文献记载以外，考古实物是最具说服力的第一手资料。

对于上古时期的乐器，《史纲》采用了集中论述的方法。③ 按照金、石、土、革、丝、木、匏、竹进行分类记述，共记载乐器83种（不包括一器多名的重复），每一种乐器出现的书目也都一并作了交代，包括《诗经》、《周礼》、《仪礼》、《礼记》、《尔雅》、《书经》、《左传》、

---

① 杨荫浏：《中国音乐史纲》，台北：乐韵出版社，1966年，第153页。

② 杨荫浏：《中国古代音乐史稿》，北京：人民音乐出版社，1981年，第131—132页。

③ 同①，第50—73页。

《国语》、《易经》、《战国策》、《史记》、《武观》12 种之多。其后，《史纲》又写了“乐器略释”，将上述 83 种乐器从文献学角度逐一进行考证、阐释。除对同器异名乐器各种名称的出处作详细记述外，还涉及乐器的形制特征、排列（悬挂）方式、演奏方式、应用场合以及后人有关的重要言论等，同时对出土的考古实物给予简单描述。可谓资料翔实、内容丰富，在当时的环境条件下实属不易。《史纲》对中古期、近世期乐器的论述基本仍沿用上古期“八音”的分类方式——集中排列。笔者统计，上古期共列出乐器 165 种，近世期列出 266 种。可见乐器在《史纲》中占有较大比重。

与《史纲》集中论述方式不同，《史稿》主要侧重于乐器在社会生活中的运用及其历史的发展。或者说杨荫浏对中国音乐历史的认识更趋深刻。在西域音乐大规模传入中原的新的历史时期，《史稿》不再按照传统的“八音”观念进行分类，突出了西域乐器的特点。秦汉时期介绍了排箫、笛、羌笛、笳、角、箜篌、琵琶七种乐器；魏晋时期介绍了曲项琵琶、五弦琵琶、筚篥、方响、锣、钹、星、达卜、鼓九类乐器；同时，《史稿》对考古发现的乐器给予了格外关注，如商代乐器部分：关于鼓，书中介绍：“1935 年在河南安阳殷墓中出土木腔的蟒皮鼓一面；虽然鼓的本身已经腐朽，但从留下来的痕迹，仍可以分辨出来。”关于编磬：“现在故宫博物院藏有编磬三个，上有铭文，为：‘永启’、‘夭余’、‘永余’。其发音为若视为降 E 调，则为 Sol、la、do 三个音”等等，① 尽可能多地吸收当时能够收集到的考古材料。另外，书中收录的大量出土乐器的实物照片和砖画像中乐队的演奏图示都为我们准确、真实地认识古代不同阶段中国乐器所具有的不同面貌勾画了更加清晰的历史轮廓。由此可见，重视考古实物形成了《史稿》乐器记述中的一大特色。

（八）音韵学

中国古代歌曲的一个显著特点就是音乐和诗词的高度完美结合，从西周、春秋时期的《诗经》、战国的《楚辞》、两汉的“乐府”到“唐诗”、“宋词”、“元曲”，在几千年的历史长河中，两者互为依存，共生同荣，构建了中国音乐和中国文学互为联贯、同步发展的辉煌历史。因之，词与曲即“语言与音乐的关系，又是我们探讨民族音乐内涵与风格的一个关键问题，语言音乐学在民族音乐学中也是一门重要的必不可缺的基础学科”②。

《史纲》将音韵学与古代音乐史紧密结合起来。在“中古期间音韵学与诗歌的关系”部分③，杨荫浏通过对《诗经》、《楚辞》、“乐府”、律诗绝诗的研究，认识到它们“最初其实也都是歌唱的”④，以此为基础进一步探讨了音韵与诗歌二者内在的深层关系：“要是诗词与音乐的缔好，……它在中国的诗词与音乐间，必更为重要。因为高低的因素，是音乐的最重要的因素。……最能使双方间的了解与合作成为可能的，便是对于音韵学的共同知识。”⑤

---

① 杨荫浏：《中国古代音乐史稿》，北京：人民音乐出版社，1981 年，第 23—24 页。
② 孙玄龄：《杨荫浏先生与“语言音乐学初探”》，《中国音乐学》2000 年第 2 期，第 17 页。
③ 杨荫浏：《中国音乐史纲》，台北：乐韵出版社，1996 年，第 135—143 页。
④ 同③，第 135 页。
⑤ 同③，第 142—143 页。

"近世期间音韵学与词曲的关系"部分[①]，谈到"音韵的发展"、"曲韵的南音化"、"曲韵的分目"、"曲韵南音化的原因"，从曲韵进一步谈到昆曲社，谈到杨荫浏曾经学习过的天韵社和尊师吴畹卿，深入论述"曲韵与南音之异"、"声、韵与音乐之关系"、"歌曲音韵的将来"、"字调与乐调之关系"、"字调与乐调关系之推论"等问题。其中，"字调与乐调之关系"部分，杨荫浏据吴畹卿的理论，绘制出"歌曲配字原则表"[②]，其中每一项具体原则又都列举了大量昆曲唱腔作为例证，这些均得益于杨先生对昆曲深入扎实的艺术实践。

将音乐与语言的关系写入音乐史著作，这在中国音乐史的研究中具有开创性的意义。语言音乐学是杨荫浏几十年不曾间断的研究课题，《史纲》可以说是这项研究的开端。《史稿》中有关音韵学的内容总体上虽然没有《史纲》细致全面，但明清时期《史稿》列出的"南北曲字调配音表"[③]，是杨荫浏多年研究成绩的集中体现，同时还有"南北曲字调配音通例"、"南北曲字调配音表的使用方法"、"南北曲字调之比较"等深入论述部分。[④] 可以说《史稿》和与其相隔不远出版的《语言音乐学初探》，是杨荫浏在音韵学领域进行研究的最高成就的集中体现。

通过上述八个方面比较，如果有一个聚焦点的话，那就是历史学家用什么样的观念和方法研究历史，亦即历史观的问题。一般说来，音乐史著作都是历史学家对音乐历史的"主观性"认识，《史纲》和《史稿》应该是杨荫浏在两个不同阶段对中国古代音乐发展历史的不同认识的反映。对于杨荫浏认识与写作历史起到最为关键影响的自然是新中国成立以后接受的马列主义、毛泽东思想。杨荫浏在《史稿》"后记"中对此曾反复地加以强调,[⑤] 所以，唯物史观应当是《史纲》和《史稿》两部著作在历史观层面的分水岭。唯物史观对于《史稿》的写作既有正面的指导意义，"文革"中极"左"思想的统治对于《史稿》的写作也产生了负面的消极作用。诚如郭沫若在《中国古代社会研究》"一九五四年新版引言"中所说："研究历史，和研究任何学问一样，是不允许轻率从事的。掌握正确的科学的历史观点非常必要，这是先决问题。但有了正确的历史观点，假使没有丰富的正确的材料，材料的时代性不明确，那也得不出正确的结论。"[⑥] 因此，杨荫浏的《史稿》在努力运用"正确的科学的历史观点"和"丰富的正确的材料"两个方面对于中国音乐史研究来说是一个重要突破。

唯物史观的核心理论是"生产力"与"生产关系"、"经济基础"与"上层建筑"的关系问题。音乐作为一种艺术形式，它属于上层建筑领域，因此其发展必然会受到经济基础的制约。通读《史稿》全书可以发现，对于我国历史上各个时期音乐文化的创造与发展，《史稿》都联系当时社会的经济、政治与文化的背景来观察、分析，然后作出合理的论断。以清代为例，书中交代："清统治者对各族人民实行残酷的剥削和压迫。在民族政策方面，它联合了汉

---

① 杨荫浏：《中国音乐史纲》，台北：乐韵出版社，1996 年，第 230—264 页。
② 同①，第 243 页。
③ 杨荫浏：《中国古代音乐史稿》，北京：人民音乐出版社，1981 年，第 887 页。
④ 同③，第 886—895 页。
⑤ 同③，第 1068—1069 页。
⑥ 郭沫若：《中国古代社会研究》，北京：人民出版社，1954 年，第Ⅴ—Ⅵ。

族地主阶级，以压制汉族人民，制造汉族的内部矛盾；采取民族歧视政策……在经济方面，农民起义，打击了旧的地主阶级，使清初的农业生产暂时得到恢复，手工业也得到发展。但清政府和其奴才集团……对正在萌芽的资本主义生产，起了摧残和阻滞的作用。在文化教育方面，清政府大力提倡程朱理学和八股文，大量窜改和禁毁书籍，大兴文字狱，迫害进步文人，又鼓励文人钻进故纸堆里，去进行为考古而考古的工作。在音乐上，清政府及其御用文人，大力提倡《雅乐》。……但在阶级矛盾和民族矛盾日益尖锐之时，民间各民族的音乐，则配合着现实的斗争，按着它们自己的道路不断向前发展着，在人民音乐生活的实践中间表现出来。"① 这种对社会整体状况的剖析以及与音乐现象之间关系的探讨，几乎每一个时期都予以强调。这是《史稿》对唯物史观运用最具代表性的体现，也是音乐史研究运用唯物史观后发生的实质性的飞跃。

再者，历史观转变的又一重要表现是：《史稿》努力排除历史记载中轻视劳动人民在音乐艺术上的创造的阶级偏见，在可能获得的史料的条件下对劳动人民、民间艺人、受统治阶级压迫奴役的乐工的艺术创造，给予必要的论述，阐明他们在我国音乐文化发展史中的重要作用。从内容的安排上，我们可以清楚地看到，民间歌曲部分始终安排在每一历史时期的篇首，一贯"不登大雅之堂"的民歌在音乐史中有了自己的重要地位。对民间音乐家的事迹，《史稿》均有生动翔实的记录，如战国歌唱家秦青、韩娥的事迹,② 并对他们在音乐发展历程中的重要作用给予了极大的肯定。这也是以往音乐史著作所忽略的。

唯物史观的运用使得《史稿》对历史现象的认识上升到社会发展普遍规律的高度，这是《史纲》所无法企及的。但另一方面，《史稿》写作的那个特殊年代，生活在那个历史环境中的像杨先生这样的中国知识分子精英，当时在某些问题、某种程度上，也难以避免用机械、片面的"贴标签"的方式来理解马列主义、毛泽东思想，并以此来看待、分析有关的音乐现象，因此《史稿》在取得巨大进步的同时也出现了一些不容忽视的偏差。《史稿》取得的经验我们应该认真吸取，而对《史稿》所走的弯路，也值得我们认真总结。因此，历史观的正确掌握与运用对于历史学家来说，是十分重要的事情。杨荫浏在《史稿》"后记"中所作的自我评价，也为我们比较《史纲》和《史稿》的差异现象，以及《史稿》取得的成就与存在的缺陷提供了将学术著作置于历史发展阶段性的视角下进行分析和研究的历史性材料。

结　　语

杨荫浏是一位积极追随时代步伐前进的学者。他自幼接受了中国传统文化，饱读四书五经，打下了坚实的国学功底，并在中国传统音乐保存的最后一片丰厚的土壤中汲取着丰富的养料，他又重视对西方文化、基督教音乐和欧洲音乐理论的学习，新中国成立后自觉地学习马克

① 杨荫浏：《中国古代音乐史稿》，北京：人民音乐出版社，1981 年，第 747—748 页。
② 同①，第 76 页。

思主义、毛泽东思想，最终达于“学贯中西，博通古今”的治学境界，成为20世纪中国音乐史学最重要的奠基者。他的《史纲》和《史稿》，既是毕生从事中国音乐历史研究的结晶，是他独立学术人格的体现，也是时代赋予的历史使命；既有他从实践中总结出来的真知灼见，也包含了时代给予他的正面影响和负面局限。

衡量史学著作的价值，要分析其学术含量和治学方法的科学程度，但更要从学科建设与发展的角度考察其所起到的历史作用。《史纲》的学术含量总体上不如《史稿》丰富，其研究方法也未升华到唯物史观的哲学高度，但《史纲》的价值仍超越了前期众多的同类著作。杨荫浏在《史纲》写作中的思路，更多的是进行音乐历史的阐述、辨析与研究，正如他在“引言”中所说的：“本书的使命，是忠实介绍中国的音乐史实及与音乐相关的哲学思想，正希望读者之中，仁者见仁，智者见智，反响有自由之余地。”① 对二三十年代的中国音乐史著作中尚存在着的从文献到文献的不加分析的盲目“信古”倾向，无论在史料和乐律学方面都做了大量的辨析与考证。与王光祈的《中国音乐史》侧重于“律、调、谱、器”的研究相比较，《史纲》更重视音乐思想在社会生活中的作用和历代活的音乐实例的运用，更强调了音乐作为一种文化的精神影响。这是中国音乐史学侧重于“形而下”研究和“形而上”研究的一个重要分水岭。因此，《史纲》的学术意义在于跨入了一个新的音乐史学时代。

同样，《史稿》的学术价值在于杨荫浏既超越了自我，又超越了时代。如果说《史纲》的更多成分是对历史上各种音乐现象的辨析与考证，那么，在《史稿》中杨荫浏则是建立起了一个全新的音乐史著作体系，而且至今尚没有任何一部中国音乐史著作在“体系”上超越了《史稿》，或者说基本上都是沿袭了《史稿》的体系。前面说过，《史稿》对《史纲》超越在于这部著作的重要特点之一是“以音乐为中心”进行构思与研究的，这样一种新的观念既是杨荫浏一生音乐实践的一个总结，也是他音乐史学思想的一个质的升华，通过翔实的史料和丰富的音乐实例，全面地论述了自远古至清末四千多年间中国音乐文化的历史发展。在治学观念方面，如果说《史纲》继承了我国古代“秉笔直书”的优良史学传统与乾嘉学派考据精审的学术精华，同时又吸收了现代西方文化系统化分类研究的科学方法，从而具有思维逻辑高度缜密和学术内容高度浓缩的特色，那么，《史稿》则是杨荫浏学习了马克思主义和毛泽东思想，在唯物史观的哲学思想指导下进行历史研究的成果。《史稿》将历史上的音乐文化作为上层建筑的一个组成部分在每个历史时期经济基础的制约下予以阐述，因而正确地解释了音乐的历史发展规律，这是以往的中国音乐历史著作未能达到的时代高度。对于这种因果性规律现象的认识，使得《史稿》的写作开辟了一个新的音乐史学时代。《史纲》和《史稿》文体风格的不同也反映了杨荫浏在历史研究关注接受对象层面观念的变化，即由学者层面转向更加广泛的群众层面的价值取向。同时，《史稿》在具体的研究方法上将音乐文献和音乐考古、图像学、古谱解译、传统音乐学、音韵学等多种学科结合在一起，杨荫浏虽然尚未从理论上提出“多学科交叉研究”的方法，但已经在写作实践中开始运用，因此具有某种前瞻性的学术意义。《史稿》

① 杨荫浏：《中国音乐史纲》，台北：乐韵出版社，第2页。

作为学术性论著，体例相对完整、资料相对丰富，学术深度与广度达到空前程度。诚然，由于“左”倾思潮的干扰，《史稿》在对唯物史观的理解和具体运用上出现了某些偏差，比如，在大讲“阶级斗争”的影响下过分强调了阶级的对立，在“劳动创造一切”的思想指导下强调民间音乐重要性的同时又对雅乐、文人音乐不适当地持排斥态度……从而影响了《史稿》内容的客观性与科学性。但是，总的说来，《史稿》的历史意义和学术价值是毋庸置疑的，音乐学界的前辈学者都给予了积极的评价和高度的肯定。从某种意义上说，《史稿》由于时代的制约而遗留下来的缺陷也是一种宝贵财富，可以使后来的学者避免再走不必要的弯路。同时，这样的学术研究现象并非只是出现在杨荫浏身上，正如有的学者所指出：“这是在特定的政治气候下中国学术著作共有的时代通病。”①

《史纲》和《史稿》是20世纪中国音乐史著作中的“双璧”，代表着杨荫浏一生两个不同阶段从事音乐史研究所取得的最高研究成就，两者之间的关系，按照历史著作都是“阶段性成果”的观点，可用“继往开来”加以概括。《史纲》对于《史稿》而言，是“继往”，《史稿》正是在《史纲》的基础上对中国音乐史的研究有了一个质的飞跃，《史纲》至今依然是“一部具有学术价值的旧著”；《史稿》对于中国音乐史学的发展而言，则是“开来”，即开辟了一个“以音乐为中心”研究音乐史的新时代，一个以唯物史观为指导思想的历史发展新阶段，代表着20世纪中国音乐史学的最高成就。笔者曾作过如下结论：“作为中国音乐学界里程碑式的人物，杨荫浏在音乐实践和理论研究两个方面都达到了一个时代的高度，被称之为‘杨荫浏时代’。”② 这应该是历史给予的公正结论。

历史发展到21世纪，中国音乐史学的发展面临着新的环境和新的机遇，认真总结《史纲》、《史稿》的经验与教训，将对把握新世纪中国音乐史学的发展方向、开拓新的研究领域起到不可估量的作用。

杨荫浏在20世纪写作了两部杰出的中国音乐历史著作——《史纲》和《史稿》；历史也将永远记住这位音乐学家的名字——杨荫浏。

原载《中国音乐学》2003年第3期

孔培培，生于1978年，女，中国艺术研究院副研究员

---

① 刘再生：《横看成岭侧成峰，远近高低各不同——20世纪的中国古代音乐史研究》，《中国音乐学》1999年第4期，第58页。

② 孔培培：《也谈“崇古”、“防范心态”与“唯物史观”——与冯文慈先生商榷对一代宗师杨荫浏的评价》，《音乐研究》2001年第2期，第90页。

杨荫浏师承探微

周 颐

杨荫浏是中国近代著名音乐学家，是他在半个世纪前开创了近代教育中“音乐学”这门新的学科，是他的实践和研究使我国音乐史成为有乐谱、有记忆的音乐历史，也是他用一台钢丝录音机和他的团队一起，记录下了7000小时散失民间的乐篇，从而登上“世界的记忆名录”榜首。六十多年前，杨荫浏筚路蓝缕，历经跋涉，发掘抢救浩瀚的民族音乐遗产，他的著述《中国音乐史纲》至今都是音乐学院的基础教材，其学术地位堪称一代宗师。

但凡伟人背后必有名师，一个人的巨大成就固然与其先天资质、时代推动及环境铸造息息相关，但往往还会有了不起的师长不倦教诲、时刻提点。关于杨荫浏的师承，人们以往的印象大概是这样的：杨荫浏的老师一位是大名鼎鼎的瞎子阿炳，这位《二泉映月》的作者，与杨荫浏一样同为无锡人氏，对杨荫浏进行音乐启蒙；另一位则是来自西方的传教士郝路易女士，是她将精湛的西方音乐知识带给杨荫浏。这两位先生似乎有着天差地别的悬殊，一位是出身下层、身世苦难的东方道士，另一位则是高贵典雅、谆谆教诲的西方传教士。那么事实是不是这样？杨荫浏少年时期积淀的学贯中西的音乐素养，果真来源于这一东一西两位老师吗？

清晰地判断杨荫浏的师承关系，首先要从杨荫浏显赫的家世说起。正是杨的家世使他有机会屡遇名师并修成正果；但也是因为他的家世，让他在音乐这条道路上走得辛苦，几次经历内心的彷徨和挣扎。

20 世纪初，杨荫浏出生在无锡一户名门世家，先祖杨宗濂、杨宗瀚是清末权臣李鸿章的幕僚，也是中国最早的民族企业家。家族企业勤纱厂，是近代第四家民营纺织厂，全国第一家环锭纺织厂，无锡第一家近代企业，在近代经济史上占有重要地位，标志着无锡开始由传统农业社会向近代工业社会转化。

杨荫浏出生时，正是杨氏家族最为辉煌鼎盛的时期。作为当地望族，家族对于子女后代的教育非常看重。杨荫浏的父亲杨仲林属于家族中较为清贫的一支，但论家境也算书香传代，不愁衣食。学风兴盛使这个家族人才辈出，在杨荫浏的亲族中，有知名学者杨绛和钱钟书夫妻、中国第一个女性大学校长杨荫瑜，同胞哥哥杨荫溥是著名经济学家，中信集团创始人荣毅仁的夫人杨鉴清也来自无锡杨家。

一、颖泉与阿炳

学风之盛，让杨家父母对杨荫浏和哥哥杨荫溥的教育非常看重。杨荫溥从小是个听话的孩子，成绩很好，从不顽皮，是父母的掌上明珠。杨荫浏较为淘气，不肯安分，动不动就跑到家门外和一些野孩子混在一起。父母对于他的顽劣性格非常担心，害怕他在外面和坏孩子学坏，将来会成为不务正业的纨绔子弟。为了管束他，他们从附近道观请来一位规矩懂事但年纪不大的小道士颖泉给杨荫浏做玩伴。颖泉是道观里专门负责吹奏音乐的道士，从小学习吹奏，虽然年纪尚幼，也已是有一定修养的道教乐手。闲来无事时，他教杨荫浏吹奏。杨荫浏的音乐启蒙得益于这位小道士的传授。

六年后，颖泉要回道观主持公务，不能继续给杨荫浏当玩伴，于是他推荐了道观里的吹奏道士华彦钧继续教杨荫浏吹奏，他就是日后名扬海外的二胡演奏家阿炳。出身下层的阿炳是位音乐奇才，十多岁时就已达到道观音乐演奏的最高水平，被当地人赞美为“小天师”。杨荫浏在不认识他之前就听过他的演奏，对他很是喜欢。

阿炳身世坎坷，是道士与寡妇的私生子，生下来没多久，母亲就因为“不守妇道”的行为受到夫家亲族垢诟议，很快因不堪羞辱抑郁而亡。母亲死后，父亲将他收养在道观中，表面以师徒相称，将他抚养成人。阿炳长大后，知道对自己恩宠有加的“师父”乃是亲父，不免大受打击，从此变得性情乖张，逐渐开始一种浪荡生涯。阿炳在杨家时也表现出不懂礼节、性情暴戾的一面，这一切让杨家父母非常不满意，认为他不像颖泉那样老实可靠，于是就动了不再让他进杨家门的念头。但杨荫浏很喜欢阿炳，他哭着闹着要阿炳留在家中。父母对此还是有些顾虑，因为他们担心，阿炳一旦离开，杨荫浏又会跑出去淘气，或是不学好，于是暂时留下了阿炳。

虽然阿炳替代颖泉，与杨荫浏做了一段时间的伴，但杨家即使同意杨荫浏跟阿炳学音乐，也绝不会视阿炳为“老师”，更不会让子弟与阿炳有深交。当阿炳还在家中的时候，父母就极力为杨荫浏物色更好的老师。没多长时间，杨荫浏进入昆曲社学习，阿炳便从杨荫浏的生活中消失了。阿炳与幼年的杨荫浏做伴的时间不超过一年。在这一年中，阿炳纵使身怀绝技，教授杨荫浏的知识也是极为有限的，他的作用甚至远不及相处六年的启蒙老师颖泉。更何况阿炳自幼从教于道观，所学不过是一些小套曲和道观做法事的常规曲目，杨荫浏学贯中西的音乐素养和音乐史知识，绝对不会出自知识面如此狭窄的小道士。

二、郝路易

那么谁才是杨荫浏真正的老师？杨荫浏生活在20世纪初期，当时国门被西方殖民主义炮火打开，东西方文化进行了一次大冲击、大碰撞。上流社会家长对于扑面而来的西方思潮，表现出两种截然不同的态度：一是大加排斥，另一种则是积极吸取。思想开明的杨家人属于后者，他们在让子女学习传统经典的同时，也把他们送到新式学堂接受西式教育。杨荫浏幼年接受的就是这种全面而系统的新式教育。他不仅进过洋学堂学习西方文化，而且还有一位美国籍的家庭教师——传教士郝路易，这位女士对杨荫浏一生起着极为关键的作用。

郝路易出生在美国上等家庭，受过最高等教育。成年后出于宗教热情来到中国南方，成为当地一名传教士。这位虔诚的信徒有着极高的音乐修养，她精通钢琴和手风琴演奏，对教会音乐有着独到的研究。最重要的是，从她与范天祥等西方音乐学家的密切关系看来，她还是一位有着民族音乐学意识的音乐学者。仪表出众、谈吐得体的郝女士一踏入杨家家门，立刻赢得了这个家庭的尊重。

郝路易第一次见到杨荫浏，便被他那得天独厚的音乐天赋和他演奏的中国音乐深深吸引。当时杨荫浏只有六岁，正是和颖泉学习吹奏的时候。郝路易第一次听到杨荫浏吹奏，就发现这个孩子拥有非同寻常的感受力，决定将杨荫浏的音乐潜能全部激发出来。她教授杨荫浏西洋音乐知识，如和声、对位、复调等西洋作曲技巧，还教他钢琴和手风琴演奏。在杨荫浏的记忆中，郝路易慈爱而温厚，他们之间感情很深，称呼郝路易为“干妈”。郝路易女士的确是杨荫浏生命中的第二个母亲，她对他无微不至的教导、栽培以及精神上的关怀，已经超出一位普通老师的范围。她对杨荫浏的爱，包含着一个音乐学者对中国音乐的爱。

当时中国的思想观念还不能完全与现代化的西方接轨，从事音乐者并非今天万众瞩目的艺术家，在当时人眼中是非常下等的职业。一个靠音乐维生的人，与粉墨登场的伶人、说唱艺人同被视为下九流。一个上等家庭，哪怕是杨家这样的开明民主之家，无论如何也不肯让自己的孩子走这样一条低贱之路。家人对于杨荫浏的未来早有规划。继承家族事业，进入显赫的金融界似乎是杨家兄弟未来人生的不二选择。杨荫浏的哥哥杨荫溥成功秉承父母意愿，大学毕业后踏入金融界，成为一名出色的经济学家（“文革”期间被迫害致死）。幼年时，家庭对兄弟俩的期望是一样的，采取了同样的方式教导。最初杨家父母让兄弟俩学习吹奏，只是为培养他们一门爱好，可以不出去顽皮。但是随着年纪的增长，杨荫浏却越来越痴迷音乐。这种“不务正业”的偏好多少引起了父母的担心。

整理杨荫浏年谱发现，郝路易在杨家出现的时间几乎与阿炳相同，或者稍早一些。可以想象在对待音乐爱好上，郝路易一定站在杨荫浏一边。杨家以超乎寻常的忍耐力容忍着阿炳的同时，只能积极地为杨荫浏寻找音乐方面的老师。短短时间内，从亲戚章蕴宽直到找来颇有社会地位的名师“江南第一曲家”吴畹卿，终于取代阿炳才作罢。也只有郝路易这样代表着高贵典雅上层社会形象的人，才能说服杨家让自己的儿孙堂而皇之地学习音乐，而不是简单地赶走阿炳这样“不入流”的老师。郝路易是杨家对子女的期望与杨荫浏爱好的冲突之间最合适的调和者，后文中我们还将看到，她总在杨荫浏之所以成为杨荫浏的最关键时刻出现，一次次引领他走向职业音乐家的道路。从这个意义上说，她是杨荫浏音乐生命中一位重要的导师。

她传授的西方音乐知识，并非如我们脑海中印记的那样，对杨荫浏有着非同寻常的意义和价值。郝路易在中国有她的宗教使命，只能阶段性地给杨荫浏和杨荫溥指导，这样的教学方式对于培养音乐家来说远远不够。上天派她来成就一位中国音乐学家，不仅是带来西方音乐知识和技能，她还有更为重要的任务——帮助杨荫浏走出最关键的一步——顺利进入天韵社，成为吴畹卿的入室弟子，在这里接受最好的、最系统的中国传统音乐教育。

三、吴畹卿

吴畹卿是昆曲界一代泰斗，有着睥睨同行的非凡造诣。他演奏的琵琶大曲《将军令》天下无双，堪称近代绝响。当时的昆曲名家多出于天韵社，他的一个学生就是梅兰芳和韩世昌等京剧名伶的昆曲师傅——赵子敬。若干年后，赵子敬不幸早逝，曾有名士袁寒云（即袁世凯的小儿子袁克文）发表祭文：“子敬死，江南曲家，唯畹老一人而已。”由此可见吴畹卿在昆曲界的崇高地位。曹安和也在《吴畹卿传》中写道：“清光绪年间，曾历次参加苏州琵琶会，演奏诸大曲，颇受当时与会者推崇。因此，当地琵琶家常慕名来锡，访问畹老者颇不乏人。民国十年左右，杨荫浏曾见过一位六十余岁的海门和尚向畹老请教琵琶……”

文人学习、研究音乐与市井不同，其音乐理论素养、整理音乐典籍的方式方法、训练的系统和严谨，奠定了杨荫浏成为学者的坚实基础，吴畹卿当之无愧为杨荫浏的授业恩师。在20世纪五六十年代的特殊社会环境中，吴畹卿这样一位“四旧”本不能提及，但杨荫浏却不止一次提及他。在吴畹卿的指点下，杨荫浏不仅练就一身同行难以企及的音乐素养，更培养了端正方严的性格。吴畹卿虽然外表是位态度和蔼的谦谦长者，但对学生却永远严厉甚至苛刻，在旧时音乐家眼中，为培养学生精益求精的技艺和严谨的治学态度，必须苛责到不近情理的地步，否则徒弟是成不了气候的。

吴畹卿先后教授杨荫浏九十多套昆曲，每教一套，都要求他将曲谱死记硬背在脑子里，即使从中间挑出一句，也立刻能接上下句继续背。老师规定，如果记忆没达到这个程度就不准演唱，没有按照规定的时间背曲谱，也要遭受难堪的责骂甚至体罚。吴畹卿又教杨荫浏弹琵琶，先教各种小套曲，再教大套。对于大套曲，他讲究循序渐进，几套曲子以难易程度依次排序，如果前一套没弹好，宁可耽误进度也决不教下一套。吴畹卿在授徒时秉承宁缺毋滥的原则。曾有一个叫乐述先的学生，学会弹许多小曲，但因在学第一个大曲《将军令》时，没有达到吴畹卿的标准，吴氏就坚决不肯再继续传授他了。但离开天韵社后的乐述先在外界同行眼中已然乐技斐然，达到相当的造诣，被人们纷纷邀请去演奏，颇有声名。

在吴畹卿的严格督导下，杨荫浏每天练习琵琶两小时，先学会武套大曲《将军令》和《霸王别姬》，后来慢慢接触文套大曲，因为文套的难度高过武套。这样扎实渐进的教育，使杨荫浏终成正果。晚年的吴畹卿对杨荫浏非常倚重，在自己年高不能弹琵琶时，常让杨荫浏替代自己教学。1926 年吴畹卿临终前，将珍藏了几代的天韵社所有曲谱和自己所用的一把珍贵的紫檀三弦传给杨荫浏，视他为衣钵传人。吴畹卿教授杨荫浏传统音乐唱奏技艺、音乐史研究和整理的方法，包括对其语言音乐学方面的影响都是全面的。

四、爱希海姆

杨荫浏在受教于吴畹卿的十多年里，获得的不仅是受用一生的扎实技艺，更是由于吴畹卿的大家风范，让杨荫浏对国乐有了笃定而客观的认识，直接影响到他日后的研究之路。其中之一就体现在 1921 年，杨荫浏与吴畹卿的倾慕者——德国音乐家爱希海姆的一段交往中。

1921 年，距如火如荼的五四新文化运动不过三年，在学习西方先进知识以及科学、民主大潮推动下，音乐界发起了关于中西方音乐比较的激烈争论。学习西乐改进国乐以及借鉴西乐方法创造富有时代精神的新音乐，成为最为有影响的音乐思潮。像天韵社这样的传统曲艺社团的乐友，并不甘被这种潮流湮灭，他们致力于搜集、整理和复兴传统国乐。但在除旧布新口号席卷一切文艺思潮的情形下，他们的声音却相当微弱。此时的杨荫浏，一定能清晰地看到那些大声批判民乐的人，其实对民族音乐认识还停留在非常浅薄的程度。从某种角度来讲，他们甚至并不具备批判国乐的资格。然而面对滚滚而来的时代潮流，杨荫浏会不会也有迷茫的时刻？

1921 年秋，美国波士顿交响乐队小提琴家、作曲家、指挥家爱希海姆携妻女来中国采集音乐，几经辗转引见，到无锡问乐于天韵社社长吴畹卿。吴畹卿门下唯杨荫浏一人懂英语，所以杨荫浏就成了爱希海姆的翻译。聚会上，吴畹卿为爱希海姆弹奏琵琶曲，并让杨荫浏邀请当地鼓乐手演奏十番锣鼓。爱希海姆听后大为震惊，感慨于中国竟然有此从不出世的演奏高手。关于那次会面，差不多二十年后，杨荫浏在《锣鼓谱》的《引言》中回忆："先生时已耄耋之年，除命社友轮唱清曲，弹奏琵琶，操弄古琴，合乐数阕之外，更广邀释道二教之乐人，为之专奏十番锣鼓于邑之公园。如是者数日。爱氏赞叹不置。曾著评文，登于沪上西文报章。"

同年 12 月初，爱希海姆再访无锡，指名再听苏南吹打乐——十番锣鼓。杨荫浏平素与无锡道友阚献之、朱勤甫、邹俊峰等有交往，这些道友都是民乐演奏高手，闲来无事时杨荫浏经常找他们切磋技艺。当爱希海姆提出要听十番锣鼓时，杨荫浏便将道友集合起来为爱希海姆演奏。爱希海姆一面听着，一面恭恭敬敬地将乐曲录成五线谱，在纸上写好。

杨荫浏好奇地问爱希海姆为什么要记录，爱希海姆说回国后要好好研究这些音乐，这些乐符不仅是美丽的声音，更是一种了不起的文化符号，是不可多得的研究课题。此后爱希海姆还让杨荫浏带他买了琵琶和丝竹等演奏中国古典音乐的所有乐器，准备不断地学习和考究。临行前，爱希海姆与杨荫浏惺惺惜别，并"谆谆以研究锣鼓，公之世界相勖勉"。爱希海姆的一番举动深深触动了杨荫浏，此前他从没想到原来音乐也是一门深邃的学问，可以如此深刻地代表着一个民族的文化记忆和历史思辨。与爱希海姆的这次交往，不仅让杨荫浏在内心笃定国乐那美丽深刻的意境是西乐所望尘莫及的，也逐渐让杨荫浏用一种新的眼光对待音乐，并开始对“十番锣鼓”的浓厚兴趣。

这种态度最终使他走上音乐研究者的道路。若干年后，杨荫浏被聘为哈佛大学燕京学社研究员，开始以专业视角搜集锣鼓谱、学习演奏十番锣鼓。因为有了少年时期的思辨，杨荫浏对国乐研究采取了同代人难以企及的客观态度：在肯定国乐的基础上，多少吸收和考量西方优秀文艺和理论，试着用一种世界眼光看待中国民族音乐的体验。

五、自学和偷师

虽然此时的杨荫浏已经成才，但家庭对他的职业选择还是极为坚定。中学毕业后，他们不惜重金，将杨荫浏送到上海的贵族学校——圣约翰大学。在圣约翰大学，杨荫浏学的是经济系，但他对于这门课程并没有太多爱好，而是将更多精力放在选修课——音乐学中。为了搞明白几个较难理解的乐理问题，他还专门学习音响物理学。当时担任物理学的老师是著名物理学家刘廷芳和丁爕林，在他们的督导下，杨荫浏读完了海姆霍尔兹的著述《音的感觉》。为了配合这项艰涩的学习，彻底弄清难以理解的问题，杨荫浏做了几千张读书卡片。大概只有学音乐的时候，杨荫浏才会表现出巨大的热情。之后，出于种种原因，杨荫浏又转学光华大学。此时的哥哥杨荫溥已任教于光华大学，是经济界一位小有名气的少年精英。

杨荫浏离开光华学院后从上海回到家乡，先后在家乡的辅仁中学、县立中学等担任教员。此时从事教师职业只是权宜之计，最终像哥哥一样跻身金融界才是家族的企盼。家人希望杨荫浏一边教书，一边等待跻身金融界工作的机会。1928 年，本来遵从父母安排的杨荫浏似乎要与音乐失之交臂，就在这时杨荫浏收到一个特殊任命——他将作为音乐编委前往上海的基督教圣公会，担任“六公会联合圣歌编辑委员会”总干事，参与编辑基督教赞美诗音乐《普天颂赞》。

编委会的成员都是中国基督教元老、耆宿和在宗教音乐方面有专长的重要人物，如主教沈子高、李抱忱、范天祥和杨荫浏在圣约翰的物理老师刘廷芳等。在这些声名显赫的资深前辈面前，杨荫浏显得是那样不起眼。一个年龄尚轻且毫无经验，在资历上只算是票友的中学教员，以何能耐来到这样一个大腕云集的编委会并被委以重任呢？翻开编委会名单，我们赫然发现了另外一个名字：郝路易。作为在华传教士的长辈级人物，郝路易在赞美诗编委会成立之初，就进入了《普天颂赞》的创作班底。1929 年，是她以资深的教会背景给这个名不见经传，但完全了解他有多优秀的年轻人开了一道“后门”，为他争取到一个重要机会，将杨荫浏正式推上职业音乐人道路。

杨荫浏也没有辜负郝路易的期望，呆板的教书工作早已让他厌烦，在这里他真正找回了自我。编委工作开始时，大部分委员对杨荫浏这个中学教员并没有太多看重。经过一个阶段的工作后，他们对杨荫浏严谨的工作态度和超凡的音乐才能留下了深刻印象，很快将圣歌编辑工作的主要任务交给这个年轻人。在编辑赞美诗期间，杨荫浏翻译修订了歌词207首，作曲15首，作词7首，并撰写《普天颂赞》数字谱（即简谱）序。这位当时刚过而立之年的青年音乐家，以其虔诚的态度、严谨的作风、强烈的责任心、过人的才华和精力，与编辑委员会的同仁一道，经过整整三年的努力，终于在1935年3月完成全部编辑工作。

《普天颂赞》的问世，无论对于其后几十年中国基督教徒的宗教生活，还是对中国基督教音乐的发展，乃至对世界基督教音乐的丰富，都有着不可低估的影响。1936年3月《普天颂赞》初版后到1947年，11年间各种谱本共印销了378,000本！这不仅对于三四十年代的出版业来说是个天文数字，即使对今天的出版业来说也令人瞠目结舌。

《普天颂赞》使杨荫浏结缘不少良师益友。为了更好地编译歌词，既保留原作韵味，又合于原作音节，演唱起来合辙押韵，需要对来自西方的圣歌在旋律、曲式、和声等方面的特点有透彻理解。为此杨荫浏旁听燕京大学音乐系作曲、西方音乐史和音乐欣赏等课，夯实了西方音乐功底，多次向刘廷芳和丁燮林等大家讨教音响心理学等，掌握了更多现代科学研究的手段。杨荫浏从此不再是业外票友，有了相当的专业资质和职业积淀。《普天颂赞》对杨荫浏的职业生涯影响深远，他的文学和音乐才华第一次得到广泛认可和肯定，初步走上以音乐为职业的道路。1936年，初出茅庐的杨荫浏正式受聘于哈佛燕京学社，在燕京大学音乐系兼授中国音乐史课程，专职从事音乐研究、教学工作，标志着杨荫浏完成了从在野到学院，从乐友到职业研究者身份的彻底转变。在燕京大学物理系当时中国最早建立的物理实验室里，杨荫浏试制金律管律验证中国古代律学成果，并写下《平均律算解》一篇对后世产生了重要影响的文章。

1936年夏，杨荫浏暑假回家，搜集了流传在民间的大量曲谱。这一次，他是作为一名职业学者进行收集的，目的明确，行动集中。他齐集了家乡几乎能找到的所有道友，如演奏名家阚献之、朱勤甫、邬俊峰等人，一起帮助他收集各种版本的乐谱，并采集各家之长，最终集成一本。第二年暑假，杨荫浏给道友们排定时间表，每人每天教两小时，每个声部都学会后，将这些版本经过辨析，整理成一部《锣鼓谱》。这部集合了杨荫浏和阚献之等道友心血的曲谱影响极为深远，甚至成为无锡一带道家通用的曲谱。

杨荫浏一定打算就这样一个个实验做下去，一篇篇文章写下去，一首首曲谱收集下去，一个个问题研究下去……怎奈时运不济，1937年卢沟桥事变爆发，日本全面侵华战争开始。杨荫浏被滞留在家乡，刚刚开始的学术生涯因此中断。

六、做音乐家还是企业家，这是个问题——再说郝路易

抗战全面爆发后，杨荫浏按照家族安排（也可能是哥哥杨荫溥的意愿），来到昆明的中央机器厂任总务工作。杨荫浏表现出极强的工作能力，得到一致认可。如果就此工作下去，他会得到升迁机会，逐渐走上一条让家人满意的职业之路。

1939年，杨荫浏再一次面临人生的重要选择。就在杨荫浏被家人拉回“正途”的时候，

已届高龄的郝路易女士冒着战火硝烟，不远千里从上海赶到昆明找到杨荫浏。她苦口婆心地劝告杨荫浏随自己回到上海教会工作，用教会提供的条件修身养性，读书听音乐以“恢复对音乐的感情”。郝路易的到来对杨荫浏的触动无疑是巨大的，望着白发苍苍的“干妈”那热忱的眼神，他终于不再犹豫，毅然跟随郝路易回到上海教会，开始了一条艰苦卓绝的音乐道路，再也没有回头。

这个从深宅大院走出的公子少爷，在从事音乐的道路上经历了背离传统观念与家人期望的挣扎、困惑和迷茫。但幸运的是，每一次艰难抉择背后都有郝路易给予他最关键的提点。郝路易对于杨荫浏，功绩在于最终成就了他不同凡响的音乐人生。是郝路易在杨荫浏求知欲最强的时候，给予他正确的教导和向高人学习的机会，将这个懵懂少年的潜力全部发掘出来，并在杨荫浏籍籍无名几乎被埋没的时候，三番五次将他推上职业音乐人道路，促使杨荫浏做出最后的坚定抉择。

但是，当杨荫浏功成名就之时，郝路易似乎也从他生活中消失了。由于史料短缺，我们无法确知她更详细的生平，只能从杨荫浏回忆中的片言只语推测这位非凡女士的生平：郝路易，是20世纪在华传教士中的佼佼者。这些献身天主的教士中，不乏贵族出身、修养良好的人士，郝路易就是其中之一。他们放弃了国内养尊处优的生活，出于对基督的一腔热情，来到发展程度还很落后的几个东方国家。无论历史怎样评价他们，他们前来的初衷的确是怀着“拯救”的目的，而且发了终生献身的志愿。这些传教士在东方国家，与最下层人民生活在一起，为他们建教堂、办教会，兴办教育机构，培养人才，给予他们普及教育的机会。在贫困和饥饿之地，他们用自己的财产兴建医院和慈善机构，挽救生命。在战火硝烟的年代，他们向绝望的人们传递上帝的关怀和安慰。更有一些人走进中国上等家庭，为中国培养出一代知识分子精英。许多近代名人的教育履历上，都或多或少地闪烁着西方传教士的身影。由于历史原因，这些造就中国新一代精神的传教士大多籍籍无名，淹没在历史的烟尘之中。不仅中国历史对他们少有记载，就是西方也没有一个详细名单记录下这些普通而非凡的名字。

七、再论阿炳

最后再来说说阿炳。阿炳之于杨荫浏，与其说是老师，毋宁说是一个惺惺相惜的伙伴。由于两人出身、教养差距甚大，成年后走上断然不同的道路。所以尽管彼此互有好感，但他们的交往是颇为有限的。就像杨荫浏在《阿炳小传》中所表述的那样，与阿炳发生的密切关系，不过几次而已。杨荫浏与阿炳的交往是一段遭遇命运辗转，却被后人无限放大的缘分。

至于为什么人们颠倒了阿炳与杨荫浏的关系，混乱了杨荫浏的师承，主要在于《二泉映月》在电台播放后阿炳骤然出名，且声誉日隆。阿炳的名气之大，源于他的苦难经历符合了某种时代标准。新中国成立后“人民性”被处处高调，那个时期的文艺作品中，诸多如农民、乞丐、社会底层、苦力、搬夫等“被侮辱和被损害”的形象，都成为大加赞美和同情的第一对象。那时候的人物分类多以“阶级分析法”定位，最底层的人民被推上新的阶级高峰，戴上一轮华彩的光环。人们赋予阿炳生平许多传奇色彩，强加给他许多本并不属于他的经历和思想，甚至在主观想象中模糊了他的真正个性，将他的悲剧人生升华为一段闪烁着无产阶级思想的“神话”。人们在诸多信息中往往选择主观上更愿关注的部分，导致将阿炳与杨荫浏一年交往对后者的影响无限扩大，执著地将阿炳与杨荫浏的学术生涯过于紧密地联系在一起。

杨荫浏的师承关系可概括如下：他音乐启蒙自颖泉，扎实的国乐功底受教于吴畹卿，走上职业音乐家的道路得益于郝路易，亦师亦友之人有大学者伍廷芳、丁燮林等，音乐家爱希海姆让他初次以音乐学视角看待传统民族音乐，阚献之、朱勤甫、邬俊峰等道友的十番锣鼓是其音乐学研究的开端。唯独世人最为津津乐道的瞎子阿炳，不过是他生命中无数采访、录音的对象之一而已。

参考文献

杨荫浏：《天韵社曲谱》，缮写稿，1920 年。

杨荫浏：《吴畹卿先生小传》，音乐研究所《杨荫浏早期发表（报纸）文章汇辑》，1927 年。

杨荫浏：《工尺改制谈》，北平国乐改进社《音乐杂志》1932 年第 1 期。

杨荫浏：《语言音乐学初探》，北京：人民音乐出版社，1983 年。

杨荫浏：《杨荫浏音乐论文选集》，上海：上海文艺出版社，1986 年。

许常惠：《中国音乐学一代宗师——杨荫浏》（纪念集），台北：中国民族音乐学会，1992 年。

杨周怀：《杨荫浏先生在中国基督教赞美诗的翻译、编曲、作曲及作词方面所作的贡献》，《中国音乐学》1999 年第 4 期。

乔建中：《杨荫浏先生与十番锣鼓的一段旧缘》，《音乐研究》2004 年第 1 期。

文彦、范慧勤：《曹安和音乐生涯》，济南：山东文艺出版社，2006 年。

原载《音乐文化》2008 卷，文化艺术出版社，2009 年

周颐，生于 1979 年，女，清华大学出版社编辑

20世纪40年代杨荫浏先生对国乐发展的反思与研究

冯长春

20世纪40年代，从理论形态上真正富有洞见，深入反思与论述国乐前途及其发展的文章，是杨荫浏先生于1942年发表的《国乐前途及其研究》一文。笔者以为，这是近现代以来国乐改进思潮中不可忽视的一篇重要历史文献。该文的发表反映了这样一个现象：尽管改进国乐的呼声一直没有中断，但国乐事实上存在着深刻的危机，这种危机不仅是现实的，也是长远的。《国乐前途及其研究》一文正是看到了这一点，从而对国乐的改进与发展作出了极为冷静与客观的分析，并提出了相应的对策。

杨荫浏首先对国乐的保守主义提出批评，他说：

> 一般单看见国乐而全不了解世界音乐的人们，每以崇拜经典的态度来崇拜国乐，坚持着把过去国乐的整个环境，一丝不改地重演于现代；非但在乐器方面，不主张有所改进，并且在技术方面和教学方面，也主张墨守成规；非但在乐律方面牢守着三分损益的旧说，并且在符号方面，也得守着古代谱式不肯接受改进的建议。①

① 杨荫浏：《国乐前途及其研究》(1942)，《中国音乐学》1989年第4期。以下所引杨文未标出处者，同此注。

这无疑是对一些国粹主义家的一些不切实际的愿望做出了批评，对一些国粹主义音乐家“坚持着把过去国乐的整个环境，一丝不改地重演于现代”的评说，更是非常准确地看到了问题的实质。杨荫浏认为：

> 其实乐器、符号甚至乐律和技术，都不过是国乐表现或流传的一种手段，并不是国乐真正的本体。若国乐确有它真正的本体，国乐曲调确有它内在的特性，则必不会因在小提琴上奏出，而变成了西洋曲调；必不会因等比律的应用，而失掉了它原来神情的重要部分。

可以看出，杨荫浏对乐器以及作曲技术这些方面的认识，是与陈洪、萧友梅等人极为相近的，即乐器及创作技术都只不过是一种手段，这“手段”与“工具”显然有着较为接近的内涵。但杨荫浏并没有提出形式上的完全西化，很重要的一点是，作为音乐灵魂的曲调等要素是不可丢却的，这是无论何种乐器演奏都依然能体现其文化特质的因子。从上述引文也可看出，杨荫浏是主张国乐的发展应该走中西交融之路，在这一点上他与众多音乐家并无分歧。在他看来：

> 国乐的独到的价值，必须在与世界音乐公开比较之后，始能得到最后正确的估计，国乐的充分发展，必须在与世界音乐经过极度融化之后，才能达到它应有的程度。取这样观点来看国乐，便可以觉得拒绝世界音律，拒绝世界乐器，拒绝在国乐曲调上作配合和声的尝试等等，都非但是不必要的事，而且也是国乐前途充分发展的障碍。

可以说，杨荫浏的上述观点是“五四”以来中西文化兼容并蓄思想的直接体现，也是“五四”以来大多数中国音乐家的共同愿望。但是，体现杨荫浏对国乐进行深刻反思之处并非是对国粹主义的批评和主张中西音乐交融的观念，而是以下两个重要方面：一是中西音乐应如何交融的问题；二是新国乐应如何创造的问题。

20世纪以来，关于中西音乐的交融一直是多数音乐家所赞同的观点，但是，中西音乐究竟在什么样的层面上进行交融，二者是否存在一个平等对话的平台与语境，不同情形下的音乐交融究竟会产生怎样的结果，这些问题在“五四”以来很少有人进行过冷静而深入的思索与论述。杨荫浏不但提出了这些问题，而且作出了极为深入而客观的分析。

杨荫浏认为：

> 交融的不同文化因素，因交融以前各因素，独立基础的强弱，和它准备工夫的充分与否，会形成种种不同的交融结果。全无基础、全无准备的因素，在基础稳定，准备充分的因素之前，全会被压倒，而形成被并吞被消灭的现象。

这绝非耸人听闻的夸大其词，而是极为敏锐而深刻地看到了中西音乐交融的基础存在着令人担忧的诸多问题。很清楚的一点是，势能悬殊的文化间的交融必然难以具有平等交流的话语权。他以国乐为例说：

> 以国乐而论，当前的情形是如此：我们自己还没有充分准备，世界音乐的力量却已非常强大。我们若再不准备，便只有让整个世界音乐逐渐地来淘汰或排挤了这仅存的一些国乐成分。因此，我们必须准备。

但是，仅有在国乐上进行类似“防守”性的准备是否就是面对西乐冲击、面对中西音乐交融局面的有效策略呢？对此，杨荫浏进一步指出：

> 但准备的当儿少量的渐次的发见、归纳和发展，似乎很难抵挡得住世界音乐磅礴的潮流。因此，在这样畸形的环境之下，我们应当给予国乐过度的注意。

给予国乐以“过度的注意”的呼吁，分明是看到了外来音乐涌入的情形下国乐现状的衰败，在这样一种现实境遇中，在国乐还没有充分准备的形势下，不对国乐加以过度注意，或许就会导致国乐将被逐渐淘汰的危险。正如此，杨荫浏认为：

> 中西音乐的界限，最后或许不应当被重视的，这时候，却不得不暂时被重视。国乐中的某种工具，我们虽明知它将来必被淘汰，这时候却因为还有非它不成的媒介作用，不得不坚持保守着，暂时不容放弃。

这里既依稀描绘出了国乐的远景，即将来的国乐或许不会存在中西之间的鸿沟；同时也指出了国乐近景的困境，即为了能够抵挡世界音乐的潮流，能够有所准备后与西乐进行交融从而创造新的国乐，就必须过度注意眼下的国乐。这与陈洪、萧友梅等人的主张还是有所不同的，杨荫浏对国乐的现状与将来充满了深深的忧患意识，而陈洪、萧友梅则是主张国乐可以甚至完全可以运用西方的音乐形式，在一定程度上对旧有国乐的形式因素采取了消解的态度。

可以看出，杨荫浏一方面强调要对国乐加以过度的注意，但同时也一再提醒人们不要拒绝对西方音乐的学习与研究，这是新国乐产生前准备工作的一个重要组成部分，因为将来国乐的发展必然要与世界音乐相融合。他说：

> 世界的音乐，已随着西洋的文化，渐渐地流注入我们的文化里面，我们有接受的必要。国乐最后有与世界音乐互相融合的必然趋势。

此处可见作者极为宽广的文化胸怀，同时又富有预见地看到了国乐与外来音乐必然进行融合的前景，对国乐创作中新的异域文化因子的注入表现出主动接纳的积极姿态。因此，杨荫浏指出："为准备这个时期的来临，为求将来融合的适宜，我们便不得不为了国乐而研究一些西乐的理论与技术。"在他看来，这是事关整个中国音乐出路的问题："西乐与国乐在我国，有一部分问题，既因相互关系而产生，将来的解决，便必在它们相互中间求得：而它们各自适当的出路，乃很可能，将是共同的。"既然国乐与西乐已然相关，走向融合是它们必然的趋势，那么，其出路就必然在于融合之路的共同发展。因而，杨荫浏认为：

> 研究国乐，固然不能对于西乐抱不求甚解的态度；研究西乐，也似乎不能对于国乐取不加过问的观点。国乐有了出路之时，西乐在我国，才能度过它这"囫囵吞枣"的异常阶段而真正达到它自然消化的理想时期。

只有国乐获得新的发展，西方音乐才会真正融化为我们自己文化中的一部分，这或许正是新国乐的创作与中西音乐交融的最佳状态，它无疑是国乐发展的远景目标。

杨荫浏关于中西音乐矛盾关系的精辟论述，今天读来依然有振聋发聩之感，他关于中西音乐互相影响、互为依存的认识，不但极为辩证而且两者并重，"首次将中西交融的必然性和特殊、过度注意国乐的优先性结合了起来"①，从国乐的远景目标上指出了与世界音乐相融合的必然趋势。

与过度注意国乐相对应的是，杨荫浏提出要给予"国乐研究多方面的准备"。这种准备须从国乐基础的深度和广度两个方面着手。所谓国乐基础的深度，即"须从古今一脉中间去接近它基础的深度"，也就是要对国乐的历史进行深入的了解，既不能厚古薄今，也不能抛开历史而盲目向前。杨荫浏特别强调：

> 一方面的绝对保守，固然足以阻碍国乐本身的进展；但另一方面仅向未来着眼，不待看清过去事实，所取鲁莽的进展方式，却更多贻害国乐的可能……国乐却待认清了来路，才可以有合理的去路……国乐的基础，更是在过去的事实，而决不是现在或未来的无中生有！

所谓国乐基础的广度，即"须从多种理论，多种乐器与多种曲调之中，去接近它基础的广度"。杨荫浏特别指出，国乐界存在着派别的界限，而这种派别的界限无异于故步自封，影响了人们向国乐的更广范围的注意与学习，同时也就进一步制约了在国乐研究上继续向纵深发展的可能，因为广度与深度是相辅相成的。他特别以刘天华广纳中西音乐的学习态度为例说：

① 魏廷格：《三议杨荫浏的国乐观——在"纪念杨荫浏先生诞辰 100 周年国际学术研讨会"上的发言》，《人民音乐》2000 年第 1 期，第 17 页。

> 好像着手二胡曲调的创作，仅学了天华先生的十数个曲调，便可以操纵自如了。其实却未必是如此。若不学天华先生之从多方面吸收材料，而仅借寥寥的几个二胡曲调，为仅有的作曲方式，材料简直窘乏得可怜，而绝无达到天华先生同样成功的可能。

研究国乐必须同时向广度与深度两方面着手，它实际上指出了应从纵、横两个方面，对国乐加以全方位的准备。按杨荫浏的话来说，就是“如此下去，愈求愈深，愈深愈广，愈广愈深。研习之深度无穷，相关之广度亦无穷”。这不仅仅是对国乐研究的广度与深度之关系的辩证认识，更是对国乐新发展之基础的高起点的要求，这种要求必定是一个艰苦而漫长的过程，绝非一蹴而就可以完成。因为在杨荫浏看来，国乐的广度与深度，如同无比宽广而深邃的海洋，它所包含的内容同样是博大精深：

> 国乐的全部的事实，决不是某一点理论，某一种乐曲，某一种乐器，或某一种技术所可以代表的。从纵的方面说，我国有史以来，凡有音乐价值的记载、著作、曲调、器物、技术等等，都是国乐范围以内所应注意的事实；从横的方面说，中原以及边地各省各市各村各镇的音乐材料，和曾与、正与、或将与本国音乐发生关系的他国音乐的材料，也都是国乐范围以内所应注意的事实。

这是近代以来有关国乐对象的最为宏富的认识与论述，它几乎涵盖了与国乐有关的一切因素：国乐的过去、现在与将来，国乐的本身与外围，都被浓缩在这一简练的概括当中了。由此我们也可以想象，国乐的准备将是一个多么艰巨而繁难的过程。

关于新国乐的创造，杨荫浏同样有着独特的认识。

在杨荫浏看来，在国乐的整理与研究并没有获得多少成果，具有深厚国乐修养的作曲人才更是凤毛麟角的历史条件下，真正的新国乐的创作几乎是不可能的。他说：

> 目前的创作与其演出的尝试，从所费时间的价值意义言，将见得是近乎浪费。

对已有的成就判断为“近乎浪费”，是对这些尝试的彻底否定吗？问题并非如此简单。杨荫浏对新国乐的创造有着自己的理想，这理想就是要求国乐的创造必须是建立在旧有国乐的基础之上，新的国乐必须具有传统音乐的某些形式与神韵，而不是在摈弃传统基础上的西化之乐。对于国乐，只有“认清了来路，才可以有合理的去路”。这“合理的去路”既非割断传统的另起炉灶，也不是将旧有国乐“一丝不改地重演于现代”，它是建立在旧有国乐基础之上融会西乐的新创造。因而，只有对国乐的历史加以深入的了解与研究才能谈得上新的创造。杨荫浏一再指出刘天华一面创作了新的国乐，但同时也在国乐材料的搜集上投入了热情而辛劳的工作，“以加添他修养中国乐背景的成分”。可见，新国乐的创作必须是建立在对旧有国乐修养基础之上的结果，这与陈洪等提出的国乐可以完全采用西乐形式的论断是截然不同的。因此，杨荫浏提出要以刘天华为学习的榜样，但同时又深刻地指出："从天华先生的作品去学天华先生，不如从他的深度上去学他，更不如从他求得这深度的不断努力中去学他!"在杨荫浏看来，刘天华一面躬身于旧有国乐的收集整理，一面谦虚学习西洋音乐，同时在这两者基础上进行新国乐创作的精神，恰恰是国乐发展最急需的品质所在。他还以德国伟大的音乐家巴赫也是在学习与继承古代音乐的基础上而从事音乐创作为例，着意强调了国乐的发展一定要从已有国乐的基础上进行继承与创造的实质与重要性。从这些论述中，我们不难看出杨荫浏关于新国乐创作的理想与主张。

国乐的整理是如此繁杂而艰难，新国乐的创作远未做好准备，国乐的准备与发展究竟如何进行？从《国乐前途及其研究》一文可以知道，早在 1940 年，杨荫浏就曾在日记中记下了他关于国乐的深入思考，认为中国民族音乐的"园地"太大，任何个人、某一方面的研究都是远远不够的，必须联合更多的人，制订一个"伟大而合理的计划"，并以此为目标而共同努力，方能在国乐的整理与准备上有所作为与成就。杨荫浏在本文"各人的责任"一节中的构想，可大致让我们了解他心目中这个"伟大而合理的计划"：那就是要求不同专业与学术背景的音乐家，从各自的角度出发，担负起自己那"一部分的使命"，为国乐的整理与复兴而共同努力。这其中涉及对古书、古代音律、中国传统宫调理论的研究，对国乐器的收集与改良，对旧有国乐谱的译解以及民间歌谣的收集与研究，对中西音乐创作技术的比较研究以及与音乐创作相关的音韵学的研究，对国乐教育的调查与研究，乃至可能与音乐发生关系的一切学科与知识领域，都将成为国乐整理、研究工作中的重要组成部分。这些构想，反映出杨荫浏清醒而深刻地认识到了国乐的整理、研究及其创作是何等繁难艰巨而任重道远。同时也可看出，杨荫浏始终是把国乐的前途与如何对待西方音乐这一问题紧密联系在一起的，其中的观点与论述，体现了近代以来国人在中西音乐关系认识上的一个新的高度。对此，魏廷格先生评价道：

> 先生不仅力图从理论上解决中国音乐问题，而且试图从实践上提出解决办法，他不是单单指出中国音乐的远景，而且还试图指出通向远景的脚踏实地的道路。
>
> 文章既是从中西音乐关系看中国音乐，也是从国乐前途中看中西音乐关系……将中国音乐界对这一问题的认识，推到了一个不仅是那时代的最高点，而且具备了超出那时代的意义。①

同样，我们也可以说，只有像杨荫浏先生这样具有深厚国乐修养的音乐家，才会提出上述有关国乐的一系列富有洞见、闪烁着学术智慧的论述。杨荫浏在大半个世纪前提出的一系列问题，至今值得我们认真思索，对于现代中国音乐的发展依然有着积极的理论价值与实践意义。

与《国乐前途及其研究》一文互为参照的是杨荫浏在 1947 年发表的《西方民族音乐观》一文。文章再次提到了国乐与西乐的矛盾关系，同时也不无忧虑地指出了发展中的中国音乐所

---

① 魏廷格：《反思中国现代音乐文化问题的重要历史文献——关于杨荫浏先生〈国乐前途及其研究〉一文》，《中国音乐学》1989 年第 4 期，第 22、16 页。

存在的问题：

在消极的偏重国乐或偏重西乐的空气中，在消极的保守国乐与模仿西乐的倾向中，我也时常听到积极的建立民族音乐的呼声。偏重、保守、模仿，我们叫它消极，是因为如此做去，在我们看来，前途中似乎不见光明的远象。①

其中依然可见《国乐前途及其研究》一文中的所思所虑，但《西方民族音乐观》一文的主旨并非专论国乐与西乐之关系，而是介绍西方音乐家是如何认识音乐的民族性问题。他山之石，可以攻玉。文中杨荫浏摘译并评价的西方人对音乐民族性的重视，反映了他意在强调国乐的发展同样应注意民族性问题。在杨荫浏看来，民族意识的萌发恰恰产生于国际间的接触，而中国文化之与世界接触，以音乐为最迟，在没有认清这一点之前，中国音乐“无从选择应走的路径”，而现在则是“有选择路径的需要了”。所谓“选择路径”，就是指要选择具有民族性的音乐发展之路。为此，他呼吁音乐家与倡导音乐的人们，从现在做起，为富有民族音乐特色的中国音乐的发展而努力。

在这篇文章中，杨荫浏再次提到了曾在《国乐前途及其研究》一文中提及的德国音乐家巴赫，强调巴赫的音乐创作正是建立在学习与继承古代音乐的基础之上，这就不难看出他撰写此文的良苦用心。因而，本文用意并非仅仅在于谈论西方人的民族音乐观，作者最后以归纳自己的英文老师——曾长期居住中国的美国传教士、热心中国音乐的郝路易（Louise Strong Hammond）女士关于主张中国人应研究国乐的一段话作为结束，正是表明了此文的真正立意：

音乐诗文，非同科学；通乎国俗，而惯乎民生；出乎灵性，而动乎感情；随历史之俱来，因生活而演进。逾淮植桔，失其本然；徒守西乐之成型，甘弃本来之面目，则形骸虽具，实质必虚；步武外人，难言创造；终且曲异情乖，国内不协兆民之耳，拟音维肖，世界不闻独到之声。谓可长此进展，则吾不愿想象其将来之结果。②

笔者相信，由杨荫浏归纳的这段关于中国音乐发展问题的文字，也正是他本人一直萦绕心头的有关国乐发展的情结所在。

杨荫浏上述两篇被重新发现的文章③，反映了他对国乐改进及其前途的深刻认识，他对国乐宏富而不失缜密的思考与构想，对国乐前途所表现出的深深的人文关怀，直到今天，依然令人肃然起敬；他对如何发展中国现代音乐的一些理论观点，依然值得我们进一步学习与思考。

冯长春著《中国近代音乐思潮研究》节录，人民音乐出版社，2007 年

冯长春，生于 1971 年，华南师范大学音乐学院教授

① 杨荫浏：《西方民族音乐观》（1947），《中国音乐学》2004 年第 4 期，第 116 页。

② 同①，第 118 页。

③ 《国乐前途及其研究》原连载于 1942—1943 年《乐风》杂志，魏廷格先生发现后重刊于《中国音乐学》1989 年第 4 期；《西方民族音乐观》原载于 1947 年《文化先锋》，孟文涛先生发现后重刊于《中国音乐学》2004 年第 4 期。

杨荫浏的传教士老师

——郝路易其人、其事考

[新西兰] 宫宏宇

引　言

有关杨荫浏的研究大都提到传教士郝路易在杨先生人生中的重要性，但对郝氏本人及其在华事迹却都语焉不详。本文即以郝路易本人为焦点，考证其人、其事。本文由四部分组成，第一部分详述郝路易本人的家庭背景及其所属的差会；第二部分聚焦郝路易与杨荫浏的交往，其目的除厘清目前研究中所存在的以讹传讹的现象外，还旨在指出海外学者新近的研究及有关档案资料之所在；第三部分审视郝路易有关中国古代诗词之论著和她对20世纪初期在美国掀起的第一次翻译学习中国古诗高潮的关注，同时，也涉及到她创作的歌词和翻译的抗战歌曲；第四部分把焦点转向郝路易的音乐理论与实践，通过叙述她与裘昌年（1869—1931）等江南文人的合作，来凸显她在中西音乐融合上——特别是在利用中国词乐来创作基督教礼乐音乐上——所做的尝试。与国内近期的研究不同，本文所采用的材料主要来源于：1. 郝路易姐姐尤妮斯·娣简丝（Eunic Tietjens，1884—1944）的自传《世界与我擦肩过》（*The World at My Shoulder*，1938）、拜瑞（Stuyvesant Barry）1973年完成，但从未正式出版的《劳伦斯·哈门德的故事》（*Hammond as in Organ—The Laurens Hammond Story*）；2. 郝路易自己的英文文章；3. 新教各教派在华的全国性刊物《教务杂志》（*The Chinese Recorder*）中所刊载的有关郝路易的形迹。

一、郝路易、家庭背景及其所属差会[①]

郝路易英文名为露易丝·斯特朗·哈门德（Louis Strong Hammond，1887—1945），是美国新教圣公会团（The American Protestant Episcopal Mission）传教士。美国新教圣公会团是较早向中国派遣传教士的差会之一，在晚清时就开始向中国派传教士。该会在中国的总部设在上海，但在无锡、南京、武昌、汉口、烟台和北京也有传教点。早期著名的传教士包括文惠廉（William Jones Boone，1846—1891）和施约瑟（Samuel Isaac Joseph Schere schew sky，1831—1906）。前者1843年到上海后即开始创办学校和医院。后者以1875年翻译官话《旧约全书》[②] 和在上海创办圣约翰大学闻名[③]。

郝路易1887年出生在美国伊利诺伊斯（Illinois）一个中产阶级家庭。双亲的先祖都来自英国，皆笃信基督教且非常富裕。她的父亲威廉·哈门德（William A. Hammond）虽然学历不高，但事业上比较成功，曾任伊利诺斯第一国民银行（the First National Bank of Illinois）的经理。郝路易的母亲艾迪亚·路易斯·斯特朗（Idea Louise Strong）1859年出生在美国东北部俄亥俄州甘比亚（Gambier）的一个农场，爸爸是牧师，她是家中最小的孩子。与银行家的丈夫不同，她12岁时就到芝加哥上学，先后在有名的私校洛克福德女子中学（Rockford Seminary）和芝加哥美术学院（the ArtInstitute of Chicago）受过很好的教育。她本来的理想是成为一名画家，但1883年与威廉·哈门德结婚后，只得放弃。据郝路易弟弟回忆，像所有的美国中产阶级家庭一样，她们在芝加哥艾文斯顿（Evanston）有一幢大的漂亮的房子，离秀丽的密执安湖只有数米之隔。家中不但有很多仆人，还有车夫和专门照顾小孩的法语家庭教师。[④] 在父亲1897年意外地溺毙之前，郝路易一家一直住在上述芝加哥市郊的豪宅中。父亲去世后，妈妈带她们姐弟四人去了欧洲。一是重新实现年轻时当画家的梦想，二是为了节省开支，因为欧洲的消费比美国要低。1899年他们全家在英国和法国短暂停留后，又去了瑞士和德国，所以郝路易和她的姐弟在日内瓦（2年）、德累斯顿（2年）、巴黎都上过学。妈妈还曾在巴黎办过个人画展。[⑤]

郝路易在家排行老二，上有一个姐姐、下有一个妹妹和一个弟弟。他们四人随母亲，都与文学艺术有缘。姐姐尤妮斯（Eunice）出生于1884年，虽然对瓦格纳极其崇拜，后来却成为了美国著名的印象派诗人和作家，并曾在欧洲做过战地记者，写过游记和儿童故事，还曾当过

---

① 差会：教会的一种宣教组织，可以派遣宣教士去异地宣教，差会负责生活费用，宣教士对差会负责，汇报工作。

② Eber，Irene：*The Jewish Bishop and the Chinese Bible*：*S. I. J. Schereschewsky*（1831—1906）. Leiden & Boston& Käln：Brill. 1999.

③ 许布曾：《圣约翰大学创始人：施约瑟》，《档案春秋》2006年第2期。

④ Barry，Stuyvesant：*Hammond as in Organ – The Laurens Hammond Story*. http：//thehammondorganstory. com/（Accessed 26 July 2010），1974.

⑤ Tietjens，Eunice：*The World at My Shoulder*. 1938. pp3—13.

编剧。她虽然没有大学文凭，却在佛罗里达大学当过两年教师（详见下文）。妹妹伊丽莎白（Elizabeth）是个不错的大提琴手，曾在美国和东亚的交响乐团任独奏，可惜英年早逝。① 弟弟劳伦斯·哈门德（Laurens Hammond，1895—1973）毕业于著名的常春藤名校康乃尔大学，虽然也很早就学习音乐，但他的成就更显现在发明上，特别是郝氏电子风琴的发明，《格罗夫》都有专门条目介绍②。这里需要特别介绍的是郝路易的姐姐尤妮斯。

郝路易的姐姐尤妮斯1904年嫁给美国著名作曲家保罗·娣简丝（Paul Tietjens，1877—1943）后随夫姓娣简丝。保罗·娣简丝是美国20世纪初期著名作曲家，最著名的作品是其1902年为鲍姆（L. Frank Baum，1856—1919）的百老汇歌舞喜剧《绿野仙踪》（*The Wonderful Wizard of Oz*）的配乐。保罗·娣简丝后来有创作过几部歌舞剧，如《神圣的大蛇》（*The Sacred Serpent*）、《献给灰姑娘的吻》（*A Kiss for Cinderella*）等，但都没有像《绿野仙踪》那样一炮打红，直到现在还是百老汇经常上演的剧目。除了流行的歌舞剧外，保罗·娣简丝也写过几部交响乐、一部协奏曲、一些奏鸣曲和室内乐。严肃作品中，她的歌剧《阿拉伯人的帐篷》（*The Tents of the Arabs*）最有影响。保罗和尤妮斯有两个女儿，其中大女儿4岁时不幸夭折。这也是尤妮斯1914年与保罗离异的原因之一。虽然尤妮斯与保罗离婚，1920年改嫁给美国剧作家克洛伊德·韩德（Cloyd S. Head，1886—1969），但一直用前夫的姓，直到她1944年去世。

尤妮斯·娣简丝本人是美国颇有名气的意象派诗人兼儿童文学作家。她不仅与蒙罗（HarrietMonroe，1860—1936）③、洛威尔（Amy Lowell，1874—1925）、庞德（Ezra Pound，1885—1972）等受中国文学影响的欧美诗人有过交往，与中国诗人闻一多也有过交往，对闻一多的诗作还有过不小的影响。闻一多在其书信中曾提到1922年12月1日会见娣简丝时，"伊教我再多译几首，同伊酌了字句，伊当送给Harriet Monroe［蒙罗］选登《Poetry》"④。遗憾的是，国内外有关娣简丝对闻一多影响的研究不少，但似乎没人知道她就是郝路易的姐姐。也很少有人提到她们姊妹俩曾在1931年出有一本中国游记的故事书（*Burton Holmes Travel Stories*：*China*）。尤妮斯·娣简丝的文学生涯开始于1909年全家回到芝加哥后，最初她以为报刊写系列专栏为生，1912年受芝加哥一些文人朋友们的鼓励，娣简丝开始更多倾向于诗歌的创作，从而开始了她与芝加哥《诗刊》创始人蒙罗25年的友谊。《诗刊》在世界文学史上的地位从其撰稿人的组成即可窥见一斑。20世纪20、30年代为《诗刊》投稿的诗人包括意象派运动发起人庞德、叶慈（William B. Yeats，1865—1939）、艾略特（T. S. Eliot，1888—1965）等。泰戈尔最早的英文诗也是在此刊物上发表的。⑤ 尤妮斯1915年成为《诗刊》的助理编辑。她在美国文学

---

① Tietjens，Eunice：*The World at My Shoulder*. 1938. pp3—11.

② Aldridge，Henry B.："*Music's Most Glorious Voice*"：*The Hammond Organ. Journal of American Culture* 19：3. 1996. pp1—8.

③ 值得注意的是，蒙罗也与中国有缘。1910—1911年蒙罗到中国看望她当时为美国驻华大使夫人的姐姐（妹妹），这次中国之旅使得她对中国艺术的兴趣勃兴。回到美国后，她创办了《诗歌》，通过这一期刊，她为美国读者介绍了"意象主义者"（Imagists）和其他"新诗"。

④ 转引自卢惠余：《闻一多与美国意象派研究中几个问题的辩证》，《河南社会科学》2009年第1期，第135—137页。

⑤ Tietjens，Eunice：*The World at My Shoulder*. 1938. pp 22—24，59—61。

史上的地位似乎已得到承认，20 世纪 60 年代就有专门研究她生平及创作的博士论文出现①，欧美大的文学词典也都有关于她的词条，如 1995 年版的《牛津美国文学词典》中也有关于她的条目。有意思的是，娣简丝在郝路易抵华一年后就同母亲、妹妹和女儿一起来过中国，并在无锡住过一段时间。② 她后来写的诗集《中国侧影》（*Profiles from China*，1917）就是这次中国之旅的产物。尤妮斯·娣简丝创作的诗词《木地情歌》（*Woodland Song*）也曾被美国当代作曲家查尔斯·毕翅·豪立（Charles Beach Hawley，1858—1915）谱写成歌曲，在美国广为流传。

二、郝路易与杨荫浏

有关杨荫浏与郝路易的关系，国内的研究一般都以杨荫浏晚年在《最后的课》中的说的一段话为依据。③ 这里，他不仅提到他“十二岁那年，遇到美国传教士郝路易”，还提到了他们之间的情谊（“她很喜欢我……我曾称为‘干妈’”）、郝氏对他的培育（“教我学英语和外国音乐……开始上视唱课，后来学作曲”）和郝氏对他的最终期望（“她是想把我培养成宗教音乐家”）④。把杨、郝二人的初次接触说成是杨“十二岁那年”，应是杨先生记忆有误。郝路易是受美国新教圣公会团派遣来华的传教士，她的来华日期和行踪在教会的刊物《教务杂志》中都有明确的记载。据《教务杂志》“抵华传教人员”报道，郝路易是 1913 年 9 月 27 日才抵华的。⑤ 杨先生出生于 1899 年 11 月 10 日，那时的杨荫浏应已近 14 周岁。至于华蔚芳、伍雍谊文中提到的杨“10 岁时偶然见到了在无锡的郝路易”⑥ 和杨周怀先生所说的郝路易是在杨荫浏“十一岁时……去拜访杨荫浏的房东，听到杨荫浏在吹奏中国乐器，并且朗读中国诗词，就很喜欢这个小孩”的说法⑦，在年代上就更有问题了。

以往的研究主要提到郝路易对杨荫浏的影响。杨荫浏晚年在给研究生上的《最后的课》中和 1980 年 10 月 28 日接受张韶和余少华的采访中也都提到：“她教我英文，教我作曲，为什么要教我？后来大了，叫我去编赞美诗，后来我编了《普天颂赞》。”⑧ 的确，杨荫浏早年学习英语、西洋音乐技法、二十多岁时加入基督教、1928 年任“中华圣公会统一赞美诗委员会”委员、后来辞去教职专门编纂赞美诗、撰写基督教音乐的论文等都是郝氏直接影响的结果。30 年代末期当杨中断了与教会的联系，被聘为教育部音乐教育委员会委员，留在昆明工作时，又是郝路易“突然来看我，她建议我辞职，然后同她一起去上海，每月给我四百美元的薪水。我

---

① Love，W. N. S.：*Eunice Tietjens：A Biographical and Critical Study*. PhD. Dis.，University of Maryland. 1960.

② Tietjens，Eunice：*The World at My Shoulder*. 1938. pp22—24，第 70 页。

③ 参见田青：《杨荫浏与中国宗教音乐》，《音乐研究》2000 年第 1 期，第 62—76 页；周颐：《赤子心怀有隐曲——杨荫浏学术史事抉微》，中国艺术研究院 2008 届硕士学位论文。

④ 乔建中：《杨先生的音乐之路》，《中国音乐学》1999 年第 4 期。

⑤ Chinese Recorder：*Arrivals*，The Chinese Recorder 44. 1913. p718.

⑥ 华蔚芳、伍雍谊：《民族音乐传统接力赛的健将》，载向延生编《中国近现代音乐家传》，沈阳：春风文艺出版社，1994 年，第 381 页。

⑦ 杨周怀：《杨荫浏先生在中国基督教赞美诗的翻译、编曲、作曲及作词方面所作的贡献》，《中国音乐学》1999 年第 4 期，第 39 页。

⑧ 刘再生：《杨荫浏关于音乐问题的一次谈话》，《音乐研究》2003 年第 3 期。

可以在那里自由自在地听音乐、弹琴、画画，顺便把艺术的‘感情’‘找’回来”①。有的学者甚至认为“郝路易对杨荫浏的事业影响深远，并不主要体现在传授他西方音乐知识和技能，而是在于杨很可能因为郝路易而得到家庭的支持，光明正大地学习音乐，又因郝路易走上职业音乐家的道路”②。但很少有学者注意到杨荫浏对中国音乐的态度在一定程度上也受到了郝氏的影响。杨荫浏本人后来在《西方民族音乐观》一文中就说过：“郝母虽教人西乐作曲，却极力主张中国人应研究国乐。”③ 至于杨荫浏对郝路易的影响，就更少有人提及了。其实他们之间的交往是双向受益的。曹安和在回忆文章《杨荫浏》中就写道：“杨荫浏教她吹笙、昆曲及音韵学。互教互学，成忘年之交。”④

国内近年来有关杨荫浏的个案研究时有出现，研究资料也臻于完善（如江苏文艺出版社2009年出的13卷本《杨荫浏全集》）。但对杨先生的英文论著的关注不够，更谈不上对中文以外的档案资料的利用。而毕业于澳大利亚莫纳什大学、曾在艺术研究所工作过的澳大利亚学者米思奇（Peter Micic）的研究却正好弥补了这方面的不足。米思奇的《采集一个民族的音乐：杨荫浏的人生缩影》（载李海伦编《中国音乐人生》，美国伊利诺大学出版社，1999）就为学者日后研究杨先生与郝路易的关系提供了新的线索。他文中提到芝加哥纽伯瑞图书馆（The Newberry Library）收藏有郝路易1912—1943年间写给其姊尤妮斯·娣简丝的私人信件。但米思奇好像没有意识到娣简丝就是郝路易的大姐。纽伯瑞图书馆特藏部所藏的24箱与娣简丝有关的卷宗中，米思奇说有“26个文件档”与郝路易有关，其中一个文件档是“中国歌曲”（内有10篇文献，有词曲），一个文件档是“中国照片”，其他24个文件档是郝路易与娣简丝的信件。米思奇还提到郝路易在信件中多次自豪地提起杨荫浏，在一封1939年8月13日寄自昆明的信中，郝路易写道：“我的教子厄内斯特·杨（笔者按：杨荫浏的英文名为Ernest Yang）是最勤奋用功的诗人和音乐家。”⑤ 2002年2月米思奇在无锡调查基督教教堂时曾专门访问了位于无锡中山路130号的原系中华圣公会江苏教区在无锡建造的主要教堂无锡基督教堂。通过与一位七十多岁的已退休的牧师的交谈，他得知杨荫浏曾定期地参加此教堂的礼拜仪式。⑥ 杨荫浏当然不是第一个创作赞美诗的华人教徒，但他却和吴历（1632—1718）、席胜魔（1835？—1896）等少数在圣诗本土化过程中作过突出贡献的教徒一样，是外国传教士最引以为荣的⑦。因为他不仅信仰虔诚、中英文俱佳，在音乐上的造诣也是其他教徒无可比拟的。郝

---

① 乔建中：《杨先生的音乐之路》，《中国音乐学》1999年第4期。

②③ 周颐：《赤子心怀有隐曲——杨荫浏学术史事抉微》，中国艺术研究院2008届硕士学位论文，第15页。

④ 同②，第16页。

⑤ 转引自Micic，Peter：*Gathering a Nation s Music*：*A Life of Yang Yinliu*（1899—1984）. Lives in Chinese Musicedited by Helen Rees，Urbana：University of Illinois Press. 2009. p99—107.

⑥ 同⑤，第94—95页。

⑦ 近期有关吴历（渔山）的研究，可参见JonathanChaves，“Wu Li（1632—1718）and the First Chinese Christian-Poetry”，*Journal of the American Oriental Society*，Vol. 122，No. 3（2002），pp. 506—519. 关于传教士对席胜魔的颂赞，请见Mrs Howard Taylor，*One of China's Scholars*：*The Early Lifeand Conversion of Pastor Hsi*（Shanghai：The China InlandMission，1900），pp. 269—270；C. S. Champness，“Hymnologyin the Chinese Church，II” in *China Mission Year Book*（Shanghai：Christian Literature Society for China，1912），p. 251；William Munn，“Chinese Hymnology”，*The ChineseRecorder*，Vol. 42（1911），p. 70.

路易甚至把她“发现杨荫浏”这一事实自豪地称作是她“对中国教会最大的贡献”①。

三、郝路易、中国古代诗词、抗战歌曲

郝路易的姐姐尤妮斯·娣简丝在其自传《世界与我擦肩过》中提到郝路易时有这样一段话：“她是一个有才能的音乐家（大英博物馆曾发表过她有关中国音乐的研究成果），她自己本身就是一个好的诗人，她也是一把翻译中国诗词的好手，曾为《大西洋月刊》② 撰过稿。她还是个圣人，虽然她不喜欢我们这样说她。”③

尤妮斯并不是在为她的妹妹吹嘘，郝路易的确在当时还在大英博物馆东方版画与绘画部任职的汉学家阿瑟·韦利（Arthur D. Waley，1889—1966）编辑的《1924—1925 东方艺术与文化年鉴》（*Yearbook of Oriental Art and Culture*，1924—1925）上发表过题名为《中国诗的曲调》的论文，文中除讨论中国诗的形式外，还附有她所翻译的中国古诗 9 首，其中 4 首还附有裘昌年、金寿山（译音）唱念，她用五线谱记谱的古诗 4 首（Hammond，1925）（左侧谱例由裘昌年吟唱《诗经》词，郝路易记谱）。韦利是 20 世纪公认的最有成就的汉学家之一，尤其是在汉诗英译上，他的成就至今还没有人超越。④ 能在他编辑的书中讨论中国诗词是需要有一定的水平的。在此论文中，郝路易除提到韦利的译著外，还提到佛罗伦丝·艾斯考夫（Florence Ayscough，1878—1942）、洛威尔（Amy Lowell）、海伦·瓦黛尔（Helen Waddell，1889—1965）、维特·宾纳尔（Witter Bynner，1881—1968）的译作⑤，充分显示了她对 20 世纪初期在美国掀起的第一次翻译学习中国古诗高潮的关注⑥。

笔者虽然还没有查到她发表在《大西洋月刊》上的翻译诗，但却在其姊编辑的《诗刊》上发现了她为日本留美学者小畑薰良（Shigeyoshi O－bata）《李白的诗作》（*E. P. Dutton and*

---

① 转引自 Micic，*Peter*：*Gathering a Nation s Music*：*A Life of Yang Yinliu*（1899—1984）. Lives in Chinese Musicedited by Helen Rees，Urbana：University of Illinois Press. 2009. p99—107.

② 《大西洋月刊》是美国的一种文学和艺术评论性期刊，其性质类似《读书》月刊。第一期于 1857 年 11 月在波士顿出版。发起人有哲学家、作家爱默森（Ralph Waldo Emerson，1803—1882），诗人、教育家、语言学家朗费罗（HenryWadsworth Longfellow，1807—1882），医生、哈佛大学教授、诗人、作家霍姆斯（Oliver Wendell Holmes，1809—1894）和诗人、批评家、散文家、外交家洛威尔（James Russell Lowell，1819—1891）。马克·吐温（Mark Twain，1835—1910）、亨利·詹姆斯（Henry James，1843—1916）的小说最初就是在此刊物上发表的。

③ Tietjens，Eunice：*The World at My Shoulder*. 1938. pp22—24，第 11 页。

④ Hawkes，David：*Arthur Waley*，Asia Major（New Series）1967（12）. pp145—147. Spence，Jonathan D.：Arthur Waley，*Chinese Roundabout－Essays in History and Culture*，New York：W. W. Norton. 1992. pp329—336.

⑤ 生在上海并在中国久居的艾斯考夫和洛威尔合作翻译《松花笺》（*Fir－Flower Tablets*：*Poems Translated from theChinese*）1921 年首版。生于日本东京的爱尔兰女诗人、翻译家瓦黛尔曾在牛津大学任教，译有选自《诗经》的《中国古代诗歌》（*Lyrics from the Chinese*，London：Constable，1913），后又写成关于中世纪诗歌和诗人的文章《漫游四方的学者》（*The Wondering Scholars*，London：Constable，1927）。美国诗人宾纳尔 20 世纪初曾来过中国，与江亢虎（1883—1954）关系甚笃，两人合作十多年（1918—1929）合译的《唐诗三百首》（*The Jade Mountain*：*A Chinese Anthology*，New York：Knopf）于 1929 年在纽约出版。宾纳尔后又将《道德经》（*Way of Life According to Laotzu*）翻译成现代美国口语出版，扉页上也有“献给江亢虎”之字样。

⑥ 关于中国古诗 20 世纪初在美国的翻译与影响，可参见 Yunte Huang，*Transpacific Displacement*：*Ethnography*，*andIntertextual Travel in Twentieth－Century American Literature*（Berkeley：University of California Press，2002），Chapter Three.

Co.，1922）一书撰写的书评[①]。小畑薰良（1888—1971）的译作共选译李白诗124首（包括杜甫等有关李白的诗8首）。此译作不仅在西方文学界颇有影响，在音乐领域也激起了一些波澜，如英国作曲家、指挥家阿瑟·布里斯（Arthur Bliss，1891—1975）的组歌《子夜四时歌》（*The Ballads of the Four Seasons*，1923）、和康斯坦特·兰伯特（Constant Lambert，1905—1951）的组歌《李白诗八首》用的就是小畑薰良的译作[②]。值得一提的是，这部译作1922年在欧美出版后，在国内也引起过争论，如1926年，闻一多、徐志摩等人就围绕这部译作在《晨报副刊》开展了一场关于翻译问题的讨论[③]。郝路易在小畑薰良书刚一出版就加以评论，可见她对中国诗词的关注。在音乐方面，除了以下所要谈到的她的有关论文和她在《普天颂赞》中的赞美诗曲外，中国艺术研究院音乐研究所图书馆、上海图书馆和广东省中山图书馆现还存有上海商务印书馆1926年5月出的她编配的《梅花三弄》钢琴谱和此谱1927年1月的再版本[④]。

郝路易不但翻译古诗，对新诗她也有所涉及。她抗日战争时期翻译的现代歌词也曾被人引用[⑤]。除配曲外，郝路易也创作和翻译歌词，原金陵女子学院音乐教授葛星丽（Stella Marie Graves）根据美国汉学家马尔卡姆·法雷（Malcolm F. Farley，1896—1941）所采集的闽江船工号子曲调改编创作的《闽江船歌》中第六、第七首的歌词就出自郝路易之手，第八首的歌词（杨荫浏作）也是郝路易翻译的[⑥]。由李抱忱编辑、1943年在美国纽约出版的英文抗战歌集《抗战中国的歌曲》（*Song of Fighting China*，New York：Chinese News Service，1943）中所包括的22首歌曲，有6首的歌词——《长城谣》、《游击队歌》、《出征歌》、《嘉陵江上》、《兵农对》、《满江红》——就是她翻译的。此歌集不但在海外同胞中颇有影响，在同情中国的国际人士中也产生了重要影响。[⑦] 此外，郝路易还在《教务杂志》上发表过讨论圣歌创作的《新素歌》（1920）（详见下文）和报道赞美诗发展现状的《为原创赞美歌所举办的一次征集赛》（1929）等与诗歌和音乐有关的文章。郝路易其他的译著仅笔者见过的就有她和别人译述的《新中国梦》（汉口：中国基督圣教书会，民国二十六年）、《传道斐洲三杰》（基督圣教协和书局，1920）。

四、郝路易、裘昌年、中国词乐与"新素歌"

郝路易虽然也曾跟杨荫浏学过民间乐器，但她最大的兴趣似乎是中国文人的词乐。她认为

---

① Hammond，Louise Strong：*Review*：*Interpreting a Master*：The Works of Li Po；Shigeyoshi Obata，Poetry，22. 6. 1923. p334—337.

② Hsieh，Chinghsuan Lily：*Chinese Poetry of Li Po Setby Four Twentieth Century British Composers*：*Bantock*，Warlock，Bliss and Lambert.（D. M. A dissertation，The Ohio State University）. 2004. pp77—124.

③ 邬国平、邬晨云：《李白诗歌的第一部英文译本——小畑薰良译〈李白诗集〉、译者与冯友兰等人关系及其他》，《江海学刊》2009年第4期。

④ 中国艺术研究院音乐研究所资料室编：《中国音乐书谱志》（增订本），北京：人民音乐出版社，1994年，第126页。

⑤ Graves，StellaMarie：*Music Education in China*，Music Educators Journal，1946（1），p26.

⑥ 同⑤，第27—37页。

⑦ 曲文静：《中国近代合唱事业的先驱——音乐家李抱忱百年诞辰纪念》，《中央音乐学院学报》2007年第4期。

与其把中国歌词生搬硬套地配上现成的西洋曲调，不如认真研究中国句法的韵律节奏和断句手法，从中总结出一套切实可行的、适合中国教徒的做法。① 和早期英国浸会宗的苏慧廉（William E. Soothill，1861—1935，也称苏维廉）一样，郝路易对中国音乐是下过一番工夫的。但她获得中国音乐知识的途径，很显然并非像早期耶稣教士钱德明（Jean J. M. Amiot，1718—1793）、新教传教士花之安（Ernst Faber，1839—1899）、湛约翰（John Chalmers，1825—1899）等那样来自中国古代典籍，而是来自于与中国社会的长久接触。通过几年的观察，她觉得中国文人读书和吟诗的方式与基督教早期的格利高里圣咏有"内在的"极其相似的地方，因此她认为通过继承和吸取西方基督教祭拜传统和经验、融合中国本土的特有的元素，一种新的属于中国人的教会音乐是完全有可能建立起来的。这就是她提出的"新素歌"（a new plainsong）的概念。②

把中国音乐与格利高里圣咏相比，郝路易并不是第一人。如英国浸礼会传教士李提摩太（Timothy Richard，1845—1919）就有过类似的想法。他之所以把他在五台山听到的一首佛曲用到他 1883 年出版的教科书《小诗谱》中，就是因为其旋律与格里高里圣咏有相似之处。③ 但与李提摩太不同的是，李提摩太只是听了觉得相似就直接记录了下来，而郝路易则和苏慧廉在 1887 年夏每天都花一个小时和中国人学唱歌、学拉二胡一样④，花了很大的力气研究格里高里圣咏与中国词乐相似的原理。而与她合作、从而使她对中国文人音乐有深刻领悟的人是无锡名流裘昌年⑤。郝路易是怎么认识裘昌年的呢？我们所知甚少。笔者所见的有关裘氏的资料也很少提到他是基督徒或他与教会的关系。但郝路易和裘氏之间的合作却在郝路易的文章中有比较详细的记载。和裘昌年一起，他们为连祷歌配乐⑥，还为圣公会圣餐仪式创作了一整套他们自己称之为"圣十字架弥撒"（The Mass of the Holy Cross）的音乐⑦。

用文人吟诗的方式为圣公会圣餐仪式创作一套适合中国自己的音乐的念头是郝路易偶然萌发的。用她自己的话说："一天我在一个村镇里听到一组刚皈依基督教的男人在一起做晚祷告。因为他们还没有被现代的习俗惯例影响到，所以他们唱出来的祷词不是像常见的那样整齐划一式的刻板会话，而是有起有伏的齐唱，这种唱念祷词的方式不但极其诱人而且给人以神秘莫测的感觉。他们当然会极力否认他们是在唱歌，争辩说一般中国人就是这样读书的。但是其效果却明显地令人欣喜并使人顿生虔诚之意。当时我就想，如果能让一个既懂语言韵律又知晓诗词平仄的好的中国学者仔细研究礼拜仪式的每个短语的意思，他或许会创作出一套既绝对正确又

---

① Hammond，Louise Strong：*A New Plainsong*，The Chinese Recorder 51，1920，p179.

②⑦ 同①，第 180 页。

③ Richard，Timothy：*Forty - Five Years in China*，London：T. Fisher Unwin. 1916. p171.

④ 宫宏宇：《传教士与中国音乐：以苏维廉为例》，《黄钟》2008 年第 1 期。

⑤ 裘昌年（1869—1931），出生在无锡的官宦之家，是官居四品曾任浙江乍浦海防府知府裘蕴山的长子。他本人虽是前清秀才，但他身边也不乏改革求新之人。因创办中国第一张白话报《无锡白话报》而闻名的裘廷梁（1857—1943）是他的叔叔，有中国第一女报人之称的裘毓芳（1871—1909）是他的大妹。他的儿子裘维蕃（1912—2000）是植物病理学家，生前是中科院院士。裘昌年曾任孙传芳幕僚，与无锡诗人、书法家孙揆均（1866—1941），藏书家、书目专家丁福保（1874—1952），革命家、书法家吴稚晖（1865—1953），画家吴观岱（1862—1929）等关系都甚笃。除词章外，裘昌年也以书画闻名，他的书画至今仍有拍卖。

⑥ 同①，第 184 页。

能充分显示出文理韵味的唱咏的曲调。”① 幸运的是，郝路易不仅找到了这样的文人，而且找到的是裘昌年这样诗词书画俱佳的无锡名流。用她自己的话说：“裘先生以文章闻名邑中，在无锡一带声望颇具，曾当过地方官，他同意为我工作。”②

在运用中国人熟悉的音乐语言来传播基督教义这一点上，很多传教士都曾有过尝试。如在山东青州传教的英国浸礼宗的李提摩太夫妇、库寿龄夫人③等早期的新教传教士等，但他们都采用的是“拿来主义”的方式，所选择都是他们认为中国人容易学会的五声音阶的曲调。如李提摩太夫人除推荐用苏格兰的民间曲调（如“友谊地久天长”）和美国黑人“欢歌”（Jubilee airs），如“SwingLow”、“光明的天堂”（In Bright Mansions Above）、福音列车（The Gospel Train）和“Steal Away toJesus”等类似的西洋曲调填歌词④外，还建议用中国的《老六板》、《步步高》、《普天乐》、孔庙唱诵音乐和佛教寺庙歌调作为教材。美国监理会的查尔斯·查姆普尼斯（Charles S. Champness）和活跃于华中地区的汉口伦敦会的潘雅德（Arthur Bonsey）等也竭力主张避免在乐曲中用半音。他们除了推荐“友谊地久天长”（Auld Lang Syne）、“山埂河边”（YeBanks and Braes）这些五声音阶的苏格兰传统乐曲外，还建议使用美国通俗流行歌曲“衣阿华”（Iowa）、“肯塔基”（Kentucky）、“丛林”（Forest）和“和谐林”（Harmony Grove）等。⑤ 以上提到的苏慧廉牧师除主张教会礼拜所用的音乐应该尽可能地避免用半音，多用苏格兰、爱尔兰民歌旋律外，甚至还鼓励传教士们在基督教祈祷仪礼上采用中国乐器。⑥⑦

与上述传教士这种急功近利的“拿来主义”做法不同，郝路易更感兴趣的是创作有中国特点的、原创性的教会音乐。她认为与其采用西方后来才发展起来的大、小调音乐体系来创作中国教会中所用的音乐，不如回到大、小调音乐体系之前的多调式的基督教会音乐。鉴于中国音乐旋律性强、与语言接近、所用调式多的特点，借鉴和参考统治西方一千多年并强烈地影响了20世纪作曲家的广义的“调式”音乐——特别是格利高里圣咏——才是解决问题的关键。郝路易之所以做出中国文人读书和吟诗的方式与格利高里圣咏有“内在的”、“极其相似”的判断，是因为在她看来，中国诗词乐和西方基督教中大量传统仪式曲调（素歌）一样，都有单线条声乐旋律、在调式上不限于大小调、无伴奏、节奏自由、没有严格的小节划分等特点。换句话说，郝路易认为与其用与中国音乐风马牛不相及的、强调纵向性组合的西方功能性和声配中国的歌曲，不如用与中国音乐原理相似的、同样是线性的格利高里圣咏为坐标。

---

① Hammond, Louise Strong: *A New Plainsong*, The Chinese Recorder 51, 1920, p180.

② 同①，第181页。

③ Couling, Mrs.: *Pentatonic Tune Book Shantung*: Presbyterian Press. 1895.

④ Richard, Mary: *Chinese Music*, The Chinese Recorder, 1890 (21). p310.

⑤ Champness, *C. S*: *Pentatonic Music and Kindred Matters*, The Chinese Recorder. 1905. pp 560—561. Bonsey, Arthur: Chinese Hymnology and Church Music, The Chinese Recorder. 1905. p285.

⑥ 除了李提摩太夫妇、库寿龄夫人、苏慧廉外，别的传教士也纷纷就五声音阶的问题在《教务杂志》上发表意见，如在陕西内地会的金辅仁（Geo King），“Hymns and Musicin China”，20（1889）：133—134；天津英国卫理公会教士甘淋（G. T. Candlin, 1853—1924），“Chinese Hymnology”，24（1893）：167—173；在上海、苏州和宁波生活了五十多年、曾主编《教务杂志》的美国长老会传教士费启鸿（G. F. Fitch, 1845—1923），“Hymns and Hymn Books for the Chinese”，26（1895）：466—470；福州美以美会宣教士瓦格（J. E. Walker,）“Pentatonic Music: Some Suggestions and Experiences”，37（1906）：497—499.

⑦ Soothill, William E.: *Chinese Music and Its Reation to Our Native Services*, The Chinese Recorder 21. 1890. pp226—228.

在郝路易看来，中国诗乐和基督教传统素歌的相似性首先表现在调式的运用上，其次是律制。和素歌用“多利亚、弗里几亚等”多种“正调式”和“副调式”一样，中国诗词乐用的是“宫、商、角、徵、羽”等多种调式音阶，与西方近代才发展起来的大小调音阶相距甚远①。中国诗乐和素歌的另一个相似点是音律。和素歌一样，中国诗乐中所用的音阶是没有经过人工调律的“绝对的，或在科学上准确的音阶（absolute or scientifically accurate scale），而不是从巴赫《平均律钢琴曲集》后我们的耳朵都变得习惯听的、一个八度整齐地分为十二个半音的音阶”②。“就是这种绝对的音阶，使我们初听中国音乐时最反感，因为它的音程似乎给我们以走调的感觉。”③值得注意的是，郝路易没有把“绝对的，或科学上准确”这样的赞誉之词用来形容巴赫所用的平均律，而是把它们留给了中国诗乐和格利高里圣咏所用的律制。

郝路易还注意到，从节拍和节奏上来讲，中国诗乐所遵循的是语言的自然韵律，与韵文体的交替歌唱式的“诗篇歌”（Psalms）和罗马天主教黄昏祷和圣公会晚祷的“圣母颂歌”（the Magnificat）④ 相近，而离有固定诗韵和节奏的、且通常是反复歌唱的赞美诗（hymn）则有相当的距离⑤。正是有了这样的认识，郝路易才开始在注重细微旋律和自由节拍的“新素歌”的创作上下工夫。在郝路易的敦促下，裘昌年不厌其烦地把基督教圣诗和祈祷文一遍一遍地用词乐的方式唱诵，郝路易也耐心地尽力把旋律用五线谱记录下来。经过一段时间的努力，裘昌年“为圣餐礼仪的所有不同部分——如慈悲经（the Kyrie）、圣哉经（the Sanctus）、荣耀经（the Gloria in Excelsis）等——都创作出了具有原创性的中国曲调”⑥。这些曲调并非只是已知中国老歌的记谱或改编，而是融合不同民间风格的实际意义上的创作。用裘昌年自己的话说：“慈悲经（the Kyrie）在总的风格上与常被讨论的唐代的戏曲音乐昆曲无异。信经（the Creed）和上帝之祷（Lord's Prayer）有些许效仿道教仪式唱诵的意味，但道教仪式唱诵本身可能在风格上源自昆曲。荣耀经（the Gloria in Excelsis）在写作形式上以爱国歌曲为原型，而降福经（the Benedictus Qui Venit）中人民的呼喊……则是通过船工干苦力活时所用的无词副歌的形式恰当地表现了出来。”⑦ 郝路易和裘昌年创作的这些歌调虽然多种多样，但从本质上来讲都很简单，易于传唱。“用 F 调，不用升降号就可完全写出来，在演唱上也不超出普通信众的音域。有些歌——如荣耀经——有很固定的节拍，用$\frac{2}{4}$拍写成。别的部分——如信经——虽没有固定的节拍，但也自然地服从着某种韵律，就像英文散文的节奏一样。”⑧ 在音阶和调式的选择上，

---

①③ Hammond，Louise Strong：*A New Plainsong*. The Chinese Recorder 51. 1920，p182—183.

② 同①，第 183 页。

④ Magnificat 是拉丁文“圣母颂歌”的意思，也有译成“圣母玛利亚的圣歌”，歌词取自《路迦福音》（我的心赞美上主）。巴赫、爱沙尼亚作曲家帕尔特（Arvo Pärt，1935— ）等都创作过 Magnificat。Magnificat 是拉丁文圣经中该颂歌的第一个词（Magnificat anima mea Dominium，即“我的心赞美上主”）。是罗马天主教黄昏祷和圣公会晚祷的一部分［圣公会晚祷的配乐后面连接西面颂（Nunc Dimitis）］。在罗马天主教礼拜仪式中用素歌曲调演唱，在圣公会礼拜仪式中则用圣公会圣咏。详见迈克尔·肯尼迪、乔伊斯·布尔恩编《牛津简明音乐词典》，北京：人民音乐出版社，2002 年，第 713 页。

⑤ 同①，第 180 页。

⑥⑦ 同①，第 181 页。

⑧ 同①，第 182 页。

“新素歌”虽大部分用五声音阶，但并不局限于五音。大调七声音阶和半音也常用到。郝路易和裘昌年合作的这些“新素歌”后来被无锡的“圣十字架教堂”采用，每个星期天都被用到，完全取代了他们先前用格利高里圣咏曲调改编的圣曲。为了使全国各地的教堂都能利用他们的创作成果，裘昌年后来还对其中的一些曲调根据北方官话的特点作了改动。到1920年郝路易在《教务杂志》上发表其《新素歌》时，全国已有多所教堂采用他们的“新素歌”①。

结　　语

杨荫浏先生生前曾数次提到郝路易对他的知遇提携之恩。遗憾的是，我们在探讨杨氏的成就时却极少谈及郝路易本人。本文从郝路易本人的家庭背景、郝路易与杨荫浏的交往、郝路易有关中国古代诗词之论著、郝路易的音乐理论与实践四方面对她的生平业绩做了简略的叙述。通过聚焦她与裘昌年的合作，本文还凸显她在中西音乐融合上所作的尝试。通过以上的论述可以看出，郝路易在中国现代音乐史上除扮演伯乐的角色外，在基督教音乐华化、诗词学和翻译学三个领域也都有值得注意的建树。其中基督教音乐华化的成就主要体现在对中国传统文人音乐的借鉴吸收上，而她在翻译学上的建树则呈现在抗战歌词的翻译上。本文的讨论当然无法穷尽这些议题，但作为抛砖引玉之举，如能引起国内学者兴趣，也不枉笔者之苦心。

参考文献

Aldridge, Henry B.

1996　“*Music's Most Glorious Voice*”: *The Hammond Organ.* Journal of American Culture 19: 3: 1—8.

Barry, Stuyvesant

1974　*Hammond as in Organ—The Laurens Hammond Story.* http: //thehammondorganstory. com/ (Accessed 26 July 2010)

Bonsey, Arthur

1909　*Chinese Hymnology and Church Music*, The Chinese Recorder 40: 283—286.

Champness, C. S

1905　*Pentatonic Music and Kindred Matters*, The Chinese Recorder 36: 559—562.

Chinese Recorder

1913　*Arrivals*, The Chinese Recorder 44: 718.

① Hammond, Louise Strong: *A New Plainsong.* The Chinese Recorder 51. 1920, p181.

Couling, Mrs.

1895 *Pentatonic Tune Book Shantung*: *Presbyterian Press.*

Eber, Irene

1999 *The Jewish Bishop and the Chinese Bible*: *S. I. J. Schereschewsky* (1831—1906). Leiden & Boston & K? ln: Brill.

Graves, Stella Marie.

1946 *Music Education in China*, Music Educators Journal, 33. 1: 26—27 + 59—61.

1946 *Min river boat songs*, by Stella Marie Graves; tunes collected by Malcolm F. Farley. New York: John Day.

Hammond, Louise Strong.

1929 *A Competition for Original Hymns.* The Chinese Recorder 60: 606—608.

1925 *Plum Blossoms*: *A Three - Movement Suite.* An Old Chinese Melody Arranged for the Pianoforte. Shanghai: Commercial Press.

1925 *The Tunes of Chinese Poetry*, Yearbook of Oriental Art and Culture 1924—1925. Ed. Arthur Waley, pp. 114—129, London: Benn.

1923 *Review*: *Interpreting a Master*: *The Works of Li Po*; Shigeyoshi Obata, Poetry, 22. 6: 334—337.

1920 *A New Plainsong.* The Chinese Recorder 51: 179—184.

Hawkes, David

1967 Arthur Waley, Asia Major (New Series) 12: 145—147.

Hsieh, Chinghsuan Lily

2004 *Chinese Poetry of Li Po Set by Four Twentieth Century* British Composers: Bantock, Warlock, Bliss and Lambert. (D. M. A dissertation, The Ohio State University).

Love, W. N. S.

1960 *Eunice Tietjens*: *A Biographical and Critical Study.* PhD. Dis., University of Maryland.

Micic, Peter

2009 *Gathering a Nation' s Music*: *A Life of Yang Yinliu* (1899—1984). *Lives in Chinese Music* edited by Helen Rees, pp. 91—116. Urbana: University of Illinois Press.

Richard, Mary

1890 *Chinese Music*, The Chinese Recorder, 21: 305—314.

Richard, Timothy

1916 *Forty - Five Years in China*, London: T. Fisher Unwin.

Soothill, William E.

1890 *Chinese Music and Its Relation to Our Native Services*, The Chinese Recorder 21: 221—28 & 336—8.

Spence, Jonathan D.

1992 *Arthur Waley*, *Chinese Roundabout—Essays in History and Culture*, pp. 329—336. New York: W. W. Norton.

Tietjens, Eunice.

1938 *The World at My Shoulder.*

1917 *Profiles from China.* Chicago: Ralph Fletcher Seymour Publishers.

原载《中国音乐学》2011 年第 1 期

宫宏宇，生于 1963 年，博士，新西兰国立 UNITEC 理工学院高级讲师

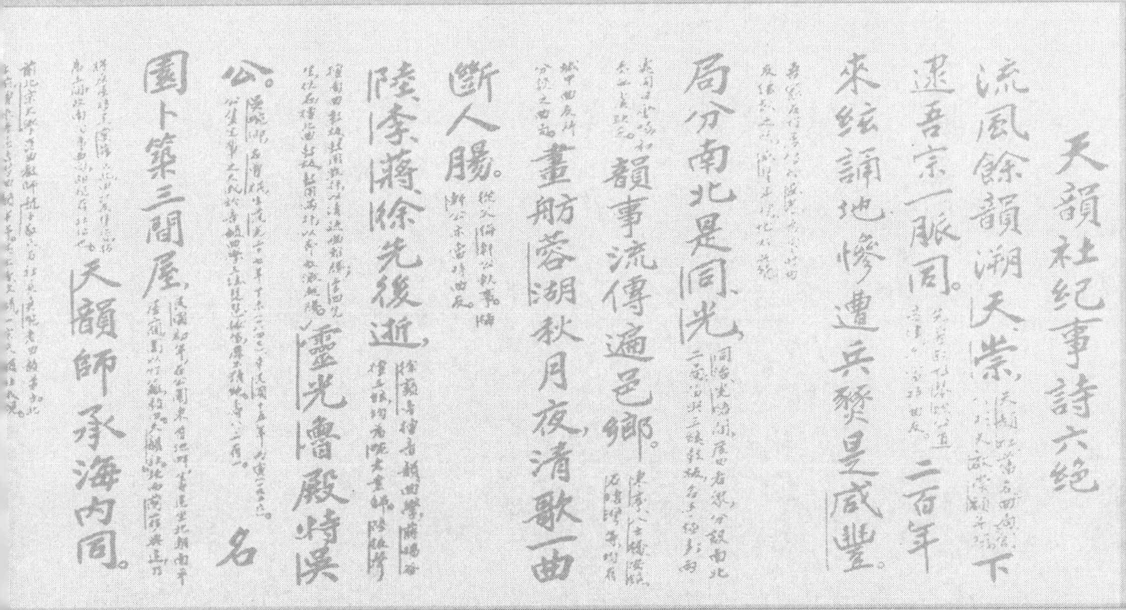
天韻社紀事詩六絶

流風餘韻溯天崇，下逮吾宗一脈同。二百年來絃誦地，慘遭兵燹是咸豐。

局分南北是同光，韻事流傳遍邑鄉。畫舫蓉湖秋月夜，清歌一曲斷人腸。

陸李蔣徐先後逝，靈光魯殿特吳公。名園卜築三間屋，天韻師承海内同。

纪念

改革民族音乐的教育事业

——纪念杨荫浏先生

赵 沨

杨荫浏先生离开我们了，这是我国民族音乐、中国音乐史学界的一个无可挽回的损失。杨先生一生从事民族音乐事业，其毕生研究的结果，集中在《中国音乐史稿》一书中，这本书和过去前人同类著作相比，有一个根本的特点，即一切从“音乐实践”出发，他无论引用史料或求出结论，都从民族音乐的实践出发，不尚空谈，这是他治学的根本，也是他一生音乐活动的特点所在。

杨先生幼年即从事民族音乐，他会吹曲笛，精昆曲，能琵琶，擅二胡……正是因为有此丰富的音乐实践，他才能无论从古谱学或音律学上，取得前人未能达到的成就，他震动学术界的对宋代俗字谱的研究，虽然也集中了前人和时贤的研究所得，但他正是因为有曲笛、昆曲的丰富的实践，方能从北京智化寺音乐的存谱与宋俗字谱相印证，触类旁通，用自己的看法译出（宋）姜白石的辉煌的艺术歌曲，使千年古谱得以变成实际的音响。这种例证还可以举出很多。

在今天我们怀念这位已故的老人时，我不能不想起他对我亲自讲的一段话。大概是在70年代末，我请他参加中央音乐学院民族音乐系一次学生音乐会，当会后我征求他的意见时，他说：“这些同学精通一种乐器，在一种乐器上用了上十年的工夫，自然较过去音乐院校的学生技艺为精，但似乎所学太窄，民族音乐浩如烟海，只通一种乐器，有些太‘专’了。”（大意）

他这几句话，我一直在思考，因而，我对我国专业的民族音乐教育的方案，提出如下的一些设想：

（1）改变过去学习民族音乐的学生十年如一日地，从专业中学到大学，主修一种民族乐器的单打一的情况。最好是，专业中学时期便开始改革过去这种情况，可以设想，一个进入专业音乐中学的民族音乐学生，用三至六年的时间，打下一个民族音乐的宽广的基础。

每个学生要“吹、弹、拉、唱”，件件皆能，吹，至少能吹曲笛，通过吹曲笛跻猎以昆曲为代表的诗、词、小令到昆曲的民族声乐的这一最大的支派。弹，至少能粗通琵琶、三弦的弹奏，并据以跻猎明、清以来成书的所有琵琶文献。拉，至少粗通二胡和京胡的演奏，并据以初步熟悉从阿炳、刘天华到现代二胡著作和京剧艺术的基本知识和技能。唱，至少会唱昆曲，如果可能还可兼及其他剧种，不是要培养其成为演唱家，而是培养其对昆曲所保留下来的大量古曲声乐文献有初步的涉猎。这样，有三到六年的时间，使学生成为一个小“通才”，一个略人门径的民族音乐的小“里手”。与此同时，要训练他们学习各种古谱，特别是工尺谱和锣鼓经。加强其中国历史的知识和古汉语阅读能力的训练。这可称为基础教育阶段，然后，在此基础上再精通一种专业。

（2）改变现在的民族乐器系每个学生学一种乐器的情况，使民族音乐变成为训练民族乐器演奏、民族音乐研究、民族乐器作曲、民族乐队指挥的多专业的“系”。这就是在“通才”基础上的“专”业教育。这样会影响某种乐器如二胡、琵琶等乐器独奏人才的培养吗？不，相反，这反倒可以使某种乐器独奏人才具有更高造诣的可能。

这便要求，在专业音乐中学的时期，即可根据每个学生的个性和专长，在广泛、坚实的民族音乐训练的基础上，在自己有兴趣的领域进行较多的学习，教学要使学生的个性和特长可能得到培养和发展，学生在民族音乐这一广大的领域内有发挥自己爱好、特长、志愿、个性的宽广的天地。

进一步，我认为不仅只是民族音乐教育有这么一个问题，整个专业音乐教育，都面临着一个培养“通才”和“专才”的关系问题，只是民族音乐教育，这一问题显得更为突出而已。

为什么新中国成立以来，我们培养了大量的民族器乐演奏家，甚至可以说，在有些方面，我们在民族乐器的演奏上，不仅大大超过了新中国成立前的水平，甚至在有的乐器，比如筝的演奏，有超过古人的发展；在民族音乐作曲上，还培养出一些已经显现才华的作曲家，但在民族音乐研究领域，便显得成绩有些平平了。

这是为什么呢？是我们训练的时间不够吗？一个主修琵琶或二胡专业的学生常是专业中学六年，大学四年，达十年之久，时间不可谓不够，问题在所学太窄，除主修乐器之外，其他方面学得太少，这不能不算一个不足，而现在，我们纵观世界，面临所谓知识爆炸的新局面，不仅许多边缘科学大量产生，而且许多新兴学科开辟了科学世界的新局面，我们的教育体系也必须面对这一新情况、新形势。如果说“通才”教育的基础上进行“专才”教育是我们必须考虑的宏观局面，而在音乐教育领域，民族音乐教育则须首先考虑这一新情况。因为，我国民族音乐不仅文献浩如烟海，而且历史源远流长，非某一方面的“专才”所能解决的问题多如牛毛，这就更需要从“通才”的基础上求“专”这一根本思想出发，重新设计我们的教育方案。

考虑到新中国成立后我国进行的院系调整和教育改革，更多的是考虑“专才”教育分工过细，适应力小，是最大的恶果，当然，这种分工过细的专业划分对提高各学科水平也起过积极的作用，不过，根据目前自然科学和人文科学发展的形势来看，已经达到各学科相互交叉、相互重叠，分工过细的专业设置方法已不能适应目前科学发展的要求。同理，音乐学科也有类似的情况，而民族音乐专业，尤其有这种从分到合的要求。民族音乐涉及面很广，从民族音乐理论来说，不仅要求学者有古汉语的基础，而且要有美学、哲学、历史学、音韵学、训诂学、诗词学……各方面的素养，这绝非只把学生训练为一个精通技艺的独奏家的一套所能达到的，同样情况，一个真正有独创的民族乐器演奏家，除精通主修乐器外，对民族音乐文化也需要全面的知识，这就和对民族音乐学者的培养有相近的要求。

我上述的论证可能不太清楚，但这是在听了杨荫浏先生对我讲的一段话后，长期考虑的一个问题，这里先简单地写出来，以期引起关心民族音乐教育事业的同志们的关注，进行必要的讨论，用改革我们的民族音乐教育事业，作为对杨先生的最好的纪念。

原载《音乐研究》1984 年第 3 期

赵沨（1916—2001），曾任中央音乐学院院长、中国音乐家协会副主席

为发展民族音乐而辛勤劳动的杨荫浏先生

李 凌

当我随中央乐团赴云南前线慰问演出回来，得知杨荫浏先生前些天病得较重，刚从医院出来，我便立刻去探望他。

他已是81岁的高龄了。近七八年来，身体逐渐衰弱。当我见到他时，精神好像还好，而脚已不大灵便，手有些颤抖。

他原来是一位健谈的长者，但如今，虽然还是一股劲地抢着要多说话，却已显得气力不足了。

我们已有好些日子没有接触，一方面，我去年动了两次大手术，到外地去疗养了一些日子；另一方面，他也经常病重住院。因此，这次会面，我们都很高兴，也很想趁这难得的机缘谈个痛快。

谈话时，我突然闪出一个过去曾经打算过的念头，就是把他老人家的经历作些了解，特别想探询他对民族音乐研究工作的心得和想法，好让我们的后学者有个参考。

杨老在我的心目中，是一位少有的认真研究民族音乐的专家。他治学态度严肃认真，不仅民族音乐的学识渊博，能演奏多种民族乐器，对音乐史学做过多年研究，也学过外国的音乐和作曲法，而且对曲体、曲式、调式、音响学等都有卓越的见解。他阅读过许多我国的音乐典籍、资料、曲谱，都做了卡片，几十年如一日。

他的中文根底很深，外语也不错。

像这样一位有学问的长者、专家，本来很早就应该派出一些青年做他的学生和助手，一方面帮他整理资料，按他的要求逐渐把史料集中、整理，使之系统化，帮助作一些更细致的分析研究工作；另一方面通过给他做助手的实践，培养新的接班人。党是重视人才的，特别尊重一生认真钻研的专家的劳绩，也希望从事这种艰苦工作的同志，能真正按照党的方针进行实践，做出卓越的成果，为中国音乐艺术事业作出贡献。但是，尽管我们有些同志为发掘、整理、研究和发扬民族音乐而着急，却每每踌躇不前，或措施不力，甚至停在口头上，眼看许多有研究的琴家、乐人（如查阜西、管平湖、溥雪斋等）一个个去世了，而另一些如沈知白、陆修棠等则是被“四人帮”迫害致死的，但这些民族音乐家所研究的心得，所涉猎过的材料，依然投闲置散。

我记得，我们中有一位朋友叫盛家伦，大家只晓得他是唱电影《夜半歌声》插曲的优秀男中音，却不知他是一位很喜欢收购中国历代音乐书籍的专家（收藏家），他生活很简朴，没有结婚，一切收入都用在收购音乐文艺图书上。为了找寻与音乐有关的史料，他常花很多时间在书店里阅读。有时我有些难题，去找他，他很快就能从书堆中为我找到需要的东西。他曾建议要我和他合作，把他所知道的线索告诉我，由我整理，尽我们的能力所及，加以发展，但一直没有实现，后来他去世了，一切都成空想。他的功劳就是为中国音乐研究所留下上万本和音乐有关的书籍。

第二个就是杨老。本来，打倒“四人帮”后，应该很快就为他找到助手，由他来培养接班人，但迟迟未见解决。我常常担心，一旦又老去了，史料的线索要从头做起，见解无从了解，损失是难以补偿的。

他已 81 岁，我也 66 了。说起来也好笑，但事实就是这样，只好我做记者，把他的想法、心得抢记下来，以便引起做研究工作的朋友们的注意。

杨老从 8 岁起就接触民间音乐，最早是向乡间的道士（他们都要用音乐做道场）学习箫、笛、笙的吹奏。12 岁时，他学奏琵琶、三弦，学得许多道士所传的民间曲子，有时也被乐手们约去参加他们的合奏。

由于他非常喜欢学习音乐，道士们替他选了阿炳做老师。阿炳是在江苏无锡一带比较著名的乐人，十八九岁就弹得一手好琵琶。当杨荫浏跟他学习时，他是非常严格的。学了一年，就要把过去学过的《八板头》、《三六》、《四合》等曲在三弦、琵琶上弹出来。杨荫浏很高兴向阿炳学习，但他父亲是个封建思想较重的人，认为阿炳对自己不那么恭顺，有些傲慢，不是知书识礼之士，为了怕孩子学坏了，就请一个亲戚介绍他去拜当时有名的天韵社社长吴畹卿为师。吴畹卿（名曾祺，1847—1926）是怎样的一位音乐家呢？他专精昆曲，擅奏琵琶、三弦、笛子等乐器，他的学生赵子敬曾教过梅兰芳和韩世昌等戏界的名人。赵子敬去世时，袁寒云在北京《晶报》上发表的祭文中说：“子敬死，江南曲家，惟畹老一人而已。”所谓“畹老”，就是吴畹卿。天韵社在明朝就是一个唱奏都比较讲究的昆曲社团，一般社员（当时有四五十人）都能背奏几十套昆曲套头。他们常合奏，也演奏十番锣鼓和丝竹。著名的徽调胡琴手沈养卿

(1884—1956）也是天韵社的社友。

杨老认为，能跟这样的老师学习是很难得的，既接触昆曲、小曲、徽调、大套琵琶曲，又能参加道士的音乐活动，奏十番鼓和十番锣鼓，并加以整理，是很有意义的。他开始意识到，这些音乐，各有体系，也各有所长，风格独特。

当时的教学非常严格。学习琵琶，先要弹会几十曲琵琶小曲，然后再学习大套琵琶曲。而学习大套琵琶曲，首先要学习《将军令》，借此磨炼基本功，一练就是三年。学了几个注意力度的乐曲后，还必须学会以抒情为主的几曲“文套”。杨老学习琵琶多年，经历了老一代音乐家所经历的全部过程。1921 年后，杨老经常在上海独奏《将军令》、《汉宫秋月》等琵琶乐曲，李廷松的发蒙老师施颂伯等前辈认为他弹得是比较稳实的。

杨老不单从民族音乐中获得知识，1914 年，他还跟一个在乡间教会工作的女教士学习英文及西洋音乐。他的乐理、和声和作曲知识，都是由她教的，一直到 1930 年。他还掌握了许多基督教的宗教音乐知识。这段经历，对他后来研究中国音乐史和民族音乐有很大帮助。1936 年，他受聘于哈佛燕京学社，任研究员，同时在燕京大学音乐系教中国音乐史。

1937 年，抗日战争爆发，他到了重庆，在青木关国立音乐院任教，教国乐概论、音乐史、音响学，还教笛子、箫、三弦和笙的演奏。

由于和当地的乐器工人关系很好，他曾帮助他们排列琵琶的品位。在不断的实践中，他摸索出了弦乐器的定音规律。这一研究成果，受到了物理学家丁西林同志的赞许：新中国成立后，为北京乐器研究所介绍推广，在拨弦乐器制造方面，起了一定的作用。

抗战初期，为了充实测听音律的基本工具，他写了《弦律比数表四种》和《音准及量音尺》二书。量音尺的设计，也得到丁西林同志的赞许。此二书未出版，原稿今存音乐研究所图书室。

1946—1950 年，他对管乐器的音律作了各种试验，做过长短、粗细不同的二三百支笛子，还做过一些十孔笛和十孔箫，打算解决中国管乐器的转调困难。

在青木关时，他写了《中国音乐史纲》、《国乐概编》、《三弦谱》、《笛谱》等。

1944—1948 年，他兼任礼乐馆的工作，馆里要他搞典礼音乐。他是不赞成典礼音乐的，所关注的倒是抗战歌曲、生活歌曲等馆里所反对的东西。

音乐院搬到南京后，国民党政府日益反动，学院当局为了配合国民党反动派对学生运动的迫害，甚至研究民歌也被禁止。音乐院的山歌社由于参加了反饥饿、反内战的活动，更被国民党视为眼中钉，后来还开了一批黑名单，要逮捕谢功成、严良堃等山歌社的骨干。当时，学校里只准讲古乐，趁此机会，杨老把姜白石的词曲、古琴音乐做了一番记录整理工作。但那时没有录音机，只能自己出钱请古琴家们来弹奏，记下谱，再弹熟，下次来时进行校正。这样一星期只能记一首乐曲，有的要两周才能整理出来。因为他对古琴音乐有较深的感情，先后听记的琴曲就有手写稿本五本之多（现存音乐研究所图书室，新中国成立后曾出版过其中的一本）。新中国成立以来，一些青年人对于研究古琴渐有热情，与他的倡导是分不开的。

他认为，琴曲是古乐中比较精华的一部分，思想、情趣、音调都比较深沉，哲理性较强，有些意境不是一般乐曲所能及的。新中国成立后，查阜西先生对古琴音乐做了比较全面的索引工作，又向全国知名琴家作了一次广泛的录音，这些都是十分可贵的。

杨老认为，最好能把演奏者的表演录音保存下来，乐谱常常很难把各家的精华记得周全，而这些地方，往往正是演奏家的得意之处。

杨老对于新中国成立后的许多音乐措施是比较满意的。他说，新社会对音乐文化比较重视，可以专心致志地做各种研究，看看我的研究及出版目录就可知道，我得以一心一意地钻研学问，材料又比较丰富，只有新中国成立后才有可能。

新中国成立前，他著作和编集的书、谱，除上面说到的以外，还有《雅音第一集》(1923)、《昆曲缀锦》(1926)、《雅音第二集》(1929)、《文板十二曲》(1942)、《弦乐器定音计》(1942）等。新中国成立后，他编著了《阿炳曲集》（1952 年与曹安和、储师竹合编)、《管乐曲集》（1952 年与曹安和合编)、《中国音乐史纲》（1953 年出版)、《弦索十三套》(1955 年与曹安和合编)、《古琴曲汇编》(与侯作吾合编)、《单弦牌子曲选》(1956 年与曹安和、文彦合编)、《苏南吹打曲》(1957 年与曹安和合编)、《关汉卿戏剧乐谱》(1959 年与曹安和合编)、《工尺谱浅说》(1962)、《西厢记四种乐谱选曲》(1962 年与曹安和合编)、《语言音乐学讲稿》(1963 年油印本)、《中国古代音乐史稿》(上、中、下三册)、《中国音乐史参考图片》(第一至第九集)、《苏南十番锣鼓》(1978 年完稿)。

新中国成立后他所编著的这些书集，除了少数油印外，绝大部分都已正式出版。从这可以看到，建国三十年来，他在民族音乐研究工作中所付出的辛劳。

杨老的一生都是在实践中度过的。他说："我不是个理论家，八岁起吹箫、笙，拉二胡，十二岁跟阿炳学三弦，后来学昆曲，弹琵琶，学十番锣鼓，一直在音乐里打滚。解放后，我也没有脱离过音乐，编辑、收集、整理、写作、研究……从未讲过一句空话。"

他说："我的老师（指吴畹卿）很严，对我及曹安和都管得很紧，有时很不客气。在他的管教下，一点也不能马虎。现在，我对于有些现象是很看不惯的，做的少，说的多，说的往往又是空话。"

杨老有一个良好的习惯，喜欢在阅读时做读书札记之类的卡片，把值得记录的都记下来。有些材料篇幅较大就作索引。他感到自己年老了，要整理这些，精力上有困难，但谁来接他这一学问的"接力棒"呢？他有些茫然。

他认为，古乐方面的挖掘和记录工作，还是做了一些，但研究和发扬得太少，特别是学了西洋音乐的理论工作者、作曲家，专心一意地研究、整理民族音乐，并提出一些真知灼见来的太少。因此，即使出了许多民歌集、戏曲集、古乐集，但哪些是好的？它们的规律是什么？它们的特点在哪里？……一直没有专人在这方面下苦工，这些东西就成了古玩了。

他特别提到，对现在还保存在民间的音乐的收集整理工作做得太差。他说，离开群众的实际音乐生活，是了解不到真正音乐特点的。中国的音乐，浩如烟海。真要吃透，把这珍贵的资料作为乳水，加以吸收、消化，再发扬光大，以创新声，是要花许多精力和时间的，像一般作曲家、研究者那样，泛泛地浏览，浅尝辄止，就动手创作，常常会捉襟见肘。

可以说，全世界很少有哪一个国家像我国这样拥有如此历史悠久而又丰富的音乐宝藏。从音调、音乐语言、旋法、风格到曲体结构都有自己的特殊性。如果不把这些艺术饮饱吃透，而企图创造出新的富有浓厚民族色彩的优秀艺术（包括民族的和西洋形式的），是比较困难的。但要吃透它们，绝不是三两年可能成功的。有许多音乐，听一两遍很难抓到它的实质的特点，非把这些乐曲记得烂熟，使之成为自己的血肉，才能抓住它最有生命的部分，才能产出自己的婴儿。

杨老认为新中国成立后能够约请各省的民间艺人、古乐专家来京记录他们的音乐，举行民间音乐会演，对于挖掘祖国的音乐遗产是有积极作用的。现在，江青一伙被打倒了，研究工作得以正常发展。我们的音乐研究所积累的资料一天天丰富、完备。应该说，我们这一代和青年一代的民族音乐工作者是很幸福的。

但是，也有许多令人看不惯的现象存在。如有些年轻人，学习音乐，只把几首所谓名曲拉、吹完就算了事。专业是铁饭碗，学习可以不用功，不像过去吹鼓手要吹几百个调子，才能混碗饭吃。现在有不少音乐工作者不肯开阔视野，连电影《三笑》中几个很普通的曲调都不知道出处。

我们的音调进行和西洋的不大一样，调式不同，旋律的风格相差很远，如果应用外国和声规律，便有些别扭。如《放驴》，这首民间乐曲粗犷、红火热烈，冀东地区的特色很强，吹得自由而紧凑，但1956年有人把它配了与之不大协调的和声，就把这首乐曲弄得面目全非了。

杨老知道我对于改编古曲和他的看法有些不一样。我觉得可以容许各种尝试：一种是保存古曲的淳朴性；一种也可以加以发挥，让观众自己去选择。杨老比较偏向于以不动为好。

我们谈到古曲的整理问题。他说，李芳园虽然在琵琶曲方面做了一些工作，将他那一派的琵琶曲调进行收集、校订，并刊印了出来；但他也做了一些不那么认真的事情，如把《三六》改名为“梅花三弄”，把《老六板》改名为“虞舜熏风曲”，给《十面埋伏》加上一个假的作者“隋秦汉子”。

杨老对于民族器乐演奏有些意见：

他对“民乐齐奏”这个词很反感。古代乐书中没有“齐奏”之说，过去民间也都叫“合奏”。西洋音乐中和声是多声部的，我们虽不用和声，但每个乐器都要求发挥它的独特性能，这就不可能是“齐奏”。

西洋的和声，独立起来，不成调，而民乐合奏中每件乐器所奏的曲调都可以独立。如刘天华、周少梅在演奏《花六板》时，二胡和琵琶所奏的曲调是两样；蒋风之奏的《虞舜熏风曲》和曹安和奏的《花六板》也不相同。这有点像西洋的对位，但又不全相同。这种特殊性，正需要我们去整理研究，像研究国画一样，把它的特点找出来，加以强调、发展，就会使创作和表现带有更多的色彩。那种拿公尺代市尺，用英镑代市斤的办法，是取消自己特色的错误做法。我们要借鉴西洋，但不能把自己的音乐艺术规律和特点置之不理，或以别人的规律来否定自己的规律。

其次，中国有些乐曲，如琴曲《流水》、琵琶曲《十面埋伏》，其中既有美的旋律，又有以音响效果来模仿自然界和生活中的声音（如水声、战斗声），二者得到美的平衡，才会成为一个优秀的作品。现在有的演奏者，爱过分强调效果，如在《十面埋伏》中保留了许多音响效果的部分，而将旋律部分大加缩减，以致破坏了原来结构的平衡。这样，作品的艺术性就降低了。

后来，我们谈到一些音乐现象。他一再提出：当今，从事民族音乐工作的青年中，有一些学得很认真，肯于钻研；但大多数却比较自满，只粗粗学了一些，就觉得什么都行了。学的东西太少，奏来奏去，不出十几曲。试问，如此能对音乐有鉴别力吗？

现在有了乐谱，什么都是谱上见面，方便是方便了，但也不能因此流于懒散而不下切实功夫。

作曲家对于民族民间音乐的学习研究也很差。他们很少耐心下来把民族音乐作通盘的研究，真正能以沙里淘金的精神来研究自己祖先留下来的音乐遗产的人还不多。而群众喜爱的歌剧《白毛女》、《刘胡兰》、《洪湖赤卫队》等，他们的音乐都是从民间音乐中吸取滋养而创作成功的。

杨老是民族音乐的专家，也熟悉西洋音乐。正因为他也了解西洋音乐，所以加深了他对民族音乐的热爱。他利用西洋音乐理论来分析民族音乐，但不拿别人的规律来砍杀自己的东西，而是为了发扬光大民族的东西。

鲁迅说过："将来的光明，必将证明我们不但是文艺上的遗产的保存者，而且也是开拓者和建设者。"对于这点我们是相信的，但是人老了，老人们在一起，有时也不免有些忧悒。杨老说：香港中文大学的音乐资料工作做得很好。他们只有三个人，在两三年内就收集了大量的资料，唱片也收集不少。和他们比起来，我们应感到惭愧。我们虽然做了些工作，但抢救得不够快，不够狠。经过这些年的浩劫，损失恐怕不少。这是非常令人痛心的。他说，我国的民族音乐中，有不少优秀的东西，何以不大量制成唱片向国外公开发行，一方面介绍自己的优秀文化，一方面赚取一些外汇呢？他觉得，在对外宣传介绍我国音乐文化方面，我们偏于缩手缩脚，偏于保守，这是毫无道理的。

最后，他很有感慨地说：我们（指中国艺术研究院音乐研究所）的条件太好了，生活有保障，要什么有什么，长期钻到音乐资料里也不怕饿饭，太幸福了。但铁饭碗有时也能害人，有的人做起工作来拖拉懒散，一年、三年、五年不动笔，也没有人说话。

本来，我打算在杨老家住两个星期，和他多谈些问题，听听他的意见、他的设想，也希望知道他想做而没有完成的意愿，我好记录下来，以作为青年人学习钻研的借鉴。可是，他虽然还勉强熬着，我却一连感冒了三次，加上其他杂事，便只好结束我的这次访问。

据说，杨老早年是圣约翰大学足球队的队员，也是优秀的田径选手，又曾学过武术，十八般武器，件件使过。还当过男高音教者，画画、骑车、照相样样精通。我临走时想：他的生命力是很强的，但是，究竟年过八十了，而后继者呢？这不免使我有点耿耿于怀。

原载《音乐流花》，山西人民出版社，1989年

李凌（1913—2003），曾任中央乐团团长、中国音乐家协会副主席

纪念杨荫浏先生

缪天瑞

杨荫浏先生去世已经六年多了，但他与我相处的情形及他对我的帮助，永远铭记在我心中，终生难忘。1935 年至 1941 年那一段时间，我们一起在重庆教育部音乐教育委员会工作。特别是在青木关一段时间，我们朝夕相处。白天在一个饭桌上吃饭，晚上在同一办公室工作。当时正是抗日战争时期，生活艰苦。我们宿舍在山下，晚上要提着灯笼走一段路，才到山腰间的办公室。那时别说电灯，就连油灯经常用的是桐油，点起来不发光亮，但见烟雾弥漫；尤其是天热时，关起窗户，浓烟闷人，打开窗户，又怕风把灯吹灭了。杨先生就是在这样困难环境下撰写他的《中国音乐史纲》以及别的文稿。他整天工作，从不休息。我几乎没有看到他晚饭后出外散步的情形。

1950 年起，我们又在同一单位——中央音乐学院工作。杨先生在音乐研究所，我转到教学岗位，但我们还是常常见面。他的一天十几个小时的辛勤工作的精神，依然不变。我听我一位朋友说，杨先生之所以能一天工作十几个小时而不觉疲倦，是由于他以“替换工作”作为“休息”。这话的意思是说，他把听录音记谱、写文稿、抄写文稿（他经常用刻蜡版来抄写文稿，印出来可以有好几份）等各种工作交换来做，以替代“休息”。今天我们还能见到他在 40 年代亲手抄写的有关古琴论文和琵琶等印本。

1983 年起，我回到音乐研究所工作。杨先生住的宿舍就在我办公室旁边。这时他已逾八十高龄，还是比较健康的。当时我忙于音乐辞书工作，没有经常去看他。他有时坐在室外树阴下晒太阳，我路过时他总亲切地问我忙些什么。1984 年 2 月我因事外出，等我回北京时，他已于几天前逝世，我只能向他遗体告别了。我没有机会在他病榻前与他说几句话，感到遗憾！我以失去了一位良师益友而感到伤心！

我曾两次修订我所著的《律学》，每次都向杨先生求教。他针对我提出的问题所写的资料，有时几乎是一篇完整的文章（如对“管端校正”）。我第二次修订（增订）《律学》（1983）时，我向他征求意见，提到古琴的徽位与纯律的关系，是否正确？杨先生不仅表示肯定，而且认为应当加以较多的申说。他还主动地向我提出，《律学》有关音程计算法中的“角度值”，应当删去。杨先生提出的意见，我认为都是正确的，我都采纳了，一一在《律学》中加以修订、改写。这次增订的《律学》（指 1983 年的版本），我引用杨先生的史料最多，诸如我国各个历史时期音乐发展的概况、黄钟的绝对高度等。杨先生对某种律制做过实验（如荀勖笛律），我都直接引用它。

杨先生所撰写的《中国音乐史纲》（1952），后改为《中国古代音乐史稿》两册（1981），是他毕生研究中国音乐史的结晶。他治史的特点，我认为主要有两个方面：一是他对我国民族民间音乐的演奏演唱有很深的实践基础，另一是他善于把今日我国民间音乐研究与我国古代音乐文献相融合。他长期坚持学习古琴、琵琶、箫、笛的演奏和昆曲的演唱，这些实践为他的音乐理论研究奠定了坚实的基础。他还深入基层进行调查研究，掌握第一手资料。例如对定县子位村的民间吹鼓乐做了调查研究，包括录音记谱考察乐器等，写成《管乐曲集》（1952）。对智化寺音乐、苏南十番鼓曲等以及对华彦钧（阿炳）的传谱都是如此。这些现存的民间音乐，大多经过相当长的时间在民间世代相传，源远流长，并与传统音乐文献有着直接的或潜在的联系。杨先生撰写中国古代音乐史，抛弃了“从文献到文献”的旧习，而通过他对民族民间音乐演奏演唱的实践和民间音乐调查研究的成果，来深入理解传统音乐文献，赋予传统音乐文献以真实的含义。这就是他能写出光辉著作《中国音乐史纲》等的关键所在。杨先生的著作不仅影响我国新一代的中国古代音乐史研究者，而且广为国际学者所引用。他的著作不仅在当代显示突出的价值，而且将在中国古代音乐史研究这一历史长河中永远发放光芒。

1990 年 10 月

原载《中国音乐学一代宗师——杨荫浏》（纪念集）

台北：中国民族音乐学会，1992 年

缪天瑞（1908—2009），

曾任中央音乐学院副院长、天津音乐学院院长，

中国艺术研究院音乐研究所研究员

《中国音乐学一代宗师——杨荫浏（纪念集）》序

曹安和

1989年秋天，音乐研究所有同事问我："曾否见过40年代《乐风》音乐杂志上刊载的杨荫浏先生的重要文章《国乐前途及其研究》?"当时，我已想不起了。浏兄生前所写文章很多，写作面极广，我不可能全部读过。即使读过，事隔数十年，也不一定能记忆起来。及至读了此文，浏兄和我在重庆青木关国立音乐院共事的情景犹历历在目。

1941年秋，浏兄被聘为该院教授兼国乐组主任及研究室主任。当时的研究室是个空衔，从官到兵，仅他一人。国乐组的教师共有五人，其中二胡教师三人，其他乐科如昆曲、琵琶、三弦、笙、笛、箫等课程，则由浏兄和我分任。大家都忙于备课，有的教师不便于运用民间曲调，出于他们的考虑，便相继推出自己的创作作为教材。至于研究工作，那就谁也顾不上了。《国乐前途及其研究》就是在这样的背景下写的。文章向国乐爱好者和对国乐研究感兴趣的人们呼吁，对国乐的研究，不必局限于少数专家，只要看到国乐的问题所在，便可从不同方面、不同角度进行。

浏兄认为中国古代音乐的根深藏在民间，不可能因时间的流逝而全部湮灭，只要我们深入民间，诚心诚意地向民间艺人学习。必定有所发现，有所收获。他所掌握的广博精深的中国音乐知识，有相当一部分便是从民间艺人那里学到的。当然，向民间艺人学习，还有个善于学习的问题。只有方法对头，才能从民间艺人杂乱紊繁的言谈中理出头绪，加以核实，使之条理化。

浏兄自谓一生治学得益于三勤，即笔勤、手勤、脑勤。笔勤系有闻必录，有谱必抄，以累积资料；手勤系常为人排品、点笙，以及试制箫笛等，以增长实践经验；脑勤系遇事多问几个为什么，如是才能真正理解，发现事物之规律。

至于他的诗作《苦笑学为欢——战时流离人之语》，则从一个侧面表现了敢说敢笑、能诗能文的浏兄，在抗日战争时期的思想风貌和生活情操。诗文虽与音乐无关，但对大家了解他之为人是大有裨益的。

原载《中国音乐学一代宗师——杨荫浏（纪念集）》
台北：中国民族音乐学会，1992 年
曹安和（1905—2004），女，中国艺术研究院音乐研究所研究员

千秋绝业　一代宗师

——杨荫浏先生十周年祭

廖辅叔

杨荫浏先生离开我们，一眨眼已经过了十个年头了。他逝世的消息传到我耳边的时候，我正因胃病住院，仅就一时想到的事情写成一首《八声甘州》：

忽无端凶耗破空来，失声但哀呼。记如磐风雨，如山节操，顾影咿唔。翻证古今宫徵，乐史告成书。后起多佳士，敢忘前驱？

袅袅二泉映月，仗南归抢救，写定音符。更尧章哑谱，复话劫灰余。算生平雕虫余事，郑文公犹识旧规模。遗笺在，界朱丝格，光我蓬庐。

追悼会是不可能参加了，只好请学院同事方承国同志帮我把这首悼词写出来送到八宝山表示我的哀悼。说实在的，他生平的业绩岂止是我词中所说的那几桩。他六岁起就开始跟一个小道士学吹箫、吹笛、吹笙，稍长又跟阿炳学琵琶和三弦，更使他深入音乐堂奥的则是天韵社社长吴畹卿老先生的指引。他一共教给他九十多套昆曲，每一套都背得出来。可以说，像他这样具有多方面的扎实的功底的音乐家的确是少有的。但是仅仅这样，那也只限于是一个吹拉弹唱，无所不能的多面手而已，事实上他却是一个实践与理论兼备众长的大师。他除了演奏及唱曲方面花大力气之外，他还深入探索传统的律学和音韵学。中国的音律历来是夹杂着阴阳五行之类神秘的东西的。为了求得科学地解决这个问题，他还借助物理学、音响学进行多方面的考究。同时又不忽略和声、对位、配器等作曲理论的学习，加上他经史的素养，用以审察历代音乐的沿革。凭他非凡的勤奋和细致，他终于成为博古通今、融合中西的我国近代集大成的音乐学泰斗。当然，社会是进步的，“江山代有才人出”，将来也会有开拓新的领域的后起之秀。但是像他这一模式的音乐学家，也许很难再有了。

谈到他的治学，我觉得最不可及的一点是他那穷原竟委的精神。就说他对中国传统律学的研究吧。中国的律学从来是一种玄而又玄的学问。京房认为“夫十二律之变至于六十，犹八卦之变至于六十四也”。京房是治《易》的专家，公认为“其说长于灾变，分六十卦更直日用事，以风雨寒温为候，各有占验”。“以六十律分期之日，黄钟自冬至始，至冬至而复，阴阳、寒燠、风雨之占生焉。”经过科学的考察，杨荫浏认为律学的阴阳五行那一套是没有科学根据的，因而没有说服力的。但是流传了那么多年，有的人又一直沿用，究竟有没有一点道理呢?真是“礼失而求诸野”吧，他竟然找算命先生去学算命。算命先生说来说去，也说不出所以然，他这才终于下了结论，京房的所谓六十律，“他这样推算的目的，并不是为了音乐，倒是为了把这样的所谓‘音律’，去粉饰他占卜的迷信行为”。

谈到戏曲研究，他也有同样的主张多方面的穷原竟委的方法。他认为研究京剧，就应该弄清梆子戏和徽剧的历史，然后再提出具体的做法。“……先到甘肃，弄清楚西秦腔（陇剧）然后再钻研高腔，它源于弋阳腔，而弋阳腔又与北方的音乐相关。只有在下了这样的功夫之后，我们才能对京剧有更深入的，更全面系统的认识。”

穷原竟委译为大白话大概就等于刨根问底，如果浅尝辄止，那是摸不到底的。要摸到底就一定要锲而不舍，亦即持之以恒。这一点杨先生是做到了家的。他为了研究管律，买回了大量的笛坯，自己挖洞去摸索音准。声音不准，他就贴上胶布再挖。挖呀挖的，挖到一支笛子满身窟窿。这样挖了好几百支，终于摸清了笛子按孔大小、洞孔位置与音律的关系。根据这一套挖洞的经验，做了两副尺子。他从此可以随意制成长短不同、粗细不同、高低不同的多调笛子。后来这副开笛孔的尺子用在制造应用乐器上，由于音调准确，大大打开了市场。不过这已经是他把这副尺子送给别人去作谋生之道之后的事情。他自己却没有为此去申请专利。

我在悼词里提到了郑文公，这也是他锲而不舍的具体事例。本来他的父亲在他很小的时候就已经请人教他书法。不过当时他所取法的大概还是正统的颜柳一流。郑文公碑可能是他在碑学盛行的时候自己选中的魏碑名作。我见到他临郑文公碑是注明二十四遍，可见他对待这所谓余事也是一丝不苟的，认认真真的。由此我又联想到他贯彻认真这一特性的另一件小事。

他晚年为了调剂一下他紧张的工作，他分出一点时间去种花。现在留下的一张照片就是他的一些同事围着他在观赏他手种的花坛。特别值得一提的是他竟种起兰花来。一到要种兰花他那认真的派头又显示出来了。兰花是相当娇气的，他认为北方的泥土不适合于种兰花，于是从南方运来为兰花特制的泥块。

杨先生生平还有值得特别称道的一点是他的爱国主义精神。1952 年“五卅惨案”爆发，那是由日本资本家枪杀日本纱厂工人顾正红引起上海群众的义愤，于是举行示威游行，在游行途中惨遭英国巡捕的野蛮屠杀。杨先生当时是圣约翰大学的学生，与同学一起声援群众爱国运动，在圣约翰大学升起国旗。可是美籍校长悍然把中国国旗扯下来，学生大哗，终于引起直接冲突，学生八百余人愤然离校，另建光华大学。这是上海震旦学院学生反抗法国校长压迫、愤然离校另建复旦大学之后，中国学生反抗外国教会学校压迫的又一壮举。杨先生还依历代流传的《满江红》曲调配上题名岳飞作的“怒发冲冠”词油印散发，激起群众的爱国热情。

光华大学有一位教授名钱基博，即钱钟书的父亲，杨荫浏的母舅。杨家是无锡望族，光是荫字辈就有好几位名人，其一是杨荫榆，中国第一个女大学校长，以开除许广平等学生代表爆发一场大风波，详见鲁迅的《华盖集》及陈源的《西滢闲话》。另一个是杨荫溥，杨荫浏的哥哥，经济学家，有专门著作在商务印书馆出版，在银行界有相当地位。但是钱基博却认为从长远看，从大处看，杨家最有出息的人物应该数杨荫浏。事实证明，钱基博老先生才真正是慧眼识英雄哩！

由于工作成绩的出色，杨荫浏的声誉渐渐从国内扩展到国外。1945 年冬天，美国哈佛大学原来与他共同编译赞美诗并帮他研习赫姆霍尔兹的《音的感觉》与康德的《数理哲学》的刘廷芳和原燕京大学音乐系负责人范天祥先后从美国来信，邀请他去美国专心研究音乐。他却以研究中国音乐，离不开蕴藏在民间的活的音乐宝库，离不开中国本土，一一复信辞谢了。1952 年范天祥又从美国来信，请他赴美讲学，他又一次予以辞谢。杨先生这一片拳拳的赤子之心，应该可以给那些为了能够踏上美国国土，不惜抛弃本身业务，甚至于不惜以三等公民自居的“洋迷”一点启发吧。

20 世纪 70 年代初期，西德《古今乐典》为了要将杨荫浏的生平事业列为专条收入该书，特地来信请他提供一份书面材料，以便编写词条。这封信是由我译出来转给中国音乐研究所的。当时还是“四人帮”气焰熏天的时候，这封信是不是交给他本人即使他看了是不是写了材料我都毫无所知。照当时的形势推测，恐怕根本就搁了下来，谈不上什么回信。因为一不小心，就要担当里通外国的罪名的。

《古今乐典》并不是一般的商业性的世界名人录，而是百科全书式的集中专人撰写词条的大型音乐辞典。入选这部辞典固然是可喜的，但是即使形格势禁，杨先生无法提供资料，一时没有列入，也同样无损于杨先生的光辉。因为只要你想弄通中国音乐和中国音乐的源流正变，你就不能无视他那精心结撰的中国音乐史和他那超过二百以上的编目的专题论文和研究报告以及经他编纂校订的历代音乐文献、传统曲谱及民间音乐专辑的宝库。这正是我们一代宗师的千秋绝业！

“诗有之‘高山仰止，景行行止’。虽不能至，而心向往之”（司马迁）。借花献佛，不尽欲言。

原载《中央音乐学院学报》1994 年第 4 期

廖辅叔（1907—2002），中央音乐学院教授

我所知道的杨荫浏先生

钱仁康

学贯中西的音乐学家杨荫浏先生，江苏无锡人。1899 年 11 月 10 日出生于无锡城中留芳声巷一个职员家庭。幼年读经史诗词，喜爱音乐。6 岁能演奏箫、笛、笙、二胡等民族乐器，曾得雷尊展道士华彦钧（阿炳）（1893—1950）的指点。1911 年，12 岁的杨先生参加清唱昆曲的天韵社，从曲师吴畹卿（1847—1926）学习昆曲和演奏三弦、琵琶。天韵社所用昆曲曲谱今存吴畹卿的亲笔抄本及杨先生抄刻的油印本，包括昆曲 120 出。

杨先生家靠近无锡圣公会，他常到圣公会向美国女传教士郝路易（L. S. Hammond）学习英语、钢琴和音乐作曲理论。郝路易也向他学习中国诗词、音韵和昆曲。两人互教互学，互通有无。杨先生在她的影响下接受基督教福音，1920 年在无锡圣公会受洗礼，成为基督教徒。1916 年就读江苏省立第三师范（校址在无锡学前街）。1923 年进上海圣约翰大学经济系。1925 年 5 月 15 日上海日商纱厂日籍职员枪杀工人顾正红（共产党员）。5 月 30 日上海市民发动罢工、罢课、罢市的爱国运动，遭到英帝国主义者的大屠杀。圣约翰大学学生奋起抗议，受到美籍校长卜舫济（Francis Lister Hawks Pott，1864—1947）的压制。他侮辱中国国旗，不准中国学生参加爱国运动。爱国师生愤而离校，另外创办一所大学——光华大学。当时杨先生是离校运动的中坚分子，他到处奔走呼号，宣传爱国主张。后来杨先生在发表于 1982 年第 10 期《人民音乐》的《我和〈满江红〉》一文中写道：

在1925年的学生运动中，反帝的旗帜高举。我当时与上海圣约翰大学的同学八百余人，反对外国学校当局，一同签名离校，进入了当时由本国师生共同努力而短时筹建的光华大学。为了推动反帝怒涛，我选取了岳飞的《满江红》词，配以此曲的音调，油印成歌片，散发于同学之间。这时候，我自己是在光华大学读书，同时又在交通大学的南洋学会及安澜英文馆里担任业余音乐辅导。最初散发的对象，是在三校之间。但经辗转传抄翻印，不久就在全国传开了。

杨先生为岳飞的《满江红》词配唱的曲调，是1920年底发表于北京大学音乐研究会编辑和发行的《音乐杂志》第一卷第九十期合刊上的元代诗人萨都剌的《满江红·金陵怀古》的曲调。

1926年，杨先生辍学回乡，在无锡私立辅仁中学和县立初级中学担任音乐教师。当时我在无锡县立初级中学读书，亲身领会到杨先生的音乐教学。他教唱中国歌曲和外国歌曲，既有独唱歌曲，又有合唱歌曲。中国歌曲如《满江红》、《木兰辞》、《苏武牧羊》以及黎锦晖的《寒衣曲》、《可怜的秋香》等歌曲；外国歌曲主要是美国出版的《101 首最佳歌曲》其中包括 *Bull dog*（《斗犬》）等合唱歌曲。杨先生还担负着学生的课外音乐指导，我就是在他的指导下学习吹笙的。

1929年至1934年，杨先生为基督教圣公会译制赞美诗。1929年他和郝路易女士合译1827年米尔曼（Henry H. Milman）作词、1862年戴克斯（John B. Dykes）作曲的《巍然乘驴歌》（*Ride on! ride on in majesty*）：

1. 巍然乘驴向前进行！
沿途民众一片歌声；
温柔救主向前进行，
棕枝衣服满路铺陈。
2. 巍然乘驴向前进行！
卑微模样是去成仁；基督得胜今番开始，
死亡败退，
罪恶戡平。
3. 巍然乘驴向前进行！
天上众军俯首停睛，
遥看救主去作牺牲，
满怀忧虑，
黯然伤心。
4. 巍然乘驴向前进行！
末次剧烈奋斗将临；
天上宝座圣父关心，

盼望神子荣归天城。

5. 巍然乘驴向前进行！

卑微模样是去成仁；

低头屈就肉身苦痛，

然后升天永掌权衡。

这首诗中对耶稣的谦卑、温柔、剧烈奋斗、英勇牺牲的描写，给杨先生留下了深刻的印象。杨先生自己单独翻译以及和燕京大学教授刘廷芳合译了大量的赞美诗；还自作歌词，创制了新的赞美诗。1933 年作词的《真美歌》和《三叠离歌》都配唱古琴曲调，并亲自配置和声。《三叠离歌》配唱古琴曲《阳关三叠》，歌词也配合《阳关三叠》的意境。

三 叠 离 歌

杨荫浏作词（1933）
杨荫浏改编古琴曲（1934）

1931 年中华基督教会（即长老会）、中华圣公会、美以美会、华北公理会、华东浸礼会及监理会等六公会提出合作编订一本供教会通用的圣诗歌集，成立联合圣歌编辑委员会，聘请杨先生担任编辑委员兼总干事，与刘廷芳教授共同负责对圣诗译词作润色。这本圣诗歌集取名《普天颂赞》，1936 年由广学会出版发行。五年中再版十多次，印数达 34 万册，是中国教会除《圣经》以外销售量最多的书籍，获国际圣经展览的编辑优良奖。1970 年，黄永熙博士重编《普天颂赞》。1977 年 12 月由香港基督教文艺出版社出版《普天颂赞》修正本第一版。1986 年 10 月出版英汉对照本，为世界华人教会广泛采用。

杨先生 30 岁编《颂主诗集》，32 岁任编辑《普天颂赞》总干事。晚年在他居室案头，常年放着一本金边皮面精装的《普天颂赞》。1983 年中国基督教圣诗委员会编辑《赞美诗新编》，聘请杨先生为顾问。年老多病的杨先生非常关心《赞美诗新编》的出版工作。诚如他在 1934 年译词的《爱传福音歌》中所说："福音满足我希望，福音加添我力（量）。"

1936 年起，杨先生历任北平"哈佛燕京学社"音乐研究员，在燕京大学音乐系讲授中国音乐史。1941—1949 年在重庆和南京任国立音乐院和金陵女子大学音乐系教授，讲授中国音乐史、国乐概论等课程。1948—1949 年兼任国立礼乐馆编纂和乐典组主任。

1945 年他的挚友刘廷芳、范天祥（BlissWiant）和哈佛大学邀请他去美国深造。1950 年范天祥再次邀请他赴美讲学，都被他婉言谢绝。

1949 年中华人民共和国成立，杨先生任教中央音乐学院，后担任研究部研究员、音乐研究所所长、中国音乐家协会常务理事、中国艺术研究院顾问、中国文学艺术界联合会全国委员、第三届至第六届全国政协委员。

杨先生对中国音乐史学、乐律学、语音学、古谱研究、古乐器考古、乐器改革、民族民间音乐研究，以及对中青年研究人员的培养作出了重要贡献。早在 20 世纪 20 年代开始，就编辑出版了《雅音集》（1、2 集）、《笛谱》、《箫谱》、《文板十二曲线谱》等民族音乐曲集。20 世纪 40 年代从事《白石道人歌曲》17 首旁谱的考释研究，1957 年出版《白石道人歌曲研究》（与阴法鲁合著）。1950 年与曹安和一同采访民间艺人华彦钧（阿炳）（1893—1950），将他演奏的 3 首二胡曲（《二泉映月》、《听松》、《寒春风曲》）和 3 首琵琶曲（《大浪淘沙》、《昭君出塞》、《龙船》）录了音，并于 1954 年出版《阿炳曲集》。他还采录了苏南的民间音乐"鼓板"和"十番锣鼓"，1957 年出版了《苏南吹打》，1980 年出版了《十番锣鼓》。在天津，他到劝业场收集北方说唱音乐。在北京，他到智化寺考察，写出了《智化寺京音乐》。在河北，他采访了定县的民间音乐，写出了《定县子位村管乐曲集》。在湖南，他走访了 44 个县，写出了《湖南音乐普查报告》。在陕西，他采访了西安鼓乐，写出了《陕西的鼓乐社与铜乐社》。研究民族民间音乐的著作，还有《古琴曲汇编》（1956）、琵琶古曲《夕阳箫鼓》（1956）、《单弦牌子曲选》（1956）、《关汉卿戏曲曲谱》（1959）、《〈霓裳羽衣曲〉考》（1962）。

在文化大革命中，他随“五七干校”去过河北省的怀来、宝坻和静海。70多岁的杨先生还亲临湖南马王堆一号汉墓，考察出土的古代乐器。

长期以来，他潜心于古代音乐史的研究，1952年修订1944年的旧著，出版《中国音乐史纲》，1982年出版《中国古代音乐史稿》。这几部专著对国内外音乐界有很大的影响。他对音乐史的研究，还写了《中国音乐史新旧音阶的相互影响》（1945）、《如何对待五声音阶与七声音阶同时并存的历史传统》（1959）等论文。

他对古代音律的研究，用力甚勤，写出了《平均律算解》（1937）、《弦乐定音计述略》（1942）、《琵琶音律》（1958）、《笙一竽考》（1979）、《三律考》（1979）等著作。

写于2007年5月

原载《音乐艺术》2007年第4期

钱仁康（1914—2013），上海音乐学院教授

往事皆遗爱　人今方见思

——哀挽杨荫浏先生

黄翔鹏

在福建参加南音大会唱活动的旅次，接到音乐研究所急电，要我即刻返京。告之：杨老谢世了！无法控制的悲痛倏然袭来，刹那间，仿佛这南国早春和煦的天气也骤然冷却了，一下子周身寒彻。

“世才能有几”，“斯人难再得”。

我放声大哭，以致旅馆服务员们为之惊愕不解。

对于一位八十有四高龄长者的意中事，伤心处，我也有其难言之别怀。一株根深叶茂的大树倒了！一座架通天堑的桥梁倒了！

然而，大树依旧挺立着，桥梁也依然矗立着。这就是杨老留给我们，留给后人的一生业绩。

他是中国音乐史家。他写的历史使得历史忘不了他。

他是中国传统音乐的主要传人。民族音乐的各大部类中无不饱含着他的心血，也无不存在着他的业绩。他的治史、治学观点、方法和范例，无疑地还将在中国民族音乐学的进展中继续发挥作用并且影响深远。

他是中国传统乐律学的博大精深、见识卓著的大学问家。在从理论到实践的探索追寻和开拓方面，可以说自晚清以来无人能和他并驾齐驱。他在这个领域中，排除传统偏见，应用《实践论》、《矛盾论》的指导思想，数十年如一日，苦心孤诣，潜心研讨，著书立说，获得了举世公认的光辉成就。

我是在少年时唱着聂耳、星海的歌曲长大的；靠中小学音乐老师的喜爱，又学了钢琴；最初和传统音乐没有太多的缘分。按杨老的说法，原先只是个“小洋鬼子”。可以说，认识先生的过程，就是我认识中国传统音乐的过程。先生时我说来，是枝干扶疏的参天大树，我至今只能触摸到他的一枝一叶；先生对我说来是古、今、中、外间的桥梁，我现在还靠他搭起的桥在走路。

第一次见到先生，我还是一个不满二十岁的小伙子，其时我对中国民族音乐的见识远不及音乐院中“山歌社”的老大哥们和俄罗斯“国民乐派”的思想。那时我敬重先生是因为他和江定仙老师一起，排除学院派的成见，热心支持“山歌社”；但并不理解他为什么在礼乐馆工作。当时并不知道先生的研究项目，而“礼乐”对我说来，却不啻是一种陈腐透顶的东西。我自幼倾心的民族文化只在文史方面；那期间，听昆曲都腻烦，只爱民间音乐而已。想不到与先生自有过从以后，受到先生的教诲与陶铸，箴言铭心，笑音在耳。而如今历历往事，皆成遗爱。这是多么漫长的一条走过来的路啊！

古林寺的初春，细雨霏霏。南京音乐院国乐组的一个同学领我上了一个小土丘到学院的教师宿舍中去看望杨先生。老人家穿着灰布大褂，曹安和老师也在座。房间陈设简单，至今印象如初的是并列两条长桌上满是灰尘，但整整齐齐放着几十条长短有序的竹管。那是先生植根于实践精神，从事管律研究的实物。

当时，我刚刚放弃金陵大学物理系的学籍，进入南京音乐学院理论作曲组学习。入学就知道先生正在讲授“音乐物理”课程。作为低班新生，不能直接听课，拜访正是为了亲聆教诲。初见先生，很难完全听懂他的无锡官话，但先生反复强调的事也还使人能明白其大意。他说：国际上研究中国音乐史，最重视两个东西。一是雅乐，一是乐律。因为他们懂科学，好像他们比中国人还重视中国古代律学。其实，他们只会从书本到书本那样地搬弄与罗列，并不深知中国音乐是怎么一回事。

这个话，当时我不能全懂。学过一点物理声学，我只知道德国人赫姆荷尔兹，还没有听说过艾利斯，更不知道英、法、德的匹肯等人了。我也无从明白，古代乐律，除去死钻史料又怎样研究呢？到后来的一次谈话，先生提起了抗日战争期间美国方面曾经聘请他去主持一个中国音乐研究所而被他拒绝的事，我才能够回味与领略到初见到先生这段话的深切含义。先生不肯出国，并不是他轻看更好的设备条件。他说：“我是中国人，中国人研究中国音乐，到那听不见中国音乐的地方去干什么?!”

先生诙谐，平素爱和后辈讲玩笑话，学生们也敢开他的玩笑。记得新中国成立后他当中印友好协会的委员时，穿上西服，肤色本来又黝黑，我们就叫他“印度人”。一次，先生似嗔非嗔，板起脸一本正经地宣称：

“我是中国人！地地道道的中国人！”

就在这50年代中，我有了更多的讨教机会。其时先生学习了《实践论》，表达他自己的治学思想更为清楚明确的时候，我才更明白“中国人研究中国音乐”植根于实践的真正含义。先生总要逼晚生后辈在腹中背诵下百十首以上的传统曲调；总要强调青年人应该利用一切机会进行民族民间音乐的调查活动；当然只有在民族的土壤中扎根才能成长为枝干扶疏的大树。

初聆教诲时的一席话，资质愚鲁的学生辈并没有像“胜读十年书”那样立即就能领会；而是又用了十年，才一步步渐有醒悟的。其实，这又何待于言辞呢？应该说先生的一生学术经历，孜孜不倦，求真务实，早已树立了榜样，切实证明了对民族音乐的实践在民族音乐理论研究中的重大作用。

50年代间，我有幸常在音乐研究所备课。住在十间房办公楼二层，与杨、曹诸师长和管平湖、高步云等先生成为斜对门的近邻。杨先生因为我经常请教乐律、音韵方面的问题，有意识地引导我到管先生屋里听琴，我这才明白音乐会中经过电声扩大（特别是那时的电声）的七弦琴音乐，早已不是真趣。那时中央音乐学院在天津，我在天津时也常接到杨先生寄去的研究所出版物，但是，先生在心目中仍然把我看做“洋学堂”出来的人；并不因为我担任了某些民族音乐课程而有改变看法。

一次在他屋内谈话，老人家用玩笑口吻对我发了“牢骚”：

“查阜西，查先生他们，常常把我当‘洋鬼子’；你们这些人，又把我当‘老封建’、‘老古董’。我这一辈子，命中注定受你们两种人的‘夹板气’！”

杨先生的幽默趣味是学生们早就知道的。但我忍俊不禁的时候，不觉间感到其中的严肃意味，不能不争辩了：“哪里是什么‘夹板气’！话应当反过来说，这说明查先生和我们都离不开您。您就是个搭桥的人，您就是桥梁！”

先生会意地笑了，口头说着：“玩笑，玩笑！”从此以后，我认真地注意到了先生从事的业绩对我们这一代人以及对后来者的历史作用。

中国的近百年史，在封建社会到社会主义时代之间，极为短暂，不像欧洲那样经历了一个长期的、对古代文化采用现代方法进行整理的阶段；而在这个短暂的年代中，又是战乱频繁、民不聊生的岁月；中学和西学的鸿沟、古代和现代的差异，不相与谋，信息不通。“洋鬼子”和“老古董”之间确实是连共同语言都找不到，怎样谈得上继承和发展中国的传统音乐文化呢？

王光祈注意到了这方面的问题；但是真正扎根于中国的传统音乐，浸透在民族音乐的艺术实践之中，在古、今、中、外之间搭起了宏伟桥梁的，却是我们的杨荫浏先生。

他是应历史的需要而生，又为之推进中国民族音乐学历史发展的杰出人物。

杨老的为人和他的学识品格，称誉者多，得益感念者多；但他开罪人的地方也是有的。我是知道一些私下的议论。静言思之，平心而论，非深知者不能从大处来看他，更不能从他的性格背后看出一片诚厚的赤子之心。

先生争强好胜，近乎童稚，自来如此。七十高龄的时候，在团泊洼干校，为了年轻人不相信他掌握拳术中“醉八仙”的绝技，顷刻立起身直挺挺地合掌接地，表演了绝难的“童子拜观音”动作，使当场的后辈学生带着后怕，深悔激起了这一冒险之举。他在学术上也是这样地不示弱、不饶人，却有更严肃的内容了。许多人不知道他的另一侧面是谦逊和放达。1960年，一位天津果品公司的工人梁易靠自学的律学知识，对先生计算的河南信阳编钟音律分析提出意见，先生立刻公开欣然接受，并且作了改正。先生对于自己的研究心得，不论是已发表过的或是从未公开发表过的，从来不吝给人指教，甚至有人拿去发表了，他也只是心中有数而并未张扬使人难堪。有许多同志因为境外出版的一部中国音乐史中大量抄袭了他的著作而愤愤不平；然而先生却对我说：“你将来会明白，别人同意而且接受你的观点和结论，是大不容易事。人家抄我的东西，我高兴还来不及呢！再说，不能讲人家就是抄，要承认他还是有自己的见解的。”

先生好胜但非狭隘，放达却不滥好。多数情况下这是一个矛盾的统一体，而它的核心是常如赤子。先生的道德文章，是多么令人景仰！

杨老对于学生辈，平素严厉，暮年尤甚。许多人都不理解他那树兰树蕙剪枝修叶的苦心。一次，先生对一位颇负时望的青年琴家声色俱厉地当面作了批评，但私下却时我说：“他不知道，有数的几个人中，我是最看重他的。”

当然，使我们无法忘怀的是他的性格中乐观坦荡、富于幽默感的一面以及他素著热肠的诲人不倦的精神。

先生从来不许我们这一辈的人让孩子们管他叫爷爷。他发明一个称呼，一律称“杨老师”。孩子们跟着对曹安和先生也叫曹老师。平时二老对晚辈与再晚辈的人毫无矜持，无所拘碍，与先生问学，真使人有如坐春风之感。

先生在五十多岁以前，从青木关以来的“传统”，他给学生们上课印发的讲义、资料都是亲自刻蜡版的。那端庄的字迹，一丝不苟，如今展示，手泽常新。开卷掩卷，触处成悲。

还记得，60年代开昆曲课，是由曹先生亲口传授的，但几乎每一次杨老都来吹笛、弹弦子。杨老给我们每人发一部《中州音韵辑要》，要求每学一曲都要逐字查韵，交作业，由他亲自不厌其烦地一字、一声、一韵用红笔批改。

上课也好，工作也好，功课和任务之外也好，只要他想到一个什么问题，或感到你有哪一点还不够理解，就要把你叫去，或者亲自转到办公室、宿舍找你谈上一半天。我们总怕打搅他，怕耽误他的宝贵时间，常要积累了几个要请教的问题才到他那里去一次，问清楚了就想赶紧溜走。真的是存心要“溜”，但十有八九总要被老人家抓住不放。谈兴浓起来，你说着话转到门边，他就站起来跟你到门口，你走向过道，他就追着你到过道继续和你讲；哪怕追到他无法进去的地方，还要紧迫着门边对你讲，有时候真让人负疚殊深，过意不去。

这当然只是先生暮年之前的一般情况，但是即使在1980年，老人家有时还由别人搀扶着到办公楼，顾不得气喘吁吁，找学生谈话，为的是谆谆叮嘱他在治史工作中的一些重要思想。

此间，先生宏观地考察了“五四”以来的史学倾向。一次，从顾颉刚《古史辨》怀疑一切谈起，一直谈到新近的出土文物证明了曾被怀疑的史籍记载之后，他说：顾先生晚年的工作，证明他已经通过实践放弃了早先的怀疑论。历史更证明了鲁迅和郭沫若的基本倾向是正确的。

“你们该要走对了路，不要自己否定自己，跟着洋人跑!”

先生的话，言犹在耳。

他是一个追着学生、给予教诲的师长。在先生沉疴不起的日子里，学生生怕打搅他不得休息颐养，不敢在病榻前侍奉。然而一朝永诀，未能听到临终遗嘱，令人痛绝心肝，思之黯然!

然而我想：关于《古史辨》的话，不正是先生对我们的珍重遗嘱的一部分吗?

附记：杨老和中央音乐学院的关系，如果从青木关时就相过从并且现仍在校的师生算起，是关联深远的了。先生谢世，仅就我个人接触，江定仙老师在病榻上还让王迪同志转达他的关心，并嘱我注意身体；王宗虞老师两次驰书，并附来托我转致的唁电；追悼会上师友云集，更是使人感怀万千。《学报》嘱写纪念文，不敢辞，执笔怆然，不知所云。草率成篇之际，得东京来信，知道日本音乐家百岁老人田边尚雄先生，也在最近逝世，附志伤悼于此。

1984 年 3 月 18 日

原载《中央音乐学院学报》1984 年第 2 期

黄翔鹏（1927—1997），中国艺术研究院音乐研究所研究员，曾任所长

学习杨荫浏先生的治学精神

简其华

杨荫浏先生是我国著名的音乐史学家、传统音乐学家。他在中国音乐学学科中占有重要的地位，作出了重要的贡献。

我是自1952年起，在当时中央音乐学院研究部（即音乐研究所的前身）李元庆和杨荫浏两位先生领导下工作，并在杨先生的具体指导下，从事传统音乐研究，从他身上学到了许多东西，对杨先生感受很深，现在谈两点体会。

一、他有渊博的学识，又具有谦虚的态度

杨先生学识渊博，对古今中外的文化和学术，有很深的基础和修养。他是一个理论和实践相结合的音乐研究者。他会吹箫、笛，拉二胡，弹琵琶、古琴，向民间艺人学习锣鼓等乐器，他借助对这些乐器的演奏，解决音乐研究中的音律和其他有关的问题。

他熟练地掌握昆曲，能背唱百首昆曲之多。他借助演唱昆曲的经验，来解释一些古谱的符号和音韵的问题。

每当音乐界提起杨先生，都会想起他的巨著《中国古代音乐史稿》。是的，他的中国古代音乐史研究是从20世纪40年代初开始的。1952年第一次出版了他的初稿，1981年第二次出

版了他的修改补充稿。他花了整整四十年的心血。但是，除了这部著作之外，他还做了大量的研究工作，在“昆曲”、“戏曲”、“音律”、“音韵学”、“古琴音乐”、“器乐音乐”、“宗教音乐”、“说唱音乐”、“古代歌曲”等许多方面，都进行了深入的研究，并写出了许多研究论文。

正因为他在民族音乐领域里接触面多，具有广博的知识，因而写出的中国古代音乐史便具有很高的学术价值。如果说从“五四”以来，曾有过郑觐文、许之衡、孔德、王光祈等人写过中国音乐史，但由于当时他们所处的历史条件所限，这些著作只是对中国音乐史作了一般的叙述，而杨先生的著作则较为全面、深入和详尽，他不但运用文献，而且把多年深入实地采访、录音的第一手资料，纳入他最后修改的《中国古代音乐史稿》中，成为一部既有文献，又有音乐的巨著。

然而，杨先生对自己的著作，却抱着十分谦虚的态度，他在1981年出版的《中国古代音乐史稿》“后记”中说：“这样一个内容复杂、范围广阔的研究领域，要在这一个薄弱的基础之上建立起来，还是不容易的。应该虚心承认，我们还是处在十分幼稚的阶段，我们还是小学生。”但是他接着说：“又应该相信，在党的培养之下，进行踏实、刻苦的共同努力，我们是能够把这项研究工作逐步推动向前的。”

从这些最后的遗言中，我们可以看到，一方面是杨先生花了半个世纪研究的中国音乐史，在这个“内容复杂、范围广阔的研究领域”，“基础薄弱”的研究中，虽然取得显著的成绩，但“我们还是小学生”，态度十分谦虚。同时，他也期望后人“共同努力”，“把这项研究工作推向前”。

二、他重视文献古籍，又重视采访调查

杨先生在研究工作中，一方面重视过去的文献古籍，博览群书。另一方面他也重视采访调查，亲自到现场取得第一手资料。

20世纪50年代初，他曾先后采录瞎子阿炳的音乐、北京智化寺的京音乐、西安鼓乐、湖南音乐普查等。他从山西五台山笙管乐和西安鼓乐的采访调查中，发现这些音乐使用的乐谱，同宋代姜白石所用的记谱基本相同，为他以后翻译姜白石的词曲乐谱有了重要的依据。

杨先生除了亲自采访调查之外，也很重视别人的研究成果，如新疆维吾尔族的“木卡姆”民歌等，把它吸收进他的《中国古代音乐史稿》之中，以补充这方面之不足。

杨先生还根据他多年的采访经验，编写了《音乐业务参考资料十二种》，给年轻的研究人员进行采访调查作准备之用。在这些“参考资料”中，由他亲自编写和刻印的就有：

1. 《记谱法提纲》
2. 《记谱符号几种》
3. 《音乐速度计算表》
4. 《管乐器按指法》
5. 《乐器绘图法》

6.《工尺谱的翻译问题》

7.《宫调或调式问题》

8.《乐器记谱法中的笛和敲击乐器的记谱法》

以上的著作，为青年研究人员从事传统音乐的采访调查，提供了基本入门知识，为后人从事深入研究，打下了很好的基础。重视文献古籍和采访调查相结合，是杨先生治学之道和重要特色。

杨先生虽然离开我们已经近三十年了，但他的学识渊博而又谦虚的治学精神，在研究工作中，既重视文献古籍，同时也重视采访调查相结合的治学方法，很值得我们好好地向他学习。

简其华，生于1924年，中国艺术研究院音乐研究所研究员

悼念杨荫浏先生

［美］赵如兰等

今年 2 月 25 日中国音乐学界的杨荫浏先生在北京去世了，我们听到这消息都感到失去了一位老前辈。他整岁是八十四，最后几年他虽然因病身体很弱，但是在学术上的工作可以说是一直没有停。他喜欢朋友们去看他，我们一些从海外回国到北京去拜访他的人，都忘不了他的那种热情。为了省力，省时间，他见到我们一句废话也不说，想到什么音乐上的问题马上就谈起来，每次总是给我们很多启发，有时看护他的护士们怕他太兴奋还得劝他休息一下再继续谈。

杨先生是中外公认的中国音乐学界的领导者，他最有名的著作是他的《中国古代音乐史稿》，这是在过去差不多四十年之中，凡是研究中国音乐的人都必须读的基本参考书，在 60 年代他就开始改编这本书，加进了许多新材料，到 1980 年才正式出版。

早在 50 年代初期，那时所谓“民族音乐学”（Ethnomusicology）这个名词在西方产生不久，杨先生早已注意到中国民间的音乐了，他在无锡收集瞎子阿炳的音乐作品，用那时刚发明不久的钢丝录音机给阿炳录音，把录音整理出来编成一个集子。尤其可贵的是杨先生又把阿炳一生所经历的事情，非常仔细地记录了下来，给我们展示了阿炳的音乐是如何产生出来的，并且这种音乐在中国社会里是怎样生存的，这样一些情况。

1980 年，韩国镇曾在美国的“民族音乐学”期刊上登过杨先生一生所发表过的有关音乐的文献的目录，一共收集了一百零六项，我们可以从中看出，杨先生所研究的范围有多大，包括各种戏曲音乐、说唱音乐、仪式音乐（祭孔、佛教等）、各种器乐，他又整理了许多乐谱，用现代的中西乐谱方式发表，其中有古琴音乐、昆曲、单弦、弦索乐等等，他所应用的资料不但有各种古代的书籍乐谱，他更看重现在活着的演唱例子，在理论方面，他研究过关于音律、宫调记谱的问题，他也关心眼前实际表演的问题，比方琵琶上的品相位置的改变。去年（1983年）他出版了一篇很长的论文：《语言与音乐》，总结了他多年来考虑的声乐方面的一个大问题。

中国音乐各方面的研究，杨先生都给我们开了一条领导的路，给我们树立了榜样，直到今天，对于中国音乐，很少有人像他研究得这么广、这么深。然而杨先生给我们最重要的教诲是做学问的态度。从他的工作上我们看得出来，一个真正的学者会认为社会上一切音乐都是值得我们用最慎重的眼光去研究的。

赵如兰　美国哈佛大学音乐系教授（执笔）

张充和　傅汉思夫人，研究昆曲

周文中　美国哥伦比亚大学艺术学院副院长，兼音乐系主任，美中艺术交流中心主任

傅汉思（Hans Frankel）　美国耶鲁大学教授（教中国古典文学）

韩国鐄　美国北伊里诺大学音乐系教授

爱蓝凯根（Alan Kagan）　美国明尼苏达大学音乐学院副教授

库特纳（Fritz A. Kuttner）　退休教授

梁铭越　美国马里兰大学分校音乐系教授

李伯曼（Fredric lieberman）　美国加里弗尼亚大学音乐学院院长

刘邦瑞　美国亚利桑那州立大学副教授

吕振原　（职务不详）

李林德　（职务不详）

莫德昌　退休音乐学家

史达伯（Richard Strassberg）（职务不详）

展艾伦（Alan Thrasher）　加拿大国碧诗大学音乐系教授

荣鸿曾　美国匹兹堡大学音乐系教授

1984年9月于美国

原载《音乐研究》1985年第1期

聆教侧记

——我所知道的杨荫浏先生

王震亚

杨荫浏先生在中国音乐史研究方面的杰出贡献，是人所共知的。他的成就不仅由于读书多，经史子集、稗官野史、前人关于音乐史的论著等。都曾潜心研究；他涉猎多广，在许多领域都有很深的造诣，这些成为他研究音乐史的多种支柱，才能达到今天的水平。很难设想一个人一生能像他作那么多工作。

无锡“天韵社”是清唱昆曲的著名社团，有很高的学术水平，在昆曲界享有盛誉。杨荫浏先生是昆曲权威，原“天韵社”社长吴畹卿先生的嫡传弟子，承袭了“天韵社”的全部乐器、曲谱，最后一个人主持了“天韵社”；他唱官生，能背诵七十多套昆曲，曾亲手刻印六大本《天韵社曲谱》出版，并有《天韵社杂谈》、《天韵社溯源》等著作，对昆曲研究极深。他在音乐院教民族乐器，曲笛吹得好，能翻出七个调，曾整理出版《笛谱》一集。他的三弦演奏有独到之处，曾整理出版《三弦谱》。他箫也吹得好，曾整理出版《箫谱》。梅兰芳舞台艺术纪录影片中的箫，是特地请他去吹的。他弹得一首好琵琶，记得许多琵琶曲。1950 年用琵琶最后一次和瞎子阿炳的二胡合奏《梅花三弄》，受到阿炳的赞赏。他虽不是古琴演奏家，但能读古琴减字谱，他曾向好几位琴家学琴曲。他可依谱抚琴。这些都说明他是一位音乐家，能唱能奏，有很高的音乐修养。他的中国音乐史著作是音乐家的著作。

他古汉语基础非常扎实，钻研各种艰深的古籍没有什么困难。他音韵学的成就极高，使他能够从音韵与音乐结合的角度研究我国从古到今的声乐遗产，有《歌曲字调论》、《丝弦老调的唱法中所涉及的音韵问题》等专著。并作了一些别人力不可及的曲、词配合工作。

他对西洋音乐也很有修养。在音乐院任教时，和声教师请假，他可以代授和补课。今年《音乐研究》发表的他1933年为《南针歌》（《满江红》）配的和声，十分工整。说明他在30年代已掌握了和声的基本写作。他能作曲，在礼乐馆工作时，曾发表过歌曲。民族音乐研究所成立时，曾演出他编配的小合奏曲《潇湘水云》。他的英语水平很高。据说属于当时上海圣约翰大学几个英语最好的人的行列。1925年在英文论文竞赛中写成 *An Outline of Chinese Music* 是他最早的音乐史著作。他可以算是学贯中西了。

他学过高等数学和高等物理，精于计算，这是研究律学、音响学的基础，曾亲手演算了历代律制的有关数据。为了拍摄文献资料，他钻研摄影技术时，通过精密的计算，制作了曝光时间表。他的一手魏碑，写得很有功夫，手抄、刻印的魏体音乐资料不知道有多少。他为华彦钧墓的题字可以说明他书法的水平。民族音乐研究所50年代出版的资料中有不少他亲手绘制的民族乐器图，比例准确，线条流畅。

以上种种渠道都通向中国音乐史的研究，才汇集成中国音乐研究的长河中那样一个壮观的波澜。他的体育运动及围棋都有值得夸耀的成绩。

杨荫浏先生研究中国音乐史典籍中的音律乐制，不仅亲手演算有关的数据，还特别重视通过实验，检验各种记载。一个时期，他的住处散乱地放置着许多笛子，就是在作此种实验。我有一次去看望他，他病中还在纸上画了许多圆圈，因为日本人说一种笙是由日本传到中国的，他不相信，那些圈代表笙管的排列。他研究的结果是我国原来就有这种笙。

他研究中国音乐史不仅重视文字记载，还特别重视研究音乐。经他手收集、记谱、出版的民族乐曲数量极大。以前的中国音乐史中，乐曲太少的缺陷，由于他终身的努力，已在很大程度上得到弥补。新中国成立前他就整理出版了《雅音集》（简谱）、《文板十二曲》（五线谱）。全国解放初期，一架钢丝录音机总伴随着他，录制了瞎子阿炳的六首乐曲，并把它记谱、研究、出版，在海内外都有影响。可以说没有他对阿炳的介绍，那六首民族音乐中的珍品不可能流传下来。他对记谱采取严格的科学态度，不仅曲调记得准确，速度、演奏方法、力度等都力求翔实，在当时达到较高的水平。有人因为其中一些细节上的问题，说他的记谱不准确，这显然不符合实际。

宋代词人兼音乐家姜夔的17首词调，用宋人燕乐字谱，常年无法辨认，杨荫浏先生为此苦恼，终于在潜心研究山西八大套曲谱中，受到启发，把17首词调都译出来。那样的珍品，使我们惊奇，宋代的歌曲竟已发展到那么高的水平了。

他把自己向琴家学弹的琴曲记录为五本乐谱，其第一本，《古琴曲汇编》已经出版。他搜集整理了《苏南吹打》、《苏南十番锣鼓曲》、《定县子位村管乐曲集》，还整理、记录、翻译了许多小曲，如明代朱载堉《乐律全书》中的《豆叶黄》、《金字经》，明乐九曲以及《九宫大成》中许多曲子（如《念奴娇》等）。在译这些曲子的工尺谱时，多少都要进行一些整理与加工。他从吴畹卿先生处记录来的苏南牌子小曲《山门六喜》、《满江红》等，都是饶有风趣的曲子。

他音韵学的知识和对一些乐曲的熟悉使他能够把原来没有曲调的古人诗词和已有的民乐曲调结合，形成很好的小曲，如李白的《关山月》和琴曲《关山月》的结合。他用宋人岳飞的《满江红》代替元人萨都刺的《满江红》，影响极大，在“五卅”运动及抗日战争时期发挥了鼓舞抗战的作用。近来因为对岳飞的重新评价，也引起对《满江红》的重新评价，也有人怀疑那首《满江红》不是岳飞的作品。这些都抹杀不了这首《满江红》在历史上已经发挥的积极作用。

杨荫浏先生由衷热爱民族音乐，因而对某些人只崇拜西洋音乐，轻视民族音乐，甚为不满。他认为真正懂得西洋音乐的外国人，反而对我们的民族音乐推崇备至。多次讲述在格洛夫音乐辞典中占有条目的美国波士顿交响乐团的第一小提琴手艾其海姆（Eichhenm Henry，1870—1942）的事迹。艾氏1922年偕妻女在无锡听了“天韵社”的音乐会，对中国音乐水平之高感到惊奇。他与家人去印度以后，家人返美，艾氏又单独返中国，要求再听中国音乐，对苏南吹打中的鼓点惊喜莫名，说中国音乐远不是西洋音乐所可比拟的。

杨荫浏先生认为中国语言中没有西洋语言中的扬抑格、抑扬格，但有字调。因而影响我国的音乐和西洋音乐韵律之间产生根本的差异。他认为应深入研究继承并发扬民族音乐的优秀传统。他对仿洋的模拟作品，对改编民族声乐、器乐曲时只用“嘣嚓、嘣嚓”的机械节奏，未能把民族乐曲的精髓突现出来的现象，很不满意。对民族器乐演奏家，也要求继承传统，表现本乐器的特性与中国乐曲特有的韵味，不能一意求快。

他不同意五声音阶是一种过渡性音阶、要向七声音阶发展的说法，他认为五声音阶是一种稳定的有丰富表现力的音阶。他不同意用音阶的复杂与否来判断音乐的高低，若说用十二个音能表现的东西，用五个音就表现了，技巧不是更高吗？

他说演奏民族音乐哪有齐奏？几个人在一起奏音乐，各人发挥各人乐器的长处，又互相默契，形成浑然一体，听起来十分丰富，韵味无穷，这是民乐合奏的妙处。他不同意把音乐写得过重、过复杂、过繁难、过臃肿，以致只有嘈杂，不能抒情达意，动人肺腑。他也要求声乐家唱得清晰动人，曾说“前几年你们批评刘淑芳，现在又批评李谷一，谁受欢迎就批评谁”。不分土洋，他要求音乐要受人欢迎。

他说现在不是宣传民族音乐如何丰富，而是宣传民族音乐贫乏，不然为什么一出国就只有《春江花月夜》？中国好的曲子多得很，应广为介绍。

他认为音乐院校民乐系的学生终身只演奏一件乐器和一套曲子，就不能成为好的音乐家。他说民族音乐家从来都是掌握多种乐器，合奏中缺什么乐器都拿得起来；他们都是合奏的好手，很少只会独奏不会合奏的。民族音乐的很多优秀作品在合奏中，不能丢掉。

他要求学作曲的人会读工尺谱，拿起蓑衣谱可以连词都唱出来，这样才能独立地研究民族音乐中大量工尺谱文献。

他青年时期是一个爱国者，新中国成立前是一位民主人士。新中国成立前夕，学生运动中，学校当局要开除一些思想进步的学生运动中的骨干，他敢于挺身而出，仗义执言，保护了这些学生。新中国成立以后，他真心拥护中国共产党。他说新中国成立前民族音乐家属于社会的最底层，受人欺凌，生活没有保障。新中国成立后受到国家的重视，生活安定了，应多作贡献。他对音乐界党的领导人由衷的尊重，曾多次说吕骥同志建议民族音乐研究所开辟音乐陈列室，对他研究音乐史很有帮助。而对于芦管吹灰式的试验，则认为没有必要。他认真学习马列主义，衷心拥护党的文艺方针。他的《中国古代音乐史稿》是力求用马列主义的观点观察中国音乐历史发展的。

1944年，杨先生在国乐概论班上教我们记黄钟、大吕这些很难记忆的古代音名的简便方法是记住十二字诀："黄大太夹，姑仲蕤林、夷南无应"，一直到今天，我没有忘记。四十年来不断受杨先生教诲，常在杨先生身侧。他的音容笑貌常在我心中出现，他的言谈常引起我的思索。上面信手记下来的点点滴滴，是四十年在他身侧看到听到的，虽不是对杨先生的全面介绍，我想会帮助同志们对杨先生有所了解。他的一些话，虽不是全面周密论述，我想会启发同志们思索很多问题。

原载《民族民间音乐》1986年第4期

王震亚，生于1922年，中央音乐学院教授，曾任副院长

深切怀念杨荫浏老师

王克芬

在我学习研究中国舞蹈史的数十年中，得到杨荫浏老师许多的指教、帮助和热情鼓励。1977 年在十年浩劫后，我重新得到了研究工作的权利，调入文学艺术研究所音乐舞蹈研究室工作。当时杨先生是音舞所的所长。1978 年，我独立完成完第一本舞史著作——《中国古代舞蹈史话》。杨先生在审稿后，为这本小书写了《读后感》，作为序言之一，刊载在书前。他写道："本书接触的书本资料相当全面，涉及的形象资料相当丰富；而且以舞蹈的实践经验为背景，对于这些资料往往能有比较细致的了解。"还写道："'四人帮'的干扰，十分可恨，他们非但阻碍了各种文艺研究工作的正常进行，更恶劣的是用许多错误思想来毒害许多研究人员的头脑，致使研究人员放弃踏踏实实的作风，而去跟着他们说大话，讲空话，甚至养成习惯，一时不易清除。本书写得比较实事求是，完全摆脱'四人帮'的影响，也是十分可贵的。"二十多年来，我铭记杨先生的教导，坚持发扬好学风，清除坏学风。杨先生的告诫，至今仍值得我们深思。后来，这本小书相继译成英文、日文、法文、韩文和繁体字本在海外发行。

记得我认识杨先生是在 20 世纪 50 年代初，当时，我还在中央民族歌舞团工作。我夫君作曲家张文纲在 1943 年至 1945 年就读于青木关国立音乐院。杨先生在该院讲授中国音乐史，文纲是杨先生的学生。我随文纲去听音乐会时常遇见杨先生与曹先生。文纲总要前去向二老师问好，我也站在一旁向二老致意。1956 年"哲学社会科学十二年远景规划"制定后，我从歌舞团调到舞蹈艺术研究会工作，成立“中国舞蹈史研究组”后，我向杨先生学习的机会更多了。我深知自己做学问的底子薄，基础差，只有加倍努力，才能适应新的工作。我们只要知道杨先生讲课的消息，无论多远，也要赶去听。当时音研所在离城很远的西北郊十间房，我们总是一大早就赶头班车去听课。杨先生讲课总是娓娓道来，像和学生谈天一样。他字句斟酌，有时像一面沉思，一面将他思想深处的东西诉说出来，使听讲人必须全神贯注地听，不然就不能完整地领会他组织得十分严谨的讲话所表示的深邃的思想。

记得有一次我去音研所参观那布置得非常好，规模不小的“中国古代音乐史料陈列室”。顺便去看望杨先生。满屋的兰花，清香扑面而来，两张并对一起的大书桌上，摆满了书。杨先生当时正在赶写《中国古代音乐史稿》。我看杨先生好像有点瘦了，便说：“杨先生！您要多注意身体！”没等杨先生回答，曹先生说：“他还会注意身体！每天都是睡两回觉，起两回床，一天当做两天用。”原来杨先生那段时间总是睡一会儿，后半夜起床，写累了，再睡一会儿，起来再写。这就是“一天当做两天用”。杨先生超人的勤奋，使他在学术上取得了辉煌的成就。

杨先生作的《中国古代音乐史稿》的提纲及部分章节的油印本，都在公开发表前送给我们参改。这是我们写《中国舞蹈史》的范本。中国古代“乐”，原本包含音乐、舞蹈、诗歌。杨先生写的音乐史中，经常会提到舞蹈史，从远古到唐代，许多史料是共同的。特别是唐及宋的宫廷燕乐及其他表演性乐舞，都是乐舞并重，史料共存的。我们不但从杨先生音乐史中，学到古代舞蹈发展的大致脉络，更可从中得到许多有关舞蹈史的史料线索。杨先生为学习研究舞蹈史的年轻学者学习研究打下了厚重的坚实基础，为我们研究中国舞蹈史铺平了道路。我们是站在前辈学者的肩上攀登的。

1977 年我才离开干校调到文学艺术研究所工作，杨先生担任音乐舞蹈研究所的领导，他常在家给研究生上课，黄翔鹏先生常帮他写黑板，我也常常跑去旁听。偶尔在下课后，我留下来向他请教。有一次我向他请教甲骨文的“舞”字时，他拿出数十年前他抄的一份笔记，发黄的毛边纸上，工整地坚行写毛笔字，清晰地抄录了《殷墟书契后编》关于“伐祭”的甲骨文及其解释；《周礼》关于“舞雩”（求雨舞）的资料；陈梦家关于无、舞、巫三字的解释；《殷墟书契考释小笺》等书中有关商人乐舞活动的记载。这份笔记凝聚了老师多少心血啊！我一边翻，一边这样想。杨先生说：“你拿回去抄吧！这些书不大好找。”我心中激动不已，这是老师给我的一份重重的情谊和无限的信任。我连连说：“谢谢您，我一定赶快抄好给您送回来。”如今，杨先生远去了，我还完整地保存了这份抄录的笔记。

有时我去音研所资料室查资料，杨先生拄着拐杖进来，我立即站起来扶他坐下，他连连示意让我坐下看书。当时他行动已不方便了，还念念不忘这个收藏了许多珍贵音乐资料的资料室。这里倾注了杨老师及许多同志的心血与劳动。杨先生好像不是来查资料的，他慢慢地环视周围，他那份深情的眷恋，从他的眼睛流出。看到他，不觉眼泪模糊了我的视线。过了好一会儿，他慢慢站起身来，向门外走去。我赶快收拾了一下，跟随在他身后，欲送他回宿舍。他回过头来对我说：“到我那里去坐坐。”我扶着他走进那间简朴的，放满书的住房。没说几句话，我一看表，快十二点了，赶紧起身告辞。这时曹先生也进来了，二老都说：“就在这儿吃了中餐再走!”是邀请，也是老师的命令。我说不出什么客气的话，顺从地坐下，饭菜十分简单，两位老人的生活一向如此，收入的钱，大概都拿去买书了。吃饭是在轻松的气氛中进行的。杨先生笑着说：“别看我现在腿脚不灵，年轻的时候，我还是运动员呢!”曹先生笑了起来说：“好汉不提当年勇，反正你现在腿不行了。”我想，大概只有在吃饭的时候，二老才轻松的休息一下，说说笑笑。

大约是在1983年冬，杨先生的病重些了，探视的人，也有所控制。为的是让杨先生好好休息。我有幸得许进房去看杨先生，杨先生精神似乎还行，他还滔滔不绝地给我讲了“清商乐”与“南音”及江南民歌的共同特点。还说音乐界不应去批评某歌唱家比较重于抒情，甚至可以说是有点软绵绵的调子，常用“气声”的处理方法等等。他说：“这些曲调的特点和歌唱的处理方法，本来就是我们民族固有的传统，不必横加指责。”他说的是当时音乐界的事。他在关心、思考、谈论。杨先生研究史却十分关注当前音乐界的动向。这种精神十分值得我们学习。

后来，杨先生的病情加重了，探视的人控制更严了。我再次得到允许去看望杨先生，他躺在床上，断断续续轻声地对我说：“高兴看到你！你上楼去看看曹先生吧！她的腿摔坏了，她一个人……不能下楼啦，你去，你去看她吧！她太苦了……”曹先生和杨先生是亲戚，也是挚友，曹先生一生都在支持、帮助杨先生的学术事业，在生活上也给予杨先生诸多帮助。我们许多人，都对两位老人怀着深深的敬意。

我上楼去看望曹先生，我告诉曹先生说：“我刚去看杨先生了，他让我来看您，您的腿好些吗?”曹先生感动不已，连声说：“谢谢你，谢谢你！代我问文纲好!”她在谢我，更是在谢杨先生对她的挂念。

1984年2月25日杨先生与世长辞了！一代音乐学宗师，深切关怀舞蹈学建立的好老师走了。在与杨先生遗体告别的会上，多少人痛哭失声！杨先生留给我们的太多太多，他自己享用的只是十分清淡的生活。厚厚的专著，一屋的书，一堆堆的笔记，向我们诉说杨先生治学的严谨和勤奋。他留给后人的学术遗产太丰厚了。

我写下的，只是杨先生与我接触中的一些平常小事，但这些事，数十年来一直铭刻在我心中，杨先生的言谈话语，音容笑貌，历历在目。他教我们的，不止是史学知识，研究方法，更重要的是教我们如何去做一个道德，学德都高尚的人。他不是用语言，而是用一生的行动在教后人。

王克芬，生于1927年，女，中国艺术研究院舞蹈研究所研究员

我还是个宗教音乐家

——纪念杨荫浏先生百年诞辰

向延生

对于宗教问题，马克思说：“宗教是人民的鸦片。”（《黑格尔法哲学批判导言》）列宁也说：“宗教是麻醉人民的鸦片。”（《社会主义和宗教》）由于长期以来“左”的思想影响，杨先生写作《中国古代音乐史稿》那个时期，党和国家向来只是强调宗教“宣传封建迷信”、“毒害人民的灵魂”、甚至是“从事间谍活动”，对宗教一直缺乏正确的认识和态度，宗教音乐的研究，更是一片未开垦的处女地。

1978年起我参加了所里编辑的《中国音乐辞典》的编写，其中“杨荫浏”的条目就是我撰写的。查阅了许多有关资料，多次采访了杨先生后我写出了条目的初稿。经过杨先生审阅，我根据他提出的意见反复进行修改，后来又经过编辑部的修改，才成为了《辞典》里现在这个样子。杨先生的意见里，我印象很深的就是除了音乐史学家和民族音乐学家以外，他曾经强调说：“我还是个宗教音乐家。”我理解和尊重杨先生的这一陈述和概括，我交出的条目里也是这样表达的。遗憾的是编辑部在修改时保留了“中国音乐史学家、民族音乐学家”，却删去了“宗教音乐家”这个称谓。

杨先生六岁时，就在家乡无锡向邻居的道教小乐手颖泉学习演奏民族乐器，后来又多次向道士华彦钧（阿炳）学习、进行交流，向道士朱勤甫等人学习演奏十番鼓与十番锣鼓。中国宗教音乐里保存的中国古典音乐和民间音乐，再加上“天韵社”名曲师吴畹卿的悉心传授，使杨先生获得了丰富的民族音乐知识和多方面的实际演奏演唱技能，从而为他日后研究民族民间音乐、写作中国音乐史奠定了坚实而深厚的基础。

杨先生十岁时在无锡师从美籍基督教传教士哈曼德（L. S. Hammond、中文名郝路易）女士学习英语、普通乐学、唱歌和弹奏钢琴。后来哈曼德成了杨先生的教母，又给他讲授和声、复调、作曲法等西洋音乐理论知识。由于哈曼德的引导，1920 年杨荫浏加入了基督教中华圣公会为教徒。1929 年杨先生应中华圣公会的聘请从事编辑赞美诗的工作，编成《颂主诗词》一册。1931 年中华圣公会等 6 个基督教组织决定联合编辑赞美诗歌集，由杨先生担任编委会总干事。他先后在南京、杭州、北平、上海等地，参与此歌集的选曲、译词、作曲以及出版工作，直至 1936 年《普天颂赞》圣歌集的出版。对西洋音乐的学习和了解，中西音乐知识的兼备与比较，使得杨先生具有了那一时代研究中国音乐史和民族民间音乐的独特优良条件。

但是在《史稿》一书里，杨先生只是在佛教传入中国的三国、两晋、南北朝时期，专门讲了“音乐与宗教”。他指出“各族统治者利用宗教作为麻醉人民和统治人民的工具”。佛教音乐“在中国民间音乐的基础上，创造了自己的佛教音乐”，“带有保存、介绍和传授民间音乐的作用，另一方面，也有用宗教感情腐蚀民间音乐的作用”。“对佛教音乐我们从这时候起，就应该开始注意区别它消极的目的和一部分积极的作用，区别它麻醉人民的迷信的消极内容和它某些音乐作品、音乐形式与技术的民间基础。”甚至认为宗教音乐“腐蚀民间音乐”、“歪曲民间音乐”。“后来宗教音乐之所以会成为一个比较复杂的问题，其原因就在这里”①。

原产于中国的道教音乐，“因为道教对中国艺术的关系，也与佛教相仿佛”，杨先生就“不再细谈”了。对于佛教音乐，由于各种原因杨先生实际上也并没有细谈。其后只是在“隋、唐、五代”时期，有一段“寺院和民间音乐生活”。宋代以后宗教音乐在长达一千年的发展过程，在《史稿》里都没有了踪影。

杨先生自幼受到中外宗教音乐的长期熏陶，后来又对北京智化寺音乐、西安鼓乐、五台山寺庙音乐、湖南的宗教音乐进行了深入的调查研究，掌握了大量的宗教音乐资料。20 世纪六七十年代杨先生执笔写作《史稿》时，已经掌握了大量的宗教音乐资料，从而能够比较准确地揭示中国佛教音乐与古代音乐、民间音乐的血肉渊源关系，给宗教音乐以正确的评价。可惜由于“剥削阶级利用宗教”等政治性的原因和各种复杂的情况，杨先生没有对这个课题进行深入的研究与阐述。因此宗教音乐在《史稿》一书里没有得到足够的重视，没有占据它应有的重要地位，论述的篇幅不多，并且在各编、章里缺乏连续性的叙述。

随着“思想解放”形势的发展和学术研究的深入，杨先生生前已经意识到了他在这个问题上认识的不足。因此后来他曾经多次对我说过：许多寺庙、道观的历史悠久，僧徒、道士的生活较为稳定、单纯，宗教音乐中因而保存了许多很珍贵的中国古代音乐，如西安鼓乐里保存的唐宋大曲音乐，北京智化寺保存的明代宫廷音乐、江苏道教的十番鼓与十番锣鼓里面保存的民间音乐等。这也是那时他提出“我还是宗教音乐家”的缘由，可惜他已经来不及把他的这

① 杨荫浏：《中国古代音乐史稿》，北京：人民音乐出版社，1981 年，第 190 页。

些意识和见解写到《史稿》里面去了。

但是他寄希望于后人："应该相信，在党的培育之下，进行踏实、刻苦的共同努力，我们是能够把这项研究工作，逐步推向前进的。"①

以上所说，绝不是要贬低杨先生的为人和《中国古代音乐史稿》的成就，只是想以此来说明任何人以及他的著作，都不能脱离或超越他当时所处的历史环境，都不可避免地要打上时代的烙印，这就是历史唯物主义无情的法则和规律。

谨以此诚挚怀念我们尊敬的导师——杨荫浏先生！

（2000年在杨荫浏先生百年诞辰学术研讨会上的发言摘录）

向延生，生于1939年，中国艺术研究院音乐研究所研究员

① 杨荫浏：《中国古代音乐史稿》"后记"，北京：人民音乐出版社，1981年。

忆杨荫浏先生二三事

王洁岩

追　思

昔日前辈身言教，恰似严父亲如友。

忆杨先生二三事，不由晚辈泪珠流。

当我拾起笔来，心情万分激动，又感到忐忑不安。回忆起在音研所工作期间的日子，诸多往事就像昨天刚刚发生过一样，历历在目。虽然五十多年过去了，各位老前辈的声容笑貌仍常常浮现在眼前。

杨荫浏先生是一位待人亲切的长者，他老人家对待我们年轻人员在事业上以身作则并耐心教导。杨先生对待任何事情都非常严谨细心，就拿生活上的小事来说，甚至在游戏方面也不例外。当时所内只有一副供大家娱乐的康乐球，并且已经破烂不堪，当时杨先生自己买了一副新的康乐球，又买了油漆、金粉、银粉，还把康乐球台杆仔细画得十分漂亮。还记得他约大家去玩时说："你们看咱这副康乐球多漂亮！看着它心里都高兴，抬到我办公室前去，如果大家想玩就抬去，不过要得到我的同意才行。"就这样大家聊了一个多小时。后来我们经常去向杨先生借，他问几个人玩，若说四个人，他总是说不借，不算上我就不借。我们就说咱们石头剪子布，赢者上台打，输的站一边看，打输的下来，看者上台。大家一起哄笑，又玩了起来。

在工作中杨荫浏先生教我怎样使用卡片。杨先生拿着一张卡片给我说：这是我在查资料时查到的你拿去看，你以后凡是查资料时遇到的重要条文就抄到卡片上，按自己的需要分类，如器乐、民族风俗、人物等。我见卡片上写道：嘴小口大腹内空，吹倒这家吹倒那家。寄语上写唢呐原称苏尔奈，属于外来乐器，早在古丝绸之路西汉（国名）龟兹（今新疆库车县）传入中原为宫廷所用，久而久之传入民间，在全国各地由于地域不同，形成各自的不同流派。

杨荫浏先生在有关巫师音乐方面也给我传授许多。开始我以为巫师就是“跳大神”的，是迷信，杨先生说不对！在我国少数民族的许多地方都有巫师，这是他们的民族风俗，不是你们东北那些“跳大神”的巫婆！你可以到沈从文先生那里去访问关于湘西苗族巫师的情况，沈先生是湘西凤凰人，他比较了解苗族风俗。随后我去拜访了沈先生，那时沈先生不在家，是他的女儿接待了我们，并说等沈老回来会告诉他老人我们来访的情况。大约过了一周左右，沈先生打来电话说，郭沫若先生有一本小册子是关于湘西苗族风俗情况的。后来我就到郭老家去借，郭老说：“借可以，但是不能弄坏了，半个月后送还回来。”我从这本小册子上基本了解了一些关于苗族巫师椎牛情况。在湘西吉首采访了几位苗族巫师，有的巫师说，早在皇帝战蚩尤一族有人生病请巫师看，巫师说，此病不待食新粟而亡。从此各村寨都有巫师，并逐渐延伸至汉族。此事是在湖南考察报告中记录下来的。杨先生把巫师音乐和佛教的水路道坊音乐合并为宗教音乐的一部分。

在记谱方面我记录了一些所里录制的唢呐曲。在记录“普天乐”乐曲时经杨先生亲自校对。我从乐曲一开始直到第四小节就听错了，记高了四度，杨先生校对后对我说：“你第四节记高了四度！你记唢呐谱，如果有条件就拿唢呐边吹边对照着记，这样就不会听错！”日后的记谱听不准的地方我就拿唢呐跟着录音带学，这样记谱就有七八成的准确率。

在音研所工作期间曾收到几封稿件，一是原东北鲁艺一位青年教师采风中笔录了一些唢呐曲；二是一位民间艺人写了一本唢呐教材；三是广东乐器厂改良中音唢呐。杨先生说这三份审稿就是你的研究工作，你拿回去认真研究，写出的意见拿给我看，修改后复写三份寄出一份，留给我一份，你自己保留一份。这三份审稿工作足足让我忙了好几个月。

我对音研所有着深厚的感情，对诸多老前辈老同事万分想念。特别是党支部书记李元庆所长，副书记何芸同志为我写了证明材料，盖了党支部章，使我获得了平反，改正了对我的错误处分，给了我第二次政治生命。同时我享受到了离休的待遇，让我过上了幸福的晚年。

2010年10月30日

写于六安

王洁岩，生于1923年，安徽岳西黄梅戏剧团音乐教师，
曾在中国艺术研究院音乐研究所民间音乐研究室工作

点滴回忆

——怀念杨荫浏先生

何 芸

我印象之中的杨荫浏先生，除了他对学术研究认真、严谨的态度和渊博的知识之外，深深留在我脑海里的就是先生的幽默和为人处世的大度胸怀。

“文革”前，音研所的同事们经常一起进城观看演出。那时还没有那么便利的交通工具。我们常常是很多人挤在一辆军用吉普车里，看完演出，车子路过平安里的“柳泉居”时，大家就喊：“杨先生请客！”他每次都欣然地说：“好，好！不过每人只能吃一碗馄饨呀！多了恐怕口袋里没有那么多钱啊！哈哈！”有人说：“不要紧，会计在这里，她会替你先付的。”大家兴高采烈地下了车，趁机把压麻了的腿舒缓一下。那时我们对杨先生既敬重，又感到非常亲切。他和年轻研究人员打成一片，群众关系很好，一点儿都没有大专家的架子。

“文革”期间，在团泊洼干校，一次全校大会上，校领导没有点名地批判某学术权威（实指杨先生）“不老实，竟然在劳动改造时还‘放毒’教人学什么音韵学，死心塌地做封资修的孝子贤孙。这是阶级斗争的新动向”！全场一片静默。只见杨先生幽默地吐了吐舌头，又耸了耸肩。神情十分镇定坦然。全然表现出他对军宣队无知的宽容，表现了他面对如此“欲加之罪……”毫无畏惧的大家风度和坦荡胸怀。

杨先生当时在干校的工作是分派报纸。他与大家的关系都非常和谐。干校的学员多数是高级知识分子和不少著名的艺术家，大家都清楚音韵学是我国古代研究分析汉语发音原理和方法的一门学科。是研究汉语语音系统的沿革，辨析字音结构中的声、韵、调和研究其不同历史时期的分合异同关系。并不涉及任何政治因素。更谈不上“放毒”。杨先生当时只是想给年轻人传播一些文化知识而已。想不到想做好事却惹来批判。可是，通过这件事，许多以前不认识杨先生的同志，都找机会向他问好。大家对杨先生的博学与为人更加敬重了。

杨先生还有许许多多值得我们学习和怀念的地方。比如他潜心钻研，勤奋认真，多才多艺，对工作精益求精。在整整十年的“文革”期间，他受到许多不公正、甚至屈辱的遭遇。但他从没说过一句对国家和人民不利的话。他从不计较个人得失，而是把国家的利益和艺术之真谛放在第一位的高贵品德，是我们永远不会忘怀的。

2010 年 12 月 16 日

何芸，生于 1924 年，女，中国艺术研究院音乐研究所研究员，
曾任研究室主任、副所长

深切缅怀杨荫浏老师

文 彦

我知道杨荫浏老师的姓名是在1940年。我出生在基督教家庭。那年到长沙基督教遵道会小学任教。在参加教会的青年团契中知道大家喜欢唱《普天颂赞》中的《跟随救主歌》。乐谱注明“杨荫浏调”。当年有一位西方牧师要回国，校长要求我教学生一首送别的圣诗《三叠离歌》。乐谱注明“古琴调、阳关三叠，杨荫浏词”。从此，我对杨荫浏有了印象。

20世纪50年代，我借到一本《普天颂赞》，得知杨老师是基督教六公会联合圣诗委员会委员、总干事，负责诗词、音乐编著及出版工作。此书编辑方针中提出“圣诗国化”。书中有杨老师本人创作11首及其他信徒的作品，并选用了我国古琴曲、词曲、吟诗调、民歌配词，共72首中国化圣诗。此书由上海广学会出版，华美书馆排印。有线谱和数字谱两种版本。出版过程中杨老师与出版方密切沟通，甚至以讲课的形式，向有关人员讲解对排版的各项要求。在国际圣经展览会上此书获得版式优良奖。

1945年春，我进入重庆青木关国立音乐院学习。杨老师是国乐组教授兼国乐研究室主任。著有《中国音乐史纲》，1944年出版，获教育部审议委员会二等奖。当时1947级同学办了班级的壁报，多有探讨民族音乐问题的文稿，又编印了《中国民歌》第一辑，引起师生们的关注。为了让更多的同学参与民族音乐的研究，他们发起成立了不分专业与班级的组织“山歌社”，又将班级壁报改名《山歌》。这些活动都得到杨老师的指导与支持。《中国民歌》第一辑出版，杨老师写了“序”，肯定他们的工作，并鼓励说：“健全的萌芽，得到适当的保护，可望结成有益的果实。”“山歌社”又组织为民歌配伴奏的活动，除同学外还有陈田鹤、江定仙老师参加。随后以学生自治会名义举行了钢琴伴奏的“民歌演唱会”，在校中产生强烈反响。谢功成同学至今还记得杨老师在音乐会后的座谈会上发言，说：“这是提高民族音乐最快的一条路。”“我对民歌运动的希望很大……我可以说它相当于北京大学的文化运动。”给同学们极大的鼓舞。我从在校的见闻中得知杨老师学识渊博，潜心民族音乐研究，关爱学生，是同学们爱戴的老师。

1948 年 8 月，我和一些同志在上海参加音乐学院的筹备工作，10 月中从上海到天津中央音乐学院。1950 年，我到学院的研究部工作（研究部以后扩建为音乐研究所）。5 月，南京国立音乐院师生到达天津，杨荫浏、曹安和、储师竹老师都到研究部任研究员。此后我在杨荫浏老师指导与教育下工作、学习。

1950 年暑假，杨、曹二位老师带着录音设备回无锡。他们录下了《苏南十番鼓曲》、《十番锣鼓》。最大的收获是录下瞎子阿炳（华彦钧）的二胡独奏曲三首、琵琶独奏曲三首，这是众所周知的。此外，他们还记写了著名的昆曲鼓师范鸣琴演奏的昆曲鼓板节奏 16 曲。曾听曹老师说：由于录音钢丝不够，对于昆曲鼓板只能采取及时记录的办法。白天进行录音，由范鸣琴鼓板，沈养卿笛、杨荫浏三弦、曹安和演唱。晚上曹老师准备明天的唱腔，杨老师记写当天的录音。由于时间紧，只记录了唱腔和鼓板节奏。这样，录音钢丝可以第二天、第三天……重复使用。《昆曲鼓板节奏》16 曲是他们如此夜以继日工作的结果。

天津曲艺盛行，曲种众多。由杨老师提议，我多次陪杨、曹二老去劝业场的小梨园听曲艺。经过一些接触和了解，杨老师决定对《单弦牌子曲》进行采访录音。采访以杨老师为主，我与曹老师负责录音。第一个采访对象是弦师程树堂。程树堂满族，北京人，自少习唱单弦，又习联珠快书、京韵大鼓。15 岁登台，后因倒嗓改习三弦、四胡，曾为多位名家伴奏。创作有新内容的牌子曲《渡乌江》、《祥林嫂》、《巾帼英雄王桂香》等。因为程树堂是第一位采访对象，杨老师与他交谈最多。他们谈到历史、音韵、曲牌来源、大套结构、三弦和八角鼓伴奏技术等。谈话中互相交流切磋，十分投机，成为朋友。以后程树堂介绍了张剑平，他二人合作，张演唱、程三弦、演唱了大套《霸王别姬》，全曲近二十分钟。杨老师对此大套十分重视，亲自记谱刻写油印成册。又在《中国古代音乐史稿》下册，说唱音乐牌子曲一节中介绍此曲。程树堂于 1951 年参加“第一届中国人民赴朝慰问团总团曲艺大队”赴朝，遭敌机轰炸，不幸牺牲。杨老师写了《程树堂烈士和单弦牌子戏曲》一文（见《人民音乐》1951 年第 2 卷第 5 期），表示悼念，并介绍其艺术成就。此后，我们又采访了天津的多位艺人。还往北京采访荣剑尘，他演唱了程树堂作词的《巾帼英雄王桂香》（前部）。又访问首都盲艺人曲艺工作队，录下他们集体创作的群唱《歌颂天安门》（一）。在记谱整理阶段，杨老师创用了多种新符号，亲自参加记谱并校订他人的记谱。在全部音乐记录整理完毕时，适逢吕骥副院长来所视察。他翻阅乐谱后，建议精选一部分作为选集，其他作为资料出版。于是，杨老师让我做编辑工作，他亲自撰写两书的“说明”。资料集的说明极为详尽，对单弦牌子曲有相当的分析和研究。1956 年《单弦牌子曲选集》出版。书中《岔曲》、牌子套曲都是传统曲目。此书可供国际文化交流，研究所早期常用以赠送外宾。《单弦牌子曲资料集》也同时出版。我有幸参加这一工作的全过程，在杨老师领导下做了一次民间音乐调查整理的实践。

1950 年冬，内蒙古自治区民间艺人代表大会在张家口举行，中央音乐学院派出六人，代表学院和音协出席，其中有我与叶俊英。在会议间隙，我们进行了采访录音。回院后播放录音作为汇报。杨老师听过很感兴趣，留下录音钢丝。不久，由他记谱又亲自刻写的《内蒙曲集》出版。

杨老师十分重视民族音乐的实地调查。当时来自音乐学院的青年干部一般对民族音乐接触不多。为补充这方面的不足，1952 年举行了一系列讲座。杨老师主讲记谱法、乐器绘图、工尺谱、宫调、音韵等。所讲内容经整理内部出版《音乐业务参考资料十二种》。

1952 年，杨老师指导苏琴、蒋泳荷等 5 人对天津曲艺音乐做了调查、录音。

1956 年，研究所 14 人与湖南省文化局 4 人联合组成湖南音乐采访队，杨老师任队长，曹老师任副队长。在全省 44 个县进行音乐普查，历时二月余。回所后又有多人参加到普查资料整理工作中。编辑出版了《湖南音乐普查报告》。这次普查中注意了宗教音乐和仪式音乐。杨老师为浏阳“雅乐”专程赴浏阳，调查所得整理为《仪式音乐——孔庙丁祭音乐》。其他宗教音乐经他编成《宗教音乐》、《佛教禅宗水陆中所用音乐》。此三书均作为内部资料油印。这样全省的音乐普查，是我国民族音乐调查的首例，受到民族音乐界的关注。

1960 年、1961 年，杨老师所编著的《中国古代音乐简史》（后改书名《中国古代音乐史稿》）第一、第二册相继油印。1962 年，所内开设古代音乐史课。研究人员、资料人员大都参加学习，还有音协、舞协人员参加。李纯一讲《先秦音乐史》，杨老师讲《古代音乐史——西汉至明清》。他讲课要求严格，课后留作业，阅卷评分，毫不含糊。

杨老师一生亲自抄录、记写、整理、编辑的资料、书谱繁多，我只见过其中的少数。《文板十二曲》（琵琶谱）是其一。乐曲来自曹安和老师从刘天华所学。而《文板十二曲》一书则由杨老师、曹老师合编，杨老师亲笔书写，由教育部音乐教育委员会于 1942 年石印出版。书分左右开，左开有《引言》和线谱，右开有《工尺谱引言》、《工尺谱凡例》和工尺谱。线谱用中音谱表，记录音乐和右手指法。线谱之下设四线谱，代表琵琶的四根弦，记录左手指法，又创用左右手指法符号 37 种。此谱曾经他们反复试用修改，“凡八易稿”。直至发表仍作为“暂定系统”，还望以后在实践中有所改进。用线谱记录琵琶音乐这是首次，有实验的性质。半个多世纪以来，琵琶进行了许多改革，新的乐曲产生，采用高音谱表记谱，演奏手法及记法也有相应的变化。我想这一切都是二位老师愿意见到的。工尺谱的记法，仿用曲词分正字、衬字的方法，以大字代表旧有乐谱，小字代表刘天华实际弹奏的音乐，区分了乐曲的基本音调与演奏者的发挥。谱中借用了一些简谱符号，更有繁复的左右手指法符号，都作了合理安排，此书由杨老师精心书写，清晰醒目，给人以视觉上的美感。《文板十二曲》是杨、曹二位老师第一次合作的成果。曹老师安息后，陪在她身边的有《文板十二曲》和她演奏用的指甲。

《琴荟》五册，是杨老师从 1947 年至 1949 年记录的古琴曲手稿。谱式为五线谱与减字谱（指法谱）对照。减字谱不记精确的音高和节奏，要凭它奏出音乐，没有极高的修养和长期揣摩体会是不可能的，不便于乐曲流传。所以杨老师在收集资料的同时试用此法。抗战胜利后国立音乐院复原到南京，1947 年正式复课。南京琴家夏一峰，应杨老师邀请，经常去杨老师处弹琴，杨老师记谱。然后杨老师在五线谱下方加上对应的减字谱。为求得准确，两人反复核对后作为定谱。南京“清溪琴社”除夏一峰学生外，也有师从其他琴家者，杨老师很重视。每有聚会即往参加，依上法记录乐谱。至 1949 年记录琴曲 60 余首，编为《琴荟》五册。20 世纪 50 年代，杨老师整理夏一峰弹奏的 17 曲，与侯作吾本人弹奏并记写的 1 曲，编成《古琴曲汇编》，1956 年由音乐出版社出版，这种记谱形式至今仍为教习古琴者使用。

1966 年 8 月 24 日、25 日，研究所发生两次武斗，不少人遭受屈辱，办公室、宿舍被抄，领导和专家首当其冲。杨老师办公室兼卧室一片狼藉，金鱼被摔死，地上散落的是围棋子。一切正常工作停止。随后研究所有了群众组织。某组织让杨老师刻写一本《大字报选》，他认真刻写，书名用勾轮廓的空心字。在那种情景下，有如此心情，可见他的胸襟豁达。

1969 年 9 月底，全所人员下放文化部干校。干校先在河北省怀来县，后迁天津市宝坻县，1970 年 10 月迁天津市静海县团泊洼农场。经过一段时间的劳动、学习和对所谓破坏生产者的批斗等，空气似乎宽松些。连里有了墙报，文稿中有诗、词、顺口溜等文体。这时有人向杨老师请教音韵问题，更有人建议写一本韵书。他凭着几十年对音韵的研究和实践，又借助《新华字典》，编成了《韵稿》。某日，全连大会。某领导手执《韵稿》，向全连展示说：这是资产阶级权威不接受改造的证据。此后全连气氛又凝重了。《韵稿》遗失了。这时杨老师已年逾古稀。

1971 年 7 月，杨老师被临时借调回北京，协助故宫博物院鉴定出土乐器。1972 年 9 月，又由国务院文化组临时借调回北京。与李元庆、李纯一同赴湖南长沙，考察马王堆汉墓出土的乐器文物。1972 年底正式调回北京。他继续撰写《中国古代音乐史稿》的最后一编的明、清部分，于 1977 年完成。1981 年，《中国古代音乐史稿》上、下册，由人民音乐出版社出版。距 1944 年《中国音乐史纲》油印出版 38 年。杨老师实现了撰写“有音乐的”中国古代音乐史的夙愿。

杨老师所著《中国古代音乐史稿》是历史性的著作，是后学者的基石。他的治学精神是后学者的楷模。他一生为中国民族音乐所作的贡献已载入史册。我们永远怀念他。

文彦，生于 1921 年，女，
中国艺术研究院音乐研究所副研究馆员，曾任资料室主任

附：

消失的与留下的

文彦口述　贺黎采写

“文革”前，音乐研究所已做出了相当的成绩。一批专家学者为中国民族音乐事业兢兢业业工作。那时，我任资料室主任。资料室分图书、唱片、陈列室、图片、出版几个部门，藏有图书10万多册，乐器2000多件；有聂耳、冼星海的手稿；有唱片20000多张，磁带几千盒。积累了比较系统的中国音乐资料。

1958年、1959年，资料室就已经开始整理各种音乐书目，1962年，受全国图书馆学会委托，编“中国音乐图书联合目录”。“文革”时这本书稿弄丢了，“文革”后找到一个副本，直到1984年，才用《中国音乐书谱志》书名出版。1990年出版了《中国音乐期刊篇目汇录》。著名的《阿炳曲集》，就是老所长杨荫浏带着专家亲自采访盲艺人二胡演奏家华彦钧录音整理而成的。还编出了《中国古代音乐史稿》、《民族音乐概论》、《广陵散》、《单弦牌子曲选》等。1951年，我就整理出版了《河北民间歌曲选》，那时还是中央音乐学院研究部，是研究所的前身。许多资料工作都是大块头的，个人成绩融于集体劳动之中。“文革”把所有的工作都耽误了，到处都是这样，时间长了，大家似乎也麻木了。

我下干校之前，最大的困难是缺少粮票、布票。我有四个孩子，最大的上高一，最小的10岁。四个孩子其中有三个要下乡，分别去内蒙古、吉林、黑龙江。全家七口人，四处流散。每个孩子都要一份行装，被褥、棉衣、鞋袜、脸盆等。因此有些是染过的旧衣服。我还穿着再生布的衣服和买土布自己染自己做的衣服。我1972年回湖南奔丧，就是穿的土布衣服。现在我常叹息，怎么如今的东西这么多，那时就什么都缺少？那时孩子来干校探亲，吃饭要交一份粮票，于是，我老向别人借。回到北京，我有粮票就积攒起来，真像《热爱生命》中积攒面包的人。直到现在，我还存有许多全国粮票。

我怕浸水。高康马的洼地，适合种高粱。高粱泡在水里，得跳到水里去收。到高粱地，来回走30里路，早晨去，晚上回，中午在地头吃点东西。收高粱时，掐一个穗就夹在肘弯里，夹满了再送到地头。又湿又热，一趟一趟在水里走，是很累的。

还有就是割麻、洗麻。走进麻地，下面是水，上面是矗立如林的麻秆，有一种不见天日的感觉。洗麻时，半截身子泡在水里，在水面上摔洗。半天半天的干，女同志来月经也不能请假。我那时就怕得病，怕寄生虫、细菌跑到身子里去。军代表有一个说法：女同志来月经说是特殊情况！是特殊情况吗？不是特殊情况，是正常情况。正常情况一律不许请假。

那时候，没有别的精神支柱，真是一遍遍念毛主席语录：“下定决心，不怕牺牲。”当时我四十七八岁，正是更年期。运动中挨斗时发抖，劳动过度也发抖，站在很高的麦垛上更是发抖。医生诊断是植物神经紊乱。因此，当我预料可能发抖时，就先吃“三溴片”（镇静药）。

刚学挑担，肩膀肿疼得不能碰，也不能睡觉。那时也只能默念“下定决心”。

副指导员要求我写劳动体会，几经催促，写了一篇推独轮车的体会。大意说：我推独轮车不敢过小桥。过小桥是下坡路，先是别人帮着过，后来想，必须实践，一咬牙就自己推过了。推独轮车要掌握平衡，很难，要上坡也很难。但推车下斜坡，又轻快又容易。如果不独自推车下坡，没有这个实践，就连这么优越的条件都看不见。文中还联系到《实践论》。真是牵强，可又说得十分真切。

刚下去在怀来的西辛堡。睡的是新炕，垫着高粱秆。我的铺位紧挨炕口。晚上高粱秆烤得发出潮气，加上新炕的潮湿，烧得难受，揭开被子吧，外面刺骨冷，一夜都睡不着。西辛堡紧靠官厅水库，我们去时正是深秋，在那里我曾看见一片紫红紫红的高粱，映在湛蓝的水波和傍晚的夕阳霞光中，美极了。

我是女同志里的强劳力。我的铁锹劳动后总用半截砖或沙土蹭得雪亮的，爪镰也磨得很快。下干校前，我在天桥买了一套修鞋工具，什么针、锥子、线、碎皮子等，自己修鞋，也给别人修。工余我和范慧勤一起做好事。

1972 年冬天，快过春节了，突然有消息传来，说我的二女儿在东北农场烧伤了。我一时心乱如麻，向同志借了皮大衣和靴子，把来探亲的小女儿留在干校，就赶往黑龙江绥滨去看孩子。二女儿是初三的尖子学生，1967 年报名去农场（后改兵团）工作的。她很要强，在那里开拖拉机，又担任团委工作。因为事故，她的双手和脸部烧伤。我赶到医院时，见她满头满脸都包着纱布。也许我们母女都要强，见面时都没有哭，她只轻轻叫了一声：“妈！”她的烧伤很厉害，我陪她住了四天。她在昏迷中还说：“妈！看，我耙的地那么平！”“××那么好，为什么不让她入团呢！”后来她做了植皮手术，把腭下和胸前的皮肤往上提，植到脸部。以后左腮形成一个小肉瘤。她还自寻开心说：别人的酒窝是凹的，我的酒窝是凸的。后来她回到北京工作，1991 年不幸因公去世。

揪“5·16”的时候，我有机会听到，军宣队和几个人研究材料。说在一次“5·16”的会上，去了一个音乐家协会的人，那人戴一副眼镜，模样很怪。材料中写了一个奇怪的字，左边是酉，右边是瘦。辨不清是谁。他们猜了很久，最后说，如果是丑，就是谁，如果是瘦，又是谁。这件事后来不了了之。

王湘是搞声学的，去德国留过学，在所里搞乐器改革。军宣队说他参加过“5·16”的会，填过表。已经掌握了他的材料。于是指定五位女同志，一连几个晚上开会，要王湘交代问题。当然没有结果。后来被戏称“五女夜战王湘”。还派我监督王湘劳动。我是女同志，他是男同志，我怎么监督他呢？其实就是一起劳动。我们关系还是同志，他出工时带两壶水，我问他带这么多水干吗？他说：“给你带一罐啊！”

我们所有一个胡显纯，大家开玩笑叫他“胡跑”。他是山东大学毕业的，方方脸，白净，身体很壮，工作劳动都非常好。据说他在大学时失恋，精神受过刺激。不知为什么，他总是一次又一次地从干校跑掉。每次都有外地来信让单位去领人。有一次，他独自一人，从团泊独流减河往阳闸游，游了 20 多里。寻他的人找到他时，见他已筋疲力尽了。这可能是为他后来游中南海做准备。胡显纯最惊人的行动是从干校跑到北京，到北海桥头，越过不太高的栏杆，跃入中南海。他居然一口气游到中南海岸边，浑身湿漉漉地爬上了岸。当然，警卫早已瞄准他了。没等他站稳，就一把抓住他，问，你来干什么的？他说，我来找毛主席。再问，你找毛主席干什么？他说，要跟毛主席研究理论问题。当然他见不到毛主席，又被领回了。以后他被送到安定医院住了3个月。他是跟王湘一起搞乐器改革的。干校后期天津乐器厂要借人时，他就去了工厂。1975年11月，他突然失踪，从此下落不明。现在北海桥上的铁栅栏比较高，是胡显纯跳中南海事件发生之后加高的。

还有两人在"文革"中失踪。50年代，研究所成立了"古琴研究会"，又聘请了20几位古琴家为特约演奏员、研究员。"文革"中，他们中的一些人被批斗，说古琴音乐是宣扬封建阶级意识。演奏员中一位老人叫溥雪斋，是末代皇帝溥仪的兄弟，某天他听街道通知说，第二天要开会斗他。没言声，带着女儿找到关仲航（音研所特约演奏员）家，像告别似的，口口声声说我要回去了。关仲航以为他要回家，起身送他到门口，还让他们再来。可是他们父女俩从此一去没有踪影。

在干校，作为靠边站的干部，重活累活是躲不掉的，我也不想躲重活，对于劳动我从来没有怨言。刚到西辛堡，没有水缸，用水很不方便。我们拉着一个排子车去县里买水缸。深秋季节，那里早已下冰霜了。那天，天上飘着雪花。我们的外衣上下全黏着冰花，冻得硬邦邦的。去县城有10多里路，都是大斜坡，路很滑，又是第一次拉车，真是尝到艰苦的滋味了。后来盖房子，我在"和泥组"，每天要拉50车土。

在干校前期，人人都在劳动改造，对有抵触情绪，有怪异行动的人，不以为然。到后期，认识上有了变化，也就无所谓劳动的好坏，无所谓受过表扬或出过什么娄子了。

干校后期，军宣队中有人想私留相机、乐器，又大吃大喝，挥霍钱物。那时同志们坚决跟他们争，结果把相机、乐器都运回了北京。因为那些是我们开展业务工作所需要的。很多家具床椅则留下了。

宣布第一批回京名单后，音协的一位老同志端着饭菜上楼梯，一边手上哆哆嗦嗦，一边自言自语说："别激动！别激动！"

直到现在，想起那段往事，能不激动吗？

原载贺黎、杨健采写《无罪流放——66位知识分子五·七干校告白》
光明日报出版社，1998年

文彦，生于1921年，女，中国艺术研究院音乐研究所副研究馆员，曾任资料室主任

杨荫浏和“十间房”

范慧勤

岁月悠悠半个世纪过去了，杨荫浏先生离开我们也快三十年了。最近在回忆杨先生的日子里，杨先生和十间房的许多往事一件件、一桩桩模糊又清晰，时时刻刻在回忆中出现，我仿佛又回到了那魂牵梦绕的“十间房”。

1953年4月，李元庆、杨荫浏担任了中央音乐学院民族音乐研究所副所长。当年10月音乐研究所在筹建阶段由津迁京，地址在德胜门外学院路十间房。

首先进入眼帘的是我们的办公大楼，位于北京航空学院南侧，周围用木桩和铁丝网围了一片农田，铁丝网外，没有高楼大厦，远地有几处农舍，少见人影。大楼门上挂着“中央音乐学院民族音乐研究所”的牌子。

大楼有三层，楼内过道宽敞，室内光线明亮。全所职工60人左右。行政各组的办公室和资料室各组的办公室在一层，其中图书馆、阅览室、书库占了很大面积。在重视资料的两位所长领导下，通过各种渠道搜集到各种图书、乐谱、图片、唱片、乐器等音乐资料、音乐文物，经多年积累，已有相当规模。音乐图书中有罕见的孤本、善本；乐器中有珍贵的唐宋名琴。到20世纪60年代，我所的馆藏称得上是全国最丰富的音乐宝库了。图书资料的管理工作也常得到所内外同志们的称赞。

二层是研究人员的办公室兼宿舍，北边是年轻研究人员的办公室和宿舍。

杨先生的办公室在二层南边中间，约36平方米，靠南窗三张办公桌品字形摆着，曹先生（另有办公室和宿舍）工作需要时，她就在这里工作；吴钊同志（杨先生的助手）也曾在这里工作过。杨先生的办公桌上堆满卡片、书籍、文稿，所有内部出版、公开出版的稿件、著作，元庆同志都要请杨先生一一审批。杨先生自己的文章、著作、所有研究成果都在这里完成，他常常伏案工作到深夜。墙上挂着一把琵琶、一张古琴，还有老舍先生的一副字。两边墙排列着卡片柜、书柜、书架、柜子等等；中间一套大沙发，这里就是杨先生的“会客室”；元庆同志是这里的常客（办公室就在隔壁），他们有一点事就及时沟通，互相关心、互相帮助。为全所同志树立了团结友爱的榜样。大沙发旁边，一架小屏风隔开，里面是杨先生的卧室，他的小床上盖着一床绿色军毯，北头是杨先生冲洗照片的“暗室”。杨先生喜欢养热带鱼、兰花，有几年培养了名贵的兰花，他将不同姿态的兰花照了照片，编号，收藏在相册里。有猫的日子小猫就蜷在沙发角落里睡觉。

记得有一年，杨先生有了一台九寸黑白小电视机，晚上我们五六个同志到杨先生那里看新鲜，杨先生为了让大家看得清楚，让人把小电视靠墙架高，我们站在大沙发背后，杨先生坐在沙发里举着望远镜看电视，听见我们在笑他，他回过头来，举举望远镜，冲我们耸耸肩、挤挤眼睛笑笑，风趣的神态，又引起我们一阵笑声。

杨先生办公室的斜对面是外宾室，也是我们全所同志开会的地方，我最喜欢听研究人员的采访报告。他们多次深入到汉族、少数民族地区搜集到动听的民歌、民间音乐，将音响、图片、乐谱等实物主动交公，资料室将采访报告编号，内部出版。内容充实的推荐给报刊、出版社。所领导的这些措施对研究人员是很大的鼓励。外宾们来所参观陈列室的前后，宾主就在这里交流座谈。曹安和弹奏琵琶曲《十面埋伏》、管平湖弹奏古琴曲《广陵散》、《碣石调·幽兰》，两位老专家多次给外宾们介绍我国古代优秀名曲。

三层中间有个大厅，1954年3月27日，我所正式成立典礼就在这里隆重举行。在晚上成立典礼音乐会的节目中，有杨先生译谱的《姜白石词曲》三首、《灵星小舞谱》二首及《阳关三叠》；他还将古琴曲《潇湘水云》改编成民乐合奏并上台参加演奏，还为苏南牌子小曲《山门六喜》伴奏。当日开放：古代音乐陈列室，近代音乐陈列室，民间音乐陈列室，中国乐器陈列室。整个成立典礼的组织工作做得非常出色。

1955年，在三层举行春节联欢晚会，至今记忆犹新，全部节目都是同志们自编自导自演，其中芭蕾舞剧《天鹅湖》中的两个片段，十分精彩，四位年轻的男研究、资料人员扮成小天鹅，他们双手互相交叉握着，随着（唱片放出）舞剧音乐跳起轻快、活泼的四人舞，全场轰动；第二个片段有何芸、张悦二人扮成王子与白天鹅，他们跳起轻盈优美的双人舞，全体鼓掌，最后王子将白天鹅高高托举而起，那一刻掌声欢笑声响成一片，成为整个晚会的高潮，此时，郑小瑛捧着花盆上前献花。大家又大笑不止。

为提高干部业务水平，1962年所内请纯一先生讲授《先秦音乐史》，之后，请杨先生讲授《中国古代音乐史》大课，所内外参加者七十余人。课后布置作业。一次，我因病未及时交作业，杨先生竟找上门来，见我真的是在生病，走时嘱咐做好作业，直接交吴钊批改。见杨先生对学习如此严格，之后，不论是学习、工作我都不敢稍怠。

又想起也是在1962年，杨光调走，元庆同志要我负责办公室工作，我很发憷，我工作能力不强，性格软弱，办事没有魄力，身体又不好，元庆同志又找我，要我在工作中锻炼。一天在杨先生办公室聊起抗日战争初期，他在南京中央机器厂暂时担任总务工作的一段经历，当时中央机器厂要搬至湖南湘潭，由于资金、人力、时间等问题，任务艰巨、环境复杂，最后居然高效率地完成了这项任务。杨先生笑眯眯地对我说，我不是用力气，而是运用了运筹学。他一句话也没有提到我的工作。像讲故事一样，帮助我加强了担任工作的信心。

我所陈列室经过几次扩充，其中古代音乐史陈列室，在杨先生指导下，王世襄与其他研究人员充实了古代音乐史中的展品和说明。之后，增加星海纪念室，聂耳纪念室。1965年又扩充了新中国音乐和本所成就的两个陈列室。我所陈列室已成为中外音乐文化交流的一道亮丽的风景线，来我国访问的学者、音乐家、音乐团体必然要来我所参观。杨先生和元庆同志及工作人员个个盛装热情接待。陈列工作弘扬了我国优秀的音乐文化，意义是极其深远的。

1958年11月和1960年8月，我所为提供院校音乐教材，先后由各音乐院校推荐的音乐教师与本所同志共同组织，编写《中国近现代音乐史》和《民族音乐概论》。在大型学术研究活动中，大大提高了本所研究人员的业务水平。部分资料人员和行政人员分别参加了电大中文系和航院的文化课，个个为提高业务水平和文化水平而努力。晚上楼里灯火明亮，都在学习、工作，所里的学习气氛很浓厚。

走出大楼，门前左右两片椭圆形的花池，一些爱花的同志随着季节变化，种些迎春、美人蕉、月季、菊花、鸟萝等点缀其间。有一年，杨先生在花池边上种了烟叶，最后长出茄子，成了所里一大新闻，有些同志拿这事和杨先生开玩笑，他也笑笑。

花池前是篮球场，有几年每天清晨进行民兵训练，上操跑步，个个精神抖擞。少数人住在城里，如齐毓怡同志住得很远，来所最早，上班铃响，全所同志都已经开始工作了。工间操铃声一响，都出来做广播操。杨先生在工间操时间喜欢在过道里打克朗棋，他一打一个准，兴趣很大，有时出去看看花，浇浇水，翻翻土。这里举行过露天晚会，大门台阶上就是舞台，所里年轻人多数是从学校部队转来，自编自演，比较活跃。有一年中秋节工会组织大家在场上赏月，还吃螃蟹，老老少少团聚在一起，说说笑笑真像个快乐和睦的大家庭。花池东边有十来棵枣树，开始不显眼，几年后，到了秋天，枣熟了又大又甜，地上铺席，大人小孩一齐打枣、分枣，小孩子们最开心。往南有个职工食堂，大师傅老郭手艺不错，每到国庆、所庆等节日，全所会餐。元庆同志、杨先生、曹先生、纯一同志、郭乃安等都来食堂。大家举杯祝酒。先后来我所参加“史”“论”工作的青年教师们，在这里就更加热闹了，他们一边吃饭一边讨论着他们在会上没有讨论完的话题。食堂还有位杨师傅平时不言不语，他文化程度不高，“扫盲”不久就每天在小黑板上写一首应景应时的打油诗，有一两个错字我帮他改一改，他很有恒心，每天一首，坚持到最后。食堂再往南有四排简易的职工宿舍，住着十来家，有老人，有上小学、中学的孩子们，元庆、何芸、郭乃安、纯一的家就在这里。宿舍旁有个四周长着野草的小池塘，池塘里有鱼，平时无人问津，偶尔在节日里，工人陆登云下池塘捞鱼，供食堂做美味佳肴。

办公楼东边后院，还有十来间职工宿舍，房间很小，其中一间是杨先生、曹先生两位老专家共用的小厨房。1954 年曹先生的父亲在上海病故，事后，曹先生把老母亲接到北京，同时把保姆蒋凤英也接来照顾她们。蒋凤英也是无锡人，到北京后与工人罗玉山结婚，成了音研所的家属，担任了家属组组长，很热心。她烧得一手好菜，凤英说，杨先生胃口好，喜欢吃牛肉、鱼虾等南方口味的菜，最喜欢吃螃蟹。杨、曹两位专家的子侄们在北京读书、工作的很多，每逢节假日，凤英就会做出丰盛的菜肴款待他们。

所里刚搬到十间房时，不通公交车，进城听音乐会、看演出，常常是男同志骑自行车，后面带一个女同志。有一次，看演出借到一辆小吉普车，里面塞了 14 个人。杨先生和元庆同志后来配备了小汽车和司机。

三年困难时期，所里集体养猪、养鸡，将空余的地分给每个职工，大家利用周末下午（规定劳动时间）和业余时间种些玉米之类，补充粮食不足。

再说说杨先生的兴趣爱好，除热带鱼、兰花之外，摄影是其中主要之一。杨先生自从有了照相机，每逢工会组织春游、秋游之际，杨先生就把照相机挂在胸前，兴致勃勃，遇到他要拍摄的人物、场景，就来来回回测距离，对镜头，冲洗出来的照片，作废的很多，大家评论杨先生的摄影技术是“多、快、差、费”。一次全体同志到香山郊游，走到半山，我和佺民坐在长椅上休息聊天，杨先生过来了，我还没有准备好，只听“咔嚓”一声，杨先生已经拍完了。第二天，杨先生拿着洗好的照片来找我们，我一看连声叫好，神态自然，真是不错。佺民伸出大拇指夸他“多、快、好、省”，这张照片是我们生活照中比较好的一张。我很喜欢，珍藏在相册里，看到它就会想起杨先生给我们送照片时兴冲冲很得意的样子。

杨先生很爱猫，有一阵养了一只黑白色的小花猫，杨先生把它抱在身上，一面抚摸着它，一面叫它“阿咪、阿咪”，身上沾了猫毛，他也不嫌。凤英每周整理他的床铺，有猫的日子里，杨先生的被子、床单上都沾了猫毛，床底下是猫屎、猫尿，室内有异味，凤英多次劝他不要养，他假装没听见。一天凤英抱了猫坐车到八门（站名）把猫扔了，过两天，小花猫自己又跑回来了，杨先生很高兴，又“阿咪、阿咪”抱在身上了。为了杨先生的健康，凤英又一次抱了猫，坐车转车扔在中关村，小花猫没有再回来，杨先生知道是为了他好，大家没有再提猫的事，办公室里也没有异味了。

围棋也是杨先生的业余爱好之一，而且有相当高的水平，那是 20 世纪 70 年代后期，我患心脏频发室性期前收缩，全休在家，一天杨先生找我下围棋，我会一点围棋，但哪里是杨先生的对手，何况我心慌头昏，不想去，杨先生实在是太想下棋了，竟答应让我九个子，九个子在棋盘上一摆，就像满天星。在杨先生指点下，我的棋艺大有进步，我也很有兴趣，让到八个子，无奈头晕得支持不了，杨先生说“来，我帮你把把脉”，一会拿起笔记录，说“怎么都是切分音符呢”。杨先生看我很难受，就不再叫我下棋了，杨先生说“下棋对我来说是换一种方式休息”。

杨先生很幽默，一年夏天的一个下午，杨先生吃了我煮的白豆汤还加了点白糖，我去收碗时，他笑着对我说“好吃，好吃，还是荤的呢”。原来白豆里面有了虫芽。

杨先生给王秋萍起个外号，用无锡方言亲昵地叫她“毛乌头”。王秋萍是南方人，请她吃饭时，就叫她“馋毛乌头”。我是老病号，很瘦，叫我“捏风娘娘”大概是风一吹就要倒的意思吧。

杨先生和我父亲曾是无锡第三师范同学，这是我到了天津之后才知道的。杨先生问起我的家庭，他说“我和你父亲还是运动场上的老朋友呢”。听父亲说，他们曾代表学校参加一个什么运动会，杨先生获得跳高第一名，无锡三师获团体第二名，为学校争了光。父亲是跳远第一名，他们还先后担任过无锡县通俗教育馆馆长。

杨先生小的时候就喜欢跳高，他把客堂里的砖搬去两块，插上竹竿，搭成跳高架子，他和他哥哥两人练跳高，他说“勿难格，两腿一抬就 over 过去了，跳完后把砖还原，看不出痕迹来”。杨先生小时候还练过武术，常参加表演。他从小就锻炼身体，又有武术功底，虽然瘦些，身体是很健康的。

1953 年 10 月到 1966 年 5 月，（其中 1966 年已开始“文革”，除外）杨先生在“十间房”度过了他一生专心于研究工作时间最长的 12 年，也是他身体健康，生活最稳定的 12 年。

1966 年 5 月文化大革命开始至 1972 年底，杨先生从五七干校回到北京，六年半的时间像流水般过去了。1973 年 4 月，杨先生在新源里家中突发脑痉挛，虽经医院抢救治疗，可这次的病，大伤了元气，之后常有哮喘、肺气肿最后发展成肺心病。杨先生晚年体质虚弱，常在生病、养病中度过。然而，他以惊人的毅力，补充撰写完古代音乐史中明、清部分，至 1981 年完成了四十五万字的《中国古代音乐史稿》，还著文六七篇；给研究生班讲课七次；为音乐研究所工作人员讲话三次；修订、校订著作多部。《中国古代音乐史稿》倾注了杨先生毕生的心血，它将对我国音乐事业的发展产生巨大的影响。

杨先生学识渊博，琴棋书画无所不能，吹拉弹唱无所不精。他乐观豁达、和蔼可亲，他有一种无形的魅力把全所同志凝聚在一起，他是我们这个和睦大家庭中的长辈，是大家庭中的家长。

2011 年 5 月

范慧勤，生于 1927 年，女，
中国艺术研究院音乐研究所副研究馆员，曾任行政办公室主任

附：

不美丽的池塘

范慧勤口述　贺黎采写

“文革”前，我在音乐研究所担任办公室主任、支部委员等职。

1969 年 9 月进驻我所的军宣队领导宣布我们全体干部除老弱病残者外，一律都要下放

"五七干校"劳动锻炼。

我是老病号，当时又出现两个多月的低烧不退，人很虚弱，大夫一个月开一次假条，按规定我可以暂不去干校。当时想，病总是会好的，我真心实意想通过劳动来锻炼自己，改造思想，一咬牙就和大家一起去了干校。原想下干校顶多半年、十个月，没想到一下去整整四年，直到1973年10月才调回北京。

刚下去时在怀柔县土木公社西辛堡大队，我们住在老乡腾出的房子里，睡的是火炕，听大家说这里的风景很美，我走不动路也无法看到。每天还需打针，打一阵以后，耳朵里就像十几架飞机在嗡嗡作响，开会时闹得头痛心烦，后来听人说，可能是药物中毒，只能停药，低烧也只好让它去了。

这里是关外，到了冬天，天气异常寒冷，脸盆里的水都结成冰。连队为了加强五七战士的阶级斗争观念，每天夜里都要派人轮流在村子里值班，排里照顾我可以不参加值班。有一天排班时，因有病号缺一个人，我知道后主动要求值班，心里想锻炼锻炼。谁料，尽管把最厚的衣服都穿上了，夜里一出门，不一会儿全身就冻透了，我和谢丽华手里拿着棍，在村子里来回巡逻，时时提高警惕。没发现什么情况，我却冻病了，发高烧，在炕上躺了两三天，倒给同志们增加了麻烦。

一天，连里的劳动力都出工去了，派了袁荃猷和谢丽华一老一弱，任务是为伙房打满一大缸一天的用水。我又想试试和她们一起干。这里的井，井口很大、很深，站在井边往下看有心惊胆战之感，辘辘又大又沉，我们三个人一齐使劲摇，摇上一桶水后一个人稳住辘辘，两人拎起水桶倒入另一只水桶，打满四桶水装上推车，一个推，两个左右扶着水桶，帮着往前推，路上坑坑洼洼，水不断晃溢出来，到伙房，再两人拎桶往大水缸里倒，这一天来回多次总算把水缸灌满了。这活儿对别人来说不算重，对我来说，实在是超负荷的了，我累得头发昏、身发软、腿发抖，倒在炕上动不了，这是我下干校第一次参加劳动，而且完成了任务，心里非常高兴。

在宝坻县高康马大队，有一阵不知为什么，我右眼痛头也痛，痛得很厉害，同屋的张立群同志每天给我扎针灸，扎了很长时间仍不见效，一直忍了两个多月，盼到休假回京看病，大夫从我眼球上取出一点点小东西，大夫说可能是麦芒尖刺进眼球，时间长了，周围的黏液把麦芒尖裹住了。大夫取出异物后，眼睛立即不痛了，我感激得当时差点给大夫磕头。

一年以后，我仍是37.5°左右低烧不退，但在体力上已经比过去强多了，可做些养鸡、养鸭、菜园子间苗等轻劳动了。在团泊洼农场，有一次到菜窖去搬白菜，为了锻炼自己，我总拣大的白菜搬，有棵大的白菜被压着一小半，我弯腰使劲一起，就扭在那里不能动了，谁一碰我，我就叫，后来两个同志扶着我到医务室打了止痛针，还躺了几天。在这以后，我的腰就很容易扭伤。有一天，天气非常热，在地里干重活的同志们一定很渴，我想给他们送点水去。于是到伙房借了辆自行车，请人帮忙在车座后面挂上两桶开水。这是一辆二八男车，我跨上去就有点勉强，路不平重心不稳，一路上摇摇晃晃、晃晃摇摇把水送到了地头。大家渴了很欢迎，可有些同志则批评我，说太危险，水很烫，如果摔一跤，不仅摔伤，还可能烫伤。我自己则觉得我又一次战胜困难，心里很高兴。

两年后，我已经没有低烧了，我可以参加起猪圈这样的活儿了，那天我光着脚，踩进又稀又黑，又脏又臭的猪粪里。别连的同志路过这里，有的夸说：“行”，有的说“没有必要光着脚，穿了胶鞋也可以干吗”，我认为，既然锻炼，就得不怕脏，不怕苦。

我们班常受表扬，劳动一天，收工回来，大家已经累得很，我们还要为大家做好事，例如填填不平的道路，搭个晒衣服的架子等等，尽可能地为大家服务。刚下干校，我拎个热水瓶都觉得累，到后来已经能参加盖房子的劳动，开始，很不好意思，只搬两块砖，以后三块四块，最后能搬六块砖，在劳动中的确锻炼了我，干起活来，心情非常愉快。

在干校不仅是劳动，大量的时间还要深挖“5·16”分子，搞阶级斗争教育，那时候的心情就不愉快了。很多事弄不明白，过去曾经批斗走资派的人，今天又成了“5·16”的审查对象，大字报贴满墙，大会小会开个没完。

排里曾把一个“5·16”审查对象放在我们班，要我们班在地头开展“小战斗”，让他交代问题。我一本正经执行任务，在地里劳动休息的十多分钟，全班七八个人围在一起开会，我们的态度倒是好的，真心实意帮助他解除顾虑，但是问题毫无进展，弄得大家都烦了。我以为专案组掌握了确实的材料，班里的同志则以为我掌握了确实的材料，后来才知道，根本没有什么“5·16”，我们都受骗上当了。还有人说：“范慧勤真老实，要他们班搞‘小战斗’他们就搞‘小战斗’。”我听了真哭笑不得，想想自己真傻。

军宣队副政委在全校大会上说，文艺黑线的反动权威、走资派打倒了，但是他们的阴魂不散，企图复辟，这是阶级斗争新动向，要大家提高警惕，克服麻痹思想。

一天，一排的孙慎（音协领导之一）看水渠时，不慎跑水。军宣队知道了立即召开地头批判会，上纲上线，说成是阶级斗争新动向，阶级敌人企图用各种方式破坏生产。我们排的杨荫浏老先生，古代音乐史专家当时年已过七旬，每天认真送报纸、做煤球，编了本有关音韵的小册子，几个年轻的同志向他请教，被军宣队知道了，就在全校大会上不点名的批判，以后大家不敢看有关业务的书，学习业务成了非法活动。我知道少数人还是偷偷地看。

又有一次我们连三排的一位同志（曾错划“右派”）不小心，用鞭子抽伤了驴子的眼睛，连里又大张旗鼓开了批判会，说成是故意伤害驴子，破坏生产，会开得很“热烈”，其实，我们心里都明白，明明是误伤，非说成是阶级斗争新动向。

军宣队有一次在全校大会上说，你们不要以为没有阶级斗争了，阶级敌人就在你们周围。×连××窗子上挂的衣服就是他们接头的暗号，说得会场上气氛十分紧张。在那些日子里，我们班的同志派到远处去劳动，特别是“审查对象”单独出工，我总要关照一句，“当心一点，别出事”。

团泊洼农场的规模很大，是犯人劳动改造的地方。我们劳动时，能见到劳改犯们穿着一色的衣服也在地里劳动，有时在路上见到零散的犯人，有的还加了铁的脚镣。听说，这个农场是苏联支援我们的41项工程之一。可能是为了防止犯人逃跑，农场中的田地、道路全都是斜方向。有一两次，连里紧急通知，说有犯人逃跑了，要大家赶快把晾在外面的衣服收回来，以防犯人偷衣服穿了逃跑。

还有一批“右派”分子也在这里劳动，我们和他们聊天，得知他们大都是技术人员、专家，在这里劳动已经多年。

军宣队好像要我们在这里长期住下去，让我们自己动手，盖了几排平房，分给同在干校劳动的夫妇居住（当时称“对儿房”）。开始，我不愿意搬，不愿意离开集体宿舍，担心脱离群众，结果，班里的同志不由分说帮我搬了家。我爱人李佺民，是二排排长，1952年毕业于中央音乐学院理论作曲系，分做音乐理论研究工作。他是个业务骨干，到干校当了排长，整天忙得要命，白天和大家一齐劳动，晚上开不完的大会小会，时间就像河水一样流走。杨荫浏老先生是我们所的老所长，著名的音乐学家、古代音乐史家，年已过七旬，一部《中国古代音乐史稿》尚未完成，时间对他来说，多么宝贵。他应该赶快完成这部著作，可是，我看他每天在院子里专心致志地做煤球，做好的煤球，整齐地排成一行行，这就是他的成果。煤球人人都会做，专著就不是人人都能写的了。

何止杨荫浏、李佺民，在干校劳动的数百名干部中很多是文化艺术各个学科中的专家、学者，还有许多是业务尖子，他们都是国家的宝贵财富。军宣队则把他们看成包袱，在分配时，曾说：“这帮人就像烂西红柿，成堆卖没人要。”

知识分子参加劳动，在劳动中受到锻炼是完全应该的，但是这样日复一日，年复一年，长年在干校待下去，不能不说是极大的浪费。更难以理解的是，有些人在过去的运动中已经做了结论的，又重新翻出来审查一遍。人为地制造出许多“走资派”、“反动学术权威”、“黑干将”……揪出来斗一阵批一阵，到揪“5·16”分子时，昔日批斗别人的人今天又做了阶下囚，莫须有的罪名，挨批挨斗。

我一直有那么一种感觉，觉得本来是一个很美的池塘，清新的荷花，一派欣欣向荣的景象。文化大革命搞阶级斗争，揭发、批判、深挖，硬把池塘下面的淤泥，挖翻上来，弄得又乱、又臭、又脏，面目全非。回头看看真是一场闹剧，一场悲剧。要想彻底清除消极影响，修复创伤，恐怕不是一代人所能做到的了。

原载贺黎、杨健采写《无罪流放——66位知识分子五·七干校告白》
光明日报出版社，1998年

范慧勤，生于1927年，女，中国艺术研究院音乐研究所副研究馆员，曾任行政办公室主任

试述杨荫浏与中国音乐史

——缅怀我的严师、慈父杨先生

周昌璧

光阴荏苒，转瞬间我们敬爱的中国音乐家一代宗师、中国音乐史学的奠基者——杨荫浏先生离开我们已二十七年有余了！然而先生的音容笑貌，历历在目，不能释怀！

20 世纪 50 年代初，先生自南京调至天津中央音乐学院研究部时，我刚刚参加工作不久，并荣幸地得识这位学识渊博、善良睿智、宽容风趣的长者。记得 1952 年为迎接前苏联红旗歌舞团来院参观而布置陈列室时，先生和曹安和先生二人很快地将古代音乐部分布置得井井有条；我当时完全不懂得音乐，更何谈古代音乐史！只是深深感叹他们肚子里怎么有那么多学问！原来那时候先生潜心研究中国音乐史已经有二十来年的历史了。后来研究部迁京，1954 年建所前筹建陈列室时，古代音乐史部分就是根据先生的《中国音乐史纲》中材料布置陈列的；在将近 100 平方米的大厅里陈列了三十四个展柜，十面屏风及若干摹制的与音乐有关的古画等；从殷商至清末（前 16 世纪—1911），共分五个部分，用实物、乐谱、书籍、图片、表格、录音等全面展示了中国古代音乐历史的发展和成就。当时研究所的“中国音乐史陈列室”起到了很大的宣传作用。

一、杨荫浏与中国古代音乐史

曹安和先生说："他在毕生孜孜不倦的音乐工作中，为什么选择这门广博而艰辛的中国古代音乐史学科，而为之终生奋斗？这个问题，他虽然未明确讲过，但从他一生的言行中，可以找到答案。"① 那就是由于他有一颗热爱祖国，热爱人民，热爱祖国的民族民间音乐的赤子之心，而自觉地承担起这一艰巨的"在古今中外之间搭起了宏伟桥梁的"②"接力棒"③，为中国音乐史的撰写工作，奋斗终生。

（一）先生热爱祖国和人民

（1）先生青年时代，在圣约翰大学读书时，世界史老师讲的课本是一位著名英国人撰写的，其内容对中国悠久的历史只写了短短的几页，他们把我们文明古国看成是没有历史的野蛮民族。先生对此气愤不平地说："一个国家如果没有自己的传统，怀疑自己的文化和悠久的历史，那么人民将失去对祖国的爱，忘记了历史，便容易为列强所吞灭。"④

（2）1925 年正值先生在圣约翰大学就读时，"五卅惨案"发生了，点燃了中国人民反英反日的熊熊烈火；圣约翰大学的学生们也投入到这一爱国运动中；而大学校长美国人卜芳济召集全体学生开会，宣布不准学生在校内升起中国国旗；不准学生参加示威游行，否则立刻离开学校，亦即开除学籍，企图以此威胁扑灭学生的爱国运动，激起了学生们的愤慨。全校中国师生八百多人发起了"离校运动"，继续进行反帝斗争；同时为建起一个中国人民自己的大学而奋斗。学生们四处募捐，终于在爱国资本家援助下，当年秋季，光华大学成立并如期开课了。⑤在这次"离校运动"事件中，先生是一位中坚分子，他到处奔走呼号，宣传爱国主张，起着积极带头作用，并以岳飞词配上《满江红》曲，进行传唱，后此曲传遍全国。⑥他的举动充分证明了他热爱祖国的心情。

（3）在同一年光华大学举行了英文论文竞赛，先生以 *An outline History of Chinese Music*（《中国音乐史概要》）一文，荣获第一名并获得金牌奖。这是他写中国音乐史的开始⑦，也是他针对不把中国悠久历史看在眼里的英国人的回击吧！

（4）1945 年冬，先生收到美国哈佛大学刘廷芳博士及原燕京大学音乐系主任范天祥来信，约他去美国研究中国音乐史及中国文学；1950 年初范天祥又一次来信约他去美讲学。1945 年中国还处于抗战时期，先生从 1942 年在重庆青木关教《中国音乐史》，并修改编写的讲义而初步完成《中国音乐史纲》，当时生活条件艰苦，资料缺乏，白天讲课，夜晚备课，在昏暗的桐油灯下写史稿，并于 1944 年自己刻写油印而成书；相比若到美国教学，条件待遇将会优越许

---

①④⑤⑦ 曹安和：《杨荫浏与音乐史》，载《中国音乐学一代宗师——杨荫浏》（纪念集），台北：中国民族音乐学会，1992 年。

② 黄翔鹏：《往事皆遗爱，人今方见思——哀挽杨荫浏先生》，载《中国音乐学一代宗师——杨荫浏》（纪念集），台北：中国民族音乐学会，1992 年。

③⑥ 华蔚芳、伍雍谊：《杨荫浏评传》，载《中国音乐学一代宗师——杨荫浏》（纪念集），台北：中国民族音乐学会，1992 年。

多，但先生两次都毅然婉言谢绝了；他认为中国音乐植根于中国民间，研究中国音乐应在中国土壤上去研究，古代遗留下来的活的音乐在书本上是没有的。①

（5）先生对日本音乐家田边尚雄的音乐史批评说："基本上是'外来说'，等于说中国没有音乐发展的历史……他拐弯抹角地贬低中国，他一方面说：'全世界以中国音乐最古，唐朝是中国古代音乐的高峰。'但另一方面又说：'中国古代音乐在中国保存得不多，大多数都在日本……'"因此先生说："我在自己的音乐史著述中一般不引用他们的材料，这表示了我的严肃态度，也是我的民族自尊心的一种心意。"② 可见先生是何等爱憎分明。

从以上数例中，不难看出先生热爱祖国的一片诚挚的赤子之心。

（二）先生热爱祖国的民族民间音乐，并对民族民间音乐作出了杰出的贡献

先生五岁入私塾学习古代经史及文学著作，六岁从颖泉道士学吹箫、笙、笛等，又从道士阿炳学胡琴、琵琶、三弦等乐器，后入天韵社在吴畹卿社长教授下学习音韵，学唱昆曲九十多出，成为吴之得意门生。此后又从他堂姐夫章蕴宽学弹七弦琴，他还向道家乐手学习演奏十番鼓和十番锣鼓等。十岁时从基督教传教士赫路义女士学习了西洋音乐知识，并从她学习英语，乐理，唱歌和弹奏风琴；成年后又学习了和声，复调，作曲法等西洋作曲技法知识。这些学习为他从事民族音乐研究工作的主观方面打下了良好的基础。中学时代曾组织同学演奏民族乐器的活动；并担任校外小学课外音乐活动辅导。大学学习时任"国乐会"会长，经常参加大学举办的音乐会表演民间器乐合奏和琵琶独奏等。在光华大学时又组织《光华国乐社》任社长及指挥，在校内外进行过多次演出活动。③ 长期而广泛地对中国古典音乐和民间音乐的学习和接触，使他获得丰富的民族音乐知识和多方面的演唱，演奏技能，培养了他热爱民间音乐的感情。并在长期的民族音乐活动中，他进行了大量深入调查整理工作，从而对民族民间音乐方面作出了杰出的贡献：

（1）对民族音乐的收集整理研究工作

如：《天韵社曲谱》（1921 年，1929 年）；《雅音集》（第一，二集）（1924 年，1929 年）；《梵音谱》、《锣鼓谱》（手稿，1937 年，1949 年以后分别以《苏南吹打曲》，后改名《苏南十番鼓曲》和《十番锣鼓》出版）；《国乐概论》、《笛谱》、《箫谱》、《三弦谱》、《音乐物理》（译编）等（1941 年在重庆青木关国立音乐院任教时，在物资条件困难下，一方面为教学自编教材亲自刻印，另一方面仍进行研究工作。）④ 1947—1950 年在南京时，每周日请南京清溪琴社的古琴家到他的住地弹奏琴曲，由他听写记录，至 1950 年初他记录了各派琴曲 60 多首，编成手稿《琴荟》五册。⑤ 这是他用五线谱同时注以减字谱的古琴记谱改革上的成功经验。此后

---

① 曹安和：《杨荫浏与音乐史》，载《中国音乐学一代宗师——杨荫浏》（纪念集），台北：中国民族音乐学会，1992 年。

② 乔建中整理：《最后的课——杨荫浏讲课录（1979 年夏）》，载《中国音乐学一代宗师——杨荫浏》（纪念集），台北：中国民族音乐学会，1992 年。

③④⑤ 华蔚芳：《杨荫浏年表》，载《中国音乐学一代宗师——杨荫浏》（纪念集），台北：中国民族音乐学会，1992 年。

于1956年与侯作吾合作整理编辑出版了《古琴曲汇编》①，虽然只有十六首琴曲，但这是从有古琴艺术以来第一本用五线谱记写的琴曲谱。1950年初对河北省定县子位村管乐队及其演奏的音乐收集整理研究工作，并与曹安和合编《定县子位村管乐曲集》（1952年出版）。1950年夏采访阿炳并录制三首胡琴曲，三首琵琶曲②，后出版《瞎子阿炳曲集》，再版时更名《阿炳曲集》（1952年版，1954年版），其中二胡曲《二泉映月》尤颇具影响。1953年初采访北京智化寺音乐，编写《智化寺音乐》采访记录三集（油印）③。本年为帮助研究人员收集整理民间音乐进行业务能力的准备，先生主持编写了《音乐业务参考资料》十二种（1955年12月油印）④。1956年组织湖南音乐普查，领导十八人组成的采访队，分三组对湖南境内六个民族居住地区进行民间音乐普查，后于1960年出版《湖南音乐普查报告》，并根据调查材料写了论文《孔庙丁祭音乐的初步研究》（1958年《音乐研究》第二期），整理出《宗教音乐》，《仪式音乐——孔庙丁祭音乐》曲谱两册。⑤ 1973年参加考察测定长沙马王堆一号墓出土两千年前汉代乐器工作，其中一个瑟面上的码子已在出土后弄乱，后因找到棺椁刚打开时未被移动时瑟的照片，先生根据照片上乐器和实物的比例，计算出了在此瑟上原摆放码子的位置，并发现它的第一弦和第六弦的弦长是倍、半关系，判断瑟是按五声音阶定弦的。从而揭示出这个汉代乐器对于了解汉代音乐文化的真正价值。先生一生采集整理成专辑的民族音乐材料（包括与人合作）共三十一种，已公开发表十八种⑥。

（2）对古代乐谱研究和翻译工作。

1938年在昆明时，从友人处见到敦煌大佛洞所藏唐人大曲谱的照片，先生当即翻拍下来，后反复对其进行研究，终于1946年发表《唐人大曲与近世南北曲和梵音间的渊源关系》一文。先生在古谱研究具有突破性意义的成就是对宋代姜白石创作歌曲所用的宋代字谱的研究。1947年曾试译了三首，但还有些疑点没有解决而搁置。1953年7月与所里采访小组到陕西西安采访鼓乐，从这种民间音乐所用的年代久远的乐谱中发现它和宋人字谱的关系，为日后译制《姜白石歌曲十七首》为今谱，提供了有价值的参考。最终使绝响七百年的歌曲成为现代可以聆听欣赏的活的音乐。⑦《宋代姜白石创作歌曲研究》（1955年油印出版，1957年音乐出版社正式出版）

（3）对我国民族音乐的乐学上研究的收获。

比较重要的两项，一是关于我国历史上新旧音阶同时存在的现象，指出："新旧音阶问题是民族音乐工作者不能不注意的一个问题。"二是对我国民族音乐中五声音阶与七声音阶并存的现象。他在1959年发表了《如何对待五声音阶与七声音阶同时存在的历史传统》，指出："了解五声音阶和七声音阶在我国的历史发展情况及其在我国民族音乐的作用，也就可以排除在音阶形式上的各种偏见的影响……"

另外在《谈鼓》（《光明日报》1963年4月4日），《筆—竽考》（《乐器科技简讯》1974

---

① 华蔚芳：《杨荫浏年表》，载《中国音乐学一代宗师——杨荫浏》（纪念集），台北：中国民族音乐学会，1992年。

②③④⑤⑥⑦ 华蔚芳、伍雍谊：《杨荫浏评传》，载《中国音乐学一代宗师——杨荫浏》（纪念集），台北：中国民族音乐学会，1992年。

年第3期）两篇文章中，从我国音乐文化历史发展的角度，详细论述了这些乐器的发生，发展的历史及其在音乐生活中的作用。在《信阳出土春秋编钟的音律》（《音乐研究》1959年第1期）一文，根据对这些编钟的实测音响数据的研究，发现这些编钟所用的律制不是三分损益律，而是接近十二平均律，根据对这些编钟的音列的研究，断定它是六声音阶的排列，其中六声音阶中的第四级音，接近新音阶中的第四级音，以此证明了我国古代早已有新音阶的运用。对于十二平均律和新音阶的出现和应用，都是我国音乐文化发展史上的重要问题。

先生青年在家乡读书时，当地乐器店老板常请他去帮助解决乐器制造上的问题，如管乐器的音准问题，琵琶品位如何排定问题。这些在实践中产生的问题，使他对如何将律学理论应用于民族乐器上产生了兴趣，并是他后来矢志研究律学理论在民族乐器上应用的契机。终于在1942年发表了《弦乐器定音记述略》一文，阐明定音计的原理及使用方法；这一定音计可应用于琵琶、月琴、阮等乐器，这种弦乐器定音位的方法，目前仍为国内一些主要民族乐器厂所使用。1947—1948年间与古琴家查阜西讨论笛的音律问题，根据先生判断笛律不是七平均律，而是介于三分损益律与十二平均律之间。1948年为帮助无锡乐器厂解决竹笛制作中的音准问题时，为了检验他在理论上的判断，他制作了不同粗细长短的十二个调的竹笛三四百支，根据试实验结果做成了笛尺，可以按尺开孔，解决了竹笛制作中的关键问题。①

（4）对汉语与音乐的关系的研究

即从音乐角度来研究音韵学。1945年曾发表过《歌曲字调论》一文，论述了汉语的四声和旋律进行的关系，指出要使声乐作品的字调与曲调配合得好，诗词家和音乐家“双方会同的交点，是在音韵音乐学的彻底了解”。1980年又写《语言音乐学初探》一文，指出：“音韵科学是在音乐和文字的实践基础上产生出来的，他的进展也是根据实践中不断提出的要求而有著方向的。”又说：“……音韵学一向是为音乐的实践服务的。”等。文章通过对汉语歌词配著规律与西方国家语言作曲规律比较分析，阐明汉语歌词作曲不同于西方语言歌词作曲的特点。先生关于汉语与音乐的关系的著述，对于我国声乐艺术以及声乐作品创作的发展和提高具有重要意义②。

（5）对律学的贡献

1937年先生发表《平均律算解》一文，文中论证了我国最早作出倾向于十二平均律设计的理论是南北朝时期的何承天（370—447），其后隋朝的刘焯（544—610）继续探索，直至明朝朱载堉（1536—约1610）于1584年完成了十二平均律的精确的设计。先生根据何承天提出的十二平均律的推算法进行详细计算，结果和准确的十二平均律的数字比较很接近，从而揭示了何承天设计十二平均律这一事实的历史意义；约在1500年以前，我国已经在理论上近似十二平均律的乐律创造。

1979年先生发表了《管律辨讹》一文，指出：“……古人未能发现管乐器的发音规律，三分损益法在弦律上是对的，在管律上是完全不对的。要使弦律和管律相一致，除非用管口校正

①② 华蔚芳、伍雍谊：《杨荫浏评传》，载《中国音乐学一代宗师——杨荫浏》（纪念集），台北：中国民族音乐学会，1992年。

办法，把管口重新计算一下。”1982年发表的《三律考》，正是总结了我国历史上的音乐艺术实践和律学研究实践而写的一篇律学著作；也可说是先生毕生研究律学的总结。在国内外对三分损益律、纯律、十二平均律究竟哪一种最好，是音乐家、律学家们一直争论的问题。文章以三种律制在我国产生、发展及其应用的论述，说明了它们在我国历史上的音乐艺术实践中出现的必然性和必要性，同时也说明了异律并存的必然性与必要性……因此“容许异律并用，便有其充分的合理性”①。

综上所述，先生在民族音乐实践工作中所取得的丰硕成果，为先生撰写《中国古代音乐史》打下了深厚的理论与实践相结合论述的基础。

（三）为了写出一部“让音乐和创造音乐的人成为音乐史的中心”，一部“有音乐的中国古代音乐史”而奋斗终生。

先生说过：“因为从接触到传统音乐中，我发现了许多优秀的东西，值得予以重视，因此热爱上了它们，对它们产生了深厚的感情，这样，便促使我下苦功把它们写下来。”② 这是他为什么写史的心声。

先生积累了几十年一系列的音乐实践活动，“涉及到古琴，琵琶，笛，箫，昆曲等的唱奏；涉及到道教，民间吹打，戏曲唱腔的记录整理，涉及到乐器音位的调试，管律的实验及律制计算等等”③。他说：“搞音乐史必须以音乐实践为基础，没有实践，不重视实践，很难搞出真正有价值的音乐史……”④ 又说：“音乐史是一门包罗许多学科门类的专业，如考古专业，历史专业，律学，乐学专业，乐器和器乐专业，以至于社会学，哲学等。”⑤ 他对自己英文论文也是第一篇谈音乐史的文章《中国音乐史概要》（*Anoutline History of Chinese Music*，曾获金奖第一名）的评价说：“现在看来这篇文章误讹颇多，一是以唯心主义观点认识中国音乐的历史；二是过分推崇雅乐；三是用神秘主义看待乐律问题。”⑥ 他对1944年写出的《中国音乐史纲》的自我批评说：“错误之一是夸大外来成分；之二是看不见劳动人民的创造；之三是推崇儒家音乐观等等。”⑦但《中国音乐史纲》着重解决了一个乐律问题。⑧1959年先生接受音研所给他的撰写中国古代音乐史的任务，这正与他的夙愿不谋而合，在《中国音乐史纲》后的三十三年，先生终于把一本凝聚他一生心血的六十五万字的新的音乐史著作；一部“不仅有出土的大多数钟、磬等古代乐器的测音数据，同时收入72个不同时代，不同民族的谱例及相当数量的锣鼓经”⑨ 等有音乐的《中国古代音乐史稿》（以下简称《史稿》）奉献给了中国人民。

《史稿》的特点：

---

①⑦⑧ 华蔚芳、伍雍谊：《杨荫浏评传》，载《中国音乐学一代宗师——杨荫浏》（纪念集），台北：中国民族音乐学会，1992年。

② 毛继增：《音乐史家论治史——访杨荫浏先生》，载《中国音乐学一代宗师——杨荫浏》（纪念集），台北：中国民族音乐学会，1992年。

③ 乔建中：《20世纪中国音乐学的一个里程碑——新解杨荫浏先生“实践—采集”的学术思想》，纪念杨荫浏诞辰100周年国际学术研讨会文章汇编。

④⑤⑥ 乔建中整理：《最后的课——杨荫浏讲课录》（1979年夏），载《中国音乐学一代宗师——杨荫浏》（纪念集），台北：中国民族音乐学会，1992年。

⑨ 乔建中：《纪念杨荫浏诞辰100周年国际学术研讨会开幕词》。

（1）重视实践，是先生执著地进行实践的结晶。先生说："音乐史要有音乐，音乐要从实践来……"他主张："实践的范围要广，音乐史的各方面都要实践。"①

（2）努力运用辩证唯物主义和历史唯物主义的观点观察分析我国的音乐文化史。②

（3）通过翔实的史料，丰富的音乐实例，全面地论述自远古至清末四千多年间，我国音乐文化发展的历史，做到了内容上的广度和理论上的深度结合。③

但是在1981年出版的《史稿》问世后，先生除感到兴奋和慰藉外，还感到不够满意，他说："现在不够的地方，还是实践的不够，因为全中国的东西太多，太丰富了，戏曲就有三百八十种，曲艺也有一百几十种，这里面我自己接触过的还是少数……"他这种不满足自己已有的成就，精益求精的精神，非常可贵。所以他又说："我之所以将《史稿》一书称之为史稿，不是定论，就是希望后来的同志写出比它更为完善的音乐史，相信后来人写的必定比前人好。"④ 先生这种谦虚而实事求是的精神也为我们树立了榜样。如果不是十年浩劫，耽搁了先生宝贵的著作时间，《史稿》若能在1970年以前完成的话，先生不但可以弥补他在《史稿》中留下的遗憾，先生还可能会出国讲学，为国际文化交流作出更多的贡献；可惜这只是个人的空想而已；我还企盼着有一天，一个有音乐的中国古代音乐史陈列室出现在世人面前，人们将一面参观图像、古籍、乐器等展品，一面聆听古代的音响、歌曲、器乐独奏、合奏等等，那将会起到何等影响啊！将会是多么伟大的事业啊！先生也会有此同感吧！

应该衷心地感谢中国艺术研究院音乐研究所的同仁及众多音乐专业的硕士、博士研究生们，历时数年的艰辛努力下使《杨荫浏全集》13卷（以下称《全集》），终于在2009年底由江苏文艺出版社正式出版发行了。这套13卷的煌煌巨著，汇集了目前所见杨先生撰写和整理的所有专著、论文、资料集和音乐、论文创作等。是我国当前卷帙最为浩繁，规模最为庞大的一部音乐学家的个人全集；全面展示出杨先生作为中国音乐学一代宗师的学术地位。《全集》为后来学者全面认知和评价杨先生的学术研究，提供了难得的契机，成为推动中国音乐研究不竭的动力。⑤ 想必先生为此也会含笑九泉的！

二、缅怀我的严师，慈父杨先生

我个人和先生的接触是从1950年5月开始，到1966年工宣队进驻后的十几年中。因为这以后下放到各处和先生的接触就少了。1972年我被调回整理由前海西街搬回的图书资料，同年底先生参加湖南长沙考察马王堆一号汉墓出土的乐器事，没有与先生谋面的机会，1973年我被调离研究所。

自1953年10月研究所迁京后，和杨先生相处主要就在十间房这座小灰楼的里里外外，先生和曹安和先生待人和蔼可亲，像是这个大家庭中的长辈。陈列室的筹备工作，从1953年底

①②③④ 华蔚芳、伍雍谊：《杨荫浏评传》，载《中国音乐学一代宗师——杨荫浏》（纪念集），台北：中国民族音乐学会，1992年。

⑤ 李宏锋：《铸学林伟业 探实践真知——〈杨荫浏全集〉观感》，《中国音乐学》2010年第2期。

开始大家就在元庆同志领导下忙碌起来；我当时主要负责在各陈列室负责人的要求下，安排美工、木工、裱工、勤杂工的工作。古代陈列室部分，根据杨先生的《史纲》，由王世襄同志负责设计陈列；杨先生也常常上楼来过问一下情况；在接触中杨先生对我们的提问总是和蔼地耐心指教。1954 年 3 月 27 日建所成立大会后，陈列室正式对外开放。我从参加陈列室的布置工作后，正式调入陈列组（原在办公室秘书组），并参加接待工作。

1953 年 8 月，我参加了陪同杨先生接待罗马尼亚民间音乐队 18 人在康斯坦丁率领下来所参观的工作，在参观过程中代表团中的一个青年团员忽然做出了一个滑稽动作，被我看见，我当时忍俊不禁地笑了一下；此情景正被先生看见。事后杨先生严厉地批评了我，他说："接待外宾参观工作是一项政治任务，它代表着国家的形象，必须严肃认真地对待，任何轻率的举动都是不应该的，不允许的……"我听了以后，当时心里还不怎么服气，我心想："我不过是不经意地笑了一下，有那么严重的错误吗?"但事后我经过认真思考，终于理解了先生对我工作严格要求正是出于对青年人的爱护，把接待外宾工作提高到政治任务的高度来衡量，我确实太随便了。这件事深深地触动了我的内心，从此在工作中严格要求自己，注意自己的言行举止，不敢稍有疏忽，并让我永远铭刻在心，终生难忘！

杨先生工作很忙，每天都伏案写作；但他也有业余爱好，如养花，拍照等，在休息日或所里组织外出游园时，他习惯地在胸前挂着一个照相机，随意拍摄；但我由于对先生的尊敬，从未要求他为我拍过照。有一天（大约在 1955—1956 年间），在二楼走廊里碰到先生，他对我说："下班后，到我房里来一下。"我应声说："知道了。"心里却想："不知又有什么事我做得不对了吧?"怀着忐忑的心情，晚上敲门进了杨先生的房间，屋子里是黑暗的，原来杨先生正在放大照片；见我进来，就把手头的活放下了，打开台灯，从抽屉里取出好几张照片给我说："喏！这个给你的。"我接过来一看，不免惊讶起来，原来这都是给我拍的照片呀！但我从未请先生为我拍过照呀!? 我不禁问道："杨先生，您这都是什么时候拍的呀? 我怎么都不知道呢?"杨先生一向幽默风趣，当即诡谲地笑着说："嘿！嘿！不告诉你，自己猜去！"我仔细一看：有的是在颐和园游园时，我正在给别人拍照呢……有的是我在园门口吃东西的怪样子……还有我站在十间房楼前的广场上……这些不知怎么都被先生偷拍下来了。我十分喜欢这些照片，并深深体会到杨先生对待青年人的关爱之情。那天晚上我浮想联翩，想到先生除了那次为了工作，也为了爱护青年，严厉地批评过我以外，平时都是十分和蔼可亲的，尤其是从他给我拍的这些照片中，更让我体会到他那慈父般的关爱心情。现在我每每翻阅到这些老照片时，当时先生的音容笑貌，就浮现在我眼前。

杨先生满腹经纶，一生为中国音乐事业勤奋耕耘，作出了杰出的贡献；对青年的关爱表现在严格要求时的一丝不苟，不愧是严师，而在默默地关怀着如对自己的子女一般的爱心，却如一位慈父。杨先生将《全集》留给世人以宝贵的精神财富，而我更额外地留下了严师和慈父的深情，深深地埋在我的心底，永世不能忘怀！杨先生安息吧！世人永远不会忘记您！

2010 年 9 月

周昌璧，生于 1927 年，女，中国艺术研究院资料馆副研究馆员

从学与“同学”

伊鸿书

我从杨荫浏先生学习，是读他的书、听他的课和亲受他的教诲；我与杨荫浏先生“同学”，是浩劫时期在文化部“五七干校”里的同窗生活。

1955 年我从坦克一师复员考入中央音乐学院学习。翌年深秋的一天，我看到缪天瑞先生陪着一位西服革履，高鼻深目、肤色黝黑的高个子先生在校园中漫步，边走边说，我以为那是来校参观的外宾，那时来自亚非国家的客人参观访问是经常有的。

我在教室坐定，等待听杨荫浏先生的学术报告，进入教室的却是缪先生陪同的那位“外宾”。我和杨先生未曾谋面，但他的盛名我早已经知道了。看过他的文章，读过他的书，在这之前不久还买了他和曹安和先生合编的《定县子位村管子曲集》。这本书里面有正在音乐学院任教的子位村管子圣手杨元亨先生演奏的曲谱和杨荫浏先生为这一乐种写的研究文章。当时杨元亨先生经常演出曲集中的一些曲子，有四、五位同学为他伴奏，我是其中之一。因有了这一肤浅的实践，在读先生为这一乐种所写的文章时也就专心许多。也许是这个原因，这次在课堂上初识先生就有了一些熟识的感觉。

杨先生的这次讲座，讲了中国古代的几种律制。他的无锡口音和并不快的语速，让我感觉是那样的急促，跟不上趟儿。我这个北方人只听清楚了十之五六，这还是借助先生的板书帮我听明白的内容。其中讲《管子·地员篇》中的五音以数相求之法，先生依照原文按各音间弦长的比例，将其算式一一列在黑板上，一目了然。印象中近三个小时的讲座，我好像许多都是一知半解，只有三分损益这个题目听明白了，记忆犹新。

另一次在音乐学院听杨先生讲课是在1959年。中央音乐学院接受杨先生的建议，聘请了苏南吹打的著名鼓手朱勤甫先生教授十番锣鼓，排练了两套经典套曲。当时是将学生组成两个乐队，一组是民乐系学习相对乐器的同学组成的“专业组”由李真贵司鼓；另一组是非专业组成的“业余队”由袁静芳司鼓，学习结业后，两组乐队同时进行了汇报演出，杨先生亲临现场并作了讲评。先生着重指出：“学习民间音乐就应该这样原原本本地学习，只有学会了，学懂了才称得上是学习了民间音乐，才能在以基础上加以运用，才能推陈出新。在音乐学院接受专业音乐训练的同时，向民间音乐学习，向民间音乐家学习，在中国应该成为专业音乐教育的一个重要环节。”讲评对两组乐队的表演给予了热情鼓励和肯定。指出：第一组的表演技术掌握得很好，达到了一定的专业水平；第二组虽然是非专业的，但对音乐的表现更胜一筹。特别指出了击鼓的女生袁静芳能把快鼓段、慢鼓段和整套曲子熟练地打下来是很不容易的。在音乐学院里像这样认真地学习民间音乐是一个好的开头，应该继续下去。1961年为音乐研究所《民族音乐概论》编写人员所作的报告，再次讲到了这个问题，强调了学习民间音乐的重要意义。

我在音乐学院学习的头三个学期，每隔一周的周日到北京十间房音乐研究所向管平湖先生学习古琴（中央音乐学院时在天津）。第一次上课时先生特意到管先生的房间来看我，讲了古琴音乐遗产的历史价值和现实意义，鼓励我好好学习。这段时间里偶尔在所里与先生相遇总要随地驻足向我讲些什么，有时民间音乐，有时是音乐历史，都不是由我提出的问题，所讲可能是先生正在思考或是正在研究的问题？这些谈话使我打开眼界。我毕业之后分配到音乐研究所工作，参加《民族音乐概论》的初稿编写，住在音乐所办公楼的一年多的时间里与先生说古琴曲中有些调（曲）子是很好的，可以向作曲的人推荐。我说上学时曾用对位手法把《鹭鹭忘机》编为民乐合奏曲，这首琴曲旋律流畅优美，容易编配，先生说“改编琴曲首先是把这首曲子理解透了”，然后才是采用什么方法，改编之后要排练，从中发现问题加以修改，不能只是纸上谈兵。随后，先生引我到他的屋里，拿出一本音乐出版社出版的单行本曲谱送给我，是先生改编的琴曲《潇湘水云》民乐合奏总谱。后来我驻北京古琴研究会工作，一次到十间房所里开会，先生问我：现在做什么呢？我说为古琴曲录音记谱再填上减字谱谱字。他说：“这个事情很重要，我以前记了不少调（曲）子，我还设计了一个工具，可以快速识别不同琴调各弦徽位、徽分，对记录琴曲填入减字非常方便实用，在南京的时候制作了一些送人，我还有呢，给你一个。”

1961年春夏，先生的《中国古代音乐史稿》完成初稿，在音乐研究所内进行试讲，这是继燕京大学和青木关国立音乐院之后，第一次系统地讲授这一课程。听讲的除所内人员外，还有这京院校师生和文艺单位的人员。在三楼的中间大厅座位排列有序，前面立着一个大黑板，先生按时上课，准时“放课”，每堂课都留有复习作业，由课代表收齐后下次上课时进行讲评。我的一次课下作业是对指定的一首器乐曲作形态分析，讲评时先生对我的作业给予肯定和表扬，这使我大受鼓舞，使我对课程的学习更加认真投入。后来，我走上中央音乐学院的讲堂，二十多年来也讲授这一课程，应该是在这个时候播下的“种子”吧？如今，我讲的这门课程2006年获教育部“国家级精品课程奖”，其文本《中国古代音乐史》已经出版。

1969年10月，中国音乐研究所奉命奔赴位于河北怀来县西辛堡村——中央文化部“五七干校”。这是由中国音乐研究所、中国音乐家协会和音乐出版社三个单位组成的连队，我被指定为副连长，负责劳动生产和生活管理。杨先生也和大家一起到了干校。

在西辛堡的时间不长，正值隆冬，没什么田间劳动，主要是为春耕做准备，干的都是一些生活中的杂事，要干的活儿本来就不多，先生年老轮不上派工。

开春前干校转移到了宝坻县高康马生产大队。从此，大家的生活就轰轰烈烈了，劳动较为繁忙，“清查阶级队伍”——组织群众斗群众也在紧锣密鼓中进行。但这些都与先生无甚关系，派给先生的劳动任务只是每日一两小时的帮厨择菜等小零活儿，其余时间就自觉地学习，或奉命写点“材料”。生活还真风平浪静。

收过一茬麦子之后，“干校”再次搬迁到了静海县团泊洼劳改农场，生产与“革命”两项大任更为繁重了。盖房子、修水渠、种稻子、收高粱、养猪、养鸡、养鸭……劳动实践和“斗争哲学”的实践，沉重地压在“五七战士”的头上。先生被分配到一项固定的劳动任务，每天从连队住处到校部取回大家订阅的报纸和寄来的书信，然后分发到各个宿舍，往返时间约半个多小时，其余时间是自我“学习”或不可务正业的自我“修炼”。不要以为这是个轻松的差事，遇有恶劣的天气，主力劳动大军可以不出工干活儿，先生担负的任务是全天候的，风雨无阻。我们曾看到雨天先生怀抱一摞书报擎着雨伞走在泥泞的路上；看到飞沙走石的狂风里先生弯腰缩颈蹒跚而行的身影；看到三九严寒的雪地里先生小心翼翼地挪动脚步。作为当代中国最杰出的音乐学家，学贯中西，满腹经纶，又积半生丰富的实践经验，正待结出丰硕成果，却被如此消磨宝贵人生，悲乎哀哉！

在高康马和团泊洼期间，我和先生同室居住。先生很有亲和力，虽处在高压环境下，在宿舍里总是和大家说说笑笑，打成一片。高康马大队八九青年也很快就聚集在先生周围，每晚高朋满座，谈笑风生，天南地北，刨根问底儿，煞是热闹。一日，先生的钱包里少了不少钱，报告了连队，也通告了生产队，从此朋友们不见踪影，先生寂寞了。

在团泊洼时有一段时间常有一种像似氨的气味从外面飘进屋里来，先生总是感觉不到，我告诉他，他说：“你是警犬学校毕业的。”我回敬：“你是警犬学校淘汰的。”说完两人哈哈大笑，每每如此。

先生对气候的冷热变化似乎也反映不灵，对我说：“天冷加衣，你要随时告诉我。”

先生特爱猫，在十间房办公楼，曾见休息时先生抱着猫咪在楼道中来回走动；冬日的阳光下也曾见到身着系棉长袍的先生抱着猫咪在楼前晒太阳。在团泊洼时，连队食堂常有野猫来觅食，一只白鼻白爪白肚皮的黑猫不久就和先生成为亲密的“朋友”，后来就在我们的宿舍里安了家。冬天屋里有火炉取暖，猫咪围炉而眠。我用一个脸盆大的破锅装土插满蒜瓣，放在炉边，不多久就长满一盆绿油油的蒜苗。一天早上醒来，我看见猫咪蜷缩一团躺在蒜苗上面呼呼大睡，已有半尺高的蒜苗全部倒伏折断。我愤怒至极，飞脚将猫咪踢到墙角，它号叫着窜到了先生的床下，我正要追去，瞥见了坐在床边的先生惊愕、悲戚的神色，我立即停了下来，意识到了自己的鲁莽。本想向先生说些歉意的话，没有说出，我退到我的床边坐下，和先生一样木然地望着面前的墙壁。后来有几次想向先生认个错，安慰老人家，还是没有说出口，至今我仍感到愧疚。写到这里我诚恳地向先生说声对不起，以减轻我内心的不安。

"革命"的对象轮到我了，在一张大字报的带动下，一时间我的住处周围就挂满了这些东西。当晚的批斗会上撤掉了我副连长职务，宣布了若干条禁令，其中的一条是"不准乱说乱动"。对于"乱动"对行动自由的限制是明确的，遵守就是了，但对什么是"乱说"，在当时的气候下就很难界定，我索性不说就是了。别人为了不给我添麻烦，就不和我说话或少说话，但仍有些人一如既往，先生就是其中的一位。往常收工回到宿舍，先生总是一句"收工啦"，我通常是不理会；此刻同样的一声招呼，让我热上心头。以往去农场小卖部购物，我总是问先生："需要什么，我给你带回来"，此刻先生托别人卖东西就问我："给你带些什么?"禁令中还有一条"不准看报纸"，先生是全连的"收发"，按照指令先生把我订的《光明日报》和《参考消息》都给没收了。当时《光明日报》每日连载《智取威虎山》连环画，我每天都剪下来准备装订成册寄给尚未上学的女儿，这时故事已经刊登了一多半，我心想剩下的部分泡汤了。我没有想到，先生替我继续把连环画剪下收藏起来，当故事连载完毕将一叠一天不漏的剪报交给了我。我百感交集，有好多感激的话要向先生说，愣了片刻我只说出了一声谢谢。

"九一三"之后，好像环境宽松了很多，大批判虽然还抓得很紧，并且不断地更换命题，正在批左，戛然而止换成批右，但都有本可依——文件、报告、社论等，可以对着空气照着葫芦画瓢就行了。人们可以闲庭信步，有了更多时间聊天。一天，正在闲聊，先生突然向我提出了一连串问题，回答了一个又一个，都是音乐的知识。问："钹和铙的区别在哪里?"答："看它中心的'脐儿'，大的是钹，小的是铙，它们音色很不同，钹声厚重，瓮声瓮气。"又问："这类乐器如何定音?"我不假思索地说："不是定音乐器不用定音。"先生说："也要定音，两片不能完全同音，要有音差，这个音差有它的美学意义。"我露怯了，请求道，以后您就给我提问题，答不对您就给我讲。之后，给我讲了燕京、昆明、青木关和南京时期的许多故事，还讲了向民间艺人学艺的情况。

干校的后期，先生早我调回城里工作，这期间我陆续收到了几封先生的来信，除了一封是让我打理将尚留在干校的物品托人给他带回北京，其他几封都是谈他回京后所做的工作。如即将发表他与人合作写的马王堆出土音乐文物研究报告；与曹安和、李元庆三人被聘为殷承宗、刘庄等人创作钢琴协奏曲《十面埋伏》的顾问；为出国文物展览提供意见，并为之撰写说明书；为"文化组"主持编写的《古今中外文化参考材料》撰写中国音乐部分的文字——这个材料是作为出国人员学习参考用的。还透露了"创作组"正按上级意见对民间乐曲《三六》进行改编等等。其中一信是对学生的教诲，语重心长："我愈来愈感到实践的重要了。对什么问题看不出来，归根到底，很多时候在许多方面，往往是由于自己实践不够、不能分析矛盾，解决矛盾。有些问题要靠演奏的实践才能看到，有些问题要靠书本知识和来帮助解决（前人实践经验的记录）。工作中遇到问题，首先看到的就是实践不够，因而知识不够。”先生从开始学习音乐到后来在音乐方面做学问都是伴随着亲历实践。研究乐律就亲手制作律管以实验，甚至向占卜家讨教；学习民间音乐就亲临其境和艺人一起演奏。许多许多的实践经历早以为众所知。先生在走出浩劫重新获得了工作即满腔热情地投入，从几次来信中看出工作中获得的喜悦溢之言表；从工作中获得的心得体会即书之以信嘉惠后学。

我离开干校回到我的母校——中央音乐学院工作。有几次去看先生，都得到先生的热情接待和教导，20 世纪 70 年代末我去先生家，先生关心我的工作，问了许多。我谈到了《中国古代音乐史》课程的教学情况，带去了新拟的教学大纲。先生过目后说：“音乐学院许多学生是学表演的，他们的共同课要少而精，不必面面俱到，但要讲清楚我们历史上的主要成就。”谈到教材时，先生说：“对音乐学系的专业课程除选择一个或编一个教本外，重要的问题是要读古籍原文的，给他们提供书目，编写补充材料，让他们自主地思考问题。”

1979 年初，我在先生家看到了刚刚完成的《三律考》（文末署 1979 年 2 月 17 日），先生大致讲了其中的内容，说是一本科技杂志的约稿。我当即借回家中抄了下来，翌日返还。后来有几种刊物转载了这篇论文，我至今保留着我的抄件。

20 世纪 80 年代初的一天，我去音研究所原本是到资料室买一本《中国音乐史纲》，我原先在所里工作时知道资料室有大量存书。我先到了先生那里看望他，当知道我是来买书时先生说：“不用去了，周文中（美）前不久到我这里来要这本书，我找资料室，他们说没几本了，不要再送人了。”先生从他的书堆中找出一本说：“这个给你吧!”这是一本万叶书局 1952 年出版的《中国音乐史纲》，书已泛黄，破损严重，书面残破已用另纸为加以裱糊。封面的正中有墨书“修改本”三字，一望便识是先生魏碑风格的字体。下半页中央钤有“杨荫浏印”一方。书中的修改之处有增有删。增添的例如：“墨子的非乐”文，在介绍墨翟其人时，增加了“他不但是一个农民派的政治思想家，他也是农民革命的实际运动者，他从农民阶级之劳动生产的平等观念出发，从农民的阶级利益出发，反对封建领主的一切奢侈生活。”删减之处例如：“音乐的欲望”条前面的叙述删掉了八百余字，余下的文字插入“由阶级社会里统治阶级中产生出来的”，“它本身摆脱不了阶级矛盾”，“永远看轻人民的创造”等等字眼。全书增补最多的是历代乐器中补入了《左传》、《三礼图》、陈旸《乐书》等书中的材料和正史中传记里面关于乐器、乐曲的史料；修正了不少乐律计算的数据。可以推测这是在 1958 年发表了《对旧著〈中国音乐史纲〉的初步批判》一文之后和着手撰写《中国古代音乐史稿》之前所作的修改。这本书是我最有纪念意义的珍藏。

我受教于先生的时日并不多，但先生给我的教育却是我终生受用不尽的。先生宽广的心怀，真诚待人的为人之道是我人生的榜样；先生为音乐事业终生奋斗不息的实干精神是我的楷模。

2011 年 8 月

伊鸿书，生于 1931 年，中央音乐学院教授

音乐史家论治史

——杨荫浏先生教诲录

毛继增

多年来，我一直是杨荫浏先生家中的常客，一方面，他是我的老师，师生情谊驱使我不时去看望他；另一方面，我在编辑工作中碰到一些学术问题，要及时向他讨教。每次去看他，他总是像当年指导我时那样，侃侃而谈，滔滔不绝、旁征博引，有声有色，时而海阔天空，时而细致入微，谈话的中心大多是艺术问题，特别是音乐问题，他待人接物，态度明朗：对于善者，好似一团炽烈的火；对于恶者，有如一块冷酷的冰，虽然偶尔难免失之偏颇，但他那敏捷的文思，精辟的见解，广博的学识，使我深受教益，从他那简朴的居室出来，曹操《龟虽寿》中的几句诗文不禁在我脑际萦回：

> 老骥伏枥，志在千里；
> 烈士暮年，壮心不已。

杨先生把一颗赤诚的心奉献给了音乐事业。

最近，他的《中国古代音乐史稿》出版了。这部分上下两册、共六十五万余言的巨著，内容丰富，资料翔实，它的问世是我国音乐史学工作上值得庆贺的一件事。在此时机，他向我畅谈了有关治史的问题。

为什么要写音乐史

杨先生先后写过两部音乐史：一部是1949年以前写的《中国音乐史纲》；另一部就是《中国古代音乐史稿》。这两部著作，凝聚着他毕生的心血。当谈到为什么要写音乐史时，他说："首先，因为从接触到的传统音乐中，我发现了许多优秀的东西，值得予以重视，因此热爱上了它们，对它们产生了深厚的感情，这样，便促使我下苦功把它们写出来。"

他接触过哪些传统音乐呢？

1899年，杨先生出生于江苏无锡的一个书香世家，自幼性格活泼，聪颖过人，十分喜好音乐。当时的无锡，音乐活动不多；但是，十番锣鼓和十番鼓等民间艺人的演奏，却像一块磁铁牢牢地吸引着他那幼小、纯真的心灵。1906年至1909年，他随本地道士颖泉学习笙、笛、箫、胡琴等民族乐器的演奏，先后学会了《六板》、《三六》、《四合》等丝竹乐曲，《万年欢》等器乐曲牌。1911年，他加入了无锡天韵社，这是成立于明代天启年间（1621—1627）的业余昆曲演唱团体，社友除都能唱昆曲外，或精于琵琶，或长于古琴，或能出色地演奏其他乐器。入社后，他成了全国知名曲师、天韵社社长吴畹卿（1847—1926）的得意门徒。他之所以以音乐为终生事业，是和吴畹卿的指引和教导分不开的。在此期间，他学会了昆曲约九十出，牌子小曲十几套，琵琶小曲近百曲，琵琶大曲十三曲，琴曲《平沙落雁》、《渔歌》等数曲，以及一些器乐合奏曲和锣鼓曲。为了进一步学习民族音乐，1911至1937年，他又与道教音乐家和民间吹鼓手的团体有过相当密切的交往，抄录了大量十番锣鼓和十番鼓的乐谱，不时还参加他们的演奏。1947年至1949年，他和南京清溪琴社的琴友交上了朋友，先后听写了他们弹奏的琴曲数十套。旧社会有句俗语："王八戏子吹鼓手。"那时，民间艺人社会地位极为低下，他的这些工作不但没有得到社会的关注，相反，却是在十分艰辛的条件下进行的。

1949年后，他的工作受到了重视，中央音乐学院研究部一建立，他就是这个机构的主要负责人；1953年，他担任了中国音乐研究所的副所长；1961年，他被任命为中国音乐研究所所长，他的工作条件一变而为十分优越：采访民间音乐经费全由国家供给；有了照相机、录音机等科学仪器；更重要的是他不再单枪匹马地进行工作了，这些年来，我国逐步培养和形成了一个虽然不大、却很精干的音乐研究（包括音乐历史、民族音乐和音乐现状的研究）队伍。良好的客观环境焕发了他的青春，这时期，他先后调查和编辑了民间艺人阿炳（华彦钧）的胡琴和琵琶音乐、冀中的管乐、京津一带的单弦牌子曲等。

我在中国音乐研究所工作时，有幸于1956年和杨先生一道参加了对湖南省民间音乐的普查工作。当时，他是我们的领队，整个普查工作，从订计划书、拟提纲、收集史料到进行采访，甚至记谱、绘图、画表、刻写，他都反复地向我们热情教诲；同时，自己也尽量亲自动手。他那严肃而认真的工作态度，熟练而卓有成效的工作方法，一直是我以后从事民族音乐采风工作的楷模。他在民族音乐领域里，谈论笙管笛箫，还是吹拉弹唱，“十八般武艺”几乎样样全会，件件皆通，用他的话来说：“我是从民族音乐的实践中锻炼出来的。”假如说我们这样一些民族音乐研究工作者，现在算得上是踏上了通向民族音乐宫殿的阶梯的话，那么，杨先生则可称在这座宫殿的广宇里信步畅游了。他已领悟这座圣殿的众多奥秘，掌握了其中的不少规律，他深知其中的可爱和可贵，并有把它们奉献给人民的强烈愿望。这就是他要写音乐历史的主要原因。

他写音乐史的另一个原因，是在生活的长流中，经常有人向他提出有关音乐史的问题，从而推动了他去进行思考、学习和研究。无锡天韵社和宜兴协和曲局的成员，大都是有知识的市民，他们在一起，总爱天南地北、自由自在地探讨民族音乐和音乐史上的问题。他参加这两个社团，正值风华正茂之时，有时他也投入到激烈的辩论中，力图说服对方；有时他却为人们提出的问题而瞠目结舌。然而，他是一位有心人，争辩之后，他总要回去再行思考，查阅资料，进一步研究。

1916 至 1920 年，他在江苏省立第三师范学校读书时，被选为该校娱乐组（学生课外活动组织，主要活动是演奏民间器乐。当时，这个娱乐组实际上成了一个民间合奏团）组长。他的工作主要是将学到的本领传授给该组的同学；同时，经校方特许，每周还去竢实小学和东林小学教中国乐器的演奏技艺。在做“小先生”的艺术实践过程中，对他所学习和掌握的民族音乐的知识和技能是一个很好的检验和考核，也推动了他继续学习。

由于有关乐器的活动增多，他与民间乐器店的来往便愈益频繁。一些乐器工人尊他为师，遇有定做比较讲究的琵琶、笛子等乐器时，常请他去聆听乐器的音准、计算品位位置和进行开孔。他通过精密的计算，为琵琶工人设计了一个乐器定音图，按照图示，工人们可迅速而准确地排定好品位。为了解决笛子开孔的准确位置，他亲自在三百多支竹管上进行实验，终于找出了它的规律。通过一系列的乐器制作，巩固了他在乐器和音律学方面的实际知识。

这些，则为他写音乐史打了坚实的基础。

如何写中国古代音乐史

杨荫浏先生是当今中国古代音乐史学界的一位辛勤、严谨而有成就的学者。在多年的写史工作中，他既有成功的经验，也有失败的教训，既吃过苦头，也觉到了甜头。就这个问题，他向我谈了如下几点体会。

（一）中国古代音乐史是音乐的历史

“音乐史不能没有音乐，不能离开音乐，不能从书本至书本。”这是他治史的最重要的一点体会。

由于时间流逝，战乱时有发生，古代音乐史料留存于世者为数不多。从现有的史册来看，我国古代音乐史一般是从公元前 21 世纪前的远古时期开始记叙的。中国音乐历史的河流是这样漫长，而我们发现的最早的乐器可以说是河南省舞阳贾湖发掘的骨笛，大约是八千年前的实物，而稍后一些的浙江省河姆渡的骨哨，陕西省西安半坡村的骨哨、陶埙，长安客省庄的陶钟则约是六千年前的音乐文物；最早的有关音乐的文字可以说是殷墟的甲骨文，大约是公元前15世纪左右的墓葬品；至于乐谱、石刻、壁画、陶俑等有关音乐的文物，其所产生的年代就更晚了。可见我国古代音乐史料发掘工作的重要。而这一点，正是我国音乐史学工作者注意不够或力气用得不多的地方。杨先生十分赞赏吕骥在1977年率领艺术研究院音乐研究所部分研究人员去甘肃、陕西、山西、河南四省考查中国古代音乐文物的工作。他认为：搞音乐史应该脚踏实地做大量艰苦细致的实际工作。这样，才有助于丰富和扩大我们的古代音乐史料，才能够通过实践培养和造就我们的音乐史学研究人员，他希望音乐文物考察工作能引起音乐史学界的重视，今后能不断地继续进行下去。

（二）中国古代音乐史是中国的音乐史

他说，我们搞中国音乐史的学者，大都是学习西洋音乐出身的。西洋音乐理论要不要学习呢？当然要学。1920年，杨先生从师美国传教士郝路易女士学习作曲、对位、卡农、赋格，尽管郝路易培养他别有一番用心，但这些技艺理论的掌握对他以后从事中国音乐史研究工作是大有好处的。关键是要“洋为中用”。研究中国音乐，一定要从中国音乐的实际出发，从中找出规律性的东西，并用它来指导对中国音乐的进一步研究。在这方面，切忌以西洋的音乐理论来套中国的民族音乐。

例如，西洋的曲式有一段体、二段体、三段体、回旋曲、奏鸣曲等。那么，《春江花月夜》是什么曲式呢？那是无法套进去的。又如，中国音乐语言既十分丰富，又独具特色，若拘泥于西洋音乐的节拍观念，就很难对某些乐曲进行分析。《倒八板》中有一段曲调是：

这样的乐曲，用西洋音乐的节拍来套，是无法说清楚的；但是，若用苏南民间艺人习用的术语“七、五、三、一”来解释，那就更恰当此。再如，西洋音乐理论认为节奏是指音乐中交替出现的有规律的强弱、长短的现象。而我国传统的看法，则将“节”解释为停顿、延长，是静的表现；“奏”则解释为步伐、行进，是动的表现。我国民族音乐节奏的轻重，是和我国语言的特有规律有着密切的关系。

（三）中国古代音乐史是古代的音乐史

一部优秀的音乐史将是历史的真实反映，杨先生十分反对那种不依据历史真相的撰写方法。他以阿炳为例来说明这个问题。阿炳曾经教过杨先生学习民间音乐，他们多次在一起参加民间音乐的演奏，在长期的交往中，增进了他们间的友谊。现在流行于世的阿炳演奏的《二泉映月》等几曲珍贵的音响资料，就是50年代初期他和曹安和先生一起采集的。应当说，他对阿炳是相当熟悉的。近年来，随着《二泉映月》的饮誉国内外，在我国史学和文艺界曾形成一股“阿炳热”。然而，有的学者却不顾历史事实，把旧社会民间艺人的阿炳写得和聂耳、星海一样伟大。有篇记叙阿炳生平的文章，竟然无中生有地说阿炳十分同情并积极支持无锡的工人运动，而琵琶曲《大浪淘沙》便是阿炳为纪念无锡工人而创作的。每当谈及这些，杨先生对那种说古人不可能说的瞎话，总是不以为然。

踏踏实实，有根有据，可以说是杨先生治史的一条十分重要的座右铭。他在写这两部音乐史之前，先后作了六七千张学术卡片，记录的笔记摞在一起达几尺高，抄写的民间乐谱有几百曲，听写记录的古琴谱有六大册，访问过的民间艺人成百，绘制的图表上千，为了弄清明清两代乐律书籍中夸谈的阴阳五行问题，他甚至学会了算命。他对晚辈也这样要求：50年代后期和60年代前期，为了纠正我写文章好发“议论”、有水分的缺点，他和曹安和先生多次严肃而又慈祥地告诫我，力戒虚浮，论点一定要有事实作依据，文章方经得住考验。有段时间，他们甚至要求我埋头于学习弹琵琶、吹笛子、唱昆曲、绘制乐器图和听写民间音乐曲谱。非常可惜，他们所教授的功课，我并未学好；所布置的作业我没有很好完成。但无可否认，它对我在学术上的长进是收到明显的积极的效果。

对几部音乐史的评价

对中国音乐史的研究，在我国可以说是比较晚的；而中国音乐史专著的问世，时间就更迟了。

第一部《中国音乐史》，出版于1929年，作者是郑觐文。这部书是从书本到书本的典型，毫无科学价值可言。它的意义在于是第一部中国音乐史。

1930年，出版了许之衡编写的《中国音乐小史》。它虽然比郑觐文的《中国音乐史》条理分明一些，但从总体看，并未脱离“郑史”的窠臼。其中，雅乐先于俗乐的论述，显然是反历史的错误观点。

王光祈的《中国音乐史》出版于1937年。王光祈在写作过程中，曾和杨荫浏先生就音乐史中的问题以通信的方式交换过意见。但他们的友谊只是书信来往而已，两人从未见过面。这部音乐史虽然在史料的翔实和治学的严谨上向前迈进了一步。它在反对历史中笼统的管律问题，而提出了管口校正的科学要求，应当说是一个贡献。但书中大部分谈的是乐律，其中既有从管乐理论史料中摭拾的糟粕，又有对一位德国教授进行的试验的过分吹嘘。这本书的另一缺陷是对近代西洋音乐家的所为捧得太高，而对我国传统音乐估计太低。

杨先生的《中国音乐史纲》脱稿于1944年，出版于1952年。他对这部著作是不满意的。他在1958年发表了《对旧作〈中国音乐史纲〉的初步批判》，胸怀坦荡地作了自我批评。但是，它在阐述律学和语音学的发展方面，较之以往诸史，是有其成就的。

谈到最近出版的《中国古代音乐史稿》，他说，他十分怀念中国音乐研究所副所长李元庆。他的初稿出来，总是先征求李元庆的意见。李元庆看得十分仔细，他们之间每次耐心而中肯的交谈，都使杨先生在思想上和学术上得到较大的收获。

杨先生对《中国古代音乐史稿》仍不满意。他认为这部书还存在不少缺点。产生缺点的原因是他虽然对传统音乐较为熟悉，但是作为音乐史学工作者，仍感对古代音乐史料（特别是音乐本身）接触过少，理解不够深透。对于戏曲音乐，他学过昆曲，这一部分论述就比较充分；京剧、梆子、高腔所知不多，就只好讲人家说过的话。他说："假如身体好一些，我还想去安徽、湖南、四川、甘肃、陕西生活一段时间，对那里的戏曲、民歌和方言作一番调查研究，这样，《中国古代音乐史稿》将会写得更充实。"

1949年以来，我国音乐史学工作有了显著的发展：汇集了大批史料；培养了一批音乐史学工作者；创造了十分优越的工作条件。看到这一派兴旺景象，杨老先生感到十分欣慰。他说："我的音乐史名曰'史稿'，有两个含义：一是表示绝非权威之作，二是说明不是定稿。长江后浪推前浪，世上后人赶前人。可以预期，我国的音乐史学工作者，在不久的将来，一定会写出更好的音乐史著作来！"

原载《音乐研究》1982年第1期

毛继增，生于1932年，中央民族大学教授

忆师情

吴 钊

古往今来，一个人的成长过程和他能否在事业上取得成绩，往往与他能否遇到真正有责任心的良师是分不开的。我过去在纪念元庆所长和曹安和老师的小文中曾经讲过，我到杨师门下学研中国古乐史的前后经历。我之所以能涉足中国古乐史的研究，完全出自杨师的赏识和提携。正因为涉足了古乐史研究，扩大了研究视野，才使我对中国古琴能在更广阔的范围和高度上有新的认识。当然这一切，又是与杨师多年来对我的培养与教育分不开的。回想起来，真是感佩万千，难以言表。

我印象最深的是：一到音乐研究所，就被安排在杨师办公桌边的一张书桌上办公。对于像杨师这样一个学术研究机构的领导人与学术导师来说，如何选择、培养创新型年轻研究人员，一直是他极为关注并身体力行的重要事项。在这方面，他高瞻远瞩，又实事求是。特别针对像我这样来自普通大学文科专业的学生，他看到了我的文史功底、写作能力和擅长古琴演奏的长处，也看到了我缺乏音乐专业知识和更广泛的中国传统音乐的知识和实践经验的不足，为此，他专门约请曹安和老师一起教我与所内其他年轻人学唱昆曲，教时完全采用天韵社原有工尺谱，其中特别是该社独有的《金锁记》、《斩窦》，使我了解到文人参与的昆曲清唱派在声韵唱腔上特有的神韵与风采。学唱昆曲工尺谱的经验，使我后来在解译宋元古谱《愿成双》和明万历箫笛套曲《傍妆台》时提供了直接的经验。另一方面，他又安排我到清人蒲松龄的家乡——山东淄川（今淄博）蒲家庄采访调查当地流传的蒲松龄俚曲，还有青岛崂山道教寺观流传的道教经韵。两者的调查经验，则为我后来远赴中越边界调查彝族铜鼓使用习俗在学术调查方法上提供了方便。

杨师为了培养我的研究与写作能力，曾两次出题让我写成文章交给他。一篇是有关歌词押韵的短文。当时他以《义勇军进行曲》为例，给我口述了歌词押韵与旋律进行的关系，命我据此成文。该文后来发表在《光明日报》上。另一篇是《说“乱”及其他》。我记得有一天杨师把我叫去，见面后他把几页他写的有关楚辞“乱”的研究文字交给我，让我替他写成正式的文章。他告诉我：要在他的基础上，全面收集材料，再加研究。我拿到后，先仔细拜读杨师的文字，深刻领会他的用意，然后翻阅了大量史料，从中发现了有关“乱”的不少新史料。其中先秦乐舞《大武》带“乱”的记载，宋人郭茂倩《乐府诗集》汉乐府诗中带“乱”的歌词，明人朱权《神奇秘谱》收录的琴曲《广陵散》带有现存唯一“乱”的曲调实例，都对“乱”的研究，价值尤大。当时杨师告诉我，研究可分两步走，先完成文献中的“乱”，曲调中的“乱”以后再说。我按杨师的要求写好后，交给了他。他很高兴。我记得当时文稿上，我只署了杨师一人之名，想不到后来《人民音乐》杂志正式刊出时，作者却变成了两人。显而易见，我的名字是杨师添上去的。由此可见，杨师对年轻人的提携与培养，何其真诚。

在日常相处中，杨师作为一个德高望重的长者和导师，非常平易近人，诲人不倦。他通过和你闲聊的方式，将他的调查中国传统音乐的见闻与学术经验，特别是他在研究过程中产生的新的思考或想法，及时和盘托出，让你了解后有所发现、有所创造。开始阶段，我们同处一室办公，闲聊比较方便。后来当我搬到二楼西侧室内办公后，杨师只要想起什么事，或有什么新的思索，就会从二楼中央他的办公室内，跑很多路来告诉我，说完立刻就走，以便不浪费自己宝贵的时间。至今想来，犹在眼前，其感人之深，终生难忘。

杨师与我闲聊的事情中，印象较深者有他年轻时在家乡无锡向天韵社吴畹卿老师学昆曲与吹打的种种逸事趣闻；或者天韵社鼓师朱勤甫高超的击鼓技巧；或者他想去江西龙虎山调查当地张天师的道教音乐。他认为这种道教音乐，对于追寻它与古乐的联系会有很大的价值。还有在他完成《工尺谱浅说》一书后，他曾对我说：在他有生之年一定要写一本《工尺谱申论》。他认为：一个合格的中国古乐史或中国传统音乐研究者，必须掌握中国不同时代不同乐种所用的工尺谱。只会“浅说”所讲工尺谱的一般常识是不够的。因为中国古代的工尺谱，一般只记录乐曲旋律的大致框架，不同时代不同乐种在实际唱奏时都要加各种不同的“阿口”（智化寺工尺谱的术语），要对其旋律进行不同的装饰。所以要真正掌握这种记谱法，必须结合不同的乐种去学，去掌握其“阿口”的规律。不然只能学些皮毛，并不能解决工尺古谱的正确翻译问题。杨师之所以教我们学唱昆曲，其用意也在这里。其实杨师《申论》的愿望，真是造福后学、有利于中国传统文化传承的大事，因为任何人仅有写作此书的愿望，不一定就能写好。而只有像杨师这样学贯中西，年轻时在家乡又与苏南吹打艺人一起“玩”过，精通昆曲，后来又对西安鼓乐、智化寺京音乐、苏南吹打、五台山八大套、冀中管乐和宋姜白石《白石道人歌曲》及其工尺谱进行过精深研究的人才能胜任。当然由于种种原因，杨师写《申论》的愿望，最终未能实现，给后人留下了莫大的遗憾。

除此以外，杨师对我启发较大者，当数他关于如何进行中国传统乐曲作品分析的见解。他认为不能简单照搬专业音乐院校中讲授的来自西方的作品分析法。他认为在古人的概念中，作一首乐曲，好比写一篇文章。每篇文章，由若干段落组成。每一段落，又由若干乐句组成。每一乐句，又由若干乐逗组成。他认为中国古乐的乐句或乐段单位，一般往往由头、腹、尾三部分构成。头可以“换头”，尾则有“合尾”或“重尾”（两个尾）之分。“腹”则是其旋律的主体部分。他曾经在一次闲聊时对我说：他想拿一首古曲，采用古人为诗文作“注解”或“眉批”的形式，在这首乐曲的不同位置，将其结构特点、旋律发展手法或审美特征等一一标注出来。后来我在写《中国琴乐声韵的结合与变化——种独特的旋律装饰形态》一文所附琴曲《忆故人》的分析谱时，杨师的上述想法和他对同一曲牌不同变体的研究方法，就成了我解开该曲曲体结构和旋律发展手法的钥匙，使我对中国琴乐的艺术特征有了新的认识。

总之，我在学术上能做出点滴成绩，都是和杨师的教导和培养分不开的。今写此小文以寄托怀念与感激之情。

2011年3月4日于北京

吴钊，生于1935年，中国艺术研究院音乐研究所研究员

逝去的岁月

——忆杨荫浏和音研所往事

孙幼兰

1957年夏，我从北京大学俄罗斯语言文学系毕业，9月初，按分配小组通知，到文化部学校司报到。领导安排我暂住东四招待所，等待进一步落实具体单位，每月发生活费30元。

等了三个多月，还没落实，有一天，听同住招待所的宋木文同志说，学校司下放组马上要离京了，他要去。我说你替我也报个名，我也想去。他说，好吧。后来，他告诉我，领导批准了，你跟着我一起走就行，火车票都领了。

我们上了火车，目的地是唐山丰润县，然后分到马辛庄乡杨英庄。开始是男、女集体宿舍，单独开伙，不久改为"三同"：同吃、同住、同劳动。全组约10人，一半是党员，我是团员，参加农村团支部组织生活。

组长郭乃安，副组长李保德。郭年龄最大，属猴，我最小，也属猴，两猴相遇，备感亲切，相处自在。

我们冬天刨苇土，积肥送肥，春节后挖干渠，修水库围堰，清明开始春种、夏种直到秋收。经历了大跃进、大炼钢铁、公社化、食堂化。过了手脚关、肠胃关和思想关。于1958年11月完成了劳动锻炼的任务，愉快地返京。

我住在文化部203后楼，很快，领导王舒冰同志找我谈话，他说，民族音乐研究所有俄文资料，需要一名翻译，你姐姐搞美术，你去搞音乐，好不好？我说，好。

这样，我带着简便的行李、皮箱到十间房音研所报到。行政人员带我到二楼女集体宿舍安排床位。忽然，走来一位又黑又瘦的老人，身穿皮袍，头戴皮帽，脚上穿了双黑布棉鞋，右手提了一大串钥匙。他用一种我没有听到过的方言告诉我，跟他上三楼去看陈列室。我跟着他上了三楼，开了一间又一间陈列室，看到黄自、聂耳、冼星海的照片及展品，我很高兴，因为1948年我在天津南开女中上初二时，用的音乐教材就是黄自编的，还在湖南桃源上初小时，就会唱不少聂耳、冼星海所写的歌曲了。我到这里工作，看来还是有点基础的。后来又开了大楼中央的大展厅，看到上下几千年，各个不同民族的音乐图片、乐器等介绍，最古老的乐器是陶埙，已有七千年的历史，真让我吃惊。还看到一个刻有精美花纹的青铜器，我问：这是什么？老人说：是青铜鼓。我心里非常纳闷，这是一位干什么事的老人呢？如果猜他是陈列室的看门人，他好像又懂音乐，如果说他是老师，怎么手指甲盖上有宽宽的黑边呢？

后来开全所大会，老人也坐在会议室里，我悄悄地问坐在身边的女同志，那位老人是干什么的？女同志吃惊地说：是老所长啊，姓杨，是中国古代音乐史的权威。我心想：老天爷呀，真没想到，我这么个小不拉子，竟然是老所长在亲自接待，我真是有眼不识泰山啊。幸好我没有什么不礼貌的行为。

很快地，和一个找我谈话的是党员副所长李元庆同志，他说，当音乐翻译不光要懂外文，还要懂音乐，你需要在工作中慢慢地熟悉音乐，再逐渐转入翻译。我想安排你担任研究室的业务秘书，做室主任何芸同志的助手，你看行不行？我说，行啊。

第二个找我谈话的是办公室主任、党支部书记杨光同志，他说，研究室里有一位从美国留学回来的女同志，中央有照顾归国留学生的政策，你在室秘书工作里，要着重落实中央政策，帮助她解决一些生活中的困难，可不可以？我说，可以呀。

第三个找我谈话的是研究室主任何芸同志，她说，杨、曹两位老人，下班后可能会感到寂寞，你也住在楼里，晚饭后，到他们那里走动走动，陪他们聊聊天，好吗？我说，好。

这样，我对今后该干些什么事，似乎有点谱了。只是对曹安和先生是研究室主任、何芸是研究室执行主任这件事，还一无所知。直到“文革”初期，军事科学院的王子惠同志作为工作组组长来所支左，看了档案中文化部的正式委任书，宣布此事后，我才又吃了一惊。

1959年初，所领导把在中央音乐学院苏联专家班进修《西方音乐史》的全部教师借调到所里，和部分研究人员组成《中国近现代音乐史》编写组，李佺民任组长，汪毓和任副组长，我任秘书兼资料员。全组共16人，在李元庆副所长的直接领导下，用一年时间，完成《史稿》、《史料》（内部油印）各一套。

1960年，又以研究室研究人员为基础，向全国借调了数十人，组成60多人的《民族音乐概论》研究班，何芸任班主任，林里任副班主任，我任秘书兼资料总编组组长。用了将近三年时间，出版了由郭乃安执笔统修的《民族音乐概论》，铅印公开发行版和内部铜印版参考资料一套。

就在概论班建立不久，三年困难时期开始了，主食定量大大减少，副食供应匮乏，大家处于半饥饿状态。部里通知，暂时停止下乡劳动，组织副业生产活动。

在生活相对稳定的情况下，所领导做了两个明智的决定，一是请杨先生开《中国音乐史》大课，请曹先生开《昆曲》课，把大家的注意力引到业务学习提高上来，二是把十间房院子里的地划分给所里的同志，可以种点小麦、玉米等，弥补粮食的不足。同时组织人力，养鸡、兔、奶羊和猪，把城市公社化活动，搞得有声有色。

杨先生的大课，不仅概论班成员都参加，资料室同志也可自愿参加，连音乐出版社、音协等外单位的同志，也可办旁听证来听听课，这样不仅我成了杨先生的亲传弟子，连我姐姐美兰，也成了杨先生的亲传弟子，得到杨、曹二老的友好对待。杨先生在教学中的投入、专注和认真，很自然地成了近百名学生的榜样。吴钊任助教，课后出作业题，我们答题，可以抄油印教材，作完后，吴钊给学生们打分，发还作业本，下次再作，一切都中规中矩。上了一年多课，把古代音乐史讲完了。

晚饭后，在我到杨先生的大房间里去，陪杨、曹二老看电视或聊天的时候，杨先生曾不止一次地兴致勃勃地给我讲乐律问题，但我一点乐律常识也没有，听得一头雾水，但还哼哼哈哈，不懂装懂，因为我不想扫他的兴，让他失望。我想，要是我有些基础，听他再讲讲，该有多好啊！

杨先生不仅关心年轻人的学习，对年轻人的身体也很关心。他是全国政协委员，可以到民族宫餐厅吃涮羊肉，他经常带一两个年轻人去一起改善一下伙食，补充点营养，也带我去吃过，给了我家庭般的温暖。他比我的父母年长六岁，真是一位慈祥的长者。

杨、曹二老分的地，是他们曾经种过草花的楼前花池，杨先生没种粮食，而是种了烟草，长出秧子以后，我觉得有些奇怪，怎么叶片没有烟叶大呢？后来开出了颠倒颠的紫花，烟草花应该是向上开的粉色花呀！恐怕是买种子时上当了。果不其然，再往后，竟然结出了白茄子。有一次，我跟杨先生开玩笑，问他：你种的烟叶儿，怎么长出了白茄子呢？他有些尴尬，我赶紧说，可以摘下来交给凤英做菜吃呀。杨先生说，是做菜吃了。

在“概论班”工作结束后不久，何芸曾对我说，应该选录一些民族音乐五大类的节目作为“音乐欣赏”用，总共一个多小时就行了，再把唱词打印出来，就可以一边听一边看了。这样，我请资料室音档组的李明辉选录这批作品，他毕业于中央音乐学院作曲系，长期从事音档工作，对音响资料非常熟悉，很快编制出包括民歌、歌舞、说唱、戏曲、器乐五大类、兼顾主要民族和地方的节目。我又根据节目顺序集中了唱词，交办公室韩敏打印出来。一切就绪后，通知中央音乐学院组织30位老师来所欣赏民族音乐。到时候，老师们高高兴兴地来到外宾室了。我给每个人发了一份油印材料。一边听，一边看，确实能更好地理解。临走，有一位老师问：材料能不能带走？我说，如果你们觉得需要，可以带走，如果有人不需要，也可以放下，将来再发给别人。结果全带走了，一份也没剩。人走光了以后，杨先生高兴地对我说，你回答得真好，真灵活，不错。这次尝试，看来是成功的：客人满意，杨先生高兴，我也非常高兴。

1961年10月末的一个星期天，我接到通知，晚饭后不要离开，中宣部副部长林默涵同志等人要来所听音乐，让我参加接待。后来林默涵、严文井、赵沨三位贵宾来到，请进外宾室人座，主方有杨先生、李元庆、李佺民三位。年轻人有张淑珍，吴钊和我。我管茶水，资料早已准备齐全。张淑珍放完录音，大家听完音乐，又开始聊天，已过晚十点，谈兴不减。我想起白天曾买了一个很好的面包，便切成片，找范慧勤借了一个大玻璃盘，她又给加了一半她买的饼干，当我端了一大盘夜宵放在玻璃茶几上时，大家都很吃惊，有夜宵助兴，谈话就更加轻松愉快了，反倒是，吃不吃夜宵，已经不那么重要了。这次周末活动，直到近二十三点，贵宾们才起身告辞。这个周末，大家都过得非常愉快。后来，吴钊对我说，你真让我吃惊，怎么像变魔术一样变出一大盘夜宵来了呢？九位不同年龄、不同职务的人，凑在一起，度过了一个无比愉快的周末，这全是丰富多彩的民族音乐使然哪。大概这也正是在这次有三级领导同志参加的活动中，决定了李佺民随后的福建民间音乐调查，林默涵关心家乡音乐是很自然的事。

三年困难时期，慢慢过去了，粮食定量提高到较为合理的水平，食堂里的副食也逐渐增多，此后再没有挨过饿。

杨、曹曾请我到他们的小平房里吃过两次饭，一次是吃凤英在院子里为他们养的活母鸡汤，味道真是好极了。杨先生吃完饭，在碗里留了些饭，浇上鸡汤拌好，就叫“咯，咯，咯！”原来是要喂母鸡，想让鸡婆婆多下蛋。还有一次是吃鱼汤，杨先生说，鱼喉咙是鱼身上最好吃的部位，问我吃不吃？我说，我们家从来没有人吃鱼喉咙，我也没吃过，我不吃。杨先生说那我吃了。我说，请吧。我从小吃的是鱼肉、鱼子、鱼白、脸泡肉，鱼喉咙那一堆东西都要扔掉，怎么会好吃呢？后来食堂让集体户口的职工买好大米，大家没有家，都没要，保华就全让我买了。我送了一些给杨、曹，又送了大部分回家，交给妈妈，大家真是高兴得好像捡到了天上掉下来的馅饼一样。原来，杨、曹是无锡人，我们家是汉阳人，都习惯于鱼米之乡的饮食。

后来陆续请我吃过饭的，还有李元庆、杨光、何芸、范慧勤等领导同志和郭乃安先生、杨友鸿、吴毓清、张家仙等年长的同志，我的感觉，音研所就是一个温暖的大家庭。

杨先生有不少业余爱好，对这些业余爱好，也是神情专注地对待。

首先是摄影。拍摄前，总是认真地拿着一个小仪器量距离，量来量去，拍出来的照片总是模糊不清的。有一次所庆，全所到颐和园游览，中午，到十七孔桥头的茶社野餐，餐后，我坐在一个藤椅里，对杨先生说，我想睡一会儿。他大吃一惊，坐着也能睡觉吗？我说，能啊。就在他按快门的声音中睡着了。后来，他得意地把我坐在藤椅里睡午觉的照片送给了我，我一看，果不其然，如群众的四字评语：“多、快、差、费！”人老了，视力不佳、仪器也帮不上忙。这就叫：人无完人。有时，我拍出好照片，想放大，就找杨先生要相纸，杨先生把一袋相纸拿给我说，随你用，用完了还给我。他的条件比年轻人好，对年轻人很是大方。

杨先生还爱养热带鱼，养了一缸神仙鱼、孔雀鱼之类。我周末回家，他交给我一个大口瓶，我在护国寺换车时，把大口瓶和买活鱼虫的钱放在热带鱼店，交给店主，在家里晚饭后，乘车到护国寺取了活鱼虫，再乘车回十间房，把活鱼虫交给他。有时，陆登云出去办事，也帮他带活鱼虫，实在没有了，他还亲自到小池塘边捞点活鱼虫喂热带鱼。后来，“文革”开始，杨被打成资产阶级反动学术权威，住牛棚。“8·24”中国音乐学院造反派师生和所里造反派一起，搞了大规模的“武斗”，剪阴阳头，洒墨水，戴放了砖头的高帽子，挂牛鬼蛇神牌，吊砖头，给文彦、范慧勤压杠子，把范的脖子都压歪了，很长时间才康复。跪地一片，让曹安和跪板凳，膝盖下还放一根棍子，以致摔伤。闹腾了半天半夜，才算了事。第二天，凤英告诉我，造反派学生们进了杨先生的房间，往鱼缸里倒了墨水，把神仙鱼都捏死了，别的鱼也都死了。我说，真没想到来这么一下子，要早知道，把鱼缸搬到你们家或我们家，也不至于这么惨。凤英也说，这么个搞法，谁想得到哇！

我看到杨、曹二老养花，也有一个由易到难、由浅入深的过程。从种草花、美人蕉，到种烟叶结出白茄子，再从种菊花到种兰花。

种菊花好像不难，先买各色盆栽菊花，如白、黄、淡紫、大红。入冬后，把枝干剪掉，把根部刨出，在室外挖坑浇水埋上，第二年开春后挖出，根部长出大量嫩芽，再在种植的地方挖坑、浇水，把小芽种上，经常浇水，这样小芽就会茁壮成长，入秋后，花坛里，花池里、马路边，到处开出各色的菊花。

后来，杨先生又花了不少钱养名贵兰花，最名贵的品种，叫“西神梅”，他告诉我，新中国成立前，西神梅贵极了，一片叶子要一根金条，有几片叶子要几根金条。我说，你的西神梅，也是用金条买的吗？他说，不是，现在没那么贵了。我说，也不便宜吧？他说，不便宜。我说，也有便宜的。他不屑地笑道：那叫“韭菜戮胡蜂”。我心里想：韭菜能戮到胡蜂也就不错了。他种了不少兰花，土也是在无锡买好，邮寄过来的。居然在北京还开过花。这里面也有曹先生的功劳。有一次，我看到曹先生把整棵兰花洗得一干二净，绿叶白根，晾在木架上。我问曹先生，干吗洗这么干净？曹先生说，把死去的老叶老根剪掉，洗净晾干，种到新土里，就会长出新芽，长出箭子，还会开花。

我的父母，虽给我们姐妹取名“兰”，但从未见他们养过兰花，我只知道兰是野生植物，“空谷幽兰”嘛，看到杨、曹二老养兰花，才知道人工莳养，太不容易了。遗憾的是，兰花也没有比热带鱼有更好的结局，“横扫一切”以后，我再没有见到过它们。

“文革”前的一项工作，最终没有完成，而且受到损失，令我终生遗憾。

何芸有一次交给我一本杨先生用毛笔抄清的《古代歌曲集》，是杨、曹二老根据古谱译出的简谱本，曾经送交人民音乐出版社，希望能够公开铅印出版，但出版社由于考虑销路，把手抄本退了回来。何芸让我把手抄本送到汤雪耕先生那里，请他组织一些声乐系的师生练唱，练好以后，再组织他们到音研所录音保存。我接到手抄本后，没有多想，就尽快去找汤先生，汤先生一口答应下来。我对汤先生说，哪一位选定哪一首后，就请他（她）把自选的那一首抄下来练唱，等全本抄完了，就把杨先生的手抄本还给我，好吗？汤先生说，好。这样，我便放心地回所了。岂料，我后来多次询问汤先生，练唱人员安排好没有？曲谱抄完没有？他都回答：还没有，等等吧。后来，“文革”开始了，我心里打起鼓来，这个手抄本千万要弄回来，不能搞丢啊。我到中国音乐学院，找到汤先生，他无奈地告诉我，我的办公室被造反派学生抄光了，《古代歌曲集》手抄本也没有了。我没有办法还给你了。此时我心里充满了懊悔，早知道是这么个结局，我就不会那么急着送出去了。我应该自己或者找抄写员再抄一份，把杨先生的墨宝留下来。或者更仔细一些，把手抄本和我们内部出版的铅印版《古代歌曲》比对一下，哪些是有的勾出来，到出版组领一本出来，只要把没有的部分再抄下来，就可以较抄全本快一些送去。现在可好，连手抄本的目录也没有留下，就把二老的劳动成果搞丢了。连丢了些什么，也不清楚，成了一笔糊涂账，我真后悔，太没经验，太缺心眼儿了。每次想到这件事，就觉得非常惋惜。

“文革”期间，音研所从十间房搬到定阜大街，宿舍搬到新源里。此后，工、军宣队进驻音研所。在开展清理阶级队伍期间，军宣队布置我去核实杨荫浏的“文化界戡乱委员”的历史问题。告诉我是中央民族学院音乐系的二胡教师写了检举材料。我持介绍信找到他，问他材料有什么根据？他说，是40年代从报纸上看到的。我问清了报纸名称和大致年代，便到北京图书馆查老报纸，果然查到“戡乱委员名单”，名单中并没有杨荫浏的名字，我请工作人员复制了这份名单，带着名单又去找他，请他仔细看是不是这个名单，他看了很久，说，是这个名单，是我的记忆力有误。我说，那以后别再写这种不能核实的材料了。他连说，不写了，不写了。一个严重的政治历史问题就这样澄清了。

1969年国庆节前，军宣队带领全所职工连锅端地进了文化部沙城干校，全部部队建制，我们属四连，一排是音乐出版社，二排是音研，三排是中国音乐家协会。研究室分为两个班，每班10人左右，我们班班长是许健，我是副班长。许健另有任务时，班里的事由我管。我们排住在西辛堡。杨先生属我们班。有一次，刘东升告诉我说，杨荫浏说他年轻时是运动健将，还表演给我们看，他站在炕上，右臂侧伸，猛地向右倒在炕上，没有摔伤。我说，以后别再让他表演了，万一摔伤了，不好办。东升点头同意。

后来，排里把杨荫浏、冯增修、陈孝人三位老人安排在一间房里。三位老年人用水的问题怎么办？和我同住的三位女同志，年龄比我大，身体比我差，理所当然地由我给房东水缸挑水。三位老人的用水，也由我挑吧。幸亏我有1958年下放劳动锻炼期间过关的挑水基本功，倒也没什么问题。每次我到井台去挑水，就有村里的男女青年，热心地帮我摇辘轳，把水倒在桶里，他们的友好帮助，真让我感谢。

后来，1970年，干校迁到宝坻，四连住在高康马大队，全校劳动一年，获得优质小麦丰收，700多人的干校，上交小麦20万斤，还有红高粱。由于住房问题不好解决，1971年，又搬到静海团泊洼新生农场。四连住在已停产的养鸭场孵化楼的二层。此时，杨荫浏任四连收发员，他很忠于职守，不论刮风下雨，每天到校部小院去取报纸和信件，分发到各班。

有一次，四连军宣队一把手老郝对我说，有人反映，杨荫浏上独流碱河边买小鱼喂猫，你召开个全班批判会吧。我心里觉得可笑，至于吗？我找到了班里性格比较平和的陈自明、刘东升、宋文杰三位同志，告诉他们情况和老郝的要求，我说，咱们就开个“一串红”生活会吧，开展一下批评、自我批评就行了。三位同意了，我就去通知杨。他放下怀里抱着的黑猫来开小会。大概就是说，他没有虚心接受工农兵的再教育，没有严格要求自己，到河边买小鱼喂猫，是资产阶级生活方式之类。杨荫浏承认自己犯了错误，诚恳老实地保证以后不再重犯。他确实没有再犯。

1973年春，杨先生和大部分学员第一批回京。1975年11月，我和黄翔鹏先生一起回京。1976年春，静海干校撤销，其余全部学员回京，逐渐安排工作。

我回京后，先在新源里上班，管聂耳陈列室布展工作，告一段落后，到前海参加《外国音乐史》编写组工作。此时李佺民任组长，刘诗荣、黄伯春任副组长，我任秘书兼资料员，并翻译俄文资料。在办公楼二层上班。此时孔德墉先生已分配到美术研究所担任摄影工作，也在二层上班。老同事相逢，倍感亲切，除了给我拍照、洗照片外，有一天早晨，蹬自行车上班时，竟然带来一大把缸很热的蛙生粥，给我吃早点。这是在家养病的夫人亲手做的，太出乎意料了，我大喜过望，吃了这份从未吃过的美味蛙生粥，刚吃完还没洗碗，老孔就把大把缸抢去自己洗了。这件事，令我想起了干校末期的一件往事。

那时，老孔任四连食堂采购员，我任二排炊事班班长，有一次，听章鸣说，老孔在静海交了好多朋友，因为他不单花钱买胶卷给很多人拍照，还经常熬夜冲洗照片送给大家，非常受欢迎，他去静海办事，比别人拿着干校介绍信去办事还要灵光。他这样又赔钱又受累，到底是为了什么呢？真的是为了他自己吗？

对呀，他一早给我送来蛙生粥，请我吃早点，还抢着洗碗，到底是为了什么呢？真的是为了他自己吗？

外史组的工作结束后，我回新源里在外国音乐研究室翻译俄文音乐资料，很快，杨光安排我参加第一届硕士研究生招生工作，从招生、教学管理到毕业论文答辩，总共用了四年左右时间。这段时间，何芸任研究生院音乐系主任，我任秘书。我和杨、曹二老的交往又多了起来。有一次，二老又请我一起吃饭，我发现，在新源里，已没有十间房那样的养鸡条件了，凤英已是巧妇难为无活母鸡之汤了。两位老人的伙食水平已大不如前，可我也无能为力呀！

在我的记忆中，最后一次和杨先生一起参加活动，是为了给他拍录像资料，参加活动的同志们提前围坐在外宾室的沙发上，杨先生坐在靠门一侧的沙发上，我坐在他身边。研究院录像组的同志们到达后，希望杨先生挪到对面靠墙的沙发上，杨先生不想起身，我赶紧站起来说，对面光线好些，咱们过去吧。这样，我搀扶着老人走到了对面坐下，拍录像的事就按要求顺利地完成了。

改革开放之后，工作虽已步入正轨，但李元庆、李佺民、杨荫浏、杨光等所领导却已陆续仙逝，长江后浪推前浪，这也是自然规律，不以人的意志为转移，我也于1988年春退休。所幸是资料室工作需要，我又陆续在资料室工作了五年。这样，我还经常去看望曹先生，还不止一次地参加过她的生日聚餐。

曹先生和我的父母是同龄人，在一起时有一种特殊的亲切感。三年困难时期，曹先生开过昆曲课，我原想学习，后来听了几次，觉得工尺谱太难，没有坚持。我在干校第六年，曾拜好友陈梅的母亲、著名的月季夫人蒋恩钿先生学月季花扦插繁殖，是她的关门弟子。回京后，曾在前海院里和新源里所里种植月季花坛，5 月下旬，是盛花期，红、黄、蓝、白、粉、朱，五颜六色，深得大家喜爱。曹先生也想学月季花无性繁殖，要我教她，甚至谦虚地叫我“老师傅”，但这件事需在室外进行，不适合老人，我就建议她买盆栽月季移栽到小院里，容易成活，她照办成功了。

大概是1990年，我去看她，她拿出一大本杨先生用毛笔手抄的《兰谱》给我看，我大吃一惊，真没想到，杨先生对业余爱好也下了这么大的苦功，全本字迹工整，错字用朱笔修正，注解用极小的繁体字抄出，非常清楚。我说，这份墨宝是怎么得到的？太珍贵了！曹先生告诉我收藏经过，又说，这本《兰谱》送给你。我受宠若惊，如获至宝。后来请曹先生写份说明，表述它的来历。

曹先生写的说明如下：

浏兄昔在江苏省立三师读书时，从吴汀鹭先生学画，吴长于花鸟，为当时无锡名画家之一。以此浏兄青年时，常奉父命，为其友人画扇面，每以兰梅荷花为题。解放后，音研所成立，兄为所长，公余之暇，常养兰花自娱。文人积习，遇事不免引今索古，讲究一番，抄录是书。后以公务繁忙，又奉命编写中国音乐史，遂不复莳兰。八十年初，由干校返京，清理杂物，将此书弃于废物堆中，我因其书写工正，弃之可惜，将其留下。其后幼兰回京，因其名兰而又爱养花，遂以此赠之。今年初春，幼兰嘱余略书数行，以志纪念。

曹安和一九九一年正月

曹先生写完交我时说，你请美兰姐姐用毛笔抄一份附在后面吧，我们照办了。

当我把三份墨宝拿给曹先生看时，曹先生说，有了你姐姐的抄件，我的原稿就可以不要了。我说，那不行，没有原稿，怎么证明抄稿是准确无误的呢？曹先生觉得我说得有理，就同意了。这样，三份墨宝，保留至今，这也是可以帮助我们了解杨先生的一份实物吧。真没想到，养兰会有如此深厚的文化科技底蕴。

回想起来，杨先生和他的学生李佺民、黄翔鹏、李明辉都有长期的吸烟史，最终，李佺民死于肺癌，杨、黄、李死于由严重的肺气肿引发的肺心病。纵观杨先生一生，生活随意，不拘细节，时常流露出“名士派”的习性。是一位慈祥、专注、乐观、热爱生活而又极富传奇色彩的老人。

尾声：文中涉及孔德墉先生，是我有意为之，据我了解，孔先生是孔子后代，青年时代曾在北平艺专音乐系学习钢琴，书法极佳，是音研所元老人物之一。长期在资料室工作，作出重要贡献。“文革”早期，特别是在“8·24”，曾遭受政治屈辱。改革开放以后，为了夫人治病，全家移居香港。投入商海之初，经历了经济困境，经数年拼搏，进入香港富豪榜。后致力于《孔子世家谱》的编纂工作，其规模之庞大，令人咋舌。近年来又资助《李元庆纪念文集》的出版，令人感佩。

正是孔先生的热心、实干、事业心和奉献精神，铸就了他的人生辉煌。

以此数语，谨表我的敬意。

2010 年 7 月 10 月

孙幼兰，生于1932年，女，中国艺术研究院音乐研究所研究员

回忆往事，怀念国乐大师杨荫浏

王苓君

一、《普天颂赞》与我的亲密接触

六十多年前，我虽然不认识杨荫浏先生本人，但杨荫浏先生编撰的基督教音乐《普天颂赞》，却成为引领我步入音乐之门的载体，与我有四年多的亲密接触，对我的一生有着不容忽视的影响。我在上海树民中小学念书时，很喜欢上音乐课，敬佩能边奏风琴边教唱的音乐老师。房东家有风琴，我常去弹奏，爱不释手，不顾是否打扰他人。我曾盼望也能拥有一架风琴，但日本入侵，家成炮灰，从虹口逃难到法租界，家境本就困难，购琴只是泡影。一个星期天的偶然机会，跟着邻居小朋友到附近的《主恩堂》（小教堂）游玩。亲临那祥和肃穆的环境，令我瞠目惊叹的是看到那里有一架带着许多拉手（变音器）的大风琴，众人正虔诚地随着它的伴奏声吟唱着动听悦耳的赞美诗，我被此情景深深地吸引住了。从此，我每逢周日总是早早地去到那里，大胆冒昧地在大风琴上自配和声弹奏牧师教唱的赞美诗而流连忘返。潘在田、郑永生等牧师们很欣赏我的悟性与虔诚，在他们布道间隙教唱赞美诗与举办庆祝圣诞的演出时培养、鼓励我为他们伴奏，有时牧师郑永生还带我去大教堂参加唱诗班活动。就这样，我逐渐成了教堂的小琴师，在与《普天颂赞》四年多的亲密接触中，弹、唱着许多《普天颂赞》

里的赞美诗，从未中断，直到我离开上海去常熟求学。

时光流逝记忆犹新。回想当年，我并不信仰上帝、也不是一个受洗的基督徒；牧师的布道我并不求甚解，听听而已；我喜欢弹、唱《普天颂赞》里的赞美诗，并不关注是谁编撰的，知道杨荫浏编撰是在到音研所以后。我之所以迷恋于教堂、执著于做礼拜，原因极为单纯，就是可以在那里尽情、无拘束地弹大风琴、唱歌。但是一个不争的事实是，杨荫浏编撰的《普天颂赞》却作为载体，引领我步入音乐大门，进一步培养我对音乐的兴趣与技能，在一定程度上塑造了我的人生。它使我在考入国立社教学院附属师范部时，从乡村建设、民众教育、社会艺术三个专业组中能够有条件选择我喜爱的社会艺术组；当我参加工作后接待少数民族代表团时，有兴趣与能力去记谱收集少数民族民歌；它还使我能够获得江苏省教育厅的保送资格，进入中央音乐学院与顺利通过研究部张鲁同志的考核成为研究部的一名资料员，等等。我的这些成长经历足以说明杨荫浏编撰的《普天颂赞》对我有着不容忽视的影响。

二、A 调笛子与两条笛膜

在音研所有一阵子掀起了钢琴热，练琴争先恐后，尤其是我，更为热衷，业余时间一心扑在钢琴上。为了合理有序，大家还协议排出了练琴时间表。由于当时工作起居均在同一楼内，枯燥无味的练琴声不知干扰了多少人的工作、学习与生活，今天想来，仍不免感到内疚。当时，在民族音乐研究所，如此热衷于洋乐器，这种现象不能不引起领导的重视。因此为加强与提高音研所工作人员有关民族音乐方面的基础知识与业务水平，在李元庆、杨荫浏的倡导下，定期举办了各种业务讲座，开展对民族音乐的采访调查、音韵学、工尺谱、乐器图片的拍摄等等基础知识的业务学习与民族乐器的学习。我除了听讲座外，选择了民族乐器横笛的吹奏，老师是高步云先生。

吹横笛需要笛膜，笛膜是取自剖开的竹子，这在当时是很不容易获得的，所以当高步云先生给我的笛膜用完后，我只能以薄膜、玻璃纸等作替代品。但是用薄膜、玻璃纸替代笛膜，吹奏时音色不佳。一天，我吹奏《山坡羊》与《老六板》曲牌时，在有关曲调与演奏的技法上遇到了问题，很想求教杨荫浏先生。我知道在生活中杨荫浏先生种兰花、养热带鱼、爱摄影，是一位极具情趣、平易近人的老专家。在学术上是一位学贯中西的大师，他对中国音乐史、宗教音乐、乐律学、古谱的翻译等等研究的杰出贡献众所公认，对笛、箫的吹奏更是精通有加。于是我带着笛子的吹奏与笛膜的选择两个问题冒昧地来到杨荫浏先生的办公室请教。没想到杨荫浏先生在短短的时间里，给我上了一堂使我终生难忘的“课”。当时作为专家、学者的杨荫浏先生，并不因为我年轻幼稚与才疏学浅而拒绝我的请教。在我提出问题后，他立即放下案头工作，解答我的疑难，并用他的笛子为我示范吹奏了《老六板》，那清脆悦耳的笛声使我入迷与开窍，顿时增强我对学习横笛的兴趣与信心。示范吹奏后，杨荫浏先生和蔼地拿出一管尾部拴着短绳、顶端刻有 A 调字样的笛子送我，还递给我一个从他办公桌的抽屉里面拿出来的棕色的羊皮钱夹。我满心喜悦地接过笛子并诚惶诚恐地打开羊皮钱夹。啊！真是难以表述我的惊喜，羊皮钱夹里面竟是完整无缺、足够我长期使用的两条竹笛笛膜！杨荫浏先生竟能将这两条不知被他珍藏了多年的笛膜如此割爱相赠，我真是受宠若惊、说不出有多兴奋与感动！当我怀揣棕色羊皮钱夹、双手捧着笛子离开杨荫浏先生的办公室后，有好几天思潮起伏内心极不平静。至今，每当回忆那动人与富有戏剧性的一幕时仍难以释怀。我想，作为专家、学者的杨荫浏先生，对于我这个年轻人、一个普通的资料员的请教，竟不惜中断思维、放下工作，不但为我答疑做示范吹奏，还赠我笛子、更把他珍藏不知有多少年的笛膜无私地赠给了我，使我能够在高步云先生的指导下，在笛子吹奏上入了门、能有一些进步。再联系他曾为我写的一篇介绍陈列室的短文不嫌浅显、逐字逐句地修改与他带队赴湖南作音乐普查中，在耒阳县亲自设计表格，具体指导我如何对当地存在的各种音乐形式进行普查等等这些往事，足以昭示杨荫浏先生具有的一贯平易近人、对年轻人无私关爱与鼓励的宝贵品德。如今，杨荫浏先生赠给的笛子保存完好，棕色的羊皮钱夹很遗憾被我不慎丢失，但杨荫浏先生的宝贵品德是我学习的榜样，我将铭记在心、永不遗忘。

王芩君，生于1932年，女，文化部文化副专员，
曾任中国艺术研究院音乐研究所资料室陈列组组长

缅怀杨荫浏先生

张淑珍

1953年10月，我和音乐研究所的同志们，乘大卡车从天津搬到北京德胜门外学院路的十间房。研究所办公楼地处北京航空学院南边，是一幢三层灰色楼房，离市区较远，周围人烟稀少，附近有许多农田，交通不很便利。当时全所工作人员和部分家属几十口人，办公、住宿都在这幢楼内，大家彼此很亲近，如同一个和睦的大家庭。

我和杨荫浏先生是来到北京后才熟悉起来的，当时他是研究所的副所长（后来任所长），是中国音乐史专家和民族音乐专家。他对民族民间音乐非常重视，曾到许多地方进行调查、采访，搜集了许多有价值的民族音乐资料，在抢救祖国的传统音乐文化遗产和研究民族音乐方面做出了很大贡献。

我在音乐研究所资料室负责音档工作。我们一方面要搜集、采访、录制有关的民族民间音乐资料；另一方面，还要对所内保存的音响资料进行系统的整理，按分类法进行登记，分类编目。

记得当整理到瞎子阿炳（华彦钧）的录音时，我了解到：1950年杨荫浏先生和曹安和先生专程去无锡，在录音条件较差的情况下，用钢丝录音机录制了阿炳演奏的三首二胡曲《二泉映月》、《听松》、《寒春风曲》和三首琵琶曲《大浪淘沙》、《龙船》、《昭君出塞》共计六首乐曲。此后不久，阿炳就离开了人世！大家都感慨："抢救及时啊！"知道了这些录音的来之不易和弥足珍贵，我在整理录音的同时也对阿炳的身世作了进一步的了解，得知他从小就有音乐天赋，中年双目失明后靠在街头拉二胡、弹琵琶为生。结合阿炳的经历，我从《二泉映月》的旋律中，深深地体会到阿炳演奏的乐曲，渗透着传统音乐的精髓，透露出一种来自于社会底层人民深沉的悲怆感，情真意切，扣人心弦！他不仅具有独特的演奏技巧与风格，而且将人生的感悟都融入了音乐当中，充满着强烈的艺术感染力。杨先生一行的采访录音，为国家、为世人留下了千古绝响！这是难得的民族音乐之珍品，是中国民间音乐的宝贵遗产。

作为民间艺人阿炳在音乐上的成就被世人瞩目，然而，如果没有杨先生等人的“采风”，没有他们去无锡对阿炳的音乐作品进行录音、记谱、整理，那么，这么宝贵的民族民间音乐恐怕不会广泛流传到全国乃至世界，并且深入人心！后来，《二泉映月》又被改编成二胡协奏曲、弦乐四重奏和弦乐合奏等演奏形式，从这个意义上说，杨先生在对优秀民族音乐的挖掘、抢救、传承方面起了至关重要的作用，功不可没！

记得前几年在中国历史博物馆举行的全国第一次“非物质文化遗产”的展览会上，我又听到了阿炳当年演奏的《二泉映月》的录音。当再一次听到五十多年前杨先生录制的这一熟悉的旋律时，心情很激动，他的音容笑貌又浮现在我的脑海里。在对逝者怀念的同时我也深深感到：好的音乐作品一旦被发掘，就不再受时间和空间的限制，会世代相传，经久不衰！这就是音乐的魅力！

杨先生一生都在为民族音乐的继承和发展辛勤、努力地工作着。作为领导，他没有当官的架子；作为专家，他不把学识据为己有，他希望他的部下、他的同事了解和掌握更多的知识，并且努力的尽其所能。研究所领导为了提高工作人员的文化修养和音乐理论水平，采取了多种方式开展专业学习：一方面外请专家来所讲课；另一方面安排所内专家授课。杨先生在所里承担了两汉至明清古代音乐史的讲学工作。他学识渊博，课讲得非常好。听了他的课，使我这个初学者能够较为系统地了解中国古代音乐发展的历史，提高了专业知识水平，对于自己的工作很有帮助。

根据业务需要，所里还安排了我与另一位同志向杨先生学唱昆曲。在开始学习时，杨先生并不急于教昆曲的唱法，他先简要介绍了昆曲的历史。昆曲最初是江苏省昆山一带民间流行的南戏清唱腔调。元代已有这种调，到了明初就有昆山腔之称，后又经名家吸收了其他戏曲唱腔，改创成新的昆腔，近似现在的腔调……他说伴奏乐器有笛、箫、笙，还有琵琶锣鼓等。改进后的昆腔婉转动听，擅长抒情，还说昆曲剧本文学性强，音乐与表演艺术丰富，几百年来对许多地方戏曲都有影响。听了杨先生的介绍，使我们懂得了学唱昆曲应当了解昆曲的悠久历史和它丰富的音乐艺术，这样有助于加深我们对传统戏曲的认识，也能够增加我们的学习兴趣。记得我们学唱了《游园惊梦》、《思凡》等曲目。开始学唱时，他一句一句认真地教，不时地纠正我们的咬字，强调唱腔要到位。当我们能够独立演唱时，杨先生在一旁吹箫为我们伴奏，他吹得非常投入，我们唱得也很入味，优美细腻的昆曲音乐给我们留下美好深刻的印象，至今我仍很喜欢看昆曲。

杨先生在工作上对年轻人既严格要求，又耐心指导。

记得20世纪60年代初，组织上安排我去搞新中国音乐陈列室的布展工作。有的乐器由于运输或者保存条件不佳，出了一些小毛病，这些乐器就由研究所同志自己修理，我参与了和杨先生一起修理乐器的工作。当时工作条件很简陋，是在办公楼外面的一间小屋，放上一个木制的工作台，空间就所剩无几了。杨先生坐在木台旁，认真地教我如何把弯曲的琴弦捋顺拉直，我按着他的方法认真操作着。然后他戴着眼镜，弯着腰，全神贯注、专心致志地修理着乐器零件。至今，我还保存着一张当时与杨先生一起工作的照片，十分可贵！

杨先生是一位令人钦佩的专家、学者和领导，在学术上有很深的造诣，工作上一丝不苟；生活中平易近人，幽默豁达，和蔼可亲。杨先生也给我的孩子们留下了难忘的印象，最近和孩子们提起杨先生，他们也谈起了难忘的回忆！

杨先生离开我们已经近三十年了，愿生者对他的追忆能够告慰他的在天之灵！

2010年11月

张淑珍，生于1932年，女，中国艺术研究院音乐研究所副研究馆员

附：

回忆儿时认识的杨老师

孙晓青

20世纪50年代和60年代，中国音乐研究所宿舍和研究所办公大楼在一起。记忆中，家住在学院路十间房。回忆起这段时间，我的童年与杨荫浏先生有过一段交往，这是我人生中的一段美好记忆。

自打记事时起，大人们就让我们研究所的小孩子管杨先生叫“杨老师”。杨老师喜欢所里的小孩子。在我们眼里，他是一个和蔼并且很幽默的老爷爷。他住在研究所大楼二层，家门总是敞开的。一进他的房间，右边是一大排卡片柜子。在柜子上，他给我们正好够得着的地方准备了一个抽屉，我们在那经常能拿到烟盒，有时还有小礼物。那时物质匮乏，这些都是我们小孩子收集的“抢手货”。靠南窗户的大桌子上有两个方的大鱼缸，养热带鱼。沙发茶几桌旁，落地放着圆的陶瓷鱼缸，养金鱼。我们经常趴在桌上看里面各种各样的热带鱼。不管我们问什么问题，他都给我们解答，语言很幽默。

大概在1964年那一年，我11岁了。杨老师说教我学下棋。那时我上小学5年级，上半天课，课余时间很富裕。一吃过晚饭，我就赶到杨老师那里。杨老师先教我下五子棋，然后

又教我下围棋。杨老师用他那浓重的无锡官话教会了我下围棋的基本知识。我一开始完全是懵里懵懂的。杨老师真是用了好大的耐心，从未对我着急过。他是一个懂得童心，自己也有童心的老师。有时，我出错一步棋，他就说：“啊呀，你可要倒霉了。”然后给我时间，让我吓了一跳后赶紧思考，换一步再走。有时候，当我瞎猫碰死耗子走了一步好棋时，他又会说：“啊呀，啊呀，好厉害呀。”其实我知道，他是告诉我，这步走对了。通常，杨老师总先把占“金角银边”的机会给我，然后，他从“草肚皮”的中间向我一边进攻，一边教我。最初他让我9子，后来让我5子。一盘下来，他认认真真数过输赢，然后又意犹未尽地再讲讲。

杨先生在围棋方面有很高造诣，他曾跟我说过他是围棋几段，我那时也不懂，只知道是在国内很高的段位。杨老师经常去政协礼堂去下棋。后来才知道，他是政协委员。可当时我不知道什么是政协，以为政协礼堂就是下棋的地方。他跟我说，政协礼堂有个小姑娘下围棋，岁数和我差不多，他想让我学好以后也和她去下。他有时也把他订的一本围棋杂志给我看看。有一次他从政协礼堂回来，告诉我说杂志上有篇文章登了他的下棋路数。他说：“没有给他们写文章，就是在那里同某个人谈了谈，就以他的名义给刊登了。”还记得有一天，他对我说：“今天和李立三下棋了。他的布局真是厉害，很厉害。可是到了后面守就不如先前了。不知道这与他当年的‘左’倾有没有关系。”我那时不懂，长大才明白指的什么。让我印象特别深刻的是有一天，我到他屋里，先在大鱼缸边看了一下金鱼，还没开始下棋，他就说：“今天我同我们的总理下棋了。”我说：“啊！是周总理吗？”他说：“是陈毅总理。”边说边用手比划，他坐在这儿，总理就坐在旁边，“下得很好，很好”。看得出，他那天真是很高兴。

就这样，我跟杨老师学了两年多时间的围棋。“文革”开始后，学棋就被打断了，以后我再没有下过围棋。但回想起来，学围棋培养了我逻辑思维和战略的思维方式。我后来从事国际关系问题研究的工作。在审视全球格局时，潜移默化地受到杨老师教我的围棋思路的启发。“不谋万世者，不足谋一时；不谋全局者，不足谋一域。”跟杨老师学习围棋有助于我在今后的事业生涯中提高专业分析水平，这可能是杨老师当年没有想到的。

说起杨老师，他在我记忆深处的又一印象是他喜好自然，特别爱养花。由于工作关系，我在20世纪80年代中期到德国进行学术考察，住在德国朋友玛丽娜的家里。玛丽娜崇尚自然，也喜欢养花。她在花园里种了各种花草，经常手上沾满泥土，在花园里津津乐道地讲她的“花草收藏”，说“花是她的力量源泉”。从她身上，我不由自主一下子想到了儿时认识的杨老师。20世纪60年代，我们放学回来在操场上玩的时候，经常会看见他在大楼前面的花园里侍弄花草的身影。一次我学骑自行车，一不留神冲到了他的腿旁。他还是聚精会神地弄那些花草。我就说：“杨老师，你怎么老弄花呀?”杨老师说：“我在听花同我讲话。”我说：“花怎么会讲话?”杨老师说：“我听得懂花同我讲话，花也听得懂我同它的讲话。”我当时想，杨老师又在开玩笑了。“文革”爆发时，听说杨老师的数十盆花被摔烂，鱼缸也泼了，鱼在地上翻跳，当时心里一阵难过。后随着政治运动和以后的上山下乡，我也相信种花养鱼是资产阶级的闲情逸致。在当时的政治年代，自然美、对花的追求在人们意识里封存凝固了。直到在德国认识了玛丽娜，杨老师当年对花草的喜爱情景重又在我脑海里鲜活起来。

时光流逝，花草亦枯亦荣，如烟往事也时隐时现。我想，如果杨老师还活着，我会去看望他，讲讲我对人生和大自然的看法。他准会说，花和小动物与人一样，都通灵性。

孙晓青，生于1953年，女，中国现代国际研究院研究员
晓星（《词刊》原主编。曾在音研所工作，任民间音乐研究室主任），张淑珍之女

附：

抹不掉的记忆

——回忆杨荫浏先生

孙晓白

童年的记忆是令人难忘的！

小的时候，我觉得从我记事起，就成长在一个“田园风光”的环境里自由自在的生活。其实物质上并不丰富，但精神上非常快乐！这要得益于我们住在音乐研究所“十间房”的宿舍，所领导为干部、职工及家属营造和提供了和谐、舒适的条件，所长杨荫浏先生更是一位在我们的成长经历中难以忘怀的长者！他喜欢孩子，关爱并关注下一代的成长，我们有幸成为享受那美好生活的“受益者”。

那时单位和宿舍在一个大院里。至今，我还清楚地记得：院子里有一个水塘，水塘中间有一座小岛。夏天，我们在小岛的树上粘“知了”、站在岸边打水漂、在芦苇丛中扎青蛙；冬天，用自制的“冰车”在冰上滑冰。音研所还购置了冰鞋，每到冬季借给职工和家属。

在食堂北面有许多枣树，每到收获的季节，又红又绿的鲜枣挂满枝头，我们找来石头，找准目标投掷过去——哗啦啦！鲜枣落地，小朋友们高兴的捡拾，装满衣服口袋后，大家一起坐在花池边的石台上开心地吃着那酸甜清脆的鲜枣，特别满足。

操场旁边种有许多毛桃树，春天，桃花盛开，美极了！院子里还有职工们通过“义务劳动”自己种的玉米、花生、胡萝卜、向日葵、扁豆、丝瓜等时令蔬菜；夏季到来，满园绿色；秋季丰收，大家一起享受收获的果实。……

那时的音研所，就像是一个大家庭，邻里和睦相处，童年的伙伴无忧无虑的一起玩耍，那段快乐时光带给我们的幸福感至今记忆犹新！

音研所领导还专门为我们这群孩子成立了“小朋友委员会”，并在宿舍区腾出一间活动室

供孩子们活动。“小朋友委员会”的活动，培养了孩子们的集体观念，丰富了孩子们的课余生活，增进了孩子们之间的友谊。办公楼里的阅览室在晚间也对家属开放，我们可以在那里看报纸、杂志。

20世纪60年代不是家家能有电视机的！音研所在办公楼一层传达室的对面，为职工和家属提供了一间看电视的大房间，我们称之为“电视屋”，它给我们带来了太多的快乐！我清楚地记得一台笨重的电子管的黑白电视坐南朝北的摆放在一个高高的柜子上，房间能容纳20—30人。当夜幕降临，我们这些儿童，聚集在一起，同看一部电视，边看边议论，唧唧喳喳，其乐融融。《攻克柏林》、《列宁在十月》、《红孩子》、《英雄小八路》、《雷锋》、《党的女儿》、《地雷战》、《地道战》、《小兵张嘎》、《英雄儿女》等等，许多电影都是那时看的，看过影片后，有些剧中人物的台词和情节会被我们淘气的引用到日常的玩耍当中。

小时候，我们很少去电影院，但却在“电视屋”看了那么多数不胜数的故事影片。毫不夸张地说，20世纪60年代放映的故事影片，我们基本都看过，那台屏幕并不很大的电视机，不仅给我们带来很多视觉上的享受，而且潜移默化的教育和影响，对于我们日后的成长以及世界观的形成，起了至关重要的作用，许多镜头画面已深深印记在脑海中，可谓受益终生！

正是由于有了音研所领导的关怀、重视和经济投入，才使得我们在那个文化娱乐生活相对比较匮乏的时代能够有一个快乐充实、丰富多彩的童年，我们从精神到物质都得到了一般同龄人享受不到的“得天独厚”优越条件，我们这些孩子是幸运的，我在这样一个温暖的大家庭里从出生长到十二岁，度过了难忘的儿童时代。

对于杨荫浏先生，在我的记忆里留有深刻的印象！小时候，对于他的行政职务没有概念，只记得大人们称他为“杨先生”，孩子们都亲切地叫他“杨老师”。杨老师中等身材，体型偏瘦，很有学者风度。他平时穿着很随意，春秋天总见他穿白衬衣外面套深色西服背心；冬天经常是深蓝色的棉袄棉裤。

在孩子们的眼里，杨老师总是那么和蔼可亲，我从未见到过他发脾气。他没有一点架子，以至于我们一直就把它当做是自家的长辈，他时常会操着沉重的无锡口音逗孩子们开心。口头语是“这个、这个……”，先说“这个事情有意思了”！然后再饶有兴致地说具体事。

杨老师的办公室兼宿舍是在办公楼二层中部朝南的位置，房间很大，分为两个区域：靠里侧是居住区，摆放着床和柜子。外半部靠西面墙有一排卡片柜；南面靠窗是他的办公桌——一张挺大的写字台；一个长方形的热带鱼鱼缸在房间中部；进门左手边是一个长沙发和一对小沙发；茶几的玻璃板下面压放着围棋棋盘，两个深棕色的围棋棋子盒总在茶几上放着，这是杨老师的挚爱——他经常在这里下围棋。下起棋来聚精会神、全神贯注，不受任何干扰，而且还会自言自语。记得他告诉我们下围棋的手法是有讲究的：应当是“中指和食指夹住棋子”，边说边用他那被烟熏黄了的大手演示……遗憾的是我没能学会围棋，但“五子棋”是我从杨老师那里学来的，至今记忆不忘。

每当晚饭过后，音研所办公楼是最吸引我们这些孩子的了：除了看电视，我们还在楼里捉迷藏；在大厅做游戏；在阅览室看书、写字；当没有叔叔阿姨阅览的时候，我们就无所顾忌地在阅览室聊天、玩“摸瞎子”游戏……还有一个“活动内容”，就是到杨老师房间去“串门”！

杨老师晚上住在楼里，他房间的大门经常是敞开着的，我们也就经常“不请自进”！他对我们非常友善。在他的房间里，我们无拘无束，在楼道里跑累了，就到杨老师房间的沙发上一座，随手打开围棋盒，几个小朋友下起五子棋！杨老师脾气太好了，所以孩子们和他没有距离感，经常是他在桌边看书写字，我们随意进出，不去打扰他，他也不拒绝我们，就如同自家人一样随便。有时他也会放下手里的工作，点上烟来看看我们，说上几句话。他知道我们喜欢攒烟盒，还专门腾出一个卡片盒专门放置空烟盒。我们每隔几天就去拉开卡片柜，拿出烟盒，习惯地坐到沙发上，把烟盒一个一个的拆开叠整齐，然后玩玩棋，看看鱼，玩够了——走人。

杨老师很热爱生活，很有生活情趣。

他养的热带鱼都是自己定期换水。记得有一次见到他换水时的情景：他把一个胶皮管放到鱼缸里，用嘴嘬出水再用盆把脏水接出来，接满了端着到厕所倒掉，我跟着他跑来跑去，边走边问：“杨老师，为什么用嘴吸脏水呀？多不卫生啊？”他回答说：“不要紧的，吸到水吐出来就可以了。你看，水面低，鱼缸高，水不能从低往高的地方流呀！我一吸，水就从管子流出来了！”我当时一直很担心：万一脏水喝进肚子里怎么办？我也在想：难道养鱼就必须用嘴吸脏水吗？水换干净后，看着鱼缸里的灯光、小石子、白色透明玻璃管冒出的泡泡，还有那些带有须子的小鱼在清澈的水里游来游去，我觉得很新奇，也很好看。这时杨老师非常满意的叼着烟斗（他有时用烟斗抽烟），开心地欣赏着那五颜六色的小热带鱼，还对我们叙说着各种鱼的品种，这也许就是杨老师热爱生活、享受快乐的过程。

在杨老师房间里我们经常能见到一些新奇的物件。记得有一天，我们在桌子上看到一个两边呈圆锥体的白色透明玻璃，内有类似沙子的固体颗粒，杨老师说：“这是计时器，很准确的，几分钟（记不清了）沙子漏完，分秒都不会差！”边说边把锥体倒置过来，我们认真地看着表，太神奇了，怎么这么准呢！几个孩子反复“验证”了很多次，每次细沙颗粒都是准时漏完。

20世纪60年代，中国物质相对比较匮乏，我们吃的零食也很有限。杨老师有时会发给我们一些糖果。他非常爱吃五香花生米，记得有一次，他把花生米装在一个一个胖肚子的小塑料杯里，每个杯子都有盖（那时塑料制品还很稀有），我们去他那里，他发给每人一份，我记得我拿到的是一个绿颜色的，大家高兴极了，那种快乐的幸福感恐怕现在的孩子是体会不到的！

我的弟弟豆豆比我小很多，1964至1965年间他两岁时，看他的阿姨也带着他到楼里去玩，每次去，杨老师都会给他一根细长的、包锡纸的巧克力，究竟给了多少次已记不清了，只记得到后来我弟弟每次一进到杨老师的房间，自己就知道找放巧克力的柜子，杨老师笑了：“喏！自己认识了！”边说边把巧克力拿给他，然后对我们说：“只给小孩子啊，大孩子没有的！”我们几个十岁左右的孩子也不计较，我弟弟小的时候在杨老师那里可是享受了很长时间的“特殊待遇”。

还有一件令我记忆深刻的事：在我9岁（1964）那年暑假的一天，我在杨老师房间看电视，电视台的少儿节目播放了一道有奖答题，我不太懂，当时杨老师的小儿子杨国桢（我们都叫他杨小弟哥哥，他长得很帅）也在一起看电视，他说这是一道物理题，是运用了离心力原理，杨老师知道我想得到电视台的奖品，就说："小孩子答不出来就让大孩子帮忙吧！"结果是杨小弟哥哥把答案写在一张纸上，我按他写的答案抄了一遍，寄给了电视台。不久，我收到了电视台寄给我的奖品——一个小小的儿童年历卡！当时高兴的心情溢于言表，我一直没舍得用，放在盒子里珍藏了许多年！我真佩服也很感谢杨小弟哥哥，觉得他真了不起！长大了我才知道他是北大的高才生，20世纪70年代末，我曾多次在电视上看到他讲课！他的确是了不起，但这绝不是我当初评价他的概念了——他是中科院院士、光物理学家！

杨老师谦和，没有一点居高临下的架子，但他毕竟是有身份、有知识、有地位的人！大概是在1965年，有一天，他穿着西服革履去市里开会，回来后听见他和大人们风趣地讲："奇怪了！我去开会，有许多人夹道欢迎，一下车还有人给我献花，原来李宗仁今天回国，他们错把我当成李宗仁了！我成为国民党官员了，真是好笑呢！"是呀，那个年代穿西服的人不多，坐小汽车的人更是凤毛麟角，由此更加衬托出他的平易近人难能可贵。我也是从那时起知道了"李宗仁"的名字，去年到桂林参观李宗仁故居，还回忆起这件事。

杨老师是一个喜爱动物的人。记得"文革"开始后，杨老师和大家一起在食堂吃饭。每天中午吃过饭后，都可以看见他拿些剩饭从食堂出来喊："阿咪！阿咪！来吃饭喽！"因为口音浓重，他喊起来像是唱歌，很特别，而只要他一喊，三只猫会很快跑过来，我们也会围上前去，等小猫吃饱了，他还时常抱起它们抚摸……可以看出，即使在"动荡"的岁月，也没有泯灭他热爱生命的心！

1967年，音研所搬迁了，我们都离开了"十间房"。杨老师去了干校，我后来也到农村插队，再后来工作、结婚，很少去看望他了。偶尔有一次我去他的房间，发现几个沙发凳上铺满了许多不规则的儿童图案的手绢，我奇怪怎么不做椅垫呢？杨老师说这是他坚持要买的，还有没摆出来的。他说他喜欢这五颜六色的手绢，看得出，虽然年纪大了，但他依旧热爱生活，童心未泯！

杨老师是一位慈祥善良、和蔼可亲、富有情趣的老人！

杨老师人走了，但记忆会伴随我的一生。

2010年11月

孙晓白，生于1955年，女，北京市邮政管理局教育培训中心退休干部

晓星（《词刊》原主编，曾在音研所工作，任民间音乐研究室主任），张淑珍之女

深切缅怀父亲杨荫浏

杨国柱等

父亲从小就喜爱音乐，听祖母提及他很小的时候就喜欢去留芳声巷（我们家居住所在地）巷底的寺院听和尚奏乐器，在街上听流浪艺人卖唱。六七岁时向邻居小道士颖泉学习吹奏箫、笛、笙和拉奏胡琴，并抄录颖泉所用的民间器乐曲工尺谱；十一岁左右向阿炳（华彦钧）学习弹琵琶、三弦，还跟他的堂姐夫章蕴宽学习弹奏古琴；十二岁时进“天韵社”，从老曲师吴畹卿学音韵、昆曲、琵琶、三弦、箫、笛等唱、奏技术。后经常和道士、吹鼓手等民间艺人往来，参加他们的演奏，并从他们那里抄录到民间流行的器乐曲谱等。父亲以上一系列行动，不仅没有受到训斥和阻挠，反而受到祖父的支持鼓励和认真指导，从此，父亲开始步入了中国音乐领域。后来，在他上小学、中学、大学期间，乃至日后工作期间，虽然有时工作繁忙，生活艰苦，他都没有放下他的音乐事业。他从未上过音乐专科学校、音乐学院，完全是靠自学成才的。

父亲学习踏实、认真、一丝不苟，总是学一种，牢固掌握一种，所以他基础扎实、知识渊博。就以他书写毛笔字为例，记得20世纪50年代有一天，按居委会布置要求搞清洁卫生大扫除，当清扫到书橱顶上一大堆纸时，发现是父亲早前临摹的一百多遍魏碑字纸。据母亲说，他还曾临摹过其他字帖，这仅是其中的一部分。

父亲大学二年级（非音乐专业）因家贫辍学后，曾在无锡多所中学任教，教授数学、物理、英语、音乐等多门课程，说明他学习踏实认真，基础扎实。

父亲自从进入中国音乐领域以来，面对历史如此悠久，地域如此广大，变化如此繁多的中国音乐事业，他勤学、敬业，淡泊名利；他治学严谨，始终坚持实事求是、调查研究、理论联系实际的原则；克服种种困难，勤奋耕耘、勤奋工作。

抗日战争胜利后，父亲随单位从四川重庆青木关迁到南京，回无锡家中的机会就多了，寒暑假休假时就回来。记得 1950 年暑假，父亲返锡度假，带回来一台又大又重的钢丝录音机，为的是准备收集民间音乐、戏曲等。给大姐的任务是负责录音机的运送、保管和操作，为此，还对她进行了培训。有一天，父亲、曹安和和大姐一起去无锡图书馆路阿炳（华彦钧）家录音，当时录了三首二胡曲，分别为《二泉映月》、《寒春风曲》和《听松》。第二次录音是在无锡盛巷曹安和家楼上进行的，录了三首琵琶曲。这一次，大姐因发高烧未能前往。

录音完毕回家后，父亲边听录音边写，时常不分昼夜，通宵达旦。

还有一个暑假，每天帮父亲准备一大缸井水，由我们中的一个人负责吹标准音，父亲把笛子的一部分浸入水中吹，利用缸中的水面给笛子定音，一直干了一个多月，据说完成了十孔笛能吹出十二个音，便于转调的研究。制作不同粗细长短的竹笛三四百只，并根据实验结果做成笛尺，在一定条件下，可以按笛尺开孔，解决了无锡乐器店竹笛音阶问题。父亲的假期就是这样总是在繁忙的工作中度过的。

新中国成立前，一家七口人全靠父亲一人的工资维持生活，负担一直是相当重的，我们也时有失学的危险存在。一旦无奈交不起学费、失学后，父母总是心急如焚，千方百计多方筹措，争取尽快复学，所以，我们能有今天，都是父母尽心尽力教育培养的结果。当时，为了尽量节省支出，积攒我们一年需要交的两次学费，母亲带领我们种菜。放学后，就在菜园里劳动，种菜、从井中提水浇菜、施肥、除草等，家中几乎不用买蔬菜，基本做到自给自足。我们从小就得到了一定的劳动锻炼，逐渐形成爱劳动、会劳动、吃苦耐劳的品质，真是终生受益。我们深深感到“有钱难买少时贫”这一古训，含有深刻的人生哲理，在今天仍有其现实意义。由于父母对我们的高度责任感，节衣缩食、含辛茹苦，刻意培养才使我们能健康成长。

父亲是严父，观察到我们的错误缺点，总是严加管教，直至让我们不仅明白错在哪里，并清楚怎样改正才作罢。记得 1955 年夏天，父亲从无锡返回中央音乐学院民族音乐研究所上班，当时由大姐送行。他随身带许多音乐书籍，还有古琴等乐器，据父亲说是准备贡献给国家的。检票进站时，铁路工作人员将父亲所带的东西逐一过秤，结果是超重、要罚款，父亲立即拿出钱来交罚款，大姐急了，忙说：“您说明一下这是贡献给国家的，不就不罚款了吗？”父亲不吭声，接着大姐又说：“这些书通过邮局寄，也不需要那么多钱，我拿回邮局去寄，好不好？”父亲严肃地对女儿说：“一旦经过火车站磅秤称量确定要罚款，就不能再考虑从邮局寄……应该以道德和法律来规范自己的行为。”这件事，我们一直铭记在心。父亲还教育我们、要求我们：“堂堂正正做人，扎扎实实学习、工作。”“只有首先做好人，才可能做好事。”等等。

1984 年 2 月 25 日父亲去世后，我们用了十几天时间仔细整理父亲音乐方面的遗物，发现数量多，涉及内容广泛，父亲一辈子做的工作是很多的，这也仅是其中的一部分，其中大部分他已在生前交给了国家。

回想父亲回家后，时常坐在卧室中的写字台前，埋头在书堆中，不是在阅读，就是在书写，总是聚精会神地工作，连我们出出进进活动，他都不受影响。母亲说为了做到这一点，父亲曾下决心坐在三门口（当时是无锡最热闹的地方）看书，直到吵闹声不影响他看书时，才回家工作。父亲在写字台前端正的坐姿；聚精会神、繁忙的身影；父亲勤学、敬业的精神；父亲一丝不苟，严谨的治学态度以及他的为人，深深地印在我们的脑海中，成为我们学习的榜样，鞭策我们努力学习、勤奋工作、各自做出自己的贡献。

儿女：杨国柱、杨国兰、杨国倩、杨国桢、杨国葳

2010 年 7 月

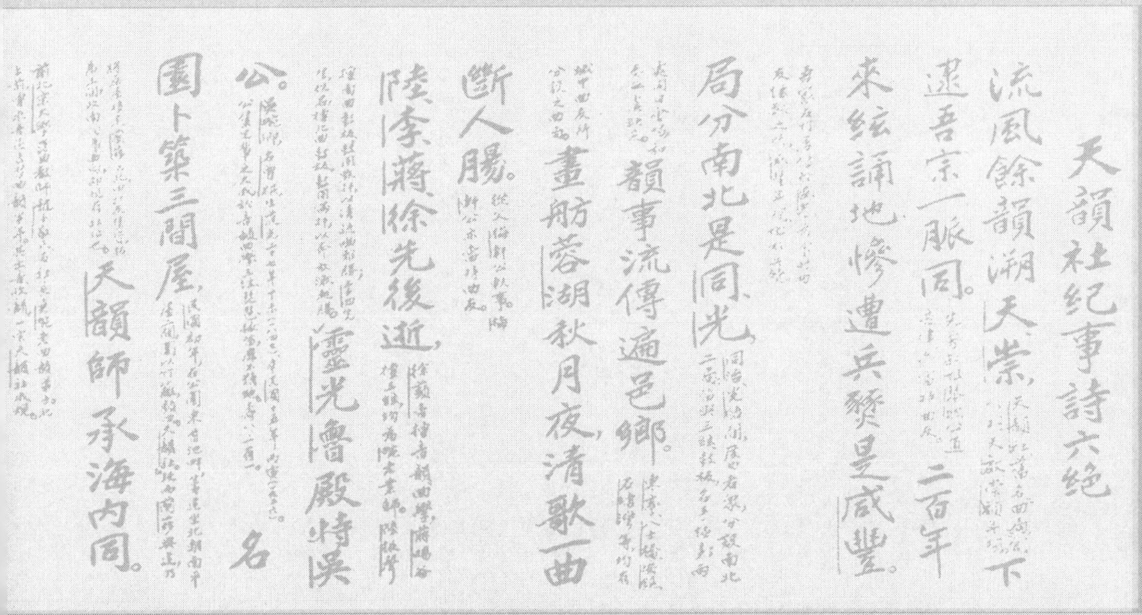
天韻社紀事詩六绝
流風餘韻溯天崇，下逮吾宗一脈同。二百年来絃誦地，慘遭兵燹是咸豐。
局分南北是同光，韻事流傳遍邑鄉。畫舫蓉湖秋月夜，清歌一曲斷人腸。
陸、李、蔣、徐先後逝，靈光魯殿特吳公。名園卜築三間屋，天韻師承海內同。

轶事

关于录《二泉映月》情况的回忆

杨国兰

我是杨荫浏的长女，名叫杨国兰，在太原理工大学任教授，已退休。录音那年，我是无锡辅仁中学高中的学生，18 岁。

1950 年暑假期间，父亲返锡度假，带回一台又大又重的钢丝录音机，说准备收集民间音乐等。给我的任务是负责录音机的运送、保管与操作，为此，父亲还对我进行了培训。一天，父亲和我提上录音机去阿炳（华彦钧）家（记得阿炳家在无锡图书馆东侧图书馆路的一间平房中）。那天录音时，房内有阿炳夫妇、曹安和、父亲和我共五人。在录完一首二胡曲子后，因录音顺利，大家都很高兴，我也觉得好听，只是阿炳自己并不太满意。这时，父亲问阿炳："这首二胡曲叫什么名字?"当时，没听到阿炳说什么，只听到阿炳、曹安和、父亲三人在讨论该曲的曲名，后来，好像是阿炳说出《二泉映月》这一名字来，很快他们就一致同意了。这次共录了阿炳演奏的《二泉映月》等三首二胡曲（第二次录音我因发高烧未能前往。父亲录完音后回家对我说，这次录音是在盛巷曹安和家楼上，录音时阿炳、曹安和、父亲三人在场，录了三首琵琶曲）。

几天后，父亲和我们一起聊天时，提及对《二泉映月》这一曲子的分析，大意为：《二泉映月》是以无锡惠山二泉亭附近的风景为题材的。那里有一著名的泉水，称为"天下第二泉"，此处周围风景秀丽，是阿炳在双目失明之前常去游玩的地方，在他双目失明之后，只可用音乐形象来回忆、描绘他昔日目睹的《二泉》的美丽风景，结合他当时的实际感受却是周围一片漆黑，什么也看不见，所以在婉转优美的曲调中时时流露出苍凉伤感的情调。

杨国兰，生于1932年，女，太原理工大学教授。杨荫浏之长女

关于杨荫浏先生演唱的一段昆曲录音

金经言

1992 年 4 月，笔者曾在德国科隆作短期访问。一天，在科隆大学音乐学研究所图书馆查阅有关音乐资料时，发现了一盘东亚音乐录音。其中有高亭公司特邀杨荫浏先生演唱的一段昆曲。关于这段录音的来源和内容，该馆未存详细记载，仅记为中国音乐，复录于柏林。当时立即就相关问题请教图书管理员和有关专家，但未能得到满意的问答和更多的信息。

笔者立即借出了这盘录音带。音响效果还不错，而且，马上可以肯定，确系杨荫浏先生的声音。录音开始时还有杨先生自报的一句话“高亭公司特请杨荫浏先生唱南套”。当时又惊又喜，惊的是因为虽然知道杨先生专门学过昆曲，且在昆曲研究方面有较深的造诣，但尚不知杨先生还有此期的昆曲录音传世。喜的是该录音虽只有 3 分 25 秒之多，但如果该录音确为先生所唱，就不仅能给他人为先生作传时补充的史料，而且能为昆曲在 20 年代初的发展、中国唱片事业发展的历史等多方面研究提供佐证。我当即向德国主人提出，希望复制一份带回国内，主人欣然满足了我的要求。由于时间和经费所限，未能就录音来源作进一步的调查。

回国后，笔者立即查阅了中国艺术研究院音乐研究所资料馆的音响目录，该馆并未收有杨先生此期的录音。笔者遂于 1992 年 6 月 2 日专门采访了音乐理论家曹安和先生。曹先生听过一遍录音后，立即确认，该录音为杨先生所唱，并指出，杨先生是唱正旦的，录音正是《琵琶记》南浦送别一段中赵五娘的唱段。曹先生当即找出天韵社曲谱，翻到南浦送别一段，词曲与录音完全响合。该段曲牌为“尾犯序”，唱词为“无限别离情，两月夫妻。一旦孤零。此去经年，望迢迢玉京，思省。奴不虑衾寒枕冷，奴只虑，公婆没主，一旦冷清清”。曹先生对录音评价很高“演唱十分出色，声音一点不毛，高音纯净”。她说，因为从未听杨先生提起过这次录音，也根本不知道这一录音的存在，所以我们“找到了一件宝”。关于录音时间，曹先生认为大约在20年代前半期。这是因为杨先生于1923年进上海圣约翰大学经济系，后因经济原因而退学，并去宜兴教书。1925年5月后，杨先生得伤寒病，病愈后嗓子变声，以后再也未能恢复以前的音色。所以，此曲当在1923年至1925年间录制。1924年，笔者获德国DAAD研究奖学金，再次赴德。这次在德逗留时间较长，且有备而来，笔者先后走访了德国数个城市的十来家图书馆，终于找到蛛丝马迹，最后在柏林的德国音响档案馆找到了这张唱片。遗憾的是，该档案馆只保存了这张唱片，未保存有其他背景材料。而笔者掌握的所谓蛛丝马迹，只是查到了一本1931年出版的《文化与唱片》（*Kulturund Schallplatte*）杂志。该杂志提到，德国著名学者霍恩博斯特尔曾策划、编样并出版了一套名为《东方音乐》（*Musik des Orients*）的唱片集。该集包括12张78转双面唱片并附有文字说明（遗憾的是，在所有图书馆，包括在德国音响档案馆里，均未找到这份说明）。其中，还提到，这是首次以唱片形式正式出版东方音乐，其音响均由唱片公司派人赴当地专门采录。书后附有该唱片集的广告，注明了收录的内容和唱片号。其中收有日本、中国、爪哇、巴厘、开罗、印度、波斯、埃及和突尼斯的音乐。中国部分收录有三首曲子，即杨荫浏演唱的昆曲《琵琶记》选段、著名京剧表演艺术家谭鑫培之孙谭富英（1906—1977）等人演唱的西皮《捉放曹》和梆子《南天门》选段。1994年8月4日，笔者就是根据此广告上的唱片号，在德国音响档案馆找到了这张唱片，并复制了这三段曲子，该录音的音响效果较好。录音带现保存在中国艺术研究院音乐研究所。

遗憾的是，至今仍然无法确定原录音的确切录音年代和唱片的录制年代。

原载《人民音乐》1999年第11期

金经言，生于1952年，中国艺术研究院音乐研究所译审

杨荫浏先生与十番锣鼓的一段旧缘

乔建中

2003年4月，我应邀参加江苏文艺出版社召开的《江南丝竹大全》主编会议。抵南京当晚，上海的同行老友唐文清先生就拿出一本旧谱，告诉我这是他偶然获得的一本杨荫浏、曹安和先生20世纪40年代合编的手抄本《锣鼓谱》，如果我用得着，他愿意相赠。我高兴得不能自已，连说“当然要”，并对他一再致谢。自此，我便将之视若珍宝，妥善收藏。一有空闲，即小心打开看看，既想从中发现一点什么，又像欣赏一件文物那样细细品味它的一切。夏日，同窗冯洁轩兄由沪返京度假。我特意请他再做辨析，以便最终认定它是印本还是手抄？同研当中，洁轩向以文献、文字功底深厚优长于我等，故往日凡是遇到文献文字方面的疑难，必定向他请教。洁轩反复观看后，认定它是手抄原本。我们俩还一再感叹：杨先生的文字写得好啊！

这个手抄本的尺寸比今日大十六开略宽稍长。左右宽20.9厘米，上下长31厘米。纸质为旧式麻纸，发黄，有暗格（20×12）。全本用麻线钉于左侧。因为已经超过了半个世纪，谱本相当破旧，最后几页多有撕裂之处，但无缺失。封面的上下左三面印有外粗内细的黑框。框内第一行小楷书写：“研究丛书之二。”第二行写着楷书大字：锣鼓谱第一集。第三行又是小楷：杨荫浏曹安和合编。接下去是谱本之目录（见图1）。

卷头语

引言

例言

锣鼓谱

一、十八六四二

二、翠凤毛

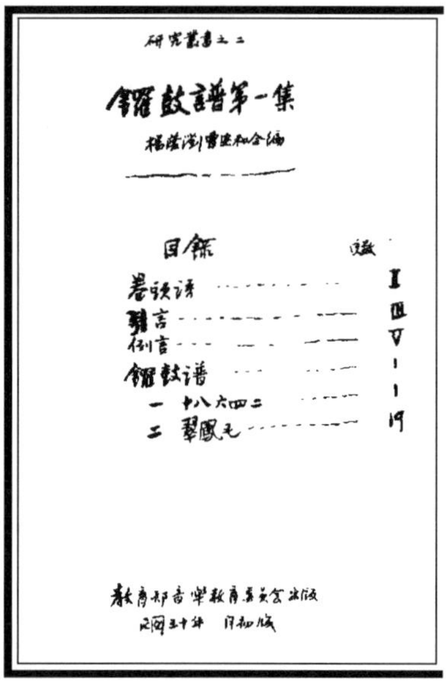

图 1

封面最下两行字是：

教育部音乐教育委员会出版

民国三十年　月初版

抄本的第一页，是当时民族音乐界颇为活跃的郑颖孙先生为谱本写的《卷头语》：

我国近代合乐，除雅乐囿于庙堂之外，则惟有丝竹锣鼓合奏，如十番之类。而锣鼓之用于宗教（佛、道）戏剧，民间典礼（吹鼓手），迎神赛会、竞渡等，尤为重要而普遍。且纯以敲击乐器合奏，成为世界乐坛上独具形趣之一格。在推进民间音乐教育之今日，尤有整理提倡之必要。杨荫浏、曹安和二先生，从事于此项研究者，历有年所。近选出《十八六四二》与《翠凤毛》二谱，重加整理，本选谱必雅，记谱必信，译谱必达之旨，严其体例，写成此册。以为我国特有之敲击乐器合奏，创具记谱法则。发皇斯道，此其嚆矢也欤。

郑颖荪

民国三十年七月二日

第三页至第四页，则是杨先生写的《引言》：

十番锣鼓，在吾国流行颇广。浙江之嘉、杭，河北之故都，凡名城通邑，人文荟萃之区，辄有一二乐人社集，擅精其艺。大江以南，“堂名”乐工，时藉锣鼓以糊口；而广集众长，流传久远，拔于陋俗，列诸隆仪，则释道二家之功，要不可没。释氏之能音乐者少，而能者辄精。犹忆髫年时，深慕同邑释氏之擅长此道者三人。其一长于击鼓。初运钢槌以击麻扎之砖块，积数十年之久，养成腕力，乃以艺名。及其晚年，双槌着鼓，重则如排山倒海，轻则如珠走玉盘，识者重焉。其一长于三弦。坚劲灵活，仅损吴师畹卿一筹。其一长于以攊笛。竹音之发，细如游丝，宏充广宇，“封门”运气之功力，鲜可与京。民十以来，之三人者，先后云亡，深堪痛惜。释氏而外，允推道氏。江南道侣之擅长音乐者，半出梅村之泰伯庙。其及门弟子，散处苏、常名庙，类能以乐艺冠其侪辈。故在江南收集锣鼓谱，必求之于僧道二家。而从道家着手，则必求之于梅村泰伯庙之传派弟子。

著者对于锣鼓，初无研究。民国十年之秋，美国波士顿乐队提琴名师兼作曲家爱希汉氏，由美陆东来，采术东方音乐。先经三岛，日人引之来华。北京大学昆曲教师赵子敬氏介绍之于常州天宁寺之静波方丈，静波方丈复引之来无锡，问乐于天韵社社长吾师吴畹卿先生。先生时已年登耄耋，除命社友轮唱清曲，弹奏琵琶，操弄古琴，合乐数阕之外，更广邀释道二教之乐人，为之专奏十番锣鼓于邑之公园，如是者数日。爱氏赞叹不置。曾著评文，登于沪上西文报章。以为锣鼓之节奏之变化，竭其能事；廖廖三数乐人，而乐调内容之丰富与美致，均能表达无遗，大非易事；自惜对于此道，为门外汉，虽能欣赏，所得不多。爱氏离华，不及一月，又从印度致函吾师，谓绕梁之音，身虽易地，未易暂忘；决请其夫人及其女公子在印度暂待，孑身遗返，再图把晤云云。嗣有电至，谓已首途。爱氏于同年残冬，又来吾邑盘桓数日。临行，谆谆以研究锣鼓，公之世界相勖勉。著者对于锣鼓，最初发生兴趣，爱氏实启之。十一年初夏，阚献之道士示以十番锣鼓谱抄本《十八六四二》、《翠凤毛》、《下西风》、《寿亭侯》、《万花灯》、《香袋》、《十八拍》等七阕，即假归手录之。自后同邑道家法事，每有名手参加，辄有道友先期走告。因得再三倾听，于原谱丝竹合奏之调，根据所闻，渐加增损。然于锣鼓节奏之繁，尚未能注意。二十五年夏，假期还乡，请道教友人阚献之、邬峻峰、朱勤甫、王云坡诸君，为之广罗十番锣鼓抄本。先后得数十种，调多互出。汰其重复，别其异同，考订参校，草成一帙。二十六年夏，复邀道家友人数位，为之排定时间，请其各就所长，于每日晨间，轮流来家指导，每人每日以两小时为度。如是者，积两月之久，乃得略窥门径。遂将旧谱重新厘订，误者正之，略者详之，晦暗难明者阐解之，前后不贯者衔接之，使与实际演奏，较为适合。耳有所闻，意有所会，则书之眉注，列之于篇，以求暂存忠实之断片。然急就之书，未遑详订；所用谱式，犹是工尺之谱；声调节奏，半在谱上，半在意中，费解之文，终难问世。二十九年初秋，曹安和表妹来云南，参加音乐研究工作。几度相告，谓合乐之事，不习则忘；所有谱稿，略而不详；虽暂能保留私人记忆于一时，而不能公之大众，施之久远；一旦遗忘，即成无用；不作详谱，颇疑吝秘云云。乃出原稿相示，将合奏方法，不着于篇者，一一告之；复经几度协商，多番改写，遂暂拟成今之译谱方法。即由安和表妹担任抽暇译写。兹将已成二阕，先付印人。日后工作有暇，甚望其仍能续为增修译写之功。庶续集之出，为期当不远耳。

三十年七月二日写于四川省壁山县之青木关

杨荫浏

在“锣鼓谱例言”中，编者共列十二点，分别说明谱本的格式（首次用总谱）；乐器数量及名称；诸乐器所用声字；宫调系统；个别符号改订情况；大锣与同鼓所击位置、轻重不同而采用的特定符号；节奏符号及诸多技法、板别的详尽解释。“例言”前后共两页。

以下则是《十八六四二》和《翠凤毛》两首锣鼓曲的总谱，共42页。

这本六十多年前的《锣鼓谱》以及“引言”，不仅记录下杨荫浏先生从二十来岁到四十余岁这二十年间与“十番锣鼓”这一民间锣鼓乐种的亲密关系，还为我们提供了他记录整理民间锣鼓乐的一套方法。更可贵者，它弥补了这一时段杨荫浏学术经历的某些空白。经我查证相关资料，无论是杨先生自己于20世纪80年代写的学术自传①，还是华蔚芳老师撰写的“杨荫浏年表”②，都未提及这本《锣鼓谱》。因此，它很可能是一个被遗忘的孤本。

一、杨先生说，对于锣鼓，他“初无研究”，直至“民国十年”，美国小提琴家、作曲家爱希汉经北京大学赵子敬、常州天宁寺静波方丈介绍到无锡向他的昆曲老师吴畹卿问乐之际，才开始与爱氏一起在公园听到“十番锣鼓”之乐。继之，见到爱氏在上海报刊上写文大加称赞，才可惜自己以往的疏忽无知。等到爱氏因念念不忘鼓乐，竟撇下妻女再度从印度返锡听赏，并于分别时“谆谆以研究锣鼓，公之世界相勖勉”，他才有所感悟，并发生了学习整理的兴趣③。自此，直到“民国三十年”整理出这份手抄本前，他对“十番锣鼓”的整理记录工作，几未中断，前后历二十年。

二、杨先生对该乐种的研究，共经历了这样几个阶段：1922年抄录《寿亭侯》等七曲并通过聆听订正乐谱；1936年夏，请更多的道界朋友广泛收集其他“十番锣鼓”乐谱，先后得数十种，然后“汰其重复，别其异同，考订参校，草成一帙”；1937年夏，专门请了几位道乐家，按照他们的特长，每天两个小时，轮流到自己家里给予指导。经两个月的习练，“乃得略窥门径”，“遂将旧谱重新厘订”。以今日民族音乐学的理论主张看，这是一种“参与式”的研究。其主要方法是与实际演奏谱一一核对，并改正了一般流传抄本的谬误。某些“耳有所闻，心有所会”者，则标注于书眉。但一向认真钻研的杨先生并不满足，他仍然认为这只是“急就之书”。特别是“声调节奏，半在谱上，半在意中，费解之文，终难问世”。三年之后，即1940年，曹安和先生到青木关音乐院任教，杨、曹二师再次讨论了“锣鼓谱”问题。他们的共同看法是：锣鼓乐实践性很强，“不习则忘”；保留在个人脑子里是暂时的，公之于众才可“施之久远”。后经杨先生将“不着于篇”的合奏方法，一一告诉曹安和老师，并“几度协商，多番改写”，确定了译谱方法，由曹老师抽暇译写，最终完成了这份历时二十年的锣鼓谱的记录整理工作。以往，我们只知道杨先生很早就关注苏南“十番锣鼓”，但其详细过程则由于他

---

① 中国艺术研究院音乐研究所编：《传承——杨荫浏百年诞辰纪念专辑》（CD）说明书“自传·著作·论文”，台北：台湾风潮有声出版有限公司，1999年，第16—22页。

② 杨荫浏：《杨荫浏音乐论文选集》“杨荫浏著作目录”，上海：上海文艺出版社，1986年，第406—407页。

③ 在1980年出版的《苏南十番锣鼓》（人民音乐出版社）中，杨先生在后记“一位着迷的西方音乐家”一节，曾对此有所记述。其中，有的文字比“引言”略详。如说爱希汉生于1870年，卒于1942年；第一次访问无锡时，为他组织了七个晚上的音乐会；他第二次来无锡是当年12月初，他从中午12时听锣鼓乐，到晚上七时半，八时半上了过境的火车，辗转“又回印度了”；问他为什么再来听第二次，他说，几个月来，给他印象最深的，是这种音乐，他心中产生了再听一次的强烈愿望。既奏之后，问他印象如何。他说，很好，他爱听。想不到只有七八人，却能奏出如此丰富而深刻的音乐。杨先生最后评论说，这可以说是一个相当严肃的事情，它所呈露的问题，并不简单。试想，一位外国音乐家，对一种别国的音乐，会兴起非再听一次不可的强烈愿望。又试想，那时候还没有飞机，为了再听短短的半天，乘了轮船，来回跋涉数千里，这能不说是着了迷吗？在表面的“爱好”之下，能不关系到相当严肃的美学问题吗？我们今天重读杨先生的这段激情的回忆，自然会解开杨先生后来为什么专注此种音乐十年的奥秘。但那位美国人的行为呢？我们今天在多大程度上理解了他呢？

本人很少提到而逐渐湮没于历史。尽管乐谱封面写着“教育部音乐教育委员会出版”，实际当时并未正式出版，真正“公之于众”，则是三十九年以后即1980年《十番锣鼓》的正式面世①。依此，则杨先生从1922年开始抄谱到1980年人民音乐出版社出版，整整五十八年。老一辈音乐学家对某乐种的记录、整理、研究，经历过怎样的曲折过程？耗费了多少精力？使用了何种方法？《锣鼓谱》抄本都给了今人一个圆满的回答。尤为重要的是，它让我们知道，早在20世纪20年代，中国传统音乐收集整理工作还处于“蛮荒”之际，杨先生就脚踏实地地走进这个领域，并一次一次深入下去，“创具记谱法则，发皇斯道”（郑颖荪语），最后完成了至今仍有启发性的学术成果。它对于正处在全面建设阶段的中国音乐学，具有何种意义，这是不言而喻的。

三、在“锣鼓谱例言”中，杨先生为锣鼓声字所作的记录和设计，准确、细致而又实用，至今没有人能达到如此水准。例如，仅“同鼓”一器的符号就包括：同（同鼓中心重击一记），龙（同鼓中心轻击一记或数记），读（同鼓中心闷击一记），特（同鼓中心轻带一记），当（同鼓边上重击一记），浪（同鼓边上轻击一记或数记），共六种。又如“板鼓”的声字为：读（板鼓中心重击一记），落（板鼓中心轻击一记或数记），扎（板鼓边上重击一记），刺（板鼓边上轻击一记或数记），得而、而（同鼓或板鼓中心或边上滚击多次），一、一个（同鼓或板鼓停敲或轻敲带过），共六种。此外，还有表示大、中、喜、春、汤五种锣（长、净、正、王、内、大、汤），表示砌、大、小三种钹（砌、浦、次、卒、朴）等的声字共十五种。它们的使用反映了民间锣鼓艺术家在长期实践中积累起来的演奏技巧的多样性，更是中国打击音乐难得的珍贵遗产。很可惜，杨先生早年的这种开拓性、创造性标注在此后的学术工作中并未受到重视。时至今日，无论是民间锣鼓的记录，还是戏曲锣鼓谱的整理，大都以单行的“锣鼓经”记述。这样做，无疑将原来音乐中极为丰富的音色变化和非常多样的敲击技巧“简化”了。前人之精细，今人之粗率，前人对民间创造性技艺的尊重，今人对它的忽视、轻视，一望而知，我们因此而有一点感慨，也就很自然了。

在“例言”中，杨先生还首创了许多符号。如“句逗”的标记，以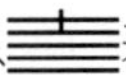表示乐句之小逗，以表示大逗，以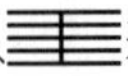表示一个句子的结尾。又如大锣之谱，用四分音符代表“长”音，四分音符符干上画一斜杠，表示“正”音，在符头上画一斜杠，代表“净”音，四分音符下面加一短横线，表示大钱及砌钹的闷击等。凡此，都是力求接近音乐演奏实际状况，并较准确地传与后人。不经意中，流露出他努力保护民间音乐的强烈意识。

四、对于《十八六四二》和《翠凤毛》两曲的记写，杨、曹二师采取了极为严谨、细微的方式。依照音乐演奏自身的声部多寡，少则为三五行谱，多则达七八行谱（见图2、3）。在他们看来，惟其如此，才可以体现出保留于自己记忆中的锣鼓音乐的生动状态。除了谱字标注精细外，手抄本的每一页下面几乎都写满了文字注释。或为某件乐器的敲击方法，或讲乐器间

① 杨先生在《苏南十番锣鼓》里，也收入了《十八六四二》和《翠凤毛》两首乐曲，但比手抄简略了很多。两曲均标为“原始谱”，而未收入“实际演奏谱”。倒是其他一些乐曲以“原始谱”和“实际演奏谱”两相对照，供人们研究、练习之用。所以，我还是怀疑他重新整理“十番锣鼓”时，手头已无这个“手抄本”。

的配合，或指出段落与段落的衔接方式，或介绍某曲牌的出处等。一则说明编者自己对此的纯熟，另外也表现出对后学者的高度责任感。细读这些用蝇头小楷书写的注文，一种无可名状的感佩之情便会油然而生。

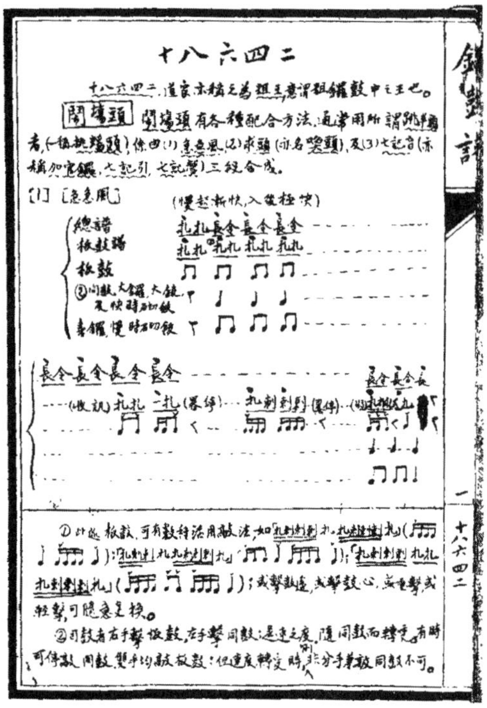

图 2

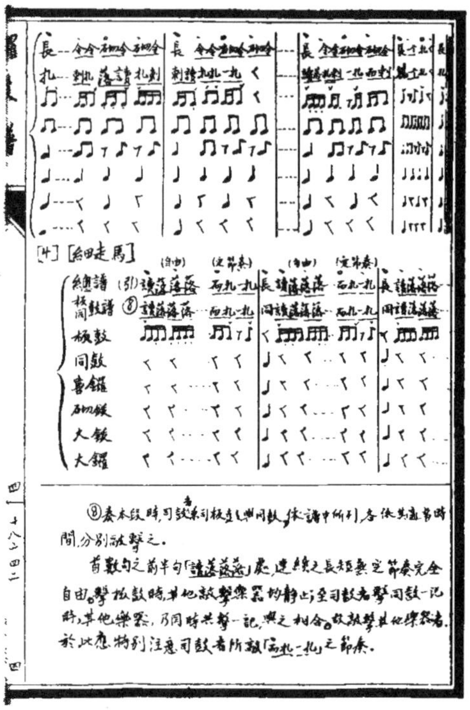

图 3

五、《锣鼓谱》所体现出的对中国锣鼓音乐研究认真执著的治学态度，是令人深思的。它首先告诫我们，对于中国某些古老民间音乐品种或某些领域的研究，一定不要操之过急、浅尝辄止。在这方面，音乐学界的很多前辈早就给我们做出了表率。缪天瑞先生的《律学》自1950年初版以来，已经“修订”了三次（1963、1983、1996），而每次的修订，都是广泛听取了同行的意见、多方吸收了本领域最新出现的研究成果，再经先生本人的认真整理后完成的。从初版到第三次修订，时间跨度为四十六年，也就是说，他在42岁到88岁间，一直没有中断有关律学的研究和已有著述的修订。如果加上出版前的写作时间，那就是一辈子的事了。再如陕西的音乐学家李石根，自20世纪40年代末起，投入“西安鼓乐”研究，至今已有半个多世纪。在于他们，生命与学术，早就融为一体了。其次，杨先生以二十余年的光阴听、学、记、写“十番锣鼓”的几支曲目，我想一定有他周到而远大的考虑。由于他意识到锣鼓乐结构形态对于深刻揭示中国传统音乐本质特色的重要意义，所以特别在记写手段上花了大力气，从而在中国音乐形态学的研究方法上为后人树立了典范。这是我们几十年以后看到这份手抄本的强烈反应之一。他们当时既无录音机，更无摄像机，却可以把音乐演奏记写到如此精细的程度。那么，完全依赖现代录音录像设备的当代音乐学家，应不应该反思一下其中的利弊得失？要不要也像杨先生那样，虽有录音录像却不一味地依赖，而是参与其中，学会念、打，甚至背熟，以便大体掌握其演奏技艺的内在规律，即由“客位”而入“主位”？这又很自然让人想到美国民族音乐学家胡德于20世纪五六十年代强调“民族音乐学家具备演奏作为研究对象的音乐的能力”的重要性。杨先生虽然未曾做过专论，但他却以自己的实践，早于胡德数十年，就给了我们这样好的示范和导引。他对于十番锣鼓中十余件乐器和几十种演奏技法，一样也不放过，并想尽种种办法让它们在“谱”中体现，示与后人。我们似乎从中直接听到二位尊师的训导之言：不可轻视传统音乐经典中任何的一音一技，因为它们是经历了几百年乃至上千年无数艺术家的创造、传承才精致到这个地步的。就此而言，它们的神圣性是不容置疑的。我还由此想到，他和曹先生这种极为严肃细致的记写方法，在很大程度上为民间音乐进入专业音乐教育体系并使之在新的传承空间中复元，提供了可行之途径。可以毫不夸张地说，凡是认真读谱，并依谱操练者，肯定能学会这类音乐。我本人在20世纪60年代中和80年代初先后两度有机会当面聆听杨先生的教诲，给我印象最深的是他曾多次强调学中国音乐的人要“真懂中国音乐”，写音乐史要“有音乐的音乐史”。细细读完抄本，我对他的理念有了更加深入的理解。

如今，杨、曹二师所整理的十番锣鼓，作为一个曾经活跃于20世纪二三十年代的民间乐种，早已变成历史。那些技艺精湛的鼓乐大师也早就离开人世。面对社会经济飞速发展与传统文化日益衰微相互交织错位的现实，我们的尴尬、无奈、困顿是可以想见的。所幸前辈们的敬业精神已经在我们心中点燃起不熄之火，我们应该用自己的全部心力，像前辈那样，护守传统，弘扬传统，使它永远成为我们民族精神的中流砥柱，永远支撑着我们这个伟大民族精神文化的大厦。

原载《音乐研究》2004年第1期

乔建中，生于1941年，中国艺术研究院音乐研究所研究员，曾任所长

关于杨荫浏先生专及“西方音乐”的佚文

孟文涛

发现杨先生①这篇佚文，带有很大偶然性。当时笔者即感到非常意外；当然，随后也为之惊喜，因为也发现这是杨先生论文中极其难得的“孤篇”。那是4年前的事了：笔者“喜出”“望外”地与湖南文艺出版社签订了自选集《成败集》的出版合同后，着手做文稿的收集工作。想起有一篇尚有内容的长文曾发表在1947年南京的《文化先锋》② 刊上，就写信托在南京工作的侄女寻觅。恰好侄女婿是南京大学的老校友，随颇费周折也终于在南大馆藏的老资料库中给找出复印了来。打开一看，却怪侄女们多事不仅复印了笔者的文章，还连带别人文章也给复印寄来，这不多花了颇为昂贵的珍贵资料复印费？但仔细一看，却又怪不上：因为要将笔者的文章全部复印，必然要带上别人文章，且不止一篇。事情过程缘由是这样：

① “杨先生”，是当年我们学生对杨荫浏老师的习惯尊称；到现在都难改了。记得读小学、中学时，对“先生”都叫“老师”，不知因何到音乐院“老师”却改叫了“先生”，现在音乐学院又恢复叫“老师”了；叫“先生”反而令人感到虽敬而远，不及叫“老师”亲切。

② 该刊是当年南京国民政府的官办刊物；但“态度”且不说“立场”知何，今日来猜想，颇饶兴味。例如我那一“长文”《音乐·时代·人民》中有这么两句话“资本主义时代之后，随着而来的，将是合作或共产主义时代的。这样一种变迁，最终必会使所有的艺术复活”。《成败集》495页“共产主义”4字，在当年应是异常刺目的（且接下一句竟是为之大唱赞歌!）却不为刊物所删（极易删去且不损其意），是失职失察？是视而漠然？是有意放过？都难猜测。近读报导，累见回国的胡秋原先生之名：而他在任国民党《中央日报》副主笔时，却有曾营救过囚于上饶集中营的冯雪峰老革命一事，或可提供前照。

1947年秋，笔者一毕业后能刚从在国立礼乐馆①已做了大半年的“临时雇员”转为正式职员“助理编审”不久，即遇到特殊写稿任务为《文化先锋》的音乐专刊作文，这是该刊特意来礼乐馆组稿的。任务分配乐典组成员要每人至少一篇。② 笔者文章有千多字，属最长的；估计是《文化先锋》排的版，却将笔者文排在第一篇；但又为了活跃版面，从文章第3页起，就将版面一分为二，下栏续刊笔者长文，上栏则发新文。杨先生文作为第2篇不仅连带刊完了，还带上了（第3篇）洪波先生的文章。要不是这一特殊情况，笔者或礼乐馆其他同事怕都难得记起有过杨先生这一文的；即使哪位同事记起了，也难于想到去发掘吧？事情就是这么凑巧，真是幸事！

介绍杨先生这文，其首要意义，笔者以为，是在于能全面了解杨先生，了解杨先生“学贯中西”的这一在当时他的同行中极为少见的特点。杨先生是公认的一代国乐大师、宗师，这可从杨先生身边工作过几十年的华蔚芳同志编辑的、由杨先生“亲自选订篇目，并逐一校阅正文”的《杨荫浏音乐论文选集》中得到证实。但这一册似乎是坊间仅见的杨先生论文选，却全是关于国乐的。③ 则本文就可称是杨先生全部论文中的“一枝独秀”、杨先生专及西方音乐论文的“硕果仅存”了。它的弥足珍贵的“孤篇”价值就正在此。

了解杨先生“学贯中西”，应是全面了解杨先生作为“大师”的一个重要支点。“学贯中西”在20世纪中的著名音乐学者中，本属常见；但在杨先生却又有他自己的特殊性。举几位生于19世纪的学贯中西著名音乐学者为例，如肖友梅（1884—1942）、王光祈（1892—1936）、青主（1893—1959）；但他们却都是留过洋，又都是在高等音乐学府正规学习过，堪称“科班”出身；而杨先生（1899—1984）虽终身与音乐结缘，却是土生土长，且又非科班出身；则他在音乐学上的学贯中西，就显得格外突出；在国乐界同行中，更令人感到非常例外，堪称绝无仅有了。

杨先生的“学贯中西”，笔者非泛泛而言，是有事实为证的。杨先生“中”文根底之深，即使在这一佚文中也可见出；且留待后文来谈。而他“西”文根底之深，在同时代音乐界中，笔者认为，即使是留洋学者，似也难有人与之较量。这一点，只有与杨先生非常接近、非常熟知的人，才能了解，才能信服。笔者可举一代表性事例，北京中国艺术研究院音乐研究所（下简称“音研所”）20世纪50年代的第一批所长，已故的李元庆（1914—1979）先生，外文根底是不错的，笔者在20世纪30年代末就见过他在江西的《音乐教育》缪天瑞主编月刊上发表

---

① “礼乐馆”约1944年成立于战时重庆北碚，暗设“礼制组”、“乐典组”两部门。馆长为中央大学文学院长汪东（旭初）兼，乐典组主任由杨先生负责。礼乐馆属学术性机构，笔者1947年春应杨先生之约以半工半读“临时雇员”身份住馆工作，秋后转正为“助理编审”即拿有相当于大学助教的研究津贴。乐典组除笔者外，余皆为重庆复员来的老馆员，有编修、编纂、编审、副编审各等级；另设“专员”一职。

② 乐典组除杨先生外，尚有三位老前辈杨仲子、郑颖荪、谢赐恩；杨、郑二位挂名“专员”，住馆外，一年来馆两三次“点卯”，未写稿；谢专员（后曾短期任过金女大音乐系主任）住馆，做实事，写有稿。年长者尚有张定和（2003年“金钟奖”得主）、吴南青（戏曲大师国学理论家吴梅之子，20世纪50年代曾与傅雪漪合译《九宫大成曲谱》）、洪波（安徽芜湖师大音乐系教授）也皆有稿。后3人属礼乐馆创建时老人，皆90岁左右，尚健在；有关礼乐馆史料，他们知之最详，关注者望及时采访。

③ 该文集不仅正文36篇全属论及国乐，即其附录“杨荫浏著作目录”32部也全是国乐，均不见涉及西乐之篇目。文集由上海文艺出版社于1986年6月出版。文集中选自礼乐馆馆刊《礼乐》、《礼乐半月刊》共计7篇文，计95页，即自文集93页至187页，写作时间自1945年至1948年。

过译文。但李所长在一次音研所的全体会议上，就曾说过“杨先生的外文功底可以就做我的老师（大意）”。这一事例，是1955年音研所李佺民先生来武汉时亲口对笔者说的；说的意义，除却表示全所同志包括所长带头，对杨先生的尊敬外，更具有对杨先生“学贯中西”才华的赞佩之情。①

杨先生对“西学”知识的涉猎，还有另一特点，即多数是来源于“原著”，这当然和他外文的根底深有关并且“信息”来得快，这一点，又可能和他的好友杨宪益先生有关。涉猎广，信息快，即从本文也可见出一斑。杨先生究竟阅读过、积累过多少西方音乐学名著，笔者可举另一小事或能窥测一二：1948年在礼乐馆，杨先生曾特意对笔者说过有一两本书应该译过来，他也打算译，认为只有他来译才译得好，别人还译不了。笔者回想起，杨先生说这话是非常严肃、认真的；他的确打过这主意，要将他阅读过的西方音乐学名著中对中国音乐学建设极为有益的代表作介绍给国人；但终于因杨先生此后一生将全部精力都投入到了国乐研究中，无暇及此，未能如愿。

笔者每念及此事，始终觉得是一大遗憾；尤其，笔者处世待人接物，一向是稀里糊涂，不仅是“少不更事”，当时竟没有问一下杨先生打算要译出的是哪两本书。想到这点，笔者竟有负罪深重之感，因在涉及“西学”上，连杨先生这一遗愿都不确知，今日愧悔莫及。

笔者自20世纪40年代初就读于重庆音乐院受业于杨先生门下时，就曾为杨先生“学贯中西”的文章所倾倒；如1946年春在重庆《客观》杂志上笔者发过一短文《二胡“胡”考》就曾引证过杨先生在《乐风》上的一篇重要论文《国乐前途及其研究》中一大段话，其中“国乐的独到的价值，必须在与世界音乐公开比较之后，始能得到最后正确的估计。国乐的充分发展，必须在与世界音乐经过极度融合之后，才能达到它应有的程度”。20世纪60年后重读这段话，仍感到是掷地有声的金石之言。杨先生的这一论点的根基所在，是与杨小红书的“学贯中西”密切相关的；本佚文开头的两小段话，也深深蕴含着杨先生“学贯中西”的思想。不了解作为国乐大师的杨先生的这一“学贯中西”特点，就不算全面了解杨先生了。例如，佚文中，还有这么一句话“民族的意识，产生于国际的接触”。就远非过去闭关锁国时代的守旧国乐大师们所能体会、所能总结出的语言。

杨先生的这一佚文，并非长篇巨论，仅寥寥两三千字；但细读之下，仍可见出某些特点：一是材料上的新鲜：文中全部论点，都是来自“原著”，即是由杨先生“自己”译出的，这很重要，因它“介绍”了属“第一手”新资料；再是，“信息”本身也新鲜。佚文作于1947年，但引证的文献，却也都是在国外刚出版不久，不超过十年之内。例如托维论巴赫的那一段话，是出自托维《一位音乐家的谭艺录》一书，笔者查《新格罗夫辞典》知，该书是托维辞世后，在1941年才出版；杨先生书中的“1936年”，是指托维在格拉斯哥大

① 李佺民同志当年向笔者专门提及李元庆所长的原话，意义即在此：对杨先生“学贯中西”的衷心钦佩。记得笔者当时也回应说：“我尊敬杨先生，我都设想过要为杨先生写传记。”佺民先生已作古，他如留有工作日记类，或可查阅到。

学讲学之年，相距仅六七年，足见信息来源之快捷。且要知道20世纪40年代末期正是国民党当局兵荒马乱、乱成一团糟的年代。由托维著作中涉及巴赫那段话，杨先生总结为“过去为世界音乐‘开来’的巴哈，他自己正是一位最能‘继往’的人物”。杨先生将中国一句千字古语，巧妙又异常精辟地一分为二用于巴赫身上，也是既新鲜又令人信服的概括。二是结构上的呼应：本佚文前两小段应属“引言”，但切题，从而使正文论点呼之欲出。正论首尾两段，却都是也来自涉及宗教音乐，起到相互呼应作用。这一安排，笔者认为是作者有意为之；它有其双层背景知识：一是来自杨先生本身；杨先生接触西方音乐，正是始于西方的宗教音乐，“圣歌”也是杨先生所熟知的事物，文中提及的《普天颂赞》这本基督教音乐的经典中文版，杨先生是其主编人之一，所以杨先生论文中对此深有所感是反映其亲身经历而非凭空之论。另一层背景，则应了解西方宗教音乐与西方人民大众生活的密切关联；这一点，和中国的宗教音乐差距极大。仅举一事例即可说明：欧美最重大的民间传统节日，如圣诞节、复活节……都与宗教有关，而中国民间传统的三大节日，却都于宗教无缘，仅与月亮公转有关。杨先生论文以宗教音乐为始为终，与上述那两层背景相连，而又自然地形成结构上的呼应；也反映了杨先生个人的特点及经历，从而言之有物、有据。三是文风的鲜明有趣的对照：文章一开始的遣词造句，完全不像传统“中式”论文风格，读来倒像是篇“译文”的开头，但行文流畅，命意清晰。杨先生以如此“西化”的语言格式，切人标题又是论“西方”音乐，既自然又风趣。它可说是融会了西方论文语法特点的“新式中文”。而论文的最后一段，却又可说是典型的“骈体古文”，二者异常相映成趣。读这一末段文，其对偶句的朗朗上口令人回想起有如读《归去来词》或《滕王阁序》时的韵味；而这，却又是杨先生自己所明说的，是将郝路易女士“平常的音乐论调，作相当忠实的翻译”；是“英译中”的另一种特殊“译文”。因为是作为“小传式的追思”，杨先生才有意“译”成这种常用排比句的传统“诔文”格式。这一首尾鲜明的文风对比，也可作为杨先生“学贯中西”的另一旁证吧。

笔者打算介绍杨先生这篇佚文拖了有近三四年；更不用说杨先生仙逝距今已20年整了，当年曾蒙受杨先生深厚师恩的笔者竟无一文为之追思、悼念，每当想起，内心愧疚如焚。青木关同班同学华蔚芳还曾一再来信相催，并说笔者是“杨先生最喜欢的两学生之一”以之相激，笔者仍然一拖再拖；冷静想来，实有“难文之隐”。关键在于要写就要写好，写不好就不如不写。因为笔者私下感到作为杨先生的学生，新中国成立前和杨先生私人相处时间最长的，似仅笔者一人；且笔者还曾浮起过要为杨先生写传记的想法（虽属一闪念，却也真实），如此背景下，能只写出如应景性的纪念文吗？可要写出具有特点之文，提起笔却又思想一团糊，不知从何下手；就这样，一块心病，为之拖了多少年了；甚至也曾想借介绍杨先生这一佚文来多少弥补沉重的负疚心情，还对某刊主编当面允诺过，竟也拖了有两年多。今年是杨先生仙逝二十周年整了，自己的衰老且近于痴呆症也日见显露；特别是当想到一旦风烛残年“飘”然化烟，随风去了，还谈什么写好不写好？才得以克服一切思维与心态障碍，前后花去近一月时间，断断续续，修修补补，勉强完成了这一拙稿，既作为纪念杨先生仙逝20周年，也作为杨先生曾看重过但又不成材、不成器的不肖生的笔者，能为多年来负疚心情可聊作补偿之一二?!

原载《中国音乐学》2004年第4期

孟文涛，生于1921年，武汉音乐学院教授

记录

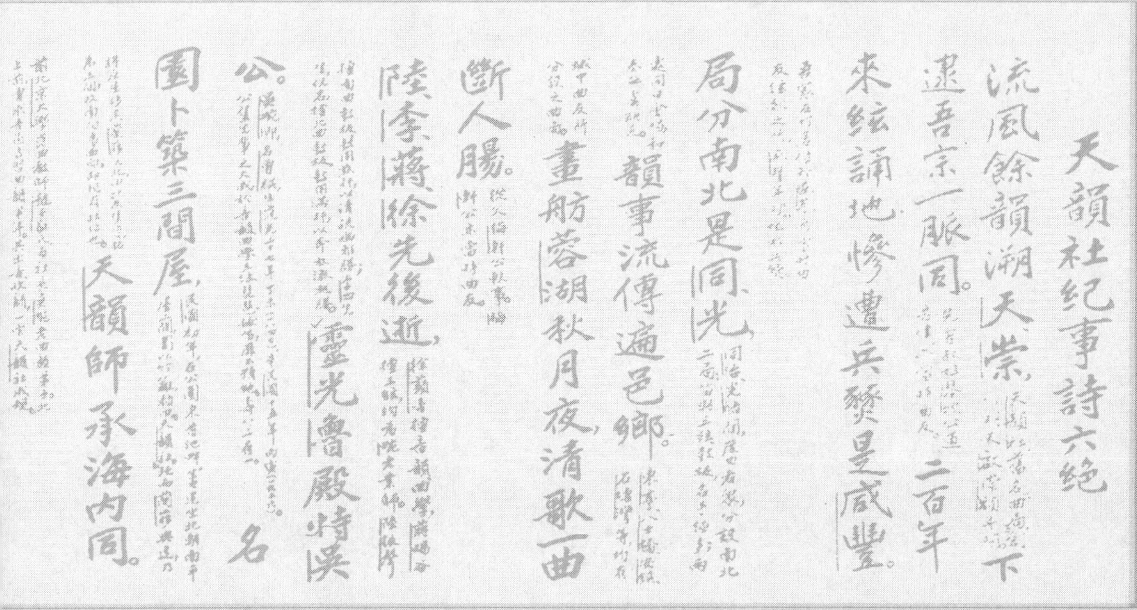
天韻社紀事詩六絶

流風餘韻溯天崇，下逮吾宗一脈同。二百年來絃誦地，慘遭兵燹是咸豐。

局分南北是同光，韻事流傳遍邑鄉。畫舫蓉湖秋月夜，清歌一曲斷人腸。

陸李蔣徐先後逝，靈光魯殿特巋名公。

園卜築三間屋，天韻師承海內同。

杨荫浏：音乐史问题漫谈

李妲娜笔录

谈几个问题。

第一个问题是音乐的实践。

在我国历史上，中国音乐史的研究，开始很迟。郑觐文《中国音乐史》于1929年出版。它不问真伪，摭拾古人之言，杂凑成书，充满复古神秘思想，于本门科学贡献不大。但是从音乐史学讲，总是迈出了第一步。许之衡《中国音乐小史》于1931年出版，比之郑史较有条理，但从书本到书本，企图在古人之间，辩白是非，从而得出自己的结论，则是不够的。先有雅乐，后有俗乐等看法，也根本不能成立。其带有总结性的“述略”、“概说”等段落，都十分空疏。王光祈《中国音乐史》于1934年出版。用大半部书的篇幅去写一个乐律问题，先是从我国历史中拣取一些管律理论的糟粕，后是津津乐道一个德国教授所做的一次极普通的试验，目的在让后者来压倒前者。后半部草草讲些有关乐谱、乐队、乐种等问题，对我国发展最高的戏曲音乐非但不能从中看出我国劳动人民在音乐创作上的成就，反而无限抬高“近代西洋音乐家之所为”，把“上自元曲昆曲，下至皮簧梆子”我国一切的戏曲音乐，都说得一文不值。这些，都是我们所不能同意的。我的《中国音乐史纲》，脱稿于1944年，出版于1952年。

从历史来看这个发展，从郑觐文、许之衡、王光祈到我的《中国音乐史纲》，从个人看来，问题都是在实践方面。王光祈是偏重乐律理论方面多，对具体的调子，看起来，他不大懂，缺少的是音乐实践经验。我呢，有一点音乐实践，因为我写音乐史不是开始就写的，开始是注意音乐，学习很多音乐，感觉到中国的音乐有它的优秀部分，值得学。从这个开始，学这种音乐、那种音乐。当然，学习总嫌不够，不过比现在的青年人学的多。小时候，1906 年虚岁八岁开始学笛子、箫、笙、二胡，在上面奏一点民间音乐，是一个名叫颖泉的道士教我的。后来又跟阿炳学了近一年的琵琶、三弦。1910 年起进了“天韵社”，学习昆曲，同时学习琵琶、古琴、三弦和别的乐器。这个社里的老师吴畹卿先生，既会教昆曲，又会教乐器。我在这里至少学唱过九十出戏，那时候都可以背得出来，能弹着三弦伴奏，不看谱就可以给戏伴奏。1920 年以后，我在上海音乐会中，经常参加琵琶独奏，十三大套都演奏过。关于器乐合奏，从 1910 年起到 1937 年，我经常同道士和吹鼓手们搞在一起，二十多年中间学了南方的两种音乐，一种叫“十番鼓”，一种叫“十番锣鼓”，民间艺人能奏的我都能奏，同他们一同演奏，向他们调查研究。

1947 年后，搞过一段时间的古琴音乐。那时没有录音机，我向琴家学习，只好听写，把曲调记写下来，然后自己弹会，和琴家对弹，进行校正。弹一个调子，就写定一个谱。这样的曾写过大概八十曲左右，写了六本，其中已出版了一本。有六本的手稿都藏在音研所图书室里。新中国成立以后有了录音机，对古琴继续进行调查研究，就便利得多了。

新中国成立后，我对民间音乐的学习和整理，决不愿停顿下来，先后还出版了《阿炳曲集》、《管乐曲集》、《吹打曲谱》、《单弦牌子曲谱》等等，这些都是实践的结果。在音乐史里，要接触一点音乐，讲一点规律，总是同实践不能分开。现在不够的地方，还是实践不够，因为全中国东西太多了，太丰富了，戏曲就有三百几十种，曲艺也有一百几十种，这个里面我自己接触过的，还是少数，例如，戏曲里面，我对昆曲是内行，但对旁的东西就不那么内行了。不是内行的部分怎么办呢？只可以人云亦云，不求甚解。可是这样写出来的东西是价值不大的。因为一般研究得浅，不像昆曲那样研究得深，可以说得出一些道理来，主要还是实践的不够，对实践的认识深度不够、广度不够。我所能充分运用的，就是自己的实践所能提供的资料。实践不够，理论就难于核实。我写音乐史，有这样的缺点，这是一个情况。另一个情况呢，对将来来说，这门音乐史还可以大大发展。要是后来的人，踏踏实实地钻到民间音乐里面去，一个个把它的规律找出来，后来的每一部音乐史如果都能拿出一些这样的东西，就可以使这门科学提高一步。因为民间音乐很丰富，而已经总结出的规律的东西却很少。曲集都没有出来，每一个乐种都应该有曲谱集出来，可以多编。所以将来音乐史的发展需要做的工作多得很。希望将来的青年人多实践一点，多懂一点，写出更好的音乐史来。当然实践是比较难的，要深入地实践则是更难的。一样东西往往几十年，比如我们到今天没有能解决的问题吧，像西安鼓乐，我是做过一两个月的调查，写了调查报告。但是，自己没有同他们一起去奏，没有向艺人们去深入学习什么叫好，什么叫坏，不过是他们说什么我就说什么。这个材料呢，不全面、不完整、不深入，就是说虽然已调查了，还缺少实践，规律写不出来。不像“十番锣鼓”，我同民间艺人搞在一起，他们说的好、坏我都懂，这是几十年同他们搞在一起才懂得的。所以“西安鼓乐”虽然是调查了，但是没有搞出曲集来。当然他们已做了一些，但也还做得不够好。材料的整理上不完整，一个个曲牌凑集起来就算了。所以，到今天在音乐史上还是缺少对“西安鼓乐”的介绍，只不过提了几句非常粗浅的介绍。

还有音乐研究所最近出的音乐史，要是说它不够的地方吧，我看顶大的毛病还是缺少实践，比如从他们对昆曲、琵琶曲等的评价，一看就可看出写作者没有足够实践。有时他们所批判的刚好是挺好的，就有这样的情况。所以我们想从写音乐史的几个人的发展来看，我自己感觉到的头一个问题就是实践不够。音乐史要有音乐，音乐要从实践来，当然书本也要，书本也是重要的，不过失掉实践连书本都是靠不住的，为什么？书本里古代人的话，有的是好的，有的是片面的记载。哪些对？哪些不对？他什么地方说的外行话？什么地方说的内行话？你自己有了实践就可以区别出来。比如关于昆曲懂得以后，你就可以理解、区别得出几十部关于曲论的著作，什么说的错，什么说的对。因为古代文人搞的理论，有的自己是好手，有的自己对这种音乐并不懂，不过是讲空话。所以要将这些区别开来得靠实践。

对发掘的东西也要靠音乐实践。比如，马王堆出土文物音乐方面的报告是李纯一写的，那个时候我是靠边站，叫做什么“反动学术权威”。这件事是周总理点名叫我领导，叫我、李元庆、李纯一三个人去调查。有许多东西怎么解决的呢？比如一个瑟，定弦的问题，要不是对弹乐器有实践经验的话，就无法去搞。到湖南去以前，我们已在报上见到了关于这个瑟的彩色照片，一看瑟面上放的码子乱七八糟，没有规律，就感到麻烦。后来就到考古研究所去问这个瑟在棺材刚刚打开还没有移动以前，有没有人拍照。因为一经移动，码子的位置一变，就失了它的参考价值，这个问题问得非常重要。幸亏考古研究所里有个人在棺材刚打开，瑟还平放在里面时曾拍过一张照片。他们拿出来一看，我们就拿它当宝贝。因为从照片上看得出码放的是有规律的。后来我们到湖南去采访时，就拿那个真的实物尺寸量一量，然后再拿照片上的大小量一量，就按照比例去算，照相片的位置码子应放在那里，算出来以后就请李纯一照那个尺寸去摆。他第一个发现的问题是，这个放码的地方那位置上面有点毛。看起来这个毛的地方是长期重量给压的毛了。到后又来发现第二个问题：这些码子的脚在木头上面有印子，这些印子同上面毛的地方位置差不多，这个发现更重要了。后来就照木头上面的印子去摆码子，古代瑟的实际情况就得到了反映。之后就要研究规律了，瑟究竟怎么定弦？我们就根据瑟和筝定弦的一般规律进行推测。我们提出：要是第一根弦同第六根弦成倍、半关系就是五声音阶，要是第一根弦同第八根弦成倍、半关系就是七声音阶，要是第一根弦同十三根弦成倍、半关系就是半音音阶。实际一量、一算，结果是五声音阶关系。这些经验就是我们从对弦乐器的实践中得来的。

讲到这个就有乐律的问题来了。对音律的认识也要实践，否则“黄钟、大吕”尽讲空话，毫无道理。我年轻时，无锡地方有三四个乐器店，他们碰到比较讲究的老红木的琵琶常要叫我来替他们排品。这种品，我至少排了几十把，在这里面慢慢摸到了一些规律。结合着音响学的知识，配合着算术，得出来排弦的规律。后来大概 1939 年吧，将几十年摸索的经验写成文章。这个经验是个什么呢？琵琶方面有个复杂问题，因为一般弦乐器音律的计算方法，是根据绝对弦长与音高按一定比例计算出来的，可是琵琶这种乐器同其他弦乐器比，麻烦的是它的品高低不一。低音处品高，高音处品低，成一斜线下来。当弦按到品上时，弦由直线变成三角形的折线，由于品的高低不同，弦的张力和实际长度也不一样。若没有这个高低品的差异及张力的不同，我们摆起品来是比较容易的。但现在就复杂了，怎么解决它呢？后来，我解决了。我是怎么办的呢？先用耳朵听，一根弦上有好几个泛音。先找一个泛音，在和同八度或高低八度的按音相和的地方，放定一个品。然后将一根弦的几个泛音位置的品先如此放好，泛音之间其余的音，就根据几何定理，用在若干条相互间符合平均律关系的平行线间，依不同斜度，找出其余各音的品位。如此定出品位，可以接近准确。第一，是因为弦分两端品位既靠泛音得到校正，两端校正，中间自然随着得到校正。第二，在符合平均律比值的若干平行线，可在不同斜度的截线上，依几何原理找到适合于特定品位的距离。这个理论我发现以后，告诉了丁燮林先生。他听了大为高兴，给我很大的鼓励。这个方法叫“弦乐器定音法”，这个方法新中国成立以后给乐器研究所，他们拿这个方法印了好多比例图，发给每一个乐器厂。乐器厂后来就照我这个办法去定琵琶、月琴等的品位。这个是对弦乐器的实践产生弦乐器的音律。

管乐器我实践的不够，1936 年我在哈佛燕京大学当研究员，那时有经费，我就利用它，做了许多律管，比较它的高低。同弦上的高低来比，实验弦律同管律的差别，同时学些有关音响学的理论书，做了两套律管。每套要好几百块钱，长度、直径要求比较精密。后来又花了大概三年工夫，做了好多笛子和箫。长长短短、粗粗细细、高高低低，有的十个洞，有的六个洞，半音音阶的、全音音阶的做了好多。这些都是自己做的，大概砍掉了三四百支竹管做实验。这个结果得出了作笛子的规律来，但当时我没有写文章，为什么呢？因为当时没有测音仪器，我晓得用耳朵听的音准，从音响学来说，每个人的耳朵是有一定的误差的，如果那样写出来是不够科学的，所以没有写成文章。这个经验后来教给了郑玉荪（郑觐文的儿子）。解放初，他没有工作，想跟我学。做笛子的本钱用得少，他依我教他的做法，把十二支一套的军笛做出来了。在上海卖，后来销路很大，可能到现在上海做笛子的一套东西还是他那个时候传下来的。这个管律方面的实践就在里面起作用了。关于律的问题，不是一个讲空话的问题。音乐史里有很多律的问题，实际都同律的实践有关。我那时怎么实验呢，拿个笛子开了好多洞，听听不对就拿橡皮胶贴掉，再重开一个，换一个位置。用这种方法就摸出些规律来了，要不然你自己讲的东西自己都不懂。

还有音韵学，音乐同语言的关系，我们学昆曲的时候，要晓得每一个字的阴阳上去，平声、仄声，它配的音乐是怎么样的。在这个实践当中，看得出音乐同语言关系的规律，而且看得出全国的戏曲都同各地的方言有关系，这个就是音韵学的实践问题。至于作曲的曲式问题，作曲规律，又要从实践中实在的调子里去得到。西洋音乐理论也需要，因为西洋音乐的实践也是重要的。我跟过一个美国人学习，她教我学作曲，弹钢琴，给我听唱片，教了十几年吧。自己作曲也要实践，作和声练习，对位练习，写一点小曲子。我当时是写宗教音乐的调子，这十几年就是西洋音乐的实践，也是重要的。因为研究中国音乐史，要看中国调子究竟同西洋音乐调子有什么不同呀！你不懂西洋的规律就看不出自己的特点来，很容易拿西洋音乐的规律套到中国音乐上去，这是行不通的。所以实践的范围要广，音乐史的各个方面都要实践。这是第一个问题，实践的问题。

现在讲第二个问题。前面讲的是实践的重要性，第二个问题讲音乐史的范围问题。音乐史当然同中国历史有关系，历史知识不能没有，所以音乐史同历史有关系。音乐方面的歌词是文学问题，音乐里面许多调子在古代文学里也有，比如昆曲的《琵琶记》吧，文学史里也写，它本身又是文学史的问题。音乐思想是哲学史的问题，乐律的问题是音乐物理问题，与音响学有关系；古代乐器又有考古学的问题；唱法、配曲调又有音韵学的问题。

所以细细考虑起来，我们不能样样东西都弄好，只可以同人家合作，一方面从他们写的书里去学习，一方面交许多朋友，跟他们一起讨论，得到他们的帮助。如音韵学家罗常培（罗莘田）、音响学方面的物理学家丁燮林、音乐心理学家刘廷芸等，都是我的朋友，帮过我很多的忙。

我也写过古诗、古词、古曲，也有老师、朋友互相讨论。考古学我们自己参加的不多，要看考古学家的作品：《文物》、《考古》。我们自己不能去考古，只好靠他们，要重视他们，重视文学家、哲学家、历史学家、考古学家、物理学家，而我们至少要懂。比如音乐的考古学，郭沫若就跟我们很有关系，为我们音乐史解决了许多问题。还有画家也同我们有关系，因为画家，他晓得古代什么时候哪种乐器多，要靠他们找到这种图啊。比如考古学家沈从文，帮过我们不少忙，有许多图画我们要请画家来画。是他把乐器的图画一一介绍给我们，所以音乐史的范围比较广。各个方面，最好自己都有实践，但当然不能完全都实践的。比如音响学吧，音响学本身是丰富的，至少有关音律的问题我们要实践；音韵学吧，它自己本身是个独立学科，但至少关于歌的问题、唱的声音的问题我们要理解，要去学。音韵学最好学得好一些，在乐器方面自己最好能奏一点。比如这个琵琶怎么叫弹得好，怎么叫弹得不好？左手手法，右手手法指什么？你自己都不会弹，唐朝人说的，古代人说的话你就看不懂啊，变成讲空话了嘛。古琴方面，我们不能像古琴家那样去弹古琴，但是古琴也要实践，也要能弹，就要请教古琴家。当然音乐史的另一方面是古文要好，因为有关音乐的资料，从顶古到各个时代的文字都要懂，要能懂能理解。再有对西洋音乐的规律你也要懂啊！你要懂得西洋音乐的诗歌规律啊，至少英文要懂啊。他们为什么那样唱，它有规律在里面啊。它是轻重律，西洋的轻重律你一进去就晓得它的重要了。当然西洋音乐规律我是在宗教音乐里面理解的多一点。

总之，音乐史构成的关系也多，本身内容丰富，直到今天有许多东西我们还是不够的。要是我年纪轻一点，至少还想到西北去。到甘肃、陕西、山西去研究梆子腔。因为梆子腔同甘肃、陕西有关系，甘肃调就是梆子腔，有人叫西秦腔，西秦就是甘肃，有人叫秦腔。秦腔是陕西。那么这个东西要去研究啊，到当地去研究，学习当地的语言，最好自己能唱一点梆子戏，把当地的民歌、音乐语汇研究研究，找出它的特点、规律来。这个梆子腔，音乐史里我也写到了，但不过是人云亦云，是不彻底的。我年纪要小一点就一定要到西北搞它一两年，学一点也许就好一点。再比如高腔吧。我就想要到江西、湖南、四川高腔剧种流行的地方去学习一两年，就有发言权了。到今天要想出办法来，要实践，扩大实践的范围，当然东西太多了，但至少你要拣几样重要的东西学一学吧。

现在研究音乐史的青年人有两个问题，一个是实践不够，对音乐本身实践不够，一个是知识方面不够。现在的青年人好像窄了一点，要广，样样东西要懂是难的，但是多懂一点是可能的，是有时间的！我搞音乐史是业余出身的，以前不是靠音乐史吃饭的，我是在中学里教英文、教数学，那么搞出来的呀。到后来1936年，专门研究音乐还是兼职。搞宗教音乐同时兼哈佛燕京学社；1941年到音乐院教书了，才全部变成专业搞音乐史了。所以可以说，我们都是业余出身的，很多旧社会的音乐家都是业余的。查阜西的古琴，吴景略的古琴吧也是业余的。他不是靠古琴吃饭的。这是旧社会的情形，现在不同了，青年人的条件是更好了，只要自己时间用得好一点，努力一点，并不是不可以多学一点。作为一个音乐史家，不要老去写音乐史。最好多去调查，收集各种曲牌，写出一本本曲谱来，用实践来充实音乐史，向深、广两个方面去搞。将来音乐史还要更广，因为它的历史太短，从1929年算起，到现在不过五十年，其中还有十年"四人帮"捣乱，什么东西都停下来了。只有四十年，这么一个科学，四十年能搞得好吗？所以我们的音乐史，我写的音乐史，应该给后面的人否定掉。他们可以写得比我更好，可是现在他们也是实践不多、不深，这么抄来抄去的话，音乐史就发展不了。越来越差了，这是个严重问题呀！

还有一个也是实践的问题。音乐史写出来以后，最好写的人能有教音乐史的机会，教音乐史本身也是个实践，可以提高音乐史。我起初没有写音乐史，在燕京大学音乐系担任音乐史课时，我是怎么搞法呢？我研究中国音乐的东西有很多卡片，每次上课讲一个音乐史问题，就用一套若干张卡片里面的材料。那时自己身体好、能唱、能奏，许多东西自己去弹给学生听，这些不过是音乐史中有关的一个个专题。当时的学生到现在还在的（有许多哪里去了我不知道），有个许勇三，他现在天津教作曲，钢琴弹的比较好，曾到国外去学习过。他们学生对我所教的音乐史兴趣很大，为什么呢？那时是两个人教音乐史，还有一位是一个文学家，有许多关于文学史的论著。他教音乐史就讲雅乐等等，讲的都是文学，学生兴趣不大。到后来我一去教，学生们就提出来这个课一定要我教，为什么学生对我鼓励？就是有音乐。学生要从音乐史中间听到音乐，了解到音乐。许勇三他们就欢迎我的音乐，他们学习中提的问题也都是音乐问题，这些使我感觉到音乐的重要性。

后来到青木关，我已写成音乐史纲那种讲义了，给学生们讲，学生又提出来，希望音乐多一点。当时给我的感觉，我音乐方面虽然懂一点，但懂得太少，所以1944年音乐院学生要求音乐史中音乐例子多一点，这个要求对我影响很大，使我感觉到我的音乐实践不够，因此我不肯到美国去也是这个道理。

1946年哈佛大学要我去教中国音乐史，叫我去办一个中国音乐研究所，给我的条件很好，我不去。回答他们的信，就是说：因为音乐史要联系活的音乐，不能光靠书本，研究中国活的音乐最重要，而离开了中国的乡土就没有中国音乐了。到美国去研究中国音乐，他们有关中国音乐的书是多的。但这个是不成的，只能从书本到书本，所以我不能来。这个认识是学生们帮助了我，使我认识到音乐史应该在中国研究，结合着中国实践研究。所以到新中国成立以后，写的音乐史虽比较少，但是写的东西确是一样样多起来了，也可以说是音乐实践方面的准备，这种专题研究越多，音乐史问题就越可以说得明白。什么书里第几章是什么调子，引证起来有根据。将来我们的青年人对民间音乐要赶快地抢，一本本曲集，编出来。音乐史不需要好多部，隔多少年再写一部音乐史。更多的时间应花在收集整理民间音乐中间。弄清楚每一个乐种，它的历史，它的规律，它的流行情况，它所起的社会作用等等。拿实践丰富认识，提升为理论。所以音乐史只怕没有实践，不怕实践更广。一个人的知识，有关中国音乐史所需要的知识是太多了。音乐院毕业只可以算是一个开头，不能所有学的东西就那么一点点，毕业以后还要好好地学。音乐史研究者可以多编曲集，同时长期多写专题论文，一个一个问题解决，专题论文到最后可以吸收到音乐史中来。

第三个问题是索引工作，统计工作要花工夫。因为关于这种东西在我们音乐史中有时表面看不出来，但不统计你就掌握不住材料。统计工作还要花相当大的工夫，许多音乐史的东西就是靠这个统计工作、索引工作的。比如《琵琶记》里面用了多少曲牌，这一部书和那一部书，后来的和前面的相同的调子有多少，不同的有多少？这都是统计。再如有一部叫《浣纱记》的，他们说是魏良辅新创作的音乐，可一统计，里面还是以前用过的调子多。所以说一句话，都要有很多的统计工作在里边。当然这种统计工作的本身是不写到音乐史里面的，中国音乐史的资料很丰富，统计工作、索引工作都做得很不够。古琴方面查阜西曾经统计一下，写了一个《存见古琴曲谱辑览》，这部书研究古琴的人至少都应该有的。另外傅惜华关于元杂剧、明传奇、子弟书等做了一些统计工作，很有价值。可是关于昆曲，那么许多曲谱、索引却没有好好做。以前储师竹先生花了年把工夫，为《九宫谱》中的曲牌做成了一本索引，虽涉及的范围不广，但论其价值，较之任何一篇专题论文，高出不知多少。此种工作很有价值，十分重要，但着手去做的人，可惜总嫌太少。昆曲、古琴这两样东西在中国历史比较长，音乐比较重要，首先应该统计起来。昆曲中间究竟有多少出存有曲调，曹先生已做了一个索引，全部昆曲的曲牌索引曹先生正开始在做。但她已年老，不晓得能不能完成得了。因为这个工程比较大，同一个曲牌有多少音乐，需要做比较，这些没有做好，要研究曲牌音乐的变化将来还是个困难。

第四，是录音问题。我教音乐史的时候，学生至少要求看得见乐谱，他们又希望演唱给他们听。到现在，音乐史应一面讲一面结合音响资料给学生听。可惜我们的唱片社，没有为我们做足够的唱片，唱片太少。所以有许多问题，将来怎么教，只教没有音乐的音乐史？录音没有怎么办？关于这个问题，我们讲了很久了，但至今还没有人肯为我们做唱片。听说文化部有的领导同志说，我们的音响资料不要外流，要保密。这实在是个消极的办法。我们自己不敢及时宣传自己的优秀文化，只取“防止外流”的消极办法，使自己的文化长期同世界割裂开来，逐渐消灭下去，这样能说对吗？中国的音响资料大可以出版吗，你做唱片，做胶带，向外国去卖，赚他们的外汇怎么不好？但是要是不作的话，将来我们中国人要研究中国自己的音乐史，也只好都是从书本到书本了，将来连我们自己都听不到自己的音乐。学习民间音乐，成为一句空话，这样好吗？我感觉危险的很！将来的音乐史要变成没有音乐的讲空话了，学生将毫无兴趣了，音乐史课对学生将无所帮助了。这很危险呀！所以，由于我们不注重唱片，不注重胶带，录了音老是在资料室里放下去，在那里消磁，声音一天天坏掉，怎么办？解放三十年来，过去的音乐在民间一天天少起来了。比如“十番锣鼓”，今天要录音到哪里去录？文工团说奏起来不是那么一种演奏情调，都变成齐奏了，同真正民间的合奏不一样，这样下去，怎么得了？将来会变成一方面说提倡民间音乐，重视中国音乐，一方面却是没有音乐的讲空话了。这样下去，如何对得起人民，对得起祖先，对得起后代。

总的讲了四个问题：

第一个是音乐史的实践问题。

第二个是音乐史与别的学科的互相关系、边缘科学的问题、知识的丰富性问题。

第三个到今天来说资料的统计工作、索引工作基础不够，没有做好。

第四个音响资料没有，将来愈来愈变得只能空讲了。

音研所的那部音乐史，我感觉写得不够好。如对昆曲部分否定的东西太多，《琵琶记》那么重要的一本书，轻易地一句话就给批判掉了。音乐史里有的问题讲不清楚的嘛，里面有好的东西，他们不是一分为二地看，认为主要倾向不好，就是不好的。其实照我们的感觉，中国音乐的确相当丰富，有它优秀的一面。音乐史应该将它优秀的一面拿出来，不要自己表示自己眼界高，这个不好，那个不好，音乐史写它干吗？写来写去，我们中国没有好音乐了嘛。要有所爱，自己不去实践，不懂得爱，什么调子喜欢，什么调子不喜欢，感觉都没有，鉴别力没有，这怎么写得好音乐史？这些都是简单的一点感想，漫谈聊天，供大家参考、批评。

原载《音乐艺术》1980 年第 2 期

李妲娜，生于 1941 年，女，曾任中国音乐家协会教育委员会副主任

杨荫浏：谈中国音乐的特点问题

李妲娜记录整理

问：香港张世彬在《中国古代音乐史论述稿》一书里认为：中国音乐落后的原因，是由于几千年来儒家思想对音乐统治的结果。这种思想只重音乐的教育性，不重艺术性、娱乐性，而一般地说，儒家的观点是以孔子为代表的，您对此看法如何？

杨：这个问题难用几句话谈清。百家争鸣嘛，张的观点可以研究和讨论。就我个人讲，不能同意这种说法，但也不准备去反对，因为他对于中国音乐史，并没有真正总结出什么东西来。

孔子的音乐思想是什么？儒家的音乐观点是什么？以及儒家音乐思想在中国音乐史中所占的地位究竟是什么？对这些问题，应该用历史唯物主义观点去具体分析。孔子的思想是两方面的，有唯心一面，也有唯物的一面。不能只从一个方面去看待。他在音乐方面只有一些对个别问题的见解，都是些不成系统的片断话语，但从中也可以了解到一些他的观点。他是强调音乐的教育作用及思想性的，但没否定音乐的艺术性和娱乐作用。《论语》上说："子谓《韶》尽美矣，又尽善也；谓《武》，尽美矣，未尽善也。"这里既有思想性，也有艺术性，是两个方面。荀子《乐论》说："夫乐者（音乐之乐），乐（快乐之乐）也，人情之所必不免也。故人不能无乐。"明确地提出了音乐的娱乐作用。孔子正是看到了娱乐作用及人不能无乐，才提出乐是很好的教育工具。所以从孔子和以孔子思想为主体的儒家思想看，虽然其中有许多宣扬封建等级观念的唯心东西，但在音乐方面也并不是只片面强调一面，否定另一面。我记得周扬同志过去曾多次谈过《乐记》里的这段话："乐者为同，礼者为异，同则相亲，异则相敬……合情饰貌者，礼乐之事也。"乐能在感情上使人团结起来，而礼能装饰外貌，使人遵守纪律。这是儒家思想的精辟所在。我们到今天也还是要讲团结，讲纪律，讲礼貌的。

但是在其后几千年的历史发展中，封建统治阶级为了自己的阶级利益，歪曲了、利用了孔子的思想，特别是后期儒家，那套是假儒家，而那个假儒家思想在音乐方面并不起什么大作用的。到了宋朝，这个矛盾就更加突出了，统治阶级的雅乐在宫廷里一年才演几次？统治者企图通过音乐艺术（主要是雅乐）来宣传他们本阶级的意识，维护其统治地位，但是他们一不懂音乐，二又轻视从事音乐演奏的乐工们，视之为下九流之辈。统治者和乐工的这个距离，也就使他们和音乐艺术之间存在着距离，其结果就是大大限制了他们在音乐方面的控制力量。这在历史上连统治阶级自己也不得不承认的。他们认为"郑声乱雅"了，但却无能为力。在雅乐上尚且如此，更不用说在其他音乐形式中统治阶级的控制力了。在这样的环境中，中国民间音乐，在受到政治上的阻碍和统治阶级思想沾染的同时，就比之别国的音乐有较多的自由发展机会。这一历史特点，可能与我国民间音乐特别丰富及其影响特别巨大有一定关系（民间音乐渗入到甚至宫廷雅乐和寺庙宗教音乐之中）。张的看法说明他对中国音乐发展的实际情况和特点还缺乏了解，对儒家思想缺乏研究。这也难怪，"五四"时的"打倒孔家店"，就有它的片面性。当时反对封建保守，结果把一切"保守"都推到孔子身上，拿封建主义和孔子画等号总不是公平的。实际上孔子是强调时代变了思想应发展的。孟子说过："孔子，圣之时者也"（圣人中符合时代的人）。毛主席讲的政治标准第一，艺术标准第二，还顾到两方面，而"四人帮"只剩下音乐为政治运动服务了，否认音乐的娱乐功能，思想越搞越窄，越搞越僵化，应引以为训。

关于张世彬这位年轻人，有人认为他的"音乐史论述稿"是抄我的，没有什么价值，但我认为他很用功，比我们许多人研究得更扎实。他是一个个专题来研究的。这个方法好，我也是一个个专题搞过来的，并不是一下子就搞出来的。那时我是边教学边研究，是一个一个问题研究，慢慢积累。主要是对中国音乐的认识的积累，张世彬正是从个别的专题研究入手，是不差的。我们的青年，正应该学他。

问：您认为中国音乐的特点和传统是什么？

杨：过去在学习中国音乐的同时我也学过西洋音乐，主要是乐理，作曲技巧（和声、对位、曲式），在搞（基督教）宗教音乐时，我曾接触和研究过大量西洋古典音乐大师们的宗教音乐作品（从简单的赞美歌到大型的圣咏、弥撒曲），也曾收集过从古希腊到20世纪欧洲的英、法、德等国以至日本的民间音乐，我越来越感到中国音乐与西洋音乐不同。

任何一种音乐，都与那个国家和地区的语言有着最密切的关系。音乐是语言在情感、音调和节奏方面的延伸和深化。《乐记》言"诗，言其志也；歌，咏其声也；舞，动其容也。三者皆本于心，然后乐器从之"。讲的是它们的关系。西洋音乐的特点是植根于它的语言规律的。西洋的语言，是轻重律。每个词的音节有轻重的要求，本身就包含有节奏因素。它的诗就是两种，诗体从重拍起的为扬抑格，弱拍起的为抑扬格，两种诗体同音乐有密切的关系。诗的轻重就成了音乐中的节拍，所以西洋音乐中节奏因素，节奏规律非常重要。但是中国文字只有高低升降符号，即四声，它本身含有旋律因素而不是节奏因素。由于语言两样，与之有关的音乐也就不一样了。

中国是一个多民族大国，在汉族居住的几十个省区中，各地方语言在音调上的差异，那就是千差万别，音的高低走向，发音的位置、方法都不太一样。这就带来了各个地方音乐风格的丰富多彩。这只从横的方面说。从历史上看，中国音乐的发展是以民间音乐为主而发展的，它在结构上更加自由得多。西洋音乐的发展在早期是从宗教音乐开始的，到后来是受到创造性的音乐家（主要是作曲家）的影响而发展。作曲家在音乐发展史上的地位要重要得多。因此，有许多东西原来还比较自由，后来就不那么自由了。比如调式，在中世纪时还有各种调式，到后来只剩下大小调和声调式了。但是中国的音乐发展就不一样，比较自由，各地的音乐风格多样，形式丰富。比如江苏的“十番鼓”是一种形式，而“十番锣鼓”又是一个样子。昆曲更不用说了，各自都有独特的形式特点。当然它们之间有相互吸收、相互影响的地方，但这是自发的，框框很少。现在常有些人拿西洋音乐的什么动机、主题、曲式、调式等等框框去硬套中国的曲调，怎么能分析得出来呢？许多人对中国音乐不熟悉，没有好好学习研究，那么多明摆着的好东西他们都看不见，路子越走越窄。比如有人写专著论述中国音乐的调式问题，认为懂得了调式就是懂中国音乐了，把调式分析在音乐作品中的地位摆的极高。这个观点可靠吗？实际上中国的调式在音乐作品中起的作用，只相当于中国诗的韵脚。是诗要押韵，用什么韵并不能代表诗的感情，影响乐曲感情内容的因素是非常复杂的。比如民间音乐“十番锣鼓”中《下西风》的第一段，原是《西厢记》的一首悲哀的调子，但把节奏加快，音调提高了，即使调式并没有变，音乐情绪就一变而为快乐。调式在这里不过是起保持作品的统一完整性的作用。

你要问中国音乐的特点，就是多样的特点，而不是一个或几个特点，中国音乐的传统也是多方面的传统。

比如昆曲，只是中国音乐中的一个品种，而它又包含有南、北曲两大类，各自风格相异，南主柔婉，北主刚劲。但即使同是南曲，本身也是多姿多彩，这从它形成的背景就可以看清楚了。南曲在千把年的历史中，不断从南方各地民间音乐中吸取养料而形成。更加上表演家，填词家们的加工创造，它的传统就很难讲是从哪一个根子来的了。应该说传统是很丰富的，背景是很复杂的。

再比如京剧，它在初期时，许多演员都是昆曲出身的。京剧又有两大声腔源流，二黄是南方的徽剧、徽调的一部分吸收而来，西皮则是西北的梆子，经过四川到湖北。两样东西几乎走遍了大半个中国，逐渐吸收，融合才形成了京剧。又经历千千万万演唱家们的创造性劳动，才成今天的京剧音乐。它里面既有梆子，又有南方的徽调，还有昆曲的传统，你说它的特点、传统是一个吗？

南方的民歌长期以来被一些人认为“黄色”、“软绵绵”。过去我们家乡无锡有个文工团领导，他是从北方去的，说无锡的民歌太软，是靡靡之音，硬要当地群众去唱山西、陕北的民歌。这是一种错误的无知的做法。为什么他们会有这样的认识呢？说明他们对我们音乐风格的丰富性、多样性缺乏常识。实际上，南方有许多东西在历史上是从北方传过去，后来又继续发展，甚至超过了北方的。

南北方风格不但声乐有别，器乐也同样。比如吹笛子，陆春龄是南方的，吹得优雅、含蓄；而北方的冯子存则调子明快、刚健、热烈。内蒙古则又是一个风格，它的有些笛曲与放牧生活有关，一吹起来给人以海阔天空的感觉。

各个地方的独特风格和相互关系，形成了中国音乐的总体。不能因对某一个地方音乐的偏爱而贬低其他地方的音乐风格。有些人反对李谷一的唱法。其实她也是一种风格，一种民间风格。为什么不允许存在呢？持此意见的人就是对中国音乐风格的丰富性缺乏认识。

所以对风格、传统都要扎扎实实地去研究，不要老讲空话，追求表面的东西，以个人的好恶代替科学的研究工作。自己不下工夫，企图简单地一两句话就想概括了，那是懒汉思想。

今天是想到那儿就随便说说。这个问题要从理论上真正说清楚，不是三言两语办到的，也不是现在就完全能说明白的。对中国音乐中的许多问题，我们现在还没有研究出个所以然来，怎么能下得了结论呢？

原载《中国音乐》1981 年第 1 期

李妲娜，生于 1941 年，女，曾任中国音乐家协会教育委员会副主任

杨荫浏：佛教音乐

肖兴华整理

自西汉哀帝元寿年以后，佛教从天竺（现在的印度）传至中国。为了便于翻译佛经，天竺的拼音开始被中国人民采用，它对中国音韵学的发展起着一定的作用。

佛教既然以中国人为对象，佛教音乐就不能照搬天竺的音乐而不得不吸收中国的民间音乐，并以此为主。梁代僧人慧皎（497—554）所写的《高僧传》中，曾讲到佛教信徒中一些擅长唱歌的人，曾提出天竺与中国语言不一，曲调难以通用。《高僧传》十三："自大教东流，乃译文者众，而传声盖寡。良由梵音重复，汉语单奇。若用梵音以咏汉语，则声繁而偈促；若用汉语以咏梵文，则韵短而辞长。是故金言有译，梵响无授。"唐道世在他所写的《法苑珠林》中也说："关内关外，吴蜀呗辞，各随所好。叹赞多种。但汉梵既殊，音韵不可互用……又至魏时，陈思王曹植……遂制转赞七声，升降曲折之响；世之讽诵，咸宪章焉。"由于汉语与梵音之间的差异，迫使佛教音乐的创作者不得不采用中国老百姓熟悉的音调进行再创作，这样，佛教音乐便逐渐开始中国化了。

宗教信徒为了宣传教义，定出了许多宗教节期，在这些节期中，给群众提供了艺术活动的机会，也促进了佛教音乐与民间音乐的结合。旧时代，在一定程度上，寺院常常成为民间音乐的集中者、保存者和传授者的所在地。由于中国佛教音乐一开始就取材于民间音乐，不断利用民间音乐素材，进行再创造，所以我们说，佛教音乐基本上是中国民间音乐的一个组成部分，它不同于印度的佛教音乐，它有着强烈的民族属性。

佛教禅宗音乐由四种因素组成，即赞、偈、咒、白。

赞——即颂赞，赞美佛的功德。其形式大多是长短句。

偈——讲佛教的教义。形式是四言、五言、六言、七言、九言的诗句，每偈四句。

咒——梵语陀罗尼，直译曰总持，义译为明、咒、密语、真言等义。

白——白的形式分直白、梵白、书声白、本梵白、道腔白等五种。

赞、偈、咒、白四种因素，分别使用于佛教的各种活动形式，即课诵、焰口及水陆等当中。

一、课诵：它指佛教中的做功课，是最平常的一种宗教活动；每天早晚都有课诵，遇到宗教节期，则有更加盛大的课诵。

二、焰口：佛教当中有放焰口的节目。其内容开始为净坛，然后请菩萨下降，音乐比较严肃；以后，放出地狱中的饿鬼，音乐凄厉；之后，对他们施食，感化之，使其皈依佛教。为此，和尚和鬼一同唱起欢乐的音调；最后向佛极告其成果，音乐庄重严肃。其整个过程仿佛一个戏剧，其中的角色，除了和尚自己之外，还有想象的、虚构的、看不见的一些角色，如佛、菩萨、金刚和饿鬼等。焰口音乐丰富多变，有的和平庄重，有的欢乐活泼，有的热情奔放，有的恐怖凄厉，均伴随着特定内容情节予以灵活的运用。

三、水陆：水陆道场规模很大，它分别设内坛和外坛。外坛六处，主要活动是分别诵各种的经；内坛一处，主要活动为课诵。音乐节目，常用于课诵之中。

佛教当中所使用的器乐因地而异。江苏地区的佛教音乐，如十番鼓、十番锣鼓之类，都与当地民间吹鼓手所演奏的基本相同，北京智化寺所演奏的器乐曲，和流行在北京地区的杠房音乐基本相同。山西五台山寺庙当中演奏的八大套，也是民间曲牌连接起来的套曲，都属当地流行的民间音乐，而不是佛教所特有的音乐。

还有一种器乐曲和佛教有着密切的关系，如古琴曲中的《普庵咒》、《释谈章》等，它基本上是配合声韵的练习曲，但是仍然是和本国民间音乐相结合的产物，反过来，又对民间音乐给予一定的影响。

总之，中国的佛教音乐，有着自己民族的强烈属性，它不同于印度的佛教音乐，而是中国民间音乐的一个组成部分。

关于《佛教音乐》一文的说明

在1981年3月19日，吕骥同志给郭乃安先生写了一封信，谈到杨荫浏先生为《中国大百科全书》“宗教卷”撰写《佛教音乐》条目一事，杨荫浏先生便在一个上午把我找去，要我写一《佛教音乐》条目并告如何去写。我于6月9日写成后送杨先生过目，他逐字逐句进行了修改。因这篇短文完全是在杨先生授意下写成，我提议以杨先生名义发表，但遭到杨先生拒绝。他说你也花了劳动，还是以你名义发表吧。最后经过“辩论”，杨先生同意以“杨荫浏口述，萧兴华记录整理”的名义发表。以后，因为杨先生年事已高，体质较差，文章就被压了下来。今年12月5日，在纪念杨荫浏先生诞辰九十周年、逝世五周年之际，将这篇短文抄出，并借《中国音乐》之地，将此文发表，以纪念尊敬的杨师。

原载《中国音乐》1990年第1期

肖兴华，生于1941年，中国艺术研究院音乐研究所副研究员

杨荫浏和《二泉映月》

——曹安和访谈录

黄大岗

阿炳（华彦钧）的二胡曲《二泉映月》是一首家喻户晓的不朽之作。半个世纪以来，不仅在国内乐坛上盛演不衰，而且成为展示在国际乐坛上的一朵瑰丽的中国民族音乐之花。

著名演奏家张韶、闵惠芬、王国潼、姜建华、朱昌耀等将《二泉映月》作为音乐会上的常演曲目。

《二泉映月》是全国二胡比赛的必奏曲目。

丁芷诺、何占豪将二胡曲《二泉映月》改编为小提琴独奏曲。

丁善德将《二泉映月》改编成弦乐四重奏，以俞丽拿为首的女子弦乐四重奏团作为出国节目和保留曲目演奏。

吴祖强把《二泉映月》改编为弦乐队合奏曲，中央乐团、上海乐团及香港的一些乐团竞相演奏。

彭修文改编的二胡与民乐队协奏的《二泉映月》频频在广播电台放送。

美国的波士顿交响乐团、费城交响乐团、德国的斯图加特室内乐团、法国的里昂交响乐团都先后演奏过《二泉映月》这支名曲。国外有人主张采用《二泉映月》作为莎士比亚的悲剧《罗密欧与朱丽叶》的终曲，借以加强悲剧气氛。

各种《二泉映月》的音带、音碟纷纷制成发行。1985 年，《二泉映月》在美国被灌制成唱片，并在流行全美的十一首中国乐曲中名列榜首。法国电台播放了《二泉映月》，法国一位音乐评论员写道："这首神奇的抒情乐曲具有难以言传的艺术魅力，它如诉似咽，哀音如丝，真执纯净的感情细腻入微，民族风格浓郁，即使最爱挑剔的人，也休想找出哪怕半点异国情调的音乐。"①

日本著名指挥家小泽征尔在中央音乐学院第一次听到了姜建华演奏的二胡曲《二泉映月》，赵沨陪同在旁，赵沨说："我永远不能忘记的是，小泽征尔当时泪流满面，以东方人所特有的那种虔诚态度说：这种音乐只应该跪着听。并且真的从椅子上顺势要跪下去。当我拉着他的手又把他扶在座位上之后，他又喃喃地向我说：如果我听了这次演奏，我昨天绝对不敢指挥这个曲目，因为，我并没有理解这首音乐，因此，我没有资格指挥这个曲目。"②

日本清冈卓行听《二泉映月》后说，"断肠之感这句话太合适了"③。

当年这首千年佳作是怎样昭示天下的？识千里马的伯乐又是谁呢？是中国音乐学家杨荫浏先生及时抢救、挖掘了阿炳的包括《二泉映月》在内的六首优秀乐曲，录制了音响资料，为中华民族音乐文化宝库增添了一份珍贵财富，杨荫浏先生功不可没。

我们怀着崇敬的心情，重访了这段历史的见证人——曹安和先生。

曹安和先生93岁了，腿脚已不太灵便，平常是坐在沙发上看书，看电视或谈话，天气好的时候坐轮椅到新源里的公园去呼吸新鲜空气。曹先生依然头脑清晰、精神矍铄。曹先生说话还是那么实在，不用形容词，还是那么一开口就笑。我看到的曹先生总是那么善待人生，雍容大度！

对于当年随同杨荫浏先生一起去无锡采访阿炳的事；对于《二泉映月》一曲的由来，曹安和先生条条缕缕记得清楚，说得明白。

曹先生说，杨荫浏去采访阿炳不是偶然的。

杨荫浏与阿炳是同乡，同是无锡人。

阿炳知道："南门留芳声巷的杨家是无锡望族，世代书香，人才辈出。杨荫浏先生自小喜欢音乐。"④

杨荫浏也自小就耳闻目睹阿炳这位比他大六岁的"小天师"，具有被乡里人称道的超群的音乐技艺。

他们二人一生有四次接触。

早在1911年，杨荫浏12岁时，就慕名向道士阿炳学习三弦、琵琶，演奏过《三六》、《四合》等曲。那时阿炳18岁，尚未失明，吹拉弹打样样精通，人称"巧嘴阿炳"。后来杨先生的父亲不愿意儿子老是跟道士来往，就托人介绍儿子去跟无锡著名的清唱昆曲社团"天韵社"的吴畹卿学习音乐。

---

① 钱仁康：《阿炳的艺术成就从何而来》，载《阿炳论》，北京：中国文联出版公司，1995年，第118页。

② 赵沨：《在华彦钧艺术成就国际学术研讨会上的开幕词》，载《阿炳论》，北京：中国文联出版公司，1995年，第1页。

③ 杜亚雄：《阿炳的三首二胡曲》，载《阿炳论》，北京：中国文联出版公司，1995年，第59页。

④ 黎松寿、张伯祎：《阿炳传略》，南京：南京出版社，1993年。

事隔二十余年，杨先生学有所成，被北平哈佛燕京学社聘为研究员。1937 年，阿炳曾主动来向杨先生请教，此时，阿炳已双目失明，杨先生掰着他的手指，阿炳在琵琶上摸索到《将军令》曲中“撤鼓”的弹奏方法。

又过十年，1947 年春，无锡道教艺人应红豆馆主及其在上海银行界的学生之邀，赴沪演出“十番锣鼓”与“十番鼓”，行前请杨荫浏来无锡指导排练，杨先生曾请阿炳到排练现场聆听，使阿炳饱受创伤的心灵受到莫大安慰，他对杨荫浏说：“我听着听着，仿佛在和大家一同演奏。以前的乐事，重上心头，真是不可多得。”①

第四次交往是 1950 年 8 月，杨荫浏和曹安和先生等专程赴无锡，为阿炳的音乐作现场录音。

一生备受摧残凌辱的阿炳，此时已是百病缠身，形容枯槁，若不是他离开人世前的这次采访，他也会像新中国成立前许多民间艺术家那样，人去乐亡。不会为国内、国外所知晓了。

这迟到而又及时的抢救是因为中华人民共和国成立了，杨荫浏担任了中央音乐学院音乐研究部的教授，研究部负责人李元庆批准、院长吕骥支持，杨荫浏得以带着全所唯一的、刚买的钢丝录音机奔赴无锡，录制了宝贵的阿炳的音乐。

杨荫浏先生到无锡录音时，列入计划的有三项内容：（1）录阿炳的演奏；（2）依梅兰芳先生的建议，录天韵社伴奏昆曲时板鼓和三弦的独特技术；（3）录“梵音”。

曹先生至今还记得，阿炳被请到无锡盛巷 28 号曹宅楼上的情景。

阿炳因为两年前街上卖艺时淋了一场大雨，一直生病，心爱的二胡皮膜被老鼠咬破，他已经两年没有摸琴了。

为了录音，杨荫浏到无锡乐器店借了一把二胡。那把二胡是竹筒、竹码，所用的琴弦是老中丝弦，没有控制垫，从制琴水平看，算是一把劣等二胡。又从曹先生处借了家藏的琵琶。

阿炳拿着这把二胡，练习了三天，就来录音。录音分别在曹家楼上和三圣阁楼下进行的。头一天录了三首二胡曲：《二泉映月》、《寒春风曲》和《听松》；第二天录了三首琵琶曲：《大浪淘沙》、《昭君出塞》和《龙船》。录制都是一次成功。

录音时在场的除了杨先生、曹先生、阿炳夫妇外，还有曹培灵、黎松寿、曹志伟和祝世臣，共计八人。

听着录音，杨先生赞不绝口：“太妙了，难得啊、难得。”

阿炳却说：“我手上的功夫已大不如前，手不听使唤，惹你见笑了。”阿炳还说：“等我练一个时期，会有很多曲子可以录音的。”

曹先生回忆，阿炳自己说过，他会几百个调子，三天三夜也录不完。据杨先生估计，单是《苏南吹打》，阿炳就会几十大套。当地人们记得阿炳常拉的乐曲还有《湖光山影》、《泥马渡》、《无锡景》、《八大景》、《行街》、《三六》、《梅花三弄》等等。

录音之后，阿炳对杨先生说：“你我第一次见面，还是在清朝宣统年间。你弹三弦、我拉

① 黎松寿、张伯祎：《阿炳传略》，南京：南京出版社，1993 年。

二胡，一起合奏过一曲《三六》。弹指一挥，换了几个朝代，我们也都年过半百，今天何不再来合奏一曲《三六》，留作纪念？”杨荫浏欣然同意。阿炳在胡琴上不断加花变奏，杨荫浏在琵琶上不断花样翻新，在场的人听得如痴如醉，真是精妙绝伦。曹安和先生说，阿炳和杨先生合奏《三六》，两人争着变化，把这首乐曲奏的活灵活现，变化多端，我从来没有听过这样好的即兴配合，可见两人演奏技艺的高超，很可惜的是当时没有把它录下来。

阿炳为了让杨先生再录一些曲子，就拼命练琴。阿炳的邻居许忆和讲，阿炳当时已患重病，常大口大口吐血，但他仍手不离琴，直到卧床不起时，才停止练习。终于在录音后当年年底，阿炳沉疴不起，溘然去世。杨先生为阿炳抢录的这批录音成为唯一的音响资料，成为《二泉映月》这一传世之作的唯一蓝本。

1950 年下半年，吕骥在音乐研究所资料室听到了杨先生录制的阿炳的音乐，他为阿炳惊人的艺术造诣和可贵的独创性所慑服，他说：“听了之后，才知道这不是一般的民间音乐，也不是一般的二胡音乐，而是当代最杰出的音乐作品之一。应该立即向唱片社介绍，请他们制成唱片，广为发行。使大家知道我们有这样优美的民间音乐，特别是《二泉映月》，它是震撼人心的作品，不应该只是当做一般民间音乐资料珍品，收藏在资料室。”①

中国唱片社将阿炳演奏此曲的钢丝录音制成了唱片。唱片号码是：51189 甲乙 78 转。

50 年代的钢丝录音带，由于开听得次数太多，再加上听录音的蒋同志不熟悉录音机，按错了一次按钮，不小心将《龙船》一曲的几个音抹掉了，后经音研所用科学方法，补上去后制成唱片。

中央音乐学院民乐系决定聘请阿炳到校教学，征求阿炳意见的信由黎松寿专程送到了阿炳家中，因阿炳病重，已无力应聘。

人民音乐出版社出版了《阿炳曲集》一、二版，《曲集》中还有杨荫浏撰写的《阿炳小传》。

记者问曹安和先生：“《二泉映月》的曲名是杨先生改的吗？”

曹先生神情严肃地说：“杨先生从不给人改名字，也没有给阿炳的曲子改名，他不赞成搞假古董。”

《二泉映月》是阿炳一生历程的写照，是他倾吐愤懑、憧憬光明的心声。有人说，《二泉映月》表现的是“一把辛酸泪、满腹肺腑言”。《二泉映月》虽然悲伤，但不像《江河水》那样恸哭，是无法发泄，不可排遣的苦闷，是一个经受了常人所没有经受的生死搏斗之后，灵魂得到升华的情感表现。是长歌当哭、痛定思痛、欲哭无泪的状态。凝聚在阿炳琴弦上的音调是阿炳生活经历，思想感情的艺术结晶。是阿炳丧母、做道士、失明、卖艺的种种痛苦惆怅，是阿炳坚忍不拔，爱国爱家乡的抗争、追求。总之意境深远，是一首乱世中的怨怒之歌。

许墨林说：“据无锡老听众回忆，抗战前（30 年代初）就听到过阿炳拉出《二泉映月》

---

① 吕骥：《关于阿炳的回忆》，载《阿炳论》，北京：中国文联出版公司，1995 年，第 1 页。

片断，以此类推，到1950年杨荫浏先生为之录音定稿，从产生到定型至少有20多年时间。而且据多次听过阿炳演奏《二泉映月》的老听众回忆，没有一遍是相同的。什么时候演奏得最打动人心？那就是阿炳卖艺归来，没有挣着几分钱，饥肠辘辘，风雨裹身时，如怨如诉如泣如愤的琴声催人断肠，长街小巷，乐曲没有终竭之时。"①

阿炳说，《二泉映月》这首曲子是"边走边拉的"，是"瞎拉拉的"，从接触过阿炳而今仍健在的老人回忆，这首乐曲是他每日必拉的一首。别人称这曲子是阿炳的"依心曲"，"自来腔"。据阿炳的另一同乡钱仁康先生解释说，"依心曲"、"自来腔"是无锡的一句俗话，所谓"依心曲"、"自来腔"，是说自己凭空想出来的。实际上阿炳演奏的乐曲，都是"依心曲"、"自来腔"。②

杨荫浏先生对阿炳说："你给这首曲子起个名字吧。没有名字不好对外介绍。"

阿炳喃喃说道："那就叫它《二泉印月》，如何?"

杨先生知道阿炳曾学过广东音乐《三潭印月》，也知道阿炳经常在无锡惠山二泉亭演奏，明白阿炳起这个曲名的由来，他只对阿炳征询意见说，是否把"印"字改为"映"字？阿炳同意了，《二泉映月》的名字就这样定了下来。曹安和先生认为这个曲名很好，她吟诵了苏东坡赞美惠泉山的名句"独携天上小圆月，来试人间第二泉"，她还说："泉以名著，曲以泉名，名泉妙曲相得益彰。"③

我国的民族器乐曲历来有写景入手，借景抒情，情景交融的传统。虽然《二泉映月》并非表现自然风光，但"月色虽明，世道则暗；泉水虽甜，人生却苦"。在二泉映月之处发出的是阿炳辛酸人生的感愤也未尝不可。

我们向曹安和先生提出最后一个问题，《二泉映月》是来自于道教音乐吗?

杨荫浏先生曾多次问过阿炳所奏曲调的来源，阿炳总是不置可否，若一定要勉强回答，他便随口说："也许是从道家学来的吧"，"也许是从儒家学来的吧"，"也许是从街上听来的吧"等等。

阿炳从小在当道士的父亲华清和教导下，学会了道士应掌握的一唱二念三吹四打。阿炳博采众长，向擅长击鼓的朱老道、评弹艺人张步蟾、雷琴艺人王殿玉、锡剧艺人袁仁义都拜师学习过。阿炳曾说：几十年来我听见了什么使我喜爱的音乐，不问教的是谁，我都跟他学。教过我一两曲的人太多了，连我自己都无法记得。

阿炳精通道家音乐、法事音乐、梵音，对苏南一带丝竹乐、十番锣鼓、锡剧和其他地方戏、民歌小调都很熟悉，他是在地地道道的民间音乐中泡大的。

阿炳正是经历了这样一个博采众美的阶段，"搜寻奇峰打草稿"、"熟读唐诗三百首"，继而达到熟而能作，作而能创的境界。

李民雄说："从1954年出版《阿炳曲集》以来，不少研究者苦心分析阿炳作品的曲调来

---

① 许墨林：《修订阿炳年谱的启示》，载《阿炳论》，北京：中国文联出版公司，1995年，第119页。
② 钱仁康：《阿炳的艺术成就从何而来》，载《阿炳论》，北京：中国文联出版公司，1995年，第118页。
③ 萧兴华：《阿炳没有提示的"提示"》，载《阿炳论》，北京：中国文联出版公司，1995年，第206页。

源，大家研究的结果，只能说《二泉映月》的某些乐句与《簧调开篇》、《知心客》、《三潭印月》等相似，且纷说不一。”①

阿炳还说过：《二泉映月》原来是道家的唢呐曲，《寒春风曲》是道家失传了的“梵音”曲调，《听松》是从惠泉山寺院里的和尚学来的。但杨荫浏、曹安和先生在调查中都没有找到可靠的根据，估计阿炳的这些说法很可能是假托别人的传承避免说出自己创作的真情。

阿炳把滩簧调等多种民间音乐已吸收融化到自己的音乐中去了，《二泉映月》就是阿炳的独创。

在向曹先生告别时，我们告诉老人家，现在有人在报纸上写《〈二泉映月〉背后的故事》，透露一批“鲜为人知”的事情，说“杨先生不是专程去给阿炳录音的”，“后来杨先生将阿炳的录音抹去一部分曲目”，“杨先生心血来潮”改动阿炳的曲名，“现已查明”《二泉映月》与道教曲的关系等等，曹先生听了这种无中生有的说法先是一愣，继而轻蔑地笑了。

原载《音乐研究》1998 年第 1 期

黄大岗，生于 1943 年，女，人民音乐出版社编审

---

① 李民雄：《平凡与不朽》，载《阿炳论》，北京：中国文联出版公司，1995 年，第 135 页。

杨荫浏先生的音乐之路

乔建中记录整理

整理者絮语：

1978年秋，文学艺术研究院（中国艺术研究院之前身）招收第一批硕士研究生。音乐系录取了十二位同学，由杨荫浏、吕骥、郭乃安三位先生分别指导。为给日后三年的学习打下一个坚实的基础，系里特别请杨荫浏先生讲授《我和中国音乐史》。其时，杨先生已是八旬老翁，但他头脑灵敏、精力颇盛，从1979年5月4日至6月28日，一连讲了五次。在以叙述自己治学经历为主的讲题内容中，既有对美好的童年音乐生活的深情回味，也不时对中国音乐研究的种种倾向加以褒贬，讲昆曲、忆阿炳、说十番，述往事、追来者，古今中外、兼而论之，最后终于道出一句极平常但又振聋发聩的警世之语：音乐史不能是没有音乐的音乐史。总结了他数十年治理音乐学的经验，也深切地寄厚望于晚辈。

如今，杨先生已谢世六载，当年的课堂笔记在我的书架上放了十一年，由于此次系列授课之后，杨先生的身心健康日渐衰弱，他再也未能给学生们上课，故而我把它称为“最后的课”。这是我们学习中国音乐过程中最难忘的一段经历，也是杨先生留给中国音乐界最后的一份遗产。

以下就是此次授课的整理稿，文中如有不符合历史之处，一律由本人负责。1990年

10月10日乔建中志

又：此整理稿曾以《最后的课》编入《中国音乐学一代宗师——杨荫浏（纪念集）》（1992，台湾民族音乐学会出版）在台湾首次发表。今年适逢杨荫浏先生100周年诞辰，《中国音乐学》特辟专栏，以纪念这位毕生为中国传统音乐献身的伟人。应编辑部之约，本人将原稿稍作订正并将标题改为现名，呈交编委会。相信读者朋友与本人一样，一定会从中获得许多教益。

乔建中1999.8补识

我六岁（实五岁——整理者）进私塾，读“四书”、“五经”。虽然都是古文，但读起来并不困难，两年以后，竟然变成了自己很习惯的语言。父母作这样的安排，大概是想要我将来考“状元”。私塾的教学方法，以读和背为主。读完一百多本“十三经”①，就算毕业了。凡是认真读过的段落，都可以背诵。我读《纲鉴易知录》时，每天都经老师提问。它的好处是使我日后对历史掌故比较熟悉。当父母知道科举废除，便又送我进师范。当时他们更关心的是长子——我哥哥的前途，我嘛，有书念就可以了。师范学校的课程主要是国文、数学、英语三门。因为我有私塾的底子，国文不用再费工夫学了。数学没学过，就下工夫拼命做练习，几乎每道习题都不放过。十二岁那年，遇到美国传教士郝路易，她很喜欢我，教我学英语和外国音乐。我曾称她为“干妈”。开始上视唱课，后来学作曲，她是想把我培养成宗教音乐家。那时，全国还没有一所音乐学校。我最初对音乐发生兴趣，是在六七岁时结识了颖泉道士，受到他的感染而后逐渐浓厚起来的。他教我吹笛、吹箫、拉二胡、吹笙，每天晚上都同他泡在一起。我学的大都是曲牌，后来知道这些牌子曲实际上就是“十番鼓”音乐。此外，还有“江南丝竹”的传统曲目如《三六》、《中花六板》等。大约在我十二三岁时，颖泉道士离开无锡走了。在此之前，我就知道有位叫阿炳的盲道人，十分精通各种民族乐器的演奏。于是我又转而向阿炳学习琵琶和三弦，曲子仍是丝竹曲牌。但我父亲不喜欢阿炳，认为他没有礼貌，处世随便。当然，父亲也知道，如果不向阿炳学习乐器，我会更加调皮，这他也不高兴。所以，还是勉强同意我拜阿炳为师。一年之后，父亲又找了一位亲戚苏绪初，教我书法。不久，苏又把我介绍给昆曲名家、“天韵社”社长吴畹卿老先生。吴先生所掌握的昆曲唱段，在当时昆曲界是最多的。但他从不轻易收学生。他先是让我到他家演奏乐器，听过之后，确认为我有一定的音乐天分，才答应教我。吴畹卿对学生的要求极严。我先后向他学会了九十多套昆曲，每套都背得很熟。他同时也教我琵琶曲，先教小套，后教大套，如果前一套没弹好，就绝不教下一套。他要求我每天至少练两小时。我记得先学《将军令》，接着学《霸王卸甲》，都属武套大曲，学会之后，才教文套大曲，文套比武套难。

1923年前后，我到了上海，认识了中华音乐会会长施颂伯。在一次音乐会上，我弹奏了

① 十三经：即《周易》、《尚书》、《诗经》、《周礼》、《仪礼》、《礼记》、《春秋左传》、《春秋公羊》、《春秋谷梁》、《论语》、《孝经》、《尔雅》、《孟子》之总称。此处指旧时线装书的册数。

《将军令》，施先生演奏了《十面埋伏》，李廷松①那时也在，他还很年轻。音乐会之后，施请我吃饭，并称赞我《将军令》弹得不错，当时还有一首很活泼的琵琶曲《龙船》，演奏者可以即兴加进很多东西，可惜这支曲子在《华氏（秋苹）琵琶谱》和李芳园的《十三套》中均无传谱。只有阿炳在20世纪50年代初（1950年7月）留下一首，但录音稍有损坏。

1926年，吴畹卿老师去世，他将自己收藏的全部乐谱及有关戏曲音乐文献全部遗赠予我，成为我日后从事民间音乐研究的一份珍宝。

在此之前，我考取上海圣约翰大学经济系。当时，绝没有想到以后会从事专业音乐史学的研究，只是大学里设有文娱部，有很正常的音乐生活。我以往接触音乐是从实践起步的，搞音乐史也必须以音乐实践作基础。没有实践，不重视实践，很难搞出真正有价值的音乐史。过去的音乐历史著作，太注重雅乐、乐律，讲戏曲则只讲文学脚本，根本不提音乐，甚至还说外行话。但真正的中国音乐的长处、规律，却没有人下工夫钻研。《山门六喜》前后转了四次调，但记谱方法前后一致，贯穿到底，说明中国古代已经有了固定记谱法，如果用西洋的办法，标出转调调名，用前调之×等于后调之×，不是不可以，只是把音乐搞断了。

在我之前，共有八九个人写了中国音乐史专著，叶伯和、郑觐文、许之衡、王光祈……王光祈批评了古代管律，很有见地，但他缺少实践，不熟悉昆曲和民间音乐。文章写得很漂亮，只可惜有上面的不足。这实在是一种遗憾。

再如研究戏曲，必须自己会唱多少套唱腔才行。根本不唱，很难把音乐研究透。研究京剧就应弄清梆子戏和徽剧的历史。要是让我来搞，我就想先到甘肃，弄清楚西秦腔（陇剧）；然后再钻研高腔，它源于弋阳腔，而弋阳腔又与北方的音乐相关。只有在下了这样的功夫之后，我们才能对京剧音乐有更深入、更全面系统的认识。

音乐史是一门包罗了许多学科门类的专业，如考古专业、历史专业、律学、乐学专业、乐器和器乐专业以至于社会学、哲学等。特别是在中国，它同所有的社会科学门类，几乎都有联系。以古琴为例，我们要想到为全世界负责，因为人类音乐史上最古老的音乐（仍旧保留下来的）之一就是琴乐。现在的情形是今不如昔，许多青年人的学术水准在急剧下降，这是十分令人担忧的现象。

我在青年时代读过两个大学：一个是圣约翰大学，美国人办的；一个是光华大学，学到三年就辍学了。圣约翰大学，除中文课之外，一律用英语对话。1925年发生了五卅惨案，它是五四运动的继续。日本人开枪打死工人顾正红，激起全社会的愤懑，工人、学生纷纷上街游行，圣约翰大学很多同学也都参加了，一边演讲一边宣传，表现了自己的爱国感情。圣约翰大学原来对这类事关心不够，但“五卅”之后，每天举行升旗仪式。学生们把旗升上去，外国人又将它拉下来，最后终于发生直接冲突。于是校长宣布：暑假不考试，学生于当日下午立即离校。经过酝酿、协商，八百七十多名学生签名，决定离开学校。这个消息很快传遍全市，南

① 李廷松（1906—1976）：琵琶演奏家，江苏苏州人。16岁开始学习演奏琵琶，师从汪昱庭、施颂伯，并成为“汪派”主要传人。20世纪五六十年代任中国音乐研究所特约研究员。

洋大学（即交通大学）派车迎接我们，多数人住进“交大”。第二天，王省三的儿子来做演讲，愿用三万亩土地为大伙办学校。又有人说：“我父亲愿意用自己在霞飞路[①]的房子作千人宿舍，支援你们办学校。”这个人姓张，大家推举他当校长，并组成教师筹款委员会。他还说三年内的办校经费可以由他一个人承担。国内很多名教授均因为学生的爱国热情自愿任教。有的则作兼职教授。如胡适兼职教我们国文，另一位孟教授讲行为心理学。当时全世界只有两个学校开设了这门课。学生的自治力很强，开展体育活动，举行英文论文竞赛等等。

我就在这个时候写了第一篇中国音乐史的论文，约一万多字，得了英文论文比赛第一名，领了金牌。现在看来，这篇文章误讹颇多。一是以唯心主义观点认识中国音乐的历史；二是过分推崇雅乐；三是用神秘主义看待乐律问题。我当时没有留底稿。文章有些幼稚、肤浅；只是因为评委老师不懂音乐，而我的英文表达尚好，所以得了第一名。

在大学时代，我们自发组织了昆曲社。我们的老师要求很严。不但背唱词，还要背音韵。我从此知道音韵学对于研究音乐史很有益处。为什么呢？因为古代歌曲与语言的关系十分密切。“节奏”二字，远在战国时代就有人解释：“节”为顿，休息；“奏”为行进、运动。即动静、快慢的统称，或曰进行与停顿的交替关系。日本人把“节奏”翻译成 rhythm，已约定俗成，为大家默认。

中国音乐与西洋音乐有很多联系，为了深入研究中国音乐，应该全面掌握西洋音乐知识。和声、复调、配器等都要弄懂。我学音乐得到很多人的指教，帮助，小时候有颖泉、阿炳，再大些有郝路易、吴畹卿。郝路易曾悉心培养我，请别的人教我视唱、练耳，她则教我弹风琴和作曲。我哥哥曾同我一起学音乐，之后他又去学经济，也学作曲，但他反对我研究中国音乐史。大学期间，我又迷上音响学，圣约翰大学不开这门课，但在高等物理课里有这方面的知识。老师是刘廷芳、丁燮林，他们对我的帮助很大，使我有毅力读完海姆霍尔兹写于五十年前的名著《音的感觉》。我做了几千张卡片，后来都丢失了。1937 年，我存放在无锡老家的东西：木版书、四十二部琴谱，全都被抢光了。我当时已在燕京大学工作，知道这消息自然悔恨不已。我啃音响学对后来研究音乐史、作音乐考古研究都大有益处。从音响学角度看，世界上没有绝对准确的音，音差有它的表达效果。两个音不和产生刺激性，这在音乐中是需要的。有一句诙谐的话说：“音乐家是靠音乐的错误吃饭的。”音响离不开音乐自身的发展，人工调音与机械发音永远是有差距的。这都属于纯音响学的问题，而不是从音乐的美出发的。以钢琴调音而论，高音区要比具体音高，低音要比具体音低，中音区才是准确的平均律。人的听觉美感同音响学的关系是很少有差异的，这是人的心理感觉，凡是调钢琴的人都能听得见“倍音”。

中国琵琶的品相就是平均律，汉代已是这样。汉武帝时代，乌孙公主远嫁异族，她所带去的乐器中，就有圆盘直柄的中国琵琶——阮。纯律现象，中国古琴谱中的《碣石调·幽兰》、古琴上的十三徽有四个纯律音，是不是只有纯律的实际而无纯律的理论？

西洋作曲法是不协和音的发展。在西洋音乐史中，和声是受宗教制约的。巴哈的和声加了

① 即今“淮海路”。

三度音，并使用了 V_7 和弦，此后就朝不协和发展，到了现代主义，就完全摈弃了古典音乐音响上的美感。

1936 年，哈佛燕京学社成立，我担任研究员。这个组织在美国一直延续维持到今天。两校合办了一个研究所，共有七八个研究员。我的任务是研究音乐。我觉得没真正学好中国音乐就去作曲或去搞研究是不行的。现在的感觉更是“今不如昔”，对中国音乐下工夫钻研的人实在是越来越少了。

中国音乐中根本没有“齐奏”，只有“合奏”。“齐奏”是一些不懂中国音乐的人提出来的。在“合奏”中，笛子要深刻（不加花），笙烘托它，两把胡琴的定弦同笛子两样，一个定 1—5（G—D），一个定 $\underset{\cdot}{5}$—2（d—a），前者称“主音胡琴”，后者称“托音胡琴”。另外，三弦和琵琶所奏的又是一种发挥其本身性能的花腔。一首乐曲演奏始终是旋律性非常强的合奏。这同西洋不一样，各种乐器都保持声部的独立性，各个声部都用不同的和声理论去解释。同时，中国音乐节奏的转换非常丰富，是西洋音乐（器乐）所不能替代的。西洋乐队时时转调，我们的乐队用转换节奏的手法又有何不可呢？（举《春江花月夜》例）

我在燕京大学讲音乐史，很注重音乐实践。在课堂上，我亲自给学生教唱昆曲，弹琵琶，还教“十番鼓”。因为有音响能直接接触音乐作品，学生们很爱听，这是一点很深的体会和经验，希望你们也能记取。

大约在 1937 年左右，我同教会的关系断了。当时，宗教在中国是有一定统治权的。一个省至少有一位主教，在西南则是两省一位。其时，我已被聘为教育部的音乐教育委员会委员，留在昆明工作。1939 年的一天，郝路易突然来看我，她建议我辞职，然后同她一起去上海，每月给我四百美元的薪水。我可以在那里自由自在地听音乐、弹琴、画画，顺便把艺术的“感情”“找”回来。我答应了她。经多次与教育部商谈，终于辞了职。正准备走，查阜西找到我，说陈立夫要我到重庆见他一面。我起初不愿意去，查阜西劝我一定要去。我听了他的劝告，到重庆见陈立夫。陈安排我住在高级宾馆，请我吃饭。一连住了几天，仍不放我返回。最后问我：杨先生可不可以参加“音教会”？我表示不从，说已答应朋友去上海。陈再次召见，强行把行李从昆明搬到重庆，我这才成了“音教会”的委员。这件事，“文革”中查得很凶，说我是 CC 派特务。但终因没根据而未能成立。

1941 年我正式到青木关国立音乐院教书。共开了三门课：音乐史、国乐概论、昆曲（笛子、三弦、箫）。在教授音乐史的过程中，对新、旧音阶的问题我已有所感觉，即在古代乐律中 fa 是升的，但在实践中它又是还原的。学生在听音乐史课时，很喜欢做练习。后来，郭沫若让美学家蔡仪找我，约我写音乐美学的文章，对我有很多启发。

1945 年 8 月 15 日日本投降后，我随学校到了南京。美国哈佛大学请我去教中国音乐史，同时研究中国音乐。尽管待遇很高，他们也有诚意，但我还是拒绝了。因为脱离了中国音乐的实际环境就无法研究中国音乐的历史和现状，这是学生们给我的启发，也是我一向坚持的看法。

在南京，我做的头一件事就是整理古琴曲和其他民间音乐。当时，南京有位琴人夏一峰，他的古琴弹得很不错，但生活很窘迫，每月只有两斗米、两元钱。另一位是程午加先生。他原是中央银行的一个业务主任，曾在苏北一带做过小官，他希望我介绍他到学院教琵琶、古琴。我于是求顾一樵。顾很客气，立即寄了聘书，月薪四百元。在一次“雅乐音乐会”上，我听了夏一峰的古琴演奏，才知他处境艰辛，家庭贫困。但电台却经常广播他的古琴演奏录音。我很气愤，说这是瞧不起古琴，就鼓励他辞职。他不干，也不敢。于是我每月给他一笔钱，他则经常到我那儿去。他演奏，我记谱。这一阶段，凡是南京的琴人演奏，我都力争去记。当时没有录音机，我就用五线谱手记，先记曲调，再标指法，最后再与琴人当面校对。有时，我先向他们学，自己会弹了，请夏一峰审听，他点头认可，就算定谱。现在想起这一做法，觉得当时是很不容易的。弹琴的人水平不高，不过是二流的，但我记录下来的却都是他们的老师的传谱，有很高的价值。我一共记了六本，50年代出版了一本。我所以决定不再出版是为了让后辈有积极性，接着进行下去。

三十多年来，我编、撰、整理了几十本书，虽然主要是研究音乐史，但也花了很多时间去收集、记录民间音乐。即使这样，我还有遗憾的事，如西安鼓乐，我就没搞好。又如“智化寺京音乐”，它演奏的是康熙年间（1694）的谱子，演奏得很复杂，记录下来却简单。我不想出版这份谱子，因为它的艺术性不高，各首乐曲名称虽异，但旋律大致相同。在音乐会上演奏，人们听不下去。这算是一种情况，光研究，不出版。

研究历史的人一定要到音乐实际中去，不要说空话、讲大话。自己分析的材料连自己都未必懂，这怎么可以呢？要讲一点二分法，继承前人好的，校正他的谬误。但不要为校正而校正，不要怕抄人家的东西。我的书绝不是定本，只是历史过程中的一个。你们可以抄，但也要有自己的东西。任何古代遗产都有它的两面，不能简单地一概肯定或一概否定。

再讲讲我同阿炳的关系。

我十二岁时认识他。前面说过，我父亲不喜欢他，可我执意要向他学音乐，父亲只好依我。我主要跟他学演奏琵琶、三弦，曲子是《万年欢》、《三六》。后来，我向别人学的大套曲，他没接触过，所以他要我教他《将军令》。阿炳还懂得《十番鼓》，他在乐队中弹三弦。我离开无锡后有很长一段时间没见他，有一次回无锡也没见着他。1946年，我再回无锡时，他已是个叫花子，而我是道教音乐家。有一次上海开“道教音乐演奏会”，阿炳去了，别人要赶他走。我劝止了，并请他喝茶。

1949年，我的朋友黎松寿在南京火车站当职员，当时战争气氛很浓，黎避难到我家，同来的还有刘天华的学生储师竹。闲聊中，黎说刘天华的二胡、琵琶演奏都不如阿炳。储听说后非常感兴趣。

1950年夏，我已随学校迁到天津中央音乐学院，在研究部工作。暑假与曹安和等一起回无锡，找到阿炳，为他录音。一录，果然非常好。但也有不少人反对，认为无法与刘天华比。可学生们说好，说他们听了难以入睡，还想再听，其中，就有后来的二胡演奏家张韶。

还有一次（约在1951年初）放阿炳演奏的录音，听的人说气魄太大了。吕骥、马可在另一间屋子听到，说好的不得了，可惜这个人死了，不然可以请到学校（中央音乐学院）来教二胡。不久，天津电台播放《二泉映月》等乐曲的录音，听众反应更加强烈，要求再次播放。

阿炳的名声越来越大，有些人头脑开始膨胀，竟乱写文章，制造假古董。1963 年，无锡地区组织调查组，所获资料有些是好的，有价值，有些材料则是假的，毫无根据。如说阿炳做科仪一次可拿五元，这完全是谎话。他们根本不懂道教中的阶级关系。道士都是农民，每天顶多能得几角钱。

阿炳的父亲是庙主，但没有庙产，也没有土地。他守着一个雷尊殿，平常没有多少人去敬香。由此也可以想到阿炳自己的经济状况和平日的处境。

另外，又说阿炳尽搞非道教音乐，所以庙内开会时，将他“议出道门”。这是不可能的。因为道教音乐中民间因素太多，阿炳绝不会因此而被赶走。如今，有关阿炳的材料愈来愈多，而且越来越“玄”。光他的生日就有四个。

还有人说，《二泉映月》脱胎于民间曲调《知心客》，提出此看法的人是陈洁，而且说是“可靠”的，是地方志所肯定的。但当地政协给我的来信却说，根本没有这回事，现在，阿炳的生日又成了六个，有人说他生于 1898 年，实在是无稽之谈。

古代把音乐家叫“大师”，师旷、师涓、师襄，他们都是瞎子。当然，中国古代的音乐家并不都是瞎子。《孟子》里说：“昔者王豹处于淇，而河西善讴；绵驹处于高唐，而齐右善歌；华周杞梁之妻善哭其夫，而变国俗。”我一生接触过几个瞎子音乐家，在青木关时也曾教过瞎子学音乐，他们有自己记忆音乐的方法。一次，在教会里碰过一个弹风琴的瞎子，他的记忆力很强，随便提出一首乐曲，他几乎都会弹。教会音乐中有难于四部和声、接近于进行曲体裁的乐曲，他能弹；另一种是“圣餐”时唱的弥撒，很难，但他弹起来十分轻松自如。

50 年代，山东有一位盲音乐家王殿玉，他用大擂琴拉戏，音准，腔调，简直惟妙惟肖，让人听罢叫绝。特别是音准，几乎差不了几个音分。这些人的听觉、触觉灵敏异常。王殿玉还可以弹筝、弹琴。我一直在揣摩：古琴的徽位是不是为了盲人的方便而产生的。

我在音乐学院长期教音乐史、国乐概论、音响学三门理论课，它们都具有很强的实践性。另外还教过笛子，现在有几个学生还在。我也教三弦，学生有闵季骞；教昆曲，学生有江鑑、郭乃安。我的音响学讲义在 50 年代被乐器研究所的胡彦久借去没还回来，实在可惜。

除上述课程外，我在重庆青木关音乐院担任过研究室主任，教过调式和声（学生许健），讲过罗曼·罗兰的音乐史（学生孟文涛）等。

1949 年底，中央音乐学院成立研究部。这个部当时只包括翻译、音乐史和民歌三个专业。1954 年 3 月 27 日，在研究部的基础上正式成立了民族音乐研究所。我担任副所长、所长。实际上我一直在收集、整理民间音乐，先后编撰了《阿炳曲集》、《单弦牌子曲》、《弦索十三套》、《智化寺京音乐》、《语言与音乐》、《古琴曲谱》、《西厢记四种乐谱选曲》、《定县子位村管乐曲集》、《苏南吹打》（1982 年重版时改名为《苏南十番鼓》）、《十番锣鼓》等，在那一阶段，我想搞什么都可以自己选择，心情十分快慰。

我搞《单弦牌子曲》时，整天和艺人泡在一起，同他们交朋友，相互尊重了解，这种做法益处很多，以上那些出版物实际上就是我学习民间音乐的心得笔记和自己交还给民间乐师们的一份汇报。所以，到头来我还是认为：离开实践，无法搞好音乐理论的研究。1946 年美国人请我时，幸亏我有一个实践的观点，否则就会脱离中国音乐这个最优越的环境，走另一条路。我历来主张搞“活”的音乐（Live music），如《孟姜女》民歌，它传播了那么长的时间，你不能轻易地否定它，即使不是历史真实，但也是艺术的真实。

《广陵散》的“散”等于“曲”，“××操”也是“曲”。有首琴曲源自蔡邕的《琴操》，讲的是聂政刺韩王（韩相）的故事，一说他是“侠累”，是被人收买而去刺杀“韩相”的。这个故事看起来是真实的。汉代留下一具石刻（山东嘉祥县武梁祠），内容与之相符。对于历史上的文献，实物资料必须认真严肃地分析，不可轻易地否定，至少要肯定它的艺术真实性。

30 年代曾出版过一本 H. G. Walls 的《历史》，写得很好，但有关中国的部分只有两页。钱钟书写信批评他，也没起作用。这实际上是一种普遍现象，史书总是多写自己的国家，而忽视别的国家。

日本音乐学家田边尚雄的中国音乐史基本上是“外来说”，等于说中国没有音乐发展的历史，他的观点有很大的影响。另一位学者林谦三的看法与他不同，他认真钻研，追求事实，态度是严肃的。而田边则是拐弯抹角地贬低中国。他一方面说：全世界以中国音乐最古，唐朝是中国古代音乐的高峰，但另一方面又说，中国古代音乐在中国保存得不多，大多数都在日本，欢迎中国人到日本研究中国的古代音乐。这是在将我们的“军”，我承认日本搞了一定的研究，保存了一部分中国古代音乐资料。但也应该指出：假古董不少。我们要严防上当。我在自己的音乐史著述中一般不引用他们的材料，这表示了我的严肃态度，也是我的民族自尊的一种心意，他们应该原谅。

日本的琵琶、笙的演奏水平较低，许多技巧都无法与中国相比。对此类事情，我们须心里有数，不能盲目。

我很佩服郭沫若，他把中国古书读得很彻底。在古代文化研究中，他有多方面的成就。另外，范文澜也很了不起，他的《中国通史》对我们很有参考价值。

最后，我想给你们讲讲“十番鼓”。

“十”意为很多，“番”为变化繁复。“十番”则是变化很多的民间鼓乐之意，实际上是丝竹与鼓合奏的一种大型套曲。中国鼓的历史十分悠久。“仪礼”中已单独列了“鼓部”。至唐代，鼓的类型更加多样，鼓的演奏艺术更为丰富，唐玄宗本人就是一代鼓师。宋代的鼓笛之曲，则已是一种乐器合奏形式。

中国古代曾流传许多曲牌，但大多已经湮没。现在所使用流行的都是昆曲的器乐化。但十番鼓的曲牌在昆曲里找不到。这说明它的历史更悠久。当然，对于十番鼓中曲牌的渊源也不能穿凿附会，不加分析地以曲名确认年代。也应注意，昆曲中有一种曲牌是能唱的，它们是更早的年代传下来的，它们有些同十番鼓的曲牌相似，说明两者历史年代可能比较接近。

下面，请你们听一段十番鼓音乐。它由快鼓段——中鼓段——慢鼓段组成。快鼓段由《急急大排》、《细排》、《跳金槛》、《领板接》、《蝴蝶双飞》、《重宝塔》、《鲤鱼扑水》、《鹤吃食》、《海底翻》、《急急大排》接《倒山墙》、《虎头摇》、《排韵》、《交代》、《收头》十五个牌子曲组成。从《排韵》开始给丝竹乐交代节奏和速度。

十番鼓中"鼓"的打法十分讲究，如点、满键、捻、轮，敲击鼓心与鼓边音高不同。"扎扎通"，"扎"指击鼓心，"通"指击鼓边。

我九岁时曾学十番鼓，老师让我用铁棒练，以便练好基本功。据说，练上三年才可以轻松自如地把铁鼓槌举起来。但我没有下工夫学，所以没学好。清华大学有位昆曲老师叫溥桐，他会打鼓，曾在《击鼓骂曹》中表演过，十分精彩。目前，在专业的民族乐团没有一位鼓手把"十番鼓"的技艺继承下来。

下面再给你们放一段十番鼓，这一套是"慢——中——快"的乐曲。

"慢板"最难奏，充分展示各种乐器的特点，其中二胡用两把，一把叫主音二胡，另一把叫托音二胡：

曲目：《满庭芳》（又称《百花园》）1.《梅梢月》（中板）；2.《凝瑞草》；3.《满庭芳》。

调：隔凡〔曲子里的 4（fa）一律吹成 1（do）〕等于移调。从《凝瑞草》进入鼓段叫"拆"，这里叫"中拆"，速度中等。

奏到《满庭芳》时又转到慢（慢板），接着，把原曲调加快减繁。前面叫"正套"。慢板结束后是《慢鼓段》（二十二板）：慢曲牌、中曲牌、快曲牌。

慢句收尾（全曲结束）民间艺人演奏从不看谱，因为他们长期合作，相互十分默契。如果临时另补一人，就会影响效果。1937 年前，社会比较安定，民间音乐活动较多，所以演奏水平也高。一九五年去录音，他们都还没有忘记，只是多年不奏了。这些乐手全都是以道士为职业的农民。

我曾问过高步云，他为什么要当吹鼓手？他说主要是生活所迫，吹鼓手的生意比道士好，每年从阴历十月到翌年四月生意最好，如果没这类活动，他们就去作农活。

他们的音乐充满了宗教气息。南方的乐手一般都会唱昆曲，都会演奏十番鼓，刘天华的《变体新水令》就是十番鼓的曲牌。

中国的工尺谱长期存活于民间，西安鼓乐用的是宋代记谱法，如果我不在 50 年代初去采访，根本就不知道他们有谱。历史上正式出版古谱是从 16 世纪开始的。

今天的音乐学院学生基本上不懂这些，所以我老讲"今不如昔"。这是他们骄傲所致。规律不等于艺术，现在音乐学院的学生学完"四大件"就算是音乐家、作曲家了；其实，他们中间一百位有少数几位能成为音乐家就不错了。他们如果不向民间传统学习，就写不出好作品来。

音乐史不能是没有音乐的音乐史。

原载《中国音乐学》1999 年第 4 期

乔建中，生于 1941 年，中国艺术研究院音乐研究所研究员，曾任所长

杨荫浏关于音乐问题的一次谈话

刘再生记录整理

采访人

张韶（1927— ）中央音乐学院教授、中国二胡学会前会长

余少华（1955— ）美国哈佛大学音乐系哲学博士、香港中文大学音乐系教授

时间 1980年10月28日

地点 杨荫浏寓所（北京新源里西一楼音乐研究所平房）

我是中国第一个宗教音乐家

我出生于1899年，农历己亥年十月初八生，比公元多一岁，今年实岁80岁，虚岁82岁。父亲杨钟琳，名字金字旁，我的名字水字旁，但和阴阳五行没有关系。我在年纪很小的时候就学音乐，8岁开始，是虚岁，实际是6岁，跟一个小道士学吹箫，他大概有20岁左右，天天到我家里来教我。我年纪小，手还按不到箫的音孔，因为箫的音孔距离很远啊。一共学了箫、笛子、笙和二胡几样乐器，演奏《三六》、《四合》等调子。

10岁的时候（以下均按虚岁计写——整理者注）这个道士不来了，家里人去和做法事的道士商量派一个人来教我，就是阿炳。所以，阿炳是我的老师。以前教我的道士不会琵琶，不

会三弦，不肯教，说你要读书，这个东西太难学，学了以后书都读不好，其实他不会。阿炳教我琵琶、三弦，教了我一年，以前学过的调子都能搬到琵琶和三弦上去弹。阿炳教了我二胡、琵琶、三弦，至少我会了不少调子、牌子曲等等，像《欢乐歌》这些东西。那年我11岁，他17岁。由于我父亲不喜欢阿炳，因为阿炳不教我礼貌，又很骄傲，穿衣服也穿短褂，我父亲不喜欢，我父亲是有封建思想的人。

那年春节，人家来拜年，有一个教我书法的亲戚来了。父亲告诉他，我的儿子没有出息，跟阿炳去学。这个人说，学音乐好啊，我们亲戚中有一个赫赫有名的音乐界的权威，是他表弟，叫吴畹卿，也是全国昆曲的权威。他就介绍并请我们吃饭。吴畹卿说，到我家里来试试看，要考察我的音乐能力。我那时候很骄傲，乐器样样都会，就一样一样拿出来奏给他听。吴畹卿说了一句话，可以学得出来，可以学的，就收了我这个学生。我那时候小，听了不过瘾啊。可是吴畹卿收学生是很不容易的，不是他的学生"天韵社"就进不去。"天韵社"是明朝就有的一个昆曲社团，我进去时有四五十个社友。吴畹卿是全国第一个昆曲名家，那时候俞振飞还不出名。吴畹卿的琵琶在全国也是有名的，他就教我昆曲和琵琶。三弦呢，他认为我不及格，要从《老六板》一个一个音重新弹，每个指头的音都要清楚，这个最难。我在家里弹得还马马虎虎，到他那里一弹声音弹不准，有的曲子在他那里老通不过。我从12岁起跟吴畹卿学习，一直到二十七八岁时吴畹卿去世，教了我十几年。我学会了九十多套昆曲，今天还背得出来。三弦呢，终于被他承认了，平常时学三弦他不教，只好他弹的时候在旁边听。昆曲的三弦严格得很，不许多弹一个音，不许少弹一个音，要和鼓板呼应起来的。后来我跟打鼓板的人学鼓板节奏，再凑上三弦的节奏自己弹，我在那里弹，吴畹卿是听见的喽。有一天，我们同其他人一起开音乐会，唱到《思凡》时，他点名要我出来弹三弦，本来他自己是可以弹的，其实就是承认我了。后来打鼓板的人也特别喜欢叫我弹。能弹三弦的人很多，但弹得好的人少。三弦、鼓板、笛子三件乐器是昆曲中的"权威"。鼓佬喜欢我，老要我弹，特别是难的曲子，合得好鼓板也打得舒服。给吴畹卿伴奏乐器中间是以三弦为主，所以三弦就是跟吴畹卿学起来的。

我是学过西洋音乐的。我12岁时认了一个干妈，叫 Louise strong Hammond，[①] 是美国人，出身于英文世家。她教我英文，教我作曲，为什么要教我后来大了，叫我去编赞美诗，后来我编了《普天颂赞》，我是基督教徒（christian），所以我是全中国第一个宗教音乐家。1928年起我搞了宗教音乐，一搞搞了20年，宗教方面给我工资也拿到二十几年。基督教音乐是西洋音乐了，《普天颂赞》里边的和声都是我改过的，因为很多西洋的版本女高音声部太高，高G、高A，顶多到高E，我要求降低一点，否则中国教堂唱不了，降低后，我自己配写和声，和声要 transposition（变调），《普天颂赞》里我还用了中国调子，当然也有些不好的东西在里边。但有人觉得学了西洋音乐可以概括中国音乐，这是岂有此理的。

---

① 据宫宏宇《杨荫浏的传教士老师——郝路易其人、其事考》一文考证，"应是杨先生记忆有误……郝路易是1913年9月27日才抵华的，杨先生出生于1899年11月10日，那时的杨荫浏应已近14周岁"。见《中国音乐学》2011年第1期——记录者新注。

我和阿炳

阿炳的东西多得很。阿炳年轻的时候教过我，他变成瞎子后我又教过他。他的眼睛是二十七八岁时瞎的。我跟吴畹卿学过琵琶，会弹大套，阿炳不会，我就摸着他的手告诉他《将军令》怎么弹，还弹给他听，他后来还住在庙（道观）里。1946年，无锡的道士要到上海去演奏，请我去帮他们排练，因为调子怎么奏法，我都比他们各个道士懂，排练了两个上午。阿炳来听，同里道士不让他听，要赶他走。我不让他走，还倒茶给他喝，他就在旁边听。他们的调子阿炳都懂的，像十番锣鼓啊，他都懂。

阿炳拉二胡用中、老弦，旧社会的二胡好手都是用中、老弦。沈琅卿是天韵社有名的二胡演奏家，会拉徽调，用的也是中弦和老弦。民国初被称为"南北二陈"的陈公槲（陈俞里）和陈彦彦二胡都拉得很好，陈公槲还会拉京胡，他们的二胡都是用中、老弦。有人说，不能控制老弦，二胡就算没有学会。不用老、中弦，功夫不到，这个问题到今天也还要考虑。老、中弦表现力强，拉二胡拉得不好听的，像杀鸡，所以新二胡全凭拼命地拉，拉到后来，半个月以后，噪音就没有了，这就是本事。二胡要克服噪音，就要练老、中弦。我曾写信问原来在音乐研究所当昆曲研究员的高步云，他的祖父、父亲都是吹鼓手，他也当过吹鼓手，问他们二胡定弦怎么定，说是用老、中弦。二胡也有用中弦、子弦的，比如周少梅，江阴人，在无锡时生活很困难，我还周济他，我教几个中小学，请他排练国乐，他用中弦和子弦。刘天华跟他学二胡，也是用中弦和子弦。学二胡的，要克服噪音。蒋风之、陈振铎把弦弄得细，用纸卷筒的琴码，声音小，噪音就小了。刘天华的学生没有出息，可惜刘天华死得太早。阿炳用老、中弦，如果刘天华在，我要告诉他的，再到后来，蟒皮上擦油。有人问王国潼比阿炳怎么样？我说王国潼总的说起来是好的，但单薄，不浓厚，瞎子阿炳的音色浓厚，就是用的老弦。刘天华的十套（十首二胡曲）是他在民间音乐基础上个人的创作，但不够丰富。我一方面感觉他是好的，能够学习民间音乐，一方面感觉他民间音乐没有学好，学得不踏实。在学校里，他把自己的作品当成民间音乐，没有叫学生去学习民间音乐。他与民间音乐的关系好像是他站在民间音乐的前面，民间音乐在他的后面，不给别人看。他的民间音乐学得不多，古琴、昆曲不懂，民间音乐的合奏他也不懂。有些东西，比如他的纪念册上有一个名为《变体新水令》的调子，我看起来是十番鼓的调子，可是他把鼓去掉了，名字也改了，加了"变体"二字，把民间音乐搞乱了。虽然我收的十番鼓里没有这个调子，但看得出来，它是十番鼓的曲体，是老调子，可能是直真和尚教他的。十番鼓的音乐他是学过的，但没有学好。大概是1936年，刘太太（刘天华夫人殷尚真女士）请我吃饭，让我帮她整理刘天华留下来的稿子。每个调调上面是工尺谱，钢笔写的《变体新水令》，是我学过的东西，但这里只有二三十个牌子，太简单，因为基础不好，我没有肯给她整理。

1950年在曹安和先生家里替阿炳录音时，讲到了他的生日时间。那天问他生日，他说生肖属蛇，我说我属猪。阿炳说怪不得我们老是不碰头，这是命啊！因为古代迷信的说法，相差六年的人，一男一女是不能结婚的。我为了研究律学，曾经学过算命。所以，我是 1899 年，他是 1893 年。阿炳的生日到现在变成有八个了，我说的是对的，是用阴历、阳历算出来的。还有一个问题，《二泉映月》这个名字是我起的，祝世匡说得不对，他们弄的大事记、年表都不对。祝世匡是我在无锡教中学时的学生，1928 年，他和钱伟长、荣毅仁，都是我的学生，我没有教过他们音乐，我教过他们英文。还有，有人说，《二泉映月》脱胎于民间小调《知心客》，调式、调性都不一样啊，《知心客》我会唱的，不对的。那天下午提到琵琶的事，阿炳说，我们合奏吧。他拉二胡，我弹琵琶。民间的方法是要互相启发的，他一奏，我一跟，愈奏愈发展，愈奏愈紧张，奏完以后，他说，哎呀，我们好多年数没有碰头了，能有这个机会，奏得真舒服。可惜当时我带的钢丝录音带太少，录音以后销掉了，其实应该是保留下来的。那次要他多录几个曲子，他不肯，说我丢了好多年了，自己不满意，再隔一年，我练一练，你要几百个调子都是可以的。

中国音乐讲究旋律和节奏的平衡

中国的调子一方面有音乐的美，Melody（旋律），好的 Melody，另一方面要 Atmosphere（氛围），要有气氛，这种气氛和西洋音乐不同，连噪音也都用了，中国的调子运用噪音制造气氛。比如《十面埋伏》，头一段“列营”是气氛的问题，模仿鼓，模仿炮，这里的音调不是以音乐为主，造成一种气氛；“吹打”时音乐来了，再后来，“埋伏”、“小战”时，指头碰弦，发出沙沙的声音，噪音上来了，这个东西就是效果，描写刀枪碰击，到后来“大战”用绞弦，哗哗哗哗，这是交战的节奏，表现人喊马叫的声音，都是效果问题。效果同旋律原来的作品是平衡的，很好啊。可是他们去一搞，我以为他们不懂，强调效果，轻视旋律，刘德海一弹，旋律减掉了一些，还有所保留，改得不算太坏。何树凤弹的琵琶，我看很有希望，她的手劲很好，可惜不知是谁教的，所有的旋律都给去掉了。所以，弹《十面埋伏》，只有效果，没有旋律，这是荒谬的，是不理解中国音乐。这种音调要是拿到外国去，全世界懂音乐的人都要笑话的，光有效果的东西一文不值。原来两样东西都是平衡的，现在变得片面了，可能外行的人听还行。我有一个学生是作曲家，写的作品曾经开过座谈会，搞西洋音乐的人大大称赞，说是新东西，我去一听，都是搞效果的东西。对效果不懂，就是没有耳朵，对调子的好坏不懂，这个作曲家就是荒唐，都是对音乐认识不够。对于效果，其实是旋律美的一部分，中国自古以来就是这样。西洋音乐中的效果，似乎是“现代化”，但这个“现代化”中国古代就有了，比如元朝的《海青拿天鹅》，有很多旋律，也有很多表现两只鸟在天空中打斗的音响，这是效果。可是林石城弹起来一个调子，就是偏重效果，旋律有一点点，研究所想要录音，我一听这个版本，旋律的东西都简化掉了，我告诉陈泽民，这个东西要拣起来。中国音乐很讲究旋律的，不能只讲效果。再比如《流水》，有两派，川派、浙派。浙派为什么没有“七十二滚拂”？因为浙江人了解的水是西湖里的水，没有波浪，平平的；四川的水，你们到过四川没有？有一个地方，水很可怕，河面没法走，成都的华西坝和重庆北碚都波浪翻滚，河里边的水，划船的人到了危险的时候，边上一走，就跳上岸。我有一次去山上玩，我胆子大，不晓得危险，水一急，船要翻起来了，过去轮船也容易翻。四川人对水的感觉是这样一种流水，所以，同样一个调子到了他们手里改编加工，变成“七十二滚拂”了。水是平静的水和激流的水两个方面组成的，“七十二滚拂”是效果问题，但都是 Do、Re、Mi、Fa、Sol、La、Si。

西洋音乐是外国人的音乐，节奏是跟着外国人的诗来的。西洋写诗的方法有两种，一种叫轻重，一种叫重轻。字音的轻重位置不能随意变换，节奏很明确。中国的节奏其实不是节奏，是旋律，强调“平仄”，是“平平仄仄平平仄，仄仄平平仄仄平”，“平仄”是声音的高低。中国的字典里没有轻重符号，只有“平上去入”的符号，反映了中西语言的不同。英文“Rhythm”一词，日本译为节奏，中国人照搬过来用。其实节奏二字，战国时期就有了：“节奏合以成文”，是说“节”为停顿，“奏”是往前进行。停顿与进行的对比就是节奏，字典里根据英文翻译，是轻重强弱的关系。中国文字的节奏是句读（逗），文章可以写两个句读，诗有“二、二、三”句读，有长有短；京剧有“三、三、四”的句逗，延长音虽然是虚的，但强调得多厉害！句子是一个一个逗形成的，逗是节奏停顿的地方。《九宫大成谱》逗、韵、句三种符号，一韵比一句更多。这个问题其实可以看出中国的节奏是怎么回事，是有规律的节奏吗？中国有一板三眼，我们可以翻译成 4/4 拍子，一板一眼，2/4 拍子，流水板，1/4 拍子，但不能与外国的理解一样，4/4 的调子，按外国 4/4 拍子的概念去唱就不对了。中国所有的调子，京剧也好，昆曲也好，都是如此，用西洋节奏一唱就唱坏了，由于西洋节奏和中国的节奏是两回事呀。还有，中国音乐讲含蓄，嗓音好，音乐少用一点力，不是完全拿出来，唱起来好。有的学西洋音乐的人，表情一点都不懂得，好像我喉咙嗓音好，你听我喉咙嗓音。作为艺术，却没有一点艺术，而且有的时候很丑。什么叫丑呢？两手抱胸，唱的时候，音量不是太大的时候，手还不难看，声音一高，用劲起来，看起来难看，多丑啊。要唱得好听，还是要含蓄。这是头一点，第二点，我给她换一个调子，唱《胡笳十八拍》，古琴调子，她要选几段，唱三四段好听的，我说不准，要么不唱，要唱全部唱，因为它是一个完整的表情，要选前面几个唱也唱不好。她后来听我的话，全部唱，要我教她表情。我说先不讲表情，首先照着读，否则表情是空话，一唱问题就多了，不够在什么地方？要追求的在什么地方？再感觉什么没有达到？这个小孩子（指董婉华——整理者注）现在胆子大了，有理解，能思考，会自己去琢磨，就怕胆子太小。所以，中国的音乐的确是好东西，应该相信，如果不是这样，我就不会去研究音乐史呀！

写音乐史要有音乐实践

我的主张呢，音乐史要有实践，要有音乐，音乐要懂，什么道理？其实音乐史就是音乐的历史，你不懂音乐，讲空话好吗？不好啊！张世彬的《中国音乐史论述稿》，有人说不好，是抄某某的东西，我认为没有关系，学习的时候可以抄。我觉得这个年轻人不错，可惜这个人死掉了。他的研究，是一个个音乐专题的研究，他不从整个历史来写，因为他没有这个能力，可以一个个专题研究，应该从局部研究到全面研究。有的年轻人呢，老是讲空话，讲空话讲得很大。文化大革命以来，“四人帮”思想，叫人家说大话，讲空话，写文章的人音乐都没有学过就在那里批判，这是不好的，他都不懂啊，讲的什么？这就是唯心主义！“文化大革命”产生了年轻人和老年人关系的脱离，他们不敢来看我，我是“反动学术权威”，不敢看我啊！一晃十几年，我说话，他们不敢听啊，到后来要听，听不懂啊，来不及了。可惜，音乐史他们没有能力继承下去。

《中国音乐史纲》以后，我又写了《中国古代音乐史稿》，后者的内容比较多，音乐的内容多得多，当然也还有缺点。1976年已经交稿给出版社，到今天还没有出来，校对稿已经读过了，分上、下两册出版。内容谈不了的，太多了。总的问题，我的感觉，至少，学音乐应该懂音乐，既要懂西洋音乐，又要懂中国音乐。

不懂音乐的人，觉得固定唱名法很了不得，但巴赫时期没有固定唱名法，都是首调，贝多芬时代也不是固定唱名法，拉小提琴的都是用首调。这个固定唱名法在西洋音乐历史上产生于什么时代？所以，关键在于掌握乐器人的理解，弹钢琴的人固定唱名法容易，这个理论不要绝对化。固定唱名法产生之前，西洋音乐家亨德尔等哪里来的？想想看，巴赫不好吗？固定唱名法产生得很近，即使用固定唱名法，作曲还是首调。作曲叫 solfege，作和声的时候用 solfege，就是首调唱名法，作曲的人不能不懂首调唱名法。主要要学得好，无所谓，两样都应该懂。二胡用五线谱还是简谱来教？随便你啊，由你自己决定，不要用框框来框住。即使用五线谱，也可以看学生喜欢什么，首调和固定调都可以用，不要有框框，我是反对框框的。

“天韵社”的角色比现在的音乐家厉害，每一个人都会唱昆曲，昆曲之外，还会唱小调。这种小调一般人是不会唱的，我是唱过的，今天中国能唱这种小调的，恐怕只有我一个人了。这是指大套小调，一大套复杂得很，要自己弹琵琶自己唱，自弹自唱，叫牌子小曲，有《四季满江红》、《山门六喜》等，是一套一套的，当然，这种东西在音乐史里边要拿出来，因为年轻人不会唱，要训练他们唱。这种调子同昆曲毫无关系，这一套和那一套也不一样，我学了三四十套，原来工尺谱写得很简单，唱起来比写的谱子复杂。抗战前我曾经写下来十几个详细的调子，抗战时我到四川去了，曲谱没有带走，日本人失败后，回到家里，找不着了，好多年后，找到了十几套，我就订了一本《燹馀烬小曲稿》，这本书给人家借去了，没有还我。至少有几套我还能写得出来，每套少的有四五个，多的有十几个调子。我们的琵琶比现在的人学得多，开头学小曲，百把套小曲都能弹，之后再教大套，而且学大套严格得很，第一套是武套《将军令》，基本功扎实后再弹旁的调子，《将军令》弹不好不往下教，第二套弹亦文亦武的《夕阳箫鼓》，再弹文套。琵琶弹不好文套是不行的，顶难弹的是文套，比较深刻。有人问我，音乐史是怎么写的？我说第一个问题就是音乐实践。

“十番锣鼓”不是“十番鼓”，“十番鼓”，又叫苏南吹打。“十番锣鼓”是围绕鼓调子进行的，有两种，一种叫粗锣鼓，打击乐器比较简单，有镲、钹、锣、鼓四五样打击乐器；一种叫细锣鼓，有二十几样打击乐器。开始我和民间艺人一同打，我请他们到家里来采访他们，和他们谈话，用了两个暑假，一个暑假一个半月，向民间艺人学习十番锣鼓。十番锣鼓有两个好手，一是打鼓好手，一是笛子好手。我感到出版十番锣鼓的谱要有原始谱，容易看出它的曲体，它的音乐结构，还要有实际演奏谱，知道怎么演奏，我又写成出版的现代谱，大概是在1962年吧。说起这个东西，一般民间音乐团体的演奏，技巧方面至少有几套要详细地记录下来，这很难，有的声音出来一句都不能错啊，鼓的轻重，打中间、打鼓边都有很多讲究，这些就是音乐实践。"十番鼓"、"十番锣鼓"，我小时候就会几个。后来，他们认为我比他们懂。

笛子在昆曲中是重要的伴奏乐器，昆曲有七个调，笛子每一个音都可以作Do，我小时候吹过昆曲笛子，所以七个调都能吹。作为器乐来说，笛子在声乐中发挥得好，但不是跟着声乐来的，同样的调子，唱的是调，可到笛子那里就吹出调来了，要吹出笛子顶重要的音域，发挥音域高低关系的作用，就要注意同一个调子到声乐里去的调性与到器乐里去调性的不同。笛子在声乐中，有根据声乐调子而来的调子，又与声乐调子不同。另外，南北方的风格也不相同，南方的调子吹起来比较文雅，北方高低音对比很大。南方的笛子，像南方的评弹北方的笛子，像大鼓书，声音高低跳得很厉害。所以，南方的笛子，不许指头太乱，要清雅，有吐音，但不是很多，只是一句从低音到高音吐一吐，放一放，有时开头一句出来有一个吐音，用得很少。北方的就不同，吐得很厉害，同时还有大小滑音，很抖。南北不同风格，与南北方人的性格有关，北方人喜欢刺激，南方人喜欢文雅。内蒙古笛子的特点是没有拍子，不能打拍子，是散板，但快的地方快得不得了，慢的地方慢得不得了，有时互相长或互相短，吹法与南北方的都不一样，这与他们的生活有关，往往不是在一群人中间吹，而是一个人带着很多羊在那里吹，给人海阔天空的感觉。

1947年，他们说南京有个古琴会，有三四十人，我经过南京，请他们到我家里。小时候我姐夫就会弹古琴，他喜欢弹，但弹得不算好，这时候我就跟他学，学了三四套，像《渔歌》、《平沙落雁》等，我非常喜欢弹。所以，我从1947年收集琴曲。那时候收集比较难，没有录音机，我收集的方法是怎么样的呢？一个古琴家来，我礼拜天听写，用五线谱记，他用《五知斋琴谱》，我注上弹的手法、技法，到晚上我就自己弹，起初想每天弹两三段吧，可是，吃过晚饭后弹，愈弹愈高兴，十一二点钟还不肯歇，一直弹到半夜。这种情况，不知不觉，一个星期专门弹一首曲子。下一个星期古琴家来的时候，我就和他对弹。先听他弹一遍，看我记写的谱对不对，改掉几个音，再同他一起弹，等我感觉到都一样了我就定稿。所有的调子都是这样记写的，一共记了八十多套。到现在这些材料还在研究所。新中国成立后，我只出版了一本《古琴曲汇编》。我一共记写了六本，还有五本在我房间里，想叫年轻人整理，否则对他们不好。这些本子中，有一本是中英文对照的，大概都是南京教古琴的王燕卿的谱，这个本子里，单调子比较多，可唱的琴歌比较多，曲子比较短小。曾有外国人看中里面的英文，这些英文是我翻译的，将古诗译成不押韵的自由诗。20世纪40年代，金陵女子大学音乐系主任格莱乌丝（译音）拿去一本油印本，燕京大学文学系一位教英文的女教师还将这个本子作为英文系学生的英文阅读课本。音乐系有三个学生还根据其中的英文诗，用外国调子写作歌曲，他们毕业时，音乐系曾叫我去听，这大概是1948年的事，这些歌谱现在在哪里我也不晓得，但这本中英文对照的古琴谱作为正本还放在图书馆里。我是要比较的，这也是实践，你想，音乐实践有多少呀！现在的学音乐呀，变得没有实践了。

那个时候，我已经教过音乐史了，教音乐史也算是个实践。1935 到 1937 年，在燕京大学当研究员。当时有八个研究员，顾颉刚是历史研究员，容庚是考古研究员等。我研究音乐史，那时候音乐史的书还没有写好，我三十多岁，当时做了好多卡片，上课时就找卡片，一个一个专题讲，拿着卡片就上课了，这是初步上音乐史课。今天天津音乐学院理论作曲教授许勇三就是我燕京大学的学生。他们提出问题来，就是要有音乐的问题，学生很愿意上我的课。

我在音乐学院教书教了 8 年，1941 年教到 1949 年，在重庆青木关国立音乐院。这个教法呢，我现在的感觉，研究中国音乐史，总是学得太少。我们实践过的东西，比如昆曲，90 套吧，一套有 10 个曲牌的话，就是 900 个调子呀，这些东西调子不少啊！你们都听不出来，因为学得多，才能辨别出好坏来，现在学音乐的学生学得太少，所以，没有音乐实践是不好的。

再版的《宋姜白石创作歌曲研究》里面稍微改了一点，把中文的逐句翻译去掉了，其他都一样。原谱没有节奏，是我写的节奏，我是根据句逗来决定节奏的，这里的节奏并不怎么重要。

我现在不能弹古琴了，我中过风，脑血管痉挛，走路走不好，还有肺气肿，但我的精神一直好的。昨天，蒋风之来，秦鹏章来，我和他们一谈谈得好多，就是年纪老了。我所做的工作主要还是在实践。

附记：本文根据《杨荫浏全集》编委会提供的录音记录整理。在整理过程中，参考了香港中文大学音乐系余少华教授提供的罗明辉博士的记录初稿，在此一并表示谢意。

原载《音乐研究》2003 年第 3 期

刘再生，生于 1937 年，山东师范大学音乐学院教授

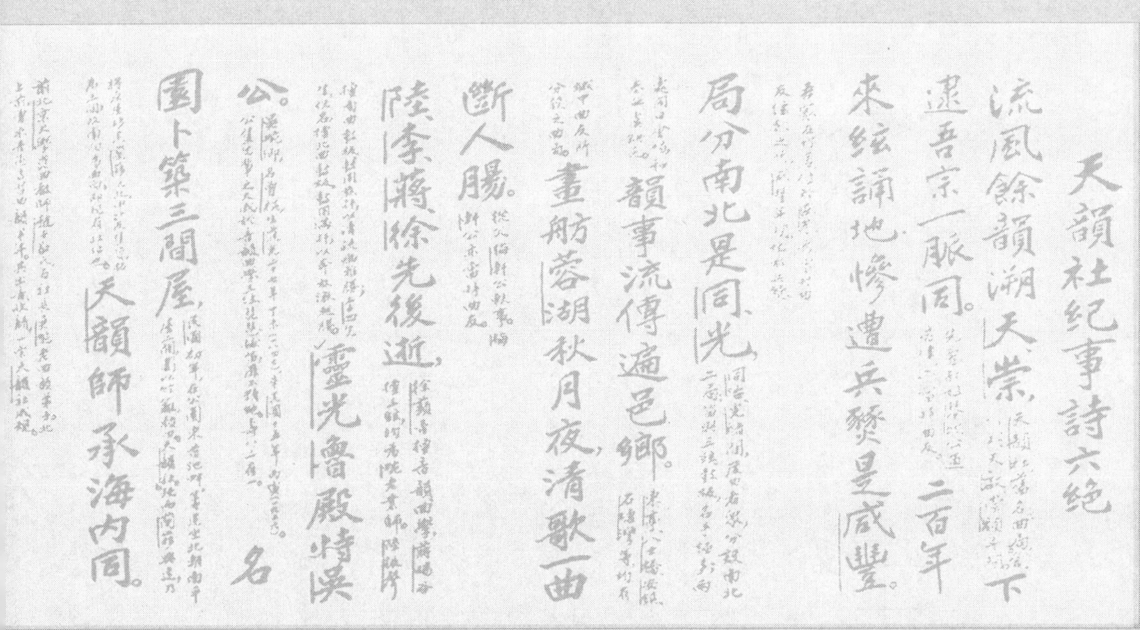
天韻社紀事詩六绝
流風餘韻溯天崇，下逮吾宗一脈同。二百年來絃誦地，慘遭兵燹是咸豐。
局分南北是同光，韻事流傳遍邑鄉。畫舫蓉湖秋月夜，清歌一曲斷人腸。
陸李蔣徐先後逝，靈光魯殿特
名
公。
園卜築三間屋，天韻師承海內同。

综述

20 世纪与中国音乐学

——纪念杨荫浏先生诞辰一百周年国际学术研讨会综述

萧 梅

即将过去的20世纪，是中国文化史上一个前所未有、充满了变革、创新、探索、交流的时代。

在这一巨大的历史文化潮流中涌现出的文苑精英，亦如璀璨繁星，各领风骚。

在音乐领域，紧步于萧友梅、刘天华、王光祈之后的，就是将毕生精力献给音乐学事业，在音乐史学、乐律学、古谱学、音乐考古学、音韵学、语言音乐学及传统音乐研究诸领域均有重大建树的一代宗师杨荫浏先生。

——摘引自《纪念杨荫浏先生诞辰一百周年国际学术研讨会》开幕词

千禧之际，逢杨荫浏先生百年诞辰。1999 年 11 月 9 日至 11 月 12 日，由中国艺术研究院音乐研究所发起并承办的“20 世纪与中国音乐学——纪念杨荫浏先生诞辰一百周年国际学术研讨会”，在中国艺术研究院、中国音乐家协会、中央音乐学院、中国音乐学院、上海音乐学院等主办单位的共同努力下，于北京北郊的“九华山庄”隆重召开。研讨会以来自中国内地各地、香港和台湾及美、英、日、加等国近二百学人的聚会，缅怀一代宗师，评述百年乐事，兼及未来之责任，可谓本世纪中国音乐学领域的最后一件盛事。

与一般学术研讨会不同的是，本次会议还举行了系列纪念活动。其中包括“杨荫浏先生采集、记录、整理传统音乐作品音乐会”；台湾风潮有声出版有限公司专为研讨会出版的、题为《传承——杨荫浏百年诞辰纪念专辑》的 CD 唱片发布会及筹募学术基金之义购活动；以及中国艺术研究院音乐研究所资料室与陈列室，专为是次纪念活动举办的杨荫浏先生著述、遗稿、手迹、遗物展览会。在这些活动中，人们再次重温了由先生的钢丝录音机与瞎子阿炳的二胡绝响交织成的民间音乐传奇《二泉映月》，重温着先生伴随 20 世纪中国音乐学历史的种种史实。这位与世纪同龄的“中国音乐史家，他写的历史使得历史忘不了他”（黄翔鹏）。箴言般的话语，确确实实成了全体与会者发自内心的感受。

除开幕式致词以外，研讨会收到的刊印论文有 59 篇，正式发言 73 篇，论题涉及了有关对杨荫浏先生一生业绩、学术观念、治学精神、人格风范的追思与再认识；对 20 世纪中国音乐学诸领域历史轨迹的回顾与总结；中国音乐领域中的具体课题研究；中国音乐学学科建设等等。正如会议的组织者，中国艺术研究院音乐研究所所长乔建中教授在总结中所说：正是因为杨荫浏先生广博的中国音乐学建树，使我们的会议能够形成一个多学科、多元化、整合性的学术交流与讨论。

那么，杨荫浏先生对于 20 世纪的中国音乐学而言，究竟有何意义？

一、一个人、一个世纪、一片领域

如同上述“开幕词”概括，杨荫浏先生的一生业绩几乎囊括了中国音乐学的各个领域。翻开先生的著述年表：《天韵社曲谱》（1920）；《雅音集》（第一集，1923；第二集，1929）；《昆曲掇锦》（1926）；《小圣经》（1931）；《普天颂赞》（1936）；《梵音谱》（1937）；《锣鼓谱》（1937）；《平均律算解》（1937）；《弦乐器定音计》（1942）；《文板十二曲线谱》（1942）；《国乐前途及其研究》（上 1942、中 1943、下 1944）；《中国音乐史上新旧音阶的相互影响》（1945）；《昆曲字调论》（1945）；《儒家礼乐设教的几种理论》（1947）；《白石道人歌曲研究未完稿》（1947）；《论笛律》（1948）；《琴谱》（1948）；《琴荟》（1947—1950）；《内蒙曲集》（1950）；《中国的乐器》（1950）；《昆曲鼓板节奏谱》（1950）；《瞎子阿炳曲集》（1952）；《定县子位村管乐曲集》（1952）；《中国音乐史纲》（1953）；《智化寺京音乐》（1953）；《山西秧歌及花鼓吹打》（1953）；《白石道人歌曲研究》（1955）；《古琴曲汇编》（1956）；《佛教禅宗水陆中所用的音乐》（1956）；《单弦牌子曲》（1956）；《宋姜白石创作歌曲研究》（1957）；《宗教音乐》（《湖南民间音乐普查报告》之一部分，1958）；《关汉卿戏剧乐谱》（1959）；《工尺谱浅说》（1962）；《语言音乐学讲稿》（1963）；《竽笙考》（1974）；《三律考》（1979）；《十番锣鼓》（1980）；《苏南十番鼓》（1957、1982）……

以及从“20 年代就开始酝酿积累，40 年代发表初版，60 年代重新撰写，至 80 年代才全部问世的‘世纪之作’《中国古代音乐史稿》”等等（引自“开幕词”及《杨荫浏自传》①），一

① 文载《传承——杨荫浏百年诞辰纪念专辑》CD 唱片，第 16—22 页。

长串却仍未列尽的目录，已然将一座架通“古、今、中、外间的桥梁”（黄翔鹏）① 展现在后学们的脚下。当人们通过这座桥梁，在中国音乐学术领域里耕耘的时候，但凡回望百年，则无不注意到了“他的治史、治学观点、方法和范例，无疑地还将在中国民族音乐学的进展中继续发挥作用并且影响深远”（黄翔鹏）。

本次会议共有 37 篇发言对杨荫浏先生进行了历史评价与再认识。其中专述杨先生治学精神与方法的有**赵宋光**《继承杨荫浏先生重视事实的学术风范》、**简其华**《学习杨荫浏先生的治学精神》、**郭乃安**《实践是理论的基础——杨荫浏治学的主要特色》、**栾桂娟**《世纪末的反思——杨荫浏百年诞辰启示录》、**伍国栋**《杨荫浏治学精神对我的影响》、**郭树群**《管窥杨荫浏先生学术思想中的科学精神》等篇。他们关于杨先生扎根于中国的传统音乐，扎根于中国民族音乐艺术实践的治学评价，可以说是全体与会者的共识。

首先，**赵宋光**以杨先生注重事实的学术风范，开创了中国音乐史研究寻访事实的新学派为题，归纳了杨先生不拘泥于单纯文献考订，而要求寻访历史中事实的五个途径。其物理事实、人文事实、古代乐种的当代遗存、古谱解译、考古发掘及其他，使古代音乐史的研究不再是对古代音乐文化的朦胧记忆，而拥有了一系列可见、可闻、可参、可验的活标本。**简其华**则以一位同事加学生的身份，回忆了自 20 世纪 50 年代以来跟随杨荫浏先生从事民族民间音乐田野调查的亲历。在肩扛钢丝录音机，坐牛车、住客栈的艰苦工作中体会到先生将文献古籍和采访调查并重的治学精神。他说，先生正是借着对乐器演奏的熟悉，去解决传统音乐中的音律问题；借着对昆曲的掌握，解决古谱译解中的符号问题和音韵问题。为了推行理论和实践相结合的作风，先生亲自为青年研究人员编写、刻印了有关记谱、记谱法、符号、音乐速度、管乐按指法、乐器绘图、宫调、调式等问题在内的《音乐业务参考资料 12 种》，为音乐研究所开展的各地区、各乐种的采访调查建立了工作参考规范。**郭乃安**对杨荫浏学术活动的实践特色，给予了三个方面的总结。第一，杨先生首先是一位唱奏兼长的音乐家，他的琵琶、古琴、三弦、笛子以及昆曲演唱都达到了相当的水平，深厚的底蕴，导致先生对历史具有不凡的见解；第二，先生把深入实际的调查和学习，看做是理论研究必不可少的实践的一个重要组成部分。他注重对音乐的实际调查，譬如乐谱与实际演唱音响的对照，从中发现和判断传统乐谱中隐藏着的实际音高与调式变化；第三，先生重视科学实验，以实验来验证理论。这一点，尤其表现在乐律学和乐器改进的研究与实践中。**伍国栋**对杨先生的治学思想也有三条总结，一为实践起步、广博吸收；二为客观描述、宏观分析；三为凿实掌握第一手资料。正如**栾桂娟**在其论文“一个需要重新认知的中国民族音乐学之宗师”一节中指出的那样，杨先生贯穿一生的实践精神包含了两层含义：一是对于音乐领域的多方面亲身实践；二是把对于音乐本体的深层把握，作为理论研究的必备条件。这两个方面，他都做到了身体力行。文章继续列举了杨先生以实践为基础的治学范例。譬如他从民间吹打乐《五台山僧寺流传宋时乐谱》中找到了辨认姜白石歌曲字谱的

① 文中黄翔鹏先生语皆引自其 1984 年著《往事皆遗爱　人今方见思——哀挽杨荫浏先生》，文载《传承——杨荫浏百年诞辰纪念专辑》CD 唱片，第 41—48 页。

新线索，又从西安古乐中所用的流传至今的乐谱中发现了它和宋代字谱的关系，并从民间艺人的实际演奏中悟出了此种乐谱的运用方法，从而破译了宋代字谱，使七百年前姜白石创作的歌曲成为现代人可以聆听的音乐，等等。**郭树群**的论文则试图剖析杨先生这种“躬亲实践”的治学思想源自何处。他从杨先生自幼所受中国传统文化浸润和西方文化教育的成长经历，结合时代背景以及先生的治学方法与成果的考察，指出杨先生的实践精神正是以“五四”以来新文化的科学精神为基础的，正是近代西方科学“实验论证”思维方式的体现。

杨先生曾说：国际上研究中国音乐史，最重视两个东西，一是雅乐，一是乐律。因为他们懂科学，好像他们比中国人还重视中国古代律学。其实，他们只会从书本到书本那样地搬弄与罗列，并不深知中国音乐是怎么一回事。先生亦曾提及抗日战争期间美国方面曾经聘请他去主持一个中国研究所而被他拒绝的事，先生不肯出国，并不是他轻看更好的设备条件，他说：“我是中国人，中国人研究中国音乐，到那听不见中国音乐的地方去干什么?”（引自黄翔鹏文）联系本次研讨会上，诸多发言都提及了杨先生要打破“哑巴音乐史”，撰写“有音乐的音乐史”，用翔实的史料和尽可能丰富的音乐实例来阐述中国音乐历史的实在面貌，那么先生在理论与实践的探寻追索与开拓，其理、其情、其心、其行，不正是他超越于以往所有音乐史家的高明之处吗！

如果说研讨会上，**金经言**以他于德国科隆发现的杨荫浏先生演唱的一段昆曲录音，使与会代表们得以在高亭公司录制于本世纪20年代的唱片录音中，亲聆杨先生昆曲唱念的功力，那么**魏廷格**的《三议杨荫浏的国乐观》以及来自加拿大的**吴赣伯**题为《我们纪念他什么》的发言则再次阐述了杨先生的音乐思想与音乐观念。**吴赣伯**认为，我们纪念杨先生，除了他治学严谨的作风外，最重要的是充分认识其音乐思想和观念。正是他的音乐思想和观念，造就了他一生的伟业。这个思想和观念就是先生在1942年至1944年间发表于《乐风》杂志上的连载长文《国乐前途及其研究》中所强调的，要“过度地注意国乐”。杨先生的这篇长文及其“过度地注意国乐”之思想在80年代末被学术界重新提起，是因为**魏廷格**《反思中国现代音乐问题的重要历史文献——关于杨荫浏先生〈国乐前途及其研究〉》一文①。之后，魏又于1992年撰文《再议杨荫浏的国乐观》②，更进一步阐述了杨先生关于国乐的事实、国乐的本体、国乐的前瞻等理论思辨，在当时学界中西融合说的背景中，有着不同于一般的超时代的意义。十年后，**魏廷格**三议杨荫浏的国乐观，对当年《乐风》杂志编者仅将杨先生的国乐观等同为“国乐并非旧乐”、国乐要“兼具民族性和国际性”之类当时已非新说之说，提出了这是把先生的观点从杰出的高度拉回到一般化的水平的批评。他指出，杨先生此文是关于中国音乐发展道路及其应该采取的战略思想问题。所谓“过度地注意国乐”，是强调在一定的历史阶段给予国乐足够的重视。因为“我们有着优秀的传统，我们是直觉到了，但是应该老实说，我们至今还没有足够

---

① 文载魏廷格：《反思中国现代音乐问题的重要历史文献——关于杨荫浏先生〈国乐前途及其研究〉》，《中国音乐学》1989年第4期，第116页。

② 此文参加1993年香港大学亚洲研究中心召开的“20世纪国乐思想研讨会”，并载入该会议论文集。

的能力，提示其规律性，提升为理论，帮助人们进入深一层领会的境界”（杨荫浏）①。只有在国乐被予以充分的注意、充分的准备之后，才能与西乐进行交流与融合。然而，关于先生的这一重要思想，为什么除了当年《乐风》编者的按语之外，半个世纪来却无人评说？甚至连先生自己也不再提及？（**魏廷格**、**梁茂春**）②

在研讨会上以**王震亚**、**陈自明**、**金湘**、**吴钊**、**刘东升**、**陈应时**、**孙玄龄**、**简其华**等人以及杨先生的女儿**杨国兰**的发言再现了先生孜孜钻研、诲人不倦、谦逊坦荡、求真务实的历历往事。**王震亚**回忆青木关的学生时代，同学们曾在杨先生的鼓励下，编辑《中国民歌》油印本。并向与会者展示了这一油印本以及上面由杨先生撰写的序言。他指出，在当时的历史条件下，专业音乐教育，特别是作曲专业的教育，完全是以西方音乐理论为主的。而编辑这本民歌集本身，对当时的专业音乐教育来说是个很大的突破。**金湘**的回忆既富于情感又充满了真诚。他说，十间房是一片净土，一片追求学问和理想的净土。那里曾经生活着杨荫浏和他为首的民族音乐的集体。就是在那里，他作为一名刚刚毕业的青少年，知道了什么是天津曲艺、什么是祁太秧歌、什么是黄土地上荡气回肠的河曲民歌。也就是在进行活生生的民间音乐实际调查中，他懂得了什么是真正的音乐之路，并建立了扎扎实实的民族乐派的美学观。陈自明对当年的音乐研究所有一个“家”的回忆。在那个温暖的氛围中，杨荫浏和李元庆先生就像父亲一样。他在这个“家”里，改变了西洋音乐优于中国音乐的观念。也正是因为杨先生理论联系实际的学风，给了他“要搞亚、非、拉音乐就要出去搞，学好语言出去搞”的决心。这也是他后来坚持到国外考察亚、非、拉音乐的原动力。**吴钊**回忆了杨先生作为“老师”，一贯奉行着“毫无保留”“诲人不倦”之道。“他的任何新想法，立马儿就告诉你”，“他告诉你的不是某一种知识，而是告诉你研究的方法”。**杨国兰**回忆了父亲言教、身教、勤学律己、百折不挠的学风。她还在发言中指出，如果说音乐研究所是一片净土，与李元庆的领导分不开。正是在李元庆的领导和组织下，父亲才能专心于学问，取得如此的成就。**陈应时**和**孙玄龄**各自述说了他们与杨先生交往中的两件小事。事虽小，但先生的人格风范可见一斑。1980 年，**孙玄龄**接受了为杨先生誊写《语言音乐学初探》书稿的任务。“边抄边学，边抄边问，等于完完整整地学了一遍”。1983 年杨先生的书出版了，华蔚芳同志给孙送了一本新书，还有 20 元钱。她说：“这是杨先生给你的抄搞费。杨先生叫我告诉你，所里和出版社都没有这样的规定，因为你认真，所以从稿费中提出百分之五来给你。”**陈应时**则从冯文慈先生最近评述《中国音乐史稿》的系列文章谈起，认为杨先生如在世，是一定会欢迎这样的不同意见的。因为他曾经在 1972 年，由吉联抗先生转呈两篇文章，与杨先生在学术上进行了不同意见的讨论。一篇是《关于我国古琴音律的若干问题》，对《史纲》中提出《幽兰》为二律并用的说法提出了意见。另一篇是针对姜白石乐谱的校勘问题提出不同看法。杨先生看了论文后，不但没有生气，还带信请陈吃饭。“他说，你的文章很好，我要把这篇文章给全所的青年研究人员传阅。……而后来在《史

① 杨荫浏：《中国古代音乐史稿》“后记”，北京：人民音乐出版社，1981 年。

② 这个疑问魏廷格在多次论文中提及，并梁茂春亦在是次会议发言中说他与杨先生十年交往，常请教中国音乐史诸问题，故惊异杨先生为什么忘记了《国乐前途及其研究》一文。

稿》以及1978年再版的姜白石研究中，先生都作了修改。”**简其华**从《史稿》后记中杨先生关于“我们还是小学生”的记述，谈到了先生一生谦逊的品格。他说，之所以用“史稿”冠名，表明先生以一个“稿”字，秉明了尚待继续研究、补充，永远追求学术真理的赤子之心。用**刘东升**的话说，“他处事单纯简单，待人平等一如。有时候，简单得让你难以置信。早年宗教精神的熏习和实际修为或许给他的心灵留下了深深的印痕，或许其内心一直被某种具有人文意识的‘宇宙宗教情感’所占据。他善良、睿智、宽容（他的话‘广涵的态度’）、风趣。是一个可亲可敬的老人，普普通通的老人。同时，他确是一位学识渊博的人，一个博大精深的‘存在’”。

涉及杨先生在中国音乐学诸领域的贡献与再认识，亦是研讨会的一个热点。在题为《杨荫浏与中国宗教音乐》一文中，**田青**从《瞎子阿炳曲集》、《苏南吹打曲》、《十番锣鼓》与道教音乐、《普天颂赞》、《真理与生命》（1932—1937）中刊载的系列文章与基督教音乐、智化寺“京音乐”到湖南“水陆”与佛教音乐等关系，指出杨先生是中国宗教音乐领域的开创者。更重要的是，该论文引述了1961年5月10日杨先生发表于《文汇报》第三版头条位置的《如何对待我国的宗教音乐》一文，并就此对先生后半生的宗教音乐观进行了政治、社会、心理的多重分析。先生当年以强调宗教音乐与民间音乐的联系；以学术化的论证指出寺院音乐中，即便是“非民间音乐”的部分，也有“一部分价值”；从记录、保存和研究的角度去争取宗教音乐的“研究权”。如此苦心孤诣，倘不从时代的特殊背景去理解，就无法体会其中复杂而又深刻的内涵。**向延生**在纪念文章中披露了杨先生的一句话：“我还是个宗教音乐家。”这句话是杨先生在看过向为《中国音乐辞典》所撰“杨荫浏”条目后，就中国音乐史家和民族音乐学家之称谓而陈述的意见。向指出，杨先生自幼受到中外宗教音乐的长期熏陶，后来又对宗教音乐进行了深入的调查研究，掌握了大量的资料。但由于“政治性的原因和各种复杂的情况”，“杨先生没有深入这个领域进行分析研究。因此宗教音乐在《史稿》一书里也没有得到足够的重视”。而他在晚年重提“我还是个宗教音乐家”，并多次强调“宗教音乐中保存了许多很珍贵的古代音乐”。“可惜他已经来不及把他的这些意识和见解写到《史稿》中”，“他寄希望于后人”。**杨周怀**和**李淑琴**则分别就杨荫浏对中国基督教音乐的贡献进行了阐述。前者的论文题为《杨荫浏先生在中国基督教赞美诗的翻译、编曲、作曲及作词方面所作的贡献》。文章历史地叙述了杨先生与中华圣公会“颂主诗集”，以及“六公会圣诗出版委员会”及其《普天颂赞》的关系。并从杨先生自写词、自谱曲、引用中国古曲或古琴曲以及改编中国曲调的作品分析入手，指出杨“在圣诗工作方面，处理中国曲调，无论从和声、对位方面都做了些尝试，这对我们后来人创作中国曲调，处理中国曲调，起了相当程度的示范作用”。《关于基督教赞美诗工作的认识》是**李淑琴**在圆桌会议上所作的报告。该报告在详细研究杨先生30年代发表在《真理与生命》上的有关基督教音乐的系列文章基础上，阐述了杨先生以其中国语言音乐学的深厚造诣在圣诗翻译、格律、填词、句逗、谐韵、字音强弱方面所做的探索与贡献。

秦序总结了“杨荫浏先生在音乐文学史研究方面的若干重要贡献与启迪”，指出杨先生不是形而上地、从抽象到抽象地演绎泛论音乐与文学的关系。而是从语言与音乐的关系、从歌曲字调与曲调的具体关系入手，并以语言音乐学的开创，奠定了音乐文学的研究的基石。另外，杨先生充分认识到音乐在音乐文学中的决定作用。他的“从远古到明清，诗词新形式的出现，常和音乐形式的新创造，不能分开”① 等论断，一反古来音乐文学的研究仅从文学的角度而以“先诗后乐”、“以乐从诗” 为其发展历程之偏颇，为音乐文学史的研究找到了注重音乐本身内容形式变化的正确道路。进而，杨先生在音乐为音乐文学之主导的基础上，“层层剥笋，探骊得珠，进一步找到了问题的关键——音乐的推动力来自民歌”。

孙玄龄和**陶亚兵**分别论述了杨先生在语言音乐学方面的贡献。前者作为先生《语言音乐学初探》一书的助手，就此书的学习有着独到的体会。他从学科产生前的状况到先生的研究，认为先生“总结了前人的经验，利用其掌握了的音韵学、音乐学、古汉语以及外语几方面的知识，在汉语和音乐关系方面进行了综合性的研究。……真正把语言与音乐的关系直接论述到了曲调、节奏、乐曲构造等音乐的细微表现上，既运用了音韵学的知识去说明曲调中语言特性的表现，又用了很多实际音乐的例子去说明语言对音乐的影响。……开创了一个新学科”。文章还从先生著作的新、旧（油印本）两稿之差异进行了分析说明。譬如补充了民歌的例子，启示人们在现存民间音调中，存在着一个自古就被用着的词曲配合规律，唐宋以及更古时期的一部分音乐，在今天还有残留；又如杨先生在结论部分强调语言与音乐关系的复杂性，给出了五点具体分析的角度；总结了音乐配歌词的多种方法，无论对研究还是对民族声乐的发展都有着深远的意义。陶的发言立足于先生学术生涯的史料，指出先生之所以能在王光祈、青主、廖辅叔曾注意到的语言与音乐关系之后，真正奠定了该学科的基础。他还总结了先生研究的几个特点，譬如不仅在昆曲音乐风格与字调配音规律上造诣非常，还关注现代歌词与音乐的关系；不仅历史地看待中国语言和音乐的关系，还自觉地进行中西歌词配音规律的比较等等。

有关杨荫浏与乐律学研究的论文有**陈其射**、**陈应时**两篇。**陈其射**认为，杨先生深知乐律学研究对中国传统音乐研究好比多米诺骨牌，牵一发而动全身。“他所发表的乐律论著，较早地为中国乐律理论和乐律学本门学科研究做了非常重要、必要的基础性工作。” 而先生的《史稿》，“虽称不上是完整的乐律学史，却为构建中国乐律学史学科建设的编年框架，提供了继续研究的基础”。文章还以先生制作律管、翻译并讲授《音乐物理学》、长年坚持乐器制作与改革的史实，指出先生研究中国古代乐律是以进行中国现代律学实验、计算和乐器音律实践为基础的。而杨先生对中国现代律学基础理论研究具最大影响的当推其《管律辨讹》和《三律考》。**陈应时**用“发现、革新、创造” 六字作为评价，结合杨先生的律学研究与中国律学史上的重大问题，指出杨先生以其《平均律算解》成为继刘复、王光祈之后我国第三位现代律学研究的先驱者，并首次正确解释了何承天的新律分递加数。杨先生写于 40 年代的系列律学文章，全面梳理了中国古代律学史。其中发现荀勖笛律的“管口校正” 数、在琴谱中发掘琴律以及制作《历代管律黄钟音高比较表》为最重要的突破。上述二陈的文章，共同对杨先生

---

① 杨荫浏：《中国古代音乐史稿》，北京：人民音乐出版社，1981 年，第 288 页。

“为了服务于音乐实践而研究律学”的主张，给予了高度的评价。

《杨荫浏先生与古琴音乐研究》由中国艺术研究院音乐研究所博士候选人**王建欣**发表。文章以具体的琴学研究，概括了杨先生的实践精神、辩证唯物主义精神、实事求是精神和敏锐的学术眼光。譬如先生在40年代撰写的中英文对照版《琴谱》，新创了古琴“按指谱”，对于今天改进古琴记谱法，仍具有重大启迪。先生探讨古琴律制，不停留于计算和考据，而时刻结合演奏，分析其中的律学规律。先生记录的《琴荟》，严谨细致。在琴曲说明上既强调考据，也强调辨伪。先生早在50年代就提出琴学研究的三个亟待解决的问题，一为掌握琴曲版本和史料阶段的索引；二是琴曲断代；三是打谱，对我们今天的琴学研究及学科建设，无疑具有深远影响。

刘东升在《杨荫浏先生与音乐图像研究》中指出，音乐图像学是杨先生中国音乐研究系统中的一环。在40年代的《国乐前途及其研究》中，先生提出了中国音乐研究所需的十五种专业背景，其中就有两种与音乐图像相关。从1956年开始，他与音研所的同志们就广泛收集图像资料和图书、乐器实物。其中《中国音乐史料陈列室说明》（铅印）可以说是重要的音乐图像学文献。从1954年到1964年，出版了《中国音乐史参考图片》九辑。到80年代音研所的图片资料已收藏了2万余帧。其中就有杨先生自20世纪50年代以来从历次采访中根据实测乐器比例精心绘制的线图158帧。刘文列举了《中国音乐史图鉴》《中国少数民族乐器志》《中国音乐文物大系》等20世纪80年代以来的图像学成果，这些成果昭示着杨先生20世纪40年代关于中国音乐研究的总体预见和构想，在半个多世纪以后的今天，已逐项变成了现实。

将杨荫浏先生“实践—采集”的学术思想誉为20世纪中国音乐学的一个里程碑，是**乔建中**再认识杨荫浏学术思想的切身体会。文章从“旧学”囿于从文献到文献的羁绊，到杨先生以唱、奏、抄、听、记、测等手段保持与传统音乐的亲近，从而改变“旧学”的学术偏向，“让音乐史从文献的束缚中解放出来，让音乐和创造音乐的人成为音乐史的中心”的实践历程，回溯了音乐研究所半个世纪以来在杨先生的倡导下，进行的“长达十余年的声势浩大的传统音乐采录运动”及其成果，认为这个运动的根本意义“在于为中国音乐学的新、旧两个时代竖起了一块巨大的里程碑”。文章比较了20世纪一系列地下发掘与近代科学意义上的中国考古学之关系，再次强调了杨先生坚持的“实践—采集”路线，至今仍具有重要的现实意义。指出：“中国音乐学如果脱离了民间音乐的唱、奏实践，如果放弃了对存活传统音乐的调查、采录，中国音乐学就失去了自身存在的基础，也将最终失去其作为现代人文科学的学术生命。”

论及杨先生在中国现代古谱解译研究方面的影响，有**陈其射**论文中的专门一章。指出“古老乐种的谱式繁杂，同名、同调、同曲都会有相异的乐谱，其他不同调、名、曲的乐谱更难以计算。……”先生不为传统理论和乐种、乐谱的表象所惑，在古老乐种和古代乐谱的比较研究中，开辟了古谱解译的一片全新天地。先生闻名中外的、对南宋词人姜白石旁谱的翻译，便得益于他对西安古乐的古谱研究。

王小盾在《音乐文献学与杨荫浏》一文中，认为杨先生是真正站在中国传统这个立足点上建立自己的学术的。他的研究有两个基石，一个是通过民间遗存和出土的物质资料体现的人民的音乐实践；另一个就是音乐文献。文章从音乐文献学的角度，论述了杨先生对 20 世纪的贡献。他认为杨先生为建立音乐文献学主要采用了四个方法，第一是对照各种版本和材料的校释；第二是大规模汇集各种同类史料的汇考方法；第三是按年次和类别制定表谱的方法；第四是把新的音乐史学的观念与旧的材料相比正，把有声的史料和无声的史料相比正。前三种可以说是对一般的文献学做出了贡献，而第四种则是对一般的文献学做出的发展。这种将民间音乐资料、考古学资料与历代文献相比较的方法，也是音乐学对一般文献学的贡献。文章还对杨荫浏音乐文献学形成的学术背景和在当代延伸的史实，进行了详细论述。

来自舞蹈研究所的**王克芬**，在《深切怀念杨荫浏老师》的文章中，回忆了杨先生对中国舞蹈史研究的贡献。文章列举了“雩”与祈雨祭祀以及民间龙舞的关系；汉画像砖巾舞与民间长绸舞等实例，指出杨先生关于历史文字资料、文物图像与民间舞蹈实践相结合的观念，直接启示了舞蹈史研究，通过古代舞蹈的当代遗存，探求它们发展的历史轨迹的重要方法。

研讨会上，也有一组文章对杨先生自 50 年代以后的思想轨迹及其对史学研究的影响进行了分析和评述。其中**冯文慈**《转向唯物史观的起步——略评〈中国古代音乐史稿〉的历史地位》一文，多方面评述了先生撰著时期的历史背景（党所领导的社会政治文化氛围）；撰著《史稿》时期的心态（“和剥削阶级划清界限”的自我防范）；衡量《史稿》的视角和对于《史稿》历史地位的评价（转向唯物史观的起步）；《史稿》转向唯物史观的主要成就（乐学律学方面及对自唐宋以降民间俗乐的极大关注）；《史稿》转向唯物史观起步的主要缺陷（崇古，不能率直承认剥削阶级在一定历史条件下的积极作用，阶级分析和历史主义的对立）。他认为，因为“其时中国共产党的指导思想和方针政策不断发生‘左’倾错误，直到所谓‘文化大革命’。这在客观上促成杨师所谓‘和剥削阶级划清界限’的自我防范心态。这种心态压抑了对历史辩证发展的理性思考，使得《史稿》产生背离唯物史观的若干迷失”。**郑祖襄**则比较了杨先生一生撰写的两部中国音乐通史《史纲》和《史稿》，认为前者的学术价值有着后者所不能代替的地方。尽管“《史稿》内容的深度和广度都要超过《史纲》，尤其鲜明的是，《史稿》运用了大量的传统音乐实例说明了古代音乐，这是《史纲》所没有的。但问题是，《史稿》却没能吸收《史纲》已有的全部学术成果”。文章指出，《史纲》的撰写宗旨是实事求是的历史科学态度；《史纲》强调引用原始史料的重要性；《史纲》注重音乐本身的研究；《史纲》重视音乐的基础理论乐律学；《史纲》侧重音乐和语言关系。但后来的《史稿》却没有完全吸收上述精华，反而有所省略。对此，**郑文**引述了杨在 1958 年、1962 年对于《史纲》的自我批评，以及十年浩劫过去后杨对《史纲》的重新评价，指出先生思想上的变化与当时历史背景相关。并对《史稿》未能吸收《史纲》的全部成果，表达了“历史给《史稿》带来的一种遗憾”。

对先生在特殊历史背景下的局限性，研讨会上有不同看法。主要的议论集中于先生是否以“防范心态”治史。**向延生**、**田青**等认为，先生在中年接触马克思主义、毛泽东思想是发自内心的政治冲动，是自觉自愿地“洗脑”，是那个时代“大多数从旧社会过来的知识分子发自内心的思绪的坦诚流露，是他们真诚追求进步、追求真理的必然归宿和思想境界”。

"乐史煌煌如碑立"、"等身著作称巨擘"。[1] 面对先生，后人可引以为论的真是太多太多。**冯光钰**、**苗晶**、**梁茂春**又分别对先生的史学论著进行了评价。**冯光钰**从先生治史力求资料翔实、实事求是；力求建立一部有声的音乐史；力求全面关注中国各少数民族三方面，指出先生的著述翻开了中国音乐史学的光辉一页。**苗晶**在他题为《民间歌曲在古代史中有了它应有的地位——杨荫浏先生〈中国古代音乐史稿〉读后》一文中，认为"落实民间歌曲的历史地位是杨先生治史的一大特点，也是一大贡献"。史稿中重视民间歌曲，不是单纯地"增加一些古代民间歌曲的资料，更重要的是，使我们看到广大劳动人民对音乐史的贡献"。**梁茂春**用一部活生生的音乐史、一部有丰富文化底蕴的文化史、一部史料全面的通史、一部浸润着丰富而宽阔的音乐实践真知灼见的历史，来评述杨荫浏是中国音乐史研究继王光祈之后的第二个里程碑。梁在评述之后不无感慨地说，我们现在很难产生像先生这样积累丰厚、百科全书式的人物，那么就靠学术共同体去发出响亮的声音吧。

崔宪在《探寻音乐内在发展规律——从"音乐型态学"看黄翔鹏先生的学术继承性》一文中，从黄翔鹏先生提出"音乐型态学"的理论内容与目的着手，阐明黄先生以研究音乐内在结构型态（"民族特型"），探寻中国传统音乐表象背后的发展规律，是他继承与发扬杨荫浏的理论与成果，并贯穿自己研究工作的一种自觉行动。文章进而列举了"钟律"；"管子生律法"与"下徵音阶"及其钟律实践；曾侯乙编钟铭文和音位排列关系；传统工尺谱中变音的写法与曾侯乙钟铭基本相同的逻辑关系，为黄先生为论证"音乐型态学"意义的四例。又以黄先生在中国传统音乐中五声音阶和七声音阶及其关系研究的成果"七律定均，五声定宫"；工尺谱研究中的"曲调考证"方法；琴乐、琴律研究中有关复合律制的一种多变体系，论述了黄翔鹏先生继承杨荫浏"实践第一"的求实精神，对中国传统音乐理论和古代音乐史研究领域的诸多突破性成果。

路应昆的《明代"弦索调"略考》，可以说是继杨先生的开拓性研究和黄翔鹏先生在"弦索调"研究中的重要创见之后，对明代弦索调的深入。论文从文献梳理，到谱本分析以及唱奏场合、腔调唱法、宫调等方面，论证了明代弦索调与传统北曲既有血缘关系，又融会了大量南曲及其他音乐成分，形成自己独特风貌的变迁。

吴文光、**赵晓楠**的论文《关于大曲〈柘枝令歌头〉、〈柘枝令〉俗字谱及其考、译》，论题直接来源于杨荫浏在1957年出版的《姜白石创作歌曲研究》。先生在原书中提到"据朱疆村《峰真隐大曲词曲校记》……云：《大曲柘枝舞歌颂》及《柘枝令》'皆缺文有旁谱'"。这一记载为考察宋代俗字谱提供了线索，因此，论者开始对原书及其版本进行寻访、查证和比照，进而考订"缺文有旁谱"之"缺文"为光绪本与天一阁原本之间的差异，也指四库本由俗字谱填充的缺字，而"有旁谱"则指四库底本中填充文字之缺的俗字乐谱。文章在这个基础上对此两则大曲之残谱字进行了考释，并结合黄钟音高和均、调问题，对曲谱进行了尝试性的翻译。另外，论者据谱字是嵌在文字之间而非文字之旁的"旁谱"，而文字上"缺文"之处方有

---

① 引自田青1984年悼念先生逝世所填《雨霖铃》词。

“旁谱”，不缺文处，则一个旁谱也没有的形式，怀疑所谓“缺文有旁谱”，可能是插在文字间的短小“过门儿”。论者还在结语中指出，与其他宋代俗字谱比较，此谱形式当与北宋俗字谱相同。因此具有中国音乐史及其研究不可替代的价值。

刘勇认为“杨先生给我们留下了大量的任务和课题，……有的是经他提出而他自己无精力去完成的；有的是虽经初步研究而没有最后下结论的；还有一些是由于某些局限而作出了不够妥当的结论的。作为后学，我们在有条件的情况下应该尽力把对这些课题的研究向前推进一步……这既是对学术的贡献，也是对杨先生最好的纪念”。因此，他对杨先生关于“唐燕乐二十八调可能为四宫”及其三条理由①之说，进行了分析。**刘文**认为，杨先生在以现存民间乐种的宫调运用情况反证唐燕乐宫调时，对民间乐种的宫调运用了解得不够仔细。其一，在先生看来，使用四宫是出于某种传统的宫调理论，而论者举出二胡和管乐“弦式、指法既定，宫音位置也就随之而定”。认为在乐器基调既定的情况下，宫音通常是由乐曲旋律确定的；其二，不同的民间乐种并非只有四宫，用“宫”多少，与当地的乐曲使用的音阶以及乐曲独特的旋法有关；其三，即使是今天使用四宫的乐种，也未尝就是历史的原貌。譬如西安鼓乐现为四宫，而据研究该乐种曾存在一个“工调”，它的消失，是随着乐曲流失带来的乐调流失造成的。而刘文之所以细究现存民间乐种的宫调运用，目的是为了说明，举凡智化寺、西安鼓乐、福建南音，都是独立的乐种，其所用宫（调）都是在一件主奏乐器上形成的。而唐燕乐是来自各地的许多种音乐的集合，所用音阶、曲调及乐器必然更加多样，产生的宫调也应更加丰富。因此，关于唐燕乐二十八调是否四宫的问题，还有待于新的证据。

伍国栋带来了他的新书《中国音乐》，他认为自己撰著中关于中国音乐历史分期的结论，来自于杨先生的中国音乐历史观，即关注历史中操作音乐、创造音乐的主体。依据这一原则，他在著述中将中国音乐的历史，分为氏族群体之祭祀乐；贵族之燕乐；音乐社团中心之戏曲俗曲；专业作曲家之新乐的不同发展时期。

可以说，对当代所有专习中国音乐的人来说，杨先生是一座必定要通过的桥。学术的承继性，“历”史而“传”统，正像**黄翔鹏**先生在 1995 年为中国艺术研究院音乐研究所建所四十周年的题词中所谓：“炎黄韵，存典范、育师友，系万方。原有来者，学开新境，代继薪传。”

二、百年乐事争求索，鉴往知今论风流

本次研讨会另有 36 篇发言涉及了史学、考古学、传统音乐研究、音乐社会学、音乐教育、音乐创作、中国音乐学学科建设等领域。其中既有对 20 世纪的回顾，又有对学科发展的展望和建议。其中 11 月 11 日晚上的圆桌会议，则以“中国音乐”、“西方音乐”；中西文化交流；音乐教育等问题将讨论推向了高潮。

在古代史研究方面，**刘再生**以《横看成岭侧成峰，远近高低各不同——20 世纪中国古代

① 杨荫浏：《中国古代音乐史稿》，北京：人民音乐出版社，1981 年，第 263 页。

音乐史回顾》之力作，评述了此学科在20世纪的发展历程。该文针对史学研究的发展进程与研究特色，将20世纪的中国音乐史研究分为以王光祈为代表的、以文献研究为主的第一阶段（20—30年代）；以杨荫浏为代表的以音乐为中心研究音乐史的第二阶段（40—70年代）；以黄翔鹏为代表的多学科交叉研究为特色的第三阶段。论者不仅对不同阶段的史学研究成果进行了翔实而周密的梳理，更从宏观的高度对三个阶段的研究特色及其意义进行了有理有据的评说。进而指出，史学研究所取得的成果“既是个人学术研究之成绩，又是一种集体成果的展示，时代精神的缩影，同时也脱离不开历史局限的制约。一种历史的规律性现象是，几乎所有著作往往都属于阶段性的成果，然而，正是历史的‘大浪淘沙’，才使人类文化得以不断地积累和不断地发展与进步”。

郑长铃在《历史地评价陈旸及其〈乐书〉》的发言中，以文献史料、陈氏族谱以及陈氏家族的实地调查，对陈旸的生平、撰写《乐书》的时代背景、撰书过程等方面进行了分析，从而得出了不能否定陈旸《乐书》的结论。

王子初为研讨会提交的论文是《戎生编钟的音乐学内涵》。该文是一篇音乐考古学专论。它介绍了北京保利博物馆所藏16件戎生编钟的保存、形制纹饰和内腔结构概况，对编钟结构和纹饰的科学内涵、调音锉磨手法进行了音乐学研究，对编钟的现存音响作了音频测试研究和音阶结构分析。并依据各项研究成果，为戎生编钟作了断代和音乐学鉴定。此外，他在发言中还就中国音乐考古学的奠定与发展，以及音乐考古学的通史、专史关系；比较、应用关系等问题进行了综述与展望。

来自香港浸会大学的**林青华**，提交的论文是《清代洋人钱德明对中国音乐史的贡献》。他从历史及文化的角度讨论了18世纪耶稣会士钱德明关于中国音乐的工作。钱对于中国音乐的著述主要集中于他的《回忆录》，这些著述使人们第一次拥有了用西方语言描述中国音乐理论的重要尝试。通过林文，我们了解了钱德明对中国音乐的乐器、乐律、音阶以及音乐感受诸问题的认识，这也是他的著作之所以成为欧洲研究中国音乐的重要基础的原因。

关于中国近现代史研究的发言颇为踊跃。其中**陈聆群**与**汪毓和**分别以《中国近现代音乐史研究在20世纪》、《有关中国近现代音乐史学建设的概况》为题，回顾了该领域的发展，并涉及了部分重大问题的讨论。**汪文**从学科建设的一般状况；工作中所取得的初步经验；存在问题和对今后工作的建议三个部分谈起，并附录了新中国成立以来有关中国近现代音乐史的主要学术活动年表；新中国成立以来有关本学科各种论著的主要目录两种。文章的第一部分对该学科经历的三个阶段作了划分，如20世纪50年代末以前的“最初摸索阶段”；1958年至“文革”结束的“初创阶段”；“文革”结束至20世纪90年代前半的“全面建设阶段”。文章第三部分关于今后工作的建议提出了五条，实际上指出了以往研究的不足。它们分别为：加强对各种史料的收集、整理、出版；继续推进专题性研究；建立专门的研究机构和全国性学术组织；加强20世纪中叶以来的我国各种传统音乐品种的历史研究；不能仅局限于大陆范围，应尽快加强对有关台湾、港澳等地的音乐资料收集、研究。如果说**汪文**在学科分期上，采用了以延安时期的“中国新音乐运动史”为起点，**陈文**则将学科的萌芽标志定位在1936年问世的《中国现代艺术史》中由李树化撰写的“音乐”部分。认为它“提供了中国近现代音乐史研究涉及范围的粗略框架”；之后，有20世纪40年代的新音乐运动史研究；有沿用了“临时政治需要和以应付当前的论战代替深思熟虑的历史研究做法”思想氛围下的，1958年较有规模的中国近现代音乐史研究；以及“文革”结束自1981年至今方兴未艾的全面发展四个时期。**陈文**广泛评述了该学科的研究成果，并对近现代音乐史中的争鸣问题展开了略评。譬如历史分期是与古代史按朝代分期衔接，或依据中国社会变革和革命运动发展的历史特点，还是以音乐的本体生长发育出真正具有新的时代特征的形态和标志性成果为根据。又譬如历史内容，是否真正做到了包括“固有的一向留存的音乐”和“新音乐”两方面内容，还有“新音乐”与传统音乐在认识上的分歧。论者提出，“只有对这两条路所构成的丰富历史内容作完整的概括，才能体现出中国近现代音乐发展历史的真相和全貌”。另外，对中国近现代音乐发展历史结果的价值衡定，也是一个争鸣的热点。文章认为，“我们的研究工作如能够充分地展示这多侧面发展进程的主要趋向和各阶段代表性音乐家的根本建树，必将有助于从历史事实中得出不带片面性的评价结论”。

香港中文大学音乐系的**余少华**博士提交了《从中国传统雅乐观念看〈中华人民共和国国歌〉的历史》一文。文章从历史上的雅乐功能以及民间俗乐因政治形式的改变而贵为雅乐者的先例谈起，分析了中华人民共和国国歌从《义勇军进行曲》以俗入雅及其雅乐特质。文章又以《东方红》取代《国歌》的历史变迁；以及国歌在1978年被集体改词，抹杀了尊重抗日的一段历史；再被平反的史实，讨论了政治形势的变化与历史上先王制乐的观念，指出，中国自古至今，音乐、政治与历史是不可分割的。

潘乃华的论文题目是《从近代音乐史的轨迹中比较中、日两国音乐学的发展》。论文从19世纪中日两国对外来文化的态度；以及中日两国近代音乐学家的具体研究和方法，展开两国音乐学发展的比较。来自中央音乐学院学报的**黄旭东**，以“一个值得探讨的现实性‘历史问题’”，作了关于《如何实事求是计算校、团的“年龄”》的报告。该报告以上海交响乐团、中央音乐学院、中央美术学院、中央乐团的“周年”计算及其不同遭遇，指出在校、团“年龄”的计算上，应从历史唯物主义观点出发，遵循国籍属性或民族属性的原则。

关于律学的专题研究，有**牛龙菲**的《中国古典道器一元、律历一元的传统——兼及律学、律史研究的方法论思考》。牛文以中国古律的“道器一元”说，表述了他关于研究中国律史的出发点，不应该是现代音响物理学的“整倍数泛音音列”的观点。文章认为，中国远古的音律实践和律学思维，似乎对和基音过于谐和的八度泛音及和基音有相当和谐度又有一定律差的五度泛音，没有太大的兴趣。相反，却对和基音有一定谐和度，而又有明显差异的三度泛音，给予了特别的关切。故，研究中国律史的出发点，应该是古代中国古籍所载之中国远古乐器的音乐艺术实。文章又从中国古律“律历一元”的说明，指出中国农历不能只用“月相”一种制历尺度，而要参照“日相”的另一种制历尺度。同样，中国古律也不能只用“纯律大三度泛音”一种生律尺度，而是以“纪之以三”生律法为“阴”、以“三分损益”生律法为“阳”，以“二倍音”、“四倍音”为参照“仲吕”还生“黄钟”的“阴阳吕律学”。**韩宝强**、

赵文娟、**刘一青**合撰的律学论文，则从测音的实证手段，报告了《阿炳所奏〈二泉映月〉的音律研究》。该报告主要基于对苏南民间律制考察；新旧艺人音准感觉比较；探索新的测音方法三个目的。其中关于测音的探索，主要为“多点测量”方式，以形成直观体现每个音的游动趋势和音高位移幅度的“音腔谱”。这样才能反映乐器演奏中存在的大量抹音、滑音等技巧与风格。而在新老艺人音准感比较中，报告选取的测量样本为阿炳与青年二胡演奏家宋飞的对照。报告的结论有三，第一，苏南一带传统民间音乐中的变徵、变宫和清角三个音级都有偏离常规律制的特点，一般偏离度在20—40音分之间，这与中国其他地区民间音乐有相同之处。第二，新一代二胡演奏者在音准感方面与老一代有差异，主要体现在变徵、变宫和清角三个音级，前者更符合常规律制的音准。第三，新老艺人由于在音准感和演奏技巧方面的差异改变了音腔的相似性，导致音乐风格的体现亦有所不同。

在传统音乐研究方面，本次研讨会亦有一组论文和发言。其一是**费师逊**的《略谈音乐源流史与音乐功能学研究的基础与前景》。该文开头便问“音乐是什么”，继而回答音乐是一种可以“当下契入”的感受与共振，是一种生命信息传递交流的体现。因此作者的音乐功能学立足于“能量”，并依循中国传统的阴阳五行学说，就“八风”、“十二律”、“五声”的顺序来讨论有关音乐功能性的基本认识问题。其中八风与卦象，十二律与气候（律气相应），五音与五行可于微妙之中，体会人体与生态场的功能关系。论者的音乐源流史，则主要强调了挖掘各中华古族遗存于现今的，依存于自然律基础之上的各民族民间音乐中的传统（血统）成分、或曰音调结构，区分其“核心文化”和“次生文化”。

曹本冶的报告题为《中国仪式音乐的研究：〈中国传统仪式音乐研究计划〉之道教科仪音乐研究项目》。论者强调，仪式是文化的根本土壤，而仪式中的音声具有天人合一的能量意义。报告就此项计划的研究对象、研究目的、研究方法和研究规范做了介绍。譬如在研究中所注意的“核心焦点”，除了对音乐曲目和型态风格做惯例性的分析以外，特别注意音乐风格当中的固定和非固定因素、音乐在仪式中的运用和功能及与其他信仰体系的仪式音乐和民间音乐的关系。又由于道教传统科仪音乐的曲目是不同时空及传承途径的积累，因此它也是多层内容的综合体，故可用“核心层次”、“中间层次”、“表面层次”来理解其内涵。等等。

《轮值轮训制——中国传统音乐主脉传承之所在》一文，由**项阳**发表。他从“保存传统音乐的根本在于传承这些音乐形式的乐人”立论，指出倘以乐人为主线，则中国的传统音乐无论在宫廷还是地方官府、军旅，寺庙还是民间，都是一脉相承的。文章从文献与实地调查结果相互印证，对北魏时期建立的乐户制度进行了考察。并将角度集中于轮值（地方乐人到宫中执事），以及为了满足轮值的需要而进行的轮训（太常对乐人们进行教习，以保证技术技巧与礼仪、乐曲之间的规范统一）两方面，进而指出了宫廷乐户、地方官府乐户、营户、寺属乐户之关系。

成公亮《〈凤翔千仞〉、〈孤竹君〉打谱后记》一文，既详细记录了作者打谱的过程和心理变化，又对打谱的实际操作及其意义进行了阐述。读其文“琴曲内容——曲名及曲谱后记的示意，打谱中的自我意识”；“鸣泉调曲谱的定弦”；“《凤翔千仞》活泼的调性变化和多种古代音阶的并用”；“《孤竹君》的旋律美”以及附文中的乐谱等，恍如琴音跃然于纸上。

研讨会上有一组发言提出了中国音乐学研究中存在的问题。

首先是来自英国的**钟思第**先生，以《音乐跟社会有关系吗？——当代中国音乐学的若干问题》一文，针对中国音乐学研究中回避音乐与政治的关系，提出自己的看法。认为，将传统乐种的调查与研究，“描写成跟当代社会无关的乐种，一种‘和政治并行或互相独立的艺术’”，实际上是不真实的。该文指出“集成”工作以“无时间历史性的现在时态”，在对乐种状态，艺人传记，曲目的描述中存在的问题，认为如果不将传统乐种的变化与其生存的社会政治相联系，就很难让中国音乐学“跟其它国家音乐学有平等的地位”。

管建华的《语言学转向与重识国乐》，从 80 年代中国文化语言学彻底“清算了‘汉语落后论’的历史阴影”，谈到中国音乐界在这方面的滞后。并在“西方音乐形态学的标准”比较下，以中国音乐本体研究与汉语研究共同历史境遇的思考；中国音乐体系的文化语言学分析与建构；音乐研究语言学转向的文化意义之分析，尝试性地提出了“中国音乐语言观”。

来自美国的**郑苏**对“中国音乐”和“西方音乐”这两个“对 20 世纪中国音乐学术界最常用的概念”提出了再思考。她认为，长期以来学界对这两个概念缺乏细致深入的分析。“中国音乐”这个概念含义，实际上已经发生了历史演变。这在历史及当代中国的音乐实践中已不能回避；第二，“西方音乐”的概念在中国的运用存在着历史的局限性，“依然照着几十年前甚至更老的老古董观点和材料来看待和讨论我们心目中的‘西方音乐’”。文章进而提出在全球性文化的连接面前，认为世界各国的文化仍是各自分立，边缘清晰的独立个体，是一种陈旧的世界文化观。

陈铭道《以音乐学的名义——欧洲及其音乐学温故》，洋洋六万言。论者针对国内的理论刊物或出版物中有关西方音乐的著述，忽略了近半个世纪以来学科理论的重大进展，以及在文献资料和学术研究上的贫乏现象，指出，这样的结果将导致研究者将自己的目光冰冻在前一、两个世纪，不顾后果地宣称欧洲古典音乐是人类音乐发展的顶峰。因此论者自觉“有必要对欧洲的音乐学加以回顾，……重新阅读和分析经典著作”。陈的温故与分析，包括了音乐学的诞生，到 1885 年阿德勒提出的完整的音乐学模式及其标准的、欧洲的 19 世纪美学观及其对现今中国的音乐学分析方法的影响；包括了对所谓欧洲的概念和历史的回顾；包括了各种民族/国家风格形成的不同音乐学学术模式，这些模式有法、意、英、德奥、美国、俄罗斯以及匈牙利、捷克、波兰、保加利亚、南斯拉夫（塞尔维亚、克罗地亚、斯洛文尼亚）、罗马尼亚等。论者有一段耐人寻味的记述：“在犹太人被屠杀之前，在欧洲和亚洲的一些犹太人隔离区消失以前，依德尔森（犹太音乐学家）录下了一万多首犹太民歌。后来，这些民歌成了犹太文化的宝库；后来，依德尔森的头像被印在以色列国的钞票上。这个把音乐学家印在钞票上的民族出了十八位诺贝尔奖得主。”

景蔚岗从器乐曲集成的实际工作，谈到了民间音乐分类与文化属性的关系；记谱与实际音响的关系，学校教育与民间传承等关系。指出，民间音乐的大宝藏现在还远远未被挖掘，我们应当继续到民间音乐中学习。来自新疆的**周吉**在《试论民族音乐学家的守土职责》的报告中，介绍了当地民族民间音乐令人担忧的生存状态。他说，除了尽可能利用现代科技手段对各民族传统文化进行保存外，当前最重的工作是民族音乐传统的真正传承。他指出，目前的本土音乐教育在国民及专业音乐教育中的位置是很不公平的。而全国通盘以欧洲古典音乐理论为基础的教学，实际上已经对民族音乐的传承造成了极不公正的伤害。因此，他呼吁，要举办真正的民族民间艺术节，要将真正的民族民间音乐引进课堂。**丁承运**在发言中也指出现在音乐学院的教育受西方古典音乐影响，在民族器乐的传承中，那些鲜活的、原汁原味的传统得不到重视。他说，都说唐代音乐就有民族融合性，但唐代的融合是“华”化“胡”，而非“胡”化“华”。现在的古筝定弦，只剩下一种了，这就叫见异思迁。他列举了香港琴家蔡德邕的古琴教学，不仅教弹奏，而是教与琴相关的整体文化。对此**吴钊**也深有所感，他认为，现在音乐学院教授古琴，没有流派，连一招一式都一样。**方兵**这位来自音乐创作领域的作曲家，则以《被忽视的命脉——从唱片〈风吹过桥〉看民族民间节奏特点的继承与发展》一文，以自己的音乐实践，提出了一个重要的问题。他在田野采录中感到用一种基本的、规范的节拍观念去记录民歌，实际上是不准确的。因此，他认为长期以来我们唯恐落后，盲目地向西方学习，结果并不能表达出民族自己的东西。既然人类生活的状态不同，为什么只能用一种统一的节拍去记录活生生的音乐？为什么不去认识它的自身规律呢？

涉及音乐教育问题，与会代表发表了许多意见，也有专论提交。其中有**方建军**关于《音乐学专业教育模式之检讨》，该文结合西安音乐学院音乐学系的办学情况，就音乐学专业的培养目标、考生来源、入学考试和课程设置等问题进行了检讨。该报告提供的资料，对其他院校的同类问题来说，具有参考价值。本次会议正式代表中最年轻的女学者**彭莉**作了题为《一个年轻学生的思考——教学体会和问题》的报告。她从音乐史学教学中缺乏对大历史和文化背景的教育，缺乏各艺术门类的互相借鉴，体会到目前专业教育的片面。并提出了有关老一代学者与年轻人思维心态的代沟问题。

此外，有两篇来自香港的报告从不同的角度，探讨了音乐教育问题。一篇是**刘靖之**的《音乐史课程比较研究》。该文从北京中央音乐学院音乐学系、“音乐院五年制专科学则”（1947）、台湾师范大学音乐系、台湾艺术学院音乐系、台湾私立中国文化大学音乐系的有关课程设置比较，指出，四所学府的课程大致秉承了国立上海音乐院的传统。在一定程度上，中央音乐学院和中国文化大学音乐学系（尤其是国乐组）发展、充实了音乐学和中国音乐课程。除了中国文化大学，其他三所学府在课程设置上大致未能突破萧友梅的专业音乐教育的构思和理念。大体上均重视演艺，不那么重视理论和音乐学。仍然重视欧洲，不那么重视中国本土音乐文化。三四十年代的国立上海音乐专科学校/音乐院对外国语的学习较目前更重视。另一篇是**荣鸿曾**的《音乐研究与大学教育》。他在文章中介绍了“乐音中心”和“语言中”心两个概念，前者的运作直接以乐音来表达及传授有关音乐的资讯，后者则以语言为媒介，表达和传授有关音乐及音乐生活的资讯。进而介绍国外的音乐教研是将这两个中心做制度上的划分。所谓“乐音中心”都属于独立的音乐学院或大学的演艺学院中，而“语言中”心则设立在综合大学文学院或文理学院的音乐系。报告详述了它们的区别，以及将“语言中心”的音乐系设在大学里的理由和原因。

孙继南为会议报告了《20 世纪中国音乐教育史编撰之刍见》。他指出，音乐教育是音乐事业发展之本。整个音乐发展史中的音乐教育史，不仅是任何一部音乐史书不可或缺的内容，且有独立成书之必要。其三条编撰建议，都涉及了史料的建设。

研讨会的最后一个讨论的热点是学科建设问题。

在史学方面，**修海林**《在历时中展开共时——为中国音乐史研究开拓新路径的感想》一文，提出了要在音乐史研究中借鉴人类学、文化学的研究方法。文章分析了音乐人类学（民族学）研究和音乐史学研究的不同视角，研究重心和知识结构，提出了学科差异和互补的必要。认为对于历史上处于某一共同状态下音乐生活剖面的分析，以及对其中某一类音乐文化模式的研究是史学研究尚待着力的课题。**刘明澜**在《消除中国古代音乐与近现代音乐研究的隔阂》一文中，针对古代史与近代史研究被“分为两家”的隔阂，提出自己的看法，她认为，研究近现代史，如忽视了与古代传统的联系，就难以弄清近现代音乐中出现的音乐体裁形式、创作思维、技巧及音乐思想的渊源。而在古代史研究中忽视与近现代的联系，则导致无法辨认那些古代的音乐体裁形式、创作思维、创作方法及音乐思想是经历考验的，有生命力的，以及它们的演变过程。

在传统音乐研究方面，**袁静芳**作了《20 世纪中国乐种学学科发展回望与跨世纪前瞻》的报告。报告中就乐种在民间的整理与传承；专业音乐工作者对乐种的收集与整理；“集成”的编辑出版工作对 20 世纪前后的乐种收集整理、抢救工作进行了总结。又从乐种考察方法的继承与发展；乐种本体的理论研究；乐种研究方法的探讨；总结了该理论研究的进展与突破。文章还总结了该学科创建与基础性理论的建设工作。最后，对乐会乐谱、音响资料的收集、整理、保存，以及学科基础理论的建设作了一番跨世纪展望。

在资料建设方面，**萧梅**发表了《谈资料建设的继往开来》，她从最近音乐研究所音乐陈列室与香港中文大学音乐系合作于香港举办的《乐种——中国传统乐器的不同组合》展览，谈到了资料收集、积累的重要性。又从如何应用科技手段，进一步完善和开始对资料的内容进行管理的重要，谈到信息化与资料、资源共享的前景。她介绍了该所陈列室正在着手的《中国乐器数据库》课题，并希望得到学者们的共同支持和参与。为充分利用网络技术，建设一座中国音乐的、没有围墙的博物馆而努力。来自日本的学者**山寺三知**为研讨会提交了一份厚厚的文献书目。该书目收录了 1881 年至 1999 年 7 月在日本发表与出版的中国音乐史研究文献。其中论文目录有 41 个页码；单行本目录有 7 个页码，每个页码的书目大致在 50 条上下。由于很难严格划分音乐与相关艺术门类的界线，因此在这份书目中，收录了有关戏曲、舞蹈、文学等与音乐有关的文献。使我们对邻国日本有关中国音乐研究情况有了一份翔实索引。此外，山寺三知还就这份书目的编撰，向与会者作了说明和介绍。

曾遂今《中国音乐文化体系初论》提出了一个有关“中国音乐的宏观的、社会性的分类”。这个分类有别于音乐体裁、乐种、风格、内容、表演形态、物质技术基础等“技术性”的鉴别。该文划分了中国音乐的三大体系，其中包括在古代的宫廷、大众和文人，以及由此在历史过渡到现当代的政府、大众和学院派音乐文化形式。文章以较多的篇幅对古代宫廷、大众和文人音乐的文化特点进行了探索。同时，对现当代的三种音乐文化作了相互相交运动的考察。

韩钟恩和**谢嘉幸**提交的论文都涉及学术共同体的建设问题。**韩文题**为《中国音乐学学科建设之今典》，这篇专论依照历时原则将中国音乐学断代为西方文化大规模进入本土之前、之后的古代与近现代中国音乐思想带；以及确立了以马克思主义为主流意识形态之后的当代中国音乐思想带（大陆）。进而，依照共时原则将上述断代横置，则区别出不同的学术范型（古代混生形态的叙事品位；近现代分离形态的学理样式以及复合范型）。文章将“物象”、“人事”、“诗史”、“理势”诸关系作为新的观察视点；在关注社会分工和职业化进程的同时，提出学科自身的“合式存在”和“可持续发展”问题；在关注知识架构的同时，提出“人文资源的合理配置”；在关注诗学策略的同时，提出“六经注六经”的叙事格局。其中在“知识架构”的论述中，提出了博物馆（载体）/研究所（科研）/学院（教学）/学会（交流）/学刊（发表）之间的资源共享。并在共享中实现“合体共振”，使知识的生产/消费/流通可以在一个自足的系统当中得以实现。**谢文**题为《面对21世纪中国音乐学术共同体》，论者开宗明义讨论了知识经济以及知识分子将成为社会生产的主体。认为形成中国音乐学术共同体是回应21世纪挑战的首要任务，并强调中国音乐学术成果应该在共同体的框架和规范中进行交流。进而，论者对音乐学术共同体存在的条件（区别学术共同体与行政结构，避免学术活动的意识形态化）；音乐学术共同体的建设和规范（学科建设和学术流派），音乐学术共同体的基本任务（学术独立与学术参与）进行了概述。最后，论者对学术共同体规划了五大任务：继承民族音乐文化传统，振兴民族音乐文化；建设中国音乐文化信息基础结构；以音乐教育为切入口，建设音乐文化大厦；以学科建设为基础，发展中国音乐学术；以学术的广泛交流，以理论与实践的结合，促进中国音乐文化的繁荣。1999年11月12日下午6时，“20世纪与中国音乐学——纪念杨荫浏先生诞辰一百周年国际学术研讨会”结束。

“面向21世纪，中国音乐学术共同体任重而道远。”然，**日就月将，学有缉熙于光明**。这就是学者们生命的存在。

1999年11月21日

原载《中国音乐学》2000年第1期

萧梅，生于1956年，女，上海音乐学院教授

横看成岭侧成峰　远近高低各不同

——20世纪中国古代音乐史的研究

刘再生

楔　　子

20世纪的中国跨入了由古代社会向现代社会转化的分水岭。历史老人经历了几千年的长途跋涉，在百年如瞬间的一瞥之中，看到了中国城市林立的高楼大厦、满街的汽车和巨幅的舶来品广告画，昨日印象中王爷坐的八抬大轿、留长辫的男人和缠小脚的女人已荡然无存；历史老人一瞥的瞬间还看到了中国音乐学在20世纪犹如拔地而起的崇山峻岭之无限风光。于是略坐片刻，注视着一座座“横看成岭侧成峰，远近高低各不同”的中国古代音乐史研究领域的学术山峰，辨认着哪一座是王光祈，哪一座是杨荫浏，哪一座是黄翔鹏、李纯一、冯文慈……脸上笑容绽开，口中喃喃自语道：“变了，变了，时代变了，学术也变了。”于是起身朝21世纪方向疾步而去。

一

中国古代音乐史的研究在20世纪也有着“分水岭”的性质。中国音乐学史和中国音乐史论著始终有着相互依存、互为表里的性质，它们是在同一时空关系中诞生的。音乐史学作为研究“音乐在过去的变化形态，诸如音乐内容与音乐形式的演变发展及其规律的科学”①，其发展状况则总是伴随着具体成果显现出来。前者为学科研究的观念与方法，后者则为学科成果。中国音乐史学在20世纪以前属于传统的音乐史学范畴；20世纪开始，则进入了现代的音乐史学阶段。传统音乐史学是古代社会人文社会科学的产物，历代官修的音乐志书，经、史、子、集、诗、词、曲、赋，野史、笔记中保存、记录了丰富的音乐史料，但是，古代学士文人重雅乐、轻俗乐，重乐律、轻实践的观念意识，决定了其只能注重于音乐史学局部性的研究，一些富有实践经验的有识之士，也只是在其熟悉的乐律、琴乐、歌诗、戏曲诸方面有较为深入的研究考证。他们往往偏重于表象的描绘和史料的整理，大都缺乏内在规律性的研究与归纳，从而构成中国传统音乐史学具有以表象性和局部性研究为特征的基本框架特色，始终未能将中国古代音乐作为一个整体性的文化现象进行纵向深入的历史科学研究，因此，20世纪以前的中国，以其博大精深的史学传统而言，却未能产生一部完整意义的中国音乐历史著作，可以说是封建时代意识局限之必然。

百年前的世纪之交，1899年，殷商甲骨文发现；1900年，敦煌藏经洞面世。其后，“甲骨学”和“敦煌学”成为学术界研究的两大热点，为现代新史学的崛起创造了历史机遇。王国维（1877—1927）的《宋元戏曲考》在传统音乐史学转型为现代音乐史学之间起了继往开来、承上启下的桥梁作用。该书写于1912年，1915年由上海商务印书馆出版，是作者在《曲录》、《戏曲考原》、《录鬼簿校注》、《优语录》、《唐宋大曲考》、《录曲余谈》、《古剧脚色考》等七种资料性和考证性著作的基础上完成的第一部中国戏曲史的奠基之作，也是现代音乐史学章节体的开山之作，有着划时代的意义。② 在新旧文化交替和中西文化交汇的时代，王国维在治学观念和方法上既继承乾嘉学派考据精审等古代学术之精华，又接受西方文化较为科学的研究方法与观念，创造性地提出“取外来之观念与固有之材料互相参证”等“双重证据法”之治学经验。王国维的科学研究方法和学术成果，“不仅是拓荒的工作，前无古人，而且是权威的成就，一直领导着百万的后学”③。对于中国古代音乐史的研究和学科建设产生了重要影响。

20世纪是中国古代音乐系统性的历史著作成果迭出的时代。据不完全统计，自1922年第一部叶伯和的《中国音乐史》诞生至本世纪90年代，中国音乐史著作总共出版了四五十种之多，平均每两年就有一部著作问世，反映了中国古代音乐史的研究总体上由微观研究向宏观研究转化的历史性进展，其关键在于治史观念与方法的重大突破。现代音乐史学是以宏观审视的史学视野、科学严密的逻辑织体、适应时代的哲学思潮和由表及里的多元研究为其重要的学术特征，是一种以现代人的观念和方法研究音乐历史的科学。诚然，中国古代音乐史研究的对象是曾经在中国历史时空中存在与发生过而其绝大部分又销声匿迹了的一种特殊的历史文化现象，即便由乐谱、乐器、文字、图像之类的音乐载体以及世代相传的传统音乐保存下来的古老

---

① 《中国大百科全书·音乐舞蹈卷》，北京：中国大百科全书出版社，1989年，第812页。
② 《中国学术名著提要·艺术卷》，上海：复旦大学出版社，1996年，第374页。
③ 郭沫若：《历史人物》，北京：人民文学出版社，1979年，第212页。

的乐种、要素和特征，其原生面貌依然有着极大的模糊性，所以，音乐史学是所有历史学科中最具不确定性的一种人文学科，从而给本学科的研究形成了极大的难度。然而，中国古代音乐史的研究，又必须通过历史上遗留下来的各种音乐载体的资料作去粗存精、去伪存真之不断的反复的长时期的研究，以便尽可能接近于历史的真实。以此衡量，中国古代音乐史的著作，均具有阶段性研究成果的特色，即便史学大师的音乐历史著作也不例外，因为音乐历史的研究不可避免地受着研究对象与时代局限的制约，同时，随着治学观念的进步和新材料的发现又不断地推动学科的发展。这是本文回顾与评价 20 世纪中国古代音乐史研究的基本出发点与构想。

二

20 世纪中国古代音乐史的研究，按照发展进程一与研究特色，可分三个阶段进行归纳与总结。

（一）二三十年代，以文献研究为主的阶段。代表性音乐学者为王光祈。出版的中国音乐史著作主要有下列几种：

1. 叶伯和《中国音乐史》（上卷，1922 年 10 月由成都吕福公司印刷出版；下卷刊于 1929 年《新四川日刊副刊》合订本）；

2. 童斐《中乐寻源》（1925 年自作序，1926 年上海商务印书馆印刷发行）；

3. 郑觐文《中国音乐史》（1928 年作序，1929 年 6 月上海望平印刷所印刷出版）；

4. 许之衡《中国音乐小史》（1931 年 8 月上海商务印书馆印刷发行）；

5. 缪天瑞《中国音乐史语》（1933 年 5 月上海良友图书印刷公司出版）；

6. 孔德《外族音乐流传中国史》（1926 年作序，1934 年 4 月上海商务印书馆印刷发行）；

7. 王光祈《中国音乐史》（上、下册，成书于 1931 年，1934 年上海中华书局印刷出版）；

8. 朱谦之《中国音乐文学史》（成书于 1931 年，1935 年上海商务印书馆出版）；

9. 萧友梅《旧乐沿革》（1938 年 9 月编写，1990 年 12 月上海音乐出版社《萧友梅文集》编印）。

本阶段中国音乐通史著作的共有特色是均采用章节体的著作体例，对古代音乐文献进行较为系统的整理与研究，反映了对总结和发扬民族优秀音乐文化传统的使命感，标志着现代音乐史学的良好启端。在五四新文化运动提倡下，文化界和学术界一方面高举“科学”与“民主”两大旗帜，一方面提出“打倒孔家店”的口号，深刻批判与反思中国传统文化。在这样的文化潮流中，中国音乐史学却能冲破藩篱，一方面吸取西方学术之科学精神，一方面对中国传统音乐文化进行了初步的系统梳理，且不论其成绩如何，应充分肯定此种开拓性的历史功绩，其动机则出自学者之爱国理念。如郑觐文所言：“酌古斟今，彻底研究造成有价值之国乐，以与世界音乐相见，安知固有文化不能复兴?”① 童斐在“自叙”中说：“而中国音乐竟因是以留

① 郑觐文：《中国音乐史・序》，上海：上海望平印刷所，1929 年，第 3 页。

传，不为异国音乐所克灭，幸甚，幸甚！”[①] 王光祈的名言则更是高屋建瓴：“吾将登昆仑之巅，吹黄钟之律，使中国人固有之音乐血液，重新沸腾。”[②] 尽管不同学者对中国音乐作历史的研究其心态与出发点不尽相同，但共有的民族自信心却是一致的，因而均抱有严肃的治史态度，开创了现代音乐史学优良的治学传统。章节体例的采用，纵向则历史脉络清晰，横向则现象条理分明，具有宏观研究与微观研究结合之优越，成为现代音乐史学著作体例的一种形式标志。但更可贵之处在于治史观念与方法之进步。如许之衡说：“中国乐律之学，蒙昧者二千余年矣。其蒙昧之故，有由于历史上事实之影响者，有由于历史上政治之作用者。”[③] 对历代典籍之得失能进行初步的分析。再如郑觐文所说：“欲成为新纪元之大同音乐，非将全世界一切音乐完全解决，不足以会其通。”[④] 开始具有与世界音乐文化的比较意识。王光祈又云：“当知音乐史一门，需要其他各学科之助为如何密切者。”[⑤] 则强调了音乐史研究与其他学科成果之间的相互联系。萧友梅则说：“音乐史也就是文化史的一部分。”[⑥] 则更明确提出音乐史研究的文化性质与归属。凡此种种，反映了音乐史学在学术观念方面已经初步具备了现代人的意识，对于现代音乐史学的建立起了关键性的作用。

本阶段学科研究的方法是以文献研究为主，属于“从书本到书本”的单向性研究思维方式。究其原因，一是我国历代典籍中保存的大量音乐史料，将其分若干时期编排，即能大体上反映出中国音乐历史的轮廓；二是现代意义的音乐考古等相关学科的建设尚处于空白阶段，难以有与文献相互印证之新材料，因此，这一时期的音乐史著作存在着脉络粗糙、真伪不辨、疏于考证等重大缺陷乃是现代音乐史学处于初期阶段必然会有的正常现象。上述著作中，叶史作为第一部中国音乐通史著作，有筚路蓝缕之功；郑史以音乐内容和音乐风格分期编排，总体稍嫌杂乱，对乐种、乐器之记述尚较详细；许史通俗浅近，且历史脉络较为清晰，“它属于最早运用于中国音乐史教学中的教材之一”[⑦]；缪史参考日本田边尚雄《东洋音乐论》编写，有介绍异邦学术之性质；孔史强调历代外族音乐文化传入之作用，虽有片面性，但史迹较详，可视为近代第一部中外音乐文化交流史；朱史则从古代音乐史和文学史“合一并进”现象的视角论述，颇具新意；萧史是一部教学讲义，多取现成成果，在当时具有综合的特色；尤其王光祈（1892—1936）的《中国音乐史》最具价值，侧重于律、调、谱、器之较为科学的分类研究，从音乐文化几个重要侧面的进化反映音乐历史之发展，从而再与西方音乐之乐律等进行比较，构建其中西音乐比较研究之体系，具更多的学术成分。王光祈是将比较音乐学引入东方的第一人，同时为中国现代音乐学事业开辟出一条新路，超越了前辈和同时代人，他在本时期音乐史学的建设中有着最突出的地位和作用。总括起来，本阶段完整的中国音乐历史著作自无形到成形，本身就是学术研究的一种突破，而且著作颇丰，形成了音乐史学的学术群体，与同时期其

---

① 童斐：《中乐寻源·自叙》，上海：上海商务印书馆，1926年，第2页。
② 冯文慈、俞玉滋选注：《王光祈音乐论著选集》（下册），北京：人民音乐出版社，1993年，第7页。
③ 许之衡：《中国音乐小史》，上海：上海商务印书馆，1931年，第1页。
④ 郑觐文：《中国音乐史·序》，上海：上海望平印刷所，1929年，第2页。
⑤ 冯文慈、俞玉滋选注：《王光祈音乐论著选集》（中册），北京：人民音乐出版社，1993年，第7页。
⑥ 陈聆群、齐毓怡、戴鹏海编：《萧友梅音乐文集》，上海：上海音乐出版社，1990年，第468页。
⑦ 李岩：《许之衡生平事略及音乐戏曲著述的研究》，《中国音乐学》1999年第1期。

他音乐理论学科的建设相比较，已是十分可观的收获。以往有的学者对本阶段音乐历史著作评述其不足的同时，言论过于偏激，否定成分过多，则是一种缺乏历史地看待事物发展的片面意识之流露。

（二）20世纪40—70年代，以音乐为中心研究音乐史的阶段。突出代表为杨荫浏，或不妨称之为杨荫浏时代。主要的中国音乐史著作有以下数种：

1. 杨荫浏著《中国音乐史纲》（完成于1944年1月，1952年由上海万叶书店出版）；

2. 李纯一著《我国原始时期音乐试探》（1957年6月音乐出版社出版）；

3. 李纯一著《中国古代音乐史稿·第一分册》（1958年1月音乐出版社出版）；

4. 沈知白著《中国音乐史纲要》（写于1958年。1982年12月上海文艺出版社出版）；

5. 廖辅叔编著《中国古代音乐简史》（1964年3月人民音乐出版社出版）；

6. 张世彬著《中国音乐史论述稿》（写于1971年，1975年香港友联出版社有限公司出版）；

7. 杨荫浏著《中国古代音乐史稿》（上、下册，完成于1977年7月，1981年2月人民音乐出版社出版）；

此外，蓝玉崧在中央音乐学院任教时编写的《中国古代音乐发展概述》铅印本（1957），在音乐史学界有较大影响。

本阶段学科研究观念和方法之进步，在于突破了第一阶段“从书本到书本”的单纯以音乐文献整理和研究的模式，将音乐史中音乐实践研究的意义提升到一个新的理论高度，开辟了“以音乐为中心”的音乐史时代。正如杨荫浏所说：“音乐史要有音乐，音乐要从实践来，当然书本也要，书本也是重要的，不过失掉实践连书本都是靠不住的。”① 精辟地阐述了书本和实践两者之间的关系和本学科两个阶段学术思维的异同之处。本阶段研究特色的形成，一方面是基于对第一阶段音乐史学成果得失之总结，一方面也是对音乐史研究自身规律不断深化认识的结果。同时，20世纪50年代前后马克思主义哲学思想的广泛传播和六七十年代“左”倾极端思潮的危害，对本阶段历史学家的治史观念也产生了或多或少的正、负面影响。总而言之，本阶段的音乐史研究，在“以音乐为中心”的研究思维观念体现下，既重视民间音乐研究、乐律实验、音乐考古和古谱解译的实践，又强调对音乐文献的运用讲究严谨翔实的考证方法，为本学科的建设和发展奠定了全面系统和较为科学化的基础。其中，杨荫浏的著作成果乃是集大成者，为中国音乐史的研究开辟了一个新的时代。

杨荫浏（1899—1984）的《中国音乐史纲》和《中国古代音乐史稿》是本阶段首尾两端之作，写作跨度近半个世纪之久，代表着杨荫浏一生和本世纪中国古代音乐史研究的高度成就。正如台湾许常惠教授所言：“如果将《史纲》和《史稿》合并，仍不失为中国音乐史空前的著作。”② 杨荫浏开辟了中国音乐史研究的一条新的途径，即开启了“以音乐为中心”研究音乐史的时代。《史纲》是作者20世纪40年代在重庆青木关国立音乐院任教时编写的中国音

① 杨荫浏：《音乐史问题漫谈》，《音乐艺术》1980年第2期。

② 许常惠：《写在杨荫浏著〈中国音乐史纲〉在台湾出版之前》，载《中国音乐史纲》，台北：乐韵出版社，1996年。

乐史教材。全书20余万字。自“引言”至“尾声”共以532大小不一的段落予以概括，分上古期、中古期、近古期三个时期梳理中国音乐历史的发展过程。对各个时期的乐曲、乐律、音韵和词曲关系等方面作要而不繁的论述，条理清晰，学术思维高度凝练。对史料的辨伪求真和音乐形态的分析以及戏曲音乐的深入研究和采用物理实验的手段对古代乐律理论进行验证，尤其注意史料与活的音乐的联系以及音韵学等方面的论述，在学术价值上较之以往的音乐史著作均有重要突破。《史稿》于1964年分上、中两册由音乐出版社出版了从远古至宋代部分。1976年粉碎“四人帮”以后，作者重新修订、整理，并补充了元、明、清三代内容，分上、下册由人民音乐出版社于1981年出版，成为一部完整的音乐史著作。《史稿》全书65万字，按朝代顺序分八编三十六章组成，每章按内容需要排列若干问题，较为科学而系统地阐述了中国音乐历史的发展规律，内容已尽可能涉及我国古代音乐的各个侧面，并以新的理论视角解释历史上的音乐现象。杨荫浏一生对中国传统音乐有着丰厚的积累与实践，一贯重视对民间音乐的深入调查与研究，古谱解译也取得了新的研究成果（与阴法鲁合著《宋姜白石创作歌曲研究》于1957年8月由人民音乐出版社出版）。《史稿》列举的完整曲例有84首之多，插入图片130余幅，使中国音乐史著作的面貌为之一变，彻底打破了“哑巴音乐史”的沉闷局面，正如黄翔鹏所说：“这部著作，在为数不多的诸家之中已可算得材料最丰富、论述最全面，而且最为重视音乐实践的一部通史。”① 总之，从20世纪40年代的《史纲》到70年代完成的《史稿》，杨荫浏一生从事于中国音乐史研究事业，有着不朽的业绩。他在音乐史学、民族音乐研究、乐律学诸领域继往开来，作出了全面的贡献。他的学术成果在古、今、中、外之间架起了宏伟的桥梁。《史稿》是中国音乐史研究的经典之作。杨荫浏在20世纪中国音乐史研究领域中具有音乐史学大师的地位。

诚然，任何著作成果都有历史局限性，杨荫浏也不例外。有的海外学者指出：“从中国音乐史该涵盖的乐类，杨荫浏早期著作《中国音乐史纲》所采取的态度较宽容，包含宫廷音乐、士大夫音乐、俗乐与胡乐各层次音乐。但到后期著作《中国古代音乐史稿》，不知为何立场趋于狭窄而偏激?”② 这是一个耐人寻味的问题。杨荫浏的《史稿》主观上力图运用马克思主义和毛泽东思想指导中国古代音乐史研究，曾自我批判《史纲》因“站在资产阶级的立场，囿于唯心史观”等原因，因而“错误百出”③。在《史稿》中，作者除了运用马克思主义的辩证唯物观点对中国音乐历史作了较为科学系统的梳理外，还受到当时高举“阶级斗争为纲”、过分强调“人民性”等意识形态观念的影响，又不适当地采用了“贴标签”的研究方法，使《史稿》的写作受到一定的干扰和影响，应当说，这是在特定的政治气候下许多中国学术著作共有的时代通病。然而，瑕不掩瑜，这种负面现象毕竟未能影响《史稿》的整体学术水平和质量，同时也为中国音乐史学的进一步健康发展提供了宝贵的历史经验教训。

本阶段其余音乐史著作也有各自特色。李纯一的两本著作分别研究了原始社会和远古至

---

① 黄翔鹏：《〈中国古代音乐史稿〉日译本序》，《人民音乐》1990年第1期。

② 许常惠：《台湾音乐史（初稿）》，台北：全音乐谱出版社，1991年，第7页。

③ 杨荫浏：《中国古代音乐史稿》（下册）“后记”，北京：人民音乐出版社，1981年，第1069页。

夏、商的音乐历史；在信史时代以前，乃是传说与史实混淆难分、最为扑朔迷离的时期。作者注重考古新材料和文献记载相互印证的科学方法，从而勾勒出较为真实可信的历史轮廓，做了前人未做的工作。《纲要》是沈知白在上海音乐学院讲授中国音乐史的一份详细提纲，后人根据其遗稿进行了整理，脉络清晰、要点突出，引用材料时，有观点，有分析，体现了作者的独到见解和严谨治学的作风。廖辅叔的《简史》是一部优秀的教材性著作，强调共性，多取定论，既全面系统，又简明扼要，史学思维和编撰体例为同类著作树立了典范。张世彬的《论述稿》于20世纪70年代在号称“文化沙漠”的香港出版有着特殊的意义。作者曾说：“本书资料之来源，主要有三个方面：第一为国内近年所出版之书籍、乐谱、图片等。第二为日本学者之论文专著。第三为余研究所得之结论。”① 该书编撰体例有通史和专题研究相结合之特色，对于在海外弘扬中华民族的传统音乐文化，无论其学术意义和文化价值，均有积极影响。

本时期和中国音乐史研究相关学科的著作成果，如缪天瑞著《律学》（1947）、查阜西编《存见古琴曲谱辑览》（1958）、中国舞蹈艺术研究会舞蹈史研究组编《全唐诗中的乐舞资料》（1958）、王世襄编《中国古代音乐书目（初稿）》（1961）、中央音乐学院中国音乐研究所（即现中国艺术研究院音乐研究所前身）所编《中国古代音乐史料辑要（第一辑）》（1962）、任半塘《教坊记笺注》（1962）、丘琼荪《燕乐探微》（1963年整理编定）、吴南薰《律学会通》（1964）以及《历代乐志律志校释（第一分册）》（1964）等等，对于学科的建设和发展，起到了相互促进和推动的作用。

（三）20世纪八九十年代，以多学科交叉研究为特色的阶段。本阶段中国古代音乐史著作的出版数量最多，影响较大者有以下数种：

1. 吴钊、刘东升编著《中国音乐史略》（30万字，人民音乐出版社1983年12月出版，1993年3月出版“增订本”）；

2. 田青编著《中国古代音乐史话》（11万字，上海文艺出版社1984年6月出版）；

3. 修海林著《古乐的沉浮——中国一古代音乐文化的历史考察》（23万字，山东文艺出版社1989年1月出版）；

4. 夏野著《中国古代音乐史简编》（16万字，上海音乐出版社1989年2月出版）；

5. 刘再生著《中国古代音乐史简述》（35万字，人民音乐出版社1989年12月出版）；

6. 孙继南、周柱铨主编《中国音乐通史简编》（41万字，山东教育出版社1991年3月出版）；

7. 金文达著《中国古代音乐史》（44万字，人民音乐出版社1994年4月出版）；

8. 李纯一著《先秦音乐史》（15万字，人民音乐出版社1994年10月出版）；

9. 黄翔鹏《中国古代音乐史——分期研究及有关新材料、新问题》（8万字，台北市《汉唐乐府》1997年12月初版）；

10. 袁丙昌、冯光钰主编《中国少数民族音乐史（上）》（69万字，中央民族大学出版社

---

① 张世彬：《中国音乐史论述稿》，香港：香港友联出版社有限公司，1975年，第1页。

1998年1月出版）；

11. 冯文慈著《中外音乐交流史》（34万字，湖南教育出版社1998年7月出版）。

此外，如十卷本《中华文明史》① 中冯文慈、王子初和张静蔚合作撰稿的“音乐学科”部分；“中国艺术简史丛书”中秦序编著的《中国音乐史》②；各地高校教师编写的出版或未出版的《中国音乐史》教材等等，均属于本阶段中国古代音乐史著作范畴。

杨荫浏于1984年2月25日逝世，中国古代音乐史研究进入了后杨荫浏时期。这是本世纪学术空气最为活跃、研究成果最为丰硕的一个时期，学科建设无论广度与深度较之以往均有空前发展。究其原因，大致有以下几点：1. 以黄翔鹏为代表的“熔史学、文献学、考古学、乐律学、民族学、民俗学等学科于一炉”③ 的学术研究思想为音乐史学界普遍关注，成为本世纪继王光祈引进西方比较音乐研究、杨荫浏提出以音乐为中心的音乐史研究之后第三次在音乐史学治史观念和方法上的重大突破，也是对音乐史研究本身规律的又一次深化认识；2. “十年动乱”结束以后，在拨乱反正和改革开放的新时期，“左”的意识形态倾向在音乐史学界的影响基本得以消除，历史辩证唯物主义的方法论和求实治史、秉笔直言的优良史学传统得以继承发扬；3. 人文社会科学和自然科学领域大文化环境的兴旺繁荣，新兴学科和边缘学科的大量涌现，为本学科运用多学科交叉研究的学术思维注入了富有活力的新鲜血液；4. 老一辈音乐史学家严谨治学、淡泊名利的人格魅力产生的凝聚力和音乐史学方法论的不断进步，保证了本学科在健康的轨道上继续发展；5. 音乐学术刊物形成规模和出版事业的相对繁荣为本学科著作成果的出版和学术研究的“百家争鸣”提供了自由的发展空间；6. 音乐艺术院校、高等师范院校音乐系科普遍开设中国音乐史课程以及硕士、博士等优秀人才的培养，使得音乐史学队伍无论数量还是质量方面都达到前所未有的程度与规模；7. 学术团体的建立与扩充对本学科的核心队伍建设和学术繁荣起了促进推动作用，等等。诚然，商品经济大潮的冲击，也对本学科的学术研究产生了急功近利与学风浮躁等负面影响。但总的说来，本阶段乃是20世纪中国古代音乐史研究最有活力、最具规模和最为普及的时期，和前两个阶段大都囿于学者圈子较为冷清的状况相比，形成了鲜明的对照；同时，本阶段音乐史著作成果也有厚重的收获，并且形成了多样化的研究思维和著述风格。这里不妨以黄翔鹏、冯文慈和李纯一三位有代表性学者的成果作一简要评述。黄翔鹏（1927—1997）是富有创造性思维和开拓性研究精神的音乐学家，他的学术成果主要反映在论文集《传统是一条河流》④、《溯流探源》⑤、《中国人的音乐和音乐学》⑥，著作性质的《乐问——中国传统音乐历代疑案百题》⑦ 和在台湾的学术演讲稿《中国古代音乐史——分期研究及有关新材料、新问题》等出版物中。他在中国古代音乐史的研究领

① 《中华文明史》，石家庄：河北教育出版社，1989—1994年。
② 秦序编著：《中国音乐史》，北京：文化艺术出版社，1998年。
③ 乔建中、张振涛：《待燃犀下看，高处不胜寒——音乐学家黄翔鹏和他的学术人生》，《人民音乐》1997年第9期。
④ 黄翔鹏：《传统是一条河流》，北京：人民音乐出版社，1990年。
⑤ 黄翔鹏：《溯流探源》，北京：人民音乐出版社，1993年。
⑥ 黄翔鹏：《中国人的音乐和音乐学》，济南：山东文艺出版社，1997年。
⑦ 黄翔鹏：《乐问——中国传统音乐历代疑案百题》，《音乐研究》1997年第3期（上）；1997年第4期（中）；1998年第1期（下）。

域以活跃的学术思维经常思考一些问题，提出一些问题，并试图解决也已着手解决一些问题，这种开拓性的研究精神是极其可贵的。他在中国古代音乐史的分期、曾侯乙钟磬铭文乐律体系研究、“均钟考”、“同均三宫”理论、曲调考证和《中国音乐文物大系》的创意立项、“中国乐律史”课题组的成立倡议等有关中国音乐史研究的一系列重大问题上，都倾注了巨大的热情与心血，并且取得了重要的成绩。正如有的学者评论说：“‘曲调考证’是黄先生学术生涯中最优秀、最杰出的研究。在当今中国古代音乐史学中，‘曲调考证，也是代表着学科研究的新发展，代表着学科进步的新成果。”① 黄翔鹏的《乐问》对于推进中国音乐史学的发展有重要价值。这部著作“是积作者四十余年的心得，以一百个小标题的形式，在考察了既往音乐史著述之后，提出了中国音乐文化发展史上一系列重大阙疑环节，为真正反映中国音乐文化发展内在科学规律，重新写作中国音乐史提供了新的起点和任务”②。真正的学术研究不是仅提出一个价值判断，而应该以新的理论视角来解释历史现象，表达研究者个人对时代和历史的真知灼见。黄翔鹏自称以“不安分”的学术性格和“科研工作中多少要有那么一点浪漫主义”的主张在音乐史学研究中取得了一些重大突破。诚然，黄翔鹏的学术研究无论其个别结论或某些理论也存在一些失误，引起了学术争论，应是一种正常现象。开拓型学者往往以否定旧说、提出新见为其基本学术特征，富有挑战性的研究精神，其成果既不乏远见卓识、真知灼见者，也会有失误与偏见，有些问题尚需时间的检验和历史的考验方能证明其正确与否，不宜过于匆忙作出结论；有些问题则存在明显缺陷。有的学者诚恳地指出：“音乐学研究基本上需要的是逻辑思维，它同样也需要灵感的火花，而浪漫主义恰恰是灵感迸发的催化剂。但掌握并正确理解史料的基础不可或缺，否则就可能会有‘差以毫厘，失之千里’的危险。翔鹏以浪漫主义精神催化其灵感，确实为中国音乐学界贡献了不朽的精神财富；而这些财富中的缺陷，也可能正是由于他的浪漫主义精神有时飞入歧途。”③ 表达了对音乐史学界存在的对待文献研究不够严肃的一种忧虑心情。但总的说来，黄翔鹏开拓型的学术研究和“熔于一炉”的学术思想，拓展了中国古代音乐史研究的学术思维空间，对于中国音乐史学的发展提出了一个更高的起点与设想，将会产生深远的影响。冯文慈（1926—　）是本阶段治学极为严谨的音乐史学家。他的《律学新说》点注本④是对明代朱载堉最重要的律学著作之一所作最详密的诠释与研究，作者“点注审慎细致”、“多方订正乐律学方面原文的讹误；更可贵的是，还实际运算了原书中诸如珠算等数学问题”⑤。“从多方面反映出当代的最新研究成果。”⑥ 这是在文献学、乐律学、数学诸学科交叉综合研究中的一部功底极其扎实的成果。他的《中国古代音乐史研究中的逆向考

① 郑祖襄：《把“没有音乐的音乐史”变为有可听作品的音乐史——谈黄翔鹏的“曲调考证”及其学术价值》，《中国音乐学》1999年第2期。

② 《乐问》（上）“整理者按语”，《音乐研究》1997年第3期。

③ 冯文慈：《评黄翔鹏“‘九歌’是九声音列”之说》，《中央音乐学院学报》1999年第2期。

④ （明）朱载堉撰，冯文慈点注：《律学新说》，北京：人民音乐出版社，1986年。

⑤ 冯洁轩、秦序：《中国音乐（古代部分）文献学建设》，载《中国音乐年鉴·1991》，济南：山东教育出版社，1992年，第49页。

⑥ 黄翔鹏：《乐律学研究》，载《中国音乐年鉴·1987》，北京：文化艺术出版社，1987年，第104页。

察》[1] 和《当前中国音乐史学的发展和史学方法问题》[2] 两篇论文，对于本阶段音乐史学的方法论有着重要的指导意义并产生了广泛影响，也是作者在历史研究中注重古今贯通的治学观念和辨证求实的研究方法之理论总结。冯文慈的近作《中外音乐交流史》实际上是一部从中外音乐文化交流的学术视角审视中国音乐发展的历史著作，书中对中国音乐史中存在的一系列重要问题作了冷静的思考和正确的阐述。"作者对中外音乐交流的大量史实不但条分缕析，尽量做到全面、详尽、公允，而且吸收了近年来学术界的优秀成果和作者多年研究的心得。" "本书最后的'结语'，是一篇近年少见的、可独立成篇的重要理论文献》。"[3] 冯文慈一以贯之的严谨治学态度，始终站在学术前沿的进取精神和重要研究成果的不断问世（《律吕精义》点注本于1998年7月由人民音乐出版社出版），对本学科的建设作出了多方面的重要贡献。他和黄翔鹏在学科研究中恰好起到了学术见解上的"互补"和在音乐史学界导向上的"平衡"作用。李纯一（1920— ）的治学以考据审慎著称。他说："我写史的原则是，力图站在历史唯物主义立场上去把握和衡量一切历史现象，并做到无证不信。对于所依据的材料必须经过鉴定，并对它不做过多的引申和推导，以免以误传误，或把一些潜在的可能错误地当做历史现实；也不敢以今天的发展水平去想当然地任意联系或猜测，以免制造错误和混乱。"[4] 李纯一的《先秦音乐史》和《中国上古出土乐器综论》[5] 两部著作的出版，对于研究中国古代音乐史最具难度的先秦音乐取得了重要突破。前者被评价为先秦音乐史研究中扎实精到的论著，书中附有32份古乐器测量测音表，99幅出土乐器及乐舞图像的插图和43件照片图版，以丰富的考古材料和严谨审慎的治学态度全面深刻地阐述了先秦音乐的历史进程[6]，曾获1995年"国家图书奖"的最高奖励。后者以50余万字的篇幅系统地论述了上古出土乐器外在特征与内在性能，全书由击乐器、管乐器、弦乐器三大类十八章组成，制表112帧，插图276幅，是迄今为止先秦出土乐器中资料最为丰富全面、运用类型学排列的科学考古方法和铭文释解最为详尽周到的一部巨著，有很高的学术价值。李纯一跨越两个阶段的学术著作之反复研究与不断深化，是他治学精神慎而又慎的结果，同样令人极其敬佩。笔者主观归纳上述三位学者分别具有"开拓型"、"严谨型"和"审慎型"（三者为互融型，非排他型）的研究风格和取得的重要学术成果，代表着本阶段中国古代音乐史研究的最高成就，都为后人留下了宝贵的精神财富，树立了学习的榜样。

本阶段其他的中国音乐史著作也有各自的特色。吴钊、刘东升的《史略》纲目简明扼要、材料全面丰富、论述集中明确，充分注重考古新成果的运用，并突出音乐主线。书中收有图片和曲例各100余例。该书于1994年11月由日本幸尼风亚出版社出版日译本，具有良好国际影响。《史略》"修订本"，1996年第六次印刷后总数为32010册，是目前发行量最大的一部中国

---

① 冯文慈：《中国古代音乐史研究中的逆向考察》，《音乐研究》1986年第1期。
② 冯文慈：《当前中国音乐史学的发展和史学方法问题》，《中国音乐学》1989年第2期。
③ 田青：《漂流音乐长河——读冯文慈先生（中外音乐交流史）》，《人民音乐》1998年第12期。
④ 李纯一：《先秦音乐史·序》，载《先秦音乐史》，北京：人民音乐出版社，1999年，第1页。
⑤ 李纯一：《中国上古出土乐器综论》，北京：文物出版社，1996年。
⑥ 秦序：《中国古代音乐史研究的重大收获——简评〈先秦音乐史〉》，《音乐研究》1996年第2期。

音乐史著作。田青的《史话》以优美的文笔勾画了中国古代音乐历史的轮廓，深受音乐爱好者青睐，为中国音乐史的普及作了有意义的工作。修海林的《古乐的沉浮》是在“大文化”的背景中展开音乐史的研究，传统的历史研究方法与跨学科研究方法并用，在史实的分析与多种论证中，更注重文化心理及演化规律的揭示，表述上富于哲理性与思辨论证色彩，有人认为“是一部开拓性的音乐史学论著”①。夏野的《简编》是作者长期从事中国音乐史专业教学与研究的理论结晶，材料相当全面而又重点突出，力求阐明中国音乐史的一些基本概念，因而以正面论述为主，不予详细考证，为音乐史的教材建设作了有益贡献。刘再生的《简述》著作体例有新颖特色，分90个专题依次展开论述，能在常见性的史料中去发前人之未发，并集中反映了80年代音乐史界的最新研究成果，被多所音乐院校规定为报考硕士研究生专业参考书目之一。有人评论：“述有所据，论有所依，文笔朴素，通畅易读，在史林中显示出独特的光彩。”② 孙继南、周柱铨主编的《简编》是集体编写的成果，“从开天辟地一直写到今天的社会主义，是目前所见的第一部中国音乐通史的著作”③。这部著作材料相当丰富，又慎于取舍，具有深入浅出、条分缕析的特色，多所院校采用为教材，有较高实用价值。金文达《中国古代音乐史》具有提纲挈领、条理清晰、先述后论、阐释精到的特点，不少材料避免了与同类著作的雷同，体现了作者史料的丰厚积累和治史的深厚功力。袁炳昌、冯光钰主编的《中国少数民族音乐史（上）》的出版，包括了蒙古、回、朝鲜、鄂伦春、土、裕固、维吾尔、白、傣、壮、毛南、仫佬、京、德昂、布朗、高山等22个民族的音乐史，乃是一项空前成果。相对于以往的音乐史多为“汉族音乐史”而言，填补了中国音乐史研究领域的空白。总之，本阶段的著作虽然多数尚未突破杨荫浏《史稿》奠定的总体框架，不少章节内容有雷同与陈陈相因之嫌，但均补充了新材料、新成果，融入了不同学者的治学心得，反映了中国古代音乐史研究在纵向与横向两方面的深入取得的可观成绩，体现出加强学科的基础性建设和符合群众接受的时代要求以及著述类型和编写体例多样化方面所取得的实质性进展。

三

中国古代音乐史研究的分支学科和相关学科方面，本阶段所取得的成绩也十分突出，现择其要者，兹叙于后：

音乐文献学是音乐史学的基础学科之一，在文献收集、目录编撰、校注整理、研究鉴别等方面均有建树。吉联抗（1916—1989）的古代音乐史料注释则富于建设性的贡献。他译注的《乐记》（1958）、《孔子、孟子、荀子乐论》（1959）、《墨子·非乐》（1962）、《嵇康·声无哀乐论》（1964）、《两汉论乐文字辑译》（1980）、《琴操（两种）》（1990）、《古乐书佚文辑注》（1990，以上均由人民音乐出版社出版）；《春秋战国音乐史料》（1980）、《秦汉音乐史料》

① 戴嘉枋：《从文化史角度审视古代音乐——读〈古乐的沉浮〉》，《人民音乐》1991年第2期。
② 刘新之：《贺刘再生〈中国古代音乐史简述〉再版》，《人民音乐》1993年第1期。
③ 廖辅叔：《中国音乐通史简编·序》，济南：山东教育出版社，1991年。

(1981)、《魏晋南北朝音乐史料》(1982)、《隋唐五代音乐史料》(1982)、《辽金元音乐史料》(1986)、《宋明音乐史料》(1986),以上均由上海文艺出版社出版,这13册书乃是古代音乐史料建设的一项系列工程,包括了我国古代大部分有代表性的音乐论著和基本音乐史料,注释中包含辨析考证等学术成分,作者锲而不舍地独力完成,为古代音乐史研究做了必要的基础性铺垫工作。吉联抗的学术工作在音乐史学界有口皆碑。冯洁轩《中国古代音乐文献中的若干训诂问题》①、《论郑卫之音》②《调(均)·清商三调·笛上三调》③ 等多篇论文是作者将古代音乐文献研究和现代学术思维交融体现的成果,在中国古代音乐史研究最为艰深而薄弱的训诂学领域有可贵成就,其中对古代重要音乐文化现象的考证和对"同均三宫"理论的看法,引起音乐史学界的瞩目。音乐文献学的建设在本世纪尚属初创阶段,也是一个比较薄弱的环节。王小盾《音乐文献学和中国音乐学的学科建设》④ 一文提出了中肯的分析和较全面的设想。

音乐图像学是一门新兴学科。随着音乐图像史料的逐步积累和不断发展以及印刷科技日新月异的发展,在现代治学意识的视野更加开阔的情况下迅速崛起。刘东升(执笔)、袁荃猷编撰,张振华、董建国图片摄制的《中国音乐史图鉴》⑤ 为中国艺术研究院中国音乐研究所30余年来广泛收集的图像资料之精华,也是第一部以图像形式展示源远流长的中国音乐历史概貌的著作。全书共收中国音乐文物精品图片504幅,其中彩色图片158幅,全为铜板精美印制,文字8万余字。全书按中国音乐历史发展顺序分五个阶段依次排列,条理清晰、重点突出,图片、文字相得益彰,具有开拓性意义,在海内外音乐界引起重大反响,被评价为"中国音乐图像学的里程碑"⑥。另外,《中国乐器图志》⑦ 和《中国乐器图鉴》⑧ 均有乐器图像史的意义。前者附有"中国乐器大事年表",提供了乐器史文献与出土文物的线索;后者按三级分类法排列,体现出各个种类乐器的历史脉络,"成为表现我国乐器发展历史的巨幅画卷"⑨。《中国音乐文物大系》出版的意义已经远远超出图像本身范畴,具有音乐文物集成性质,也是以图像形式反映本世纪音乐考古成就最为浩大的一项工程,其研究范围涵盖了历史、社会、宗教、民俗、美术、考古、文学、戏剧、舞蹈、音乐等极其广阔的领域,是音乐学、考古学、历史学、文化人类学以及其他多种学科进行学术研究的必备工具书。《大系》目前已由大象出版社出版了湖北卷、北京卷、陕西天津卷、江苏上海卷、四川卷、河南卷、新疆卷、甘肃卷八部(第一期工程尚包括山西卷和山东卷),各省、市、自治区分卷本的陆续出版,将为中国古代音乐史的研究提供全新的学术视角和更全面的考古信息,乃是一项具有跨世纪意义的中国古代音乐文化综合研究的基础工程建设。

---

① 冯洁轩:《中国古代音乐文献中的若干训诂问题》,《音乐研究》1994年第4期。
② 冯洁轩:《论郑卫之音》,载《硕士学位论文集·音乐卷》,北京:文化艺术出版社,1987年,第51—87页。
③ 冯洁轩:《调(均)·清商三调·笛上三调》,《音乐研究》1995年第3期。
④ 王小盾:《音乐文献学和中国音乐学的学科建设》,《黄钟》1990年第4期。
⑤ 刘东升(执笔)、袁荃猷编撰,张振华、董建国图片摄制的《中国音乐史图鉴》,北京:人民音乐出版社,1988年。
⑥ 韩国镄:《中国音乐图像学的里程碑》,台湾《联合报》副刊,1989年6月1日。
⑦ 刘东升等:《中国乐器图志》,北京:轻工业出版社,1988年。
⑧ 刘东升等:《中国乐器图鉴》,济南:山东教育出版社,1992年。
⑨ 李纯一:《读〈中国乐器图鉴〉》,《乐器》1993年第4期。

古谱解译和曲调考证是中国古代音乐史研究最有光彩同时也是最为困难的领域，是本学科研究中人们梦寐以求寻觅古代音乐音响的希望所在，然而得到的往往只是一种“近似值”。即使如此，本阶段这两种研究依然成为学术界普遍关注的“热点”，也是杨荫浏提出以音乐为中心的音乐史研究的进一步深化与发展。古谱解译成果主要反映在“敦煌曲谱”、宋俗字谱和工尺谱以及古琴打谱的解译研究方面。叶栋于1982年在林谦三（日本）、任二北、钱仁康等前人成果的基础上进行研究，发表论文《敦煌曲谱研究》[①] 和译谱《敦煌唐人谱》[②]，揭开了“古谱解译热”的序幕。其后十年中，何昌林、陈应时、关也维、赵晓生、席臻贯等学者均有个人研究观点与心得的全部或部分译谱的成果发表。上述六种译谱的音高大致相同而节拍、节奏差异较大，分歧在于对定弦法、符号解释与节拍节奏理解有别，更在于对黄翔鹏提出的中国传统音乐具有“高文化”特点的认识尚有距离。因此，目前何种译谱较接近于唐谱原貌，未有定论，有待于研究进一步深化。此外，何昌林《天平琵琶谱之考、解、译》[③]，吴钊《宋元古曲〈愿成双〉初探》[④]，钱仁康《〈魏氏乐谱〉考析》[⑤]，孙玄龄《元散曲的音乐》[⑥] 详译了元散曲乐谱680首，天津古籍出版社出版的《新定九宫大成南北词宫谱简谱示意本》[⑦] 翻译了《九宫大成谱》全部4466首曲谱（尽管其成败得失还有待专家评断），吴文光对琴曲《幽兰》的打谱[⑧]等等，均为本阶段古谱解译与研究的有益成果。曲调考证则是黄翔鹏开拓的新领域，由于中国古代音乐的部分曲调只可能存在于古谱遗存和传统音乐的遗存之中，因此，后者的发掘更是一项“大海捞针”的工作。黄翔鹏将梳理历代乐律学形态的演变作为曲调考证研究的起点和基础，由曲调本身的调名、音阶、律高及所属宫调体系推考它的历史遗迹，又根据音乐和语言的关系鉴别其行腔特点，再借助“乐器史”和“音乐风格史”判断曲调的音乐历史特征，考证了《望江南》、《万年欢》、《念奴娇》、《菩萨蛮》、《瑞鹧鸪》、《天净沙》、《醉翁操》、《小重山》、《感皇恩》、《渔家傲》等十余首古代曲调，为中国古代音乐史增添了可参考的宝贵的音响实例。黄翔鹏首创的曲调考证研究，立足于中国传统音乐高文化的特点，有着深远的历史意义和影响。[⑨]

本阶段古代音乐的专题研究与音乐专题史的研究论著方面成绩斐然，为中国古代音乐史的整体研究构建了纵横深入的基础。许健《琴史初编》[⑩] 是现代第一部古琴研究的专史，对历代琴人、琴曲、琴论作了系统整理，资料相当丰富。陶亚兵的《中西音乐文化交流史稿》[⑪] 对公

---

① 叶栋：《敦煌曲谱研究》，《音乐艺术》1982年第1期。

② 叶栋：《敦煌唐人谱》，《音乐艺术》1982年第2期。

③ 何昌林：《天平琵琶谱之考、解、译》，《音乐研究》1983年第3期。

④ 吴钊：《宋元古曲〈愿成双〉初探》，《音乐艺术》1983年第3期。

⑤ 钱仁康：《〈魏氏乐谱〉考析》，载《钱仁康音乐文选（上册）》，上海：上海音乐出版社，1997年，第113—154页。

⑥ 孙玄龄：《元散曲的音乐》，北京：文化艺术出版社，1988年。

⑦ 刘崇德校译：《新定九宫大成南北词宫谱简谱示意本》，天津：天津古籍出版社，1998年。

⑧ 《硕士学位论文集（音乐卷）》，北京：文化艺术出版社，1987年，第485—620页。

⑨ 郑祖襄：《把“没有音乐的音乐史”变为有可听作品的音乐史——谈黄翔鹏的“曲调考证”及其学术价值》，《中国音乐学》1999年第2期。

⑩ 许健：《琴史初编》，北京：人民音乐出版社，1982年。

⑪ 陶亚兵：《中西音乐文化交流史稿》，北京：中国大百科出版社，1994年。

元8世纪（唐代）至20世纪初叶的中西音乐交流的历史发展作了系统梳理，史料丰富翔实，有个人见解，对中西音乐交流的历史作了带有总结性的概括。戴念祖的《中国声学史》[①] 是一位物理学家介入音乐学领域写作的一部专著。从科学的严格角度对中国声学发展的历史作了系统总结，也为音乐工作者提供了声学基础知识。王昆吾的《隋唐五代燕乐杂言歌辞研究》[②] 是一部具实证风格的论著，通过历史、文化、音乐、宗教、风俗等多角度的研究方法进行综合分析，建立了对隋唐五代音乐史的系统认识，有较高学术价值。许常惠的《台湾音乐史（初稿)》[③] 是第一部台湾地区的音乐史著作，作者注重田野调查，论述了原住民族的音乐风貌以及与汉族民间音乐渊源关系，具有填补空白的意义。孙星群的《西夏辽金音乐史稿》[④] 是一部历史上少数民族所建王朝的音乐断代史，是一部有一定价值和难度的著作。牛龙菲的《古乐发隐》[⑤] 对嘉峪关魏晋墓室砖绘乐器图像进行不断深入的考证，不乏个人独特见解，书中涉及多种古代乐器源流变迁之研究，有开启思路的价值。王德埙的《中国乐曲考古学理论与实践》[⑥] 提出并论述了“乐曲考古学”理论与实践。林济庄的《齐鲁音乐文化源流》[⑦] 是一部方域性的断代史著作，通过文献记载和文物考古的相互印证，勾勒了史前至秦汉时期齐鲁地域的音乐文化发展进程。由于笔者孤陋寡闻，这方面的成果必然挂一漏万，本文肯定难以反映音乐学术界的研究全貌。通观音乐专题史研究的论著成果，成绩相当可观，尤其作者群体分布于北京、台北、福州、扬州、贵州、兰州、哈尔滨、济南等全国各地，反映了一种文化生态平衡现象的可喜启端。本阶段的论文成果更是佳作迭出，不少乃是经典之作，更不乏创新之见，犹如璀璨的星群点缀着中国古代音乐史研究领域的穹庐，成为本学科一大学术景观。作者群体更是遍布全国。本文因篇幅所限，难再一一论述。上述论著中一批中青年学者以扎实的治学作风和深厚的研究功力崛起，显示出中国古代音乐史研究后继有人。跨世纪研究人才的涌现，预示着21世纪中国古代音乐史的研究将会有更大发展。

最后，本阶段中国古代音乐史的学术争鸣有两次“火药味”较浓的交锋。一次是关于《乐记》的成书年代、作者以及评价问题的广泛争论，蔡仲德、周柱铨、冯洁轩、吕骥、刘楚材、吴毓清、修海林、李曙明、牛龙菲等一批学者撰文互相辩论或参与座谈讨论；一次是关于“琴徽”产生时代的“唇枪舌剑”，郑祖襄、冯洁轩、饶宗颐（香港）、吴钊等几位学者各自撰文发表不同意见，反映了中国古代音乐史研究在学术方面“百家争鸣”的生动局面，也体现出音乐史学的学术群体独立思考意识的强化。学术批评和争论是任何学科得以生存发展的必要条件，应予极力提倡。

其他相关学科，如传统音乐学、律学、音乐美学、音乐考古等方面的研究，因有专题论述，不再一一赘述。

---

① 戴念祖：《中国声学史》，石家庄：河北教育出版社，1994年。
② 王昆吾：《隋唐五代燕乐杂言歌辞研究》，北京：中华书局，1996年。
③ 许常惠：《台湾音乐史（初稿)》，台北：全音乐谱出版社，1991年。
④ 孙星群：《西夏辽金音乐史稿》，北京：中国青年出版社，1998年。
⑤ 牛龙菲：《古乐发隐》，兰州：甘肃人民出版社，1985年。
⑥ 王德埙：《中国乐曲考古学理论与实践》，贵阳：贵州人民出版社，1998年。
⑦ 林济庄：《齐鲁音乐文化源流》，济南：齐鲁书社出版发行，1995年。

结　语

回顾20世纪中国古代音乐史的研究，可以认为是一个史无前例的时代。近百年来本学科建设经历了以王光祈为代表的文献研究为主的第一阶段，杨荫浏提出的以音乐为中心研究音乐史的第二阶段和黄翔鹏设想以多学科交叉综合研究为代表的第三阶段，三个阶段环环相扣，形成了中国古代音乐史研究空前繁荣的局面，所取得的重要成果也引起了国际音乐学界的瞩目。学术研究基本上是一种个人行为，却又离不开学术群体（包括前人和同时代人）的基础与作用。从这一意义上说，既是个人学术研究之成绩，又是一种集体成果的展示，时代精神的缩影，同时也脱离不开历史局限的制约。一种历史的规律性现象是，几乎所有著作往往都属于阶段性的成果，然而，正是历史的“大浪淘沙”，才使人类文化得以不断地积累和不断地发展与进步。瞻望21世纪的中国古代音乐史研究，“科学的态度是朝未知领域不断探索，努力掌握更先进的探索手段和研究方法，尽最大可能获取更新更多的信息和资料，加以分析和综合，以求更深入更彻底地揭示物质世界的本质与本源”①。建立在20世纪本学科研究基础上进一步发展的中国古代音乐史研究，必将有更加广阔的前景，相信能够产生更为科学系统、可靠可信的、多卷本的中国音乐历史著作成果，为弘扬中华民族优秀的传统音乐文化作出世界性的贡献。

原载《中国音乐学》1999年第4期

刘再生，生于1937年，山东师范大学音乐学院教授

---

①　朱亚南：《挑战上帝·中文版序》，北京：解放军文艺出版社，1999年。

阿炳及《二泉映月》研究述评

施 咏

当《二泉映月》成为蜚声中外的传世之作时，“瞎子阿炳”的名字也随之家喻户晓，对阿炳其人其曲的研究也就成了热门课题。海内外学者纷纷对阿炳的生平，《二泉映月》音乐本体的曲式结构、音调素材、演奏技法、艺术风格、标题与内容，乃至其艺术价值和社会人文价值等进行了广泛的研究，呈现出几近全方位的态势。据笔者的统计（1950—2005），与此专题相关的研究成果中有专著（包括论文集）三部，各类研究文章近两百篇之多。在中国传统音乐的所有专题性的研究中，该专题研究成果所积累的数量之多与范围之广都是不多见的，遗憾的是这些文献多有分散零碎之感。本文意欲对这半个多世纪以来先人之成果做一梳理归纳与整合总结，以利于今后更好地开拓阿炳“再研究”的“新天地”。

一

关于阿炳生平的研究，最早的文献当属杨荫浏先生的《阿炳曲集》（万叶书店 1952 年首版，后由音乐出版社及人民音乐出版社再版多次），书中收有当时几位现场采访人所留下的 12 篇记叙、说明文字和“阿炳遗音”6 首乐曲的曲谱。颇值一提的是该书中的《阿炳小传》一文，后在《人民音乐》1980 年第 1 期以《阿炳其人其曲》为名转载。该文以调查所得的第一手真实可信资料对阿炳的生平事迹、倔强乐观、爱憎分明的个性特点以及音乐创作、表演行为方式等都有着翔实的记叙和描述，也成为后来相关文论中大量引用的第一母体出处。

后来，在数次阿炳的纪念活动中都有着大量的文章出现，如许忆和《阿炳的生活道路与艺术成就》（《中国音乐》1983年第4期）就是纪念阿炳诞辰90周年时较具代表性的一篇文章。作者以丰富翔实的资料，客观的态度对阿炳的生平与艺术道路做了细致的追忆与描述。在纪念阿炳诞辰100周年的活动中，则掀起了一次相对比较集中的研究阿炳的高潮。这一期间在《人民音乐》上发表了一系列的纪念文章，如李民雄的《平凡与不朽——纪念华彦钧》（《人民音乐》1995年第5期），作者分别以三组八字的小标题（如“一生坎坷、以艺为生”）概括了阿炳的生平经历、性格特征和创作特点。樊祖荫的《阿炳对我们的启迪——纪念阿炳诞辰百周年随想》（《人民音乐》1994年第7期）与冯光钰的《阿炳，阿炳——纪念华彦钧（阿炳）诞辰一百周年》（《人民音乐》1993年第11期）两文中，以饱蘸感情的笔触追忆了阿炳成长的特殊经历以及由此形成的性格特征，并联系阿炳生活的时代、环境来阐释对其创作的影响。钱永利的《论阿炳》（《中国音乐学》1994年第3期），则从阿炳的生平与创作出发去深入认识他不朽的艺术成就，认为他的音乐表现了人性中最宝贵的东西：正义、道德、民族意识、祖国观念、无畏气概、牺牲精神等等。

上述的几篇文章也同时收入了1993年在江阴召开的“纪念阿炳诞辰一百周年国际学术研讨会”的会议论文集《阿炳论——民间音乐家阿炳研究文集》（中国文联出版公司1995年10月版）中（以下简称《文集》）。该《文集》共收录文章36篇，所涉及领域与角度都是空前广泛的，是有关“阿炳研究”成果的一次阶段性总结。《文集》中关注于阿炳“人本”研究的文章还有吕骥《关于阿炳的回忆》、孙慎《阿炳创作给我们的启示》、鄂允文《阿炳事考争鸣比较与订讹》、蒋宪基《纪念民间音乐家华彦钧百周岁》、张韶《阿炳和他的〈二泉映月〉》、钱仁康《阿炳的艺术成就从何而来》、乔建中《大师的创造》、陈聆群《华彦钧和杨荫浏》、秦鹏章《华彦钧先生对我国民乐发展的贡献》、钱惠荣《从“说新闻”看瞎子阿炳的曲艺才能》、鲁日融《华彦钧的二胡艺术成就对中国现代专业二胡教育的启示》、许墨林《民间音乐家华彦钧（阿炳）年谱》、《修订阿炳年谱的启示》、萧兴华《阿炳没有提示的提示》等都成为阿炳研究的重要文本。在纪念阿炳诞辰110周年时也有文章发表，如郑艺《大道无形隐于世，大音希声清亦浓——阿炳（华彦钧）及其音乐的社会文化价值》（《吉林艺术学院学报》2003年第4期）、张和增《永恒的绝唱——纪念阿炳诞辰110周年》（《江南论坛》2003年第8期）。

此外，在诸多对阿炳生平评价的文章中，笔者认为尚有几篇短文颇得一提：刘作忠的《瞎子阿炳和〈二泉映月〉》（《文史精华》1997年第7期）、顾育豹《宽恕大师——瞎子阿炳在故乡》（《东方艺术》1995年第3期）和方德生的《“历史”的遮蔽——关于当代对阿炳与〈二泉映月〉诠释的几点看法》（《乐器》2003年第5期）。这三篇文章中都共同反对单纯从个人道德批判艺术家的艺术创造，比较人性化地提出应将阿炳视作一个活生生的人来看待，应原谅他生活中曾经有过的不检点行为，理解作为一个天才音乐家孤独而倔傲的心理与当时旧社会特定的时代背景。这样的史学观、美学观和对音乐家的价值评判标准，与早期的相关研究和评论导向相比，无疑是更为进步、客观而值得倡导的。

同一时期，国际上也掀起了对阿炳“人本”研究乃至阿炳“现象”研究的热潮，如美国作曲家戴保罗在《阿炳的深远影响——来自美国明尼苏达州的报告》（《文集》）中，表达了对阿炳伟大的音乐与人格的崇高敬意，报告了以阿炳音乐为代表的中国传统音乐对西方音乐的影响。美籍华裔音乐家沈星扬发表于《人民音乐》1994 年第 1 期的《从阿炳作品看中国音乐的艺术道路》（同时收入《文集》），就国际上对“阿炳体系”的研究，讨论它对中国音乐思想、中国音乐作曲以及中国音乐演奏的现实意义，并从“阿炳体系”的领会来看 21 世纪中国音乐的发展道路。而更为细致、深入、专门的研究成果当属英国的民族音乐学家 Jonathan Stock 博士（中文名字施祥生）的著作《二十世纪的中国音乐创作——阿炳的音乐与意义》（1997 年，英国），作者从阿炳这样一个“个案”的研究出发引申开去，以其“局外人”特定的视角对一个世纪以来中国音乐文化的历史变迁进行了诠释。全书共分六章，第一章首先介绍了阿炳作为一个音乐家所相关的历史、社会、经济和政治情况；第二章列举了中国国内研究者出于特殊的心理上的、爱国的或革命性方面的考虑，而对阿炳做出的种种评价与阿炳本人及其作品的解释的矛盾和冲突；第二章考察了阿炳家乡无锡的音乐环境，叙述了影响阿炳的民间音乐的土壤；第四、五章则深入分析了阿炳的六首作品；最后一章把焦点转向了现代中国对阿炳音乐进行的再创造。遗憾的是该书尚未有中文版问世，只有“导言”部分由沈沁翻译成中文在国内发表（《音乐艺术》2001 年第 1 期）。

此外，运用横向比较的方法对阿炳进行研究的文章也有十多篇：

1. 阿炳与刘天华的比较研究

将阿炳与刘天华做比较研究的论文共有 9 篇，其中乔建中与冯光钰先生分别在《一件乐器和一个世纪——二胡艺术百年观》（《音乐研究》2000 年第 1 期）与《20 世纪的中国二胡艺术》（《黄钟》1998 年第 1 期）这两篇对整个 20 世纪二胡艺术发展道路作总体回顾与思考的文章中，对“华、刘比较”这一专题做了较大篇幅的归纳与阐述。乔文中将华彦钧与刘天华两人分别视作中国“民间二胡”和“文人二胡”的杰出代表而从不同的方面为二胡艺术高高树起了两面大旗，两人一先一后、一南一北，在相互隔绝的情况下，在不同的社会环境和生活状态下，为二胡艺术的发展各自做出了具有历史意义的贡献。冯文则将华彦钧视作与刘天华、吕文成并驾齐驱的 20 世纪中国“二胡三杰”之一，他们的共同之处在于：（1）都出生于 19 世纪 90 年代而经受了辛亥革命和五四运动的洗礼，音乐都从不同的角度反映了这一时期人们的生活和思想感情。（2）都深受中国传统音乐的熏陶。（3）三人的演奏和创作都不同程度地受到西洋音乐的影响。罗愿在《从刘天华的创作中获得的启示》（《音乐研究》1992 年第 4 期）中也有相当篇幅的“华、刘”比较研究，文中认为两人虽同出生于吴文化圈，但一为道士之家，一为知识阶层；两人最擅长的都是二胡与琵琶，但从不同的角度丰富了它们的表现力，决定了他们不同的艺术道路与行为方式，不同的音乐语言风格和创作手法。

另外的 6 篇则是专于“华、刘比较”的文章，主要有李西安的《阿炳与刘天华之比较研究》（《中国音乐》1983 年第 4 期），文中从两人的社会价值、性格气质、个人经历、创作技巧、艺术风格等方面进行了广泛的比较研究。孙焕英在《华彦钧与刘天华比较》（《星海音乐学院学报》2002 年第 1 期）中则从较新的角度提出了“阿炳的艺术道路是由道教音乐走向民间并在创作思想上深受道教的影响，而刘天华是佛教音乐走向学府并深受佛教的影响。从而构成了演奏技术上的两个流派、创作技术中的两个体系”。杨瑞庆《比较研究刘天华和华彦钧的二胡曲》（《交响》2001 年第 2 期）中则分别从“同时代不同身世、同地域不同经历、同兴趣不同接受、同自学不同追求、同擅长不同侧重、同演奏不同风格、同创作不同贡献”等七个方面对两位先师做了比较。此外还有凌金玉《刘天华、华彦钧与二胡》（《南京艺术学院学报》〈音乐及表演版〉1998 年第 4 期），欧景星《开创民族音乐新风的一代大师——二胡演奏家刘天华、华彦钧评析》（《艺术百家》2000 年第 4 期），邱环东《比较分析刘天华与阿炳音乐创作的艺术特征和历史意义》（《辽宁师专学报》2000 年第 2 期）。

2. 跨文化的比较研究

关于阿炳、《二泉映月》的中西跨文化比较研究的文章中，较好的有 4 篇：朱皖芳《贝〈五〉柴〈六〉与阿炳的二胡独奏〈二泉映月〉——解读三种不同命运在音乐作品中的表现》（《文化时空》2003 年第 9 期）、解义勇《从阿炳想到凡高》（《文化时空》2003 年第 4 期）、宋协杰《〈命运〉·〈二泉映月〉的课型设计》（《中国音乐教育》2000 年第 7 期）。其中最佳的力作当属赵晓生的《阿炳启示录》（《音乐艺术》1994 年第 1 期），该文认为“贝多芬与阿炳是一个重大的文化比较专题：西方与东方、盛名与无名、交响曲与二胡曲……两人都不在自己的音乐里诉说自身的苦难、悲哀和不平。生活铸造了他们，他们的音乐都是情感的超越与升华，而不是他们个人的狭隘的情感”。

二

对阿炳留下的 6 首乐曲，特别是对《二泉映月》的研究，成果尤为集中。现归纳为以下八个方面择要加以述评：

（一）采访与推广

对《二泉映月》的采访与抢救过程始末有甚多文章提及，如现场采访人杨荫浏先生的《阿炳小传》、黄大岗《杨荫浏和二泉映月——曹安和访谈录》（《音乐研究》1998 年第 1 期），还有任志扬《〈二泉映月〉抢救始末》（《今日中国》1994 年第 7 期）以及其他多篇文章。在关于《二泉映月》乐曲的抢救与推出中，大家提得较多的是杨荫浏、曹安和、祝世匡等几人，而对另一大功臣吕骥先生却很少提及，这是一件十分遗憾的事情。当年，以杨荫浏先生为首的几位民族音乐家完成了那次堪称 20 世纪前半叶最为重要的田野采访后，是吕骥先生于 1950 年下半年最先极力倡导将阿炳的录音向唱片社介绍，请他们制成唱片广泛发行，才使得《二泉映月》等曲目通过唱片（号码 51189 甲乙 78 转胶版唱片）、电台（天津人民广播电台，首播 1951 年）等媒介在更广泛的范围加以传播，使得中国的民众乃至世界人民都能够接受并为之痴迷直至家喻户晓，而不只是当做一般的民间音乐的资料珍品，收藏在资料室。

（二）标题与内容

关于《二泉映月》的标题与内容是否一致的问题，曾经一度颇具争议。杨荫浏先生在《阿炳小传》（1956）一文中介绍："本曲是描写在清澈见底的二泉之间所反映出来的天上光明的月亮。"在1980年第1期《人民音乐》（同《阿炳曲集》修订版）中，杨先生则补充修正了上述说法："用音乐形象来描述他想象中旧时曾目睹的美丽风景。"虽然对最初的说法有所修正，但并没有离开与"二泉"、"月亮"的瓜葛，杨先生始终倾向于《二泉映月》是一首写景的标题音乐。这一曲名的得来完全是由于阿炳回答杨先生所问"常在何处演奏"时说"我经常在街头拉，也在惠山泉庭上拉"，而使得先生由此将乐曲与"二泉"联系上。

早期曾有不少人一度认同了该曲是以描写景色为主的标题性音乐的观点。后来，随着中外学者对阿炳及《二泉映月》研究的日趋全面深入，以王震亚、贺绿汀、袁静芳、李西安、冯光钰、赵晓生等为首的一大批专家，都发表相当数量的文论阐明了对此问题相对统一的看法。如王震亚早在1964年的《阿炳传曲六解》（《音乐论丛》，音乐出版社）一文中就指出阿炳所有的二胡曲都看不出标题与乐曲本身的内容之间有什么联系。贺绿汀在《中国现代音乐文化发展的回顾》（《解放日报》1979年9月6日）中也提出："《二泉映月》这个风雅的名字，其实和他的音乐是相矛盾的。与其说音乐描写了二泉映月的风景，不如说是深刻地抒发了瞎子阿炳自己的身世。"此外还有几篇专门论述该问题的文章，如苏克发表于《中国音乐》1991年第3期的《〈二泉映月〉是写"二泉映月"的吗?》、巩成国《〈二泉映月〉既没有"泉"也没有"月"——浅议音乐欣赏中的误区》（《中国音乐教育》2002年第8期）、刘江鸿《〈二泉映月〉的产生和所表达的内容》（《文集》）、郝建平和郝建军《浅析阿炳二胡作品的曲名及标意性》（《集宁师专学报》2000年第1期）等文，也都对《二泉映月》曲名由来做了教为合理的分析与考证。至今，音乐学界基本上对该曲表现内容的理解已由当初的"纯写景之作"转为"借景抒情、寓情于景"进而为"写意性的非标题音乐"，在这一点达成了广泛的共识，体现的既是学术与思想文化上的进步，也是时代的进步。

（三）音乐本体的研究

1. 音调来源研究

对于《二泉映月》的音调来源有过很多说法，如"滩簧说"、"民间小调说"、"道乐说"等等。程茹辛在《〈二泉映月〉音调渊源探索》（《音乐研究》1980年第4期）一文中运用了较为科学的研究方法对《二泉映月》曲调的源流进行了辨析，将乐曲的主旋律配以歌词构成"拟构体"，再用无锡方言来演唱后发现词曲结合自然、吻合，且音调、风格都很像锡剧的唱腔，进而得出《二泉映月》与常锡滩簧的开篇、慢板、长山调、哭腔等唱腔有着较为密切联系的结论。成公亮的《〈二泉映月〉的音乐素材和结构特点》（《音乐艺术》1981年第1期）与张振基的《阿炳无标题二胡的音乐内容、素材来源及其艺术创造》（《民族音乐学论文集》，人民音乐出版社1980年）也呼应了这一观点，肯定该曲旋律与江南民间音乐（锡剧基本腔调"簧调"）的渊源关系。张静波在《〈二泉映月〉的创作源泉与艺术成就》（《南通师范学院学报》2003年第3期）一文中还将《二泉映月》的曲调与锡剧、苏南民歌、评弹等做了渊源关系的考证比较。

孙怡在《江南胡琴曲的润腔艺术》（《人民音乐》2000年第9月）中则从方言与锡剧、沪剧对江南胡琴曲的润腔的影响来论证了这一观点，认为《二泉映月》中使用最多的小三度同指滑音的润腔手法与无锡方言中的音调关系密切，《二泉映月》中常用的十六分休止符节奏型与相应的顿挫收刹弓技法，也是由于它近似于吴地方言的入声字所发出的带紧喉音短促音调。并指出由于阿炳本人的淳朴个性与乐曲的情感特点，使得相对于其他的江南胡琴曲，《二泉映月》并没有太多夸张的润腔出现，阿炳用质朴的润腔手法表现他内心丰富的情感。

王忠人的《试论〈二泉映月〉的道乐特征》（《黄钟》1990年第1期）则为《二泉映月》的研究提供了一个新的视角。通过比较，发现《二泉映月》主题的上句几乎就是道曲《大五声佛》音调的加花变奏。文中还联系了道腔、道乐曲目的构曲手法和规律，分别从曲体、结构布局、旋律、句法、调式、音调、演奏技术等方面与《二泉映月》进行比较研究，得出《二泉映月》具有明显的道乐特征，道教音乐对阿炳的音乐思维有着深刻影响的结论。对于这一点，杨荫浏先生也曾明确指出："他音乐修养中最初主要的基础，是出于道家的音乐，而且是出于家传。"钱铁民在《阿炳与道教》（《中国音乐学》1994年第4期）中也认为阿炳一生与道教密不可分，他出生于道士之家，学道而始，从道而终，道教文化不但在阿炳一生的艺术活动中占据着十分重要的位置，成为其艺术创造的基础，而且对他的为人、性格形成以及作品中倔强不屈、不畏强暴、敢于抗争的精神都有着深远的影响。

其实，不论是从《二泉映月》音调来源的多方考证，还是从探究阿炳技艺的深远渊源，都说明了阿炳超越了家传师承的樊篱，不固守一家一派狭隘的门户之见，博采众长，并在此基础上加上自己对音乐的领悟与创新。也正如他自己所说："也许是从道家学来的吧，也许是从僧家学来的吧，也许是从街上听来的吧……几十年来我听见了什么使我喜爱的音乐，不问教的是谁，我都跟他学；教过我一曲两曲的人太多了，连我自己都无法记得。"这些似是而非、暗含玄机的话发人深省。阿炳听到、学到的所有音乐都化入了他的心中，但他奏出的又绝不是其中的任何一首。正是有这样开阔的视野、宽广的胸怀、融会贯通的化解能力，才造就了天才的"阿炳"，绝世的"二泉映月"，同时也给21世纪中国民族音乐的发展道路以深刻的启示。

2. 音乐结构的研究

关于《二泉映月》音乐结构、曲式分析的文章也有近二十篇之多。陈应时教授早在1963年第2期《人民音乐》就发表了《关于我国民族民间器乐曲的曲式结构问题》，提出《二泉映月》的曲式结构为五大段另加引子和尾声。30年后陈先生又在《〈二泉映月〉的曲式结构及其他》（《音乐艺术》1994年第1期）中对此做了补充分析，并认为此曲的调式是以徵调寄煞的宫调（徵宫交替调式），旋律进行是以乐句间"头尾相叠"的"鱼咬尾"手法为特点，并对杨荫浏记谱中的个别乐句未贯穿这一结构原则的原因也做了分析。刘正维在《崎岖的音线、坎坷的人生——〈二泉映月〉析》（《黄钟》1996年第2期）中也对此进行了相关的分析："全曲从引子到AB的变体，共计19个部分，它们中间形成18次鱼咬尾的周而复始，彼此紧连、糅合一体，剪不断、理还乱的不尽思绪。”赵晓生的《持恒求变——〈二泉映月〉的结构特征》（《乐府新声》1994 年第 1 期）认为，《二泉映月》的结构与一般曲式概念中的“变奏”、“回旋”有着截然不同的发展逻辑，这种特有的音乐发展逻辑或许也正是中国音乐结构思维中最有价值的部分。蒲亨强在《〈二泉映月〉曲式结构中的阴阳观念》（《音乐艺术》1994 年第 1 期）一文中，则认为《二泉映月》的结构思维受道教哲学“阴阳互补”观念的影响，两个主题在旋律形态和性格以及变奏发展幅度上均有明显的对比性，构成一静一动、一阴一阳的互补关系。

此外，关于音乐结构、材料等创作特征的文章还有张肖虎、杨立梅的《论〈二泉映月〉的音乐材料和结构》（《中国音乐》1983 年第 1 期）、郭燮敏《关于〈二泉映月〉的曲式结构》（《上海师范大学学报》1996 年第 2 期）、吴红非《〈二泉映月〉中的性格因素》（《音乐与表演》2000 年第 4 期）、陈威《论阿炳〈二泉映月〉一曲的艺术成就》（《星海音乐学院学报》1994 年第 3、4 期）、刘飒飒《析〈二泉映月〉》（《肇庆学院学报》2001 年第 3 期）、薛雷《二胡曲〈二泉映月〉的节奏初探》（《艺术百家》2005 年第 2 期）等。

（四）演奏风格、技法、乐器形制与谱本的研究

1. 演奏风格、技法研究

袁静芳教授 1979 年发表的《杰出的民间音乐家阿炳和他的二胡曲》（《音乐论丛》第二辑，人民音乐出版社 1979 年）一文，是早期阿炳研究成果中的一篇较为全面、深入的文章，分别从阿炳三首二胡曲旋律线的特点，旋律的调式、节奏、力度布局应用特点，以及演奏上的特色四个方面做了细致、深入的研究。其中，对于演奏的阐述尤为精到。杨易禾在《〈二泉映月〉音调化》（《黄钟》1998 年第 4 期）一文中则通过对其音调的解读，对乐曲及作者历史的考察，对乐曲形式与内容统一的分析，结合二胡演奏技法的处理，实现作品的音调化，即在二度创造中揭示出音乐音调所蕴含的语义学信息和美学信息。张锐的《阿炳的〈二泉映月〉和我的演奏》（《中国音乐》1983 年第 4 期）与王国潼《阿炳二胡演奏风格初探》（《中央音乐学院学报》1985 年第 1 期），对阿炳演奏中的原位滑音、稳指、颤弓等演奏手法也做了较为细致的探讨。赵砚臣《阿炳的二胡演奏艺术及其形式美》（《中国音乐学》1994 年第 3 期）则是从表演美学对阿炳的演奏艺术进行研究，总结出他的行弓沉涩凝重，力感横溢，滞意多、顿挫多，内在含忍，给人以抑郁感、倔强感，表现出一种含蓄蕴藉而又艰涩苍劲的美，极有特色的弓序规律体现了阴阳相推卦象的思维模式；乐曲的律动犹如人的脉搏，节奏重音则是节奏中的画龙点睛所在等美学特征。王丹丹《〈二泉映月〉不同音响呈现方式比较研究》（《泉州师范学院学报》2004 年第 1 期），则通过对《二泉映月》的不同演奏者、表演主体——王国潼、闵惠芬、宋飞、于红梅以及彭修文改编的民乐合奏，在力度、速度、弓法、指法、揉弦、音色、句法、结构功能等方面的不同“音响呈现方式”的比较研究，探索如何以更准确、更完美的“音响呈现方式”去表述、演绎更鲜明、更集中、更感人的音乐形象。

其他与演奏相关的较具代表性的文章还有：项祖英《〈二泉映月〉的理解和演奏心得》（《中国音乐》1991 年第 3 期）、唐毓斌《论阿炳的三首二胡曲及其演奏》（《乐府新声》1994

年第2期)、宁文亭《〈二泉映月〉的演奏分析》(《连云港师范高等专科学校学报》2002年第2期)、付晓东《〈二泉映月〉二胡演奏技法浅探》(《宁夏大学学报》2001年第3期)、赵寒阳《阿炳二胡教学札记》(《中央音乐学院学报》1993年第4期)、李子贤《〈二泉映月〉的主题及其演奏技巧》(《安徽师范大学学报》1994年第2期)等。

2. 演奏版本的研究

王国潼在《谈二胡曲〈二泉映月〉的演奏》(《中央音乐学院学报》1982年第2期)一文中提出：全曲由于速度较慢，反复较多，为了使作品的结构更为精练集中，便于听众接受，对原谱做不同程度的删节，大多是将第三、四变奏删去，而直接进入高潮。刘正维在《崎岖的音线、坎坷的人生——〈二泉映月〉析》(《黄钟》1996年第2期)一文中则提出不同看法：力度感有关乐曲的精髓与华氏的骨风，宜留不宜去；合奏时乐队手段较多，可尽情地变化对比。如果将各个不同层次做更深层而形象的表现，可否免去三四组的“极刑”，保持高潮迭起的开展姿态。

陈应时《〈二泉映月〉的曲式结构及其他》(《音乐艺术》1994年第1期)也对“忽视了原曲的结构特点、移花接木式的、没有充分理由的任意删改”提出了批评，认为对这样经典性的名曲的删改应采取慎之又慎的态度。舒昭在《琐谈〈二泉映月〉的再创造》(《文集》)中也就该曲的不同删节、改编版本以及后人演绎时对速度、风格的把握等问题提出了自己的观点，认为再创造时应做到既能保存原作的精华又适应今人的审美趣味。

3. 记谱与谱本的研究

涉及《二泉映月》的记谱、谱本研究的有3篇。陈应时在《〈二泉映月〉的曲式结构及其他》中本着从乐曲的结构合理性出发，重新根据阿炳的原始录音，对杨荫浏先生的记谱版本进行了修订，并在该文的后面附上了全曲完整的线谱版的乐谱与详尽的修订说明。李光鸣《阿炳二胡曲记谱中的一些问题》(《中国音乐》1984年第2期)则对原记谱装饰音、弓序、“加衬”、“收头”等方面共列出了11处的疏漏与误差并进行了更正。陈龙章在《天籁》2000年第4期的《〈二泉映月〉记谱释疑——兼论重音与强音》一文中，对杨荫浏为阿炳所记谱中的节拍重音提出了质疑，认为主题的每一次出现均是节拍重音所在，却屡屡安排在次强拍第三拍上，这与一般规律是矛盾的，并提出若尝试将全曲的小节线后移两小节，原来弱起的“叹息引子”则改为散板。由于节拍重音得以明确，所以有些表情记号已显多余，删去则更为简明扼要，便于演奏者领会。其文后附有据此观点而重新划分小节线的完整乐谱。

4. 乐器形制与定弦的研究

关于《二泉映月》演奏乐器的文章主要有3篇。胡志平的《托音胡琴的技法与风格——兼谈阿炳二胡演奏的技法特点》中主要论述托音胡琴的形制、用弦、音色等特征对阿炳演奏中极具特色的重力运弓、指面按弦、浪弓、压颤、打音等技巧的形成所产生的影响，以及托音胡琴对阿炳整个演奏风格诸多方面的直接影响。

香港中乐团的黄安源先生在《关于〈二泉映月〉独奏乐器的界定及名称》(《人民音乐》2004年第4期)一文中，对由来已久地使用“二泉琴”来演奏《二泉映月》提出异议，认为

“二泉琴”失去了二胡的音色而靠近中胡音色，所以不同意“用低沉暗淡并带有几分悲凉沧桑音色的‘二泉琴’去表现《二泉映月》的秀丽景色”，并建议改变乐器的定弦用C－G的高度来演奏。而在同年第9期《人民音乐》上，施咏的文章《也谈“二泉琴”》中则提出了相反的意见，文中从乐曲的思想内容分析出发，通过多方论证认为“二泉琴”的形制、定弦乃至音色都是阿炳本人主动的审美追求，演奏者所使用的乐器以及在演奏中所运用的与之相适应的独特的技巧手法，也是形成个人演奏表演风格的重要条件，坚持用“二泉琴”演绎阿炳的音乐，不但是其音乐思想内容深刻表现的需要，是对阿炳音乐风格真实还原与科学继承的需要，也是对阿炳本人艺术审美追求的尊重。这一次学术的争鸣实际上也是20世纪关于《二泉映月》标题与思想内容是否同一性的讨论在新世纪的延续。

（五）与《二泉映月》相关的律制、测音研究

关于《二泉映月》的律制研究以及与其相关的律制、测音研究的文章共有4篇。韩宝强、赵文娟、刘一青合作的《阿炳所奏〈二泉映月〉的音律研究》（《中国音乐学》2000年第2期），是以测音方式对《二泉映月》的不同演奏音响进行的律学研究，以探讨音乐演奏风格的差异及其成因。得出以下结论：苏南一带传统民间音乐中的变徵、变宫和清角三个音级都有偏离常规律制的特点；新一代二胡演奏者在音准方面与老一代有所差异，主要体现为变徵、变宫和清角三个音级；新老艺人由于在音准感和演奏技巧方面的差异改变了音腔的相似形，导致音乐演奏风格的体现亦有所不同。

台湾学者翁志文在这一领域发表了系列研究成果3篇。在《音律测定的新方法和相关应用——以阿炳〈二泉映月〉为例》（台湾交响乐团《乐览》2002年10月，第40期）中，运用类似具有自动记谱仪功能的电脑调律软体Auto Tune3及语音学相关的声音分析软体Praat4.0、Speech Analyrer 1.5等三种软体，对阿炳演奏《二泉映月》之音律进行了定量的微观研究。运用软件的图像界面，对旋律进行自动多点测音，通过对阿炳和闵惠芬演奏录音的比较，观察两人的演奏过程中在滑音、揉弦、回转音等手法的演变过程。还运用相关软件的图像界面与功能直观地比对出任何一段音乐与各种律制间的相对应关系。由相关测音结果也引发了对中立音、动态律学、节奏观、律动、运弓、音色等与音腔相关课题的进一步思考与研究。《关于音准点的测定与相关问题研究——以阿炳〈二泉映月〉为例》（2004年度《音乐文化》，文化艺术出版社）一文中，首先对以往关于音高测定的三种方法“停格法”、“统计法”、“音腹测定法”进行了综述与评价，然后从音腔的角度并兼顾心理量的前提下，提出了对音准测定的可行性方法：TC图之众数测音法、曲线相似性、轴线法。并以阿炳所演奏的《二泉映月》为例进行测音，对阿炳演奏中因旋律倾向和演奏手法因素造成的音高、律制以及与音腔相关的音律现象进行了实验性研究，认为只有在音准点的测定相对完善的前提下，才可对音律变化的实际情况与是否从属于某一种律制等问题做出相对准确的结论。另一篇文章《音调辨识研究——以阿炳〈二泉映月〉为例》（宣读于2004年“国际传统音乐学会第三十七届年会”），通过对阿炳演奏录音的测音，运用语音辨识的相关技术，如对阿炳演奏的压弦与宋飞的揉压弦等技法的相关比较，对音腔变化过程中音律现象进行的更为微观、实证的研究。

（六）文化、美学及其他方面的研究

这一方面的研究较为分散、薄弱，其中较具代表性的有茅原的《〈二泉映月〉的启示——音乐美何处寻——纪念阿炳诞辰一百周年》（《艺苑》1993 年第 4 期），文中认为《二泉映月》作为阿炳的代表作具有典型的中国民间传统音乐的美学特征。作者分别从乐曲的“即兴性、生命运动、黄金分割、创造性、社会性、形式美与意境美的统一”等方面探讨了阿炳创造音乐美的成功经验，以作为当代音乐创作的借鉴。

李志清《〈二泉映月〉的文化学思考》（《交响》1997 年第 1 期）则是从创作美学和接受美学的角度对《二泉映月》进行了研究。呼延梅文《〈二泉映月〉音乐特质初论》（《交响》2003 年第 2 期）和曹慧东《〈二泉映月〉新论》（《江汉大学学报》2002 年第 6 期）也都跳出音乐本体，着重对《二泉映月》的思想内涵、音乐观念等进行了较为深入的阐释。

乔建中的《感天动地的生命绝唱——香港龙音制作有限公司“国乐大师 CD 专辑”系列制品述评（二）〈华彦钧〉》（《中国音乐学》2003 年第 4 期），则是本次所搜集文本中唯一的一篇有关阿炳研究的述评文章。文中首先介绍了专辑中收入的 24 篇论文与 26 首录音，而后盛赞该专辑的编者以精诚的态度、精良的制品和全面丰富的内容体现出一种期待，这其中隐含了某种远大的文化理想、高度的文化自觉和对中国音乐事业的厚望。肯定地评价本专集是迄今为止介绍、评价阿炳音乐遗产最具权威性的文本。

冯光钰在《吴地音乐传统与阿炳和“无锡学派”——兼谈太湖地域传统民间音乐的保护与发展》（《中国音乐》2005 年第 1 期）中，提出阿炳和以他为代表的“无锡学派”是扎根于吴地音乐文化土壤的地域音乐学派，文中对传统发扬型“无锡学派”的音乐特点、阿炳的艺术成就以及吴地悠久深厚的音乐传统与阿炳等“无锡学派”音乐家之间的关系等问题进行了探讨。并提出现代对太湖地域传统音乐应采用保护和发展并重的策略，发扬阿炳精神，重振“无锡学派”雄风。

（七）《二泉映月》的改编曲研究

作为一首经典的乐曲，《二泉映月》被改编为多种乐器、多种形式的音乐品种。在香港龙音制作有限公司 1996 年发行的“国乐大师 CD 专辑（华彦钧）”中收录的就有多首：彭修文改编的民乐队与二胡《二泉映月》（1980，王国潼），吴祖强改编的弦乐合奏《二泉映月》（1984，中央交响乐团），何占豪、丁芷诺改编的弦乐合奏、小提琴领奏《二泉映月》（1959 年上海音乐学院管弦系乐队），储望华改编的同名钢琴独奏曲（1972 年初创，1977 年定稿），高韶青编配的二胡与电子琴《二泉映月》，此外还有同名的二胡与合唱以及孟庆云根据其主旋律改编创作民族声乐曲的《二泉吟》。而关于改编曲的理论研究则主要集中在弦乐合奏和钢琴改编曲这两个方面。

1. 弦乐合奏

关于弦乐合奏的文章有 3 篇。秦西弦的《〈二泉映月〉及其改编》（《音乐论丛》第二辑，人民音乐出版社 1979 年）与何苍伶的《准确理解与深刻揭示——兼谈中央乐团对〈二泉映月〉的艺术处理》(《人民音乐》1979年第2期)，两篇文章都对中央乐团演奏的“弦乐合奏《二泉映月》”的艺术处理提出了不同程度的批评，认为全曲演奏时只是在平稳中求起伏，“只是单纯地陶醉于柔纱织成的微波月影，沉浸于自己创造出来了甜美意境之中，似乎无暇顾及原曲的精神实质了”。这样的艺术处理虽细腻、优美有余，但缺乏对作品本质的深刻揭示，所装饰的只是《二泉映月》的“形”，却丧失了它的“神”。这两篇文章也可算是对《二泉映月》思想表现内容进行探讨的早期文献。

钱建明的《弦乐合奏〈二泉映月〉的主题形态》(《音乐与表演》2004年第4期)，则从弦乐合奏《二泉映月》的主题音调构成入手，就作品以多声部发展手法拓宽主题因素表现的规律与艺术感染力展开探索，并对于当今条件下进一步认识和提升该作品艺术价值的现实意义提出了自己的见解。

2. 钢琴改编曲

关于钢琴改编曲《二泉映月》的文章共有10篇，其中侧重于改编、创作的有4篇：于立刚《浅论钢琴独奏曲二泉映月的创作手法》(《中国音乐》2004年第2期)，总结出改编曲的成功之处在于“精减结构、强化重点；以厚重的织体烘托苍劲的主题旋律；以民族化的音乐语言和表现手法展现中国音乐风格”。张怡《浅析二胡曲〈二泉映月〉与钢琴改编曲的创作特征与艺术特色》(《齐鲁艺苑》2002年第4期)，对如何在钢琴上演奏出中国传统音乐特有的韵味，并对诸如民族乐器中滑音、琶音的特殊演奏法的探索，在音色、节奏、民族风格方面都做了有益的探讨。还有汪浩《论中国钢琴作品〈二泉映月〉的审美特征与音乐表现》(《钢琴艺术》2001年第5期)，但功浦《钢琴曲〈二泉映月〉的改编及其演奏》(《音乐探索》1999年第2期)。

偏重于演奏的文章共有6篇。桑叶舟《钢琴曲〈二泉映月〉的演奏艺术》(《音乐研究》1989年第1期)，对在演奏中如何既忠于原作又有新意进行了有益的尝试，认为改编曲的《二泉映月》让原曲中的悲愤在钢琴上都迸发出来了，使其成为具有交响性、感情起伏更为强烈和明显的作品。还有韩佩君《“传统”的延伸——钢琴曲〈二泉映月〉演奏风格初探》(《中国音乐》2003年第2期)、左平《钢琴曲〈二泉映月〉的演奏分析与启示》(《乐府新声》2000年第1期)、陈东《钢琴曲〈二泉映月〉演奏的艺术处理》(《衡阳师范学院学报》2000年第4期)、储望华《谈钢琴独奏曲〈二泉映月〉》(《钢琴艺术》1999年第1期)、葛晓明《钢琴曲〈二泉映月〉演奏的技术要求》(《钢琴艺术》2005年第9期)等。

(八）其他曲目的研究

在阿炳的另两首二胡曲中，以《听松》为专题来研究的文章共有6篇（不包括综论性文章中有关《听松》的部分章节段落)：杨荫浏《阿炳曲集》中的《乐曲说明》、王国潼《〈听松〉与“听宋”——谈二胡曲〈听松〉》(《人民音乐》1993年第6期)、杨易禾《〈听松〉的美学内涵及其演奏》(《音乐研究》1998年第4期)、赵寒阳《阿炳的二胡名曲〈听松〉》(《乐器》2001年第12期)、金建民《〈听松〉备忘启示录》(《文集》)。其中对《听松》标题的理解，都无一例外地尊重了阿炳本人的意思：阿炳自始至终用“松”与“宋”来解释这首乐曲，这两种解释表面上看是自相矛盾的，实质上是统一的，该曲所表现的坚韧挺拔的性格和气质，与松树崇高品格和民族英雄岳飞的伟大精神都是相一致的。阿炳借古喻今，用这一故事来寓意人民群众抗日救国，反击外来侵略者的强烈愿望与斗争精神，体现了阿炳朴素的阶级感情与爱国主义热情。遗憾的是关于《寒春风曲》的专论文章则无一可见。

在阿炳琵琶曲的研究文章中，较具代表性的是林石城的《阿炳的三首琵琶曲》（《中央音乐学院学报》1993年第4期）对阿炳的三首琵琶曲的旋律来源及其结构、乐曲的内容、表现手法做了分析。此外还有庞可艺《阿炳琵琶曲〈大浪淘沙〉的演奏特点》（《中国音乐学》1996年增刊）、汪岷《琵琶乐曲〈龙船〉作品分析》（《山西大学师范学院学报》2001年第2期）、潘凤鸣《琵琶曲〈龙船〉试析》（《音乐探索》1996年第4期）。

三

以上对20世纪50年代以来半个多世纪关于阿炳和《二泉映月》专题研究成果的简单归纳与评介，难免会有疏漏之处。还应顺便一提的是，对于这一专题的研究与涉猎，已不仅仅在音乐的领域，而已旁及到很多其他的姊妹艺术，如广电领域就拍摄、录制了以《二泉映月》为名的故事片、电视剧、广播剧，辽宁芭蕾舞团排演了同名的芭蕾舞剧，无锡市歌舞团的民族舞剧《阿炳》则是作为向国庆50周年献礼的重要剧目，此外还有锡剧《瞎子阿炳》、雕塑作品《阿炳》等等。人们对阿炳其人其乐如此经久不衰的热爱与研究热潮，正是因为阿炳其人其乐都饱含、蕴藏着中华民族最本质的精神与气节，他的音乐中运用了中国人最习惯的音乐语言，而使其作品成为了民族音乐的经典、传统文化与民族精神的结晶。

综观半个多世纪以来这些相关的研究成果，一个显著的特点就是大多数文章都集中于形态，对研究对象的社会人文价值关注不多、研究不够，对阿炳音乐中所蕴含的某些更深层的学理缺乏进一步的深入思考与研究。如从接受美学的角度研究为什么《二泉映月》会成为中国人耳里心中的经典，对其深层的民族文化审美心理原因的探讨；如对阿炳虽深受江南文化之浸润，但音乐中却诸多阳刚之气；作为音乐家的个体研究，对阿炳的特殊生平经历、内心精神世界、性格特点以及与其音乐风格形成之间的关系的思考；对阿炳的音乐、人生和乐器三者的关系，二胡、琵琶这两件与其相依为命的乐器对阿炳的生活乃至生命究竟意味着什么？还有，对阿炳这样一个终身生活在一个狭小天地、没有受过现代专业化音乐教育的盲人却能够创造出诸如《二泉映月》、《大浪淘沙》等这样堪称伟大的经典之作，不能不令我们对当今的专业音乐创作、专业音乐教育的得与失做进一步的反思与追问；“阿炳现象”对当代乃至后世中国音乐的发展道路又具有怎样的启示？这些都将为我们更深入、完整、全面地认识阿炳其人其乐开辟出新的途径。

所以，也正如乔建中先生所说，无论我们在现代化的道路上走出多远，阿炳的音乐都会伴随着我们。学术研究未有尽期，对阿炳的“再研究”还有新天地。继往开来，一定还会有更多的新收获。

本文写作过程中得到乔建中先生的多方指导，在此谨向他致以深深的谢意！

主要参考书目

[1] 杨荫浏：《阿炳曲集》，万叶书店 1952 年；音乐出版社，1956 年；人民音乐出版社，1983 年。

[2]《阿炳论——民间音乐家阿炳研究文集》，北京：中国文联出版公司，1995 年。

[3] Jonathan Stock，沈沁译、沈洽校：《20 世纪的中国音乐创作——阿炳的音乐与意义（导言）》，《音乐艺术》2001 年第 1 期。

[4] 陈应时：《〈二泉映月〉的曲式结构及其他》，《音乐艺术》1994 年第 1 期。

[5] 乔建中：《感天动地的生命绝唱——香港龙音制作有限公司“国乐大师 CD 专辑”系列制品述评（二）〈华彦钧〉》，《中国音乐学》2003 年第 4 期。

原载《音乐研究》2005 年第 4 期

施咏，生于 1971 年，安徽师范大学音乐学院教授

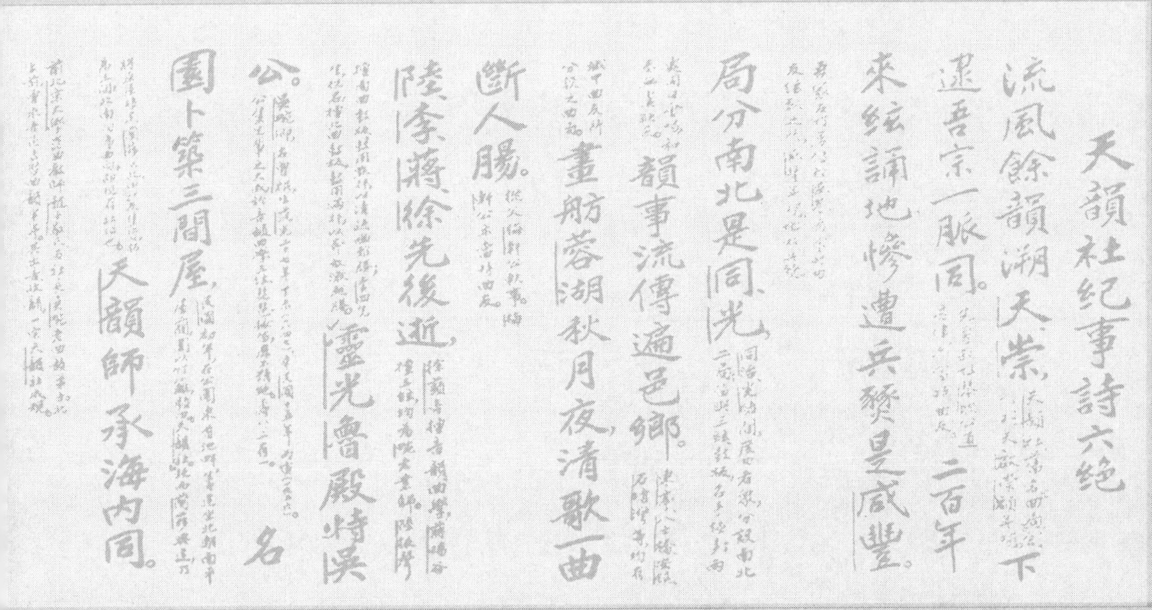

书评

写在杨荫浏著《中国音乐史纲》在台湾出版之前

许常惠

杨荫浏先生的大名，我迟至 1961 年才听到。因为在那一段漫长的海峡两岸隔绝的岁月，不用说对岸的政治、社会、经济的情形，连学术或艺术的信息都很难泄漏出来。

有关杨先生在大陆研究音乐的事情，最早我是从顾献梁先生那里听到。顾先生于 1961 年自纽约来台北，他是为了筹备故宫博物院文物在美国展览的事务来台，本来只打算做短暂的停留，没有想到后来定居台湾。这年顾先生住我家有数个月之久，我们成为艺术上的知己，无所不谈。而我发现他的艺术知识贯通古今中外，也知道了他是杨先生重庆时代的朋友，他极推崇杨先生在研究中国音乐史上的成就。可惜，这时我尚未看到杨先生的文章。

我第一次读到杨先生的著作，是在 1971 年，菲律宾华侨音乐家叶志明先生来台，送给我一册北京出版《中国古代音乐史稿》（繁体字，横排）的影印本，只有上册。这半本影印的中国音乐史，我读了两三遍，当时我的感动是难以形容的。老实说，在此之前我看过不少中国音乐史相关的著作，例如：

郑觐文：《中国音乐史》（1929）

许之衡：《中国音乐史》（1931）

王光祈：《中国音乐史》（1934）

田边尚雄：《东洋音乐史》（1930）（日文）

岸边成雄：《唐代音乐的历史研究》（1961）（日文）

Louis Laloy：《中国音乐》（1909）（法文）

Georges Soulie：《音乐在中国》（1911）（法文）

Maurice Courant：《中国古典音乐的历史试探》（1912）（法文）……

但大致都是文字到文字的记述，理论到理论的论说，而无法使我们感觉到，或听到中国历代音乐的声音。

这个时期，日本学者岸边成雄先生在国际上被称为中国音乐史的权威（对中国音乐学者来说是一大耻辱）。以他较著名的《唐代音乐的历史研究》来说吧，岸边先生对唐代宫廷乐制：初唐太常寺乐工制、中唐教坊及梨园的设立、晚唐妓馆的活动，从历史文献上的考察达到惊人的细密程度，从文字上的论述来说，他不漏一人一曲。而对十部伎、坐立二部伎、太常四部乐的考证，也搜集大量文献资料加以说明，例如乐曲名称、乐器编制、演出者服饰道具以及各部伎与当时亚洲各国音乐源流关系……然而，我们始终未能看到具体乐谱资料，无法想象当年音乐盛况的实际音响效果。

杨荫浏先生《中国古代音乐史稿》上册之唐代音乐部分，虽然也没有提具体谱例，但他在论述上落实于我国民间音乐的发展和各民族音乐的融合，这是与岸边先生最不同的地方。岸边先生把唐代燕乐的成就，视为宫廷独特的音乐，似乎与一般人民社会隔离的；至于对各民族音乐的交流，只偏重于乐器源流的文献考证。而杨先生重视音乐经各民族交流而新生的燕乐（如二部伎），并不是停留于少数民族音乐或外国音乐的演出；同时进一步说明外来音乐经融合，已达到中国音乐创新的自然的地步。此外，杨先生对本时期音乐理论方面的论述，特别提到新音阶与燕乐二十八调的见解，对了解唐代音乐提供理论依据。这一点岸边先生未曾述及，反而突显了另一日本学者林谦三先生研究唐代音阶的重要地位。

1980年以后，由于大陆“文革”过后政策逐渐开放，我从国外陆续获得大陆方面音乐研究的信息和资料。

杨荫浏：《中国音乐史纲》（1953）

此书的出版在《史稿》之前，但我却在《史稿》之后读到。

杨荫浏：《中国古代音乐史稿》（1981，上下两册）

中央音乐学院民族音乐研究所丛刊（1956）

《民族音乐研究论文集》（一、二、三集）

《宋姜白石创作歌曲研究》中国音乐研究所编（1954）

《中国音乐史参考图片》（一至九辑）……

《中国古代音乐史稿》无疑是杨先生的呕心杰作，其中虽然对所谓古代“统治阶级”（包括宫廷、士大夫、宗教）的音乐有所排斥，但如果将《史稿》与《史纲》合并，仍不失为中国音乐史空前的著作。

这时候，我终于明白了杨先生不仅在内地，而且在整个中国音乐学界的崇高地位。从《中国音乐史纲》到《中国古代音乐史稿》，他开启了以音乐为中心的音乐史；从“十番鼓”阿炳的演奏录音、到《湖南音乐普查报告》，他揭开了中国民族音乐学的大门。他的功劳值得后人尊敬，他的贡献不容置疑。杨先生的《中国音乐史纲》和《中国古代音乐史稿》都先后在台湾被“盗版”。前者以影印的方式印制，可能经过再三影印，字体已模糊，部分很难分别；后者将简体字翻为繁体字，分为四册重新印制。然而，这两部杨先生的重要学术著作，都未征求杨先生本人或杨先生后人的同意，而在台湾出版，所以我称它为“盗版”。杨先生的著作能在台湾广为阅读，固然对学术的推广有益，但盗印本身侵犯了著作者的权益，这是在文明社会无论从道德观念或智慧财产权而言，都是不允许的。

本次杨荫浏著《中国音乐史纲》的出版，本人经乔建中先生的介绍，正式取得杨国柱先生（杨荫浏先生之长子）的出版委托书（如附件）。所以，应该算是《中国音乐史纲》在台湾的正式出版，特别感谢台北乐韵出版社的协助。

本人曾于1992年，促成出版《中国音乐学一代宗师——杨荫浏（纪念集）》（由乔建中、毛继增汇编）。现在出版杨先生的早期重要著作《中国音乐史纲》，相信更能让台湾的关心中国音乐学同人和同学了解，杨先生在中国音乐史研究上的不朽业绩。

许常惠　谨识（1996·元旦）

许常惠（1929—2001），曾任台湾师范大学音乐研究所所长兼音乐系主任、教授

读《杨荫浏全集》有感

王震亚

《杨荫浏全集》第一卷载《国乐概论》一书，是杨先生为国立音乐院共同课编写的教材。书成于1943年6月。国乐概论课于1944年暑假后开设。我属于第一批学此课的学生。此课讲授我国古今各种固有符号及乐谱。第一堂课讲授律吕字谱。杨先生教我们摘取各律第一字，形成“黄大太夹、姑仲蕤林、夷南无应”四言口诀。由此轻易记住“黄钟、大吕、太簇、夹钟、姑洗、仲吕、蕤宾、林钟、夷则、南吕、无射、应钟”这些难记的律吕名称。在此基础上，律吕字谱的高低八度变化及各种音阶的组成就很容易说明了。下课以后不少同学都口中念念有词。学了几年音乐，这是第一次在课堂上学习国乐。也是第一次见到杨先生。

杨先生研究国乐有两个特点。一是立足国乐，兼有世界音乐的广阔视野。一是研究不止于既有史实的论述，更进一步积极探索我国音乐的发展道路。《国乐概论》系统论述我国音乐应用的符号及乐谱之后，在《总论》中单立《对于民族音乐将来出路之暗示》一章。广泛论述西方音乐的民族性及音乐艺术发展的继承性。西方音乐家认为民族的天赋特性在民歌中流露。音阶、调式、官调变化、乐曲结讲、乐曲发展的原则都孕育在民歌之中。民歌（民间音乐）是音乐艺术发展的“母根”，作曲家的创作是在母根上“接枝”。“布剌模兹、格里格、柴可夫斯基等，他们有些最上品的旋律或者是民间的音调而稍加变化，或者虽为创作的旋律，却是从民歌精神中脱胎而来。”曾为世界音乐“开来”的巴哈，正是一位最能“继往”的人物。杨先生“怀同样意见者有年”，而当时国内“类似此类的论调，宜乎其未见产生”。因此民歌进不了音乐院校的课堂，学作曲只学“四大件”。

全集第4卷中的《中国民歌序》是杨先生为我们作曲组三年级同学编印的《中国民歌》第一辑写的序言。其中直接引用了《国乐概论》中关于民歌及其与音乐创作关系的论述。并说同学们“渐渐觉得了解西方作曲技术，还不是民族音乐合理的出路，便转向本国音乐中间寻求作曲的材料”。尝试由研究我国民歌入手，“导向民族音乐的途径”。数月来同学们为准备这个小册子及研究方法向杨先生进行了咨询与商讨。

歌集油印出版之后，同学们发起了为单曲调民歌编配钢琴伴奏的活动，从中探索符合民歌风格的多声部写法，并在院内外举办有钢琴伴奏的民歌演唱会。长期冷落的学院顿时生机勃勃。在民族音乐基础上寻求民族音乐的发展一时成为广泛的共识。在发展民族音乐的共同探求中，杨先生与同学们结下了深厚的师生情谊。新中国成立前夕，时局动荡。反饥饿、反内战的学生运动风起云涌。在严峻的政治形势中，杨先生不顾个人安危，挺身保护积极参加学生运动的学生，使免受反动当局的迫害。致使院长吴伯超都为他的处境担心。

杨先生生平涉猎极广。凡有涉猎，必极力追求高水平。全集13卷巨帙，几百万字，只能容纳已发表的文献，并附以《杨荫浏年表》，未及其余。他是有全面修养的音乐家，文字著述之外，创作了大量音乐作品。合唱曲和声的运用中规中矩。还曾为和声老师代课。他长于演奏多种乐器。平日未见练习，1950年拿起琵琶就和阿炳一起演奏《三六》。1954年为梅兰芳舞台艺术纪录影片用箫吹奏《霸王别姬》中四面楚歌的音调，受到梅剧团称赞。在国立音乐院兼教昆曲、笛、箫、三弦。学生时代他活跃在体育场上。圣约翰大学的运动会中，体育老师称他的跳高是Flying over。几届全国政协委员中，他都属于围棋高手的行列。他可以随时表演“醉八仙”这样的超难武术动作。据说当时圣约翰大学中有两个半英语最好的人，他是其中的半个。他的书法功底很深，诗词别具一格。全集第13卷《忆秦娥·病榻遐思》中“繁红赛锦，碧茵天设。风吹柳线飞絮雪，云开山曲呈皓月”、“清辉斜照，远星明灭”等句，对仗精巧，意境清新，可与宋人词句一起品味。病榻上竟有这样闲适的逸情！这种豁达的品格，使他不论在什么样的情况下，都能集中精力做要做的事，以发挥自己多方面卓越的才能。

王震亚，生于1922年，中央音乐学院教授，曾任副院长

煌煌临北斗　灿灿入鸿篇

——写在《杨荫浏全集》出版之际

居其宏

杨荫浏教授是我国音乐学界学贯中西、博古通今的泰山北斗。我虽非专治中国古代音乐史的学者，但自1978年考入中国艺术研究院攻读音乐理论方向硕士学位时，杨先生便是我们中国古代音乐史研究课的授课导师。每到上课之时，同学们便提前来到杨宅客厅，围坐在老人家身旁，但见他将瘦弱的身躯埋在沙发里，手头既不用讲义，亦无需翻看文献，以一口浓重的无锡乡音说古论今侃侃而谈，将历朝历代之乐人乐事、学术专题、个中精髓及先生数十年之研究心得如数家珍般地悉数道来；黄翔鹏老师则自愿在一旁充当助教，一边将杨先生的无锡话翻成普通话以便让北方同学听清，一边将其中某些比较生僻的古代音乐史术语和概念写在黑板上以便让全体同学看懂，必要时还就某个学术命题做简短的插话和解释。一堂课下来，常常两三个小时飞逝而去，而杨先生却乐而忘倦。如今回想起来，在我们对音乐学刚刚入门之初，就能得到当今两位权威学者的亲授，真是我们的莫大幸运。

1981年，我被分配到中国艺术研究院音乐研究所工作，与杨先生成了同事，经常在所里看到他的身影，与他一起开会，聆听他的会议发言，深切地感受研究所老师们对他的由衷尊敬和爱戴；其时适逢《中国古代音乐史稿》出版，杨先生又送我们每人一套，自然要从头至尾认真学习一番，并与他给我们上课时所讲授的内容彼此对照、相互发明，使我对中国古代音乐史的认识又提高一步、深化一层；再联系他以往的著述和文论，对他的了解，在益发真切之余也渐趋深入。

杨先生《中国古代音乐史稿》的巨大成就及其在我国音乐学术史上的权威地位，他在乐律学、乐种学、古琴及琴曲研究诸领域的杰出贡献，学界已有公论，无需赘言。而他和曹安和先生在解放初对瞎子阿炳及包括不朽名曲《二泉映月》在内一系列濒临失传的民间乐曲的录音、记谱，编辑出版《阿炳曲集》，使这些珍贵民族音乐遗产得以抢救和传承，其旷世之功只有在采录后不久阿炳即病逝才被人们所认识；杨先生与阴法鲁教授共同为《白石道人歌曲》译谱，第一次将宋代著名词人、作曲家姜夔及其自度曲公之于世，改写了宋词词牌与词乐分家的历史，并为后人的古谱研究和解读奠定了基础。他以极大的精力和热情走遍祖国大江南北，深入乡间山野，收集、记录了大量传统音乐；在他的领导和身体力行之下，音乐研究所一批学者在20世纪50—60年代曾进行过多次全国范围的“民间音乐普查”，获得了大批极为珍贵的第一手资料，从而为优秀传统音乐遗产的抢救和保存立下千秋之功。迄今为止，音乐研究所之所以仍是我国藏量最丰、品质最高的传统音乐资料中心，正得益于杨先生及其同事们当年创下的煌煌伟业；考虑到这些传统音乐的活体如今大多都已灭绝，这些资料的价值便益显弥足珍贵，且至今依然惠及当代，必然泽被后人。

作为一个当代音乐研究者，我原以为杨先生的研究兴趣主要在中国古代音乐史及传统音乐领域，对涉及近现代音乐史、特别是音乐思潮方面关注不多，成果更少。但20世纪90年代以来新发现的史料证明，杨先生早在20世纪40年代就对中国音乐发展道路和中西关系这个战略性命题发表了许多高瞻远瞩、发人深省的洞见，恰如魏廷格教授所说，他的主张将中国音乐界对这一命题的认识“推到了一个不仅是那时代的最高点，而且具备了超出那时代的意义”，至今依然闪烁着理性的光彩，具有重大的理论价值和实践意义。

在杨荫浏长达半个多世纪的音乐生涯中，给世人留下的煌煌遗产，除其史学巨制《中国古代音乐史稿》之外，另有各种专题著述凡27种、学术论文近百篇，由他收集、记录、整理、录音的各地民间音乐和宗教音乐曲谱、古代文人歌曲译谱，编辑出版的西方基督教赞美诗集，以及先生本人的诗文和译作等等，其涉猎之宏阔、研究之精深无人可及，数量之丰亦难以确计。我在上文所说，不过是其中沧海之一粟而已。

可惜，由于先生许多文论当年发表时多散见于各种报章杂志，多方搜求已属不易；又兼岁月荏苒、世时移易，再欲寻觅更见其难。故此，这些珍贵文献存见者固然很多，散佚者定有不少。最明显的例子是先生1942年发表的《国乐前途及其研究》及1947年发表的《西方民族音乐观》这两篇具有重大学术价值的论文，因事隔久远，连先生自己都了无记忆，若非魏廷格、孟文涛两位当代学者的悉心挖掘并将之重刊于世，则至今很可能仍被掩埋在历史尘封之中。这种史料残缺不整、终难窥得全豹的尴尬境况，非但对杨荫浏学术生涯研究造成极大损害，更给20世纪中国音乐学术史之深度研究带来诸多困难。

有鉴于此，中国艺术研究院音乐研究所的同仁们，对杨先生怀抱一颗崇敬之心，自觉肩负一份庄严责任，投入大量人力物力，积多年收集整理之功，将杨先生所有著述、文论、曲谱及相关文献悉数辑录、精心校勘、科学编排，终于编成13卷本《杨荫浏全集》，交由江苏文艺出版社正式出版。面对杨先生煌煌临北斗之文论能够以如此洋洋大观规模和光灿灿形式编入这个鸿篇巨制，作为杨荫浏的后辈和同事，除了对编辑出版双方殚精竭虑、苦心孤诣的努力表示由衷敬意之外，并且坚信，《杨荫浏全集》的出版，不仅大有益于学界对杨先生和中国音乐学术史的研究，而且也在向我们倡导一种“杨荫浏精神”，像他这样治学，像他这样为人，像他这样深情关注中国音乐的历史、现实和未来，并将自己的全部才华和生命贡献于我们所从事、所钟爱的中国音乐文化建设这个伟大事业。

2010 年 3 月 11 日星期四于南京寓中

居其宏，生于 1943 年，南京艺术学院教授

一代国乐宗师　宏伟思想文库

——有感于《杨荫浏全集》的出版

伍国栋

一代国乐宗师杨荫浏先生的音乐学著述汇编《杨荫浏全集》(以下简称《全集》)，由江苏文艺出版社出版了！一种久违的乐思情结，不禁似泉涌般浮上心头……

1978年的隆冬时节，我北上入京到中国艺术研究院音乐研究所学习，有幸拜在以杨荫浏先生为首的一批音乐学家门下，开始研习中国传统音乐。光阴似箭，想不到三十余年瞬间逝去，杨先生早已作古，但我和几位同窗学友，在先生家听他讲述治学方法和学术经历的情境，依然历历在目；而更令人想不到的还是，已至花甲之年的我，2002年竟然南下江苏，来到杨先生故乡苏南故地，继续从事传统音乐教学和江南丝竹音乐研究，这真可谓是一种“道是无情似有情”的缘分，一种由传统音乐将其牵连在一起的学术因缘。

四川是我老家，大学在重庆北碚西南师院（今西南大学）度过，那时我就听说毗邻北碚的璧山，有一处名叫青木关的地方，这是一个音乐界之外人士都不会关注的偏僻之处，但在我的心目中，却是心向神往的艺术神坛——闻名遐迩的国立音乐院，抗战时期曾在这里重建。1941年，杨荫浏先生随同一批音乐家来到青木关，以教授、国乐组及研究室主任身份，任教于重建的国立音乐院。1961年，作为大学生的我，奉命参加文艺工作队，到青木关农村社区（人民公社）宣传，乘闲登上青木关口，昔日国立音乐院旧址早已荡然无存，仿佛只有那慷慨、熟悉的《满江红》调声，还在茫茫的山野中回转。

那时，杨先生以《金陵怀古》曲调填以岳飞【满江红】词的古曲《满江红》以及收集整理出版的《阿炳曲集》，对我影响最大，可以说后来“文革”结束之后，我是演奏着阿炳《二泉映月》进入中国艺术研究院音乐研究所，从此才开始其传统音乐研究生涯的。

杨荫浏先生的身传言教和身后留下的系列著述，不仅对我个人有难以割裂的深刻影响，并且还不同侧面、不同程度地影响了中国一代传统音乐研习者和国乐传播者，据此我们说20世纪中期至本世纪初之间，所有从事中国音乐史教学和研究的学者以及所有从事传统音乐教学和研究的学者，无一不研读先生的著述，无一不接受先生的影响，当不是一句妄言。

杨荫浏先生一生著述丰厚，其中少部分公开出版的著述或发表的论文，如《中国音乐音乐史稿》（上下卷）、《白石道人歌曲研究》、《阿炳曲集》、《十番锣鼓》、《定县子位村管乐曲集》、《智化寺京音乐》、《三律考》、《笙一竽考》等，虽早已为众多读者称颂，但另还有一大批公开出版或未公开发行的著述，或因印数甚少，或因刊物停办，或因内部发行，或因藏匿于深阁别院，不要说一般读者难以窥见大部和全貌，就算我辈处于“近水楼台”而在先生单位学习和工作的后学，也难以集中和全面概观。因此，对于以往从事中国音乐史、传统音乐研究的读者以及爱好中国音乐史、传统音乐的读者来说，此种境况不能不说是有一点知识渴慕上的“望洋兴叹”。然而时至今日，先生的《全集》汇编出版，我辈后学怎能不为之兴奋而感叹！

从《全集》汇编的目录可以看到，先生各类著述的历时跨度，几乎贯穿了20世纪大部分时期；其学科领域的共时广度，几乎横跨了中国音乐史学和传统音乐理论所含大部分支系学科。《全集》凡十三卷本共170余篇目，涉及了音乐史学、音乐考古学、乐律学、古谱学、传统音乐研究和民族音乐理论、乐种学、乐器学、语言音乐学、戏曲、曲艺学等多学科门类，甚至还包括音乐译著、诗歌和歌曲创作。这些著述作为一个时代国乐研究表率而汇为一体，真可谓是集20世纪中国音乐史、传统音乐研究及民族音乐理论代表著作之大成。由此也就不难判断：杨荫浏先生不仅是一位在国乐研究成果方面作出重大贡献的宗师，而且在学术思想、研究路径方面，亦以“三通”模式为后学树立了一种极具学术价值和参考意义的国乐教学和科研风范。

所谓学术思想、研究路径方面的“三通”，就我个人的认知水平和概括能力而言，就是“史论贯通”、“旁类贯通”和“中西贯通”。

从《全集》汇编的篇目含量可以看到，杨荫浏先生的中国音乐史学成果和传统音乐理论及民族音乐理论成果，都十分丰富，其代表著述都具有很高学术价值，但显现在这两大音乐学分支学科中的成就，在先生学术视野和具体科研实践中，却总是不可分离地相辅相成、相互充实地融合在一起。先生的史学研究成果，常常以大量传统音乐材料和民族音乐理论成果作为基础和例证；先生的传统音乐理论和民族音乐理论成果，则处处采用深邃的史学家眼光去加以洞察，以至于我们今天在音乐学的分支学科定位上，很难单纯地认为杨先生仅仅是一位音乐史学家，或单纯地认为杨先生仅仅是一位传统音乐理论和民族音乐理论家。由此，我们即可从音乐研究路径模式观察角度出发，可以做出杨先生在学术研究上是一位真正“史论贯通”、“史论兼通”学问家的客观评价。

从《全集》汇编的篇目含量另还可以看到，杨荫浏先生的传统音乐理论和民族音乐理论研究，涉及的对象丰富多彩，内容广阔，类型多样，总体上涵盖了传统音乐理论和民族音乐理论划分的所有基本型。民族音乐理论视角所界分的民歌、器乐、歌舞、曲艺、戏曲等音乐大类，先生都有深入的学术考察和有影响的著述发表，此当然与先生不拘泥某个音乐领域或某种音乐技艺的单纯掌握、十分注重各个音乐门类知识和技能广泛纳入的个人艺品多才多艺塑造有关。在先生一生的著述中，大凡研究某一传统音乐对象，必然要立脚该类、旁及它型、举一反三。先生不单纯注重理论，也不单纯强调实践，而是推崇理论与实践密切结合，并以实践作为不可匮缺的重要基石；先生常常用自己的科研经历和经验，向我们说明和证明中国传统音乐理论研究和民族音乐理论研究，必须以乐种深度的学习和技能掌握为前提，这样才有可能做出更有广度和更有深度的学术贡献。事实上先生正是如此，不仅具有熟练掌握箫、笛、笙、胡琴、琵琶等多种民族乐器演奏能力，而且还能风格纯正地演唱昆腔代表曲目以做示范，他的“定县子位村管乐”、“智化寺京音乐”、“琵琶古曲”、“丝弦、老调、昆曲音韵”等课题或论文的完成，堪称是采用此种研究路径而结题的成果典范。由此，我们从音乐研究路径模式观察角度出发，又可以做出杨先生在学术研究上是一位真正“多才多艺”、“旁类贯通”学问家的客观评价。

从《全集》著者经历和汇编篇目内容还可以看到，杨荫浏先生自幼受到西方文化熏陶，青少年时代从美籍传教士郝路易女士学习英文、钢琴和西方音乐理论，1925 年他就用英文完成了《中国音乐史纲》初稿。然而这些西方音乐技能和英语掌握，并没有使作者因异文化的介入而妨碍其成为一代国乐大师，反而由于异文化的介入还为作者一系列国乐研究课题，树立起了一个可为比对的域外音乐传统标识，从而为作者更深入考察中国传统音乐和民族音乐的精髓和特色，创造了必要的学理参照和方法论设置条件。先生从不否定西方音乐技能和理论在中国传统音乐和民族音乐理论研究中的作用，只是更注重将中国传统音乐和民族音乐的生存、变异规律研究，与所掌握的西方音乐知识、技能和状况来进行客观的学术性比对，从而能更准确、更系统的提炼出独特的、具有中国传统音乐特色的乐学和律学理论。从《全集》所收若干乐学律学著述以及若干关于西方音乐的杂文和西方音乐译文，即可以充分证实和说明此点。由此，我们从音乐研究路径模式观察角度出发，还可以再做出杨荫浏先生在学术上是一位真正“知己知彼”、“中西贯通”学问家的客观评价。

在即兴做出以上片段回忆和只言片语感慨之后，笔者自然还要对《杨荫浏全集》的编者和出版单位感言，要向您们的构思、意蕴和辛苦运作致敬！你们为广大“国乐”研习者和爱好者汇编了如此宏伟的一部音乐学巨著，真可谓是“功德无量”！笔者个人虽然短时期内难以做到通观全集，连未曾目睹篇章的重新选读也有待时日，以上所言也仅仅是昔日深受先生影响之回顾和接触先生受业及阅读部分著述偶得之灵感，但《全集》作为一代国乐宗师留给后学及学界的丰厚思想文库，必将由此而更为方便、更为快捷地为众多读者查阅和研读，杨荫浏先生的学术思想和治学风范，亦会因之得到更为广泛、更为深远的接续和承传。

庚寅年初春，于江苏南京艺术学院

伍国栋，生于 1942 年，南京艺术学院教授

他的深度就是一个学科的深度
他的高度就是一个时代的高度

——《杨荫浏全集》简介

张振涛

《二泉映月》让国人记住了创作国乐的大师华彦钧，也记住了记录国乐的大师杨荫浏。天籁之音已成传统的象征、举世公认的经典和“孤本绝唱”。只此一事就足以见得杨荫浏要把所有值得珍藏的传统保存起来的业绩，所以人们也就把他认为值得保存的东西与他的业绩一起保存起来。人们尊重怀念一位学者，就是因为他发现珍宝的目力。

杨荫浏之前，没有人把民间音乐当作一门正儿八经的学问看待。如同王国维把戏曲当作一门学问看待于是有了“戏曲学”，如同郑振铎把俗文学当作一门学问看待于是有了“民间文学”，如同顾颉刚把民间传说当作一门学问看待于是有了“中国民俗学”，杨荫浏也认认真真地把民间音乐当作一门学问看待，于是有了现代意义上的“中国音乐学”。态度转变就是学科诞生的机缘，文化自觉的意识和敢为天下先的行动，就是开山鼻祖和一代宗师的根基。杨荫浏的过人之处就在于以一己之力把中国古代音乐史和传统音乐研究提升到一门学科的高度，而且推至前所未有的广度和深度。

这些业绩都收录在13卷本的《杨荫浏全集》中。历经八年编辑，《全集》终于在采访阿炳（1950年）60周年（2010年）的日子面世，其中包括作者从1925年发表文章至1984年去世期间的全部著述和记录的大量曲谱，时间跨度也是60年。杨荫浏是中国音乐学界第一位以全集形式出版著述而且内容丰厚而骄人的学者，这也是音乐出版史上从未有过的瑰丽无比的巨册。《全集》几乎囊括了音乐学的所有门类：音乐史、乐律学、古谱学、乐器学、琴学、考古学、乐种学、戏曲学、曲艺学、语言音乐学、西方宗教音乐、译著、诗歌、创作等，足见视野广泛，学殖渊深。

一代宗师不是以一本书享誉学界而是以系列著述支撑学科大厦的人。1949 年后，作者以连续每年数种著述的高产让学界震惊，产量大、质量高，而且持久，这个速度和耐力独步天下。写作论文与记录乐谱相伴相生，书中带谱，谱中带论，谱论相和，交相辉映。他是音乐界写作字数、记谱乐谱、整理文献最多的人，密集时几篇文章、数种乐谱同时在写作和排版，数量占到当时音乐学成果的三分之一，无疑是不争事实。何谓大匠？翻翻《全集》目录就知道了。超量著述，让一代宗师的桂冠当之无愧。他一个人就像一支军队，笔下集约了千声万律，百万雄文，某种程度上说，中国音乐学界要以整支队伍与其抗衡。

《全集》让人看到了文化清理者一生记录的超量音乐，那是一个个音符、一首首曲牌、一套套乐曲积累而成的惊天财富。杨荫浏一生处于“三千年未有之大变局”（李鸿章语），破国亡邑，储夏鼎沸，清王朝衰落，持续半个世纪的战乱，1949 年以来诸种观念的交锋。面临文化生态的急速转型，他清醒地意识到，农业文明以及连带的传统文化，是一笔不应与封建制度一起被抛弃的财富。他知道家乡有什么，扛着沉重的钢丝录音机回乡时，确信可以满载而归。他果然满载而归，带回了《二泉映月》！成为以录音记录历史而享誉终身的第一位学者。这次采访不过是惊鸿一瞥，接下来的系列采风更让人吃惊：定县子位村笙管乐、智化寺京音乐、西安鼓乐、单弦牌子曲、湖南音乐普查等等。他明白自己的使命，栖息家园，埋头苦干，硕果累累，粲然可观。不但是他的见识，而且是他的幸运，处于传统文化生态最佳时段的收集者盆满钵盈。可以说，即使后来有同样的勤奋者，也不可能见到只有当时才能看到的原生文化景观，收集如此海量、永不复生的传统。那是历史巨变期百年一遇的回光返照式的蔽天光焰，甚至可以说，铺开谱纸，仅仅记录就能名垂青史。任何传统音乐的研究者都要感谢数个乐种、曲种的调查由他独立完成以及由他的团队一起参与完成的记录。

此前，没人知道音乐学家是干什么的，更没人重视这个行当，没有记录民间艺人的曲谱和录音，更没有左一声右一声呼唤保护民间音乐的学术行为和政府行为。《二泉映月》让社会知道了这些扛着录音机的人是干什么的。一曲奏罢，全都改变了！他让民众知道了一个古老而又其命维新的学科到底有没有用。

20 世纪前半段，西方音乐铺天盖地，从事西方音乐的人，十分吃香，弹钢琴、拉提琴、讲肖邦、论老贝，头罩光环，身披霞光，处处被人仰视，从事国乐者，土头土脸，自惭形秽。遭遇一室，前者趾高气扬，后者不声不吭。但在音乐学领域，研究民族民间音乐的学者，地位却大不一样。判若两境的区别，就是因为有杨荫浏、吕骥这样的一流学者和领导人撑腰。有这个立点与没这个立点很不一样！有了杨荫浏，从事中国音乐研究的学者就能摆出一副架势，不但不觉得低人一等，反而雄赳赳、气昂昂，一副引领学术前沿的态势。这就是杰出学者的力量，把原来让人看不起、在西方音乐一统天下的大语境中土生土长的学科，抬到令人仰视的地位。毋庸置疑，力量来自研究者的丰硕成果。看看音乐学家的书架，中国人研究国乐的成果，比起中国人研究西乐的成果，不啻数百倍：30多部中国音乐史（不完全统计），数百种民族音乐学专著，无计其数的学术论文，以及像长城一样码开的五大“民族民间音乐集成”、《琴曲集成》（30卷）、《中国音乐文物大系》。这个背景大家想过没有，这批成果让后人研究的起点站得很高，腰杆子很硬！

杨荫浏的最大贡献和最高成就，当然是中国音乐史。若问《中国古代音乐史稿》之前与之后有何区别？学术界的回答斩钉截铁：天壤之别！杨荫浏对于历史的关注、判断和书写，彻底超越了从文献到文献的旧籍模式，让沉默的哑巴史唱出了欢畅大曲。他一生写了两次音乐史，1949年前写了《中国音乐史纲》，1949年后写了《中国古代音乐史稿》。历史观也因此划为两个时段：1949年前，采用科学世界观，傍依西学乐律；1949年后，采用唯物历史观，定位音乐实践。两次转向，第一次借助科学，第二次借助哲学。作者完成了从世界观到史学观的转变，也完成了古代史学向现代史学的转变，把从具体研究到整体系统自我升级的起点和支点，建立在音乐实践的基础上，因而日新月异，德望素隆。自幼学习乐器和昆曲的实践，使他轻而易举跨越了史学窠臼，一步迈进实践空间。西方科学思想，又使他借助现代手段，把古老的乐律学带入科学实验。可以说，当杨荫浏修史时，一颗鲜活的灵魂开始跳动，他用音乐实践和科学实验的双桨，荡起史学巨舟，从此，沉闷的音乐史充满传统音乐的朗朗声韵。一系列采访，就是新型史学家为构筑有声历史积累鲜活材料的一个个立点和触面。

修史是项长期思考才能完成的艰巨事业，既非一春，也非十秋，需要毕生守持，乐此不疲，非如此不足以成大业。一旦树立起宏伟目标，就会建构前无古人的蓝图，凡有如此超拔精神者，都要耗尽毕生精力，“终身不可变异”（章学诚语）。杨荫浏好像天生是为音乐史而生的，“敢直其身，敢行其意”，是少见的将个人意志贯穿到底的性格坚定者。班固撰《汉书》，“潜精积思二十余年，至建初中（约82年）乃成。当世甚重其书，学者莫不讽诵焉”①。顾炎武《日知录》道：“宋人书如司马温公《资治通鉴》，马贵与《文献通考》，皆以一生精力成之，遂为后世不可无之书。”以此转赠杨荫浏的音乐史大致不错。

杨荫浏与同辈站在同一领域，同样的研究对象，同样的研究条件，同样的时代氛围，加上同样的社会规则和生活背景，所有这一切都告诉后人，学术地位一如公平竞争的足球，杨荫浏做出了同代人没能做出的业绩，就是因为一生对活态音乐不弃不离的态度，他在音乐史中储存了一世激情，铸就了无愧于一生一世情有独钟的音乐和历史的壮丽史籍。

《全集》中的许多文稿，从未刊诸枣梨，许多曲谱一直保留着首次面世时的面貌，——由作者手刻蜡板、油印装订。其中首刊的重要文稿当属《国乐概论》（成书于1943年6月），这是20世纪专业音乐院校的第一部传统音乐教材，之所以被漠视，不是因为内容而是书名。1949年后，内地一律避开了与“国民政府”相关的“国学”、“国立”、“国乐”等字眼（像章太炎《国学概论》等难免不遭此厄），大家只能眼睁睁看着因为沿用“前朝”概念，扼杀于襁褓中的教科书。篇幅上与《中国音乐史纲》相仿佛的《国乐概论》，把传统记谱法全部捉置一

---

① （宋）范晔撰、（唐）李贤等注：《后汉书》，北京：中华书局，1965年，第1334页。

处，博征典实，反覆沉潜，务求名实之变而后可。工尺谱解读、减字谱规律、文字谱来源、框格谱、唐宋“大字谱”，被二百余页的概论轻轻点破，可谓“乐谱学”的第一次系统叙述。写于67年前的教科书，放在今天，读者会不会觉得“过时”？现在看来，如同沉默了47年的《国乐的前途及其研究》重新发表引起的学界震动一样（1989年《中国音乐学》第4期），它也许会让人大吃一惊，油印于67年前的教科书与隔绝了47年的论文一样，将重新进入音乐学的关注视野。

编辑体例上，编委会把作者编辑成册、单独出版、独立成卷的著作，遵循原例，汇为一卷。第1卷《中国音乐史纲》、《国乐概论》；第2、3卷《中国古代音乐史稿》（上、下卷）。论文分为“传统音乐”与“乐律学”两大类，按发表时间排序；第4卷是传统音乐论文；第5卷是乐律学论文。部分论文曾辑为《杨荫浏音乐论文选集》，写于1949年前的短文，赖之以存，也为成卷提供方便。作者最杰出的学术思想和体现技术分析能力的篇目都集中于此，如乐律学集大成者《三律考》，乐器学范文《笙一竽考》等，已被学界视为20世纪的经典。

第6卷“乐种研究”，辑录了第一次被记录下来的乐种《定县子位村管乐曲集》、《智化寺京音乐资料》、《陕西的鼓乐社和铜器社》和工具书《业务参考资料十二种》。除《管乐曲集》于1952年出版过，其他三种都未正式出版，尤其《业务参考资料十二种》，是被压了太长的工具书，不是没人了解，而是“技术至上”受批判的时代不许出版。但它是认真做事做出来的奠基性成果，提供田野考察和乐种研究的杰出范例。且不说由此改编的《民间音乐普查手册》成为五大音乐“集成”出台的第一扶手和推手，就是后来出版的《非物质文化遗产普查手册》依然离不开这个底本。其实，从未出版的油印本，一直是中国音乐研究所的研究人员外出采访随身携带“备稽检而供采择”的手册，当然也是首选教材。

第7卷，有1949年前作者整理的大量曲谱《雅音集》（第一集、第二集），1949年后翻译古谱的典范《白石道人歌曲研究》和著名的《阿炳曲集》；第8卷《苏南十番鼓曲》、《十番锣鼓》，是作者下工夫最多的家乡乐种的调查与曲谱记录；第9卷，收录了曲艺音乐的第一次全面记谱《单弦牌子曲资料》、《单弦牌子曲资料集》。

第10卷包括戏曲、曲艺、器乐、民歌四类，汇聚了《〈闲叙幽音〉琵琶谱》、《三弦谱》、《五台山僧寺流传宋时乐谱》、《昆剧吹打曲牌》、《关汉卿戏剧乐谱》、《西厢记四种乐谱选曲》、《元王伯成〈天宝遗事诸宫调〉拾残寻谱》、《内蒙曲集》、《民歌曲集》。这些乐谱，大部分没有正式出版，特别是杨荫浏亲自抄录、收藏，在研究宋代词人姜白石俗字谱过程中起过关键作用的《五台山僧寺流传宋时乐谱》，几乎是所有音乐史研究者渴望一睹的珍贵资料，《〈闲叙幽音〉琵琶谱》也是杨荫浏抄写的竖写工尺谱，为提供参考，保持原貌，影印出来，以飨读者。

第11卷，有民族器乐《文板十二弦谱》、《变体新水令》、《民间器乐曲选》，古琴类《古琴曲汇编》、《潇湘水云》、中英文对照的《琴谱》。1956年，中国音乐研究所进行第一次大面积音乐普查，并于1960年出版了《湖南音乐普查报告》。由于禁忌，宗教音乐类的重要文献《宗教音乐》、《佛教禅宗水陆中所用的音乐》、《仪式音乐》均未收录，加盖上“内部资料”

的“定语”，内部油印。杨荫浏在普查期间所做的主要工作，就是记录浏阳县祭孔仪式音乐，隔了这么多年，我们终于可以把学界频繁引用的全文出版，来圆杨荫浏40年前的残梦。可以安慰记录者的是，改革开放和非物质文化遗产保护工作开展以来，孔子的家乡又恢复了祭孔仪式。谁也没见过的仪式用乐，或者说唯一可以依据的音乐资料，就是他记录的“丁祭”仪式报告，同样经历过战争的韩国、越南同行，也在恢复祭孔时，把他的记录奉为圭臬。

第12卷《普天颂赞》。读者多半会震惊且感动于这部厚厚的赞美诗歌集，这是作者花了十年时间（而且是最年富力强的十年）投入的工作，使人们认识到学贯中西的学者的另一面。其实，杨荫浏对现代音乐史做出的最主要贡献，可能是这部一个时期学术界无法谈论因此避而不谈的赞美诗，比起只有学术界欣赏、印数不过数万册的中国音乐史，这部乐谱的印数不啻高过数百倍，传播范围遍及整个华人世界。自西方传教士进入中国就没有统一定版的赞美诗乐谱，从此有了符合汉语四声字调的翻译和定腔定字，满足了社会需求，某种程度上还为中国现代文化的统一默默发挥着作用。

第13卷包括基督教音乐的介绍文章、翻译文章以及作者唯一的诗集《心声》，部分创作歌曲。最后附录华蔚芳整理编辑的《杨荫浏年表》，拍摄于不同年代、颇能反映作者于不同时期风采的照片。

有些单独发表并收入集册的论文，如《工尺谱的翻译问题》，单独发表于《民族音乐研究论文集》，后收编于《业务参考资料十二种》。为保持完整性，收入《业务参考资料十二种》。每篇文章末，附上初次发表的刊物名称、年代、期数，转载于哪家刊物的名称和时间，收入各种文集和选集的也一并列出。可以确定写作年代的，附记写作年代。作者与其他人合作的，篇末写上“署名：某某”。

整理持续60年的著述，无论是迄今为止出现过的记谱方式（减字谱、横排、竖排、斜写的工尺谱、俗字谱、律吕谱、框格谱、简谱、五线谱）还是20世纪初期流行的标点符号、演奏、表情符号等，均属不易，《雅音集》第二册简谱下，全部排列琵琶演奏记号；《文板十二曲》的工尺谱旁，也标有演奏记号，五线谱下面采用四线记录演奏符号。这类符号，已经退出历史，只能影印。古琴减字谱，如原书清楚，也扫描影印，五线谱与简字谱合璧式的，也都予以保留。部分乐谱重新制版，当然，这项工作须靠种种技术支撑。为了把《国乐概论》无所不包的乐谱忠实再现，温州大学的陈克秀教授在计算机上花了整整两年时间。文字乐谱相间的采取结合方式，《工尺谱浅说》原为竖排，为方便读者，文字部分横排，工尺谱保持竖排。影印乐谱涉及的繁体字，因无法改动，一仍其旧。我们不得不面对现代排版技术的难堪，许多乐谱和演奏符号，反不如刻版时代方便。当然，大部分乐谱重新排印了。

需要解释的是，《全集》中的许多资料，并非杨荫浏一人所为，身为中国音乐研究所所长，他主持了许多项目，由研究和资料人员共同完成，特别是与之终生搭档的曹安和。可以说，曹安和参与了杨荫浏著述大量乐谱和资料的整理工作，没有两人的默契合作，难以达到现有数量。20世纪50年代，同事们共同合作，不计名分，自然无从分辨谁记录、记谱、整理、执笔（即使有像单弦牌子曲注明文彦记谱），虽经杨荫浏校对，但都是多人合作的结果。这好比杨荫浏把思路交给搭档曹安和，搭档曹安和又把任务布置给同事们，经过共同提炼，又把终审权传回杨荫浏。“千金之裘，非一狐之腋；大厦之材，非一丘之木；太平之功，非一人之力。”[①] 英雄陈力，群策毕举，诸如此类，说不清谁是谁的。讲究“集体主义精神”的时代，完全独立的成果，既不可能也不可信，团队保证了有效产出，其中包含了默默无闻又彼此融洽的合作。尊重历史，当是后人理解这类文本的前提。自然，原书中有参与者署名的，都予以保留。

今天有条件汇总全集，出版刊行，使后人对一代宗师有整体性仰视，真是件令人愉快的事。学术界要感谢为“杨荫浏基金”捐资的世界各地的音乐家，感谢江苏文艺出版社，他们使得杨荫浏的著作能以完整面貌呈现于世，嘉惠学林，梯航后学。

这绝非是一套时髦的书，而是经久耐读、慢慢品味的著作，不会有人一口气读完，也不可能一下子读懂，但一定会有人继续去读。对于持续60年写作的《全集》，编辑者坚信：再过几百年还会有人读。音乐学将伴随《全集》与作者同行，并因阅读而更加丰富、更加冷静、更能识破肤浅与假象，让时间的长河和时间艺术的长河，考验我们的编选。

毋庸置疑，杨荫浏是20世纪最伟大的音乐学家，他使古老的音乐学另起炉灶，改弦更张，每一个从事该学科的后人身上，都会多多少少看到他的影子，无法忽略开山者放射全域的影响。如同《中国古代音乐史稿》的高度不仅是杨荫浏的高度，而是20世纪中国音乐学的高度，整个国家历史学科积累的高度一样。“罗马不是一天建成的”！所以，可以肯定：他的深度就是一个学科的深度，他的高度就是一个时代的高度。

原载《人民音乐》2011年第11期，《中国文化报》2011年3月31日第6版

张振涛，生于1955年，中国音乐研究院音乐研究所研究员，曾任所长

---

① 王子渊：《四子讲德论》，（梁）萧统编、（唐）李善注：《文选》。李培南、李学颖、高延年、钦本立、黄宇齐、龚炳孙标点整理，龚炳孙通读。上海：上海古籍出版社，1986年，第2252页。

铸学林伟业　探实践真知

——《杨荫浏全集》观感

李宏锋

2009年底，中国艺术研究院音乐研究所历时数年编纂的《杨荫浏全集》（以下简称《全集》），由江苏文艺出版社正式出版发行。这套13卷的煌煌巨著，汇集了目前所见杨荫浏先生撰写、整理的所有专著、论文、资料集和音乐、诗文创作，是我国当前卷帙最为浩繁、规模最为庞大的一部音乐学家的个人全集，全面展示出杨荫浏作为中国音乐学一代宗师的学术地位。《全集》各卷内容大致如下：

第一卷包含“全集总目录”和完成于1943年的《中国音乐史纲》、《国乐概论》两部著作；第二、三卷为《中国古代音乐史稿》的上、下册；第四卷收录的是杨荫浏传统音乐研究方面的论文，共计70余篇，涉及天韵社社团及其音乐活动、国乐前途、儒家礼乐思想、古琴音乐、琵琶音乐、歌唱音韵、乐器改革、京剧等戏曲音乐、民间音乐普查方法、佛教等宗教音乐、语言音乐学等诸多领域；第五卷为杨老乐律学研究方面的论文，包括对弦律、管律、笛律、琴律、编钟音律、音阶与乐律发展史、工尺谱等问题的研究。

第六卷收录的是杨老对定县子位村笙管乐、智化寺京音乐和西安鼓乐等乐种的调查资料，并有指导民族音乐实地考察与研究的《音乐业务参考资料十二种》；第七卷包括杨老编写于20年代的《雅音集》和50年代出版的《阿炳曲集》与《宋姜白石创作歌曲研究》；第八卷为苏南“十番鼓”和“十番锣鼓”曲集；第九卷为《单弦牌子曲选集》和《单弦牌子曲资料集》；第十卷为戏曲、曲艺曲集，包括《闲叙幽音琵琶谱》、《三弦谱》、《五台山僧寺流传宋时乐谱》、《昆剧吹打曲牌》、《关汉卿戏剧乐谱》、《元王伯成〈天宝遗事诸宫调〉拾残寻谱》等；第十一卷为琴曲、民族器乐曲选及“佛教禅宗水陆中所用的音乐”、“仪式音乐（孔庙丁祭音乐）”等曲集；第十二卷《普天颂赞》是杨荫浏宗教音乐方面的编译；第十三卷为杨老的杂文、诗歌、创作歌曲、译文及年表，最后还附有杨先生的工作和学习照片。

自20世纪20年代以来，杨荫浏公开出版的文稿并不在少数。然而，由于许多著述出版年代久远，早已难觅踪迹，加之文稿分散零乱，缺乏系统整理，远不能反映出杨荫浏学术研究的全貌（如民族音乐教材的编纂、民间仪式音乐的考察、基督教音乐的编创等）。《全集》所收文稿除已出版部分外，很多是半个多世纪前的手稿、石印本和油印本。这不仅让我们对杨老治学有了更为全面的了解，许多尘封多年的“旧稿”依然能令今日学界兴奋不已，对今后音乐学研究具有重要参考乃至指导意义。

例如，杨荫浏在重庆青木关国立音乐院任教期间，曾于1943年完成《国乐概论》并油印为教材。这是我国有史以来的第一部“民族音乐概论”。全书以民族器乐为贯穿介绍传统音乐文化，着重讲述了收集、整理民间音乐的相关知识，如古谱翻译、古代音乐文献解读等，旨在培养学生对传统音乐的兴趣和调查、采录、运用传统音乐的能力。这种以音乐实践为核心的理念，在当今教学与研究中依然熠熠生辉。与20世纪50年代之后出现的多种“民族音乐概论”相对比，杨先生《国乐概论》的价值不言而喻。

再如，在杨荫浏先生的直接领导下，1956年夏中国音乐研究所一行14人组成调查组，对湖南民间音乐展开了大规模普查。为高水平地完成普查任务，杨先生在出发前曾为采访队员进行系列讲座，讲稿经整理编为《音乐业务参考资料十二种》，其中的十种为杨先生所作，包括《记谱法提纲》、《记谱符号几种》、《音乐速度计算表》、《管乐器按指法》、《乐器绘图法》、《工尺谱》、《工尺谱的翻译问题》、《宫调或调式问题》、《音韵学提纲》、《字调与乐调的关系》以及《乐器记谱法》中笛和打击乐器的记谱法。该资料除讲述民族音乐实地考察的操作方法、突出“实录”精神外，许多地方还表现出杨先生对一些问题的深入思考，如对流水板四种类型的划分、对工尺谱翻译中定调问题的详细解说等。① 这份饱含杨先生数十年传统音乐调查经验的“普查手册”，对今天民族音乐学的田野工作仍有巨大指导意义。当然，以上例证尚不足杨老著述十之一二。这类影响深远的“旧作”借《全集》“重见天日”，无疑是音乐学界的一大幸事。

杨先生的广博学识，足令后辈高山仰止！翻阅《全集》，掩卷沉思，杨先生焚膏继晷的治学情景，不禁浮现在眼前。到底是怎样的缘由，成就了洋洋数百万字的学林伟业？确立了他在中国音乐学界不可替代的核心地位？——这就是充满13卷《全集》字里行间的、杨老一生所

① 郭乃安：《实践是理论的基础——杨荫浏学术活动的主要特色》，载《音乐学，请把目光投向人》（郭乃安音乐论文集），济南：山东文艺出版社，1998年。

秉持的治学理念——实践第一。诚然，《全集》中的许多篇什早已成为音乐学经典，它们提出的问题和取得的结论，曾带给中国音乐学研究以极大推动。然而在笔者看来，杨老一生著述所昭示后人的最重要内容，实在并非某些具体的考证和结论，也不是辛苦计算得到的若干律学数据，而是他在学习、研究传统音乐中时刻遵循的“实践”二字。

杨荫浏一生与音乐实践相随。幼年起，便随当地擅长音乐的小道士颖泉和阿炳学习箫、笛、笙、胡琴的演奏，又从美国传教士郝路易女士（Louise Strong Hammand）学习英语、钢琴和西洋音乐理论；12 岁时，杨荫浏入近代最后一个昆曲社团“天韵社”，师从著名曲家吴畹卿学习昆曲、琵琶、三弦等，开始从民间艺人那里抄录“十番鼓”和“十番锣鼓”等苏南民间器乐曲……幼年扎实的传统音乐积累，为成年后学术活动的开展奠定了良好基础，决定了他一切以实践为核心的治学风格。纵观《全集》，第六卷至第十三卷的绝大部分内容，是杨老对传统音乐的调查整理，涉及定县子位村笙管乐、智化寺京音乐、十番锣鼓、单弦牌子曲、民间器乐曲、宗教音乐等，占到整个《全集》篇幅的一半以上。杨老的诸多专著和论文，正是在深厚传统音乐积淀基础上的有感而发。《全集》的结构安排，也同样证实杨先生以资料为基础、紧密联系音乐实践的治学理念。许多辞书或著述称杨荫浏首先是民族音乐学家，其次才是音乐史学家，这种定位恐怕是不无道理的。

不仅传统音乐调查实践相伴杨老始终，就连理论性极强的乐律学、音乐声学等研究，他也运用科学方法亲自动手试验，避免从书本到书本的弊病：他曾试制上百支笛、箫研究晋荀勖笛律，总结制笛中的开孔经验；试制金属律管验证康熙律制；利用手摇计算机编制《乐律比数表四种》；结合多年积累的琵琶排品经验写作《弦乐器定音计述略》；以实践为基础论证音乐史中“三律并存”、“异律并用”的传统及其辩证关系等。从早年的《平均律算解》到晚年的《管律辨讹》、《三律考》，杨老的乐律学研究无一句空洞、虚妄之言，处处闪耀着他“实践出真知”的灼见。

杨先生深知，离开传统音乐实践，便无法搞好音乐学研究，甚至音乐创作也不能与传统须臾分离（杨老的诸多赞美诗作品，如《三叠离歌》、《真美歌》等，就是传统音乐滋养下的成功范例）。正因如此，当风云变幻的 1945 年冬，美国哈佛大学刘廷芳博士及前燕京大学音乐系范天祥（Bliss Wiant）先后邀请杨先生赴美开展学术研究时，被杨荫浏以“古代遗留的活的音乐（Live Music）宝库扎根于中国土壤”为由婉言谢绝了。

丰厚的传统音乐积淀与超于理性之上的感性体认，也使杨荫浏的音乐史研究拥有一种大师的洞察力，往往能跳出陈陈相因的旧说，在常人习焉不察之处发现重大理论问题。例如，他以自己深厚的昆曲实践经验，论证昆曲的音韵体系及其历史流变；参照民间说唱音乐实践，论证荀子的《成相篇》为说唱音乐远祖；从民间曲种二人台的表演获得启发，考证汉魏相和大曲中“解”的含义；基于传统音乐中普遍的“重四宫”现象，推测唐燕乐二十八调为“四宫七调”；据明清以来戏曲音乐中的笛色实践，澄清元杂剧的宫调含义及运用规律；以山西五台山《八大套》及西安鼓乐所传古谱和活态音乐为参照，成功译解宋白石道人歌曲旁谱……这些重要见解均发前人所未发，体现出杨老“音乐史不能是没有音乐的历史”[①] 的史学观。

“文革”期间，杨荫浏被下放到河北怀来“五七”干校、宝坻高康马大队、静海团泊洼农场等地劳改，1973年患突发性脑血管痉挛，肺气肿亦日趋严重。然而，即便在身体每况愈下的晚年，当他谈及撰写音乐史的体会时，仍不免对《中国古代音乐史稿》中昆曲之外的戏曲音乐部分感到遗憾，认为自己对京剧、梆子、高腔了解较少——“比如，西秦腔结合了其他一些地方音乐，形成多种梆子腔；弋阳腔便于与各地方言相结合，形成多种其他地区的高腔，我虽然是这样说了，但自觉空疏得很。我心里有数，若要能写得结实一些，我应该再化［花］上几年时间，到甘肃、陕西、山西、湖南、四川等地去与当地群众相处一些时间，研究其方言，其音乐美化语言的方法，其特殊的音乐语汇，熟悉其一些梆子戏，才能有更好的发言权，能写得更具体一些，深入一些……我对有些问题，不能解决，主要还是由于缺少实践。”[②]。“亦余心之所善兮，虽九死其犹未悔”，诚哉斯言！

杨荫浏“作为一位孜孜不倦的中国音乐史和民族音乐的学者，能够不满足于只向书本里讨生活，而倾心于音乐的实践，到无限广阔、无穷无尽而又无比生动活泼的民族音乐的大海中去调查、学习、探寻、挖掘其中的无价之宝，从而将对中国音乐的历时的与共时的研究结合起来，互为补充，互相促进，为中国音乐史和民族音乐的研究打开了门路，开创了局面”[③]。黄翔鹏先生在评价明代乐律学家朱载堉的历史地位时曾说，大凡“在文化上有所建树的人，根基在‘学’，施展在‘才’，作为才、学统率的关键则是‘识’”[④]。一系列卓有成效的研究充分表明，“实践”不仅是杨荫浏学术积累和研究的基础，更作为一种慧眼“识断”被上升到方法论高度，吹响了20世纪中叶中国音乐史学转型的嘹亮号角。如果说20世纪初叶伯和的《中国音乐史》使中国音乐脱离古代经学的窠臼，竖起了近代科学意义的音乐史学的大旗，王光祈的《中国音乐史》借鉴柏林学派比较音乐学的传统和方法，为中国音乐史研究开启了广阔的学术视野，那么，杨荫浏立足传统、扎根实践的治史理念，实可谓“举修网之绝纪，纽大音之解徽”（陆机《吊魏武帝文》）——确立了中国音乐史研究的新“范式”（Paradigm），开创了中国音乐学的新纪元，引发出音乐研究及创作领域的一系列新成果，真正让中国音乐史学步入“柳暗花明又一村”的新境界。

杨荫浏先生是中国艺术研究院音乐研究所的创始人之一。20世纪五六十年代，他与李元庆先生亲密合作，使音乐研究所在短时间内，就组织了几十次民族音乐考察，采录了两千多小时的传统音乐录音，收集到二千余件传统乐器、十万余册古代书谱学刊、数万张音乐图片和中外唱片，以公开或内部形式出版了三百余种专著和资料汇编，建立起规模庞大的资料体系，奠定了音乐研究所坚实、深厚的学术传统，引领着整个中国音乐学界的发展趋向。所有这一切，

---

① 《最后的课——杨荫浏讲课录（1979年夏）》，乔建中整理，载《中国音乐学一代宗师——杨荫浏》（纪念集），台北：中国民族音乐学会，1992年。

② 杨荫浏：《中国古代音乐史稿》“后记”（下册），北京：人民音乐出版社，1981年。

③ 郭乃安：《实践是理论的基础——杨荫浏学术活动的主要特色》，载《音乐学，请把目光投向人》（郭乃安音乐论文集），济南：山东文艺出版社，1998年。

④ 黄翔鹏：《律学史上的伟大成就及其思想启示——纪念朱载堉〈律学新说〉成书四百周年》，载《黄翔鹏文存》（上册），北京：文化艺术出版社，2007年。

无不是杨先生“实践第一”的治学、办所思想的硕果。1984年杨先生去世后，他的绝大部分手稿及油印研究成果，收藏于音乐研究所资料室（现并入中国艺术研究院图书馆）。为嘉惠学林、泽被后世，音乐研究所责无旁贷地承担起了搜集、整理、出版《杨荫浏全集》的艰巨任务。从文稿的目录整理、搜集复印，到排版校对、联系出版，音乐研究所同人及众多音乐学专业的硕士、博士研究生参与其中，为《全集》早日问世付出了艰辛的努力。

值得一提的是，承担此次出版任务的江苏文艺出版社，从社领导到普通编辑都投入了极大热情，对《全集》出版给予了令人感动的关照。遑论其他，单就排版一事而言，便可想见《全集》出版的不易。由于杨荫浏先生研究领域极为广泛，涉及几乎所有民间音乐品种，不同乐种的记谱法便成为书稿排版的一大难点。《全集》几乎囊括了我国历代出现的所有乐谱形式，如宋俗字谱及其各种变体（如五台山僧寺传谱、西安鼓乐曲谱）、工尺谱（包括器乐曲谱和昆曲等戏曲谱）、减字谱、锣鼓谱、简谱、五线谱等。为使《全集》以清晰、整洁的面貌展现于世，出版社要对这些甚至在音乐学领域也只有少数专家才能识别的“密码”重新编码、排版，繁难程度可想而知。不仅如此，《全集》（尤其是第五卷“乐律学研究”部分）还包含大量乐律学内容，诸多样式的图解、表格及律学数据，也为排版、校对带来了前所未有的困难。与之前音乐学界出版的《聂耳全集》、《冼星海全集》、《贺绿汀全集》、《萧友梅全集》等相比，《杨荫浏全集》的排版、校对难度胜其十倍，在当前音乐出版界无出其右者。

《杨荫浏全集》的问世，为我们全面认知和评价杨先生的学术研究，提供了难得的契机，更为深刻地体认到他“实践第一”的为学之道。每念至此，便想起杨老坦荡、殷切的学术自白和谆谆教诲：“我不是个理论家，八岁起吹箫、笙，拉二胡，十二岁跟阿炳学三弦，后来学昆曲，弹琵琶，学十番锣鼓，一直在音乐里打滚。解放后，我也没有脱离过音乐，编辑、收集、整理、写作、研究……从未讲过一句空话。”“现在，我对于有些现象是很看不惯的，做的少，说的多，说的往往又是空话。”① 当然，杨先生的学术研究并非完美无缺，个别见解和论点亦非不容置疑，但指导其研究的主流观念和学科方法论——实践，却是音乐学术发展中颠扑不破的真理，将永远成为引领中国音乐学前行的明灯。《全集》的编纂与出版在为学界提供相对完整的杨荫浏著作范本的同时所昭示的这一学术意义，正是推动中国音乐研究“苟日新、日日新、又日新”的源头活水和不竭动力。

原载《中国音乐学》2010年第2期

李宏锋，生于1977年，中国艺术研究院音乐研究所副研究员

① 李凌：《为发展民族音乐而辛勤劳动的杨荫浏先生》，载《中国音乐学一代宗师——杨荫浏》（纪念集），台北：中国民族音乐学会，1992年。

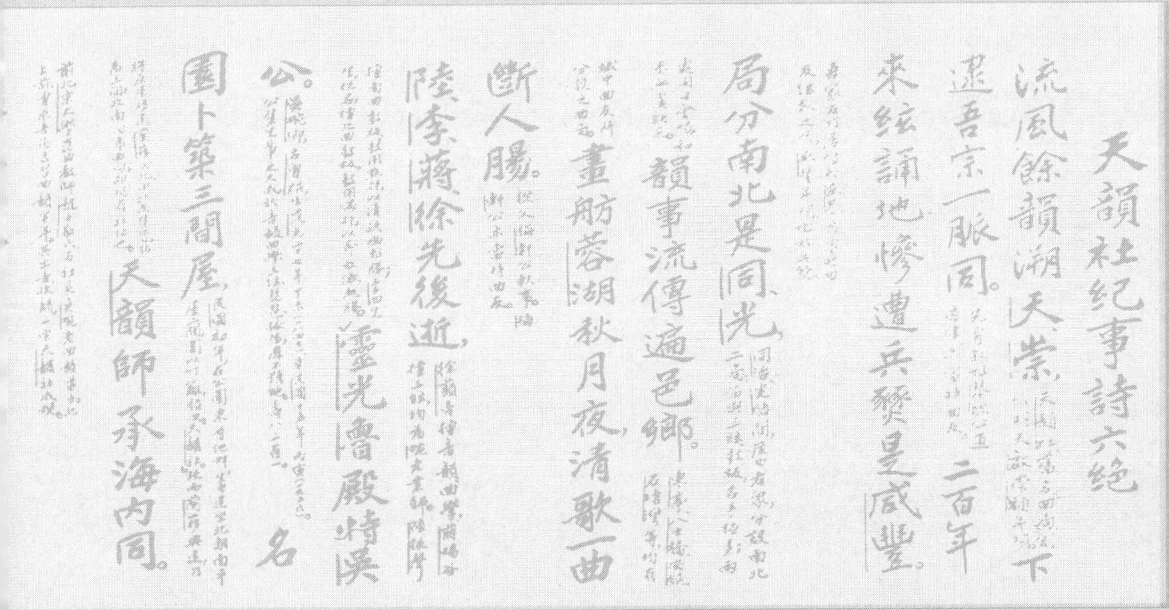
天韻社紀事詩六絶
流風餘韻溯天崇，下逮吾宗一脈同。二百年来絃誦地，慘遭兵燹是咸豐。
局分南北是同光，韻事流傳遍邑鄉。畫舫蓉湖秋月夜，清歌一曲斷人腸。
陵李蔣徐先後逝，靈光魯殿特吳公。名園卜築三間屋，天韻師承海内同。

传记、年表

杨荫浏小传

杨荫浏

杨荫浏，1899 年 11 月生于江苏省无锡县。

学习方面。1905—1911 年在私塾读书，学习国文史及诗词。中学毕业后，1923—1926 年在圣约翰大学及光华大学读经济学，家贫，未能毕业。其音乐技术有关中西音乐和音响学的知识，主要由私人学得。1906 年起，开始向道教音乐学得箫、笛和笙的吹奏技术。1911 年起，进了历史悠久的天韵社，成为当时全国知名曲师、天韵社社长吴畹卿先生（1847—1926）的得意门徒，在天韵社学到了昆曲、琵琶、三弦、古琴等唱奏技术。约在同一时期，又从许多道教音乐家和民间吹鼓手学会了好几种器乐的合奏。在 1920—1930 年间，又从美国传教士郝路易女士（Miss Louise Strong Hammond）学习了西洋作曲技术。后来又得到友人心理学家刘廷芳博士和物理学家丁燮林博士的帮助，学习了音响学。

工作方面。曾当过小学教师和中学教师好几年，教的是中文、数学、英文等课。在旧社会中，曾信过基督教，为中华圣公会教徒。1931—1941 年间，曾当六公会联合圣歌委员会委员，并任总干事。在编辑 1936 年出版的《普天颂赞》的工作中，是主要负责人之一。1936—1937 年任哈佛燕京学社（Harvard Yenching Institute）的研究员（fellow），同时在燕京大学音乐系教中国音乐史课。1941—1949 年，任国立音乐院教授，讲音乐理论课兼教唱奏技术课；1944—1948 年，兼任国立礼乐馆编撰和乐典组主任；1947—1949 年，兼金陵女子大学音乐系教授。

新中国成立后，1949—1953年任中央音乐学院研究所研究员；1953年11月28日起任音乐研究所副所长；1960年左右兼中央音乐学院教授。1977年起任文学艺术研究院顾问。此外，兼任的职务有：全国政治协商会委员，中国文联委员，中国音乐家协会常务理事，中国唱片社艺术委员会委员，民族文化指导委员会委员等。

得奖方面。在光华大学当学生时，1925年写 *An Outline*，*History of Chinese Music* 一文，得英文论文竞赛第一名，受金质奖章。担任工作时，1941年写了《弦乐器定音计》一书，经旧教育部学术审议委员会评定，得二等奖；1944年写的《中国音乐史纲》，又得二等奖。在新社会中，1956年被评为音乐研究所先进工作者，1959年被特邀参加“全国先进集体和先进生产者代表大会”，受到奖励。

《杨荫浏小传》是作者本人为中国艺术研究院人事处填写的个人档案

杨荫浏

曹安和

杨荫浏（1899—1984），音乐家。字清如，号次公，江苏无锡人。幼聪慧，喜音乐，6岁从邻居颖泉学笙、箫、笛、胡琴。12岁入天韵社，从社长吴畹卿学昆曲及琵琶、三弦、笙笛。初习官生，后改学正旦。学曲注重方法，将老师授曲时出音、收韵、四声及节奏，皆用符号在曲谱旁注明，因此学习进度超同辈，学昆曲近百套。每学成一曲，遵师命为其他人伴奏。学琵琶时，因老师年迈而灰指甲，无法示范，他根据老师所唱记谱并注指法，自己练习后请老师指正。以此法学会吴畹卿全部琵琶大小套曲。1926年音乐家刘天华命弟子吴伯超到无锡向吴畹卿学琵琶曲《海青》及《汉宫秋月》，吴命杨代教。同年吴畹卿逝世，弥留之际，嘱家人将手抄《天韵社曲谱》及紫檀三弦赠杨荫浏，以杨为衣钵传人。杨每次回乡，必去天韵社教曲和伴奏，直到抗日战争时远离家乡为止。美籍传教士郝路易（Louise Strony Hammand）女士好中国文学，能作旧体诗。传道时见杨年少能吹笛弄笙，邀他到家，授以钢琴及英语，以后又教和声、对位、复调等作曲法。杨荫浏教她吹笙、昆曲及音韵学。互教互学，成忘年之交。1916年，杨荫浏考入江苏第三师范，利用课余缮刻《天韵社曲谱》剧目120出，分6卷，利用校中油印工具印100部，分赠曲友。1923年考入上海圣约翰大学，1925年“五卅惨案”期间因参加爱国运动而被校方压制，愤而转至爱国人士创办的光华大学，并以元代萨都剌《金陵怀古》所用《满江红》曲谱配岳飞《满江红》，此歌曲一直流传至今。1926年因家贫辍学，在辅仁等中学任教，后到宜兴县中学。每天傍晚到该县协和曲社教曲或伴奏，使该社与天韵社互访并会唱。1927 年应基督教圣公会聘请，任赞美诗《普天颂赞》编辑，先后在南京、杭州、北平等地翻译歌词，他把唱曲的音韵规律运用到译词中去，使译词既正确表达原意，又照顾了字词与曲调和谐。1941 年应国立乐院之聘，任教授兼国乐组主任及研究室主任。设昆曲课，使昆曲成为选修课程进入高等学府。1945 年他根据古今曲家及吴畹卿所授理论，结合亲身体会，著《歌曲字调论》。建国后，结合在音乐学院的音韵教学，写成《语言音乐学初探》。1950 年到无锡采集民间音乐，采访阿炳并录下《二泉映月》等二胡、昆琶曲，并收录《苏南十番鼓》、《十番锣鼓》等合奏曲。采访天韵社昆剧鼓师范鸣琴（1878—1954）并录其表现鼓板特色的昆剧 16 出。同时记录、保存了昆剧鼓板艺术珍贵资料。1981 年完成《中国古代音乐史稿》。

原载《中国音乐戏曲集成·江苏卷》，中国 ISBN 中心，1992 年

曹安和（1905—2004），女，中国艺术研究院音乐研究所研究员

杨荫浏年表

华蔚芳

1899—1910 年

1899 年 11 月 10 日，即清光绪三十五年，农历己亥年十月初八，生于江苏无锡县城。祖父辈以教读游幕为业。

四岁识字，五岁入私塾，攻读十三经、唐诗、《纲鉴易知录》等。

六七岁时，与兄弟荫溥一道，向邻居小道士颖泉学习吹奏箫、笛、笙和拉奏胡琴，陆续抄录颖泉所用的民间器乐曲工尺谱。

八周岁起，每晚给堂兄弟姐妹四五人补习语文，稍长，兼为人补习数学、英语，略有收入，用以辅助家用。

约十岁时，从美国传教士郝路易女士（Louise Strong Hammand）学习英语、钢琴和乐理，1920 年开始学习和声、对位、复调等西洋作曲技术课。同时杨教郝学习昆曲与音韵。

约十一岁时颖泉成年后当观主，无暇再来。之后，向阿炳（华彦钧）学习弹奏琵琶、三弦，三两天教一次，持续约一年。并从堂姐夫章蕴宽学习弹奏古曲《平沙落雁》及《渔歌》等。

1911—1912 年夏

进无锡县立东林小学，插班读高小，至 1915 年暑假毕业。二年级放寒假时，老师命写日记，自此养成每日必记日记的习惯。至 1937 年，凡所学民间乐曲及技术，均记录于日记中。抗战期间无锡沦陷时，老家所藏线装古籍和多年所记日记，不幸全部遗失。

十二岁进天韵社，从老曲师吴畹卿学习音韵、昆曲、琵琶、三弦、箫、笛等唱、奏技术。1926 年吴师弥留之际，将其亲手抄录的《天韵社曲谱》六卷及紫檀木三弦传与杨。现均存音乐研究所资料室。

在此期间，杨经常与道士吹鼓手等民间艺人往来，有时参加他们的演奏，并从他们那里抄录到十番鼓与十番锣鼓等苏南民间流行的器乐曲谱。

1915 年秋—1916 年夏

高小毕业以后再进私塾一年，补读《易经》、《诗经》等古籍，读完其父亲规定的一百六十一本经、史、诗、词。

1916 年 9 月—1921 年 7 月

十六岁进无锡第三师范学校，二十一岁以优良成绩毕业。在三师学习期间，课余进行如下活动：

（1）三师娱乐室组长，负责指导演奏民族器乐曲，并提供用简谱油印的民乐曲谱。后辑成《雅声集》一册。

（2）到俟实（第一高小）、东林（第二高小）两所小学辅导课外音乐活动。

（3）帮助乐器店排老红木优质琵琶品位，直到 1937 年。

（4）借吴畹卿先生所藏清光绪七年（1881）昆曲抄本，缮写油印《天韵社曲谱》六集，1921 年完成。自此，天韵社曲友均能就谱唱奏。

（5）积极参加体育锻炼，多次获得校运会田径赛奖。同时经常参加游艺会演出，表演民乐与武术。

约于 1920 年加入基督教，为中华圣公会教徒。

1921 年 9 月—1922 年夏

三师毕业后，任无锡石塘湾县立第六（或第五）高等小学国文教员兼班级主任一年。

1922 年 9 月—1923 年夏

进无锡辅仁中学四年级，学习英文、数理，一年毕业。

美国音乐家亨利·爱希海姆来无锡采集民间音乐，杨组织民间艺人为其演出，并担任翻译。

以在三师编印的《雅声集》为基础，与陈鼎钧合编《雅音集》第一集，1923 年由无锡美文印刷公司出版。1924 年修订后再版。集内刊有乐曲八十四首，著《乐器浅说》及《琵琶上宜添设柱位说》两文。

撰写有关昆曲等短文，陆续发表于无锡县《锡报》。

1923 年 9 月—1926 年初

进上海圣约翰大学习经济，二年级时改读英国文学，为日后研究乐律计，特着重选读高等物理、高等数学及机械绘图等。

1925 年五卅惨案发生后，积极参加反帝爱国运动，因遭受校方反对，与同学数百人愤慨签名脱离圣约翰大学。后经各方面支援，筹建成中国人民集资兴办的光华大学。入光华大学经济系学习半年，后因家贫中途辍学。在大学期间活动如下：

（1）课外任圣约翰大学国乐会会长；经常参加各大学举办的音乐会，表演民间器乐合奏和琵琶独奏；曾将琵琶古曲《夕阳箫鼓》改编为民乐合奏曲演出。

（2）在校外担任南洋大学课外音乐活动及海澜英文馆民间器乐演奏指导。

（3）1925 年为游行示威宣传，将北京大学《音乐杂志》所载《金陵怀古》（元代萨都剌词）一曲，填以宋代岳飞《满江红》词，借以鼓舞士气。此后，此曲在全国广泛流传。

（4）继续参加体育活动，1925 年春获得八大学在南京举办的运动会田径赛奖。

（5）参加光华大学英文论文竞赛，所著 *An Outline History of Chinese Music* 一文，名列第一，获得金质奖章。

1926 年 2 月—1929 年夏

辍学后回无锡。先后任无锡辅仁中学、县立中学、荣氏女校、私立工商中学和宜兴中学教员。工商中学中途停办后，曾短期任无锡县通俗教育馆馆长。

1928 年夏历 11 月 19 日与同乡小学教员张菊仙结婚。婚后生有二男三女。

为研究古代乐律问题，除继续研究古籍中有关论述，并曾自学算命，通过实践证明古代乐律所述阴阳五行之说，实际和音乐没有关系。

撰写《天韵社溯源》、《吴畹卿先生小传》、《天韵社杂谈》等多篇文章，陆续刊于《锡报》。其中个别文章发表时署“天韵社社友”名。

上海南洋大学学生会收集所授昆曲，编辑成《昆曲缀锦》，作序，1926 年 2 月出版。

在宜兴教学时，课余指导宜兴协和曲局演唱昆曲。

1929—1932 年

秋后应基督教圣公会之聘，先赴南京后至杭州，做赞美诗编辑工作，辑成《颂主诗集》一册，内部印发全国各地圣公会征求意见。

编著《雅音集》第二集，1929 年 7 月由无锡乐群书局出版。集内载译为简谱的琵琶小曲一百一十三曲，琵琶大曲二十三套及杨著《琵琶浅说》一文。

由杨兄荫溥拟定纲目，荫浏执笔写成《中国交易所》一书，收入“万有文库”第一集“商学小丛书”，署名杨荫溥，1930 年 10 月出版。

1931 年春末，经几个基督教派协商，成立六公会联合圣歌委员会，任委员，并被推选为总干事，负责诗词、音乐编著及出版工作，此职延续至 1941 年。

在杭州与［美］费佩德（Robert F. Fitch）共事时，协助费编译《小圣经》、《科学家的宗教观》、《使我国丰富的贫人》、《决断论》等书。①

著《工尺改制谈》，刊于北平国乐改进社编《音乐杂志》1932 年第一卷第十期。

1932 年冬—1935 年

赴北平，与燕京大学刘廷芳博士共做赞美诗修订编译工作。

经刘廷芳帮助，学习赫姆霍兹《音的感觉》和康德《数理哲学》两书。

在燕京大学音乐系旁听作曲、西洋音乐史与音乐欣赏等课；借阅该校图书馆所藏有关音乐与音响的英、法文图书，摘录卡片数千张，北平沦陷后全部失散。

1933 年冬，协助刘廷芳编辑宗教文艺刊物《紫晶》，任编辑襄理，并参与译述赞美诗诗词，大部分先载于此刊。

1934 年应宗教期刊《真理与生命》月刊编辑部倡议，在该刊辟宗教音乐理论专栏“圣歌与圣乐”，与刘廷芳共任主编。共出十四期，1937 年 7 月后停刊。所译著关于宗教音乐文章多篇，载于此刊。

在北平参加清华大学俞平伯为社长的“谷音社”，研究和演唱昆曲。所著有关昆曲文章，载于《锡报》。

在北平任“明日社”秘书（各大学教授数十人，研讨教育问题的组织），协助刘廷芳编辑

---

① 华蔚芳注：1983 年 12 月，杨先生说：上海广学会出版的《决断论》一书对我一生一世求学做人影响很大。《小圣经》、《科学家的宗教观》、《决断论》三书，尚未查到原书。

天津《大公报》专栏“明日之教育”工作。

1935 年夏—1936 年 4 月

赴上海美华印书馆，编辑出版赞美诗《普天颂赞》，1936 年 5 月出版。作曲十五首，作词七首，翻译修订歌词二百零七首，撰写《普天颂赞》数字谱序。该书在国际圣经展览会上，获版式优良奖。所载赞美诗在国内外教徒中广泛传唱。

1936—1937 年

约于 1936 年 4 月回北平。任哈佛燕京学社研究员，并在燕京大学讲授中国音乐史课。

在燕京大学实验室，试制一套金属律管，按照清代康熙所定的三十六管的尺寸制作，制成以后测音，大多数律管的音高均与原书所列不符。从而可以证实中国古代乐律，其理论虽名为管律，而其实际则弦律计算所得。

撰写第一篇乐律论文《平均律算解》，载于 1937 年《燕京学报》第二十一期。

著《旧都曲讯》、《度曲音韵质疑》、《昆曲伴奏之乐器》等，载于无锡县《锡报》。

1937—1940 年

1937 年回无锡度暑假，经道家友人阚献之、朱勤甫、邬俊峰、惠胡泉、王云坡等协助，搜集苏南民间音乐数十本进行研究，采集各家之所长，整理成《梵音谱》、《锣鼓谱》二种手稿。秋后至南京继续研究整理，并将经过整理后的曲谱抄送朱勤甫一份。之后，此谱即成为无锡一带道家通用的曲谱。60 年代以后，先后以《苏南吹打曲》（后改名《苏南十番鼓曲》）及《十番锣鼓》书名公开出版。

约于 1937 年 8 月下旬赴南京，本拟暂代中央机器厂总务工作。当年 12 月随机器厂迁湖南湘潭，1938 年再迁云南省昆明。

工作之余暇，利用机器厂的手摇计算机计算出乐律比数表数种：1. 振动数比值与音分值互求表；2. 弦律比值与音分值互求表；3. 振动数比值对数与音分值互求表；4. 弦律比值对数与音分互求表；5. 音分尺数值表；6. 频率尺数值表。正稿遗失，现存副稿，序言不全。

参加在查阜西家中举办的每月一次音乐研究者的聚餐会，结识了查阜西、丁燮林、彭祉卿、张充和、李廷松等。得到丁燮林在音响学方面的帮助。

1939 年夏，郝路易自美国赴昆明，力劝杨辞去机器厂职务，然后去上海读书听音乐，恢复艺术感情。辞职后，经教育部部长陈立夫来电邀请，任教育部音乐教育委员会委员，留昆明工作。

1940 年初，送家眷回上海，在上海逗留约半年。留沪时重逢刘廷芳，刘约杨留居上海租界，共同筹办由国教会资助的中国文学研究所，杨未应允。是年 7 月由沪回昆明，住杨家大院，与沈从文为邻，常请沈协助，定期向西南联大借来文史书籍阅读，摘录其中有关音乐的史料，为日后写音乐史做准备。

1940 年底，教育部通知驻云南音乐教育委员会迁四川重庆。

1941—1946 年

1941 年春至四川重庆，暮春迁青木关，在教育部音乐教育委员会任委员。

著《音准及音量尺》，手稿。《钱乐之三百六十律音程比较表》，1941 年油印。

1941 年 9 月，应聘任青木关国立音乐院教授，兼国乐研究室主任。1944 年兼任北碚礼乐馆编纂及乐典组主任，至 1948 年闭馆止。

1942 年暑假，应基督教会邀请，赴四川青城山避暑，住常道观，从一青年道士采录到道教音乐九阕。据云该观道士能唱颂有音调的赞歌百余阕。词见道藏辑要《全真正韵》一书，音调全凭口授。后因观主阻拦，未能采录更多。

在国立音乐院教学过程中，编著并缮写教材《国乐概论》、《笛谱》、《箫谱》、《三弦谱》及《音乐物理学》（译编）等。

与曹安和合作编辑琵琶古曲《文板十二曲》，曹据乐曲实际弹法记写工尺谱，杨译为五线谱，由教育部音乐教育委员会 1942 年 2 月出版。

所著《弦乐器定音计述略》，1942 年 6 月出版，获教育部审议委员会二等奖。

应编译馆之约，著《中国音乐史纲》，1944 年缮写油印，获教育部学术审议委员会二等奖。此后，着重研究唐人大曲及宋代姜白石词曲。

著《国乐前途及其研究》等文，刊于《乐风》杂志；《中国音乐史上新旧音阶的相互影响》，刊于《中原》杂志；《歌曲字调论》等，刊于《礼乐》杂志。

旅居四川期间，陆续写感怀诗词四十三首，缮写石印成册，题名《心声》，又一题名为《苦笑学为欢——战时流离人之语》，署名次公、梁溪次公。

在昆明时家住郊区呈贡，每逢有空袭警报，西南联大教授向达、罗莘田（常培）、唐兰等即来呈贡躲避。得见向达收藏的敦煌千佛洞所藏唐人大曲的照片，予以翻摄拍印。

1945 年冬，先后收到哈佛大学刘廷芳博士及前燕京大学音乐系美籍教授范天祥（Bliss Wiant）来信，约赴美研究中国音乐及中国文学，以研究中国音乐应在中国本土为理由，复信婉谢。

1946 年复员四川老家，端午节前到达无锡。秋后，国立音乐院、礼乐馆迁至南京。音乐院校舍尚在建筑，未开学。

1947—1950 年

1947 年春，国立音乐院复课，继任原职。兼任南京金陵女子大学音乐系中国音乐史课四个学期。

回无锡老家以后，应邀为无锡乐器店解决制作竹笛的音准问题，自己同时进行研究，曾亲手制作不同粗细长短的竹笛三四百支，试制的十孔笛及十孔箫能吹出十二个音，便于转调。根据实验结果做成笛尺，在一定条件下，可以按尺开孔。

到南京以后，每星期与清溪琴社古琴家集会一次，用五线谱记录琴家弹奏的琴曲，并根据传统琴谱本注写减字谱，其后再与琴家对弹校正，以期从中觅得沟通古今谱式的途径，以便于学习古曲及流传后世。至1950年以前，用此办法记录各派琴曲六十多曲，编辑成《琴荟》五册（手稿）。并据此经验制成线谱及指法两种谱式对照的乐谱的“古琴音位表”。

同期，与程午加编订中英对照《琴谱》一册；选载王燕卿传谱的《古琴吟》、《关山月》等九曲。并写中英文对照的引言，详细介绍并绘图解说古琴的构造及指法，凡琴曲原已配有古诗词，均按英文诗韵律译配附后。

在南京时期，编著和发表的作品有：

《白石道人歌曲未完稿》一册，油印。

载于《和平日报》“人文”专栏的文章有：《唐人大曲与近世南北曲和梵音间的渊源关系》、《白石歌曲旁谱译》、《白石歌曲今译》等。

载于《礼乐》期刊的文章有：《儒家的音乐观》、《周代乐教的取材》、《古琴谱式改进刍议》、《谈笛音》、《再谈笛律答阜西》、《七弦琴徽分之位置与其音程比值》等。

并抄录凌其阵藏本《弦索备考》二册、《民间小曲稿本》一册、《民歌曲》一册、兰馨藏版《闲叙幽音琵琶谱》。

1950—1952 年

1950年3月，随南京国立音乐院迁天津，筹建中央音乐学院，任教授、研究部研究员，兼古乐组组长。

到天津后，适逢河北省定县子位村管乐队应邀至天津演出，即进行采访研究。

5月底，出席河北省文联在保定召开的丝弦、老调的唱法研究座谈会。之后，著《丝弦、老调的唱法中所涉及的音韵问题》一文，载《人民音乐》第二卷第四期。

1950年夏，回无锡老家度暑假。与曹安和合作，为昆曲鼓板、苏南十番鼓与十番锣鼓及阿炳（华彦钧）的演奏录音。这次采录使杰出的民间艺人阿炳的三首二胡曲和三首琵琶曲得以传世。天韵社昆曲独特的鼓板伴奏敲法虽然采录了十六曲，因受当时条件限制，未能保留录音，仅存记录之《昆曲鼓板节奏谱》手稿。

1950年秋后，经常与古乐组同志去天津劝业场，探讨收集北方说唱音乐。

为纪念刘天华先生逝世二十周年，为民乐系教师编辑的《刘天华先生创作曲集》，亲笔缮写，油印三百册。

为天津人民广播电台编写介绍民族音乐的广播稿，后油印为《中国音乐欣赏》一册。

40年代所著《中国音乐史纲》，1952年由上海万叶书店正式出版。1953年再版。

与曹安和、储师竹合编《瞎子阿炳曲集》，1952年上海万叶书店出版。

与曹安和合编《定县子位村管乐曲集》，1952年上海万叶书店出版。

根据历次采访测乐器，依比例绘制成中国历代乐器图一百五十八幅（手稿）。其后编写，并由蒋咏荷整理为《中国历代乐器说明》一书，1954年油印。

为收集整理、研究民间音乐，编著《音乐业务参考资料二种》，1953年油印。

著《中国的乐器》、《写给学习吹奏箫笛的同志们》等文，载《新音乐丛刊》。

收到原燕京大学音乐系美籍教授范天祥邀请赴美国讲学来信，杨婉谢。

1953年

赴北京，参加筹建民族音乐研究所工作，接受文化部任命，任中央音乐学院民族音乐研究所副所长。

年初，参加采访“智化寺京音乐”工作，抄录寺僧保存的乐谱数册进行研究，后编写《智化寺京音乐》采访记录三集，油印。

4月，在北京观摩采访第一届全国民间音乐舞蹈会演大会，后整理在座谈会上的发言为《对有关器乐问题的几点意见》，载于《人民音乐》十二月号。

7月，参加第二次赴陕西采访小组，回北京后回编采访记录《陕西的鼓乐社与铜器社》，1954年油印。此次采访中，发现该社保存的曲谱与南宋姜白石歌曲所用曲谱近似，为日后译制“姜白石歌曲十七首”为今谱，提供了有价值的参考。

9月，出席全国音乐工作者协会全国委员会扩大会议，此次会议决定成立中国音乐家协会，杨当选为中国音乐家协会理事。

与曹安和合编苏南大套器乐曲《吹打》，油印。1954年5月音乐出版社出版此谱，书名《苏南吹打曲》。1983年人民音乐出版社第二次印刷，改名《苏南十番鼓曲》，并对第一编绪论做了修订。

1954年

被推选为中国音乐家协会常务理事。

中央音乐学院民族音乐研究所正式成立。3月27日举行建所大会及音乐会，并开放陈列室。在建所音乐会上，首次演唱了杨译谱的三首宋代姜白石创作的歌曲，杨参加演奏他所改编的民乐合奏曲《潇湘水云》，并为苏南牌子小曲《山门六喜》等伴奏。

《瞎子阿炳曲集》改书名为《阿炳曲集》，由音乐出版社在上海出第一版。1954年出修订本。

著《从〈春江花月夜〉的标题谈起》，载于《人民音乐》二月号。

为民族音乐研究所收到的手抄本《古乐经》写跋，认为此书不是古本。手稿。

1955 年

参照西安鼓乐谱式符号等，继续研究宋代姜白石创作歌曲，著《白石道人歌曲研究》，民族音乐研究所油印。其后与阴法鲁合作，阴法鲁写“姜白石和他的作品”、词调十七首及琴曲一曲的歌词注释，杨荫浏写其余部分，合编《宋姜白石创作歌曲研究》一书，1957 年音乐出版社出版。

将宋代郭楚望著古琴曲《潇湘水云》由改编为民乐合奏曲，由音乐出版社出版。

著《谈谈未被注意的民间音调》、《中印两国在音乐文化上的关系》，载于《人民音乐》六月号及七月号。

1956 年

被选为民族音乐研究所先进工作者。

中国音乐家协会常务理事会成立工作委员会。当选为委员，分工负责民族音乐研究方面的工作。

4—7 月，率领由民族音乐研究所和湖南省文化局联合组成的采访队，对湖南民间音乐进行一次普遍调查，采访了四十四个县，之后，将参加人员的采访报告编成《湖南音乐普查报告》一书，1960 年音乐出版社出版。

与侯作吾合作，整理、编辑《古琴曲汇编》第一辑；用五线谱与减字谱对照记谱，记录夏一峰传谱十六曲，音乐出版社出版。

与曹安和、文彦合编《单弦牌子曲选集》与《单弦牌子曲资料集》，音乐出版社出版。

与曹安和合编《琵琶古曲〈夕阳箫鼓〉》一文，载于《人民音乐》二月号。

《对古琴曲〈阳关三叠〉的初步研究》、《工尺谱的翻译问题》，载于《民族音乐研究论文集》第一集。

为《人民中国》杂志写《中国古代音乐的发掘和整理》，被译为英、日、俄三种文字分别发表。

1957 年

7 月下旬至 8 月中旬赴苏联，出席世界青年与学生联欢节，被聘为艺术竞赛民族器乐评委，并作《中国的民间器乐》等报告。

著《蝶梦游》、《湖南音乐采访队的普遍调查工作》二文，载于《民族音乐研究论文集》第二集。

在戏曲音乐工作座谈会上作《怎样研究戏曲音乐规律》的报告，后发表于《戏曲研究》

第四期。

与阴法鲁合著《民族音乐传统的继承和发扬》，载于《人民中国》日文版及俄文版。

1958 年

著《孔庙丁祭音乐的初步研究》、《对旧著〈中国音乐史纲〉的初步批判》，载于《音乐研究》第二、第四期。

《谈琵琶音律》一文载《民族音乐研究论文集》第三集。

编《民间乐曲选》第一辑，音乐出版社出版。

1959 年

当选为中国人民政治协商会议第三届全国委员会委员，后继任第四、第五、第六届全委。

中国音乐家协会成立书记处，任书记。

10 月，作为特邀代表，出席“全国先进集体和先进生产者代表大会”。

年底至 1960 年初，与时乐濛同赴苏联，进行友好访问。

与廖辅叔、李纯一等接受编写《中国古代音乐史纲》的任务，并负责撰写《中国古代音乐通史》。

7 月，《中国古代音乐史纲》内部油印。

与曹安和合作，整理昆曲北曲清唱谱《关汉卿戏剧乐谱》，并译为五线谱；5 月，音乐出版社出版。

著《信阳出土春秋编钟的音律》、《如何对待五声音阶与七声音阶同时存在的历史传统》、《对民歌要深入了解和研究》、《必须强调重视小曲》等文章，载于《音乐研究》。

1960 年

当选为中国文联全国委员会委员。被聘为民族文化指导委员会委员。

著古代音乐史远古至唐部分，内部油印，书名《中国古代音乐简史》第一编第一册。

著《关于春秋编钟的音律问题》、《民族乐器的新发展》等文，载于《音乐研究》与《人民音乐》。

1961 年

民族音乐研究所改名为中国音乐研究所，仍由中央音乐学院领导，任该所所长。

继任中国音乐家协会书记处书记兼民族音乐委员会主任、《音乐创作》编委。

被聘为中国唱片社艺术委员会委员。

著中国古代音乐史宋代部分，书名《中国古代音乐简史》第一编第二册，油印。同年整理第一编第一册，改书名为《中国音乐通史简编》上卷，7 月油印。同时在音乐研究所内开班，讲授所著《中国古代音乐简史》，以期广泛征求意见。

自明代《太和正音》、《盛世新声》、清代《九宫大成南北词宫谱》、《纳书楹曲谱》等七部书中辑录有关材料，编著成《元王伯成天宝遗事诸宫调拾残寻谱》手稿，1962 年印晒蓝本。

著《如何对待我国的宗教音乐》，载于 5 月 10 日《文汇报》。与曹安和合著《〈九宫大成南北词宫谱〉评介》，载于 7 月 5 日《光明日报》。

1962 年

1 月，参加全国人大代表、全国政协委员组成的访问团江苏小组，赴江苏参观访问。之后著《还乡随笔》，载于《中国新闻》第二九一九期。

与曹安和合著译谱《西厢记四种乐谱选曲》，著《工尺谱浅说》，由音乐出版社出版。

整理 1961 年油印的《中国古代音乐简史》第一编第二册，再次油印，书名《中国古代音乐史稿》中册，辽、宋、西夏、金部分，12 月付印，1963 年印成，油印。

著《华秋苹资料见闻录》，油印。

著《〈霓裳羽衣曲〉考》、《也谈对〈听松〉的理解》、《一个音乐史研究者的体会》等，载于《人民音乐》。

12 月上旬赴无锡，参加无锡市文化局及市文联为发掘传统民间器乐曲组织的十番锣鼓曲与十番鼓曲录音工作，协助排练。音乐研究所随行工作人员，共录制了此次演出的十七套乐曲中的锣鼓曲《将军令》等十曲。

1963 年

5 月，文化部任命为中央音乐学院学术委员会副主任。

1961 年在中央音乐学院教课的《语言音乐学讲稿》第二次修订稿，3 月由中国音乐研究所油印。

著《律学的目的性与倾向性——为缪天瑞著〈律学〉修订版序》，该书由音乐出版社 1965 年出版。《谈鼓》载于《光明日报》4 月 4 日。与吴钊合写《说“乱”及其他》，载于《人民音乐》一月号。

1964 年

9 月 24 日，中国音乐学院在北京正式成立，中国音乐研究所改属中国音乐学院，任所长。

所著中国古代音乐史上古至唐部分，作为中央音乐学院教学参考书，9 月由音乐出版社出版，书名《中国古代音乐史稿》上册。

著中国古代音乐史元代部分，以《中国古代音乐史稿》下卷题名油印。

著《民族音乐的社会主义改造》一文，载于 6 月 11 日《光明日报》。《革命新声鸣管弦——少数民族器乐艺术的新发展》，载于《人民音乐》。

1966 年

音乐出版社继续出版《中国古代音乐史稿》中册，辽、宋、西夏、金部分。

1969 年

11 月，赴文化部河北省怀来县五七干部学校。1970 年春，随干校迁宝坻县高康马大队，秋后干校再迁河北省静海县团泊洼农场，在干部学校第四连负责收发工作。

在团泊洼农场时，应音乐出版社青年干部的建议，编著《韵稿》，后手稿遗失。

1971 年

7 月，临时借调回北京，协助故宫博物馆鉴定出土乐器。有湖北江陵县发掘的二十五个战国时期的彩绘编磬，长沙楚墓出土的战国瑟，写成书面意见。

1972 年

9 月，由国务院文化组临时借调回北京。国庆节后与李元庆、李纯一三人去湖南长沙，考察马王堆一号汉墓出土的古代乐器。

年底，正式调回北京。

1973 年

4 月，突患脑痉挛，住医院治疗。此后，身体健康日差，肺气肿症状日益明显。80 年代转为肺心病。

1974 年

著《笙—竽考》一文，载于《乐器科技通讯》第 3 期。

1975 年

著中国古代音乐史明清部分，书名《中国古代音乐史稿》下册之二，油印。

1977 年

继续完成中国古代音乐史明清部分，书名《中国古代音乐史稿》下册之三，油印。

著《学习到老，改造到老》，与曹安和合著《〈二泉映月〉的作者阿炳》，均载于《人民音乐》。

1978 年

中国文学艺术工作者联合会、中国音乐家协会恢复工作，继任中国文联全委及中国音协理事。

任文学艺术研究院顾问。1980 年文学艺术研究院改名中国艺术研究院。

1979 年

著《我和〈满江红〉》一文，载于 1982 年《人民音乐》十月号。

著关于乐律问题的文章《三律考》和《管律辨讹》，以此作为毕生研究中国乐律的总结。分别刊于 1982 年《音乐研究》第一期和 1979 年《文艺研究》第四期。

5—6 月，为音乐研究所第一届研究生讲课，共七次。

1980 年

修订 1937 年收集整理的苏南民间器乐曲《锣鼓谱》，由人民音乐出版社出版，书名《十番锣鼓》。

再次修订《语言音乐学讲稿》，送交人民音乐出版社。该社收入戏曲音乐研究丛书《语言与音乐》一书内，题名《语言音乐学初探》，1983 年出版。

著《阿炳其人其曲》，载于《人民音乐》。李妲娜记杨述《音乐史问题漫谈》，载于《音乐艺术》第二期。

1981 年

所著《中国古代音乐史稿》全书四十五万字，由人民音乐出版社分上下两册出版。上册为远古至宋部分，下册为元、明、清三代。

叙述《谈中国音乐的特点问题》，由李妲娜整理，载于《中国音乐》第一期。

1982 年

6—7 月，对音乐研究所工作人员谈话三次，“谈历史观与民族斗争的关系”、“社会变迁与音乐的关系”。

同意由上海文艺出版社拟出论文选集一事。之后，亲自选订篇目，并逐一校定原文。

叙述《耕耘民族音乐学的好园丁——忆元庆同志》，华蔚芳记录，载于《人民音乐》。

《曲牌——同名异曲的问题——重读 1979 年的资料想到的一些问题》，载于 1984 年《音乐研究》。

1983 年

继任第六届中国人民政治协商会议全国委员会委员。任中国音乐家协会民族音乐委员会主任委员。

年初，因感冒发烧引起呼吸困难，1 月 31 日住积水潭医院治疗，4 月 27 日出院。因长时期卧床和只能进半流饮食等原因，身体极其虚弱，自己已不能站立，至 11 月，卧床不起。

病中校订二三十年代旧作，选刊于《杨荫浏音乐论文选集》。

1984 年

2 月 25 日中午十二时三十五分，在北京寓所逝世，终年八十四岁。

华蔚芳，生于 1920 年，女，中国艺术研究院音乐研究所研究人员

后　记

孔德墉　刘东升

杨荫浏先生是著名的音乐学家、音乐史学家。他在中国音乐史、乐律学、古代音乐、民族民间音乐、戏曲、曲艺、宗教音乐等方面都取得了丰硕的研究成果，成为20世纪学贯中西而享有盛誉的一代宗师、巨擘。

中华人民共和国成立后，杨先生曾任中央音乐学院教授、研究部研究员。1953年，参与筹建民族音乐研究所（中国艺术研究院音乐研究所前身），该所成立后，即1954年3月27日起，与李元庆同志同时任命为副所长（所长空缺）。1961年，更名为中国音乐研究所，任所长。他和元庆同志都是音研所的创建人和领导者。他们长期合作，带领着多年经营、打造的团队，自1954年至1966年（其中1965年，全所绝大多数人员赴陕西省长安县参加“四清”运动，1966年5月开始“文革”），实际仅用十年时间，凝魂聚气、执著奉献，出版了大量的学术研究成果。建立了音乐图书收藏、音响收藏、乐器收藏三大资料库；建立了“乐器陈列室”、“中国音乐史陈列室”、“聂耳、冼星海陈列室”。很多项目都属首创。音研所在民族音乐研究的若干领域曾独步一时、远播四方，保持着多年的领先地位。其成果惠及全国艺术院校和音乐界。

回望历史，音研所的前十年充满蓬勃生机，从无到有、从小到大，一跃成为“全国一流、世界闻名”的音乐研究机构。为其以后的存在和持续发展奠定了坚实的基础。这是一段不可复制、难以忘怀的记忆和历史，是音研所的骄傲，也是几代“音研人”共有的宝贵财富。

近年，我们先后编辑了《李元庆纪念文集》、《杨荫浏纪念文集》。一方面向人们展现两位老所长的成就、风采和人格魅力，寄托我们的怀念之情；一方面积累较为具体而翔实的音研所的历史资料。建所初期或“十间房”时期在所里工作的老同志，很多已届耄耋之年，纷纷拿起笔来，书写了一篇篇隽永智慧、饱含感情的回忆文章。

《李元庆纪念文集》已于2010年3月由文化艺术出版社出版。与其同时，我们也筹划、编辑《杨荫浏纪念文集》。我们先后得到张振涛、田青两任所长的鼎力支持，使两项工作得以顺利完成。

我们选录了2000年“纪念杨荫浏先生诞辰一百周年国际学术研讨会”提交的论文；还收集了近三十年来，海内外学者刊载在各类报纸杂志上或专著中有关杨先生的学术研究、评论、轶事、采访、综述等文章。我们仅向这些文章的作者表示由衷的感谢。

杨先生的亲属提供了大量的珍贵照片，我们也深表谢意。

岁月如流、光阴苦短。转眼间，杨先生已辞世二十九周年。他对学生和晚辈殷殷教诲，其音容宛在、笑貌难忘。先生垂翼远逝而风范长存，今将近百篇文章整理成册刊行，以永追思纪念。

2013 年 3 月

图书在版编目（CIP）数据

杨荫浏纪念文集/中国艺术研究院音乐研究所编．—北京：文化艺术出版社，2013.1

ISBN 978-7-5039-5534-1

Ⅰ.①杨… Ⅱ.①中… Ⅲ.①杨荫浏（1899~1984）—纪念文集

Ⅳ.①K825.76-53

中国版本图书馆 CIP 数据核字（2012）第 301351 号

杨荫浏纪念文集

编　　者　中国艺术研究院音乐研究所
责任编辑　王　红
装帧设计　姚雪媛
出版发行　文化艺术出版社
地　　址　北京市东城区东四八条 52 号　100700
网　　址　www.whyscbs.com
电子信箱　whysbooks@263.net
电　　话　（010）84057666（总编室）　84057667（办公室）
　　　　　（010）84057691—84057699（发行部）
传　　真　（010）84057660（总编室）　84057670（办公室）
　　　　　（010）84057690（发行部）
经　　销　新华书店
印　　刷　国英印务有限公司
版　　次　2013 年 12 月第 1 版
　　　　　2013 年 12 月第 1 次印刷
开　　本　880 毫米×1230 毫米　1/16
印　　张　36.25　彩插印张 3
字　　数　850 千字　图片 72 幅
书　　号　ISBN 978-7-5039-5534-1
定　　价　298.00 元